Genau so erlebte und liebe ich den Jakobsweg in Nordspanien

5 1/2 Wochen

Plötzlich rief mich der Jakobsweg!

Birgit Kürl

alle **169 Fotos** sind von mir privat

Originalausgabe

Erscheinungsdatum März 2011
6. Auflage Oktober 2012

Umschlaggestaltung: Birgit Kürten, Dormagen
Fotos: © 2008 by Birgit Kürten, Dormagen
Druck und Bindung: Frick Werbeagentur, Krumbach
Printed in Germany
ISBN 978-3-00-035184-6

Originalgröße:
Meine Jakobsmuschel aus Saint Jean Pied de Port
und ein paar Steinchen vom Jakobsweg,
die unbedingt mit mir nach Hause wollten.

Schlappe 784 Kilometer bis dahin – ein Katzensprung!

Inhaltsverzeichnis

Wenn mich heute jemand fragt:
„Warum bist Du den Jakobsweg gegangen?“
lautet meine Antwort schlicht und ergreifend:
„Weil er dran war!“

Hätte mich im Oktober 2007 jemand gefragt:
„Kannst Du Dir vorstellen, den Jakobsweg zu gehen?“ hätte ich entsetzt geantwortet:
„Warum sollte ich so etwas tun?
Niemals will und kann ich fast
800 Kilometer laufen!“

Das bekannte Buch meines Lieblings-Entertainers über seinen „Camino“ und die Veranstaltung „Der Jakobsweg – eine Diashow“ machten mich im April und Mai 2008 spontan zu der *Frau-die-mit-dem-kleinen-schwarzen-Hund-auf-dem-Weg-ist* – einer kleinen Jakobsweg-Berühmtheit.

Etappen-Übersicht

92 Sonntag, 20. April 2008
Uterga (158 Einw.), 493 m üdM, Navarra
6. Etappe bis Lorca, 20,4 km
105 Lorca (140 Einw.), 483 m üdM, Navarra
Herberge mit Doppelzimmern, 20 €/Pers. inkl. Frühstück
insgesamt 104,4 km
111 Montag, 21. April 2008
Lorca (140 Einw.), 483 m üdM, Navarra
7. Etappe bis Villamayor de Monjardín 18,6 km
120 Villamayor de Monjardín (132 Einw.), 645 m üdM, Navarra
Herberge, 15 €/Pers. inkl. Abendessen und Frühstück
insgesamt 123,0 km
129 Dienstag, 22. April 2008
Villamayor de Monjardín (132 Einw.), 645 m üdM, Navarra
8. Etappe bis Viana 31,4 km
143 Viana (3425 Einw.), 475 m üdM, Navarra
Pension, 20 €/Pers. ohne Frühstück
insgesamt 154,4 km
147 Mittwoch, 23. April 2008
Viana (3425 Einw.), 475 m üdM, Navarra
9. Etappe bis Navarrete 22,6 km
158 Navarrete (2211 Einw.), 512 m üdM, La Rioja
private Herberge, 15 €/Pers. ohne Frühstück
insgesamt 177,0 km
163 Donnerstag, 24. April 2008
Navarrete (2211 Einw.), 512 m üdM, La Rioja
10. Etappe bis Azofra 23,8 km
175 Azofra (328 Einw.), 559 m üdM, La Rioja
Herberge, Doppelbox, 6 €/Pers. ohne Frühstück
insgesamt 200,8 km
181 Freitag, 25. April 2008
Azofra (328 Einw.), 559 m üdM, La Rioja
11. Etappe bis Grañón, 22 km
186 Grañón (396 Einw.), 724 m üdM, La Rioja
Jugendherberge, Dreibettzimmer, 25 €/Pers. inkl. Abendessen und Frühstück
insgesamt 222,8 km
192 Samstag , 26. April 2008
Grañón (396 Einw.), 724 m üdM, La Rioja
12. Etappe bis Belorado, 16,6 km

197 Belorado (2132 Einw.), 770 m üdM, Kastilien
Herberge mit Hotelzimmern, 30 € inkl. Frühstück

insgesamt 239,4 km

202 Sonntag, 27. April 2008
Belorado (2132 Einw.), 770 m üdM, Provinz Burgos

13. Etappe bis Villafranca Montes de Oca, 12,2 km

207 Villafranca Montes de Oca (191 Einw.), 948 m üdM, Burgos
Casa Rural, Doppelzimmer, 18 €/Pers. ohne Frühstück

insgesamt 251,6 km

212 Montag, 28. April 2008
Villafranca Montes de Oca (191 Einw.), 948 m üdM, Burgos

14. Etappe bis Atapuerca, 18,6 km

219 Atapuerca (147 Einw.), 956 m üdM, Burgos
Casa Rural, Doppelzimmer, 40 €/Pers. ohne Frühstück

insgesamt 270,2 km

225 Dienstag, 29. April 2008
Atapuerca (147 Einw.), 956 m üdM, Burgos

15. Etappe bis Villalbilla de Burgos, 27,8 km

233 Villalbilla de Burgos (720 Einw.), 833 m üdM, Burgos
Hotel, Doppelzimmer, 25 €/Pers. ohne Frühstück

insgesamt 298,0 km

235 Mittwoch, 30. April 2008
Villalbilla de Burgos (720 Einw.), 833 m üdM, Burgos

16. Etappe bis Hontanas, 25 km

240 Hontanas (65 Einw.), 925 m üdM, Burgos
Herberge, Matratze im Kaminzimmer, 5 € ohne Frühstück

insgesamt 323,0 km

245 Donnerstag, 1. Mai 2008
Hontanas (65 Einw.), 925 m üdM, Burgos

17. Etappe bis Itero de la Vega, 21,4 km

256 Itero de la Vega (226 Einw.), 772 m üdM, Provinz Palencia
Herberge mit Hotelzimmern, 22 €/Pers. ohne Frühstück

insgesamt 344,4 km

258 Freitag, 2. Mai 2008
Itero de la Vega (226 Einw.), 772 m üdM, Provinz Palencia

18. Etappe bis Villalcázar de Sirga, 27,6 km

266 Villalcázar de Sirga (229 Einw.), 809 üdM, Palencia
Casa Rural, Doppelzimmer, 20 €/Pers. ohne Frühstück

insgesamt 372,0 km

269 Samstag, 3. Mai 2008
Villalcázar de Sirga (229 Einw.), 809 m üdM, Palencia
19. Etappe bis Calzadilla de la Cueza, 23,2 km
278 Calzadilla de la Cueza (66 Einw.), 858 m üdM, Palencia
Pension, Doppelzimmer, 30 €/Pers. ohne Frühstück
insgesamt 395,2 km
280 Sonntag, 4. Mai 2008
Calzadilla de la Cueza (66 Einw.), 858 m üdM, Palencia
20. Etappe bis Sahagún, 23 km
288 Sahagún (2979 Einw.), 829 m üdM, Provinz León
Hotel, Doppelzimmer, 32 €/Pers. inkl. Frühstück
insgesamt 418,2 km
292 Montag, 5. Mai 2008
Sahagún (2979 Einw.), 829 m üdM, Provinz León
21. Etappe bis El Burgo Ranero, 18 km
297 El Burgo Ranero (273 Einw.), 878 m üdM, Provinz León
Pension, Einzelzimmer ohne Bad, 15 € ohne Frühstück
insgesamt 436,2 km
302 Dienstag, 6. Mai 2008
El Burgo Ranero (273 Einw.), 878 m üdM, Provinz León
22. Etappe bis Puente de Villarente, 25,2 km
309 Puente de Villarente (154 Einw.), 804 m üdM, Provinz León
Hotel, Doppelzimmer, 24 € ohne Frühstück
insgesamt 461,4 km
312 Mittwoch, 7. Mai 2008
Puente de Villarente (154 Einw.), 804 m üdM, Provinz León
23. Etappe bis Virgen del Camino, 20,2 km
320 Virgen del Camino (2676 Einw.), 906 m üdM, Provinz León
Hotel, Doppelzimmer, 40 € ohne Frühstück
insgesamt 481,6 km
323 Donnerstag, 8. Mai 2008
Virgen del Camino (2676 Einw.), 906 m üdM, Provinz León
24. Etappe bis Hospital de Órbigo, 25,2 km
329 Hospital de Órbigo (1119 Einw.), 819 m üdM, Provinz León
Hotel, Doppelzimmer, 30 € ohne Frühstück
insgesamt 506,8 km
334 Freitag, 9. Mai 2008
Hospital de Órbigo (1119 Einw.), 819 m üdM, Provinz León
25. Etappe bis Santa Catalina de Somoza, 25,8 km

344 Santa Catalina de Somoza (50 Einw.), 997 m üdM, Prov. León
Hotel, Doppelzimmer, 30 € ohne Frühstück
insgesamt 532,6 km

347 Samstag, 10. Mai 2008
Santa Catalina de Somoza (50 Einw.), 997 m üdM, Prov. León
26. Etappe bis Manjarín, 21 km
358 Manjarín (50 Einw.), 1458 m üdM, Provinz León
Herberge, Matratze, 10 € auf Spendenbasis, inkl. Essen
insgesamt 553,6 km

366 Sonntag, 11. Mai 2008
Manjarín (50 Einw.), 1458 m üdM, Provinz León
27. Etappe bis Molinaseca, 15 km
378 Molinaseca (771 Einw.), 590 m üdM, Provinz León
Hotel, Einzelzimmer, 40 € inkl. Frühstück
insgesamt 568,6 km

381 Montag, 12. Mai 2008
Molinaseca (771 Einw.), 590 m üdM, Provinz León
28. Etappe bis Villafranca del Bierzo, 31 km
387 Villafranca del Bierzo (2631 Einw.), 511 m üdM, Prov. León
Hostal, Doppelzimmer, 45 € ohne Frühstück
insgesamt 599,6 km

390 Dienstag, 13. Mai 2008
Villafranca del Bierzo (2631 Einw.), 511 m üdM, Prov. León
29. Etappe bis Ambasmestas, 15 km
396 Ambasmestas (68 Einw.), 605 m üdM, Provinz León
Pension, Doppelzimmer, 25 € ohne Frühstück
insgesamt 614,6 km

402 Mittwoch, 14. Mai 2008
Ambasmestas (68 Einw.), 605 m üdM, Provinz León
30. Etappe bis Alto do Poio (hinter Padornelo), 22,6 km
415 Alto do Poio (Padornelo, 2 Höfe), 1270 m üdM, Provinz Lugo
Hostal, Doppelzimmer, 35 € ohne Frühstück
insgesamt 637,2 km

420 Donnerstag, 15. Mai 2008
Alto do Poio (Padornelo 2 Höfe), 1270 m üdM, Provinz Lugo
31. Etappe bis Pitín, 23,5 km
429 Pitín (ca. 50 Einw.), ca. 650 m üdM, Provinz Lugo
Hostal, Doppelzimmer, 35 € inkl. Frühstück
insgesamt 660,5 km

431 Freitag, 16. Mai 2008
Pitín (ca. 50 Einw.), ca. 650 m üdM, Provinz Lugo
32. Etappe bis Vilachá, 26,9 km
440 Vilachá (ca. 20 Einw.), ca. 500 m üdM, Provinz Lugo
Privat, unterm Dach, 0 € inkl. Abendessen und Frühstück
insgesamt 687,6 km

445 Samstag, 17. Mai 2008
Vilachá (ca. 20 Einw.), ca. 500 m üdM, Provinz Lugo
33. Etappe bis Palas de Rei, 27,4 km
450 Palas de Rei (4812 Einw.), 570 m üdM, Provinz Lugo
Hostal, Doppelzimmer, 24 € ohne Frühstück
insgesamt 715,0 km

452 Sonntag, 18. Mai 2008
Palas de Rei (4812 Einw.), 570 m üdM, Provinz Lugo
34. Etappe bis Castañeda, 23,4 km
458 Castañeda (ca. 50 Einw.), ca. 400 m üdM, Provinz La Coruña
Hostal, Doppelzimmer, 30 € inkl. Frühstück
insgesamt 738,4 km

463 Montag, 19. Mai 2008
Castañeda (ca. 50 Einw.), ca. 400 m üdM, Provinz La Coruña
35. Etappe bis Rúa, 24,2 km
468 Rúa (ca. 50 Einw.), ca. 400 m üdM, Provinz La Coruña
Hostal, Doppelzimmer, 33 € ohne Frühstück
insgesamt 762,6 km

470 Dienstag, 20. Mai 2008
Rúa (ca. 50 Einw.), ca. 400 m üdM, Provinz La Coruña
36. Etappe bis Santiago de Compostela, 21,4 km
478 Santiago de Compostela (90188 Einw.), 260 m üdM,
Provinz La Coruña
Hotel, Doppelzimmer, 30 € ohne Frühstück
insgesamt 784,0 km

485 Mittwoch, 21. Mai 2008
Busreise nach Fisterra, ca. 100 km

„La Compostela"

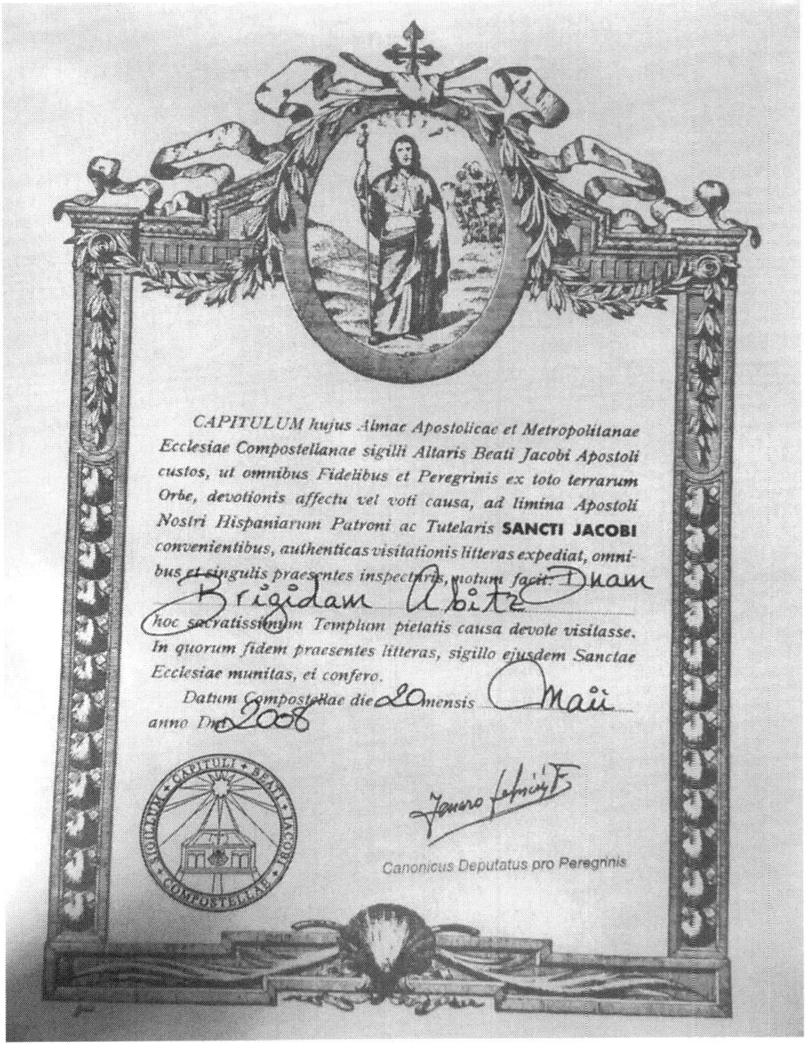

CAPITULUM hujus Almae Apostolicae et Metropolitanae Ecclesiae Compostellanae sigilli Altaris Beati Jacobi Apostoli custos, ut omnibus Fidelibus et Peregrinis ex toto terrarum Orbe, devotionis affectu vel voti causa, ad limina Apostoli Nostri Hispaniarum Patroni ac Tutelaris SANCTI JACOBI convenientibus, authenticas visitationis litteras expediat, omnibus et singulis praesentes inspecturis, notum facit: Duam Brigidam Abitz hoc sacratissimum Templum pietatis causa devote visitasse. In quorum fidem praesentes litteras, sigillo ejusdem Sanctae Ecclesiae munitas, ei confero.

Datum Compostellae die 20 mensis Maii anno Dni 2008

SIGILLUM CAPITULI BEATI JACOBI COMPOSTELLAE

Canonicus Deputatus pro Peregrinis

1) Meine Pilgerurkunde! *Anmerkung:Ich habe im Januar 2010 meinen Mädchennamen wieder angenommen. 2008 hieß ich noch Birgit Abitz, wie meinen Pilger-Dokumenten zu entnehmen ist.*

Um die Compostela zu erhalten müssen **mindestens** die letzten 100 Kilometer zu Fuß oder zu Pferd bzw. 200 Kilometer mit dem Fahrrad bewältigt werden. Als Nachweis hierfür dient der lückenlos abgestempelte Pilgerausweis.

5 ½ Wochen

Plötzlich rief mich der Jakobsweg!

Montag, 14. April 2008
Flughafen Düsseldorf, Nordrhein-Westfalen, Deutschland

Um 4.30 Uhr bringen meine Tochter Peggy, mein Sohn Tim und seine Freundin Maike mich und Ruddi, meinen 5,2 kg schweren schwarzen Mischlingsrüden, zum Flughafen in Düsseldorf. Alle drei sind nur für mich so früh am Morgen aufgestanden. Peggy und Tim haben sich sogar frei genommen. Maike fängt heute erst um zehn Uhr an zu arbeiten und ist bestimmt schon müde, bevor sie überhaupt begonnen hat. Am Flughafen geht alles sehr schnell, fast zu schnell. Ich möchte gerne noch einen Kaffee mit meinen Kindern und Maike trinken, aber die Zeit bleibt nicht. Wir verabschieden uns kurz, aber innig und ich habe ein flaues Gefühl im Magen. Ist das Angst oder Ungewissheit vor dem, was in den nächsten fünfeinhalb Wochen auf mich zu kommt?

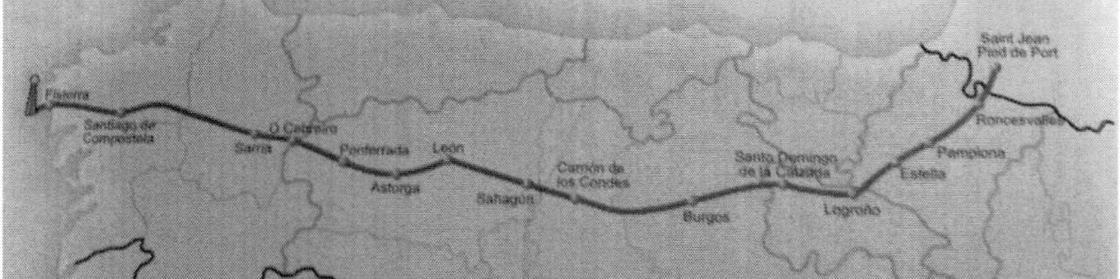

2) Der Jakobsweg, Camino Francés, Nordspanien

Ich heiße Birgit, bin 51 Jahre alt und habe noch nie einen Urlaub dieser Art gemacht. Ich werde 5 ½ Wochen unterwegs sein, um insgesamt 784 Kilometer von Saint Jean Pied de Port bis nach Santiago de Compostela zu laufen. Nichts, außer den Flügen, ist organisiert. Ich möchte ungebunden jeden Tag auf dem Jakobsweg genau so weit laufen, wie meine Füße mich tragen und dann in einem Hotel, einer Pension oder einer Herberge zu Abend essen und übernachten. Kein Stress, keine heimatlichen Probleme, keine Verabredungen – keine Ablenkung eben auf „meinem Weg".

Ich habe meine Familie, Freunde und Arbeitskolleginnen gebeten, nicht anzurufen, solange ich auf dem Camino Francés unterwegs bin. Ich habe auch angekündigt, dass ich mich lediglich einmal bei ihnen melden werde; nur um Entwarnung zu geben, wenn ich in Saint Jean Pied de Port angekommen bin. Meine Eltern bitten darum, dass ich zumindest jeden dritten Tag kurz anrufe, damit sie wissen, dass alles okay ist. Ich kann sie zwar verstehen, aber ich verspreche nichts. Mein Handy ist ja für den Notfall bei mir, hauptsächlich jedoch um damit zu fotografieren und eventuell Videos zu machen.

Ist es richtig, Ruddi mitzunehmen? Ich dürfte ihn auch bei meinen Eltern lassen. Wird er es schaffen, jeden Tag um die 25 Kilometer zu laufen? Ich weiß nicht einmal, ob ich das kann – bei Wind und Wetter? Mögen die Spanier ihn und gewähren uns Unterkunft? Was ist, wenn ich ihn die meiste Zeit tragen muss? Meine Mutter hat gesagt: „Wenn du musst, dann hast du auch die Kraft dafür." Na ja, ich meine: allein der Rucksack hat gute neun Kilo, ohne Wasserflasche, Shampoo, Hundefutter und –tasche. Na prost Mahlzeit! Da sind wir schon bei 13 Kilo. Ruddi könnte ich in einem liebevoll selbst gestrickten Baumwollnetz, das vorne am Rucksack mit Karabinerhaken befestigt wird, tragen.

Ich fliege um 6.25 Uhr von Düsseldorf nach Paris. Um 10.15 Uhr geht es weiter nach Biarritz. Die beiden Flüge sind pünktlich und angenehm. Ruddi liegt in seiner „Trixi"-Tasche zwischen meinen Füßen und es ist ihm quasi wurscht, dass wir starten, fliegen und landen. Der Hund ist acht Jahre alt, vorher noch nie geflogen und ist die Gelassenheit selbst.

In Biarritz nehme ich eine Stunde nach der Landung den Bus Richtung Bayonne. Die Fahrt dauert zirka eine Stunde und ist französisch wild. Der Busfahrer ist sehr gut gelaunt und temperamentvoll. Nachdem ich bei den ersten drei Haltestellen aufspringe und etwas panisch frage, ob ich aussteigen muss, macht er mir klar, dass er Bescheid sagt, wenn es soweit ist. Es ist dann ungefähr die zweihundertfünfzigste Haltestelle.

In Bayonne kaufe ich für mich und Ruddi die Tickets für den „Bummelzug“ nach Saint Jean Pied de Port. Ich muss zwei lange Stunden warten. Die Gegend rund um den Bahnhof lädt nicht gerade zum Spaziergang ein, deshalb bleibe ich an Ort und Stelle und bewege mich ungeduldig auf ungefähr 100 Metern Vorplatz hin und her. Ich halte Ausschau nach Pilgerkollegen und entdecke entzückt drei oder vier dieser Art. Schön! Dann bin ich also nicht die einzige auf dem Jakobsweg. Im Zug komme ich aus dem Staunen allerdings gar nicht mehr heraus, als dieser sich mit mindestens 50 Pilgern füllt. „Wo waren die die ganze Zeit?!“ Die Bahnfahrt ist mehr als gemütlich – es ist in der Tat ein Bummelzug.

Eineinviertel Stunden fährt der Zug die 56 Kilometer durch eine reizvolle Landschaft ständig an einem Fluss entlang. Langsam wird der Strom wilder, was auf Steigungen hindeutet. Wir kommen den Pyrenäen immer näher. Schafe und Kühe grasen auf den zahlreichen Weiden. Ab und zu sehe ich ein kleines Dorf, bestehend aus vier oder fünf Häusern. Vor jedem Tunnel pfeift der Zug. Ruddi liegt auf seiner hellblauen Decke total relaxed auf dem Sitz mir gegenüber. Der tut so, als wäre er mehrmals in der Woche mit der Bahn unterwegs. Als der Schaffner die Tickets kontrolliert nimmt er das dösende Tier erstmal gar nicht wahr. Er schaut fragend zwischen dem Fahrschein für einen Hund und mir hin und her. Als ich auf Ruddi zeige, muss er lächeln. Ich habe diese Fahrt sehr genossen.

Gleicher Tag
Saint Jean Pied de Port (1500 Einwohner), 160 m üdM, französisches Baskenland
Herberge, 5-Bett-Zimmer, 15 Euro inklusive Frühstück

In Saint Jean Pied de Port am klitzekleinen Bahnhof angekommen, steigen alle aus. Ich staune über die vielen Rucksäcke auf den Rücken. Nach ein paar Minuten Hinterherlaufen – der Mensch ist ja ein Herdentier – sprechen mich zwei Energie geladene Frauen meines Alters auf Französisch an. Sie sind vollkommen entzückt von Ruddi und erklären mir schwungvoll, wo das Pilgerbüro ist. Mit Händen und Füßen verständigen wir uns. Von meinem Schulfranzösisch ist natürlich nicht mehr viel übrig geblieben und ich finde es echt anstrengend, die Damen verstehen zu wollen. Ich gehe Richtung

Pilgerbüro und die beiden begegnen mir noch zwei, drei Mal. Sie passen auf, dass ich auch ja den richtigen Weg nehme.

Das Pilgerbüro ist sehr klein und voll mit Rucksäcken, die auf dem Boden stehen oder an Menschen hängen. Karsten arbeitet den ersten Tag hier und beweist eine göttliche Geduld mit den Leuten und ihren tausend sich wiederholenden Fragen. Ich bekomme meinen Pilgerausweis und nehme gleich für eine Spende von zwei Euro eine wunderschöne Jakobsmuschel mit. Sie ist das Erkennungsmerkmal der Pilger. Früher wurde sie auf der Wallfahrt zum Wasserschöpfen benutzt.

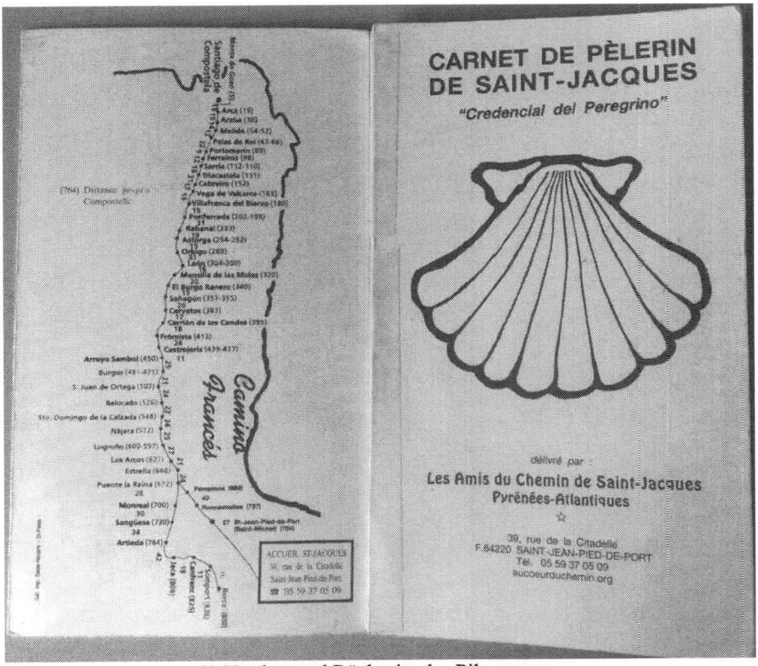

3) Vorder- und Rückseite des Pilgerpasses

Kaum wieder draußen an der frischen Luft, sind die beiden „Französinnen“ zur Stelle und machen mir wild gestikulierend klar, dass ich ihnen folgen solle. Die Mädels versuchen sogar Deutsch zu sprechen! Nee, da ist mein Rest-Französisch besser! Sie haben wohl eine ganz tolle Unterkunft oder so etwas für mich. Es ist lediglich eine Vermutung, dass sie selbst vermieten – und zwar besonders schöne, große oder preiswerte Zimmer. Die Mesdemoiselles sind total begeistert, möchten mich so gerne anstecken und ich verstehe nur

Bahnhof. Ich wehre ab, will mich nicht stressen lassen - erstmal ankommen und in Ruhe den Ort ansehen. Vielleicht finde ich ja bei dieser Gelegenheit eine nette Pension.

Das Pilgern muss sowieso bis morgen warten, weil auf den Wegen über die Pyrenäen Schnee liegt und Karsten dringend davon abgeraten hat. Er weiß außerdem, dass alle Betten in Honto und Orrison belegt sind. Überhaupt solle man immer reservieren, auch die Herbergen. Gerade heute ist - neben den anderen zahlreichen Pilgern - eine dreißigköpfige Gruppe Schweden mit Fahrrädern gestartet und die brauchen viele Schlafplätze. Zu allem Übel ist es schon 17 Uhr. Könnte ein bisschen spät sein?! Oder soll ich vielleicht doch noch …? Ich lass es.

4) Saint Jean Pied de Port, Altstadt

In Saint Jean Pied de Port muss man schon die Bergschuhe anziehen. Die kleinen schnuckeligen, kopfsteingepflasterten Gässchen mit ihren Häusern im alten navarresischen Stil führen bergauf oder bergab. So gut wie alle! Wenn es zu extrem wird, sind die Bürgersteige mit Stufen versehen. Ich kann kaum glauben, dass hier auch Autos durchfahren. Doch sie tun es! Zwar ganz wenige und im Schneckentempo – aber sie tun es! Ich glaube, die sind so langsam unterwegs, damit der Fahrer jederzeit stehen bleiben kann, um ein Pläuschchen mit den Passanten zu halten. Total gemütlich.

In dieser Idylle treffe ich eine Familie – Mutter, Vater, Kind, großer Hund an Leine – und die Frau tritt doch tatsächlich nach meinem Ruddi, weil er es gewagt hat, sich ihrem Hund zu nähern. Sie hat ihn zwar nicht getroffen, aber allein die Absicht lässt bei mir alle Alarmglocken läuten. Ich bin so entsetzt, dass ich nur hinterher rufen kann: „Haben Sie eigentlich nen Knall?“ Die sind aber „angeblich“ schon außer Hörweite.

In diesem Moment klingelt mein Handy. Meine Eltern wollen wissen, ob alles in Ordnung ist und ich gut angekommen bin. Ich erzähle voller Entsetzen von dem Vorfall und finde das als Auftakt für den „Camino mit Hund“ frustrierend. Ich hätte mich lieber lachend am Telefon gemeldet. Jetzt aber bin ich wütend und stelle fest, dass ich das lieber vor meinen Eltern verbergen würde. Getreu dem Motto: „Alles klar, kann nicht besser sein.“ Drei Minuten früher hätte ich das, ruhigen Gewissens, sagen können.

Am Ortsrand gibt es eine Hauptverkehrsstraße, auf der unerwartet viel los ist. Gegenüber, auf einem Hügel gelegen, entdecke ich einen kleinen Park mit einem riesengroßen Spielplatz. Von hier oben hat man einen wunderschönen Blick auf Saint Jean Pied de Port. Ich halte inne und realisiere jetzt erst, dass in diesem kleinen Ort mein ganz persönlicher Camino anfängt.

Ich setzte mich auf eine der Stufen, die zur Stadt hinunterführen, atme tief durch und höre in mich hinein. Was hab ich mir da vorgenommen? Fast 800 Kilometer liegen vor mir! Mit anderen Worten: Zu Fuß von Hamburg nach München laufen! Ich soll über die Pyrenäen wandern? Hätte besser doch ein bisschen trainiert, anstatt mich wochenlang nur auf meinen Rucksackinhalt zu konzentrieren! Auf einmal bin ich total verunsichert. Mein Vater hat vielleicht Recht, wenn er sagt: „Du machst immer Sachen, ohne vorher zu überlegen. Du bist ein bisschen „bekloppt“. Typisch Tochter!“ Moment mal: Das kann ich so nicht stehen lassen, oder?! Ich habe in den letzten Wochen viel gegrübelt, aber jetzt ist die Zeit der Taten gekommen. Frohen Mutes steige ich die Treppe hinab. Nur das TUN zeigt, ob es geht. Da bringt alles Nachdenken gar nichts. Es kommt eh immer anders, als man denkt.

Als mir bewusst wird, wie viele Pilger hier rumlaufen, werde ich doch so langsam unruhig und suche lieber sofort ein Zimmer. Der Stadtplan zeigt mir ganz in der Nähe eine Herberge auf der

„Hauptgasse“ in der Altstadt und ich begebe mich dorthin. Die Französinnen habe ich nicht mehr gesehen. Vielleicht sind sie ja in einen der vielen Rucksäcke gehüpft, um mal aus ihrem Dorf raus zu kommen und den Camino kennenzulernen.

Die Herberge ist ein uraltes Gebäude von 1500-irgendwas mit einer Holztreppe, die teilweise Löcher in den Stufen hat. Die Empore weist eine starke Neigung zur Raummitte auf, so dass Ruddi schon mal gleich streikt und keinen Schritt mehr weitergeht. Er denkt bestimmt, wie ich, dass die Holzkonstruktion jeden Moment zusammenbricht. Das Zimmer hat große Schimmelflecken an den Wänden und der Decke. Die fünf Betten sind klamm. Kein Wunder! Das einzige Fenster gewährt lediglich Aussicht auf die baufällige innen liegende Empore. Super - zu fünft in einem Raum ohne Frischluftzufuhr schlafen! Eigentlich will ich nur noch weg – aber wohin? Vielleicht ist das hier normal! Ich bin jetzt ein Pilger, oder? Soll ich weinen? „Nein, nimm es, wie es ist“, flüstert meine innere Stimme.

Ich teile das Zimmer mit drei Mädels aus München. Glücklicherweise akzeptieren sie meinen Hund, ansonsten wäre der Herbergsvater hart geblieben und hätte mich weggeschickt. Tiere haben in Herbergen nämlich nichts zu suchen! Warum? Sie könnten Flöhe oder ähnliches Getier einschleusen. Ach so! Schimmel und feuchte Matratzen sind aber erlaubt, oder was?! Nachdem ich den Rucksack abgestellt und noch ein paar Sätze mit den Münchnerinnen gewechselt habe, stürze ich mich ins pralle Leben des zuckersüßen Örtchens.

Also, ich gehe jetzt nicht zum Tanzen oder in die Disco, sondern Ruddi spaziert mit mir noch einmal durch den Ort. Unter anderem wage ich einen Blick auf den Startpunkt des Camino Francés und kann es kaum glauben: Das geht ohne sichtbares Ende weiter so steil hoch wie im Ort – ach du lieber Himmel! Da komm ich nie hoch! Eigentlich war das von Anfang an klar. Es gilt, knappe 1300 Höhenmeter zu überwinden. Ich schieße ein paar Fotos, um das Unfassbare auch meinen Mitbewohnerinnen zu zeigen. Während des Sonnenuntergangs, der mich wieder versöhnlich stimmt, spazieren wir am Ufer der Nive entlang und kommen über eine mittelalterliche Brücke zurück zum Ortskern.

Ich treffe wieder auf die beiden Mädels, die höchstwahrscheinlich Zimmer vermieten und noch einmal versuchen sie in Französisch, Deutsch und mit Händen und Füßen mich irgendwo hinzubewegen. Die gute Laune dieser Frauen ist ansteckend und nachdem ich mir ein noch warmes, köstliches Baguette „ohne was drauf" gekauft habe, laufe ich ihnen, gespannt wo es wohl hingehen wird, hinterher. Wer weiß, vielleicht bieten sie mir wirklich ein exquisites Zimmer an und ich kann der Schimmelhölle doch noch entkommen!

5) Saint Jean Pied de Port, Nive

Sie freuen sich ein Loch in den Bauch und führen mich schnurstracks genau zu der Herberge, in der ich diese Nacht wohne. Als uns das klar wird, sind die beiden nicht mehr in ihrer Begeisterung zu bremsen. Auch wenn ich den sympathischen Frauen Besseres zugetraut hätte, bin ich froh – nein! - ich raste aus vor lauter Freude darüber, dass ich ihnen nicht gleichgültig bin und sie mich schlussendlich doch noch in einem ihrer Herbergszimmer untergebracht wissen.

Nach zirka zwei Stunden bin ich zurück in „meinem" schimmeligen Gemach. Die drei Münchnerinnen sitzen um den kleinen, runden Tisch herum und machen „a Brotzeit". Ruddi wird ohne Zögern liebevoll mit Stinkkäse und Wurst gefüttert. Stinkkäse in einem fensterlosen Zimmer ist echt gemein! Ich erzähle den Mädels, wie der Camino anfängt und zeige ihnen die Fotos. Sie sind nicht so sehr beeindruckt. Liegt entweder am Foto oder daran, dass sie die Berge zu Hause vor der Tür haben.

Ich bin sehr müde und beschließe, mich schon mal hinzulegen. Sitzen geht sowieso nicht, weil ich in einem Etagenbett schlafe und nur auf der Kante nach vorne gebeugt Platz nehmen kann. Vollständig angezogen (vielleicht muss ich ja flüchten!?) lege ich mich zum ersten Mal in meinem Leben in einen Schlafsack. Ruddi krabbelt gleich mit hinein. Der Platz in der „Döshülle" ist zwar ziemlich knapp bemessen, aber ich genieße seine Nähe trotzdem, denn ich fühle, dass ich nicht alleine bin.

Wir vier Frauen unterhalten uns noch ein bisschen und sehr bald werde ich fast vom Sandmännchen überwältigt. An Schlaf ist aber nicht zu denken, denn meine Zimmergenossinnen sind noch „very busy". Ich lasse mich kurz darüber aus, wie entsetzt ich von dem Zustand dieser Unterkunft bin und bekomme zur Antwort: „Gewöhn Dich lieber daran, besser wird das in den nächsten Wochen nicht." Ich höre wohl nicht richtig und antworte kurz und knapp: „Für mich mit Sicherheit."

Die fleißigen Süddeutschen packen wie auf Kommando ihren Rucksack vollständig aus. Hunderte Plastiktüten und –tütchen werden aufgemacht, wieder verschlossen und zurück in den Rucksack gesteckt. Dann wird doch nochmal alles ausgepackt und wieder eingepackt. Danach gehen alle duschen und packen ein weiteres Mal ihre Rucksäcke aus, weil blöderweise die Nachtwäsche mit eingepackt wurde. Amüsiert schaue und höre ich unauffällig zu und staune darüber, was die so alles dabeihaben. Vom Gaskocher über Topf und Pfanne bis hin zum Teller und zur Tasse. Warme und kalte Kleidung und Schuhe, Essen für ein Picknick wird auch immer dabei sein, höre ich. Medikamente, Bachblüten, Salben, Verbände und Pflaster in allen Größen für alle Fälle kommen zum Vorschein. Überdimensionale Schlafsäcke liegen auf den Betten bereit und ich höre, dass allein die je zwei Kilo und mehr wiegen. Ich frage mich, wie diese zirka dreißigjährigen, untrainierten Frauen mit dem Wahnsinnsgepäck über die Berge und Wochen kommen wollen. Ich habe allerdings jetzt das Gefühl, meinen Rucksack komplett falsch gepackt zu haben und versuche, die Panikattacke in den Griff zu bekommen. Ich weiß nicht um wie viel Uhr, aber irgendwas so um Mitternacht kehrt Ruhe ein, und tatsächlich schlafe ich auch relativ schnell ein.

Dienstag, 15. April 2008
Saint Jean Pied de Port (immer noch), 160 m üdM
1. Etappe bis Orrison, 8 km

Morgens gegen sechs werde ich wach vom Rascheln genau der Plastiktüten, die gestern schon mehrmals ausgepackt wurden. Nun müssen sie noch mal raus – und zwar bei allen dreien. Ich erlebe in der Aufwachphase nochmal das gleiche, mit dem ich gestern eingeschlafen bin. Nach zirka einer Stunde voller Geduld steht fest: „Ich muss weg! Sofort!“ Ich gehe ins Bad, zieh mich um und begebe mich zum Frühstück. Das gibt es im Erdgeschoss.

Der Raum ist ungefähr 25 Quadratmeter groß, die Wände sind uneben verputzt und lieblos geweißelt. Der Boden ist gefliest. In der Mitte steht ein riesengroßer Tisch mit ungefähr 16 Stühlen drum herum. An zwei Wänden befinden sich alte, vergilbte, wackelige Unterschränke, ein Kühlschrank und Regale, die sich über ein Wiedersehen mit ihrem alten Putzlappen freuen würden. Hier nimmt sich jeder sein Geschirr, Besteck und das was er verzehren möchte.

Zu Essen gibt es Weißbrot, Margarine, rote und gelbe Marmelade. Auf dem Tisch finde ich Milch, eine Kanne Wasser und Kaffee. Dieser ist kalt und so stark, dass der Löffel darin stehen bleibt. Das Brot ist steinhart. Ich muss es in den Kaffee eintunken oder meine Zähne opfern. Schade, dass ich Margarine und Marmelade drauf habe. Was mach ich jetzt? Ohne Essen komm ich ja noch zurecht, aber ohne Kaffee kann mein großes Abenteuer nicht beginnen. Ich bin schon wieder enttäuscht - sehr enttäuscht. Ich habe mich auf ein „richtiges“ Frühstück gefreut. Da ist die Stimme wieder: „Nimm es, wie es ist.“ Also schütte ich viel Milch in den Kaffee, und da dieses Gemisch kalt ist, kann ich das Brot auch darin aufweichen, ohne dass die Margarine sich sofort verflüssigt. Fettaugen hab ich trotzdem auf dem „Kaffee“. Na lecker! Jeder, der zu Ende „gefrühstückt“ hat, spült sein Geschirr und putzt den Platz auf dem Tisch sauber bevor er den Raum verlässt. Ach, so läuft das also in den Herbergen!

Zwei, drei Leute saßen schon hier, als ich den Raum betreten habe. Sind das auch Pilger? Ich weiß es nicht. Vielleicht gehören sie ja auch zur Herberge. Sie sprechen Französisch. Nach und nach trudeln meine Münchnerinnen ein und die beiden Französinnen, die ja wohl hier arbeiten oder denen die Herberge gehört. Ich finde sie außergewöhnlich nett und lustig, eben gut drauf und sie babbeln direkt munter drauflos. Hilfe! Ich versteh nix!

Jetzt rede ich mal einfach drauflos! Sie sollen wissen, wie anstrengend das ist, wenn man die andere Sprache so gar nicht versteht und versuche, sie auf Deutsch zu fragen, wie man den Fluss „Nive“ ausspricht. Eine der beiden guckt mich erheitert und entsetzt zugleich an: „No german, please. Don’t speak german, please (Kein Deutsch, bitte. Sprich kein Deutsch, bitte!!)“ Ich versuch es auf Englisch. Das geht! Sie will mir klarmachen, dass sie das doch nicht wüsste, woher auch. „Die will mich doch hochnehmen“, denke ich und sage lachend: „It is your river. You know it. (Es ist euer Fluss. Du weißt es).“ Sie antwortet: „It is not my river, I don’t know it. (Das ist nicht mein Fluss. Ich weiß es nicht).“ Ich bleibe dran: “Please, tell me how you say NIVE. (Bitte, sag mir, wie NIVE ausgesprochen wird).” Sie, leicht irritiert, aber fröhlich, fast singend: “I don’t know it. I’m from Vancouver, Kanada, I am a pilgrim. My girlfriend, too. (Ich weiß es nicht. Ich bin aus Vancouver in Kanada. Ich bin Pilgerin. Meine Freundin ebenfalls).”

Schön langsam und Stück für Stück verarbeite ich diese unglaubliche Information. Die fürsorglichen „Herbergsmütter“ sind also auch Pilger. Ich breche in schallendes Gelächter aus. Die beiden Frauen gucken mich fragend an, und ich erzähle ihnen, was ich seit gestern Nachmittag über sie gedacht habe. Sie lachen mit und erklären, dass sie mir lediglich helfen wollten, eine der letzten Unterkünfte zu erhaschen. Wie nett von ihnen, die kennen mich doch gar nicht, staune ich. Und wir wissen jetzt, dass wir uns wohl am besten auf Englisch unterhalten, das sprechen sie nämlich so perfekt wie Französisch. Verstehen kann ich Englisch sehr gut und das Sprechen üb ich noch in den nächsten Wochen.

Beide Frauen tragen ein blaues Kunststoffarmband mit gelben Pfeilen drauf. Es ist sehr auffällig und zieht wiederholt meinen Blick an. Ich mache keinen Hehl aus meinem Interesse und erfahre, dass es den Camino mit seinen Wegweisern symbolisiert. Der Schmuck war mir bereits bei unserer ersten Begegnung aufgefallen. Ich wusste aber nicht, was er zu bedeuten hat. Ich bin total begeistert und möchte auch so ein Armband haben. Bin gespannt, wo und wann ich das finde.

Sie heißen übrigens Mary und Lynn. Ich soll immer an Marilyn Monroe denken, dann könnte ich ihre Namen nie mehr vergessen, raten sie mir. Sie haben vor, auf mich, und insbesondere auf Ruddi, aufzupassen und prophezeien mir (wie auch die Münchnerinnen) ich bekäme sicher noch große Probleme wegen ihm. Besonders in

Spanien mag man angeblich keine Hunde und schon gar nicht in Pensionen, Hotels oder gar Herbergen.

Ich versuche, ohne diesen negativen Gedanken, fröhlich und endlich den Jakobsweg anzutreten. Ich hole meinen Rucksack, verabschiede mich von den Frauen und wünsche zum ersten Mal einen „buen Camino“. Der Herbergsvater erinnert mich daran, vielleicht auch mal ein Foto zu machen, zum Beispiel vor der Eingangstür seiner Herberge. Danke, hätte ich jetzt vergessen; dabei ist das eine Premiere – ich habe noch nie im Leben in einer Herberge übernachtet. Ich winke noch den Münchnerinnen zu. Sie verlassen auch gerade das Haus, wollen sich aber im Supermarkt noch was zu essen kaufen. Ich hole mir beim Bäcker nebenan nur ein frisches Baguette und eine Flasche Wasser. Ich hab ja schließlich gefrühstückt.

6) Herbergsvater in Saint Jean Pied de Port

7) Ruddi und ich vor der 1. Etappe

Um 10.20 Uhr verlasse ich, über meine teuren Trekkingstöcke stolpernd, Saint Jean Pied de Port durch die Porte d’Espagne in Richtung Route de Napoléon. Ich wähle den steileren, aber ruhigeren Weg. Wenn Napoléon mit seinen Truppen hier laufen konnte, dann kann ich das auch. Wenn schon, denn schon! An der Nationalstraße entlang laufen kann ja jeder. Optimistisch gehe ich mit kurzen Schritten und schön langsam die sehr stark ansteigende, geteerte, aber wenig befahrene Straße hoch.

Schon bald ist der Ortsrand erreicht und ich habe ausschließlich hügelige Wiesen, Felder, Weiden mit Schafen und Kühen und schneebedeckte Berge um mich herum. Diese Landschaft hat eine außerordentlich beruhigende Wirkung auf mich. Mehrere Pilger überholen mich und ich überlege, wieso die so schnell hier hoch laufen können. So höre auch ich zum ersten Mal den Pilgergruß „buen Camino“ von Vorbeiziehenden.

Nach kurzer Zeit habe ich die grandiose Idee die Wasserflasche, die vorne links am Schultergurt meines Rucksacks gut gelaunt in Ruddi's „Notfallnetz“ baumelt und mich dauernd anrempelt, in eines der beiden praktischen Außennetze zu stecken. Das hat extrem genervt – ich muss schließlich bergauf gehen! Ich fühle mich richtig befreit. Aber ungefähr alle 200 Meter muss ich stehen bleiben und die Landschaft bestaunen. Na gut: Um ehrlich zu sein halte ich an, um meinem Körper gut zuzureden, dass er bitte schön bei unserer Pyrenäen-Überquerung mitmacht. Ruddi läuft fröhlich vor mir her. Er geht halt Gassi.

Nach zirka fünf Kilometern ohne nennenswerten Verkehr, erreiche ich das 500 Meter hoch gelegene Honto. Das sind 340 Höhenmeter auf dem kurzen Stück. Ich verfluche diese blöden Stöcke. Dauernd springen die mir zwischen die Füße. Hätte ich die doch bloß nicht gekauft – lästig, die Dinger! In den Rucksack kommen die mir mit ihren fast 600 Gramm aber nicht.

8) Ortsausgang Saint Jean Pied de Port, Richtung Honto

Nach ungefähr zwei Stunden erreiche ich Honto und sehe Mary und Lynn auf der Terrasse (mit Stühlen!!) des weit und breit einzigen Anwesens. Sie unterhalten sich angeregt mit der Hausherrin und winken mich heran. Ich begebe mich direkt dorthin (gehe nicht über Los) und sinke erschöpft in einen der Stühle. Meine „Betreuerinnen“, die gestern schon ihr Bett in der Albergue in Orrison reserviert haben, raten mir dringend, hier zu übernachten. Wir befinden uns also gerade auf dem Gelände der Honto-Herberge. Ich lehne entschieden ab. Ich will wenigstens bis nach Orrison laufen. Resolut geben sie mir nun bereits zu dritt mit Händen und Füßen zu verstehen, dass das noch drei Kilometer sind und der Weg noch steiler wird. „Außerdem ist schon seit gestern da oben kein Bett mehr frei.“ Die Herbergsmutter bietet mir ein freies Zimmer an. Ohne mich auch nur im Geringsten darauf einzulassen - schließlich will ich ja irgendwann auch in Santiago de Compostela ankommen - sage ich keck: „I want to go to Orrison today (Ich will heute nach Orrison gehen). Buen Camino.“

9) XXXL-Gassi-Gehen in den Pyrenäen

Gleichzeitig setzen wir unseren Weg fort, aber die Kanadierinnen sind schneller als ich. Meine Trekkingstöcke und ich kommen übrigens wider Erwarten mittlerweile doch ganz gut zusammen klar. Ich habe ein wenig das Gefühl, dass das eine sehr innige Freundschaft werden könnte. Solange ich mich nicht auf sie konzentriere, sondern die Dinger einfach machen lasse, schieben sie mich sogar ein bisschen den Berg hoch, anstatt mir „Füßchen“ zu halten.

Ruddi humpelt seit einigen Minuten und ich habe keine Ahnung, warum. Die Sonne scheint vom wolkenlosen Himmel. Es ist sehr, sehr warm, also wäre jetzt hecheln angesagt, aber wieso humpelt er? Ich untersuche seine Pfoten und Beine. Nichts zu erkennen. Ich möchte weinen. Nach dieser Anstrengung bin ich selbst schon zu schwer für meine Beine und Füße, hinzu kommt der Rucksack. Wie soll ich denn jetzt noch Ruddi tragen? Was sagte meine Mutter: „Wenn Du musst, hast Du auch die Kraft dafür.“ Also packe ich ihn in das Netz vorne am Rucksack und schleppe uns beide weiter den Berg rauf. Gerade als eine Träne mein Auge verlassen will, sehe ich das erste Gebäude Orrisons. Dieser Ort versteckt sich also vor verzweifelten Pilgern. Nur zirka 200 Meter nachdem ich Ruddi untersucht habe, bin ich an meinem ersten Etappenziel. Mit einigen Pausen und fix und fertig komme ich also gegen 15 Uhr und nach insgesamt acht quälenden Kilometern hier an. Überraschenderweise ist die Pein blitzschnell vergessen und wird durch ein Glücksgefühl abgelöst – ähnlich wie nach einer Geburt. Daraus schlussfolgere ich: Nicht verzweifeln, nicht denken, einfach weitergehen.

Ich frage in der Herberge nach einer Unterkunft. „Wir sind ausgebucht.“ Was für eine Antwort?! Die nächste Übernachtungsmöglichkeit bietet sich in Roncesvalles, und das ist auf der anderen Seite der Berge und noch 16 Kilometer entfernt. Ich bettele noch ein bisschen rum, aber dadurch wird auch kein Bett frei. Und was mach ich jetzt? Kann mich nicht irgendjemand mit auf seine Matratze lassen?

Auf der Terrasse sitzen meine beiden Wohltäterinnen. Bedrückt nehmen sie mich in Empfang. Sie wissen schon, dass ich nicht bleiben kann. Sie haben bereits bei ihrer Ankunft versucht, auch ein Bett für mich zu reservieren. Wild entschlossen möchten sie Hotels abtelefonieren, damit ich nicht im Straßengraben schlafen muss. Sie sprechen ja Französisch - im Gegensatz zu mir. Also rücke ich mein Handy raus und los geht's. Drei, vier oder fünf Hotels und Pensionen werden angerufen und mit Engelsstimmen befragt, ob sie eine Frau mit einem „petit, petit chien (klitzekleinen Hund)“ aufnehmen. Ich denke: So wird das nix. Hund ist nicht gleich Hund. Meinen Ruddi muss man sehen, und dann klappt's auch mit dem Zimmer. Was soll ich sagen, laut Aussage der Hoteliers gibt es wahrscheinlich in ganz Frankreich kein freies Bett mehr. Mit ungläubigem Gesichtsausdruck starre ich in die atemberaubende Bergwelt – oder nimmt mir die Aussicht auf weitere 16 Kilometer gerade die Luft?

Ich habe keine Zeit zum Trübsal blasen. In diesem Moment kommt ein PKW den Berg runtergefahren und Mary schmeißt sich entschlossen vor diesen. Sie fragt nicht, sondern gibt dem Fahrer den Befehl, mich mitzunehmen - zurück nach Honto. Bevor ich realisieren kann, was gerade passiert, fliegen schon ungefragt mein Rucksack und die Wanderstöcke in den Kofferraum. Mein Handy wird hektisch in meine Handtasche zurückgesteckt, diese mir - sorgfältig verschlossen - um den Hals gehängt und ich samt Ruddi und einem Zettel für die Herbergsmutter in Honto ins Auto geschoben. Wie im Krimi! Die Frauen winken mir erleichtert hinterher. Der Fahrer ist sehr in Eile. Er ist Lehrer in Saint Jean Pied de Port und spät dran.

Wir können uns nicht großartig unterhalten, weil er Franzose ist und kein Englisch oder Deutsch spricht. Er saust den Berg hinab, den ich eben erst mit Tränen in den Augen mit letzter Kraft erklommen habe. Ich komme aus dem Staunen nicht raus - runter wirkt der Weg noch steiler. Hier bin ich hoch gekommen? Ich beantworte es mir tief beeindruckt selbst: „Ja, Birgit, ganz sicher warst Du hier unterwegs!“ Stolz macht sich in mir breit. Und dann kommt der schreckliche Gedanke: Morgen muss ich hier das zweite Mal raufkraxeln! Ich glaube, ich dreh durch. In Honto angekommen, verlasse ich das Auto genauso schnell, wie ich in dieses reingekommen bin. Die Beifahrertür bekommt vom Anfahren den letzten Impuls zum Schließen. Ich rufe noch ein DANKE hinterher und sehe durch die kleine Heckscheibe, wie der Fahrer zum Abschied winkt.

Gleicher Tag
Honto/Untto (50 Einw.), 500 m üdM, französisches Baskenland
Herberge, 3-Bett-Zimmer, 31 Euro inkl. Abendessen und Frühstück

Also schlafe ich doch in Honto. Die Herbergsmutter muss ich erst wieder versöhnlich stimmen, denn ich hatte ihr ja heute Mittag eine Abfuhr erteilt. Sie hat aber tatsächlich noch ein Bett frei. Ein bisschen mürrisch zeigt sie mir ein ebenerdiges Drei-Bett-Zimmer mit einem riesengroßen Bad. Dieser Raum ist fast doppelt so groß, wie der in dem die Betten stehen. Kein Schimmel an den Wänden oder der Decke. Trockene, frisch bezogene Betten und eine großzügige

Terrasse für alle - mit Möbeln! Welch ein Luxus. Ich singe der Frau ein ehrlich gemeintes Loblied auf ihre Herberge und … sie lächelt und macht mir klar, dass ich wahrscheinlich wegen Ruddi alleine in dem Zimmer bleiben werde. Nun ja, was soll ich dazu sagen: „Macht doch nix.“

Nachdem ich rausgefunden habe, dass auf dem Zettel von Lynn auf Französisch die Bitte geschrieben steht, mich Morgenfrüh möglichst wieder nach Orrison hochzufahren, gebe ich ihn an meine Vermieterin weiter und schau sie flehend an. Prompt bekomme ich zur Antwort, dass ihr Bruder das machen kann. Um wie viel Uhr ich denn weg wolle. Ich entscheide mich für acht und das scheint auch kein Problem zu sein. Ob ich denn auch um 20 Uhr Essen kommen wolle, sie kocht selbst und es ist in den 31 Euro, die ich bezahlen muss, inbegriffen. Natürlich mach ich da mit. Mir fällt in diesem Augenblick auf, wie lautstark mein Magen danach schreit.

Ist mir jetzt schon Gott begegnet? Oder wer hat das so gerichtet? Mary und Lynn, ich danke euch! Ich gehe mit der Herbergsmutter in ihr Haus, das sich auf der anderen Straßenseite befindet, um die Formalitäten zu erledigen und den Pilgerpass stempeln zu lassen. Sie mag Ruddi und erzählt, dass sie auch einen Hund hat. Auf meine Bitte hin, holt sie ihn vom Hof ins Haus. Bevor ich ihn begrüßen kann, pinkelt der erstmal ein Regal an, damit wir gleich wissen, dass das seins ist. Sein Frauchen ist entsetzt, schimpft, schmeißt ihn im hohen Bogen wieder raus und wischt natürlich erstmal feucht durch. Tut mir leid, dass das so gelaufen ist. Umstände wollte ich natürlich keine machen. Da sie jetzt sauer ist, ziehe ich es vor, mich zu verabschieden.

Glücklich und erleichtert gehe ich duschen, ziehe mir frische Kleidung an, wasche die getragenen Klamotten auf der Hand und hänge sie auf der Terrasse auf. Ein Ehepaar, ungefähr so alt wie ich, sitzt hier auf der Holzbank am Tisch. Er macht Notizen - sie hängt Wäsche auf. Sofort kommen wir ins Gespräch, nicht zuletzt durch Ruddi. Sie haben auch einen Hund. Wir Frauchen bzw. Herrchen haben uns immer was zu erzählen – erst recht auf dem Camino. Bei ihnen macht sich Sehnsucht breit. Ihr Hundekind ist zu alt für diesen Weg. Wenn ich mir vorstelle, ohne Ruddi unterwegs zu sein, macht es mich auch traurig. Ich weiß, dass er zuhause, egal wo ich ihn unterbringen würde, wahrscheinlich in den Hungerstreik treten oder an gebrochenem Herzen sterben würde. Ich bin fest davon überzeugt, dass wir zwei alle eventuellen Schwierigkeiten meistern werden.

Die beiden Pilger heißen Franz-Josef und Gabi und kommen aus Aachen. Er will im Anschluss an den Camino einen Vortrag darüber halten, deswegen hält er alles penibel genau schriftlich fest. Sie werden auch alle möglichen Sehenswürdigkeiten besuchen. Beide haben ein sehr großes Mitteilungsbedürfnis und reden zum Teil gleichzeitig. Das macht das Zuhören ein bisschen anstrengend, aber ich glaube, sie haben das Herz am richtigen Fleck. Wir genießen den Ausblick und den beginnenden Sonnenuntergang bis wir dann endlich zum Essen gehen können.

Beim Betreten der „Bar“ - es könnte auch die Küche oder das Büro mit einer Theke sein - sehe ich einen sehr mürrischen Mann an einem Tisch, der mit Bürokram überladen ist, sitzen. Der grüßt noch nicht mal. Er ist ungefähr Mitte Fünfzig, untersetzt, hat so gut wie keine Haare auf dem bebrillten Kopf und guckt lustlos einfach nur in die Luft, ohne eine Miene zu verziehen. Welch dunkler Zeitgenosse! Gott sei dank habe ich mit dem nichts weiter zu tun. Der scheint oft hier zu sein, wirkt ein bisschen wie eine Statue, die die Wirtin hingestellt hat und – wenn sie dran denkt – von Zeit zu Zeit abstaubt.

Der Hunger ist bei uns allen sehr groß. Durch das private Wohnzimmer gelangen wir in den Essbereich. Wir nehmen an einem langen Tisch, an dem so um die zwanzig Personen sitzen können, Platz. Es ist ein gemütlicher Raum, mit Ausblick in einen großen, liebevoll angelegten Garten. Hier sehe ich auch den Besitz ergreifenden Haus-und-Hof-Hund liegen. Viele Gedecke stehen bereit. Bevor ich zu Ende überlegen kann, warum für drei Personen so ein langer Tisch gedeckt wird, trudeln nach und nach immer mehr Gäste ein. Und wieder denke ich: Wo kommen die denn jetzt her? Ich dachte, wir drei wären heute die einzigen Gäste. Es handelt sich nicht bei allen um Pilger. Hier gibt es auch Pensionszimmer für Menschen, die in den Bergen einen ganz normalen Urlaub machen. Klar, warum nicht? In den letzten 20 Jahren habe ich mich mehr als 30 Mal in Thomasgschieß in der Oberpfalz in Bayern erholt. Täglich bin ich dort ein Stück über den Jakobsweg gelaufen, ohne zu wissen, dass es ihn überhaupt gibt. Es hat mich allerdings oft gewundert, warum an der tschechischen Grenze in Tillyschanz/Eslarn der Hinweis „Nürnberg 175 km, Santiago de Compostela 2600 km“ auf einer Tafel steht.

Der erste Gang des Abendessens besteht aus Möhrensalat mit viel braunem Essig und einer Pastete. Da lass ich mal die Finger von und bleibe beim trockenen, aber köstlichen Brot. Der zweite Gang sind Bratkartoffeln mit Fleisch. Ich zieh mich an den Bratkartoffeln hoch, ich brauch nicht mehr zu meinem Glück. Das Fleisch lass ich den anderen. Franz-Josef und Gabi haben mir gegenüber Platz genommen und sorgen liebevoll dafür, dass mein Teller nie leer, Ruddi satt wird und ja keine einzige Kartoffel zurück in die Küche geht.

Um uns herum sitzen die anderen Pilger und Urlauber. Kurz bevor wir den Nachtisch serviert bekommen betreten zwei zirka 60 Jahre alten Männer das Esszimmer. Einer von ihnen sieht aus, als wäre er auf ein wildes Tier gestoßen. Die Kleidung ist sehr verschmutzt und sein Gesicht hat Schürfwunden, besonders an der ziemlich prägnanten Nase. Der andere ist zwar auch dreckig, aber nicht verletzt. Ob die sich geprügelt haben? Wir erfahren, dass sie sich ganz böse verlaufen und aus den fünf Kilometern ungefähr zwanzig gemacht haben. Sie wurden in Saint Jean Pied de Port schon in die Irre geführt und sind in die entgegengesetzte Richtung gegangen. Nachdem sie das feststellt hatten, gingen sie zwar in die richtige Richtung, aber den falschen Weg. Daraufhin nahmen sie Feld- und Wiesenwege und mussten auch des Öfteren über Zäune klettern. Dabei ist der eine der beiden dann gestürzt und hat sich eben verletzt. Ja, ja, aller Anfang ist schwer. Man muss sich erst daran gewöhnen, die in Frankreich noch rot-weißen Wegweiser, zu sehen und ihnen zu folgen.

Der Haus-und-Hof-Hund darf, nachdem die Sonne untergegangen ist, auch ins Haus und lässt Ruddi, den ich an meinem Stuhl angeleint habe, keine ruhige Minute mehr. Dauernd läuft er um ihn herum. Meiner fühlt sich zu recht belästigt und muckt auf. Der mit Heimvorteil gibt aber trotzdem keine Ruhe. Mann, das ist anstrengend und unruhig für alle. Die anderen Gäste sind auf Ruddi's Seite. Er verteidigt lediglich seinen einzigen Quadratmeter, den er an diesem Abend hat. Irgendwann fällt es auch der Wirtin auf und sie holt ihren Hund in die Küche. Stört mich persönlich nicht, aber ob das die optimale Lösung ist, wage ich zu bezweifeln. Ein paar Gäste finden das unmöglich. Na ja, ich hab da nichts mit zu tun, meiner sitzt neben meinem Stuhl und hat endlich Ruhe.

Den ganzen Abend gibt es Rotwein aus der Region bis zum Abwinken. Da langen wir alle mal so richtig hin und so ist der Abend sehr lustig und beschwingt. Franz-Josef und seine Frau hoffen, dass wir uns nicht so bald aus den Augen verlieren. Bevor die Pilger das Haus verlassen, zahlen sie ihre Rechnungen, damit sie am Morgen zu früher Stunde loslaufen können.

Zurück in meinem Zimmer. Ich muss an die bayerischen Mädels denken. Ich habe sie den ganzen Tag nicht mehr gesehen. Schneller als ich sind sie also nicht. Ruddi schläft am Fußende des Bettes, nach meiner liebevollen Massage und zehn minütigen Reiki-Sitzung, völlig entspannt, auf seiner Decke. Kaum liege ich, wohl bemerkt im trockenen, frisch und komplett bezogenen Bett inklusive Zudecke, bin ich auch schon eingeschlafen. Der Schlafsack hat heute frei.

Mittwoch, 16. April 2008
Honto/Untto (50 Einwohner), 500 m üdM, franz. Baskenland
2. Etappe bis Roncesvalles, 16,6 km

10) Honto, Blick auf die Pyrenäen im Morgengrauen

Morgens gegen 5.30 Uhr stehe ich auf, also mitten in der Nacht. Ich habe sehr gut geschlafen. Als ich aus dem Bett springen will, schalte ich, ohne zu kuppeln, einen Gang zurück. Ich habe einen ordentlichen Muskelkater. Die beste Medizin dagegen heißt Bewegung, also: nicht jammern, weitermachen. Es ist kalt und ich bin ganz schnell angezogen. Ich packe meinen Rucksack direkt komplett ein, damit ich pünktlich um 8.00 Uhr für die Rückfahrt nach Orrison fertig bin.

Ob es heute ein „richtiges“ Frühstück gibt? Ich gehe mit Ruddi über die Straße ins „private Wirtshaus“ und treffe auf Gabi und Franz-

Josef. Der Tisch ist gedeckt. Es gibt leckeres Weißbrot, Butter, rote und gelbe Marmelade, heißen Kaffee und warme Milch. Na also, geht doch! Man wird echt bescheiden. Meine Begeisterung ist sehr groß und ich greife mehrmals zu. Wir unterhalten uns darüber, wie und wo der Camino heute verläuft. Zunächst müssen wir weiter den Berg erklimmen, bis auf 1430 Meter über dem Meeresspiegel. Der Weg ist die nächsten sechs Kilometer zwar geteert, wird aber wahrscheinlich gar nicht mehr von Autofahrern benutzt. Wo würden die auch hinwollen, da oben ist ja nichts los. Kurz vor acht verabschiede ich mich von den Aachenern mit einer Umarmung: „Buen Camino. Bis heute Abend in Roncesvalles.

Als ich durch die „Bar" das Haus verlassen will, sehe ich wieder – oder immer noch? – den Statuen-Mann haargenau so am Tisch sitzen, wie gestern Abend. Regungslos hält er einen Schlüssel in der Hand und schaut starr auf die Wanduhr. Was mag ihm wohl so durch den Kopf gehen? Die Herbergs- und Pensionsmutter kommt dazu und macht mir klar, dass das ihr Bruder sei, der mich jetzt nach Orrison fahren wolle. Ich werde dauernd überrascht, sogar schon am frühen Morgen. Die Statue kann Auto fahren?! Ich darf gespannt sein, was auf mich zukommt. Ich nicke ihm freundlich zu und … er schenkt mir ein klitzekleines Lächeln zurück. Er geht mir voraus, steigt in sein Auto und sitzt dort erstmal. Ja – so kenn ich ihn!

Ich krieche mit dem höllischen Muskelkater so schnell ich kann, die steile Auffahrt zur Herberge hoch, um meinen Rucksack aus dem Zimmer zu holen. Ich höre, wie draußen ein Motor gestartet wird. Hektisch mein Gepäck raffend denke ich: „Oweia, der muss bestimmt dringend irgendwo hin und Orrison liegt zufällig auf seinem Weg. Bitte warte auf mich, fahre nicht ohne mich los. Ich bin dieses Stück Camino gestern schon gelaufen und weiß, wie steil es ist. Ich kann das nicht nochmal tun!" Jetzt höre ich das Auto näher kommen. Er ist so freundlich, mich direkt vor meiner Terrassentür einsteigen zu lassen. Wie zuvorkommend von ihm! Ich stelle mein einziges Gepäckstück mit den Stöcken in den Kofferraum des alten, weißen, kleinen Lieferwagens und steige mit Ruddi vorne ein. Sofort fährt der Mann los – ohne ein Wort. Verunsichert durch sein Schweigen stammele ich nur: „Ich bin so froh, dass Sie mich nach Orrison fahren …" Ich spreche sehr langsam und laut - vielleicht kann er so auch Deutsch verstehen. Mir ist schon mehrmals aufgefallen, dass, wenn jemand fremdartig spricht, viele Leute zwar einfach verzweifelt weiter in ihrer Sprache reden, aber langsamer und vor allen Dingen laut. Mit dieser

Methode komme ich bei ihm nicht durch. Er winkt ab, kann mich nicht verstehen. Ich glaube, ich soll die Klappe halten.

Im ersten - und nur im ersten! - Gang nimmt er den drei Kilometer langen, sehr steilen Weg nach oben. Der kleine Motor hat mein komplettes Mitgefühl, hoffentlich hält er durch. Na ja, auf dem Rückweg kann er sich ja entspannt einfach runter rollen lassen. Zum Glück hat das Auto einen kleinen Wendekreis, sonst müsste der Fahrer rangieren, um die Serpentinen zu bewältigen. Ich habe gestern schon beim Runterfahren mit dem Lehrer gebetet, dass uns niemand entgegenkommt. Auf diesem schmalen Weg hat nur ein Auto Platz. Ich möchte gar nicht wissen, wie die das hier bei Gegenverkehr machen. Das muss unglaublich spannend sein. Auf der einen Straßenseite klebt man meist direkt am Hang und auf der anderen stürzt man ab. Mein Gebet wurde erhört, und wir erreichen Orrison, ohne auf ein anderes Auto zu treffen.

Jedoch sind drei Pilgerinnen unterwegs gewesen, die uns Platz machen mussten. Sie haben sich umgedreht und winkend in das Wageninnere geschaut. Plötzlich waren sie ganz aufgeregt mit ihrer Gestik und Mimik und haben mich angelacht. Als wir an ihnen vorbeigefahren sind, habe ich voller Entsetzen festgestellt, dass das meine Münchnerinnen waren. Die glauben doch jetzt zu recht, dass ich schummeln will und per Anhalter gefahren bin. Wenn ich bremsen könnte, hätte ich voll in die Eisen getreten und erklärt, wie es dazu kam, dass ich mich dieses Etappenstück gemütlich fahren lasse. Ich werde alles dafür tun, die Mädels nochmal wiederzusehen. Das muss ich denen doch sagen!

Vor der Herberge, exakt an der Stelle, an der ich gestern „entführt“ wurde, stoppt der Wagen. Der Mann spricht immer noch nicht, stoppt nur. Ich bedanke mich überschwänglich und möchte ihm fünf Euro in die Hand drücken. Er schaut mich entsetzt an und lehnt mit einem Wort entschieden ab: „No!“ Mir wird klar, dass ich ihn beleidige, wenn ich das Geld nicht sofort wieder einstecke. Ich nehme meine Sachen aus dem Kofferraum und winke ihm mit einem „Merci beaucoup“ auf den Lippen zu. Er wendet und rollt davon, ohne mich eines Blickes zu würdigen. Jeder Jeck ist ja bekanntlich anders. Dieser ist ein besonders liebenswerter.

Mir wird zum ersten Mal klar, dass ich ihn und alle anderen Menschen (Pilger ausgenommen), Tiere, Orte, und Landschaften nicht wiedersehen werde. Ich gehe den Camino Francés. Das heißt, ich bin jeden Tag, jede Stunde woanders und komme nicht mehr zurück. Es gilt also, alles sehr bewusst wahrzunehmen und loszulassen. Man kann es nicht, wie im „normalen“ Leben, später nachholen. Die große Ausnahme ist die Herrin des Anwesens in Honto.

Nun stehe ich hier, gestützt auf meine Wanderstöcke, mit meinem Hund und Rucksack in Orrison und freue mich auf die gut 16 Kilometer meiner zweiten Etappe. Die Sonne scheint vom leicht bewölkten Himmel. Es ist allerdings sehr stürmisch und höchstens 16, 17 Grad Celsius. Der Muskelkater wird bestimmt anfangen zu schnurren, wenn ich mich nach 500 Metern eingelaufen habe. Ich habe es gehofft und darf es auch erleben, Mary und Lynn noch anzutreffen. Sie wollen ebenfalls gerade loslaufen. Als sie mich sehen, schnallen sie nochmal ab und begrüßen mich stürmisch. Ruddi wird geherzt, geküsst und von Kopf bis Schwanzende genau unter die Lupe genommen, ob da auch alles in Gang und in Ordnung ist. „Wie war Deine Nacht? Hat alles geklappt? Habt ihr gefrühstückt? Tut Dir was weh? Wie weit willst Du heute gehen? Hast Du reserviert?“ wollen sie von mir wissen. Ich beantworte alle Fragen der Reihe nach, bis auf die letzte. Wenn sie erfahren, dass ich nicht vorhabe, zu reservieren, werde ich bestimmt ausgeschimpft. Sie freuen sich, dass es mir so gut ergangen ist. Ich bedanke mich von Herzen für alles, was sie bisher für mich getan haben und bin froh, dass sie die Frage nach der Reservierung vergessen haben.

Sie möchten mit mir zusammen ein Stück gehen. Ich lehne ab, weil ich einerseits den Weg alleine gehen muss und andererseits gestern gesehen habe, wie flott die beiden Grazien den Berg hoch laufen können. Als die Rucksäcke perfekt sitzen, verabschieden sie sich mit den Worten: „Buen camino! Bis heute Abend in Roncesvalles. Wo hast Du gebucht?“ Oh nein! Da ist die böse Frage wieder! Ich versuche, ihnen nochmal in meinem Behelfs-Englisch zu erklären, dass ich nicht - und zwar nie - vorhabe, mich durch gebuchte Betten oder Zimmer unter Druck zu setzen. „Aber Du musst das tun, weil die Herbergen keine Hunde einlassen wollen oder dürfen und es oft nur eine Pension oder ein Hotel in den kleinen Dörfern gibt. Und ob die dann einen Hund aufnehmen ist fraglich“, kontern sie entschlossen, „oder Du kaufst Dir ein Zelt!“ Das scheint für sie die beste Idee aller Zeiten zu sein und rechnen sich voller Tatendrang aus in wie vielen Tagen wir die erste Stadt erreichen, in der wir die Campingausrüstung kaufen könnten. WAS? Wer will ein Zelt kaufen?! Mir wird das jetzt wirklich zu viel. Ich bin ja schon groß und weiß selbst, was ich tun und lassen will auf „meinem Weg“. Ihre Idee ignorierend, umarme ich die beiden liebgewonnenen Frauen, wünsche „buen camino“ und verziehe mich in die Bar der Herberge, nur um diese Situation aufzulösen.

Nach fünf Minuten, so gegen halb neun laufen Ruddi und ich endlich los. Mein Hund humpelt immer noch ein bisschen, aber nicht mehr so schlimm wie gestern. Schon nach zirka 100 Metern ist mein Kopf von dem Gespräch vorhin befreit, weil ich vollauf damit beschäftigt bin, die überwältigende Steigung zu schaffen. Ich denke: „Gestern war das eher ein Kinderspiel bis nach Orrison zu gehen. So steil war das doch gar nicht.“

Die Landschaft ist traumhaft schön. Saftig grüne, hügelige Almwiesen und schneebedeckte Bergspitzen im Hintergrund. Der Himmel ist dunkelblau. Wenige weiße Wolken ziehen schnell vorüber. Drei oder vier Mal sehe ich mehrere Pferde, die hier frei herumlaufen. Es herrscht eine göttliche Ruhe. Ich frage mich wieder, wo die ganzen Pilger abgeblieben sind, die eben kurz vor mir in Orrison gestartet sind. Ich habe das Gefühl, als sei ich ganz alleine unterwegs Richtung Santiago de Compostela.

Ich hoffe, dass ich keine rot-weißen Wegweiser übersehe, denn durch die unglaubliche Steigung ist mein Gesicht sehr nah am Boden. Nach ungefähr zwei Kilometern fällt mir auf einer Wiese ein Campingwagen auf. Ich habe die leise Hoffnung, dass der extra für die Pilger hier ist. Vielleicht kann man da Kaffee trinken und mal die Toilette benutzen. Ich hätte beim Frühstück den Orangensaft weglassen sollen. Der treibt! Als ich auf der Zielgeraden bin, setzt sich die vermeintlich fahrbare Pilger-Bar in Bewegung und ich gucke traurig hinterher. Und jetzt? Hallo, ich muss mal! Da vor dem Felsen am Ende der Wiese sind doch noch ein paar Pilger, oder? Eine Frau in einem langen weißen Kleid ist sogar ganz mutig den Felsen hochgeklettert und genießt die Aussicht. Ich spekuliere, ob das wohl eine Braut ist, die vom Altar weggelaufen ist oder gar von ihrem Bräutigam verlassen wurde? Wie unvernünftig, wenn die abstürzt, wer springt dann hinterher? Ich hab keine Zeit, ich muss nach Santiago! Und Hochzeitsgäste sind auch nicht in Sicht. Kurios!

Als ich näher komme, erkenne ich meine Bayern-Frauen und werde plötzlich ganz schnell. Nicht, dass die mir vor der Nase weglaufen, wie eben meine erhoffte Toilette weggefahren ist. Wir begrüßen uns sehr freudig! Ich werde erstmal meine „Anhalter-Geschichte“ los und hoffe, dass das jetzt geklärt ist. „Ich werde den Camino eher abbrechen, bevor ich irgendeinen fahrbaren Untersatz benutze, um weiterzukommen“, teile ich feierlich mit und erkundige mich danach, wie es ihnen gestern ergangen ist. Sie erzählen mir, dass der Weg aus Saint Jean Pied de Port schwerer zu bewältigen war, als sie dachten und sie sehr, sehr langsam und mit vielen Pausen gegangen sind. Sie haben in Orrison übernachtet und sind in aller Herrgottsfrühe gestartet. Medikamente und Bachblüten sind auch schon zum Einsatz gekommen, weil eine von ihnen Muskelzerrungen und Schulterprobleme hat.

11) Ist das eine Braut?

Ich erzähle von Ruddi‘s Gehumpel und zack - bevor ich von meiner Massage und Reiki-Sitzung sprechen kann - habe ich auch schon drei winzig kleine Bachblüten-Kügelchen für ihn auf der Hand liegen. Die könnten auf keinen Fall schaden, und ich solle sie im in die Lefzen legen. Da ich weiß, dass das nur helfen kann, mach ich das prompt. Ich bekomme noch den Tipp, ihn auf keinen Fall mit Schmerzgel zu behandeln. Da ist ein Wirkstoff drin, der den Hund sofort tot umfallen lässt, wenn er es ableckt. Ich freue und wundere mich sehr über die Fürsorge auch dieser Frauen.

Ich lasse jetzt mal meinen Blick schweifen und muss unvermittelt laut lachen. Die weiß gekleidete Person ist die „Jungfrau vom

Biakorri“, eine Statue – die denkt gar nicht daran, zu heiraten und fällt auch nicht den Fels runter. Die beiden Münchnerinnen stimmen in mein Lachen ein, als ich von meiner Beobachtung berichte.

Mir ist gar nicht aufgefallen, dass sich eine von ihnen entfernt hatte. Ich sehe, wie sie hinter dem Felsen hervorkommt – ohne Rucksack. Na klar, ich weiß, warum sie weg gewesen ist. „Na! Orangensaft getrunken?“ Ich muss da auch hin. Ich habe echte Angst abzustürzen, als ich bei diesem starken Sturm auf dem Felsen rumklettere. Jedoch haben noch nicht viele Menschen beim Pinkeln so eine spektakuläre Aussicht gehabt. Beim Hose-hoch-ziehen wird es noch mal spannend und ich ermahne mich selbst: „Nur nicht runter gucken und das Gleichgewicht verlieren, Birgit.“ Der Wohnwagen wäre intimer und ungefährlicher gewesen, aber dann hätten meine Augen echt was verpasst.

12) Aussicht vom Adler-Landeplatz

Glücklich und erleichtert wieder bei den Mädels zurück - sie haben auf meinen Rucksack und Ruddi aufgepasst - berichten sie mir, dass das wohl ein Adler-Landeplatz sei, auf dem ich mich eben so unbeobachtet gefühlt habe. Im Nachhinein wird mir noch ganz anders. Meine Fantasie droht, mit mir durchzugehen. Wenn ein Spatz in meine Richtung geflogen kommt, gerate ich schon in Panik und laufe schreiend weg. Was, wenn ein Adler auf mich zu gesegelt kommt und mich auf seinem Gäste-WC erwischt? Ich wäre unkontrolliert losgerannt und abgestürzt, beziehungsweise freiwillig runter gesprungen und müsste den ganzen Berg nochmal rauflaufen. Oh Mann, hab ich ein Glück – oder haben die Münchnerinnen die Adler frei erfunden!?

Ich habe mich sehr gefreut, die Frauen, mit denen ich meine erste Pilgernacht verbracht habe, hier zu treffen. Aber nun trennen sich unsere Wege auch wieder. Ich lasse sie ziehen und rauche in Ruhe noch eine Zigarette. Dann setze ich entspannt meinen Weg durch die Pyrenäen fort. Der Sturm wird immer stärker. Ich lasse Ruddi nicht von der Leine, weil ich Angst habe, dass er von einer Bö erfasst wird, vom Weg geweht wird und abstürzt. Ich muss mich sehr darauf konzentrieren, in der Mitte der schmalen Straße zu bleiben, damit ich nicht den Abflug mache. Das wäre fatal für Ruddi, denn seine Leine ist am Hüft-Gurt meines Rucksacks befestigt. Zweimal fährt ein Auto hinter mir. Ich weiß nicht wie lange der Fahrer hupen muss, bis ich es wahrnehme. Der Wind kommt von vorne und ist so laut, dass das Motorengeräusch nicht zu hören ist. Radpilger steigen vom Rad, weil sie den enormen Anstieg in Kombination mit dem Sturm auch mit dem besten Mountainbike nicht schaffen können.

Nach vier oder fünf gewanderten Kilometern erblicke ich zu meiner Rechten eine riesige Wiese, auf der so um die 20 Pilger picknicken. Allein oder in Mini-Grüppchen sitzen sie da und trotzen dem aufmüpfigen Wind. Einige winken mir zu, ich solle zu ihnen kommen, auch die Münchnerinnen. Ich winke fröhlich zurück, rufe ihnen ein „buen camino“ zu und gehe weiter. Ich möchte jetzt keine Pause machen. Ich will endlich über den Berg und mal abwärts gehen.

Ungefähr 50 Meter voraus geht ein Mann, der mir vor einer halben Stunde das erste Mal aufgefallen ist, als er in einer windgeschützten Felsspalte eine Rast eingelegt hatte. Er geht zwar schneller als ich, aber er muss alle paar Meter stehenbleiben und – sich weit nach vorne gebeugt auf seine Stöcke stützend - nach Luft schnappen. Hoffentlich schafft der den Aufstieg unbeschadet.

Die nächsten zwei, drei Kilometer laufen wir immer im gleichen Abstand. Es ist nicht mehr ganz so steil. Das Gehen ist jetzt entspannter. Ich sehe wie der Mann vor mir einem Weg folgt, der eine Richtung aufweist, die nicht zum Camino passt. An der Kreuzung, an der er links abgebogen ist, gehe ich deshalb geradeaus. Nach 100

Metern stehe ich am Abgrund und könnte zwar rechts abbiegen, aber da ist kein rotweißer oder gelber Camino-Hinweis. Der schreckliche Gedanke, dass ich mich verlaufen haben könnte, steigt in mir hoch. Ich gehe zurück zu der Kreuzung und jetzt kommt mir der Mann, dem ich so brav hinterher gelaufen bin, entgegen und sagt: „Ich glaube, wir haben ein Problem." Ich antworte: „Wir müssen zurück. Das ist nicht mehr der Camino." So langsam dämmert es mir: vorhin auf der Wiese haben die Leute nicht einfach nur gewunken, sondern wollten mich auf den richtigen Weg lenken. Die haben sich bestimmt die Seele aus dem Leib gebrüllt, aber durch den Sturm konnte ich sie nicht hören. Tja, dumm gelaufen! Aber: „Für irgendwas ist das gut", lautet stets mein Motto.

Wir sehen uns ratlos an, wälzen unsere Reiseführer und die Karte aus dem Pilgerbüro und fragen zwei Spaziergänger nach dem Weg zum „Rolandsbrunnen". Hier oben auf dem Bergkamm verläuft die Grenze nach Spanien. Sie zeigen auf einen Weg, der nicht wirklich einer ist. Es ist ein schmaler Trampelpfad, der durch die Schneeschmelze und das nasse Gras überaus matschig und rutschig ist. Und das bei dem orkanartigen Sturm. Na, herzlichen Glückwunsch! Wir sollen den Wanderern hinterher gehen, die in der Ferne so gerade noch zu sehen sind. Das ist uns eine Überlegung wert: Entweder zwei oder drei Kilometer zurücklaufen - wer weiß, an welcher Stelle wir uns verlaufen haben - oder den Leuten hinterher, die auch Bauern sein könnten, die ihre Felder begutachten.

Mein „persönlicher Bergführer" heißt Hermann und ist wild entschlossen, den Trampelpfad zu nehmen. Auch auf die Gefahr hin, dass er dann noch weiter zurück müsste, wenn es da oben nicht weitergehen sollte. Ich schließe mich ihm an, allerdings ohne feste Überzeugung, ob das die richtige Entscheidung ist. Gesagt, getan. Der Weg ist die reinste Katastrophe, aber wir kämpfen uns tapfer durch den glitschigen Matsch und den Sturm. Ab und zu ist auch der Pfad nicht mehr zu erkennen. Ich versuche, die Angst vor einem Sturz zu unterdrücken. Es wäre ein Drama, wegen einer Verletzung nicht weiterlaufen zu können. Santiago wartet doch auf mich. Meine Zweifel werden immer größer. Soll ich doch noch zurückgehen? Meine Gedanken und Gefühle kommen bei Hermann an. Er bittet mich, ihm zu vertrauen. Ich solle immer in seinen Fußstapfen bleiben, dann könne nichts passieren.

Ganz oben angekommen, kreist ein Lämmergeier in Augenhöhe mit uns über eine leicht schneebedeckte Wiese. So einen großen

Vogel habe ich noch nie gesehen und denke mit Schrecken an den „Adler-Landeplatz“. Die beiden Wanderer vor uns haben wir vor einer Weile in der Bergwelt aus den Augen verloren. Jetzt können wir sie wieder erblicken. Sie machen gerade eine Pause und als wir sie erreichen, fragen sie uns nach dem Weg nach Roncesvalles. Na prima! Ein Pilger läuft dem anderen hinterher und der an der Spitze nimmt den falschen Weg. Der Mensch ist wirklich ein Herdentier. Da der Weg aber langsam besser wird und die ganze Zeit an der spanischen Grenze entlang führt, gehen wir - na sagen wir mal: munter - weiter. Ich schätze, dass es um die zwei Kilometer sind die wir mittlerweile im Ungewissen über diesen Trampelpfad laufen.

Plötzlich, für mich vollkommen unerwartet, sind wir jedenfalls am 1344 Meter hoch gelegenen Rolandsbrunnen. Und der ist ganz sicher auf dem Jakobsweg. Ich kann es kaum glauben. Zuerst einmal trinken wir Wasser aus der Quelle, dann setzen wir uns auf den Brunnenrand und freuen uns, wie die Kinder an Weihnachten, über jeden Pilger der hier vorbeikommt.

13) am Rolandsbrunnen, endlich wieder auf dem Camino

Endlich kann ich Ruddi die blöde Leine abnehmen. Der Sturm ist nämlich in Frankreich geblieben. Wir sind jetzt in Spanien und am

Ende mit unserer Kraft. Es ist 13 Uhr und wir haben noch gute zehn Kilometer vor uns. Die Hälfte dieser Strecke führt weiterhin bergauf und danach auf nur fünf Kilometern fast fünfhundert Höhenmeter bergab. Soll ich mich darüber freuen, oder nicht? Lässt der Pilger sich da einfach den Berg runter rollen oder gibt es eine Treppe oder gar einen Lift? Ohne geht das doch gar nicht, oder? Bin gespannt wie das weitergeht. Ich wünschte, ich hätte irgendwas zu essen, die letzten Kilometer waren wirklich Kraft raubend.

Ich konzentriere mich auf drei Pilger, die auf Pferden unterwegs sind. Sie haben einen großen Hund dabei. Der ist zwar lieb, aber durch die matschigen Wege „dreckig wie die Sau". Er springt fast jeden vor lauter Freude mehrmals an. Wir sind zwar nicht in Abendgarderobe unterwegs, aber bis eben waren wir wenigstens „oben rum" noch sauber. Die Reiter könnten ihren Hund ja mal zurückpfeifen, aber sie denken nicht daran, schauen noch nicht mal hin. Manche Hundebesitzer sind unmöglich.

Bevor ich mich weiter in diese Begebenheit hineinsteigern kann, stupst Hermann mich an und hält mir ein halbes Baguette mit dicken, fetten Scheiben Fleischwurst drauf, vor die Nase. Er teilt sein einziges Brot mit mir. Ich könnte ihn knutschen. Er hat mich vor dem sicheren Hungertod bewahrt. Das war das leckerste Wurstbrot, das ich in meinem Leben gegessen habe – und da war keine Butter drauf! Danach ging es mir wesentlich besser. Wenn ich mich nicht verlaufen hätte, hätte ich Hermann nicht kennengelernt, keinen Lämmergeier gesehen und das beste Fleischwurst-Baguette aller Zeiten verpasst. Ich sage ja: „Nichts passiert einfach so, für irgendwas ist es immer gut." Und mir fällt auf, dass mein insgeheimer Wunsch nach Essen spontan erfüllt wurde. Mein „universeller Topp-Manager" - manche nennen ihn auch Gott oder Allah oder ganz anders - hat alles prima organisiert. Danke!

Gemeinsam setzen wir unseren Weg fort. Er führt uns durch einen Buchenwald. Hier oben wird der Wald nicht gefegt. Auf dem Weg liegt knöchelhoch Laub, und da der Schnee schmilzt, vereinigt sich das Wasser mit dem Laub und dem Waldboden. Es ist eine schlammige, zähflüssige Pampe, die einem im wahrsten Sinne des Wortes, fast die Schuhe auszieht. Man kann nicht erkennen, ob darunter Wurzeln oder Steine liegen und muss bei jedem Schritt damit rechnen, dass der Fuß nicht so aufsetzt, wie man es erwartet. Da sich am Rolandsbrunnen viele Pilger ausgeruht haben, sind wir jetzt doch so um die zehn, zwölf Leute, die hier zusammen unterwegs sind. Es ist ein wildes Zickzack-Laufen und beim ein oder anderen bleibt tatsächlich der Schuh im Matsch stecken. Die Flüche möchte ich an dieser Stelle nicht wiedergeben. Ruddi versucht verzweifelt zu schweben, er hasst nasse Pfoten und sieht – noch schlimmer als der Hund am Brunnen - auch aus wie „die Sau“. Zu unserer Linken ist der schneebedeckte Hang. Plötzlich bleibt Hermann stehen und zeigt mit einem seiner Wanderstöcke auf etwas, das jemand in den Schnee gemalt hat: Das Bild stellt einen kleinen Hund dar. Darüber steht „Rudi“ geschrieben.

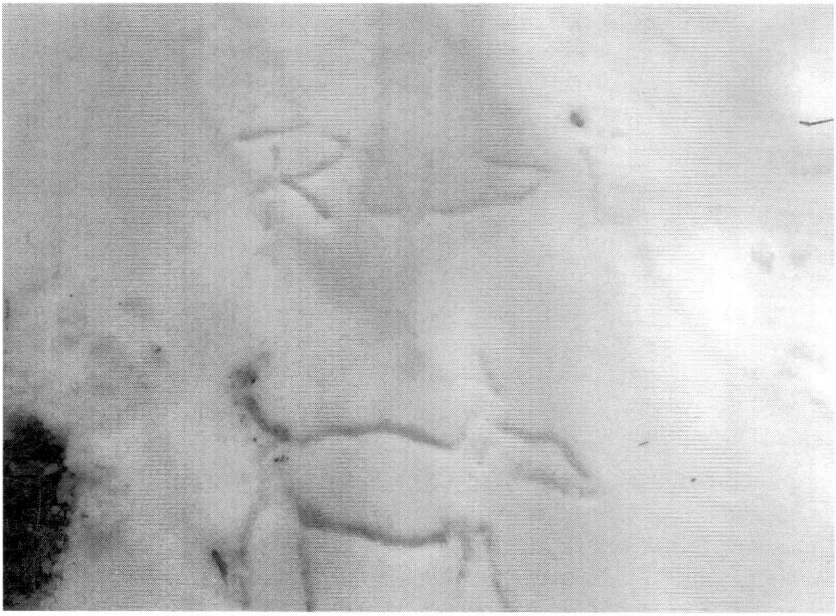

14) Wer hat hier an uns gedacht? So ähnlich sieht Rud(d)i aus

Zweifellos ist mein Hund damit gemeint. Wer hat in dieser Situation bloß an uns beide gedacht? Die Münchnerinnen, die Aachener, die Kanadierinnen? Ich weiß es nicht, aber es tut unendlich gut und gibt mir jede Menge Aufschwung und Power für den weiteren Weg. Ich mag müde und kaputt sein, aber alleine mit Ruddi bin ich weiß Gott nicht auf dem Jakobsweg. Im richtigen Moment passieren die richtigen Dinge oder Begegnungen. Ich bin mächtig beeindruckt.

Auf einem Felsbrocken sitzen zwei junge Männer und eine junge Frau. Sie haben eine Menge Spaß miteinander. Sie blödeln rum, lachen und erzählen sich lebhafte Geschichten. Sie sind extrem entspannt und vermitteln den Eindruck, sich schon sehr lange zu kennen. Wir kommen kurz ins Gespräch. Sie sind zur gleichen Zeit wie ich in Saint Jean Pied de Port losgegangen. Sie heißen Achim, Oliver und Sabrina. Sie ist in kurzen Hosen unterwegs. Wow, hier oben ist Winter. Die meisten Pilger haben sich am Rolandsbrunnen noch eine zusätzliche Jacke angezogen. Sabrina denkt gar nicht daran. Diese kleine Gruppe strahlt von innen so viel menschliche Wärme aus. Irgendwie fühle ich mich zu ihnen hingezogen. Es fällt mir richtig schwer, ohne sie weiterzugehen. Ein Stück weiter gibt es einen Rastplatz für Pferde und ihre Begleiter. Hier sehen wir noch mal die Reiter mit ihrem Hund. Diesmal bleibt er bei ihnen. Am Brunnen hat ihn bestimmt nur die Fleischwurst gereizt, fällt mir im Nachhinein ein.

Wenn man oben auf dem Berg angekommen ist, darf oder muss man auch wieder runter laufen. Für Hermann und mich steht fest, dass wir den enorm steilen, aber deutlich kürzeren Abstieg wählen. Wir wollen nur noch am Etappenziel ankommen, und zwar schnell. Hermann hat große Probleme mit seinem Rucksack. Der drückt ihm schmerzhaft auf die Schultern. Ich sehe, dass er die Riemen falsch eingestellt hat. Ich weiß, dass das nicht sein muss und mache ihn darauf aufmerksam. In diesem Moment hat er jedoch keine Nerven, mit den Gurten zu spielen. Ich spüre meinen Rucksack nicht auf den Schultern, weil er nicht aufliegt. Ich trage ihn auf der Hüfte und merke natürlich das Gewicht, aber er verursacht keinerlei Druckschmerz. Mein Begleiter hingegen muss immer wieder kräftig und ruckartig die Schultern hochreißen, damit das Gepäck auf seinem Rücken eine andere Position einnimmt. Oft muss er vor Schmerzen stehen bleiben. Hermann sagt mir, ich solle einfach weitergehen, keine Rücksicht auf ihn nehmen. Was denkt der denn von mir? Das geht ja gar nicht! Natürlich gehen wir zusammen bis nach Roncesvalles.

Den Berg zu erklimmen war schwer – aber dieser Abstieg ist der Oberhammer. Ich glaube, in Deutschland wäre dieser „Weg“ für die Öffentlichkeit gesperrt. Es scheint ein Bachlauf zu sein: spitze, durch die Nässe glitschig gewordene, Felsbrocken, dicke Wurzeln und die gleiche Pampe wie eben auch, befinden sich in Mengen auf diesem Pfad. Ich benutze immer wieder das Wort steil, aber das ist an dieser Stelle das falsche Wort. Ohne Wanderstöcke könnte man diesen Abstieg nicht machen. Menschen mit Höhenangst wären auch fehl am Platz. Mit vielen kurzen Pausen kommen wir am Abend in Roncesvalles an. Wie wir aussehen ist unbeschreiblich. So dreckig und fertig war ich in meinem Leben noch nie. Hoffentlich lassen die Herbergs- oder Hotelbesitzer uns überhaupt rein.

Gleicher Tag (insgesamt 24,6 km gelaufen)
Roncesvalles (50 Einwohner), 960 m üdM, Navarreser Pyrenäen
Hotel, Doppelzimmer, 50 Euro inklusive Frühstück

Der erste Tisch mit zwei Stühlen, an dem wir vorbeikommen, gehört uns. Hermann lässt sich einfach mit dem Rucksack auf dem Rücken in eine Sitzgelegenheit fallen und ist unfähig, sich auch nur noch einen Zentimeter zu bewegen. Ich stelle mein Gepäck ab, rupfe Ruddi's Reisetasche raus, in die er sofort dankbar rein hüpft und setze mich vorsichtig hin. Wie viele Muskeln mag wohl ein menschlicher Körper haben? Es müssen sehr, sehr viele sein – ich spüre sie alle, einige zum ersten Mal. Nett, euch kennen zu lernen. Aber können wir das nicht, bitte schön, mit etwas weniger Schmerzen machen?

Ich brauche dringend einen Kaffee und kündige Hermann an, dass ich uns diesen jetzt besorge. Torkelnd vor Schmerzen erreiche ich die Hotelbar - man hat mich tatsächlich rein gelassen. Ich höre mich einen Kaffee und ein Bier bestellen. Wieso Bier? Wie komme ich denn auf die Idee? Hat Hermann mir da einen Gedanken gesendet. Von Bier war doch gar nicht die Rede! Da diese Bestellung völlig unbewusst erfolgte, korrigier ich mich auch nicht. „Das wird schon für irgendwas gut sein." Als ich ihm das kühle Getränk hinstelle, guckt er mich an, als wäre ich das Christkind. Er säuselt: „Woher wusstest Du, dass ich jetzt genau das brauche?" Na, den Mann habe ich überglücklich gemacht – freut mich. Wieder einmal habe ich die Erfahrung gemacht, wie wichtig oder schön es ist, auf seine innere Stimme zu hören, auch wenn es manchmal unlogisch erscheint. Im Gegenzug kommt von Hermann prompt für heute Abend eine Einladung zum Essen.

Nachdem wir uns für den Moment gestärkt haben, gehe ich nochmal rein, um das Hotelzimmer zu buchen. Das Einzelzimmer kostet 50 Euro für eine Nacht, ein Doppelzimmer gibt es für 65 Euro. Ist zwar viel teurer, als ich dachte, aber wo soll ich denn sonst hin. Es gibt nur das eine Hotel. Im ersten Moment bin ich versucht, Hermann zu fragen, ob wir uns das Zimmer teilen sollen. Dann entscheide ich mich dagegen. Ich kann doch nicht mit einen fremden Mann, den ich erst einen halben Tag kenne, das Zimmer teilen – und die Idee wäre auch noch auf meinem Mist gewachsen! Nein, das geht nicht. Würde er mich fragen, vielleicht ginge es dann, aber so … Die Bar ist sehr voll, ich drängele mich durch die vielen Menschen und entdecke dabei, an einem Tisch Mary und Lynn. Die Wiedersehensfreude ist groß. Wir berichten uns die Tagesereignisse und sie werden blass, als sie hören, dass ich mich verlaufen habe. Was da alles hätte passieren können … und wo ich denn schlafen wolle, das Hotel nimmt doch den Hund nicht auf, wie sie gestern auf die telefonische Anfrage in meinem Namen, erfahren haben. „Psst. Bis jetzt hat ihn das Personal nicht gesehen. Ich werde ihn einfach nicht anmelden, sondern rein schmuggeln." Die beiden strahlen über alle vier Backen, freuen sich über meinen Mut und wünschen mir viel Glück.

Hermann sitzt draußen in der Abendsonne vor seinem letzten Schluck Bier. Ich erzähle ihm von den Wahnsinnspreisen des Hauses, er staunt darüber, reagiert aber nicht weiter. Ich will ihn nicht erschrecken und behalte meine Idee vom Teilen für mich.

Irgendwann raffen wir uns auf, das lauschige Plätzchen zu verlassen. Hermann geht frohen Mutes in die Klosterherberge, wo 120 Personen in einem Raum schlafen. Für mich ist das unvorstellbar. Ich bin ganz schön aufgeregt, als ich mit meiner „Schmuggelware" in der Trixi-Tasche mit letzter Kraft die Treppe hochkrabbele. Vorsichtshalber flüstere ich Ruddi zu, dass er heute ganz leise sein muss, damit wir nicht auffliegen und hierbleiben können. Ihm ist es recht, er will sowieso nur noch schlafen. Er war den ganzen Tag auf seinen vier Beinchen unterwegs.

Nach dem Duschen muss ich mich schwer zusammenreißen, nicht einfach ins Bett zu fallen. Ich muss heute die Wäsche waschen, wenn ich morgen was Frisches anziehen möchte. Lust habe ich nicht, mich vor das Waschbecken zu stellen. Was heißt Lust, ich hoffe, dass ich überhaupt stillstehen kann. Die Füße haben zwar keine Blasen, aber einen unglaublichen Druck unten drunter. Das sind die dreizehn Kilo vom Rucksack. Die spüre ich selbst dann, wenn er abgelegt ist. Ich muss was essen, damit mein Körper sich bis morgen wieder erholen kann. Zu alledem ist der Hunger sehr groß und ich will Hermann auch nicht versetzen. Mir fällt ein, dass ich noch den Pilger-Stempel brauche. Das erledige ich auf dem Weg zum Restaurant.

Unterwegs treffe ich die Reiter vom Rolandsbrunnen ohne ihren gierigen, stürmischen Hund. Dem wird doch nichts passiert sein? Auch wenn der Sausack meine Jacke ziemlich dreckig gemacht hat, wünsche ich ihm nur das Beste – er wollte mir ja nur die Wurst vom Baguette nehmen. Ich frage nach dem Verbleib des Raubtiers und bekomme zur Antwort: „Der gehört uns nicht, der ist uns zugelaufen, hat uns bis hierhin begleitet und jetzt ist er wieder weg." Im Stillen, nur für mich, entschuldige ich mich für meine gedanklichen Anschuldigungen und Vorwürfe heute Nachmittag. Da kann man mal wieder sehen: Es ist nicht immer so, wie es scheint.

Ich komme ziemlich spät zum Essen. Das kleine Dorf-Restaurant gegenüber dem Kloster ist gerammelt voll. Es herrscht eine ausgelassene Stimmung. Als mein heutiger Wegbegleiter mich an der Theke entdeckt, winkt er mich an den Tisch, an dem er mit zwei Männern sitzt. Er hat gedacht, ich läge schon in den schönsten Träumen. „Denkste! So schnell lass ich mich nicht kleinkriegen!" Mein Pilgerkumpel hat schon gegessen und entschuldigt sich dafür. „Ist doch nicht schlimm. Hätte ich an Deiner Stelle auch gemacht", beruhige ich ihn. Er bestellt eine Runde Bier und stellt mich den anderen vor mit den Worten: „Das ist meine Frau. Wir waren fast den ganzen Tag zusammen unterwegs." Er freut sich wirklich, dass ich doch noch gekommen bin. Da ich Heißhunger auf Nudeln habe, verzichte ich auf das angebotene Pilgermenü. Ich brauche lediglich die Vorspeise, nämlich die Makkaroni mit Tomatensoße und Käse. Die doppelte Portion, bitte schön!

Während ich mein Essen genieße, gesellen sich zu meiner Freude noch Gabi und Franz-Josef aus Aachen an unseren Tisch. Unglaublich, wie sehr ich mich über das Wiedersehen dieser beiden Menschen, die ich erst seit gestern kenne, freue. Sie sind aber auch wirklich die Liebenswürdigkeit in Person. Panik steigt bei ihnen auf, als sie Ruddi unterm Tisch vermuten und ihn dort nicht entdecken können. Entsetzt erkundigen sie sich danach, wo er denn sei. Ich zeige auf die Tasche, die zwischen mir und Hermann auf dem Boden steht. Franz-Josef schmeißt sich über meinen Schoß und nimmt sich die Tasche auf denselben. Er macht sie vorsichtig auf und dann bekommt der müde vierbeinige Wanderer für den Rest des Abends Streicheleinheiten ohne Ende. Lachend erzählen wir uns die Widrigkeiten des Tages und Franz-Josef fragt: „Hast Du das Gemälde von Ruddi im Schnee gesehen?" Er hat also an uns gedacht, als er mitten im größten Dreck stand und eigentlich mit sich selbst mehr als genug zu tun hatte.

Wir bleiben alle zusammen bis das Restaurant schließt. Hermann zahlt meine Makkaroni und die Runde, die ich schmeißen wollte, mit und sagt: „Ich lade Dich morgen richtig zum Essen ein. Heute war das ja wohl nix." Er ist der Meinung: „Die paar Nudeln sind doch kein

Menü und außerdem haben wir noch nicht einmal zusammen gegessen. Meine Einladung sieht anders aus."

Jeder verschwindet in seiner Herberge und ich im Hotel. Ich gehe sofort schlafen. Heute darf Ruddi ausnahmsweise mal - in seine Decke gewickelt - im Bett schlafen. Das hat er sich redlich verdient. Er hat sich wirklich vorbildlich benommen. So kenne ich ihn, aber für ihn ist das doch alles neu und so anders als sein bisheriges Leben. Insgeheim genieße ich die Kuscheleinheiten noch mehr als er.

Heute ist es wie gestern: Man denkt kurz vor dem Erreichen des Tagesziels, es geht nicht mehr - ist fix und fertig mit sich und der Welt. Aber spätestens nach dem Duschen, ergreifen einen ein unglaubliches Glücksgefühl und der Stolz, es geschafft zu haben.

Donnerstag, 17.April 2008
Roncesvalles (50 Einwohner), 960 m üdM, Navarreser Pyrenäen
3. Etappe bis Zubiri, 21,8 km

Als ich wach werde, habe ich das Gefühl, mich hätte eins der Pferde von gestern getreten. Ich bin zwar nur 160 Zentimeter groß, aber wenn die komplett wehtun, ist das ne Menge. Mal überlegen, wie komme ich am besten in Gang? Ach ja, ich habe doch das Gel gegen Muskelschmerz dabei. Das einzige „Medikament" in meinem Rucksack. Ich reibe meine Beine damit ein und glaube fest daran, dass es sofort wirkt. Funktioniert immer – auch ohne Gel!

Ruddi ist voller Tatendrang, nachdem er sein Frühstück vertilgt hat. Meine sieben Sachen habe ich schnell eingepackt und wir gehen runter zum Frühstück. Das heißt, ich gehe – Ruddi wird von mir in seiner Tasche getragen. Ein bisschen Geduld muss er noch aufbringen, bis er sich frei bewegen kann. Bis jetzt hat ihn niemand der Hotelangestellten entdeckt. Dabei soll es auch bleiben. Die Nacht ist zwar rum - was kann schon passieren? Aber man soll „schlafende Hunde" ja bekanntlich nicht wecken.

Gegen 8.30 Uhr treffe ich im noblen Frühstücksraum des Hotels Hermann. Er erzählt von seiner Nacht in dem riesigen 120-Betten-Saal im Kloster: „Einerseits beneide ich Dich um das Hotelzimmer, das Du für Dich alleine hattest, andererseits war die Nacht ein einmaliges Erlebnis. In dem riesigen Saal des mittelalterlichen Klosters herrscht eine besondere Atmosphäre. Eben wurden wir durch Orgelmusik geweckt. Auch wenn in der Nacht mit bestimmt 100 Personen keine wirkliche Ruhe aufkam, muss man das mal erlebt haben", berichtet er.

„Jede Nacht brauche ich die Geräusche, die so viele Menschen machen, allerdings auch nicht. Ich werde wohl ebenfalls ab und zu in einer Pension übernachten.“

Gut gestärkt - es gab sogar Käse zum Brot - machen wir uns gegen 9.30 Uhr auf den Weg. Hermann hat seinen Rucksack nach Zubiri vorgeschickt. Dahin müssen wir also heute auf jeden Fall laufen, egal was passiert. Seine Schultern sind lädiert. Trotzdem will er Ruddi in der Hundetasche, die man auch auf dem Rücken tragen kann, transportieren, weil es fürchterlich regnet. Ich halte das nicht für nötig. Zuhause läuft mein Hund, wenn es so auskommt, notgedrungen durch den Regen. Ich habe Schnurzel vor acht Jahren, als wir uns kennen gelernt haben versprochen, ihn, so weit es mir möglich ist, Hund sein zu lassen. Das bedeutet für mich unter anderem:

1. So oft wie nur möglich ohne Leine laufen.
2. Er bekommt Hundefutter – kein Menschenessen! Okay, ab und zu mal einen kleinen Rest.
3. Solange er sich zivilisiert benimmt, hat er viele Treffen mit seinen Kumpels.
4. Ich werde ihm niemals einen Regenmantel anziehen – er hat ja schließlich seinen ureigenen Regen- und Wetterschutz als Hund.

Und wie durch ein Wunder hat er es bis heute überlebt - ist noch nicht einmal krank gewesen. Hermann besteht allerdings darauf, dass das hier eine andere Situation ist: „Der Hund ist mit uns acht bis neun Stunden am Tag unterwegs. Außerdem ist es ziemlich kalt hier oben. Ruddi kommt nicht nach einer Stunde nach Hause ins warme Wohnzimmer auf die Couch zum Trocknen. Wenn er krank wird, kannst Du den Camino vergessen“. Von der Seite habe ich das noch nicht betrachtet und muss ihm recht geben. Ich setze allerdings entgegen, dass das seiner Schulter nicht gut tut und ich meinen Vierbeiner unter dem Poncho in seinem Notfallnetz tragen will. So bleibt er auch trocken und warm.

Hermann erwidert: „Die sechs Kilo machen mir nichts aus. Mein Rucksack wiegt siebzehn.“ Ich denke: „17 Kilo? Ob der meine Münchner Mädels kennt?“ Na ja, da will ich in diesem Moment nicht näher drauf eingehen. Ich verleihe meiner Dankbarkeit Ausdruck. Da Ruddi Wasser hasst, springt er gerne wieder in sein rettendes Hundehäuschen und fühlt sich bestimmt wie ein Prinz in einer Sänfte.

Wir verlassen das Hotel, überqueren die Landstraße und stehen vor einem riesigen Hinweisschild für Autofahrer. Ich bin davon überzeugt, dass es da steht, um Pilger zu erschrecken: SANTIAGO DE COMPOSTELA 790 KM. Na, das geht doch noch – vorne steht keine Acht. Gott sei Dank setzt mein Gehirn diese Information nicht wirklich um. Damit wäre ich dann auch überfordert. Ich bekomme nur die Mitteilung aus meinem Kopf: „Du hast noch 34 bis 35 Tage Zeit. Lauf täglich so um die 22 Kilometer, dann bist Du am 20. oder 21. Mai am Ziel.“ Na toll! Die ersten beiden Etappen waren zusammen nur 25 Kilometer. Also muss ich den Durchschnitt erhöhen. „Bleib ruhig. Es sind die ersten Tage. Irgendwann kommen leichter zu bewältigende Streckenabschnitte. Zur richtigen Zeit holst Du das wieder rein“, flüstert mir meine innere Stimme zu. „Du hattest Dir doch fest vorgenommen, diese außergewöhnliche körperliche Anstrengung langsam angehen zu lassen, um Deinem Körper die Chance zu geben, sich an das Gehen und das Gewicht des Rucksacks gewöhnen zu können.“

15) Ruddi in seinem Notfallnetz

Also, weiter geht's! Auf einem Trampelpfad neben der Landstraße beginnen wir die heutige Etappe. Es gilt, fast 22 Kilometer zu gehen. Wir sind noch sehr ungeübt im „Camino-Wegweiser-Lesen" und verlaufen uns zuerst einmal. Der Weg wird zusehends schlechter, wir gehen immer wieder durch das Gebüsch, weil der Pfad so schlammig ist, dass man ihn nicht benutzen kann. Ich hätte besser ein Buschmesser in den Rucksack gepackt. Jetzt schlittern wir auch noch über eine glitschige Wiese, steigen über kleine Abgrenzungen zwischen den Feldern oder Weiden, passieren ein Tor, das wir sorgfältig wieder verschließen und sind nun auf einem breiten Weg gelandet, der uns Hoffnung gibt. Dieser Weg symbolisiert endlich wieder Zivilisation. Es bleibt das Gefühl, sich verlaufen zu haben.

Wir wundern uns über die Aussicht auf einen kleinen Ort mit großen, alten Gebäuden. Das nächste Dorf ist laut Wanderführer drei Kilometer entfernt, soweit sind wir noch gar nicht gelaufen! Langsam dämmert es uns: Das darf doch nicht wahr sein! Wir haben einen tollen Blick auf das jetzt wieder vor uns liegende Roncesvalles. Wir haben also einen Rundgang gemacht. Ist zwar schön anzusehen, aber nicht das, was wir erreichen wollten.

16) Blick auf Roncesvalles nach dem ungewollten Rundgang
Hermann mit Ruddi in der Trixi-Tasche auf seinem Rücken

Wir gehen den beschwerlichen Weg nur äußerlich entspannt zurück und stoßen nach zirka insgesamt drei Kilometern zusätzlich endlich auf den Camino Francés. Durch die Eichen- und Buchenwälder lässt es sich angenehm laufen. Von sehr starkem Regen begleitet erreichen wir nach gut zehn statt sieben Kilometern den kleinen Ort Espinal. Auf dem „richtigen Weg“ entdeckt man immer wieder Hinweise in Gelb oder (noch) Weiß-Rot.

Wir sind erschöpft und suchen eine auf Plakaten angepriesene Bar auf, die allerdings etwas abseits vom Camino liegt. Drinnen sitzen vier Spanierinnen am Tisch. Wir stolpern mit einem fröhlichen „Hola“ an den Tisch neben ihnen. Sie grüßen freundlich zurück und lassen sich nicht weiter beim Mittagessen und ihrer angeregten Unterhaltung stören.

Die Regenkleidung, die wir abgelegt haben, hinterlässt kleine Pfützen auf dem Boden. Hermann besorgt uns „Café con leche“ – das ist übrigens köstlicher Milchkaffee - und wir lachen uns darüber kaputt, wie abgerissen wir beide aussehen. Ruddi bewegt sich unruhig in seiner Tasche und ich beschließe, trotz des Gerüchts „die Spanier mögen keine Hunde und lassen sie nirgendwo rein“, ihn einfach mal zu zeigen. Ich kann und will ihn nicht fast sechs Wochen lang verstecken. Vielleicht sind die Spanier gar nicht so zu den Hunden, wie man immer wieder hört. Hermann ist der gleichen Meinung wie ich. Wer kann diesem Kleinen schon widerstehen?

Obwohl er schon acht Jahre alt ist, sieht er auf den ersten Blick immer noch wie ein Welpe aus und so wird er gewöhnlich auch empfangen. Es dauert eine Weile, bis die Frauen und der Wirt ihn überhaupt wahrnehmen. Die Spannung steigt. Sie erschrecken sich, die ein oder andere will im ersten Moment vom Stuhl aufspringen, vor dem Fünf-Kilo-Kampfhund flüchten. Dann kommen sie zu sich und sind geschlossen der Meinung: „Qué bonito (wie süß!).“ Er hat durch seinen Hunde-Charme mal wieder gewonnen.

Viel zu lange bleiben wir in dieser gemütlichen Bar und trinken einige Cafés con leche. Die Hoffnung, dass es aufhört zu regnen, müssen wir aufgeben. Also powern wir uns gegenseitig und setzen uns in Bewegung. Hermann ist der Meinung, dass wir geradeaus weitergehen müssen, mein Orientierungssinn schlüge lieber den Weg nach links in den Ortskern ein. Mein Begleiter ist sich jedoch hundertprozentig sicher, dass er recht hat und ich folge ihm – entscheide mich also gegen mein Bauchgefühl. Wir hetzen eine viel befahrene, schnurgerade Landstraße hinunter und wieder hinauf. Ich habe Angst, von einem LKW oder Bus gestreift zu werden. Die fahren hier mit Sicherheit schneller, als die Polizei erlaubt. Als wir in einer Einmündung kurz stehen bleiben, entdecken wir auf der anderen Straßenseite einen Trampelpfad. Wir klettern über die Leitplanke und können nun gefahrlos in angemessenem Tempo unseren Weg fortsetzen.

Nach annähernd zwei Kilometern können wir immer noch keinen gelben Pfeil entdecken, der uns die Sicherheit geben würde, auf dem offiziellen Camino unterwegs zu sein. Ich glaube ja schon deshalb nicht daran, weil ich bereits die zweite Parkbank gesehen habe. Bänke hat es bis jetzt nicht auf dem Camino gegeben. Pilger sollen laufen, wenn sie sitzen wollen, muss ein dicker Stein oder Ähnliches reichen. Ein Brunnenrand wird auch sehr gerne genommen. Hermann wird jetzt ebenfalls so langsam unruhig: „Bleib hier mal stehen. Ich laufe ein Stückchen weiter und guck mal wo die Straße hinführt." „Oh, nein! Bitte nicht schon wieder!" denke ich. Er kommt mit schlechten Nachrichten zurück: „Hier geht es nach Frankreich." „Wie Frankreich? Da kommen wir doch her!" Meine innere Stimme lacht sich kaputt: „Hab ich Dir doch gesagt." Feierlich und gleichsam resolut erkläre ich: „Mein Orientierungssinn ist besser als Deiner, also verlasse ich mich von jetzt an auch auf ihn – ob Du dann mitgehst, ist natürlich Deine Entscheidung." Es hört auf zu regnen, Ruddi darf und will nun endlich mal selber laufen, nicht zuletzt deshalb, weil es in der Tasche ein bisschen nass geworden ist. Wir setzen unseren Weg einträchtig fort. Durch unsere Unachtsamkeit kommen wir heute auf knappe 27 Kilometer. Ich sage nur: „Gelbe Pfeile suchen und alles ist gut."

Nach einer halben Stunde schüttet es wieder. Ruddi hüpft erneut liebend gerne in seine schützende Behausung auf dem Rücken meines Weggefährten, trotz der feuchten Wände. Dann wird's richtig spannend. Der Camino fordert uns wieder heraus. Nach einem aufsteigenden Weg, geht es im Wald durch „ausgetrocknete" Bachläufe fast senkrecht wieder runter, dann rauf, nochmal runter … und das scheint vorerst kein Ende zu nehmen. Auch diese Etappe wäre ohne Wanderstöcke nicht durchführbar. Wenn man hier ausrutscht, sieht man garantiert „alt" aus.

Mein ganzer Körper schmerzt. Jeder Schritt erfordert die volle Konzentration. Wir kommen nur Meter für Meter voran. „Nicht denken, weitermachen", meldet sich meine innere Stimme wieder, „das haben andere vor Dir auch geschafft. Halte die Steine im Auge und prüfe, ob sie festliegen, bevor Du drauf trittst." Wenn man sich hier umschauen möchte, muss man stehen bleiben, damit man nicht stürzt. Wir unterhalten uns nicht mehr. Jeder ist mit sich selbst beschäftigt.

Irgendwie gleicht dieser Weg meinem momentanen Leben zu Hause: Ich weiß nicht so recht, wie ich es angehen soll. Einerseits ist es scheinbar einfach, so, wie dieser Camino Francés auf Fotos wirkt. Andererseits liegen unverhofft Steine im Weg oder ich habe das Gefühl, mir würden Knüppel vor die Füße geworfen. Manchmal denke ich, mir zieht einer den Boden unter den Füßen weg und ich weiß nicht, wie ich das umgehen kann, ohne so unendlich viel Kraft aufzuwenden. Wird der nächste Schritt der richtige sein? Bringt er mich - ohne Umwege – weiter, oder fall ich auf die Nase? Nur nicht zurückblicken! Was hinter mir liegt, habe ich ja schon bewältigt. Aber auch nicht zu weit nach vorne gucken, dann stolpere ich über das, was direkt vor mir liegt. Der Regen macht mich nur nass, wenn ich mich nicht vor ihm schütze. Und der Schutz ist lediglich ein dünner, flatternder, knallroter Poncho. Von weitem schon zu erkennen, dass ich nicht immer so aussehe, sondern mich notgedrungen in meinem „Schneckenhaus" verstecke, damit ich nicht nass (gemacht) werde. Ich habe, Gott sei dank, immer jemanden hinter mir, der mich im Notfall auffängt. Hier ist es Hermann, zuhause ist es meine Familie.

Ruddi zeigt mir durch seine Unbeschwertheit und Lust am Leben, dass ich das Loslassen praktizieren sollte, einfach im Hier und Jetzt Spaß haben. Wenn mal was Negatives passiert, knurrt und schimpft er lautstark. In der nächsten Sekunde lässt dieser kleine Hund den Ärger einfach wieder los und geht fröhlich weiter seinen Weg, als wäre nichts gewesen. Vergangenheit oder Zukunft kennen Tiere nicht – sie tragen nichts nach und haben niemals Angst vor dem was kommen könnte. Mir fallen die Worte „hab Sonne im Herzen" ein. Meine Erfahrungen haben mir schon tausende Male gezeigt: Mit einem sonnigen Gemüt ist das Leben ganz leicht und alles funktioniert wie durch Zauberhand. Ich bin gleichfalls davon überzeugt, dass sich diese heutige Etappe bei Sonnenschein ganz anders darstellt – gemütlicher, gefahrloser, wärmer, schöner und unterhaltsamer. Und warum müssen wir uns durch den Schlamm quälen? Weil unsere Gedanken noch verschlammt sind?

Die Wegverhältnisse bleiben so. Diese Etappe scheint kein Ende zu nehmen. Die Schuhe sind durch den angesammelten Matsch doppelt so schwer wie ihr ursprüngliches Gewicht beim Kauf. Damals habe ich mich für die etwas dünnere Sohle entschieden, damit sie nicht so viel wiegen. Seit Oktober letzten Jahres habe ich sie täglich eingelaufen. Das danken mir meine Füße, seit wir in Saint Jean Pied de Port losgelaufen sind. Wir drei gehören zusammen: Meine beiden Schuhe und ich. Sie trotzen selbst dem stärksten Regen und schlimmsten Dreck.

Ich muss lachen, als ich mich an den Kauf dieser knöchelhohen Wanderstiefel erinnere. Zwei, drei Stunden bin ich in dem riesengroßen Geschäft mitten in Köln mit diesen Schuhen Treppen rauf und runter gegangen, über Teststrecken mit dicken Steinen und Neigungen gestolpert und um der Wirklichkeit ganz nah zu kommen, habe ich sogar einen zehn Kilo schweren Rucksack auf meinen Rücken geschnallt. Die hätten da einen Film drehen können: Schweißgebadet vom vielen Schuhe-Anprobieren, die Frisur verrutscht, die Handtasche lieblos um den Hals baumelnd, durch die ungewohnten Kilos auf den Schultern, ein bisschen außer Atem und stark nach vorne gebeugt, eine ausladende Plastiktüte in der linken Hand, Ruddi hocherhobenen Hauptes an der Leine in der rechten Hand und auf der Suche nach einem Schlafsack „wandere" ich lächelnd - immer die „Contenance" wahrend - durch das volle Geschäft. Die behaupten zwar hier, dass das die meisten Kunden so machen, aber ich sehe keinen anderen Verrückten. „Egal! Hauptsache meine Ausrüstung und ich passen zusammen, wenn das große Abenteuer beginnt", dachte ich. Letzten Endes hat sich das bewährt. Bei allen Anstrengungen - die Realität sieht ja doch ein bisschen anders aus - bin ich mit meiner Ausrüstung mehr als zufrieden.

Erst gegen 16 Uhr beginnen Hermann, Ruddi und ich den Aufstieg zum Alto de Erro. Ich weiß nicht, wie ich die noch verbleibenden fast neun Kilometer bis Zubiri schaffen soll. Mir tut wirklich alles unglaublich weh. „So weit meine Füße mich eben tragen", hatte ich vor Antritt der Reise geschworen, aber jetzt weiß ich, dass das nicht hinhaut. Hier ist weit und breit nichts, außer einer wunderschönen Landschaft. Aber um ein Bett, eine Dusche und Essbares zu bekommen, muss ich weiterlaufen. Also entschuldige ich mich bei meinem Körper für das nicht einzuhaltende Versprechen und wir stolpern weiter durch Bachläufe und tiefen Schlamm. Diese Füße da unten empfangen keine Infos mehr aus meinem Hirn. Die platschen nur noch bei jedem Schritt auf den Boden - fast einer Ente gleich.

Ich glaube, irgendwann hat mein Körper beschlossen, in Trance weiterzugehen, um nichts mehr spüren zu müssen. Ich nehme gar

17) auf dem Weg nach Zubiri

18) Alto de Erro-Pass

nicht wahr, dass wir teilweise auf sehr, sehr schmalen Pfaden unterwegs sind, an deren linken Seite der Berg steil nach oben weist und an der rechten der Abgrund lauert. Nebeneinander kann man hier aus Platzmangel nicht laufen. Ruddi und ich gehen also hintereinander vor Hermann an einem dieser ungesicherten Abhänge auf aufgeweichten Wegen. Ich bin mir der Gefahr nicht bewusst, bis Hermann mich leise anspricht: „Halte Dich besser weiter links, ich trau dem Braten nicht. Es hat soviel geregnet, dass der Pfad wegrutschen kann." Erst jetzt nehme ich wieder meine Umgebung wahr und bekomme es im ersten Augenblick mit der Angst zu tun. Was für ein Glück, dass wir zusammen unterwegs sind! Ich bin wieder bei vollem Bewusstsein, konzentriere mich auch hier, wo keine Steine im Weg liegen, auf jeden Schritt und danke meinem „persönlichen Bergführer" von ganzem Herzen. Wir erklimmen den Alto de Erro unbeschadet und kommen auch heil durch den Wald wieder runter.

Kurz bevor ich weinend zusammenbreche, sehen wir durch die Bäume hindurch Zubiri. Ich dachte schon wir wären daran vorbeigelaufen. Es ist fast 21 Uhr als wir endlich den Ort erreichen. 27 Kilometer sind eindeutig zu viel in der dritten Etappe. Hoffentlich bekomme ich zu dieser Uhrzeit noch ein Zimmer. Erschwerend kommen das „Landstreicher-Outfit" und der inzwischen ebenfalls nasse und dreckige Ruddi hinzu. Ich werde ihn „schmuggeln". Hoffentlich bleibt er ruhig in seiner Tasche, die sich langsam aber sicher in einen Swimmingpool verwandelt.

Gleicher Tag (insgesamt 46,4 km gelaufen)
Zubiri (402 Einwohner), 528 m üdM, Navarreser Pyrenäen
Pension, Doppelzimmer, 25 Euro pro Person ohne Frühstück

Mit letzter Kraft erreichen wir die Brücke aus dem 14. Jahrhundert, die uns in den Ort führt. Es ist unglaublich, aber da ist wieder das faszinierende Glücksgefühl, das einen überkommt, wenn die Etappe beendet ist. Nur die „Nachwehen" sind heute stärker als an den ersten beiden Tagen.

Kaum im Ort angekommen frage ich einen Spanier nach einer nahe gelegenen Pension. Er deutet auf ein Klingelschild im Hauseingang hinter mir und drückt auch schon drauf. Im gegenüberliegenden Haus öffnet sich ein Fenster und eine Frau winkt uns zu. Sie gibt uns zu verstehen, dass sie sofort runter käme. Sekunden später begrüßt sie uns mit vielen unbekannten Worten und preist ihr letztes freies Zimmer an. Es ist ein sehr kleiner, schmaler Raum - nicht größer als etwa zehn Quadratmeter. Die Betten stehen direkt an der Wand hintereinander. Am linken Ende des Raums befindet sich ein großes Fenster. An der anderen Wand hängen die Heizung und ein Regal, auf dem ein Fernseher steht und die Handtücher liegen. Der Durchgang zwischen Regal und Betten ist höchstens einen Meter breit. Das Bad ist ebenfalls winzig, aber es ist sehr sauber und das Bett ruft meinen Namen.

19) Einzug nach Zubiri

Die Frau glaubt, dass Hermann und ich ein Paar sind und will nun wissen, ob wir das Zimmer haben wollen. Wir gucken uns an und er fragt mich knapp: „Hast Du ein Problem damit?“ „Nein!“ antworte ich. Wir geben ihr unsere Entscheidung bekannt. Sie strahlt über das ganze Gesicht und geht eine Wendeltreppe hinauf. Wir sollen ihr folgen, um die Formalitäten zu erledigen. Hermann hat immer noch Ruddi auf dem Rücken. Wir verständigen uns mit Blicken und Wortfetzen. Er geht nicht mit rauf, sondern in unser Zimmer und stellt Ruddi in der Tasche vor der warmen Heizung ab. Ich ziehe meine Matschschuhe aus und folge der Señora. Oben gibt es einen wunderschönen Aufenthaltsraum, der aussieht wie ein liebevoll eingerichtetes Wohnzimmer – urgemütlich. Die Frau redet und redet.

Ich verstehe mal wieder nur Bahnhof und Pilgerpass-Stempel. Bereitwillig gebe ich ihn ihr und stelle fest, dass sie eine gehörige Alkoholfahne hat. Deshalb redet die so viel!

Meine Gedanken sind bei Hermann, der unten damit beschäftigt ist, Ruddi ruhig zu halten. Es geht mir durch Mark und Bein, als ich ihn kurz aufheulen höre. Der findet das doof, dass ich so weit von ihm weg bin. Mein Pilger-Kollege ruft hoch: „Komm bitte runter! Ich muss dringend meinen Rucksack in der Herberge abholen. Die machen um 22 Uhr zu. Es ist gleich halb und ich weiß nicht, wo ich hin muss." Unsere muntere Vermieterin hält mich aber oben durch ihr Gequatsche fest. Sie möchte auch Hermanns Pilgerpass stempeln. Ich versuche, ihr zu erklären, dass mein Freund dringend weg muss. Sie versteht kein Wort und erzählt ganz aufgeregt eine spannende Geschichte. Er reicht mir nervös seinen Pass und flüstert mir zu, dass ich zu Ruddi müsse, er ginge jetzt seinen Rucksack holen und kommt in einer Stunde wieder. Ich höre, wie unten die Haustür ins Schloss fällt und mir wird ganz anders.

Was, wenn mein Hund jetzt bellt oder heult? Darf ich dann trotzdem bleiben? Wenn nicht, müsste ich die Spanierin fesseln und knebeln, denn ich bin nicht bereit, auch nur ein Haus weiterzugehen. Ich muss runter! „Señora, perdón. Yo muss dringend auf Toilette," benutze ich als Ausrede um aus dieser Nummer raus zu kommen. Um die Dringlichkeit zu unterstreichen und damit hier keine Missverständnisse aufkommen, halte ich meinen Bauch und kreuze mit leicht gebeugten Knien die Beine. Unfassbar, die ist nicht still zu kriegen und denkt nicht daran, mich zu entlassen. Also werde ich unhöflich und gehe mit einem nochmaligen „perdón" die Treppe hinunter. Wieder höre ich ein leises Fiepen von meinem vierbeinigen Freund. Meine Nerven liegen wirklich blank. „Lieber Gott, wenn es Dich gibt, dann setz Dich zu Ruddi in die nasse Tasche!" lautet mein Stoßgebet.

Die Señora folgt mir und drängelt sich – immer noch redend - an mir vorbei in unser Zimmer Richtung Heizung. „Wenn ich jetzt tief Luft hole, bin ich auch besoffen und dann wäre mir alles egal!" denke ich verzweifelt. Sie berührt mit ihrem Fuß die Hundetasche, als sie prüft, ob das Gerät warm ist. Ich halte den Atem an und suche schon nach einer Erklärung dafür, dass diese kleine Tasche bellen kann. Aber es gibt ihn wirklich! Der liebe Gott sitzt mit Sicherheit darin und hat den Hund hypnotisiert. Der rührt sich nämlich nicht und so ist dieser Kelch an mir vorüber gegangen.

Kaum bin ich allein im Zimmer, befreie ich Ruddi und erzähle ihm, wie stolz er mich macht. Er drückt sich an mich und gibt mir zu verstehen, dass er weiß worum es hier geht. Ich nutze den Rest der von Hermann angekündigten Stunde der Abwesenheit für eine Dusche. Als er mit seinem Rucksack wiederkommt, bin ich dem Hungertod nahe. Ihm geht es ähnlich und nachdem auch er aus sich wieder einen Menschen gemacht hat, begeben wir uns auf die Suche nach einem Restaurant. Da es mittlerweile 22.30 Uhr ist, gibt es im ganzen Ort angeblich nur noch ein geöffnetes Speiselokal.

Auf dem von Hermann mitgebrachten Stadtplan sehen wir, dass dieses Haus ein bis zwei Kilometer weit weg ist – etwas außerhalb von Zubiri. Gott sei dank regnet es momentan nicht und wir machen uns auf den Weg. Es ist windig und kalt heute Nacht. Unsere Jacken sind feucht. Ich habe Schwierigkeiten, meinen Körper zu koordinieren und komme nur langsam voran. Deshalb gebe ich Hermann den Tipp: „Lauf ruhig vor, nimm zu dieser späten Stunde nicht auch noch Rücksicht auf mich. Das hast Du schon den ganzen Tag getan. Ich brauche jetzt einen Moment länger." Er antwortet schmunzelnd: „Du Scherzkeks! Wenn ich könnte, würde ich das nur deshalb tun, damit das Restaurant uns nicht die Tür vor der Nase verschließt. Davon abgesehen, wäre ich alleine auch tagsüber nicht schneller vorangekommen. Ich bin genauso fertig wie Du. Oder willst Du mich auf den Arm nehmen?" Als ich mir das bildlich vorstelle, wie ich mit dem Zwei-Meter-Mann auf dem Arm diese verlassene Landstraße entlang watschele, kann ich mich nicht mehr halten. Wir müssen beide laut lachen und steigern uns noch als wir, ohne es auszusprechen, gleichzeitig wahrnehmen was für ein Bild es abgeben muss, wie wir die schnurgerade breite Hauptstraße entlang kriechen. Der einzige, der graziös unterwegs ist, ist Ruddi.

Mit den letzten Reserven erreichen wir fast trockenen Fußes das Ende der langen Straße und sind am Ziel - da, wo es endlich was zu essen gibt. Das Lokal ist sehr groß und gerammelt voll. Hier herrscht eine ausgelassene Stimmung. Die meisten Gäste sind Einheimische. Wir können aber auch zu dieser späten Stunde noch ein paar Pilger entdecken. Die erkennt man übrigens am Gang! Wir bestellen unser Pilgermenü und reißen uns schwer zusammen, um nach der blitzschnellen Lieferung nicht unkontrolliert darüber herzufallen. Ruddi verzaubert uns mit seinem Hundeblick und bekommt den ein oder anderen wohlverdienten Leckerbissen gereicht. Wie heute Mittag in Espinal ist er auch hier willkommen.

Nachdem wir zwei, drei Bierchen getrunken haben merken wir wieder, wie müde wir eigentlich sind. „Jetzt nichts wie raus hier und ab in die Koje“, lautet das Kommando. Hermann zahlt die Rechnung, ich war ja eingeladen. Dann kommt der Moment, in dem ich mich beschwingt vom Stuhl erheben will. Erstmal geht das gar nicht und dann auch nur ganz langsam und sehr auffällig. Ich bewege mich, wie ein ungeölter Roboter. Die schmerzvollen Töne, die ich dabei von mir gebe, sind nicht zu überhören. Zu meiner Belustigung sehe ich, dass Hermann auch nicht gerade hocherhobenen Hauptes das Restaurant verlassen kann. Wir ernten bedauernde Blicke von den anderen Gästen. Ruddi ist topfit und immer einen Schritt voraus. Sein Blick zurück in unsere Richtung sagt so etwas wie: „Was denn? Kommt ihr jetzt oder nicht?“

Als wir draußen sind, trauen wir unseren Augen kaum. Es gießt, wie aus Eimern geschüttet. Wie sollen wir denn jetzt nach Hause kommen? Wenn die Klamotten noch nasser werden, haben wir morgen nichts anzuziehen. So groß ist die Auswahl nicht, wenn man aus dem Rucksack lebt. Mit finsteren Mienen gucken wir uns ratlos an.

In diesem Moment kommt ein Mann aus dem Restaurant. Er zögert einen Moment, bevor er den ersten Schritt durch die Wassermassen zu seinem Auto wagt. Ich fackel nicht lange und spreche ihn wild entschlossen mit Ruddi auf dem Arm an: „Perdón, señor. Fahren Sie en este direccion (in diese Richtung)?“ Ich zeige in Richtung Ortskern. „Würden Sie uns en el coche (im Auto) mitnehmen. Nosotros son peregrinos (wir sind Pilger). No podemos más (wir können nicht mehr).“ Ich erkläre ihm mit Händen und Füßen, wo unsere Pension ist und er lässt uns ohne viel Umschweife in sein Auto einsteigen. Ich glaube, dass dieser nette Señor uns eben beobachtet hat, als wir uns fast weinend vor Schmerzen durch das Lokal bewegt haben. Bevor Hermann checkt was hier los ist, bin ich diesmal die, die jemand anderen in ein fremdes Auto schubst. Ruddi sitzt hinten bei ihm auf dem Schoß. Auch dieser freundliche Spanier mag meinen Hund und ist erstaunt, dass der mit pilgert. Er ist nur für uns in die für ihn entgegengesetzte Richtung gefahren.

Wir verabschieden uns unendlich dankbar von unserem Wohltäter. Hermann will ihm für die Fahrt ein paar Euro geben. Der Fahrer wehrt entschieden ab und braust winkend los. Ich bin begeistert, wie unkompliziert und hilfsbereit die Spanier sind.

Kaum im Zimmer liegt jeder in seinem Bett und Ruddi auf seiner Decke, die auf der Heizung trocken geworden ist. Es dauert eine oder zwei Minuten, bis ich Hermann tief atmen höre. Er schläft bestimmt schon. Noch nie im Leben habe ich ein Bett so sehr zu schätzen gewusst. Der Körper ist nach fast zwölf Stunden Bergwandern endlich entlastet und in der Waagerechten. Ich weiß nur noch nicht so recht, wie ich mich hinlegen soll, ohne dass die Füße - ach, was sage ich - die Beine und überhaupt alle beweglichen Teile meines Körpers höllisch wehtun. Das Muskelschmerz-Gel kommt wieder zum Einsatz, und ich glaube fest daran: Es kann nur besser werden. Ich schlafe relativ schnell ein, werde aber bei jeder Bewegung wach, weil sie wehtut. Hermann geht es auch nicht viel besser, jedenfalls höre ich ihn ab und zu stöhnen – jedesmal wenn er sich umdreht.

Ich weiß jetzt, dass eine 27-Kilometer-Etappe in den Bergen für jemanden wie mich die Hölle ist. Hoffentlich komme ich morgen ohne fremde Hilfe aus dem Bett.

Freitag, 18.April 2008
Zubiri (402 Einwohner), 528 m üdM, Navarreser Pyrenäen
4. Etappe bis Villava, 16,2 km

Als ich wach werde spüre ich jeden, aber auch wirklich jeden Muskel in meinem Körper. Ob ich ohne Muskelschmerz-Gel überhaupt bewegungsfähig wäre? Vorwurfsvoll werfe ich einen Blick auf meine Füße und Beine. Ich glaub, ich seh rot! Ja, in der Tat! So ist es! Vom Knöchel bis zur Wade sind beide Beine voller kleiner, roter Pusteln. Kaum habe ich sie entdeckt, wagen sie es sich auch noch, wie verrückt zu jucken. Als ob ich nicht schon genug gestraft wäre! Ich kann das Gel wohl nicht vertragen. Na gut, dann muss es eben „nur" durch festen Glauben und einer kurzen Reiki-Behandlung besser werden. Ich beschließe, das Teufelszeug aus der Tube gleich hier liegen zu lassen. Und für was ist das jetzt gut? Mein Rucksack ist entlastet! Jedes Gramm zählt!

Wie komme ich aus diesem Bett? Schön langsam am besten! Ich höre, dass Hermann im Badezimmer ist und nutze die Gelegenheit, ohne Zuschauer und aus eigener Kraft in die Senkrechte zu kommen. Alle Laute, die meinen Mund verlassen wollen, werden unterdrückt. Der Einzige, der mich genau unter die Lupe nimmt, ist Ruddi. Ich glaube, er würde mir gerne helfen – oder lacht er mal wieder über mich, ohne eine Miene zu verziehen? Jedenfalls ist meine Mission geglückt bevor Hermann die Kulisse betritt. Betont locker tänzele ich in das kleine Badezimmer. Meine Bewegungen gleichen aber mehr einem hölzernen Regentanz, als dem eleganten Wiener Walzer.

Ruddi's Taschen-Häuschen ist über Nacht wieder trocken geworden, jedoch haben die Nähte gelitten. An einigen Stellen lösen sie sich. Oh je! Was soll ich ohne diesen kleinen Rucksack nur machen? Den brauche ich nicht zuletzt, um meinen Hund in fünf Wochen wieder ins Flugzeug zu bekommen! Mit dem Notfallnetz um den Hals lassen sie mich bestimmt nicht in die Kabine! Hermann gibt Anweisungen: „Ich brauche einen Karton, um den Innenraum zu stabilisieren und eine große Mülltüte, um die Tasche und ihren Inhalt vor dem Regen zu schützen." Ich laufe in das kleine Geschäft auf der anderen Straßenseite und organisiere beides. Mit viel Geduld und liebevollen Überlegungen wird Ruddi's „Campingausrüstung" repariert und präpariert. Der Müllsack wird maßgeschneidert. Er hat genauestens abgemessene Luftschlitze an den richtigen Stellen und wird mit zwei starken Gummibändern außen befestigt. Ich bin tief beeindruckt wie sehr Hermann sich um meinen Hund bemüht.

Dann kümmern wir uns gemeinsam um seinen Rucksackinhalt. Da kommen tütenweise Lakritze und Gummibärchen zum Vorschein. Für 14 Tage T-Shirts, Unterwäsche und für jedes Wetter eine Jacke oder ein Pulli. Außerdem viele Utensilien die Männer für den Notfall - falls mal was kaputt geht oder nicht funktioniert - so dabei haben: Zwei Handys, Fernglas, Wecker, Taschen- plus großes Gürtelmesser. Das ist noch nicht alles: Jeweils die Maxiausführung Shampoo, Duschgel, Rasierschaum, Gel und eine 15er Packung Tempos. Es fällt ihm schwer, sich von dem einen oder anderen Teil zu trennen. Kann ich zwar verstehen, aber 17 Kilo Gepäck sind einfach zu viel, auch für einen Mann. Vor allem wenn er Probleme mit den Schultern hat. Er hat momentan auch noch zusätzlich eine sehr schwere, schwarze, lange Winter-Jacke mit hohem Kragen und Verstärkungen an den Ellbogen an. Wenn ich mir vorstelle, dass es demnächst wärmer wird und er diese Jacke in den Rucksack packen muss, tut er mir leid. Ich schätze, dass die alleine so um die drei Kilo wiegt, wenn nicht noch mehr. Meiner Meinung nach eignet sie sich zum Motorradfahren, aber nicht für den Camino. Von diesem Kleidungsstück will er sich aber unter keinen Umständen trennen.

Nach reiflichen Überlegungen, fliegen die Süßigkeiten, jede Menge Unterwäsche und einige alte T-Shirts sofort aus dem Rucksack. Diese Sachen lässt Hermann einfach hier liegen. Vielleicht kann die

Vermieterin damit was anfangen. Handy, Wecker, Fernglas und noch ein paar Kleidungsstücke wird er mit der Post nach Hause schicken. Wenn das erledigt ist, kommt auch sein Rucksack nur noch auf elf bis zwölf Kilo. Das wird er deutlich merken. Außerdem verstellen wir die Gurte und Riemen, damit das Gewicht mehr auf der Hüfte liegt, als auf den Schultern. Nach getaner Arbeit bringt Hermann sein Gepäck wieder zur Herberge. Von hier aus wird es nach Pamplona geschickt. Heute will er nochmal seine Schultern schonen. Ruddi findet das toll, denn - wie könnte es anders sein - es regnet ein „bisschen".

Zum Frühstück gehen wir um den Häuserblock in die nächste Bar und treffen zu meiner großen Freude auf die Aachener, Gabi und Franz-Josef. Wir fallen uns stürmisch um den Hals. Franz-Josef besorgt blitzschnell Café con leche und Croissants für alle. Wir berichten uns gegenseitig, wie der gestrige Tag verlaufen ist. Sie haben in der Herberge übernachtet. Muss ganz angenehm gewesen sein, nicht so groß wie in Roncesvalles. Sie waren, wie wir, nach dieser Etappe vollkommen am Ende.

Wir sprechen auch darüber, wie gefährlich teilweise bei dem Regen die Berghänge sind. Zu meinem Entsetzen berichten sie, dass dort gestern ein Mann sechs Meter tief abgestürzt ist und nun im Krankenhaus liegt. Dessen Frau - die das natürlich mit angesehen hat - ist einem Nervenzusammenbruch nah. Der Hang wurde dann für Pilger gesperrt, bis er wieder trocken und sicherer ist. Mir wird im Nachhinein noch ganz schlecht, wenn ich darüber nachdenke, dass ich die Gefahr selbst nicht erkannt habe. Danke, Hermann!

Erst gegen 11.00 Uhr kommen wir aus den Puschen. Der Poncho muss wieder angezogen werden. Es regnet immer noch, aber es stört mich nicht mehr so sehr. Man gewöhnt sich ja an alles. Ruddi darf wieder in sein Häuschen. Das sieht mit dem blauen Müllsack ein bisschen aus wie ein Zelt mit Vordach. Wenn das kein Komfort ist ...!

Der Weg verläuft heute Morgen weiter so wie er gestern Abend endete. Ruddi hält es nicht lange durch stillzusitzen. Kann ich nachvollziehen. Ist auf die Dauer ja auch langweilig. Ich setze mich hartnäckig für ihn ein. Hermann ist dagegen, dass Schnurzel durch den Regen läuft. Ich muss tatsächlich sehr ernst werden und ihn daran erinnern, dass das wohl immer noch - trotz aller Dankbarkeit - meine Entscheidung ist. Letzten Endes einigen wir uns friedlich und mein Hund wird in die Freiheit entlassen. Nach nur wenigen Minuten sieht er aus, als wäre er seit Wochen in diesem Dreck unterwegs. Selbst oben auf seinem Rücken sind Dreckspritzer. Aber wenn ich das große

20) bei Larrasoaña

21) bei Larrasoaña

Ganze betrachte, sehen Hermann und ich auch nicht besser aus. Es bleibt die Hoffnung, dass es später weniger matschig ist und der Regen uns alle drei wieder sauber macht.

Frohen Mutes sind wir auf dem gut fünf Kilometer weiten Weg nach Larrasoaña. Wenn es zu steil ist sind auch mal Stufen aus Holz eingebaut. Die sind allerdings mit größter Vorsicht zu genießen, weil sie nass sind. Die werden so rutschig wie Glatteis. An solchen Stellen bin ich besonders dankbar für meine Wanderstöcke.

Kurz vor dem Ort gibt es eine große Hinweistafel, vor der wir uns einen Moment aufhalten. Wir wollen uns in Larrasoaña nach dem anstrengenden Stück Weg und fast zwei Stunden Laufzeit eine Pause gönnen und in einer gemütlichen Bar Café con leche trinken. Der Camino ist hier eindeutig gekennzeichnet. Auch diesen Ort erreicht man über eine uralte Brücke.

Gerade setzen wir uns in Bewegung als, ganz entgegen seiner Gewohnheit, Ruddi bellend auf einen Mann zuläuft, der nicht sehr freundlich dreinschaut. Er trägt lumpige Kleidung. Die hochgekrempelte Hose gibt seine Waden frei. Er hat dunkle, in Falten liegende Socken und Holzklumpen an den Füßen und deutet an, nach Ruddi zu treten wenn er ihm näher kommt. Wahrscheinlich hat er Angst, gebissen zu werden. Ich will ihm verzeihen. Er kennt meinen Hund ja nicht – der weiß doch gar nicht, dass er zubeißen könnte. Ich ließe es an der Stelle des Mannes bestimmt auch nicht darauf ankommen. Im letzten Moment dreht Ruddi ab und kommt zu mir zurück.

Die Situation ist wieder entspannter. Der Spanier will uns weismachen der Pilgerweg verliefe nicht über die Brücke. Wir müssten links abbiegen und einfach weiter geradeaus gehen. Ich entgegne, dass es doch Hinweisschilder gäbe. Aber er zeigt mit seinem Stock wild fuchtelnd in die andere Richtung und gibt uns mürrisch zu verstehen, besser nicht in diesen zu Ort gehen. Das sei kein Platz für Pilger. Tja, was soll ich sagen? Wir haben zwei Möglichkeiten: Entweder schlägt Hermann den Typen k.o. oder der alte Knacker vermöbelt uns mit seinem Stecken. Beides passt nicht in unseren Plan, gemütlich in einer Bar in Larrasoaña zu sitzen. Also geben wir nach und verschieben die Pause. Wir können uns nicht erklären, was das für eine Aktion gewesen ist. Das bleibt das Geheimnis des alten Señors.

Jetzt ist der Weg wesentlich gemäßigter, flacher. Der Regen hat fast aufgehört. Mit dem bisschen „Mullematsch" werde ich doch spielend fertig. Hermann will jetzt auch mal vorgehen. Hier kann ja nichts passieren. Denkste! Der einfurchige Feldweg, über den wir gerade laufen, ist mir zu unbequem. Die Füße passen nicht nebeneinander in die Spur, nur voreinander. Ich komme mir vor wie ein Model, das auf dem Laufsteg den neuesten Poncho vorführt! Außerdem droht man einzusinken. So stelle ich mir das Moor vor. Also gehe ich am Wegesrand über sehr lange und breite platt geregnete Grashalme. Mir ist durchaus bewusst, dass es hier sehr glatt sein kann, zumal der Rand des Weges nach innen abfällt. Ach, was soll's? Wird schon gutgehen! Oder auch nicht! Ich rutsche gaaaanz langsam ab und kann das Unheil auch nicht mehr aufhalten.

In Zeitlupe lege ich mich auf die Seite in den Matsch. Wie ein umgekippter Käfer liege ich im Dreck und komme aus eigener Kraft nicht mehr hoch. Ich hoffe, dass es keiner merkt und verhalte mich ganz still. Ich überlege wie ich die Stöcke einsetzen muss um wieder auf die Beine zu kommen. Aber das Gewicht des Rucksacks zieht mich immer wieder runter. Ruddi beobachtet mein illustres Treiben und feuert mich an. Jetzt dreht Hermann sich um und ich wünsche mir, unsichtbar zu sein. Ich schäme mich sehr, so hilflos am Wegesrand rumzuliegen. Ich will mal wieder unter allen Umständen die Contenance wahren und schau so intelligent und lässig wie möglich aus dem Poncho. Ich versuche so zu tun, als wäre meine momentane Haltung vollkommen in Ordnung. Mein Begleiter ist im ersten Moment sehr erschrocken, eilt zu mir und fragt nach meinem Befinden. Bevor ich antworten kann reicht er mir die Hand und zieht mich hoch. Entsetzen macht sich in seinem Gesicht breit. Er fragt sichtlich geschockt: „Hast Du Dir was getan? Warum sagst Du denn nichts, wenn Du hinfällst?“ Meine prompte und betont ruhige Antwort lautet: „Ich glaub, ich hab mir den Poncho versaut.“ Hermann prustet los und sagt: „Das hör ich doch nicht richtig. Du steckst seit Tagen bis zu den Knien im größten Dreck und es interessiert Dich nicht die Bohne. Und wenn Du hinfällst machst Du Dir Gedanken um Deinen Poncho? Das glaub ich ja nicht?!“ Wir kriegen uns lange Zeit nicht wieder ein vor Lachen. Ich habe mir natürlich nicht wehgetan, es war ja ein Zeitlupen-Sturz.

In Zuriaín gehen wir in einen Tante-Emma-Laden um Hundefutter, ein Baguette, Wurst und Käse zu kaufen. Hermann sucht außerdem nach breitem Klebeband um Ruddi's Tasche, die sich immer mehr auflöst, zu kleben. Die freundliche Verkäuferin, versteht nicht, was wir von ihr wollen. Also zeige ich ihr den Ruddi-Rucksack mit seinen aufgelösten Nähten und geknoteten Schultergurten. Sie stellt das Wrack auf die Kassentheke und betüddelt zuerst einmal mein Hundekind. Dann drückt sie Hermann eine Rolle Klebeband in die Hand. Er umwickelt mehrfach damit die Tasche, als müsse sie fünfzig statt fünf Kilo aushalten. Das Klebeband ist eine Spende des Hauses. Auch hier dürfen wir die selbstlose Hilfe einer Spanierin genießen. Vielen Dank dafür!

Da im Moment sogar ein bisschen die Sonne scheint, entscheiden wir uns gegen eine Bar und finden einen schönen Platz in der freien Natur an dem wir unser kleines Picknick veranstalten können. Hier wird gerade eine Garage oder ähnliches gebaut. Die Handwerker sind nicht da und die kleine Baustelle ist nicht abgesperrt. Wir machen es uns auf einem langen Brett, das beidseitig mit Steinen unterlegt ist, gemütlich. Nachdem ich Ruddi mit Leckerchen und Wasser versorgt und seine Decke ausgebreitet habe, bereitet mein Pilgerfreund uns das Mahl. Lecker! Und urig!

Nach Dreiviertelstunde lösen wir die gemütliche Runde auf und setzen unseren Weg fort. Der Himmel hat sich wieder verdunkelt. Hermann rät mir schon mal den Poncho über den Rucksack zu legen, weil mit dem nächsten Windstoß ein Unwetter auf uns einprasseln könnte. Das käme hier in den Bergen von jetzt auf gleich. Da ich jetzt keinen Regen haben will, denke ich gar nicht daran, den Wettergott herauszufordern. Der sieht meinen knallroten Poncho doch sofort und erinnert sich an seine Aufgabe uns nass zu machen. Bevor ich es zu Ende denken kann, kommt die von Hermann prophezeite Bö und mit ihr ein Hagelschauer, wie ich ihn noch nicht erlebt habe.

Das ging blitzschnell - im wahrsten Sinne des Wortes. Blitz und Donner sind auch dabei. Obwohl ich eben so trotzig war bleibt Hermann hilfsbereit, holt hektisch mein Regencape aus dem unteren Rucksackfach und versucht es mir über den Kopf zu ziehen. Dafür muss er das Ding erstmal so weit in den Griff bekommen, dass ein Einstieg überhaupt möglich ist. Der Sturm ist so stark, dass der Poncho sich wie ein wildgewordenes Eichhörnchen aufführt. Er zappelt wild herum, will überall hin, nur nicht über meinen Kopf. Wir müssen gegen das Wetter anschreien, um uns zu verständigen. „Ja! … Ja! Komm durch!" schreit mein Freund gegen den Wind. Ich stecke irgendwo in dem flatternden Etwas fest und kann keinen Ausgang entdecken. Ich höre ihn und sehe an seinen tänzelnden Füßen wie verzweifelt er draußen an der Front für mich kämpft. Ich mach mir gleich in die Hose vor Lachen. Nun scheint mein Kopf einen

„Rausweg“ gefunden zu haben. Aber warum ist das so eng? Hermann feuert mich an, als stünde ich kurz vor einem Weltrekord: „Ja! Los, mach jetzt! Du bist drin! Ich hab‘s doch!“ Er versucht mit Gewalt, meinen Kopf durch die Ärmelöffnung des Ponchos zu drücken. Wieder brüllt er, mittlerweile ebenfalls lachend: „Hier!“ er klopft mir auf dem Kopf rum. „Komm doch hier durch! Was machst Du denn? Ich sehe Dich doch!“ Ich krümme mich vor Lachen und bin nicht in der Lage auch nur ein Wort zu sagen. Hoffentlich sieht uns niemand. Irgendwann hat dieser Spuk ein Ende und mein Poncho sitzt endlich, wie es sich gehört.

Ich will nun Ruddi in das Notfallnetz nehmen, aber er ist nirgends zu sehen. Hermann hat aus dem Augenwinkel mitbekommen, wie er sich ins Gebüsch gerettet hat, als das Schauspiel losging. Ich konnte ja nichts sehen, ich war ja in meinem Poncho-Zelt. Der Hagel pickt auf der Haut und nur mit Engelszungen kann ich meinen Hund aus seinem Versteck locken. Ich verstehe ihn ja, aber unter meinem Cape ist er doch ganz sicher! Ich kann gar nicht aufhören zu lachen, weil ich diese Situation - wie ich es oft mache - mal wieder wie ein Theaterstück über die eigene Schulter beobachte. Das Wetter beruhigt sich in dem Moment wieder als alles gerichtet ist und Matsch-Ruddi glücklich an meiner Brust ruht. Na, da lohnt sich heute Abend die Handwäsche aber! „Ich glaub, ich hab mir das Shirt versaut.“

Ich lasse meinen Kleinen erstmal den Schock überwinden und trage ihn ein bisschen. Jetzt laufen wir ein gutes Stück die Nationalstraße entlang. Hier werde ich besonders schnell. Hermann wundert sich nicht weniger über mein Tempo als ich selbst. Ich habe echt Respekt vor den vorbeirasenden Autos und LKW. Ich muss hier weg! Dann erreichen wir, kurz vor dem nächsten heftigen Hagelschauer, einen Rastplatz. Eben war es schon stürmisch, aber jetzt haben wir einen Orkan der mich fast aus den Wanderschuhen bläst. Wir haben Glück! Auf dem Rastplatz ist eine Bushaltestelle mit Überdachung. Hier finden wir zumindest ein bisschen Schutz vor den Naturgewalten. Der Hagel verteilt sich gnadenlos überall. Immer mehr Pilger wollen sich unterstellen. Wo kommen die bloß so plötzlich her? Auf dem Weg haben wir jedenfalls keinen getroffen. Unglaublich! Und ich weiß jetzt warum ich eben so rasant unterwegs war.

Wir können schon sehen, wo es gleich weitergeht. Ich staune nicht schlecht. Es geht immer noch steiler. „Da komm ich nie rauf“, denke ich und werde sehr andächtig. Als es nur noch regnet - der Sturm und Hagel weiter gezogen sind - gehen wir ehrfurchtsvoll diese Steigung an. Schritt für Schritt kommen wir Meter für Meter höher. Hermann muss immer noch alle 50 Meter stehen bleiben und auf seine Stöcke gestützt nach Luft schnappen. Er hat früher mal 50 bis 60 Zigaretten am Tag geraucht. Das rächt sich jetzt. Seit sechs Jahren ist er Nichtraucher, aber das Bergauf-Laufen fällt ihm richtig schwer. Wir wundern uns darüber, dass Teilstücke des Wegs mit rot-weißem Band abgesperrt sind. Bei genauem Hinsehen, erkennen wir den Grund dafür: Der Verlauf des Pfades wurde verlegt, weil auch hier die Gefahr besteht, dass der Hang wegrutscht.

Vor lauter Anspannung vergesse ich, dass ich den steilen Hang eigentlich nicht hochkomme. Und es geht doch! Was man alles kann, wenn man es einfach macht, ohne darüber nachzudenken, beeindruckt mich. Ich dachte mein Leben lang, ich könnte zwar bergab gehen, aber nicht bergauf. Tja, nun wurde ich eines Besseren belehrt und bin stolz auf mich. Der unvermeidbare Abstieg ist etwas leichter und führt über recht gute Wege, die sogar teilweise geteert sind.

Jede Stadt, auf die die vielen Hügel unterwegs die Sicht freigeben, lässt in uns die Hoffnung aufkeimen, dass es endlich Pamplona sein muss. Da wollen wir ja heute hin, nicht zuletzt weil dort Hermanns Rucksack wartet. Zwei oder drei Mal lassen wir uns blenden. Es ist ein hilfloses Gefühl, wenn man einer Stadt die man erblickt hat, immer näher kommt, daran glaubt, dass da das Ende der Etappe naht und dann die gelben Camino-Pfeile einen nur außen herumführen. Dann sieht man sie aus den Augenwinkeln, man läuft daran vorbei, und schon ist sie hinter einem Hügel wieder verschwunden.

Aber jetzt!!! Endlich! Jetzt führt der asphaltierte Weg direkt auf den Ort zu. Ich sehe auch schon die Wegweiser. „Da ist Pamplona! Endlich, wir sind in Pamplona!“ rufe ich freudig erregt in den Wald hinein. Wir holen tief Luft und setzen beschwingt unseren Weg fort. Wir freuen uns auf ein Essen, auf einen Rotwein oder ein Bier und auf ein schönes Zimmer mit einer Dusche.

Gleicher Tag (insgesamt 62,6 km gelaufen)
Villava (9575 Einwohner), 430 m üdM, Navarra
Hotel, Doppelzimmer, 35 Euro pro Person inklusive Frühstück

Wir erreichen die mittelalterliche Brücke und ich möchte die Informationstafel umarmen. Da steht es drauf: Pamplona! Wir machen ganz viele Fotos, begrüßen euphorisch jeden, der vorbeikommt. Fast

22) ganz kurz vor Pamplona?!

23) Villava, unser gefühltes Pamplona

fangen wir an zu singen. Die Freude ist übermäßig. Warum auch immer. Vielleicht ist das ein Pilger-Koller.

Zehn Minuten später gehen wir über die Brücke und auf die Suche nach einem Hotel. Da entdecke ich einen Hinweis, dass wir nicht in Pamplona sind, sondern in Villava. Wir zweifeln an der Richtigkeit dieses offiziellen Schildes. „Wir sind in Pamplona, da redet uns keiner rein, verdammt nochmal!“ Immer noch glücklich mache ich Fotos von der wunderschönen Brücke, die über den Río Ulzama führt.

24) Río Ulzama in Villava

Ehrfürchtig ziehen wir in die Innenstadt ein. Im tiefsten Herzen erwarte ich an dieser Stelle mindestens eine Blaskapelle, die uns würdig empfängt. Aber die hatten wahrscheinlich keinen Termin mehr frei. Pamplona ist so schön, gar nicht so groß, wie Hermann dachte. Super! Mir ist auch gar nicht nach Großstadt. So wie es ist, ist es schön. Da entdecke ich voller Entrüstung schon wieder einen Hinweis, dass das hier „Villava“ heißt. Wir philosophieren darüber, dass die Stadt Pamplona früher so geheißen haben könnte und die Einwohner vielleicht, die Geschichte weiterleben lassen wollen. Boah, kann der Pilger bekloppt sein!

Als wir in einer Bar sitzen und erstmal zur Beruhigung ein Bier trinken, verteilt jemand Schlüsselmäppchen an eine Gruppe Spanier, die vor der Theke zusammensteht. Ich denke so bei mir: „Schenk mir doch bitte auch so ein Mäppchen. Ich würde mich so sehr über ein Andenken an Pamplona freuen." Die Aussicht darauf ist gering. Er hat bereits alle verschenkt. Diese Bar ist ziemlich klein und proppenvoll. Es ist Freitagabend. Die ganze Stadt scheint auf den Beinen zu sein. Die Spanier zeigen uns ihr Temperament. Lautstark wird erzählt, geschimpft und gelacht. Die Leute kommen rein, trinken ein Glas „Irgendwas", gehen wieder raus und kommen auch gerne mit einem oder mehreren Freunden wenige Minuten später wieder hereinspaziert – wie im Taubenschlag. Erdnüsse und Tapas werden gegessen und viel getrunken. Die meisten Spanier rauchen. Die Erdnussschalen, Servietten, Kippen und sogar leere Zigarettenschachteln werden einfach auf den Boden geschmissen. Der Fernseher läuft auf voller Lautstärke. Spielautomaten mischen sich in die aufregenden Gespräche mit ihrem Gepiepse ein. Ich komme aus dem Staunen nicht mehr raus und frage mich, wo wir hier gelandet sind. Ich hätte es gerne ein bisschen besinnlicher. Hermann ist viel gereist und war auch schon oft in Spanien. Er kennt die Gewohnheiten in den spanischen Bars und erklärt mir, dass das hier normal ist.

Ungefähr nach einer, vielleicht auch zwei Stunden bezahlt Hermann wieder mal die Rechnung. Ich kann nichts dagegen machen, er besteht darauf. Er kommt zurück und drückt mir etwas in die Hand. „Das habe ich gerade geschenkt bekommen. Eins für Dich und eins für mich", erklärt er mir. Ich traue meinen Augen nicht! Es ist genau so ein Schlüsselmäppchen, wie ich es mir vor ein paar Minuten noch gewünscht habe. Ich freue mich ein Loch in den Bauch. Ich schaue es mir genauer an und erkläre es ab sofort zum Portemonnaie. „Och, guck mal, da ist ein Pilger drauf abgebildet und es hat auch eine Aufschrift. Hier steht: „Cafeteria Paradise, Telefonnummer …, Calle Mayor 37, VILLAVA!!!"

Es ist nicht schön, wenn man aus seinen Träumen gerissen wird, aber dann kann man wenigstens überlegen, wie man weiter verfährt. Wir sind nicht in Pamplona, sondern in Villava. Der Reiseführer deklariert Villava als Vorort von Pamplona, deswegen ist die Stadt auf der Hinweistafel mit aufgeführt. Als das Entsetzen weicht schütteln wir uns wieder vor Lachen und denken gar nicht daran, heute noch die fast fünf Kilometer bis Pamplona zu laufen. Hermann kann und will bis morgen auf seinen Rucksack verzichten – der wartet ja in

Pamplona. Villava ist unser „gefühltes Pamplona“, also sind wir am Etappenziel. Basta!

Darauf trinken wir erstmal einen. Irgendwann raffen wir uns auf. Außerhalb des Stadtkerns finden wir ein großes Sterne-Hotel, in dem wir übernachten wollen. Auf dem Weg dorthin erzähle ich Ruddi, dass ich ihn „schmuggeln“ werde: „Niemand darf wissen, dass Du in der Tasche sitzt. Du musst ganz leise sein solange wir an der Rezeption oder im Aufzug stehen, auch wenn Dir jemand zu nah kommt oder uns anspricht. Wenn die Dich bemerken, fliegen wir raus und müssen auf der Straße schlafen. Ich weiß, dass Du das schaffst. Ich bin stolz auf Dich.“

Im Hotel laufen einige vornehme Herrschaften durch das Foyer, die uns schon ohne Hund ein bisschen von oben herab ansehen. Mich wundert es nicht, so verdreckt wie wir daher kommen. Dieses Haus liegt nicht direkt auf dem Camino Francés. Man ist hier nicht unbedingt an Pilger gewöhnt. Neunzig Prozent der Peregrinos schlafen in der Herberge, höchstens mal in einer Pension, aber doch nicht in einem vornehmen Hotel! Wir finden: Das haben wir uns hart erarbeitet. Es ist übrigens keine Frage, dass wir uns das Zimmer und die Kosten wieder teilen.

Ich kann erst wieder richtig Luftholen, als ich Ruddi unentdeckt ins Zimmer gebracht habe. Mein Hund ist aber auch der allerbeste, einfach spitze. Der weiß genau, wann er die „Schnauze“ halten muss. Mir war immer schon klar, dass Familientiere jedes Wort verstehen.

Das riesige Zimmer hat zwei übergroße Betten, die, wie ich es gestern Abend auch in Zubiri schon erlebt habe, meinen Namen rufen. Ich lege mich auf das erste und mach mich mal ganz lang. Das tut unglaublich gut. Hermann fackelt nicht lange, geht duschen und verabschiedet sich danach, genauso zügig wie gestern, für eine Stunde: „Dann kannst Du ganz in Ruhe, alles machen, was Frauen nach so einer Wanderung zu erledigen haben. Ich störe Dich nicht. Der Schlüssel bleibt hier. Wenn Du willst, findest Du mich in der Hotelbar. Gehen wir nachher noch zusammen essen?“ Voller Vorfreude stimme ich zu und danke ihm für seine unglaubliche Rücksichtnahme. Ich wasche meine Wäsche, dusche und verwöhne meine geplagten Füße mit einer ausgedehnten Massage. Das tut so gut, dass ich gar nicht mehr damit aufhören kann. Ruddi liegt die ganze Zeit völlig entspannt auf der Kuscheldecke und will nur noch seine Ruhe haben.

Nach gut eineinhalb Stunden treffe ich Hermann in der Hotelbar bei einem Rotwein an. Ich helfe ihm bereitwillig, die Flasche zu leeren. Heiter machen wir uns, mit einer Körperhaltung wie sie nur Pilger hinbekommen, auf den Weg zu der Bar in der Stadt, die wir vor ein paar Stunden erst verlassen haben. Mein treuer Begleiter will mich zum Tapas-Essen einladen. Die Bar ist nun, am späteren Abend, hoffnungslos überfüllt. Ich möchte lieber in ein ruhigeres Restaurant gehen. Hermann nicht. Er hat sich fest vorgenommen, Tapas zu essen. Ich will nicht alleine los und so stürzen wir uns ins Getümmel und den spanischen Lärm. Ich finde die richtige Einstellung zu diesem Schauspiel und lasse dem Abend seinen Lauf.

Hermann kämpft sich zur Theke durch und kommt nach einer geraumen Weile mit den ersten kleinen Häppchen, die man Tapas nennt, und Rotwein zurück. Kleine grobe Würstchen in Blätterteig liegen auf einem Tellerchen lauwarm vor mir. Die sind superlecker und ich wünsche mir mehr davon. Ruddi übrigens auch. Der liegt in seiner Tasche auf dem Stuhl neben mir – auf dem Boden ist er nicht sicher vor Fußtritten.

Hermann lässt sich nicht lumpen und bahnt sich wieder den Weg an die Bar. Er bringt Nachschub, aber andere Kleinigkeiten. Ich bin enttäuscht. Er kann das natürlich nicht nachvollziehen. Die meisten Menschen probieren ja alles bevor sie sagen: „Das esse ich nicht." Ich bin da aber anders.

Mein Gegenüber fängt eine Diskussion an: „Du verpasst doch was, wenn Du nicht probierst. Sei doch nicht so dumm!" Ich antworte entschlossen: „Ich verpass nur dann was, wenn ich keine Blätterteig-Würstchen mehr bekomme. Ich esse längst nicht alles und Du wirst das nicht ändern." „Komm schon, das meinst Du nicht ernst. Ich bin enttäuscht von Dir." bettelt er. „Lass es einfach!" bitte ich ihn entschlossen. „Iss Du alles was Du finden kannst, aber versuch nicht, mir irgendwas aufzudrängen. Verdirb uns nicht den Abend." Hermann gibt nicht auf. Er wird autoritär: „Du kannst doch nicht nur diese Würstchen essen, das ist doch langweilig und davon kannst Du doch nicht satt werden! Wenn ich das gewusst hätte, wären wir zum Italiener gegangen." Ich bin wirklich traurig darüber, dass ich mich hier rechtfertigen muss. Ich tue ihm den Gefallen und probiere ein Stück Zwiebelkuchen oder Zwiebelrührei. Ich weiß nicht was es ist – und genau das ist das Problem. Wenn ich Pech habe bekomme ich Herpes davon und damit er Ruhe gibt, teile ich ihm das auch mit.

„Können wir jetzt bitte über was anderes reden? Wir kommen doch nicht auf einen Nenner. Sei nicht so stur. Nimm es, wie es ist, Hermann!“ Ich quetsche mir ein Lächeln aufs Gesicht. Er steht auf, verschwindet in der Menge und kommt nach einigen Minuten mit den unterschiedlichsten Tapas und drei ummantelten Würstchen zurück. „Ich hab alle Blätterteig-Würste aufgekauft, damit Du satt wirst“, sagt er lächelnd. Meine Welt ist wieder in Ordnung. Wir prosten uns zu und genießen den Rest des Abends mit Rotwein aus der Region.

Kurz vor Mitternacht verlassen wir die Bar. Ruddi geht noch mal Gassi und hilft uns, das Hotel zu finden. Ein paar Straßen von uns entfernt sehe ich mehrere Polizeiautos die das Blaulicht angestellt haben. Viele laute Stimmen sind zu hören. Das ist bestimmt ein Tumult und riecht nach Stress. Findet da eine Schlägerei statt oder ein Überfall? Nicht, dass das ein Anschlag ist! Da kann ich überhaupt nicht mit umgehen und bitte meinen Begleiter, einen anderen Weg einzuschlagen, weil mir die ganze Situation Angst, fast Panik macht. Hermann bleibt cool, guckt mich an und meint todernst: „Merk Dir das, was ich Dir jetzt sage: Wo ich bin oder hingehe, gibt es niemals Ärger!“ Als wir näher kommen, muss ich mir gefallen lassen, dass er mich auslacht: „Es ist kein Anschlag! Es ist ein großes Fest.“ Tatsächlich sehe ich nun auch, dass die Männer und Frauen sich alle sehr schick gemacht haben und ausgelassen in den Straßen feiern.

Kurz darauf erreichen wir unser Hotel. Ruddi sitzt mucksmäuschenstill wieder in seiner Tasche und wir kommen ohne Zwischenfälle ins Zimmer. Hermann springt - jaulend vor Muskelschmerzen - aus der Hose und ohne zu bremsen ins Bett. Ich verschwinde im Bad und überlege wie ich ungesehen mein Bett erreichen kann – ich habe nämlich keine Extra-Wäsche für nachts dabei und steh hier ziemlich im Freien. Ich gebe mir einen Ruck bevor ich an Ort und Stelle im Stehen einschlafe.

Als ich ins Zimmer komme, glaube ich, dass Hermann schon schläft – mit dem Gesicht zum Fenster. „Wie rücksichtsvoll“, denke ich, „dann war das gestern Nacht gar kein Zufall, dass er zur Wand geschaut hat, als ich rein kam!“ Ich denke über unsere Situation nach: Es ist schon ein starkes Stück, dass ich mit einem wildfremden Mann ein Hotelzimmer teile. Aber irgendwie passt alles. Wir haben das gleiche Tempo beim Laufen, wir haben den gleichen Humor, der eine hilft dem anderen. Aber keiner von uns käme auf die Idee, aus dieser Pilger-Freundschaft mehr machen zu wollen.

Kurz nachdem ich mich hingelegt und in meine Decke gekuschelt habe vernehme ich ein leises „Gute Nacht, schlaf schön." „Ja. Du auch!"

Samstag, 19.April 2008
Villava (9575 Einwohner), 430 m üdM, Navarra
5. Etappe bis Uterga, 21,4 km

Der Muskelkater ist immer noch sehr stark heute Morgen. In der Nacht wurde ich wieder bei jeder Bewegung wach. Meine neue Taktik lautet: Soweit es geht, ignorieren. Mein Gang gleicht immer mehr dem einer Ente. Ich bin unfähig, die Füße abzurollen und die Beine sind steif. Also watschele ich über mich selbst lachend zum Frühstück. Ruddi wird wieder getragen und ich überlege wie ich es am unauffälligsten bewerkstellige, ihn zuerst einmal nach draußen zu lassen. Wahrscheinlich interessiert es keinen Menschen, ob ich raus gehe oder nicht. Aber man weiß ja nie.

Ich erreiche durch das riesige Foyer den Frühstücksraum, der so um die 30 Tische bietet. Es sind nur drei besetzt – das Personal und die anderen Gäste haben also viel Raum und wenig Ablenkung von mir. Mit der Angst im Nacken mein Hund würde gleich entdeckt, gehe ich erstmal zu Hermann, der schon bei einem Café con leche sitzt und sage laut und deutlich: „Ich muss vor dem Frühstück unbedingt frische Luft schnappen. Ich geh mal um den Block." „Lass Dich nicht erwischen", antwortet er leise lachend. Ich fühle mich wie ein Verbrecher - habe das Gefühl, dass alle Augen auf mich gerichtet sind. So kenne ich mich gar nicht! Ich glaube, mir liegen durch die Anstrengungen der letzten Tage und dem unruhigen Schlaf die Nerven blank.

Gegenüber vom Hotel gibt es einen Feldweg, der sich perfekt zum Gassi-Gehen eignet. Ich schau mich um und weiß, dass die Leute im Frühstücksraum mich sehen könnten. Eine andere Grünfläche ist aber nicht in Sicht und so langsam ist mir das hier auch zu blöd. Ich mach mich doch nicht zum Clown! Ich lasse lieber wie ein Zauberkünstler, der ein Häschen aus seinem Zylinder springen lässt, meinen Hund aus der Tasche hüpfen. Bestimmt applaudieren Hermann und die anderen Gäste hinter der Fensterscheibe des Frühstücksraumes. Ich verneige mich aber besser nicht, falls ich mir das nur einbilden sollte.

Glücklich und schwanzwedelnd läuft Ruddi ausgelassen über das Feld. Er ist voller Tatendrang, beschnuppert alles hoch interessiert, liest also erstmal die örtliche Hunde-Tageszeitung. Ich genieße wie immer diesen Anblick und denke, dass er es nicht verdient hat, selbst morgens noch als Schmuggelware zu gelten. Dieser kleine Hund läuft den ganzen Tag so tapfer und frohgemut den Jakobsweg – ein nervöses Frauchen braucht er als allerletztes. Mir ist seit Jahren klar, dass Gedanken Energie sind, dass das was ich denke, zu mir kommt. Ich rufe mich also zur Ordnung, beobachte ihn noch ein bisschen bei seinem fröhlichen Treiben und nach zehn Minuten finde auch ich wieder die richtige Einstellung zur Mission „Camino mit Hund".

Was soll schon passieren, wenn das Hotel-Personal ihn jetzt entdeckt? Verhaften oder erschießen werden sie mich sicher nicht. Frühstücken könnten wir im „Ernstfall" auch woanders. Von jetzt an soll es mir schnuppe sein. Ich muss zwar das No-perro-Schild (keine Hunde) „akzeptieren" und ihn in die Tasche stecken, aber das soll auch genügen. Erst vor dem Eingang des Hotels lasse ich Ruddi wieder einsteigen, egal ob das hier jemand mitkriegt oder nicht. Mit einer lässigen inneren Einstellung betrete ich das Foyer. Die Empfangsdame guckt mich fragend an und ich antworte mit einem breiten Lächeln und sehr selbstbewusst, ohne die Frage abzuwarten: „Buenos días. Qué buen tiempo hace hoy. (Was haben wir heute für ein schönes Wetter). Yo war kurz draußen y freue mich jetzt auf el desayuno (das Frühstück). Da vorne rechts ist doch richtig, oder?" Sie überlegt kurz wie sie reagieren soll - bejaht meine Frage - schaut mich immer noch an - lächelt jetzt aber auch. Und das war's auch schon. Na also funktioniert doch! Was ich denke, ziehe ich an. Ich stelle Ruddi auf dem Stuhl neben mir ab und strahle mit Sicherheit aus, dass das alles so gebucht ist. Keiner sagt was. Und dadurch, dass ich innere Ruhe habe, liegt mein Hund ebenfalls sehr gelassen in seinem kleinen Häuschen. Jetzt kann ich mit Appetit das Frühstück genießen.

Hermann und ich laufen auch heute wieder zusammen weiter. Der Weg führt uns fast fünf Kilometer weit durch mehrere Vorstädte nach Pamplona. Diese Stadt hat über 180.000 Einwohner - Villava nur 9.500. Wie konnte ich gestern denken, dass wir in Pamplona sind, als wir Villava erreichten? Ich kann es mir nur so erklären: Seit Saint Jean Pied de Port sind wir nur durch sehr kleine Dörfchen gekommen. Zubiri war der größte Ort mit 402 Einwohnern. Kein Wunder, dass Villava mir vorkam, wie eine Großstadt.

Pamplona selbst ist sehr schön und gemütlich in der Bauweise, aber es ist eben eine große Stadt. Hier ist meiner Meinung nach viel zu viel Lärm: Autoverkehr, Busse auf mehrspurigen Straßen, Radfahrer,

Ampeln, viele Menschen, die in Eile sind, große Gruppen ausgelassener Kindergarten- und Schulkinder, die heute anscheinend ein Fest feiern. Sie haben alle selbst gebastelte Masken oder bunt bemalte Schilder dabei. Sogar die Sonne wirft ab und zu mal ein Auge auf uns. Eigentlich ein friedvoller, lebendiger Anblick. Aber wenn man aus der Abgeschiedenheit kommend auf das pralle Leben einer Stadt trifft haut es einen erstmal um. Allerdings muss ich dazu sagen, dass ich auch im „normalen" Leben die Dörfer den Städten vorziehe.

Wir finden auf Anhieb die Herberge in der Hermanns Rucksack seit gestern schon auf ihn wartet. Dann der Schreck: Die Tür ist verschlossen! Erst in einer halben Stunde wird wieder geöffnet. So ein Mist! Jetzt müssen wir hier rumsitzen, statt weiter unseren Weg zu gehen. Es ist doch schon Mittag. Ich lege mein Gepäck ab und entsorge den Müll aus meinen Taschen in die bereit stehenden Container. Ruddi wird mit Wasser und Leckerchen belohnt und ich biete ihm seine Decke an, falls er sich ausruhen möchte. Wir lassen uns auf einer Bank vor der Herberge nieder – machen eben das Beste aus dieser Situation. Seit eineinhalb Stunden sind wir unterwegs und erst fünf Kilometer gelaufen. Bis Uterga, unserem heutigen Etappenziel, sind es noch ungefähr 17 Kilometer. Wann sollen wir denn da ankommen? Wir haben Glück, der Herbergsvater kommt schon nach 15 Minuten, begrüßt uns herzlich und gibt Hermann seinen Rucksack mit den Worten: „Ich habe gestern sehr lange auf Sie gewartet und Ihnen ein Bett freigehalten. Das war nicht so einfach, wir waren voll belegt. Viele Pilger mussten weiterlaufen. Sie hätten anrufen müssen, um mir zu sagen, dass Sie nicht mehr kommen. Dann hätte ich einen anderen Pilger aufnehmen können und mich auch nicht so sehr um Sie gesorgt." Hermann entschuldigt sich dafür: „Ich habe nicht darüber nachgedacht, dass Sie auf mich warten könnten. Ich bin noch unerfahren als Pilger und habe keine Ahnung von den Abläufen in den Herbergen. Es tut mir sehr leid." Der Mann verzeiht ihm, und der Vorfall ist vergessen.

Dann kann Hermann sich ja wieder an seinen Rucksack gewöhnen! Er wird es genießen, dass der nach dem Ausmisten in Zubiri deutlich leichter ist. Wir bahnen uns den Weg durch die Stadt, der kein Ende zu nehmen scheint. In der Altstadt mit ihren tausend Geschäften, halte ich Ausschau nach einem „Fressnapf" oder ähnlichem. Ich muss Ruddi eine neue Tasche kaufen, die alte löst sich gnadenlos auf. Weitere fünf Wochen hält die nicht durch. Ich bin enttäuscht und ein bisschen unruhig, als wir die City verlassen und keine Aussicht auf den Kauf besteht. Zwei oder drei Passanten habe ich gefragt, wo es ein Geschäft für Tierbedarf gibt, aber sie konnten mir keine positive Auskunft geben. Ich denke: „Wenn ich so einen Laden noch nicht mal in Pamplona finde, wo dann?“ Meine innere Stimme beruhigt mich kurz und knapp: „Zur richtigen Zeit am richtigen Ort. Vertrau mir einfach und halte Dich bereit.“ Also bleibe ich letzten Endes doch ruhig, lasse den Dingen ihren Lauf und höre auf zu suchen.

Hoffentlich sind wir hier bald durch. Ich will wieder meine Ruhe und vor allem abgasfreie Luft haben. Pamplona ist ja so groß. Wir durchlaufen mehrere Stadtteile auf einer langen vierspurigen, sehr befahrenen Straße. Ich erlebe das Laufen in diesem Großstadtlärm als sehr stressig. In Gedanken bin ich bereits wieder auf dem Lande. Mir fällt auf, dass der Mensch meist das haben möchte, was er gerade nicht hat. In den Bergen wünschte ich mir sehnlichst einen zivilisierten Bürgersteig herbei. Jetzt habe ich ihn und will nur schnellstens weg. Da stimmt doch was nicht! Mir wird erneut klar, dass ich hier auf dem Camino alles bewusst wahrnehmen sollte, denn ich komme nicht wieder zurück, wie es in einem „normalen“ Urlaub der Fall wäre. Was ich jetzt nicht verinnerliche, habe ich sozusagen verpasst. „Lebe im Hier und Jetzt! Denke nicht an das, was eben war und nachher passieren könnte. Du übersiehst sonst die Geschenke des Lebens.“ erinnert mich meine innere Stimme. Sofort denke ich um und mache meine Augen und Ohren auf.

Ich nehme es nur aus den Augenwinkeln wahr, bin schon daran vorbeigelaufen, aber war das nicht …? Ich rufe Hermann zu mir, gehe drei Schritte zurück und sehe im Schaufenster eines „Ein-Euro-Ladens“ verschiedene Artikel für Tiere stehen. Das gibt es doch gar nicht! Fast hätte ich es verpasst - das, was das Leben im richtigen Moment für mich bereithält. Wir gehen in den Laden und finden auf Anhieb Ruddi’s „neues Zuhause“. Die Tasche ist ein bisschen größer als die alte – außerdem ist sie stabiler. Sie hat zwar keine Rucksack-Riemen, aber einen Schultergurt und der Preis ist okay. Ich lege seine Decke hinein, gucke meinen Hund fragend an und er springt in diese Tasche, legt sich hin und gibt mir zu verstehen, dass er ab sofort darin wohnen möchte. Na, das ging ja schnell!

Auf dem Weg zur Kasse entdecke ich Regenmäntel für Hunde. Soll ich ihm doch einen kaufen? Wenn ich alleine unterwegs bin und es den ganzen Tag regnen sollte, muss ich Ruddi tragen. Er wiegt zwar nur fünf Kilo, aber die werden auf die Dauer ganz schön schwer. Meine Füße würden es mir bestimmt danken. Aber braucht Ruddi so was wirklich? Ich würde mein Versprechen brechen, ihm niemals etwas anzuziehen. Ich lass es.

An der Kasse angekommen, ändere ich meine Meinung, drücke Hermann die Leine in die Hand, laufe durch den ganzen Laden bis in die hinterste Ecke und komme mit einem knallroten Regenmantel für Hunde zurück. Mein Schnurzel hat es sich wieder in seinem neuen „Zuhause“ bequem gemacht und Hermann hat sich neben ihm auf einem Stuhl niedergelassen. Als ich zielstrebig auf meinen Vierbeiner zugehe, ahnt er bereits Böses. Von diesem Moment an ist er so steif wie eine Holzfigur. Ich hebe ihn aus der Tasche, setze ihn auf Hermanns Schoß und versuche, ihm die Regenjacke anzuziehen. Weit aufgerissene, kugelrunde, dunkle, feuchte Hundeaugen blicken starr zur Decke. Perrito geht gerade durch die Hölle. Mit viel Geduld und Spucke schaffe ich es. Die Anstrengung war umsonst – das Teil ist zu groß. Triumphierend wirft er mir einen kurzen Blick zu und will nur noch raus aus diesem Laden. Um uns herum hat sich inzwischen eine Menschentraube gebildet. Ruddi bahnt sich mit eingeklemmter Rute einen Weg zum Ausgang. Die Leute wissen nicht, ob sie lachen oder weinen sollen - haben ihren Spaß und bedauern gleichzeitig das zitternde Etwas am Ausgang des Geschäftes. Ich fange Ruddi wieder ein, spreche mit Engelszungen zu ihm, lege ihn wieder bei meinem Pilgerfreund ab und laufe, mittlerweile in Schweiß gebadet, nochmal in die weit entfernte Abteilung.

Außer Atem komme ich mit einem kleineren Cape zurück. Hermann gegenüber habe ich ein schlechtes Gewissen, weil das hier nun doch so lange dauert. Die Zeit läuft! Wir müssen heute immerhin noch über den Alto del Perdón. Er jedoch sitzt seelenruhig da und bringt Ruddi in die richtige Position für die nächste Anprobe. Das gestaltet sich noch schwieriger, als beim ersten Mal, denn die relativ langen Hundebeine lassen sich nun wirklich keinen Millimeter mehr einknicken. Mein Hund dreht sich immer wieder von mir weg und findet das alles total doof. Die „Zuschauer“ möchten am liebsten applaudieren, als ich es - mit einem Kopf, der vor lauter Anstrengung so rot wie das Cape ist - geschafft habe, meinen Hund anzuziehen. Hermann stellt das „Modell“ ganz vorsichtig auf dem Boden ab. Ruddi droht umzukippen, denn in einem Regenmantel kann er sich beim besten Willen nicht bewegen. Irgendwie sieht er aus wie eine Wurst mit Pelle. Der Wetterschutz ist viel zu eng. Ein Blick in seine tränennassen Augen sagen mir: „Dass Du mir das antust, hätte ich niemals gedacht!“ So schnell es geht, ziehe ich dem Häufchen Elend das gehasste Teufelsding wieder aus. Er schüttelt sich, bis ihm schwindelig wird, läuft hocherhobenen Hauptes erneut durch das Publikum zur Tür und wartet in Siegerpose in sicherer Entfernung darauf, die Bühne endlich verlassen zu dürfen. Ich bin davon überzeugt, dass wir „standing ovations“ bekämen, wenn die Leute sicher wären, den Hund dadurch nicht noch mehr in Panik zu versetzen. Ohne Verbeugung verlassen auch Hermann und ich ohne Hundemantel die Szene. Draußen angekommen tut mein Hund so, als wäre überhaupt nichts geschehen. Hermann und ich verkneifen uns einen Lachanfall, um meinen kleinen treuen Freund nicht in Verlegenheit zu bringen.

Ich bin beruhigt, dass ich eine neue Tasche für Ruddi habe. Er ist beruhigt, weil die blöden Regenjacken nicht gepasst haben. Die neue Errungenschaft wird hinten an meinen Rucksack gehängt und wir spazieren weiter durch Pamplona dem Stadtrand entgegen.

29) Ruddi's neues Taschen-Bett aus Pamplona

In einer Seitenstraße suchen wir eine Bäckerei auf, um einen Café con leche zu trinken. Wir haben ja so viel Zeit! Da sich hier schon der Hund der Besitzerin befindet, ignoriere ich das No-perro-Schild an der Tür und stolziere mit meinem hinein. Dann mach ich den fatalen

Fehler, der Form halber danach zu fragen, ob das mit Ruddi okay ist. Die Antwort lautet definitiv und unwiderruflich NEIN. Hätte ich die Klappe gehalten, wären die fünf Kilo niemandem aufgefallen. Hermann hat keine Lust auf Diskussion, nimmt meine Tasse von der Theke und zieht mich nach draußen. Na super, jetzt kann ich mich nicht mal hinsetzen! Dabei hätte ich das dringend nötig. Da auch diese Straße sehr befahren ist, trinken wir zügig den Kaffee aus und ziehen weiter. Am Stadtausgang, in einem schön angelegten Park, setzen wir uns auf eine Bank und machen ein kleines Picknick. Im Moment scheint die Sonne. Ruddi liegt lang ausgestreckt auf dem gepflegten Rasen. Wir haben uns eben in einer Bäckerei ein paar Croissants gekauft. Das tut gut … Und diesmal steht die Bank tatsächlich auf dem Camino Francés. Wir haben uns heute noch nicht verlaufen.

Kaum haben wir die Stadt hinter uns gelassen, fängt es an zu regnen. Das ist ja wirklich nichts Außergewöhnliches in den letzten Tagen und es macht mir nichts mehr aus, habe es ganz im Gegenteil voll akzeptiert. Ich packe die neue Tasche in den Rucksack und ziehe meinen Poncho über. Ruddi läuft weiter auf seinen eigenen Pfoten, denn es besteht die Hoffnung, dass es nur ein Schauer ist. Ich lasse meinen Blick in die Ferne schweifen und entdecke weit, sehr weit von uns weg einige schneeweiße Windräder auf einem Berg. Ich sage zu Hermann: „Da oben müssen wir rauf." Er fragt entsetzt: „Bist Du Dir sicher? Das ist viel zu weit! Es ist doch schon Nachmittag. Da kommen wir heute gar nicht mehr hin!" Obwohl ich mir sicher bin und sogar weiß, dass es noch gute neun Kilometer bis oben sind – danach natürlich X-Kilometer wieder runter - antworte ich: „Vielleicht vertue ich mich ja auch! Wir werden sehen, wohin der Weg uns führt." Ich will ihm die gute Laune so lange wie möglich erhalten.

Wir gehen nun über einen Forstweg durch kurze Waldstücke und Felder. Bei Sonnenschein könnte man dieses Stück Weg mit Sicherheit sehr genießen. Durch den ständigen Regen in den letzten Tagen allerdings ist er unbegehbar. Wir entscheiden uns, am Feldrand entlang zu gehen. Wir bemerken nicht, dass irgendwann ein Graben das Feld vom Weg trennt. Durch diesen Graben fließt ein Bach, der zu tief ist, um durchzulaufen. Rüber springen geht auch nicht, mit dem Rucksack auf dem Rücken. Wie Tiere in der Falle laufen wir mit kurzen Schritten hin und her und weigern uns, den hart erkämpften Weg durch das nasse Feld wieder zurückzugehen. Wir sind doch beide froh, ohne auf die Nase zu fallen, so weit gekommen zu sein.

Dann entdecke ich einen riesigen Ast, den jemand als Steg über diesen Graben gelegt hat und traue mich nach kurzer Überlegung, darüber zu gehen. Wäre der Ast gebrochen, hätte ich das sicher überlebt, aber ich hätte mir bestimmt „den Poncho versaut". Hermann und Ruddi gucken mich an wie das Christkind, als sie mich auf der anderen Seite des Grabens entlang gehen sehen. „Das kommt davon, wenn ihr nicht auf mein Rufen reagiert. Schwimm doch!" Wir müssen lachen, bei der Vorstellung mit einem Rucksack auf dem Rücken durch einen „Fluss" zu schwimmen. Ich bin ja gar nicht so und zeige den beiden, wie ich an das rettende Ufer gelangt bin. Ruddi muss lange überlegen, ob er wirklich auf dem Ast balancieren möchte und kann. Aber nach mehreren Versuchen und Rückziehern wagt er es im Eiltempo und kommt stolz auf meiner Seite an. Dafür gibt es ein „fettes" Leckerchen. Hermann macht es dem Hund nach - obwohl er keine Belohnung erwarten kann. Er tritt mehrmals skeptisch auf dem Ast rum bevor er es wirklich wagt, ihm sein ganzes Gewicht anzuvertrauen. Ich mache mir Sorgen, dass die handgearbeitete Brücke seinem Misstrauen nicht gewachsen ist und feure ihn an: „Ich rette Dich, wenn Du abstürzt! Komm schon! Trau Dich!" Nach einer Weile bewältigt er den „gefährlichen Abgrund" mit einem oder zwei beherzten Schritten. Wir sind eben die Helden des Caminos Francés.

Einige hundert Meter weiter stehen am Wegesrand niedrige Bäume und Sträucher. Hermann geht vor mir, und ich nehme die alte Hunde-Tasche mit dem blauen Müllsack-Regenschutz wahr, die er über die Schulter gehängt hat. Plötzlich kommt mir die Idee, die Tasche hier an einen Baum zu hängen. Ich brauche sie sowieso nie mehr. Ich habe jetzt eine viel schönere und bequemere für mein Hundekind. Ich stelle mir vor wie hier irgendwann mal ein verzweifelter Pilger mit einem kleinen Hund vorbeikommt und diese fast wasserdichte Hundehütte dringend braucht. Dieser Gedanke macht mich richtig zufrieden, und so trenne ich mich leichten Herzens von dem heruntergekommenen, aber sehr nützlichen Ding.

Dann beginnt der Anstieg zum Alto del Perdón. Die Beschaffenheit des Wegs ist sehr angenehm, breit und trocken. Es regnet jetzt nicht mehr, dafür hat der Wind Orkanstärke. Ich habe Angst, dass Ruddi fliegen geht und leine ihn an. Das ist ganz schön anstrengend, bergauf und gleichzeitig gegen einen Orkan anzulaufen. Wir treffen ein Pärchen und wechseln ein paar Worte mit ihnen. Es sind keine Pilger, sondern Einheimische. Sie warnen uns: „Nach ungefähr sechs Kilometern wird der Aufstieg heftig, steil, steinig und schmal. Das ist kein Spaziergang!“ Es ist bereits 17 Uhr und wir haben nach dem Aufstieg noch vier Kilometer Abstieg vor uns, der so steil ist, dass im Wanderführer davor gewarnt wird. Immer locker bleiben, lautet die Devise.

25) Ruddi und ich trotzen dem Orkan

Ich wünsche mir eine Bar herbei, um ein bisschen auszuruhen. Die gibt es aber erst wieder in Uterga, am Etappenziel. Zu unserer Freude steht eine Bank am Wegesrand. Trotz des Orkans lassen wir uns häuslich nieder und Hermann zaubert wieder Brot und Wurst aus seinem Rucksack. Jetzt merke ich erst, wie fertig ich wirklich bin. Nach kurzer Zeit machen wir uns an den Aufstieg. Das ist wirklich heftig. Hermann muss alle paar Meter stoppen, um Luft zu holen. Ich habe auf dem Camino gelernt, dass das Bergaufgehen viel leichter funktioniert, wenn ich betont langsam ganz kleine Schritte mache. Mein Begleiter tut das wahrscheinlich nicht. Denn ich bleibe nicht stehen, gehe meinen Rhythmus und trotzdem holt er mich immer wieder ein.

Wir konzentrieren uns bei jedem Schritt. Es ist ein sehr schmaler Weg und es liegen große, lose Steine in Massen rum. Dazu kommt der Sturm, der einen auch schon mal ein Stückchen zur Seite schubst. In dieser wilden Szenerie kommt uns ein Jogger entgegen. Er läuft und springt diesen Berg hinunter. Ich frage mich, wie der das macht und wünsche ihm, dass er heil unten ankommt. Das muss ein Hochleistungssportler gewesen sein. Kein normaler Mensch kann hier so runter laufen.

Die Aussicht ist spektakulär. Man schaut auf weite hügelige Felder, die durch den starken Wind aussehen, als ob sie Wellen schlagen. In der Ferne erkennt man noch Pamplona und etwas näher kleine Dörfchen. Der Jakobsweg, der hier schneeweiß ist, schlängelt sich durch diese saftig grüne Landschaft. Wolkengebilde, wie ich sie vorher noch nicht gesehen habe, lassen diesen Schauplatz dramatisch erscheinen.

An der Fuente de Reniega (Quelle des Ableugnens) machen wir noch eine kurze Pause. Wir sind stolz darauf, das uns selbst Auferlegte so tapfer durchzuziehen. Es ist gleich 19 Uhr. Wir sind sehr gespannt wann - und vor allem wie - wir in Uterga ankommen werden. Wir haben übrigens wieder keine anderen Pilger in Sichtweite.

26) Pause an der Fuente de Reniega

Gerade als wir denken wir kämen nie da oben an, haben wir den Gipfel des 735 Meter hohen Alto del Perdón erreicht. Hier steht ein Denkmal, das einen Pilgerzug darstellt. Ich kenne es aus dem Fernsehen und werde ganz andächtig, weil ich jetzt selbst hier oben stehe. Es ist viel weniger Platz auf diesem Bergkamm als ich dachte.

27) auf dem Alto del Perdón am Pilger-Denkmal

Kaum am Denkmal vorbeigegangen, überqueren wir eine Landstraße und dann geht es auch schon wieder bergab. Der Pilger wird sogar durch Schilder vor dem steilen Abstieg gewarnt. Vor ein paar Minuten hat mir noch ein Spanier gesagt, ich solle diesen Abwärtsweg unbedingt sehr langsam gehen. In dem Moment, in dem wir losgehen wollen, fängt es wieder heftig an zu regnen. An dieser Stelle treffen wir zur Abwechslung auch mal ein paar andere Pilger. Die müssen aber die Landstraße gegangen sein. Beim Aufstieg waren wir alleine. Vielleicht sind sie per Bus oder Taxi hochgekommen. Soll uns aber egal sein. Sie interessieren sich dafür wie es ist, mit Hund in Spanien unterwegs zu sein und ich gebe bereitwillig Auskunft. Sie staunen nicht schlecht über die Kondition eines so kleinen Kerlchens.

Als ich Ruddi unter meinem Poncho in sein Netz setze, damit der Arme nicht noch fünf Kilometer vor dem Etappenziel nass wird, amüsieren sich die Leute und finden die Lösungsidee spitze. Es ist kalt und immer noch stürmisch. Bei jedem Schritt sprechen meine Beine mit mir: „Geh bloß nicht schneller, sonst können wir Dich nicht halten.“ Es ist deutlich mehr als spannend, hier herabzusteigen. Ich rede Ruddi und mir selbst beruhigend zu: „Hab keine Angst. Ich bin ganz vorsichtig, egal wie lange es dauert. Ich verspreche Dir, jeden Schritt abzusichern. Wir schaffen das!“ Allmählich mäßigt sich der Weg, es geht etwas sanfter auf Feldwegen weiter bergab bis auf 490 Meter über dem Meeresspiegel. Das sind immerhin 245 Höhenmeter auf 3,6 Kilometern. Die ziehen sich allerdings wie Kaugummi. Wir haben mal wieder das Gefühl diese Etappe nähme kein Ende. Seit Stunden schon muss ich Pippi. Aber ich bin von Hause aus kein „Naturbursche“, der sich einfach mal mitten in die Pampa setzt – bei Orkan schon dreimal nicht.

Wie immer werden wir albern, wenn das Ziel näher kommt. Ich kann leider nicht mehr herzhaft lachen, wenn Hermann wieder einen seiner Sprüche reißt. Das würde gnadenlos in die Hose gehen. Er weiß nichts von meinem Toiletten-Problem und macht sich bestimmt Gedanken darüber, wo ich meinen Humor verloren haben könnte. Ich mag nicht drüber sprechen. Das ist mir peinlich. Ich konzentriere mich und schaffe das schon bis Uterga.

Eine halbe Stunde später schleppen wir uns nur noch so den Feldweg entlang. Es regnet zwar immer noch, aber nicht mehr so heftig. Hermann bleibt ab und zu stehen, um die Landschaft zu bewundern. Kann ich gut nachvollziehen. Es lohnt sich wirklich in die Ferne zu schauen, aber meine Blase ist mittlerweile so überfüllt, dass ich in Bewegung bleiben muss.

Ich gehe einfach an ihm vorbei und sage: „Guck Du nur die Landschaft an. Ich geh schon mal langsam vor. Du holst mich eh wieder ein.“ Er geht mit mir und fragt nach, was ich denn bloß hätte, welche Laus mir über die Leber gelaufen sei. Ich sage, dass mir die Laus über die Blase läuft und ich nur hoffen kann, dass wir bald da sind. Dieses Dilemma schaut er sich noch ungefähr zwanzig Minuten mit an, dann bleibt er auf einer kleinen Brücke mitten in den Feldern stehen, setzt sich auf das kniehohe Geländer aus Stein, nimmt mir den Rucksack vom Rücken und schickt mich in die Büsche: „Ich kann das nicht mehr mit ansehen. Lass gehen! Ich warte hier auf Dich.“ Ich überlege nicht mehr lange und tu wie mir befohlen. Keine Ahnung, warum ich so lange damit gewartet habe – wahrscheinlich, weil ich mit einem Mann unterwegs bin. „So was macht eine Dame nicht!“

Glücklich und erleichtert komme ich aus dem Busch gekrabbelt. Mit dem Muskelkater und den inzwischen fast 20 Kilometern in den Beinen, war das eine richtige Aktion, bei der jede Bewegung wohl durchdacht sein musste – bei Unachtsamkeit hätte ich mich womöglich in den Dreck gelegt und diesmal nicht den Poncho, sondern den nackten Hintern versaut.

Gleicher Tag (insgesamt 84 km gelaufen)
Uterga (158 Einwohner), 493 m üdM
Priv. Herberge m. Doppelzimmern, 20 Euro/Pers. ohne Frühstück

Kurz nach 21 Uhr erreichen wir Uterga und der erste Gasthof gehört uns. Es ist eine private Herberge, die von außen aussieht wie eine gemütliche Pension. An der Eingangstür springt mir das No-perro-Schild ins Auge. Na gut! Meinen Poncho habe ich noch an und Ruddi ist blitzschnell darunter verschwunden. Mit dem Hund vor meiner Brust, sehe ich aus, als wäre ich eine Matrone. Die Leute, die hier sitzen, gucken mich etwas befremdet an. Die fragen sich bestimmt: „Wie ist denn die dicke Frau bloß über den Berg gekommen?“ Die Blicke ignorierend gehe ich zielstrebig an die Theke und frage: „Tiene una habitatión doble libre? (Haben Sie ein freies Doppelzimmer?)“ Der „guten alten Schule“ nach müsste Hermann diese Frage stellen, aber der spricht überhaupt kein Spanisch. Also muss ich mit meinen „Brocken“ ran. Die Señora hat noch ein Zimmer frei und gibt uns zu verstehen, dass, wenn wir noch etwas zu essen haben wollten, wir das sofort machen müssten, weil die Küche in ein paar Minuten schließt. Super! Und jetzt? Mit Ruddi unterm Poncho kann ich ja wohl nicht essen. Das würde auffallen. Also bestellen wir schon mal und lassen uns flugs das Zimmer zeigen.

Es müsste verboten sein, Pilger unterm Dach auf der dritten Etage unterzubringen. Zumindest wenn es keinen Aufzug gibt. Ich weiß nicht, wie ich es geschafft habe, die Treppen hochzugehen. Wahrscheinlich war es mein Hund unterm Poncho, der mich angefeuert hat. Die Herbergsmutter hat nichts gemerkt. Gott sei dank. Der nächste Ort wäre fast drei Kilometer weit weg. Ganz davon abgesehen, dass mein Körper streiken würde, käme ich dort viel zu spät an, um noch ein Zimmer anzumieten.

Ruddi ist wie gewohnt mucksmäuschenstill und regungslos unter meinem Poncho bis wir alleine sind. Dieser Hund ist ne Wucht! Die Wirtin verschwindet auch ganz schnell wieder aus unserer schnuckeligen, sehr kleinen, aber gemütlichen Unterkunft und bittet uns eindringlich, so schnell wie möglich runterzukommen, damit das Essen serviert werden kann. Zackig packe ich Ruddi's nagelneue Tasche aus dem Rucksack, lege seine Decke hinein und schwupp – liegt er auch schon drin. Ich glaube, er hat sich seit Pamplona darauf gefreut.

Wir ziehen die dreckigen Schuhe aus und quälen uns Stufe für Stufe die Treppe wieder runter. Unsere Knie wollen sich nur noch minimal beugen. Wenn man es positiv ausdrücken möchte, kann man als Zuschauer den Eindruck gewinnen, es kämen unbewegliche Muskelprotze hier herunter gestiegen. Bei jedem Schritt abwärts schwankt der Oberkörper extrem weit nach links oder rechts und der Fußwechsel erfolgt mit einem winzig kleinen beherzten Hüpfer. Auch wenn's wehtut, aber ohne Essen würden wir beide die Nacht nicht überleben.

Ein Mann und eine Frau halten sich noch in der Bar auf. Sie sind deutsche Pilger. Wir setzen uns an den Tisch neben ihnen und dann stellen sie die böse Frage: „Warst Du nicht eben mit einem Hund unterwegs? Wo ist der denn jetzt?" Ich kann vor Schreck und Entsetzen nur Zischlaute von mir geben: „Pscht, schschsch. Der ist in der Tasche und keiner darf es wissen!" Die verstehen meine Aufregung nicht: „Warum nicht?" „Weil hier Hunde verboten sind." Sie staunen über meinen Mut und die Zuversicht, dass er sich ruhig verhält, und dann steht auch schon das Essen vor uns. Wir fallen darüber her, als hätten wir seit Tagen nichts mehr bekommen.

Beunruhigt beobachte ich, dass jetzt die Herbergsmutter die Tür nach draußen abschließt. Tja, da muss Ruddi wohl oder übel bis morgenfrüh durchhalten. Aber das dürfte kein Problem sein, wir waren erst nach 21 Uhr hier. Hermann eröffnet mir nach dem Essen, dass er morgens früher losgehen möchte. Er denkt an sechs Uhr. Das ist mir viel zu früh und wir beschließen, dass wir getrennt laufen werden. Ich habe den Gedanken schon ein, zweimal gehabt, dass ich ursprünglich vor hatte, den Jakobsweg alleine zu gehen. Das schließt ja nicht aus, dass man sich in den Bars oder abends beim Essen trifft.

Wir erledigen noch die Formalitäten und lassen uns den Stempel in den Pilgerausweis drücken, bevor wir den „Aufstieg" zu unserem Zimmer wagen. Da entdecke ich doch tatsächlich auf der Theke diese blauen Kunststoffarmbänder mit den gelben Pfeilen drauf, die Mary und Lynn tragen. Natürlich kaufe ich mir eins, lege es überglücklich an und fühle mich sofort mit den beiden eng verbunden. Wie es ihnen wohl geht? Wo mögen sie heute gelandet sein?

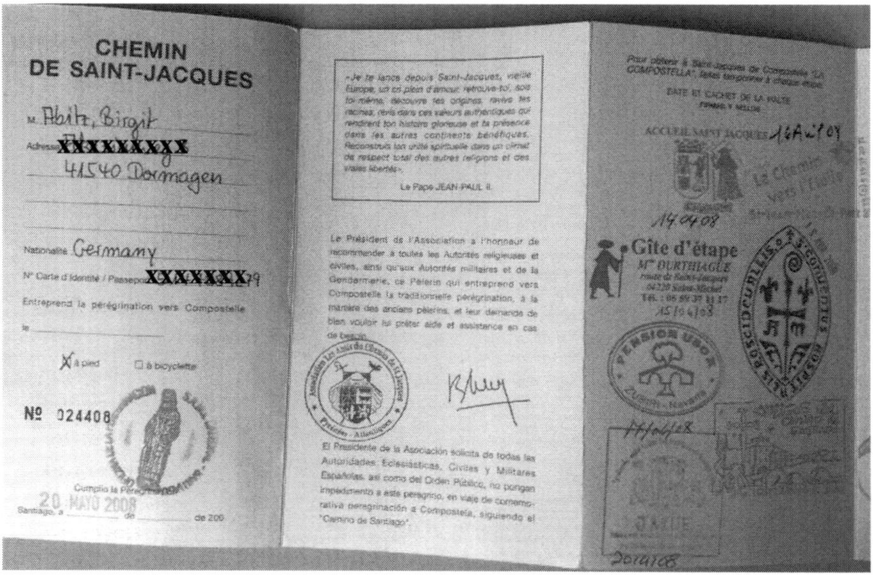

28) Pilgerpass Teil 1 bis Uterga.

Anmerkung:Ich habe im Januar 2010 meinen Mädchennamen wieder angenommen. 2008 hieß ich noch Birgit Abitz, wie meinen Pilger-Dokumenten zu entnehmen ist.

Sonntag, 20. April 2008
Uterga (158 Einwohner), 493 m üdM, Navarra
6. Etappe bis Lorca, 20,4 km

Es hat die halbe Nacht heftig gestürmt und der Regen hat lautstark auf das schräge Dachfenster geprasselt. Gegen 6.30 Uhr werde ich unter anderem durch Hermann wach. Er packt leise seinen Rucksack, um wie geplant den Tag wesentlich früher zu beginnen als die vorangegangenen. Wir werden uns heute Abend in Lorca treffen und zusammen Abendessen. Ich tu so, als hörte ich ihn nicht, damit er kein schlechtes Gewissen kriegt, denn er ist wesentlich leiser, als die anderen Pilger in den angrenzenden Zimmern. Die nehmen keine Rücksicht auf Spätaufsteher und verabschieden sich lautstark auf dem Korridor. Mein Handy-Wecker hat den Auftrag, mich um acht zu wecken.

Als die Tür ins Schloss fällt, drehe ich mich nochmal um und schlafe sofort wieder ein. Auf dem Flur ist Ruhe eingekehrt. Es können nur wenige Minuten vergangen sein, als jemand ganz leise, aber ziemlich verzweifelt meinen Namen ruft. Hermann steht vor der geschlossenen Tür und bittet mich, zu öffnen. Erschrocken springe ich mit unterdrückten Weh-Lauten aus dem Bett - der Muskelkater schlägt wieder erbarmungslos zu. Fast stolpere ich über die Wanderstöcke meines Freundes und nehme sie direkt mit an die Tür. Die sind ja wohl der Grund seiner Rückkehr.

Er hat Schweißperlen auf der Stirn und flüstert: „Tut mir leid, dass ich Dich geweckt habe, aber ich habe meine Stöcke vergessen. Ich hab mich nicht getraut zu klopfen, dann hätte Ruddi bestimmt gebellt." „Das Zimmer war doch gar nicht abgeschlossen, warum kommst Du denn nicht einfach rein?" frage ich und drücke ihm seine Gehhilfen in die Hand. „Oh nein! Das auch noch! Bin ich blöd! Es tut mir so leid. Leg Dich wieder hin und schlaf weiter. Ich störe nicht mehr." flüstert er. Bevor er anfängt zu weinen, versichere ich ihm, dass es halb so wild sei. Du wirst uns noch schmerzlich vermissen." sage ich scherzhaft und wünsche ihm einen „buen camino". Ruddi nimmt das Ganze nur aus den Augenwinkeln wahr und kuschelt sich tiefer in seine weiche, warme Decke.

Ich mache es ihm nach, aber nach einer halben Stunde werde ich wieder wach und entscheide mich dafür, es dabei zu belassen. Ich freue mich darauf, heute mal alleine zu laufen und blättere in meinem Reiseführer. Ich lese zur Erinnerung noch ein bisschen in den Seiten der gestrigen Etappe und entdecke den Hinweis, dass der Anstieg auf den Alto del Perdón einer der längsten des gesamten Pilgerwegs ist. Schade, dass ich das gestern noch nicht wusste. Oder ist es vielleicht besser so? Diese Information kann einen stark machen, sie kann aber auch schwächen. Die Pyrenäen liegen hinter uns, lese ich hier. Hoffnung keimt in mir auf, dass die Bergkletterei nun ein Ende hat.

Die geplante Etappe scheint wesentlicher einfacher zu sein. Die Sonne lacht vom strahlend blauen Himmel durch das Fenster. Jetzt hält mich nichts mehr im Bett. Während Ruddi frühstückt, verschwindet sein Schlafplatz im Rucksack und blitzschnell packe ich meine Sachen drauf. Trotz des schönen Wetters ziehe ich meinen Poncho an, um Ruddi darunter verschwinden zu lassen. Es ist jetzt halb neun und die Herbergsmutter wird sicher schon auf den Beinen sein. Ja, ich weiß! Die Nacht ist rum – soll sie Ruddi doch sehen. Ich wollte ja drauf pfeifen!? Der Unterschied zu den ersten Tagen ist der, dass ich nicht mehr so nervös bin, aber einfach keine Lust auf einen Abschied mit Stress habe. Die Wirtin soll mich in guter Erinnerung behalten und sich nicht am frühen Morgen schon ärgern müssen. Ist zwar auch Blödsinn, denn ich komme ja nicht mehr wieder, aber bevor ich schimpfend vom Grundstück gejagt werde, sage ich lieber lachend: „Adiós, y gracias por todo (Tschüss, und danke für alles)!" Letztendlich verlasse ich die Herberge, ohne einer Menschenseele begegnet zu sein.

Ich lasse Ruddi frei. Wie auf Kommando schlagen alle Hunde der Straße Alarm. So, nun ist das Dorf also auch endlich wach! Kann bestimmt nichts schaden bei dem schönen Wetter. Ich packe meinen Poncho ganz unten in den Rucksack und beginne fröhlich die heutige Etappe. Am Dorfausgang geht es weiter auf einem Schotterweg. Nach ein paar Minuten wird man durch ein sehr großes Plakat darauf aufmerksam gemacht, dass der Camino Francés rechts herum verläuft. Der Hinweis ist bestimmt so groß, weil der Weg, auf dem ich mich gerade befinde, sehr breit und einladend aussieht. Hinzu kommt, dass die Aussicht hier atemberaubend ist. Wenn man sich davon zu sehr ablenken lässt läuft man Gefahr, selbst das größte Schild zu übersehen.

Ich biege also ab und schon laufe ich wieder im gewohnten Matsch auf einem Trampelpfad. Na bitte, geht doch! So fühle ich mich heimisch. Spontan fällt mir Hermann ein. Ob er sich wohl hier verlaufen hat? Ich bin fest davon überzeugt und suche nach seinen Schuhabdrücken, die sehr leicht auszumachen sind. Sie zeichnen sich durch große Kreise aus, die ich als „kleine Ufos" betitelt habe. So sehr ich auch suche, ich finde solche Abdrücke nicht. Oh Mann, wo mag der wohl gelandet sein? Bestimmt irrt er durch die Felder. Hoffentlich merkt er es nicht allzu spät, dass er nicht mehr auf dem offiziellen Camino ist.

Kurz vor elf, nach sieben Kilometern über recht angenehme Feldwege und ein kurzes Stück an der Nationalstraße entlang, erreiche ich Puente la Reina. Es ist eine kleine Stadt mit ungefähr 2500 Einwohnern. Die meisten von ihnen sind auf dem Weg in die Kirche. Wir haben ja schließlich Sonntag. Als ich den Vorplatz erreiche, läuten die Glocken wie wild und ich fühle mich standesgemäß begrüßt. Es herrscht reger Autoverkehr. Alle suchen einen Parkplatz. Väter, Mütter und Kinder steigen aus ihren Wagen und strömen in das Gotteshaus. Ich bleibe stehen und beobachte das friedvolle Treiben. Auf dem Glockenturm haben sich zwei Storchenpaare Nester gebaut.

Sie sind ebenfalls sehr beschäftigt, entweder mit der Futtersuche oder vielleicht auch mit den Baustoffen für ihr Heim. Sie runden auf eine sehr schöne Weise die Idylle ab.

30) Puente la Reina

Ein kleiner, etwa acht Jahre alter Junge spricht mich an: „Qué tal? (Wie geht's?)“ Ich möchte gerne was Kluges darauf antworten, aber das kommt gerade so unverhofft, dass ich ihn nur mit einem dämlichen Grinsen anstarre. Wochenlang habe ich zuhause auf eigene Faust Spanisch gelernt. Fast täglich Vokabeln geübt, immer wieder die CDs angehört und jetzt kann ich vor lauter Schreck diese einfache Begrüßung nicht erwidern?! Das kann doch nicht wahr sein! Angestrengt krame ich in meinem Hirn und suche nach der richtigen Antwort. Das dauert dem Kind zu lange. Er baut sich lächelnd vor mir auf und hilft mir auf die Sprünge: „Qué tal? - Yo muy bien, gracias. (Mir geht es sehr gut, danke.) Qué tal?“ Süß! Der Kleine ist spanisch charmant und sagt mir meine Antwort vor. So einfach ist das – nur eine Höflichkeitsfloskel, aber sie verbindet. Ich bedanke mich lachend bei ihm für diese kleine Spanisch-Lektion und komme nicht darüber hinweg, dass mir diese wenigen Worte nicht eingefallen sind. Diese kurze Begegnung hat mir richtig gut getan.

Beschwingt setzte ich meinen Weg durch die Gassen von Puente la Reina fort. Kurz vor dem Ortsausgang überquere ich die berühmte Brücke Puente de la Reina. Mitten drauf treffe ich auf zwei Männer, die mit Sicherheit geschäftlich unterwegs sind. Sie machen Fotos von diesem Bauwerk und dem Blick auf die Stadt. Was mag ihr Auftrag sein? Ich male mir aus, dass sie vielleicht vorhaben, sich hier niederzulassen und sich um die Pilger des Jakobswegs zu kümmern. Sie suchen bestimmt nur noch den richtigen Platz für die Unterkunft, die sie aufmachen möchten. Ich glaube, dass es keine Herberge sein wird, sondern eine Pension. Sie sind sehr gepflegt, tragen Anzüge und haben Aktenkoffer dabei. So sehen die Herbergsväter, die ich bis jetzt kennen gelernt habe, nicht aus.

31) „Puente de la Reina", die berühmte Brücke über den Arga

Während ich phantasierend an ihnen vorbeigehe, sprechen sie mich an: „Sind Sie Pilgerin? Wo sind Sie gestartet? Seit wann sind Sie unterwegs? Waren Sie mit den Unterkünften zufrieden? Ist das Ihr Hund? Läuft der auch den ganzen Weg? Können Sie den Hund mit in die Herberge oder das Hotel nehmen? Wie machen Sie das denn?" Ich suche nach der Kamera und dem Mikrofon - das ist doch ein Interview, oder? Ja, ist es! Aber nicht für die Öffentlichkeit. Ich beantworte alle gestellten Fragen und versäume es nicht, für eine Pension zu plädieren, in der Hunde herzlich willkommen sind. Tatsächlich verraten sie mir, dass sie aus Österreich sind und genau das vorhaben, was ich vermutet habe. Ich wünsche ihnen viel Erfolg bei ihrem Unterfangen und setze meinen Weg fort.

Der Camino verläuft weiterhin über Feld- und Landwirtschaftswege ohne nennenswerte Steigungen. Ja, klar! Die Pyrenäen liegen ja auch hinter mir. Ruddi ist genauso begeistert wie ich, angesichts des entspannten Laufens ohne Regen. Fast pfeifend sind wir beide gemütlich unterwegs. Meinen Rucksack spüre ich kaum mehr auf dem Rücken. Der gehört nach sechs Tagen zu mir, als wäre ich nie im Leben ohne ihn gelaufen. Ich käme und kam nie auf die Idee, ihn transportieren zu lassen, wie Hermann es gemacht hat. Aber ich habe ja auch keine Schulterprobleme. Wo er wohl in diesem Moment unterwegs ist?

Auf einem Acker arbeiten zwei Bauern. Am Feldrand stehen ein altes Auto und eine Vespa. Die beiden Männer strahlen eine unglaubliche Zufriedenheit aus. Ihre Arbeit verrichten sie ohne moderne Landwirtschaftsmaschinen. Wenn die Sonne durch die Wolken guckt, ist sie ganz schön warm. Ab und zu lüften sie ihre Kopfbedeckung und wischen sich den Schweiß von der Stirn. Wir winken uns mit einem fröhlichen „Hola“ zu. Es ist fast wie in einem 60er-Jahre-Film mit Heinz Erhardt. Ich genieße dies alles sehr bewusst und denke so bei mir: „Jetzt ist der Camino friedlich. Er hat mich ja auch lange genug hart ran genommen.“ Das wurde ja schließlich mal Zeit. Das haben wir uns hart erkämpft, so locker zu wandern. Ich kann sogar gleichzeitig laufen und die Landschaft bewundern.

Ich habe es noch nicht zu Ende gedacht, entdecke ich einen Wegweiser, der mich rechts herum schickt. Es ist ein Weg, der sich durch mehrere Hügel schlängelt. Er ist matschig, viel zu matschig. Der Boden besteht aus einem Gemisch zwischen sehr feiner roter Erde und dem Regenwasser der letzten Nacht, das sich an dieser Stelle versammelt hat, um mich auf’s Glatteis zu führen. Hier liegen keine Steine rum, die ein bisschen Halt geben würden. Ich will mal wieder das haben, was ich gerade nicht haben kann, anstatt mich mit dem zufrieden zu geben, was da ist. Gestern beim steinigen Aufstieg auf den Alto del Perdón wünschte ich mir die Wegverhältnisse, die ich hier vorfinde. „Du weißt doch, dass uns Dein Wunsch Befehl ist!“

höre ich das Universum flüstern – dass die aber auch immer noch einen draufsetzen müssen!

Nach etwa 200 Metern wird der Weg steiler. Ich habe große Mühe voranzukommen. Es geht nur mit ganz kleinen Schritten und mit dem Einsatz der Wanderstöcke weiter. Meine Kräfte lassen nach und bald muss ich stehen bleiben. Nichts geht mehr! Ich stütze mich auf meine „beiden Freunde“ mit dem Gesicht Richtung Boden und traue meinen Augen nicht. Habe ich Halluzinationen oder sehe ich da wirklich Buchstaben? Ich zwinkere ein paar Mal, schau auch mal in eine ganz andere Richtung, um sicher zu gehen, dass ich das nicht träume. Hier steht tatsächlich genau vor meinen Füßen in den Matsch geschrieben: „Rudi halt durch, H.“

32) Rudi halt durch, H (ein Gruß von Hermann)

Das gibt es doch gar nicht! Da quäle ich mich, wer weiß wie weit, diesen höllischen Weg hoch und genau in dem Moment, wo ich am Ende meiner Kräfte bin, lese ich diesen Text. Wie vor ein paar Tagen die Nachricht im Schnee, gibt mir auch diese unglaublichen Auftrieb.

Ich glaube ja nicht an Zufälle, das macht die Situation noch aufregender für mich: „Zur richtigen Zeit, am richtigen Ort.“ Im Grunde genommen ist man nie wirklich alleine, wenn man sich geistig auf andere Menschen einlassen kann. Auch wenn sie nicht körperlich da sind. Ich bin durch diese drei Worte wie gedopt. Wieder hat jemand an uns gedacht, als er mit Sicherheit mit sich selbst jede Menge zu tun hatte. Danke, Hermann!

33) zwischen Puente la Reina und Cirauqui

Nach weiteren fünf Kilometern, direkt hinter Mañeru sehe ich am Horizont das Dorf Cirauqui liegen. Im Vordergrund befinden sich Olivenhaine. Es ist ein malerischer Anblick und ich habe fast Tränen in den Augen, als mir einfällt, dass ich ein Aquarell gemalt habe, das diesem Ausblick hier in den Konturen verblüffend ähnelt. Ist vielleicht doch alles eins? Hier und Jetzt? Ist das ganze Leben nur ein Punkt und alles geschieht im selben Moment? Ich habe vor fünf Jahren das Aquarell aus dem Gefühl heraus gemalt, ohne Vorlage. Und jetzt sehe ich die Landschaft tatsächlich. Wie beeindruckend! Mein Wunsch ist „ihm“ Befehl – manchmal dauert die Erfüllung eben ein bisschen länger. Alles zu seiner Zeit. Mir wird immer klarer, dass jeder Weg, auch der schwerste, sich im Endeffekt lohnt.

Ich kann es kaum erwarten, Cirauqui zu erreichen. Nach einer knappen Stunde ist es endlich soweit. Es ist ein kleines, altes Dorf mit noch nicht einmal 500 Einwohnern. Die Gassen sind sehr eng und steil. Ich komme mir vor wie im Mittelalter. Es herrscht eine göttliche Ruhe. Kein einziges Auto ist in Sicht- oder Hörweite. Einige Menschen begegnen mir - zu Fuß natürlich. Fahrradfahren ist wegen der Steigungen unmöglich. Es ist Mittagszeit und es riecht hier und da nach Essen. Ich höre Stimmen und klapperndes Geschirr aus den Häusern, die meisten Haustüren sind weit geöffnet. Irgendwo muss eine Bar sein! Ich höre das Gemurmel und Lachen vieler Menschen. Ich möchte auch in dieser Bar sein, nach vierzehn gelaufenen Kilometern einen oder zwei Café con leche trinken und vielleicht einen Pilgerkollegen treffen.

34) Blick auf Cirauqui

Ich frage eine Frau, die vor ihrem Haus den Weg fegt, wo diese Bar ist. Sie zeigt in die Richtung und sagt, dass es ungefähr 100 Meter dorthin sind. Das ist normalerweise ein Katzensprung, aber nicht auf dem Camino und schon dreimal nicht diese sehr steile Straße hinauf. Ich habe die Hoffnung, noch an einer anderen Bar vorbeizukommen. Wenn es sein soll, dann gibt es noch eine. Wenn nicht, dann lauf ich eben weiter.

35) Cirauqui, hier ist mir doch glatt die Puste ausgegangen

Es sollte nicht sein! Am Ortsausgang liegt ein Bauernhof, dessen Grundstück mit einer Mauer umgeben ist. Hier mache ich eine Pause. Mehrere andere Pilger hatten wohl den gleichen Gedankengang, denn ich bin hier nicht alleine. Es ist ein Kommen und Gehen. Ich kenne diese Leute zwar nicht, aber die Freude sich kurz auszutauschen, ist groß. Schon wieder das Phänomen der unsichtbaren Pilger, die man nur innerhalb geschlossener Ortschaften sehen kann. Sagenhaft!

Bis Lorca, meinem heutigen Etappenziel, sind es jetzt „nur noch“ sechs Kilometer. Es geht weiter über die Reste einer Römerstraße auf eine verfallene römische Brücke zu, steil bergab, diesmal auf großen, ungleichen, aber festen Steinen. Ich entscheide mich für den Rand dieser „Straße“ Da lässt es sich leichter gehen. Die Brücke sieht ziemlich mitgenommen aus. Man kann sie nur noch über nachträglich eingebaute Stufen überqueren. Ich muss teilweise sehr große Schritte machen und wie schon so oft wäre ich ohne meine beiden ständigen Begleiter, die Stöcke, aufgeschmissen. Natürlich nehmen Ruddi und ich diese Hürde - wenn auch mit letzter Kraft.

36) Ortsausgang Cirauqui, Richtung Lorca

Auf dem Weg nach Lorca gibt es eine Weggabelung, an der ich hängen bleibe. Es ist unklar in welche Richtung es weitergeht. Das erste Mal bin ich so unsicher, dass ich mich erst entscheiden möchte, wenn ich in Ruhe eine Zigarette geraucht habe. Vielleicht empfange ich mit der nötigen Gelassenheit ja eine Eingebung. In einiger Entfernung entdecke ich ein paar Wanderer, die natürlich auch hier vorbei müssen. Mal sehen was die unternehmen. Eins ist sicher, ich werde nicht einfach hinterherlaufen! Bis hierhin bin ich heute ohne Umwege durchgekommen.

Als die drei näher kommen freuen Ruddi und ich uns mal wieder „ein weiteres Loch in den Bauch“, denn wir erkennen in ihnen unsere Lieblingspilger Achim, Oliver und Sabrina. Das lustige Grüppchen, das auf dem Weg nach Roncesvalles auf dem Felsblock gesessen hat. Wir staunen darüber, dass man sich Tage später ganz unverhofft in der Wildnis trifft. „Wo geht ihr denn jetzt weiter?“ frage ich Achim. Er hält schon seinen Reiseführer bereit, informiert sich und während sich die kleine Karawane wieder in Bewegung setzt, antwortet er: „Immer geradeaus.“ Wenn das keine klare Ansage ist, dann weiß ich es auch nicht.

Ich vertraue Achim und gehe denselben Weg, allerdings wesentlich langsamer und so verlieren wir uns wieder aus den Augen. Ich stelle fest, dass ich heute gar nicht so kaputt bin, wie die letzten Tage. Ich glaube, ich bin momentan besonders gut unterwegs. Bester Laune laufe und laufe ich immer weiter, bergauf und bergab auf einem schmalen und angenehmen Pfad. Ruddi ist ebenfalls besonders gut drauf.

Plötzlich glaube ich, in dieser absoluten Stille zu hören, dass jemand „Ruddi“ ruft. Ist bestimmt nur Einbildung, denke ich. Aber die Rufe wiederholen sich. Ich blicke zurück und erkenne weit entfernt wiederum drei Menschen mit Rucksäcken. Ich überlege wer das wohl sein könnte. Das einzige mir bekannte Trio, das immer wieder zusammen auf dem Camino zu sehen ist, muss logischerweise viel weiter vorne sein. Ich winke den Leuten freundlich mit einer ausladenden Armbewegung zu und gehe weiter – mag jetzt nicht warten, das dauert mir zu lange.

Nach ein paar Minuten wird Ruddi ganz unruhig und läuft bellend in die entgegengesetzte Richtung. Was macht der denn? Ich versuche dahinter zu kommen - drehe mich um. Die Gruppe ist mittlerweile etwas näher gekommen und ich glaube die Aachener, Franz-Josef und Gabi zu erkennen. Franz-Josef erkennt man schon von weitem an seinem markanten Bart und die schlanke Gabi an ihrem blonden, gelockten, halblangen Haar. Die dritte Person ist zwar schon etwas näher als diese beiden, aber ich habe keine Idee wer das sein könnte. Es handelt sich um einen Mann, soviel kann ich sehen. Er legt einen Sprint hin, der Rucksack hüpft auf und ab. Es ist deutlich zu erkennen, dass es eine große Freude für ihn ist, uns zu sehen. Dieser Mann kann es kaum erwarten, bei mir anzukommen. Ich bin gespannt, wie ein Flitzebogen und warte angesichts dieser Szene natürlich auch. Während sie näher kommen, rufen alle drei gut gelaunt immer wieder: „Halli, hallo! Birgit! Ruddi! Wartet auf uns! Dass ihr so schnell unterwegs seid, ist ja kaum zu glauben!“

Ich traue meinen Augen nicht. Das ist doch tatsächlich Hermann! Ich glaube es ja nicht! Er ist also tatsächlich hinter mir gelaufen, wer hat denn dann in den Schlamm geschrieben? Wir fallen uns vor Freude in die Arme und Hermann ist nicht mehr zu bremsen: „Ich habe den ganzen Tag an Euch gedacht. Seid Ihr gut durchgekommen? Ist alles in Ordnung?“ Ich antworte: „Bei uns ist alles prima. Wie geht es Dir? Hat alles geklappt? Wieso bist Du eigentlich hinter mir? Du bist wesentlich früher losgegangen, als ich!?“ „Ich habe mich heute

Morgen zuerst einmal heftigst verlaufen. Das hat mich bestimmt eine Stunde gekostet. Ich bin nach einer Weile einfach mitten durch die Felder gestapft. Deswegen sehe ich aus wie die Sau. Keine Ahnung, wie das passieren konnte.“ Ich unterbreche ihn schmunzelnd: „Ich kann es Dir sagen. Ich weiß, wo Du Dich verlaufen hast. Nach den ersten 500 Metern hinter Uterga stand ein sehr großes Schild, das den Pilger rechts abzubiegen bittet. Ich habe danach Deine Ufos nicht mehr gesehen, oder kannst Du Dich mit denen auch beamen?“ „Bist Du Hellseherin?“ „Nö, ich bin ein paar Tage mit Dir unterwegs gewesen und weiß, wie gerne Du vom Weg abkommst.“ Wir müssen laut lachen.

Gabi und Franz-Josef begrüßen mich ebenfalls stürmisch gefühlvoll: „Bist Du etwa ganz alleine unterwegs? Hast Du keine Angst?“ „Nein, mein Kampfhund ist doch bei mir. Aber mal im Ernst: Wovor sollte ich mich fürchten? Ich fühle mich auf dem Camino genauso sicher, wie zuhause auf der Couch. Macht Euch keine Sorgen um mich. Alles ist bestens!“ In der Tat genieße ich es alleine zu gehen, obwohl Hermann und ich unglaublich viel Spaß zusammen hatten. Die Einsamkeit lässt mich jedoch alles wesentlich bewusster wahrnehmen und meine Gedanken fangen an, sich zu sortieren.

Die Aachener verabschieden sich von uns mit einer Umarmung und einem „buen Camino“. Hermann und ich gehen ganz gemütlich die letzten drei Kilometer bis Lorca gemeinsam. Es ist noch recht früh am Nachmittag. Ich glaube, dass wir so gegen 16 Uhr die heutige Etappe beenden werden. Der Weg ist weiterhin angenehm zu gehen. Ich sage es immer wieder gerne: Ab und zu ist er mega-steil! Wir überqueren noch einmal eine uralte Brücke, die über einen Bach führt. Hier treffen wir abermals auf Achim, Oliver und Sabrina. Die drei liegen entspannt auf der niedrigen Brückenmauer – wie am Mittwoch in den Pyrenäen. Ich bleibe stehen und sage bewundernd: „Klasse, ihr habt es Euch wieder richtig gemütlich gemacht. Egal, wann ich Euch treffe, ihr strahlt immer eine himmlische Ruhe und Gelassenheit aus. Wie macht Ihr das?“ Wieder ist es Achim, der antwortet: „Du musst es einfach tun. Komm, setz Dich doch!“ Ich weiß nicht, warum ich das nicht tue. Wahrscheinlich, weil Hermann (zu meinem Erstaunen) schon ein paar Meter vorgelaufen ist. Ich fühle mich verpflichtet und laufe ihm hinterher.

gleicher Tag (insgesamt 104,4 km gelaufen)
Lorca (140 Einwohner), 483 m üdM, Navarra
Herberge m. Doppelzimmern, 20 Euro/Pers. inklusive Frühstück

Lorca ist ein sehr kleiner Ort mit nur 140 Einwohnern. Es ist ein verschlafenes Nest. Die erste Bar „gehört uns“ und ich bekomme endlich meinen heiß ersehnten Café con leche. Hermann bestellt sich mal gleich ein Bier. Ruddi wird von den jungen Wirtsleuten wie ein alter Kumpel empfangen und sofort mit Wasser und Erdnüssen versorgt. Die beiden, ein Mann und eine Frau so Mitte Zwanzig, knuddeln und herzen ihn und fragen meinen Hund persönlich, ob seine Pfoten und Beine in Ordnung sind. Sie schauen sich ihn sehr genau an. Hermann und ich sind momentan Nebensache. Meine Freude über einen so herzlichen Empfang ist natürlich sehr groß.

Ich bin gespannt, ob ich in diesem Dörfchen eine Pension finden werde. Ich frage den Wirt. Er merkt natürlich sofort, dass mein Spanisch sehr zu wünschen übrig lässt und antwortet mir auf gebrochenem Deutsch: „Ihr könnt bei uns bleiben. Das hier ist eine Herberge.“ Ich erkläre ihm, dass es ein eigenes Zimmer mit Bad sein soll, obwohl es mir bei ihm sehr gut gefällt. Er erwidert: „Wir haben auch Doppelzimmer. Außerdem könnt Ihr die Waschmaschine und den Trockner nutzen.“ Ich schaue zu Ruddi und frage: „Geht das auch mit ihm in Ordnung?“ „Natürlich, das ist kein Problem.“ Ich bin vor Begeisterung und Rührung ganz außer mir: „Ich muss meinen Hund nicht verstecken!? Das geht also auch!? Wie lieb von Euch! Das tut mir richtig gut.“ Ich erzähle ihm, wie ich es bisher mit Ruddi gemacht habe. Er lacht und staunt darüber, dass dieser kleine Schnurzel so diszipliniert ist, dass man ihn sogar schmuggeln kann.

Natürlich bleiben wir hier. Unser Zimmer liegt, wie kann es anders sein, auf der dritten Etage und wir kriechen die Treppen hoch. Mein Körper erklärt mich mal wieder für verrückt. Der dachte schon er hätte Feierabend. Pustekuchen! Auf der ersten Etage sind Aufenthaltsräume, Küche, Esszimmer, Trockenräume und Bäder für die Herbergs-Schläfer. Die Waschmaschine und der Trockner stehen in der Küche und arbeiten schon fleißig. Ich bin begeistert, dass ich heute nicht auf der Hand waschen muss und jetzt fällt mir erst auf, dass Hermann noch kein einziges Mal Wäsche gewaschen hat. Er hat allerdings auch wesentlich mehr Kleidungsstücke dabei als ich. Unser Zimmer ist sehr gemütlich eingerichtet. Wir lassen uns häuslich nieder. Hermann geht wieder als erster duschen und überlässt mir dann das Feld.

Bevor er sich aus dem Staub macht, biete ich ihm an, seine Wäsche mit in die Maschine zu stecken. Er reagiert mit leuchtenden Augen: „Wenn Du das machen würdest…? Ich bezahle dafür die Gebühr. Du bist klasse! Danke, danke!“ Ich weiß gar nicht, was ich nun Tolles für ihn mache. Ich stecke ja nur seine Kleidung mit meiner zusammen in „la lavadora“ und anschließend in den Trockner. Vorsichtshalber sage ich ihm: „Mach mal nicht so einen Wind. Zusammenlegen musst Du dann Deine Klamotten selbst.“ Er guckt mich kurz an und meint knapp: „Na klar. Bis gleich. Treffen wir uns an der Bar?“ Ich sage: „Ja! Allerdings will ich noch im Ort nach einem Laden gucken. Ich muss Hundefutter kaufen.“ Das ist für ihn in Ordnung und weg ist er. Ich genieße wie immer seine Rücksichtnahme, mich in Ruhe duschen und meine Füße verwöhnen zu können.

Noch vor der Körperpflege kralle ich mir die Wäsche und schleppe mich die Treppe runter. Wenn ich mich jetzt an den „Abstieg“ in die 2. Etage mache, ist die Waschmaschine fertig, wenn ich zum Einkaufen runter gehe. Dann kann ich quasi im Vorbeigehen den Trockner anschmeißen. Ich muss meine Energie ja schließlich gut einteilen. Es kommt aber anders aus. Das Ding ist bereits damit beschäftigt für andere Leute zu waschen. So ein Mist! Ich lege die Klamotten in eine Ecke und quäle mich die Treppe wieder rauf. Ungefähr eine Stunde später stehe ich erneut in der Küche. Das Waschprogramm ist beendet, aber die fremde Wäsche liegt noch drin. Was weiß ich wem die gehört und wann er oder sie erscheint! Beherzt nehme ich sie einfach raus und lege sie vorsichtig auf die Arbeitsplatte. Endlich hab ich's geschafft und schaue glücklich und zufrieden auf die rotierende Trommel, die jetzt auch den tiefsten Dreck aus unserer Wäsche rausholen darf.

Es macht mich richtig glücklich, dass Ruddi sich im ganzen Haus, auf allen drei Etagen, frei bewegen kann. Er läuft mir fröhlich die ganze Zeit hinterher. An der Bar treffe ich, wie verabredet auf Hermann. Er freut sich sehr, uns beide endlich zu sehen. Aufgedreht erzählt er mir, dass er bis vor ein paar Minuten in der Herberge gegenüber in der Sonne gesessen und ein paar Bierchen getrunken habe. Er hat meine Lieblingspilger Achim, Oliver und Sabrina dort getroffen. Außerdem hat er sich mit zwei, bisher uns unbekannten Pilgerinnen unterhalten und verabredet. Sie heißen Ina und Edit. Er ist total begeistert von den beiden Mädels und wahrscheinlich kommen sie beide nachher rüber zum Essen.

Ich frage Tom, den jungen Herbergsvater, ob es hier ein Geschäft gibt. Zu meiner Freude bejaht er das, während mein Hund an ihm hochspringt und Erdnüsse aus seiner Hand frisst. „Immer geradeaus bis fast zur Nationalstraße. Das Geschäft befindet sich auf der linken Straßenseite, es ist nicht unbedingt als solches zu erkennen. Nur ein ganz kleines Schild weist darauf hin. Wenn die Tür zu ist klingelst Du einfach. Das machen alle so, das geht in Ordnung. Willst Du Ruddi hier lassen? Ich passe gerne auf ihn auf." Ich glaube, ich träume das nur. Das ist ja wie zuhause, als sei ich zu Besuch bei einem sehr guten Freund. So möchte ich das ab jetzt immer antreffen. Mein treuer Vierbeiner läuft aber lieber mit mir. Der denkt sich bestimmt: „Sicher ist sicher. Nicht, dass die mir abhaut. Außerdem muss ich in dieser Straße mal nach dem rechten schnüffeln."

Vorher gehen wir beide aber nochmal nach der Waschmaschine gucken. Vielleicht ist die ja bereits fertig. Am Treppenabsatz flüstere ich meinem Körper beschwichtigende Formeln zu und erreiche stöhnend die erste Etage. Meine Mühe war allerdings umsonst. Die Maschine wäscht besonders gründlich – die hat bestimmt einen Pilger-Schmutz-Sensor. Die fremden Handtücher, die ich auf die Arbeitsplatte gelegt hatte, befinden sich nun im Trockner. Ich hoffe nur, dass der gleichzeitig mit seiner „Vorarbeiterin" fertig ist. Die können sich ja abstimmen, wo sie doch nebeneinander stehen. Ich spreche beiden gut zu und steige so elegant wie möglich wieder nach unten.

Als ich mit Ruddi die Straße entlang gehe kriege ich einen Lachanfall vom feinsten. Plötzlich wird aus dem verschlafenen Nest ein Kirmesplatz. Jeder scheint hier einen Hund im Garten zu haben. Sobald wir an deren Grundstück vorbeikommen, springt der jeweilige Hund wie wild am Gartenzaun hin und her, rauf und runter und bellt, was das Zeug hält. Obwohl meiner ganz lässig unterwegs ist, mischt er im Vorbeigehen das ganze Dorf auf. Ich möchte gerne wissen, was die meinem Ruddi so alles erzählen. Es scheinen aber keine Beleidigungen zu sein, denn er schenkt ihnen nur wenig Beachtung. Vielleicht bellen die aber auch Hunde-Spanisch, dann kann er gar nicht mitreden.

Bis zu dem Lädchen laufen wir ungefähr einen halben Kilometer. Immer mehr Leute erscheinen an den Fenstern oder in ihren Gärten, um nachzusehen, warum die Hunde bellen. Ich winke, lache ihnen zu, rufe ein „Hola“ in das Gebell und die meisten erwidern diesen Gruß.

Es ist genauso wie Tom gesagt hat: Den Laden hätte ich ohne die genaue Beschreibung wirklich übersehen. Es ist ein altes Haus mit einer ganz normalen Haustür. Es gibt kein Schaufenster. Ein kleines Plakat wirbt für Eis – das ist der einzige Hinweis darauf, dass man hier etwas kaufen kann. Ich betätige die Klingel und nach kurzer Zeit öffnet mir ein alter Señor auf „Schluppen“. Er wirft einen gütigen Blick auf meinen Hund, der brav vor seiner Tür „Sitz“ gemacht hat. Ich hoffe, er bleibt auch sitzen. Ich kann ihn hier nirgendwo festbinden. Ich vertraue ihm. Er geht bestimmt nicht ohne mich weg.

Der Ladenbesitzer ist ungefähr 70 Jahre alt, so groß wie ich und unglaublich quirlig. Er bittet mich freundlich hinein und schon baumeln ein paar Würste vor meinen Augen hin und her. „Ach so!“ denke ich. „Die haben die Diele zum Verkaufsraum umgebaut. Klein aber fein.“ Ich entdecke durch die Würste hindurch Käse, Gemüse, Obst, Brot und ein paar Dosen. Es ist sehr eng in diesem schlauchähnlichen Raum. Ich stehe direkt vor der kleinen Ladentheke und neben der „Kasse“. Die Einrichtung ist noch aus der Nachkriegszeit. Auf Brocken-Spanisch mache ich dem Mann klar, was ich brauche: „Hundefutter für den kleinen Racker, der draußen sitzt.“ Er hält mir freudestrahlend eine Ein-Kilo-Dose Hunde-Nassfutter hin. Die kann ich natürlich nicht gebrauchen. Ruddi bekommt pro Tag nur 100 Gramm. Ich muss das alles schleppen! Ich bin Pilger. Ich schaue ihn verzweifelt bittend an: „Tiene vielleicht Trockenfutter, por favor?“ Ich kann förmlich seinen Kopf qualmen sehen, so angestrengt wühlt er in seinem Hirn nach einer Alternative.

Dann plötzlich geht er entschlossen durch die „Diele“ in einen angrenzenden Raum und winkt mich hinterher. Ich traue meinen Augen nicht: Hier gibt es ein Sortiment, wie in einem kleinen Supermarkt. Wir gehen schnurstracks geradeaus, dann durchwandern wir wieder einen lang gezogenen Raum, der ein bisschen an einen Baumarkt erinnert. Das gibt es doch gar nicht! Das ist ja fast ein Einkaufscenter. Während wir weitergehen, versucht er mir klarzumachen, dass er zwar kein Hundefutter, aber Fressen „por el gato“ hat. Was will mir dieser Mann bloß sagen? Und wo will er denn mit mir hin?

Wir erreichen über den Hof einen Raum, der früher bestimmt mal ein Stall war. Hier sieht es aus wie im Fressnapf. Futter und Zubehör für alle möglichen Tiere. Er greift mit einer Schaufel tief in eine große

Tonne und ich habe einen Moment den Eindruck, dass ich ihn am Gürtel festhalten sollte, damit er nicht hinein fällt. Er füllt eine Plastiktüte mit dem Trockenfutter und drückt sie mir in die Hand. Super! Ich habe Futter! Aber was ist „el gato"? Er versucht es mir zu erklären – ich verstehe nix. Plötzlich entfährt ihm ein entzücktes „mira" (schau mal)! Er zeigt Richtung Garten und da sehe ich eine Katze in der Sonne liegen. Er hat mir also Katzenfutter abgefüllt. Da kann Ruddi bestimmt mit leben. Das reicht für die nächsten Tage. Ich gucke mich nochmal um und bin sicher, dass ich hier auch eine Hundetasche bekommen hätte. Wer weiß, was sich in den unzähligen Regalen so alles versteckt. Ich bin mal wieder tief beeindruckt. Er verlangt sage und schreibe einen einzigen Euro und bringt mich zur Tür. Ruddi sitzt mit gespitzten Ohren und einer Träne im nicht vorhandenen Knopfloch genau da, wo ich ihn haben will. Er freut sich, als wäre ich tagelang weg gewesen und begrüßt uns beide stürmisch. Der hilfsbereite Señor erwidert das mit spanischem Temperament und holt vor Entzücken noch schnell eine Scheibe Wurst aus seiner Theke. Soviel zum Thema: Die Spanier mögen keine Hunde!

Der Rückweg zur Herberge gestaltet sich wieder so wie eben. Nur diesmal warten die Hunde samt ihren Menschen schon an den Zäunen darauf, die Lizenz zum Bellen zu haben. Das gesamte Dorf weiß nun, dass ich mit dem Einkauf fertig bin und sie versuchen, dahinter zu kommen was ich in der kleinen Plastiktüte transportiere. Der Señor wird es ihnen bestimmt verraten, wenn sie das nächste Mal einkaufen gehen.

Hermann treffe ich wieder an der Theke unserer Herberge an. Er sitzt links von mir auf einem Barhocker. Rechts neben mir hat sich eine Frau niedergelassen, die ziemlich verbissen aussieht. Er flüstert mir zu: „Lass Dich nicht mir ihr ein. Du hast mich gerade gerettet. Die heißt Dagmar und hat mich zugelabert, bis Du rein kamst. Sie redet ohne Pause davon, wie schlimm und schlecht alles auf dem Jakobsweg ist. Sie findet den Weg, die Unterkünfte, das Essen, das Wetter, ihren Rucksack, die Leute und was weiß ich noch alles einfach nur scheiße. Außerdem geht es ihr auch körperlich schlecht. Sie fährt meistens die Etappen mit dem Bus und: Vorsicht! Die wirst Du nicht mehr los! Sie sucht Anschluss!"

Kaum hat er mich gewarnt, spricht sie mich auch prompt an. Was Hermann mir gerade erzählt hat steht ihr ins Gesicht geschrieben. Da ich mich den ganzen Tag auf einen lockeren und vor allem lustigen

Abend gefreut habe, wende ich mich ohne ein Wort von ihr ab und Hermann zu. Um ihr deutlich zu machen, dass ich sehr beschäftigt bin, erzähle ich meinem Pilgerkollegen intensivst von dem „kleinen Einkaufszentrum“. Das hat sie geschluckt und lässt mich in Ruhe.

Etwas später kümmere ich mich wild entschlossen wieder um unsere Wäsche. Die Waschmaschine ist fertig, der Trockner läuft auch nicht mehr, ist jedoch noch mit feuchten fremden Handtüchern befüllt. Ich überlege nicht lange. Ich muss hier endlich mal vorankommen. Dreist leere ich den Trockner und gebe unsere noch sehr nassen Klamotten hinein. Die Schleuder scheint ihre besten Tage hinter sich zu haben. Die Gummidichtung des Trockners sitzt nicht in ihrer Führung. Ich scheitere kläglich bei dem Versuch, das zu richten. Na, das kann ja heiter werden. Wann soll denn bitte diese Geschichte enden? Wie oft muss ich noch die Treppen bezwingen? Der Abend ist doch zum Erholen da. Auf der Hand wäscht es sich schneller!

Leicht säuerlich komm ich zurück. Wir setzen uns an einen der Tische und bestellen unser Essen. Ruddi liegt mittlerweile müde in seiner Tasche und will nur noch seine Ruhe haben. Wir haben gerade unsere Vorsuppe gegessen, als Edit - Hermanns neue Errungenschaft - sich zu uns gesellt. Flugs bestellt auch sie ihr Essen. Sie ist Ungarin und spricht ausgezeichnet Englisch. Wir sind uns auf Anhieb sehr sympathisch. Sie teilt uns mit, dass Ina nicht kommen wird. Liz, die junge Herbergsmutter ist rührend um uns bemüht. Sie kocht alles was wir uns wünschen, solange es die Vorratsschränke hergeben.

Wir drei haben von Anfang an richtig viel Spaß an der Freude. Es passieren so manche Missverständnisse, wenn man sich mit Händen und Füßen, anstatt in der Muttersprache unterhält. Die Stimmung an unserem Tisch ist bombastisch. Das hat auch Dagmar erkannt und kommt ohne mit der Wimper zu zucken zu uns, legt die Hand auf den noch freien Stuhl und stellt die „böse“ Frage: „Ist hier noch frei?“ Spontan bekommt sie keine Antwort. Ein kurzer Rundum-Blick zeigt mir mehrere freie Tische und ich antworte: „Nein, leider nicht.“ Sie gibt nicht auf: „Wirklich nicht?“ Hermann schaut mich fragend an und ich schwindele: „Nein! Ina will doch noch kommen, oder?“ Dagmar verzieht sich daraufhin wortlos.

Edit guckt mich verunsichert an und vergewissert sich, dass sie uns nicht stört. Wir erklären ihr die Situation. Sie atmet auf: „Ach so! Ich habe mich schon gewundert. Normalerweise freue ich mich über jeden Pilger, den ich kennenlernen darf. Ihr doch auch, oder?“ Wir bestätigen das voller Inbrunst, sind uns aber einig, dass an unserem

Tisch immer nur grundsätzlich positive Menschen sitzen sollen. Natürlich darf jeder mal schlecht drauf sein – dann wird er liebevoll und mit viel Verständnis wieder aufgebaut. Aber es gibt auch Menschen wie Dagmar, die in der Negativstimmung bleiben wollen. Ist in Ordnung - aber dann bitte nicht mit mir!

Es ist sehr spät heute Nacht, als wir die lustige Runde auflösen. Ich hoffe von Herzen, dass ich Edit noch oft wiedersehe. Sie ist unheimlich lieb und humorvoll. Wir sind die letzten Gäste. Tom schläft schon fast hinter seiner Theke im Stehen. Jäh wird er aus seinen Träumen gerissen, als Edit sich vom Tisch erhebt. Sie gibt der Spanischen Wand, die hinter unserem Tisch stehend den Raum unterteilt, mit ihrem Po-Po einen kräftigen Schubs und die fällt samt Dekoration polternd um. Wir sind vom Rotwein mehr als albern und anstatt uns um den Wiederaufbau zu kümmern, machen wir uns vor Lachen fast in die Hosen. Ruddi wirft uns einen vorwurfsvollen Blick aus seiner Tasche heraus zu: „Müsst Ihr so einen Krach machen? Es gibt hier auch Menschen und Hunde die schlafen wollen! Also bitte!“ Weil wir uns nicht mehr halten können, lassen wir uns nochmal auf die Stühle fallen und antworten über den Tisch gebeugt einstimmig mit einem verständnisvollen: „Pschschscht!“ Tom kann sich auch nicht ernst halten und stellt das wackelige Etwas wieder ordentlich auf. Gott sei dank ist nichts zu Bruch gegangen. Danke, Tom, für Deine Geduld!

Ich möchte zum Abschluss dieses Tages noch anmerken, dass die Wäsche bei weitem nicht trocken ist, als wir ins Bett gehen.

Montag, 21. April 2008
Lorca (140 Einwohner), 483 m üdM, Navarra
7. Etappe bis Villamayor de Monjardín 18,6 km

Hermann steht wieder so gegen sechs Uhr auf. Heute ist er nicht ganz so rücksichtsvoll und ich werde wach. Er packt ziemlich lautstark seinen Rucksack. Ich wälze mich demonstrativ im Bett und finde es echt doof, dass ich nicht bis acht Uhr durchschlafen kann. Ist das Absicht? Will er mich wecken damit ich mit ihm gehe? Ich frage ihn nicht, aber ich fange am frühen Morgen schon an zu grübeln.

Diese Uhrzeit ist im „normalen Leben“ meine Tiefschlafphase. Da ich von 16 bis zirka 23 Uhr arbeite, gehe ich selten vor zwei Uhr morgens ins Bett und stehe immer so gegen neun Uhr auf. Ich habe jetzt Urlaub und keine Lust, mich mitten in der Nacht aus dem Bett zu quälen. Bei den „echten Pilgern“ ticken die Uhren anders: Sie schlafen in Herbergen, stehen bereits um fünf auf – so mancher auch noch früher - damit sie gegen 14 Uhr in der Herberge ankommen und sich noch ein Bett aussuchen können. Fast alle haben Angst beziehungsweise Stress damit, an ihrem Etappenziel wegen Überfüllung nicht aufgenommen zu werden.

Hermann hat einen anderen Beweggrund: Er will am Nachmittag - wie er es nennt - frei und viel Zeit für die Bars haben. Er „absolviert“ seine Etappe lieber frühmorgens. Ich hingegen möchte in aller Ruhe aufstehen, gemütlich Kaffee trinken und im Laufe des Tages alle sechs oder sieben Kilometer in einer Bar eine Pause einlegen. Wenn mir danach sein sollte, will ich am Wegesrand die Ruddi-Decke ausbreiten, ein bisschen in die Landschaft schauen und die Dinge auf mich wirken lassen. Zeitdruck kann ich hier überhaupt nicht gebrauchen. Ich will „meinen Camino“ einfach nur in vollen Zügen genießen.

Ich schlafe nochmal ein, als Ruhe im Zimmer ist und stehe gegen acht gut gelaunt auf. Das Frühstück fällt ziemlich mager aus: Cornflakes mit Milch, Zwieback mit Marmelade und Café con leche ist alles, was Tom auf den Tisch stellt. Das scheint in den Herbergen normal zu sein. Gäbe es nur ein einziges Croissant ohne alles, wäre ich zufriedener. Ich bin schnell durch und mache mich auf den fast fünf Kilometer weiten Weg nach Villatuerta, in der Hoffnung dort ein zweites Frühstück nehmen zu können.

Tatsächlich gibt es eine Bäckerei-Bar, wie ich sie mal nennen möchte. Sie bieten unter anderem frisch gebackene Baguettes und meine heiß geliebten Croissants an. Es befinden sich ziemlich viele Leute hier drinnen. Ich habe Glück: Da ist noch ein freier Tisch. Ich schnalle meinen Rucksack ab und breite Ruddi’s Decke aus. Er legt sich dankbar darauf und rollt sich ein. Niemand nimmt ihn wahr. Glücklich und zufrieden trinke ich meinen Kaffee, esse mein warmes, unglaublich leckeres Blätterteighörnchen und lese in meinem Reiseführer.

Eine Pilgerin, so um die vierzig Jahre alt, setzt sich zu mir. Sie heißt Ina. Ob das die Ina ist, die gestern Abend nicht zum Essen gekommen ist? Ich weiß sie nicht wirklich einzuschätzen. Sie wirkt ein wenig kühl und reserviert. Wir unterhalten uns ein bisschen. Sie ist ebenfalls alleine auf dem Weg und erzählt mir, dass sie seit ein paar Jahren immer wieder an Brustkrebs leidet und bereits mehrere Operationen und Chemotherapien hinter sich hat. Jetzt geht sie den

Camino, anstatt eine weitere Therapie zu machen und hofft, dass die Pilgerreise besser hilft, wieder gesund zu werden.

Es muss unglaublich hart sein, mit dieser Krankheit klar zu kommen. Vor fünf Jahren habe ich meinen Job als Taxifahrerin hingeschmissen, weil ich täglich mit dem Leid der kranken Menschen konfrontiert war. Ich habe im Tagdienst gearbeitet und meistens Patienten zu den Therapien, Ärzten oder auch ins Krankenhaus gefahren. Viele Fahrgäste sah ich täglich. Ich baute ein wirklich enges Verhältnis zu ihnen auf und sie zu mir. Nicht selten wurden mir Operationsnarben oder Wunden gezeigt und sie erzählten mir von ihren Schmerzen und Symptomen, aber auch von Hoffnungen. In den zwei Jahren als Taxifahrerin verstarben über 50 unserer kranken Kunden. Auf einmal waren sie nicht mehr da. Das nahm mich jeden Tag mehr mit. Ich konnte diesen Job nicht länger ausüben, sonst wäre ich auch krank geworden.

Damals bin ich vor den Problemen weggelaufen und heute sitzt Ina in einer Bar in Spanien vor mir und erzählt mir das gleiche, was ich damals von meinen Fahrgästen zu hören bekam. Es nimmt mich sehr mit, es tut mir unendlich leid für Ina. Aber ich möchte so bald wie möglich hier weg, raus aus dieser Situation. Ich werde jetzt noch schnell zur Toilette gehen und dann verschwinden. „Kann ich den Hund für die paar Minuten hier liegen lassen? Bleibst Du noch so lange hier?“ frage ich sie und bekomme zur Antwort: „Na klar!“ Ruddi findet die Idee nicht so gut. Als er merkt, dass ich mich entferne, steht er auf und will hinterher. Ina beruhigt ihn und er kommt ja auch nur so weit wie seine Leine lang ist. Nach ganz kurzer Zeit bin ich wieder zurück und finde Ina aufgelöst vor. „Was ist passiert?“ Sie ist empört: „Die Verkäuferin hat mich wegen Deinem Hund angemacht. Der dürfe hier gar nicht drin sein. Ich weiß nicht, was die sonst so alles gesagt hat. Die hat sich ganz schön aufgeregt. Ich wollte ihr dann klarmachen, dass das gar nicht meiner ist, dass der Dir gehört und ich nur aufpasse. Das fand ich jetzt aber scheiße! Ich hab ja wohl nichts falsch gemacht!“ Ich versuche sie wieder zu beruhigen und sage ihr: „Das tut mir von Herzen leid. Ich habe nicht damit gerechnet, dass es Ärger geben könnte. Das ist mir bis jetzt noch nicht passiert. Trotzdem danke!“ Auch das noch!

Ich trinke im Stehen meinen Kaffee aus und verabschiede mich. Ina fragt, ob wir zusammen laufen können. Ich lehne das ab mit den Worten: „Ich will den Weg alleine gehen. Jeder hat ja auch sein eigenes Tempo. Sei mir nicht böse. Wir sehen uns bestimmt in der nächsten Bar wieder.“ Draußen atme ich zuerst einmal tief durch und versuche meine innere Ruhe wieder herzustellen. Das Ganze hat mich total aufgewühlt. Die Erinnerung an meine Zeit als Taxifahrerin, die krebskranke Ina und die Ablehnung gegen Ruddi. Plötzlich steht meine neue Pilger-Bekanntschaft neben mir und fragt mich, ob ich ihr mit dem sich hinter mir befindlichen Geldautomaten helfen kann. Sie hätte mitbekommen, dass ich ein bisschen Spanisch spreche. Ich stimme natürlich zu. Die Sache ist schnell abgehandelt, da der Automat auch Deutsch „spricht“. Sie bedankt sich trotzdem und ich verlasse sie mit einem „buen camino“.

Die vier Kilometer nach Estella führen Ruddi und mich zwischen Fabriken und Gemüsegärten entlang. Im Großen und Ganzen ist der Weg wirklich leicht heute. Nur ab und zu werde ich von kurzen, dafür aber heftig steilen Abschnitten überrascht. Das Wetter ist schön. Immer wieder lässt die Sonne sich blicken. Kurz vor Estella werde ich von Edit überholt. Wir freuen uns über das Wiedersehen und sie wundert sich darüber, dass ich ohne Hermann unterwegs bin. Sie dachte gestern Abend, wir würden uns schon aus der Heimat kennen und wären zusammen verreist. Ich kläre das natürlich deutlich auf. Wir gehen ein kurzes Stück zusammen. Ich merke, dass ich heute wirklich alleine laufen muss. Ständige Gesellschaft ist mir gerade unangenehm, macht mich nervös und ich sage: „Edit, Du bist schneller als ich. Geh nur weiter. Ich bleibe zurück. Wir sehen uns bestimmt später wieder.“ Sie stimmt mir zu und ich lasse sie ziehen.

Schon nach ungefähr einer Viertelstunde, am Ortseingang von Estella, treffen wir uns noch einmal. Wir bewundern gemeinsam den Blick auf die Stadt und dann verabschiedet sich Edit, wie immer auf Englisch: „Ich muss hier irgendwo eine Post finden. Mein Rucksack ist zu schwer und ich schicke einige überflüssige Sachen nach Hause. Bis bald.“ Das habe ich in den letzten Tagen schon häufiger gehört, dass viele Pilger so Manches getrost hätten zu Hause lassen können. Mein Rucksackinhalt ist perfekt. Zumindest bis jetzt. Ich vermisse nichts und habe auch nichts Überflüssiges dabei. Doch, ein einziges Teil gibt es, das ich gerne loswerden möchte: die Rucksack-Schutzhülle für den Flug. Sie schützt die Gurte und Schnallen vor dem Abreißen auf den Transportbändern. Sie wiegt 260 Gramm. Die schleppe ich nun für fast sechs Wochen rum, ohne sie zwischendurch zu benötigen. Brauche ich die wirklich? Man kann ja nie wissen! Mal sehen - noch kann ich mich nicht trennen.

Estella ist eine einzige Baustelle. Es ist schmutzig, laut und stressig. Ich kann den Städten nichts abgewinnen. Ich will hier nur wieder schnell durch. Auf Sehenswürdigkeiten habe ich keine Lust. Ich glaube, das ist für mich eine andere Reise. Ich habe Prioritäten gesetzt. Und an erster Stelle stehen für mich die Menschen, die mir auf dem Weg begegnen. Ich will zwar alleine laufen, aber wenn ich in den Bars oder abends beim Essen bin, möchte ich genügend Zeit für Gespräche haben. Beides geht nun mal nicht, dafür hat der Tag zu wenig Stunden - außer man steht morgens um vier, fünf Uhr auf und kommt erst spät abends am Etappenziel an.

Mitten in der Stadt überhole ich eine Pilgerin, die durch ihre Erscheinung und Körperhaltung auffällt. Sie ist ziemlich stämmig, geht etwas gebeugt und sehr langsam. An einer roten Fußgängerampel beobachte ich, dass sie mit einer sehr alten Spanierin spricht. Ich glaube es geht um eine bestimmte Kirche und den Glauben überhaupt. Die Pilgerin bekommt die Handschuhe der alten Dame überreicht. Sie umarmen sich, bevor sich ihre Wege trennen.

Am Stadtrand, mache ich auf einer Parkbank Rast und genieße die Sonne. Hier ist es schon wesentlich ruhiger und ich freue mich, gleich wieder in der ländlichen Gegend unterwegs zu sein. Da kommt die Peregrina von eben zu mir und fragt ob sie sich zu mir setzen darf. Ich bin ganz gespannt wen ich jetzt kennenlerne. Sie heißt Gudrun, ist Mitte fünfzig, gesundheitlich angeschlagen und sehr christlich. Andächtig erzählt sie mir, dass die alte Dame von vorhin ihr die Handschuhe mitgegeben hat, damit sie sie nach Santiago trägt. Sie darf sie aber bis zu ihrer Ankunft in der heiligen Stadt durchaus auch tragen. Ich staune nicht schlecht. Was einem auf dem Jakobsweg so alles passieren kann!

Nachdem ich zu meiner Überraschung eine Banane geschenkt bekommen habe, erfahre ich von Gudrun, dass sie wegen ihrer Schmerzen in den Beinen nicht immer laufen kann und oft nur mit dem Bus weiterkommt. Sie hat sich vor ein paar Tagen mit einer Pilgerin zusammengetan und die beiden haben sich wohl besonders gut verstanden. Ihre neue Bekanntschaft hat sehr viel Verständnis für sie aufgebracht und ist mit ihr zusammen den Weg besonders langsam gegangen. Gestern haben sie sich allerdings gestritten, weil sie selbst angeblich zu egoistisch sei und zu oft wegen ihrer Krankheiten jammere. Gudrun legt sich morgens um vier neue Verbände an, dadurch fühlt sich die andere gestört, weil sie davon wach wird. Die beiden übernachten immer in Herbergen. Ich kann nicht viel dazu sagen, weil ich keine Partei ergreifen möchte. Ich glaube, ich habe mehr Verständnis für die Person, von der mir gerade erzählt wird.

Bevor eine peinliche Pause entsteht, kommt Ina auf uns zu gelaufen. Ich sehe sie als erste und rufe ihr zu: „Hallo, schön Dich zu sehen. Hab ich's nicht gesagt, dass wir uns bald wieder sehen?“ Ich bin froh, dass sie gerade jetzt kommt, Gudrun wurde ein bisschen anstrengend. Schade, denn sie ist mit Sicherheit ein herzensguter Mensch. Auch sie dreht sich jetzt um. Sie will wissen wen ich da so freudig empfange. Mit großen Augen sieht sie mich wieder an und sagt sichtlich irritiert: „Du kennst sie? Das ist Ina, meine neue Bekannte, von der ich Dir gerade erzählt habe.“ Die beiden begegnen sich etwas unterkühlt, reißen sich aber meinetwegen zusammen. Sie sagen sich, ohne den jeweils anderen anzusehen ein verhaltenes „Grüß Dich, wie geht's?“ Ich verdünnisiere mich so schnell ich kann, ohne aufzufallen. Ich habe keine Lust auf die Rolle des Vermittlers.

Der Camino versteht es sehr gut, mich von dem Erlebten abzulenken. Ich muss nämlich durch Ayegui stapfen. Es ist hier genauso steil, wie in Cirauqui, nur nicht so gemütlich, deshalb natürlich auch wesentlich anstrengender. Immer wenn ich etwas ohne Begeisterung mache, ist es schwer zu bewältigen. Also pole ich meine Gedanken um. Von diesem Moment an finde ich es toll, mich wieder einer Herausforderung stellen zu dürfen und lobe mich für jeden Meter, den ich höher komme. Sofort geht es leichter voran. Ist das nicht ne Wucht? Gedanken sind Energie! Das kann ich jederzeit feststellen, wenn ich bewusst durchs Leben gehe, die Verantwortung für mich selbst und alles übernehme was mir widerfährt, anstatt die Augen zu zumachen und alles auf die Umstände oder andere Menschen zu schieben. Das ist oberflächlich betrachtet einfacher oder besser gesagt, man ist es sein Leben lang gewöhnt. Wenn die Dinge super gut laufen, klopft sich meist jeder auf die Schulter: „Das habe ich gut gemacht.“ Passieren negative Dinge, sind es die anderen gewesen: „Da kann ich doch nichts für!“ Wenn man aber den Mut hat, seine Gedanken zu reflektieren, stellt sich immer heraus, dass man jede Situation durch sein Denken herbeigerufen hat. Ich weiß schon lange, dass es so ist, aber wenn es mir schlecht geht, neige ich dazu, dieses Wissen zu verdrängen und die Umstände dafür verantwortlich zu machen. Ich arbeite ständig aufs Neue daran.

Kurze Zeit später erreiche ich Kloster Irache, das vor knapp 1000 Jahren ein Pilgerhospital war. Gleich nebenan befinden sich die Bodegas (Weinkeller) Irache. Es gibt dort einen Brunnen mit zwei

Hähnen. Aus dem einen kann jeder, der hier vorbeikommt, Rotwein zapfen und aus dem anderen Trinkwasser. An dieser Stelle ist eine Internetkamera installiert, die ständig Live-Bilder sendet. Jeder Pilger ruft zu Hause an, um sich seinen Lieben zu zeigen.

37) am Rotweinbrunnen, hier gibt es eine Internet-Kamera

Ich habe meinen Eltern auch davon erzählt und versprochen, mich von hier zu melden. Leider ist es genau die Zeit, zu der sie ihren Mittagsschlaf halten. Ich kann sie nicht erreichen. Die Enttäuschung ist natürlich groß – aber war ich nicht diejenige, die darum gebeten hat, die Zeit in Spanien ausschließlich für mich zu haben? Also brauche ich mich nicht darüber zu wundern. Es war mein ursprünglicher Wunsch. Obwohl sich hier an diesem außergewöhnlichen Platz bestimmt der ein oder andere Pilger länger aufhält, bin ich für ein paar Minuten tatsächlich ganz alleine.

Ich warte aber, bis jemand kommt, um wenigstens ein Foto von Ruddi und mir zu machen. Zwei oder drei Minuten später erreicht eine Japanerin diesen historischen Ort und bittet mich, sie zu fotografieren. Na, das trifft sich doch gut. Natürlich mache ich das und dann ist sie es, die mich fragt, ob sie mich auch aufnehmen soll. Das Foto ist genau in dem Moment im Kasten als Achim, Oliver und Sabrina den

Weg herauf kommen. Sie fragen mich, ob ich noch gerade stehen kann und wir machen Scherze über die Möglichkeit, sich hier maß- und sinnlos zu besaufen, ohne einen Cent dafür bezahlen zu müssen. Sie rufen zuhause an und postieren sich vor der Kamera. Ich freue mich für sie, dass sie den richtigen Zeitpunkt erwischt haben und in Deutschland gesehen werden. Ohne von dem Wein zu trinken – ich will ja schließlich nicht über den Camino torkeln - gehe ich weiter. Okay, ich gebe zu, dass ich ein bisschen traurig bin, meine Eltern nicht erreicht zu haben.

38) zwischen Kloster Irache und Azqueta

Betrübt setze ich meinen Weg fort. Auf einmal möchte ich doch nicht alleine laufen, aber es ist kein anderer Pilger in Sicht. Nach ein oder zwei Kilometern gibt es eine Bar. Vielleicht treffe ich ja da jemanden. Ich betrete einen riesigen Saal, in dem mehrere „normal große“ Bars Platz hätten. Niemand außer mir und der Bedienung hält sich hier auf. Ich suche einen von zig Tischen aus, hole einen Café con leche an der Theke, nehme Platz und schau mich um. Was ich sehe spiegelt meine momentane Verfassung wider. Der Raum ist groß und leer: ich fühle mich allein gelassen, ungeliebt, obwohl ich doch so viel Platz in meinem Herzen habe. Eine Menge Menschen hätten hier

Platz, aber anscheinend findet kein Gast den Eingang (tatsächlich ist der im Souterrain hinter einer Mauer versteckt). Lasse ich keinen an mich ran? Habe ich eine Mauer um mich aufgebaut? Den Reportern, die gerade über den Bildschirm kommen und bestimmt interessante Dinge berichten, wird kein Gehör geschenkt. Ich habe zuhause oft das Gefühl, dass meine Geschichten niemanden interessieren.

Was ist denn da los? Wo kommen auf einmal diese trüben Gedanken her? Ich habe doch gerade in der letzten Woche genau das Gegenteil erlebt! Ich habe in dieser Zeit viele liebe Leute kennen gelernt. Ich wurde oft umarmt und mit leuchtenden Augen begrüßt. Alles was ich erzähle, wird regelrecht aufgesogen. Ich habe unglaublich viel Hilfsbereitschaft erfahren. Die Schlussfolgerung ist daher, dass ich mich auf dem Camino mit Sicherheit den Menschen gegenüber ganz anders verhalte, als zuhause. Ich muss hier „niemand sein". Ich bin so, wie ich eben bin. Ich verstelle mich nicht, will nicht die „liebe Birgit oder Mama" sein, muss mich nicht immer beherrschen. Ich bin offen für alles und jeden – und vor allen Dingen einfach glücklich. Ich weiß, dass ich die Menschen, die mich hier kennenlernen, nicht wieder sehen muss und es ist mir piep-egal, ob ich bei den anderen gut ankomme, denn die müssen mich ebenfalls nicht nochmal treffen. Ich hoffe nur, dass ich zuhause diese Einstellung beibehalten kann.

Nach ungefähr einer halben Stunde gebe ich die Warterei auf andere Pilger auf und beschließe, den Trübsinn mit Laufen zu vertreiben. Es ist jetzt kurz nach zwei und ich bin gespannt, wie weit ich heute komme. Vielleicht schaffe ich es ja sogar bis nach Los Arcos. Das sind allerdings noch 17 Kilometer – ziemlich unrealistisch. Aber man weiß ja nie! Vielleicht ist der Weg ganz leicht bis dahin? Ich lasse mich wie jeden Tag überraschen. Ich weiß morgens nicht was der Tag so bringt oder wo ich schlafen werde.

Von Azqueta nach Villamayor de Monjardín sind es zwar nur zwei Kilometer, aber es gilt, auf diesem kurzen Stück 100 Höhenmeter zu bewältigen. Unterwegs treffe ich nochmal Achim, Oliver und Sabrina. Ich beobachte Sabrina beim Rückwärtslaufen. Mir fällt auf, dass sie Gummiclogs trägt. Was ist mit ihren Wanderschuhen passiert? Ich frage natürlich nach. Sie antwortet fröhlich (man beachte die Feinheiten): „Ich gehe immer rückwärts wenn es zu steil wird. Ich komme so besser vorwärts! In den Clogs kann ich im Moment besser laufen, als in meinen Wanderschuhen. Ich habe doch so böse Blasen. Die haben sich sogar entzündet." Ich bewundere ihr

Durchhaltevermögen, drücke mein Bedauern aus. Aber sie will davon überhaupt nichts wissen und lacht: „Mir geht es richtig gut! Ich laufe auf diesen Schlappen unheimlich gerne. Mach Dir keine Sorgen.“ Ein kleines Stück gehen wir gemeinsam und ich muss sagen, dass sie tatsächlich trotz ihrer Blessuren einen sehr lockeren Gang drauf hat. Sabrina hat eben die richtige Einstellung.

Der Aufstieg nach Villamayor de Monjardín gibt mir den Rest. Vollkommen fertig komme ich oben an. Ruddi könnte immer noch Bäume ausreißen. Er ist vor mir auf der Dorfstraße und schaut zu mir zurück, als wenn er sagen wollte: „Was ist Schatz? Kommst Du dann?“ Ich muss lachen, als mir meine Bedenken zu Anfang dieser Expedition einfallen. Hätte mir klar sein müssen, dass mein Hund mehr Kondition hat als ich. Er läuft den ganzen Tag ohne irgendwelche Probleme über Schotter-, Feld-, Wald- und Matschwege, große wie kleine Steine und asphaltierte Straßen. Selbst Bachläufe sind ihm mittlerweile egal, wobei er doch zuhause am liebsten auf drei Beinen läuft, wenn es ein paar Tropfen geregnet hat. Er hasst Wasser.

gleicher Tag (insgesamt 123 km gelaufen)
Villamayor de Monjardín (132 Einwohner), 645 m üdM, Navarra
Herberge, 15 Euro inklusive Abendessen und Frühstück

Los Arcos muss warten! Weitere 13 Kilometer schaffe ich nicht! Ich werde jetzt das Handtuch schmeißen und versuchen, hier irgendwo zu übernachten. Ein Hotel oder eine Pension gibt es laut Wanderführer nicht. Schon nach 50 Metern finde ich auf der rechten Straßenseite eine Herberge. Ich werfe einen Blick hinein und mach mich schnell vom Acker bevor mich jemand sieht. Das scheint mir ein Drecksloch zu sein und zudem besonders klein. Die Küche ist gleichzeitig auch der Eingangsbereich. Ich kann schon von der Haustür aus auf den „Schlafstall“ blicken.

Ich schicke ein Stoßgebet nach oben, dass es noch eine andere Herberge gibt und mich vor allem mit Ruddi auch aufnimmt. Hundert Meter weiter entdecke ich - ebenfalls auf der rechten Straßenseite - einige Pilger ohne ihre Rucksäcke. Sie sitzen auf einem Mauervorsprung vor einem sehr großen, alten Haus. Da es sich nicht um eine Bar handelt, muss das auch eine Unterkunftsmöglichkeit sein. Ich krieche die Einfahrt hoch und setze mich auf einen Hocker im Eingangsbereich. Hier erfolgt auch die Anmeldung. Es wird sofort bezahlt und ein Stempel in den Pilgerausweis gesetzt. Es ist eine christliche Herberge. Ich habe Ruddi an der Leine vor meinen Füßen sitzen. Der Pilgerstrom scheint kein Ende zu nehmen. Ich warte einfach mal ab, stelle mich also nicht in die Warteschlange.

39) die Herberge in Villamayor de Monjardín

Nach ungefähr einer halben Stunde hat der unglaublich geduldige und ruhige Herbergsvater allen ein Bett zugewiesen. Achim und Oliver haben sich auch hier eingeschrieben und mir gesagt, dass ich doch zusehen soll, mit Ruddi in ihr Zimmer zu kommen. Die Frau des Hospitaleros führt die Leute durch das Haus. Beide sind sehr christlich. Alle werden von ihnen zu einer Gebetsstunde nach dem Essen eingeladen. Jetzt spreche ich ihn an: „Darf ich mit meinem Hund bei Euch übernachten? Ich kann nicht mehr weiterlaufen.“ Er antwortet mit holländischem Akzent: „Du kannst hier im Eingangsbereich übernachten. Ich lege Dir eine Matratze hin. Dein Hund darf nur hier vorne bleiben, keinesfalls in die Zimmer!“

Ich packe Ruddi’s Tasche aus und zeige ihm, dass ich sie verschließen kann, damit er nicht durch die ganze Herberge läuft. Er bleibt dabei, dass ich ausschließlich an Ort und Stelle mit ihm bleiben darf. Auch zum Essen und Frühstück ist es ihm verboten, eine Pfote in die angrenzenden Räume zu setzen. Er könnte ja Flöhe haben, die dann das ganze Haus verpesten. Ich bin zwar dankbar, aber gleichzeitig ebenso entsetzt. Ich versuche das zu unterdrücken und sage mit einem Lächeln: „Mein Hund hat keine Parasiten, das sieht man ja wohl auf den ersten Blick. Wenn es so wäre, würde er sich andauernd kratzen. Du kannst mich doch nicht draußen lassen, nur weil ich einen Hund habe!" Er kontert: „Ich lasse Dich nicht draußen! Du darfst doch bleiben! Ich gebe Dir eine Matratze, es ist warm und trocken hier drin. Du kannst zum Essen kommen. Was ist denn noch?" „Ich kämpfe um ein Bett!"

Unsere Verhandlungen werden von weiteren Gästen unterbrochen. Sabrina trudelt jetzt ein und meldet sich als Gast an. Sie wird gefragt, ob sie auch Abendessen und Frühstücken möchte. Sie sagt, ohne zu jammern: „Nein, danke, ich koche mir selbst was. Ich habe nicht soviel Geld." „Du kannst trotzdem mit uns essen, wenn Du in der Küche hilfst", lautet das Angebot des Herbergsvaters. Begeistert stimmt sie zu. Ich finde erstaunlich, was ich gerade gehört habe. Im Grunde hat er also ein weiches Herz und lässt mich am Ende doch noch in eins der Zimmer. Zwei oder drei mir fremde Pilger haben vorhin gesagt, dass es sie nicht stören würde, wenn ich mit Ruddi bei ihnen schliefe.

Als er auch die anderen Neuankömmlinge abgefertigt hat, fragt er wie ich mich entschieden hätte. Ich antworte: „Ich bleibe. Ich kann nicht mehr laufen. Ich habe allerdings nur einen sehr dünnen Schlafsack. Wenn ich im Eingangsbereich schlafe, friere ich bestimmt die ganze Nacht. Es sind drei oder vier Pilger hier, die mich und meinen Hund gut kennen, darf ich mit ihnen vielleicht doch ein Zimmer teilen? Sie wären damit einverstanden." Er erwidert: „Nein, es tut mir leid, das geht auf keinen Fall. Dein Schlafsack ist auch kein Problem, wir geben Dir eine dicke Decke." Tja, kein weiches Hunde-Herz! Dann muss ich mich wohl beugen. Ich lasse mich einschreiben, meinen Pilgerpass stempeln und zum Abendessen und Frühstück vormerken.

Der Eingangsbereich hat zwar einen Kamin, aber der brennt ja nicht bis morgen durch. Die uralte dicke Holz-Eingangstür ist fünf Zentimeter zu kurz geraten. Da kommt bestimmt nicht nur die Kälte durch! Wer weiß, welches Getier sich so in mein „Zimmer" schleicht wenn es dunkel ist. Ich kriege hysterische Anfälle, wenn eine Spinne oder ähnliches hier rumkrabbeln. Zu allem Überfluss ziehen sämtliche Pilger ihre nassgeschwitzten Wanderschuhe aus, bevor sie die heiligen

Räume betreten und stellen sie in das Regal neben dem Kamin. Die Luft ist also auch nicht die allerbeste.

Bereits ein paar Minuten später liegen sogar zwei Matratzen übereinander unter dem Fenster neben dem Kamin für mich auf dem Boden des Eingangsbereichs. Sie sind sehr verdreckt. Hoffentlich krabbelt da nichts drin oder drauf rum. Flöhe können es immerhin nicht sein, da kein Hund je eine Pfote in diese heilige Herberge gesetzt hat. Fein! Ich könnte heulen, aber was nützt es. Ich habe keine andere Möglichkeit und tröste mich damit, dass der Schlafsack mich von dem Schmutz fernhält. Muss ich wirklich dankbar sein für dieses Nachtlager? Ich bezahle genauso viel, wie alle anderen. Mir wird noch nicht einmal das Bad gezeigt.

Wo ist eigentlich Hermann? Wenn ich ihn brauche, ist er nicht da? Er könnte mich mit Sicherheit aufmuntern oder würde den Laden hier aufmischen. Ich muss zugeben, dass ich ihn wirklich vermisse – das habe ich nicht vermutet. Wir sind uns den ganzen Tag nicht begegnet.

Ich begebe mich nach draußen und treffe dort mein Pilgertrio. Sie sind wie immer gut drauf, aber als sie mich ansehen, wechseln sie die Farbe und fragen mich was passiert ist, warum ich so verzweifelt drein schaue. Ich liefere meine Geschichte ab und sie sind entsetzt, dass der kleine Ruddi, der keiner Fliege was zu leide tut, die Räume nicht betreten darf. Sie versuchen mich zu beruhigen. Lachend und scherzend raten sie mir, ich sollte das mal positiv sehen, ich hätte immerhin ein Zimmer für mich ganz alleine. Außerdem müsse ich das Schnarchen, Pupsen und Rumoren der anderen nicht ertragen. Achim ist es, der mir zeigt, wo das Badezimmer und die Toiletten sind. Er ist erstaunt, dass das die Herbergsleute nicht gemacht haben. Es gibt zwei Duschen, eine Toilette und ein Waschbecken in dem winzigen Raum. Die meisten Leute haben bereits geduscht. Die Luft hier drin nimmt mir den Atem. Es ist feucht und unangenehm warm. Ich komme mir vor, wie in einer Sauna. Die abgetrennte Toilette ist so eng, dass man einen Plan braucht, wenn man sie - ohne sich zu stoßen - benutzen möchte. In diesem Kabuff gibt es noch nicht einmal Licht, auch kein Fenster. Es geht hier zu, wie in der City zur Hauptverkehrszeit.

Nein, das ist nichts für mich! Ich meine: Jeder soll tun und lassen, was er will. Die Mehrzahl der Pilger will in einer Herberge übernachten, es gehört für sie dazu – ich akzeptiere das. Aber ich persönlich brauche nach den Strapazen des Tages abends meine Intimsphäre, eine Dusche, die ich genießen kann, solange ich will, saubere bereitgelegte Handtücher, ein frisch bezogenes Bett und Ruhe, damit ich mich in der Nacht wirklich erholen kann. Das ist meine Belohnung, mein Luxus, den ich mir verdient habe.

40) Sabrina auf meinem Nachtlager

Als wir wieder draußen sind, gesellen sich noch eine Frau namens Pia und Sören aus Dänemark zu uns und sind aufrichtig an meinem Schicksal interessiert. Sie geben alles, um mich aufzuheitern. Ich tu so, als hätten sie Erfolg. Sicher ist, dass sie mir alle gut tun und ich mich glücklich schätzen darf, sie um mich zu haben. Ich bin nicht alleine auf diesem Weg und erinnere mich daran, dass ich nicht rumheulen wollte - egal, was passiert. Und dann erscheint auch noch Edit aus Ungarn. Sie freut sich sehr, mich hier anzutreffen. Nachdem auch sie Bescheid weiß, nimmt sie mich tröstend in den Arm.

Wir beide besuchen die benachbarte Bar. Edit ist anders als alle anderen. Sie will meine Stimmung nicht ändern, sondern leidet von Herzen mit mir. Sie streichelt meine Hand, sieht mir in die Augen und sagt auf Englisch so etwas wie: „Nimm es, wie es ist. Es ist immer ein Geschenk, auch wenn es im Augenblick noch nicht so scheint. Ich kann Deine Enttäuschung darüber, dass Dein Hund abgelehnt wird, nachvollziehen. Das tut im Herzen weh. Ich weiß das.“ Auch diese verständnisvollen Worte beruhigen mich nicht.

Ich muss weg! An der Bar frage ich nach einem Taxi. Das können sie mir bestellen, dauert aber eine Weile und kostet bis Los Arcos so um die 20 Euro. Da ich morgen auch wieder hierher zurück fahren müsste – ich will ja schließlich jeden Meter des gesamten Jakobswegs selbst laufen - wären das dann 40 Euro. Das ist auf jeden Fall zu viel. Vor allem weiß ich nicht, was mich dort erwartet.

Plötzlich umarmt mich jemand von hinten und sagt: „Ich habe gehört, was passiert ist. Darf ich mich zu Euch setzen?“ Ich staune nicht schlecht, als ich Ina erkenne. Nun sind fast alle da, die ich näher kennen gelernt habe auf dem Jakobsweg. Das beeindruckt mich sehr. Sie wiederum stellt eine ganz andere Frage: „Was ist es denn genau, das Dich so mitnimmt?“ Tja, jetzt muss ich wohl mal ans Eingemachte gehen: „Ich liebe Ruddi sehr und verstehe nicht, dass sie ihn ausschließen. Das ist schlimmer, als wenn es mich betreffen würde. Ich habe außerdem eine Spinnenphobie und muss noch dankbar dafür sein, dass ich auf diesen dreckigen Matratzen schlafen darf. Ich möchte es mir abends nach den Strapazen des Tages in einer Pension gut gehen lassen und das geht heute nicht. Ich will duschen und kann das hier nicht tun, weil ich nicht so freizügig bin, vor fremden Menschen nackt hin und her zu springen. Zu allem Überfluss und für mich vollkommen unerwartet, vermisse ich Hermann. Ich will eigentlich nur weg hier!“ Ich fange tatsächlich in dieser voll besetzten Bar an zu heulen – ich kriege mich gar nicht wieder ein. Dicke Tränen fließen über mein Gesicht, ich schluchze sogar. Mir gehen die Nerven durch. Ich schäme mich. Edit weint mit mir und nimmt mich wieder in den Arm. Ina sagt: „Es ist in Ordnung, dass Du Deine Gefühle raus lässt. Wir wissen doch alle, dass jeder mindestens einmal während dieser Pilgerreise weint. Der eine früher und der andere später. Bei Dir ist eben heute so.“

Nach fast einer Stunde gehen wir wieder zur Herberge zurück. Auf meinen Matratzen liegt immer noch keine Decke. Dafür haben sich einige Pilger um den Kamin versammelt, in dem jetzt ein Feuer brennt. Ist denen eigentlich klar, dass sie in meinem Zimmer sitzen? Meine Freunde sind zum Duschen gegangen und so setze ich mich mit in die Runde. Ich sehe mit Sicherheit total verheult aus. Es ist mir aber zu meiner Verwunderung ziemlich egal. Sören lässt sich neben mir nieder und sieht mich genau an. Er weiß, dass meine Nerven blank liegen. Ich sage, wieder mit Tränen in den Augen: „Ich will weg.“ Ich kenne diesen Menschen erst eine Stunde, aber seine Umarmung und sein Lächeln beruhigen mich, bringen mich sogar zur Vernunft. Wie kann es sein, dass man sich auf dem Camino nach so kurzer Zeit so vertraut ist?

Wir werden zum Abendessen gerufen. Es ist für mich keine Frage, dass ich Ruddi in seine Tasche packe und mitnehme. Sollen sie mich doch rausschmeißen! Ich lasse es gerne darauf ankommen. Wenn ich ihn hier unten alleine lassen würde, könnten wir ihn mit Sicherheit im Speiseraum heulen hören – dann müsste ich auch gehen. Mit einem aufgesetzten Lächeln betrete ich also mit einer übergroßen „Handtasche" das Esszimmer und suche mir den hintersten Platz auf einer der langen Holzbänke aus. Achim erkennt meine Not, nimmt mir die Tasche ab, stellt Ruddi neben sich auf dem Boden ab und meint: „Jetzt soll mal einer was sagen!"

Nach dem Tischgebet – habe ich als Kind mit meiner Oma das letzte Mal gemacht - wird das Essen serviert. Es gibt Reis mit einer Fleisch-Gemüse-Soße beziehungsweise für Vegetarier auch ohne Fleisch. Das Essen schmeckt viel besser als ich erwartet habe. Ich nehme sogar Nachschlag. Sabrina hilft fleißig und gut gelaunt in der Küche. Aber allzu lange lassen sie sie nicht schuften. Da nach dem Essen die Gebetsstunde stattfindet, wird die Tischrunde relativ bald aufgelöst. Ich schätze, dass die Hälfte der Leute bleibt – Edit übrigens auch. Sie ist sehr gläubig und besucht jeden Abend eine Messe. Die anderen verteilen sich im Ort. Ina hat beim Essen neben mir gesessen. Wir beide verlassen sehr körpernah - damit die Hundetasche nicht auffällt - hintereinander den Raum.

Als ich meine Jacke aus dem Rucksack holen will, fällt mir auf, dass ich immer noch nicht die versprochene Decke bekommen habe. Ich reklamiere das und der Herbergsvater überlegt, wo er die herholen kann. Dann geht er in den Aufenthaltsraum, in den ich vorhin einen Blick geworfen habe und entsetzt darüber war, wie schmutzig es dort ist. Eine uralte Couch wurde mit einer Wolldecke „dekoriert". Das heißt, dass sich hier die Pilger - bestimmt auch vor dem Duschen - rumlümmeln und die geschundenen Füße hochlegen. Diesen Lumpen nimmt er, schüttelt ihn aus und will ihn mir auf die Matratzen legen. Das geht gar nicht! Ich werfe ihm einen vorwurfsvollen Blick zu und sage: „Das ist nicht Dein Ernst! Die nehme ich nicht! Hast Du keine saubere Decke für mich?" Es ist ihm sichtlich peinlich und er besorgt schleunigst eine andere. Diese ist wesentlich frischer. Ich bin dankbar, dass ich mitbekommen habe, was er mir da aufs Bett legen wollte.

Ina und ich besuchen wieder die Bar nebenan. Es ist ein kleines Lokal, aber es passen erstaunlich viele Leute rein. Es ist ein munteres

Publikum bestehend aus Einheimischen und Pilgern. Ich habe mich wieder gefangen und ergebe mich meinem Schicksal. Während des Essens fasste ich den Entschluss, Edit's Rat anzunehmen und somit also diese Situation als Geschenk. Ich werde ab sofort den Abend ganz bewusst wahrnehmen und bin gespannt, was er für mich bereithält.

Nachdem ich „weich" geworden bin, kann ich endlich wieder fröhlich sein. Ina und ich lassen das Erlebte noch einmal Revue passieren, aber von der humoristischen Seite. Mir laufen wieder die Tränen - diesmal vor Lachen. Die gute Laune an unserm Tisch zieht auch noch andere an und so sind wir beide nicht lange alleine. Da klingelt doch tatsächlich mein Handy. Es dauert ein bisschen, bis ich das realisiert habe. Wer kann das denn sein? Gespannt melde ich mich und glaube, ich träume: Das ist Hermann! Ich hatte ihm in den ersten Tagen meine Nummer gegeben, bis jetzt hat er noch nie angerufen. Nun erzählt er mir: „Ich war heute so gut unterwegs, dass ich gleich durchgelaufen bin, bis nach Los Arcos. Ich bin hier in einer tollen Herberge und ich fände es schön wenn Du auch hier wärst. Wo bist Du denn?" Ich bin froh, dass ich mittlerweile locker antworten kann: „In der Herberge von Villamayor de Monjardín. Ich habe eine Menge zu erzählen, wenn wir uns wieder mal sehen. Du bist über 30 Kilometer gelaufen? Ich glaub es ja nicht! Wahnsinn! Wie fühlt sich das an?" „Mir geht es richtig gut! Kommst Du? Bestell Dir ein Taxi, ich warte auf Dich!" Da hat er doch tatsächlich das böse Wort gesagt. Taxi?! Einen Moment überlege ich, doch noch hier abzuhauen, aber ich lass es. Das passt nicht zu meinem Entschluss. Mein Pilgerfreund ist zwar traurig, quengelt auch noch ein bisschen. Aber letztendlich akzeptiert er meinen Entschluss.

Ich bin richtig glücklich darüber, dass er an mich denkt und meine Gesellschaft wünscht. So eine Situation hat sich in den letzten Jahren nicht für mich ergeben. Zuhause habe ich meine Familie und einige Bekannte, mit denen ich mich ziemlich regelmäßig treffe. Aber das ist was anderes. Ich habe seit langer Zeit keine neuen Menschen kennengelernt, keine Ahnung mehr davon, ob sie mich um sich haben wollen würden. Das ist ein schönes Gefühl und tolles Geschenk. Es hat mich gestärkt. Ina freut sich mit mir.

Nach ungefähr einer Stunde beschließen Ina und ich, schlafen zu gehen. Wir werden morgen zusammen starten. Mal sehen ob wir vielleicht doch das gleiche Tempo haben. Auf dem Nach-Hause-Weg begegnen uns Sören, Pia, Edit, Sabrina, Oliver, Achim und Phil, der Praktikant der Herberge. „Wo geht Ihr hin?" fragen sie. „Schlafen!"

antworten wir. „Nein, ihr kommt mit in die Bar!“ Das lassen wir uns nicht zweimal sagen und drehen uns auf dem Absatz um. Nun kommen wir das dritte Mal zur Tür herein. Die Wirtin muss lachen. Wir setzen uns alle zusammen an den größten Tisch. Oliver nimmt sich Ruddi auf den Schoß und krault ihn ein bisschen hinter den Ohren. Das lässt er sich gerne gefallen und verdreht die Augen. Übrigens ist hier drinnen jeder - ohne Ausnahme! - von meinem Schnurzel angetan. Er kann sich frei bewegen. An jedem Tisch und sogar an der Bar gibt es für ihn kleine Leckereien. Wir haben einen richtig tollen Abend. Es wird getrunken und rumgealbert. Wir finden kein Ende. Meine Verzweiflung von heute Nachmittag ist wie weggeblasen. Das ist also das nächste Geschenk für mich.

Um 22 Uhr wird die Herberge abgeschlossen. Dann müssen wir wohl bald gehen, sonst schlafen wir doch noch auf der Straße, denke ich. Falsch gedacht! Wir haben den Praktikanten – und der hat einen Schlüssel. Also bleiben wir und machen zusammen mit den Wirtsleuten um Mitternacht das Licht aus. Wir sind sehr ausgelassen. Hoffentlich haben wir keinen geweckt. Der ein oder andere Hund hat bereits Alarm ausgelöst. Wir versuchen, uns gegenseitig zur Ordnung zu rufen. Aber es bleibt bei dem Versuch. Phil spaziert mit uns im Mondlicht noch ein bisschen durch das Dorf und rund um das riesige Anwesen der Herberge. Er kommt auf die Idee, in einer Scheune noch eine Flasche Wein zu trinken. Es ist Vollmond - eine schöne Nacht, aber eiskalt. Edit und ich ziehen es vor, uns ins „warme Bett“ zu „kuscheln“.

Edit kann aber nicht ins Bett, weil der Treppenaufgang abgeschlossen ist. Wir machen es uns gezwungener Maßen in „meinem Kaminzimmer“ gemütlich. Die Glut gibt noch ein bisschen Wärme ab. „Solange werden die anderen nicht draußen bleiben. Es ist viel zu kalt“, überlegen wir. Nach einer halben Stunde ist der „Ofen aus“ und Edit sitzt immer noch bei mir. Sie war zwischenzeitlich vergeblich auf der Suche nach den Weintrinkern. Ich biete ihr wiederholt eine meiner Matratzen an, aber sie lehnt – verständlicherweise – dankend ab. Immer wieder versucht sie, die Tür zur Treppe zu öffnen. „Die kann doch nicht abgeschlossen sein. Was, wenn es mal brennt? Und wenn ich nachts mal muss?“ Wir malen uns amüsiert die tollsten Situationen aus, die so eine verschlossene Tür hergibt. Soviel Fantasie gemischt mit Alkohol und Müdigkeit ist wohl für Außenstehende unerträglich. Wir beide haben jedenfalls unseren Spaß.

Nach einer ganzen Stunde kommen die anderen endlich „nach Hause“, Edit darf in ihr Bett und Achim, Sabrina und Oliver gesellen sich noch ein bisschen zu mir. Sie setzen sich auf die Hocker, die vor dem Kamin stehen und unterhalten sich ganz leise. Ich habe mich mittlerweile auf meinem Lager niedergelassen und halte die Klappe. Das leise Reden lässt mich zur Ruhe kommen. Ich sehe es als die große Chance, überhaupt einschlafen zu können.

Sabrina sieht zu mir rüber. Sie denkt, dass ich bereits schlafe und sagt zu den Jungs: „Ich glaube, wir müssen ins Bett gehen. Birgit wird sonst wieder wach.“ Ich murmele aus dem Schlafsack: „Nein, bitte bleibt noch und erzählt weiter. Das beruhigt mich. Ich genieße es, wie ein kleines Kind ein Märchen.“ Sie schmunzeln. Sabrina erkundigt sich noch bei mir, ob jetzt alles in Ordnung sei. Ich antworte nur knapp: „Ja, geht schon. Siehst Du irgendwo eine Spinne oder so?“ Sie kommt zu mir, schenkt mir eine Umarmung, wie ich sie in diesem Moment von meiner Tochter bekommen hätte, drückt mir ein Küsschen auf die Wange und sagt schlicht und ergreifend: „Alles ist gut. Schlaf schön.“ Ich weiß jetzt wieder, wie sich ein ängstliches Baby fühlt, wenn die Mutter es beruhigt. Das war das schönste Geschenk heute.

Ruddi liegt am Fußende leise schnarchend in seinem Hunde-Bett, das mit Sicherheit jeden Abend dasselbe ist.

Dienstag, 22. April 2008
Villamayor de Monjardín (132 Einwohner), 645 m üdM, Navarra
8. Etappe bis Viana 31,4 km

Heute Morgen ist früh aufstehen angesagt. Es ist so gegen sechs, als sich die ersten Pilger auf den Weg machen wollen. Alle, die die Herberge verlassen möchten, kommen durch „mein Zimmer“, schon allein deshalb, weil sie ihre Wanderschuhe aus dem Regal holen müssen und sich diese, wie selbstverständlich, vor meiner Nase anziehen. Zu allem Überfluss schimpfen sie noch aufgeregt darüber, dass die dicke Holztür zur Freiheit verschlossen ist. Niemand kann sie öffnen. Entweder sind die blind und sehen mich nicht auf meiner Matratze liegen oder die sind der Meinung, dass ich den Schlüssel unter meinem Kopfkissen habe. „Merkt Ihr nicht, dass es eindeutig zu früh ist? Selbst die Herbergsleute sind noch nicht betriebsbereit!“ geht es mir durch den Kopf. Aber ich versuche so zu tun als ob ich schlafe - brumme ein bisschen rum. Die, die schon da sind versuchen daraufhin zwar zu flüstern, aber es kommen ständig neue nach, die meinen Erfolg wieder zunichte machen. Ungefähr nach einer halben Stunde gebe ich mich geschlagen. Die Tür ist immer noch verschlossen und die Aufregung groß. Ich pelle mich aus meinem Schlafsack und begebe mich erstmal ins „Badezimmer". Ruddi tut weiterhin so als ob er schläft. Das Waschbecken ist frei. Kein Wunder, die sind ja alle bei mir unten und kratzen an der Tür.

Hier oben treffe ich Ina. Sie fragt ob wir gleich losgehen können. Ich stimme zu – bin froh wenn ich hier weg bin. Nach zehn Minuten drängele ich mich wieder durch die Meute zu meinem Nachtlager, räume meine Sachen zusammen und kann es dann allerdings auch nicht mehr erwarten, bis uns jemand hier raus lässt. Kurz vor sieben ist es dann soweit. Ina, Ruddi und ich gehen zum Frühstück, das im selben Raum serviert wird, wie das Abendessen. Selbstverständlich ist mein Hund „undercover" dabei. Trotz aller Widrigkeiten gebe ich gerne zu, dass die christlichen Herbergseltern ihre Schäfchen sehr gut versorgen. Und ich möchte zum Abschluss noch anmerken, dass ich die Schlafräume nicht beurteilen kann. Die anderen Pilger sehen jedenfalls zufrieden aus. Meine Schwierigkeiten in dieser Herberge basieren auf der Tatsache, dass ich mit einem Vierbeiner unterwegs bin.

Dann machen wir uns zusammen auf den fast 13 Kilometer langen Weg nach Los Arcos. Bis dahin gibt es keine Versorgungsmöglichkeit. Ich kaufe mir also noch ein Croissant und eine Flasche Wasser für unterwegs, damit ich das auch überlebe. Ina, Ruddi und ich stiefeln kurz vor acht los. Meine Begleiterin hat Blasen an den Füßen, die sich zum Teil bereits entzündet haben. Sie war schon mehrmals in der Apotheke und hat sich verarzten lassen. Hoffentlich werden ihre Beschwerden nicht größer.

Der Wettergott hat uns lieb und lässt die Sonne scheinen. Die Temperaturen sind sehr angenehm. Wir gehen viele Kilometer auf guten landwirtschaftlichen Wegen. Momentan haben wir das gleiche Tempo. Wir unterhalten uns ab und zu ein bisschen, aber nicht die ganze Zeit. Jeder kann seinen Gedanken nachhängen. Ich bin sehr gespannt, wo wir heute Abend landen. Wir wollen uns zusammen in Viana ein Hotel- oder Pensionszimmer mieten. Wenn alles gut geht, laufen wir heute 31,4 Kilometer. Danach weiß ich dann auch, wie Hermann sich gestern nach seiner langen Etappe gefühlt hat. Die Landschaft ist jetzt nur noch leicht hügelig. Der Blick kann in die Ferne schweifen. Ich genieße es sehr, soweit gucken zu können. Ich sehe nichts als Felder und Wiesen durch die sich der Camino schlängelt.

Plötzlich und unerwartet - nach ungefähr drei Stunden Wanderung - erkennen wir in der Ferne ein Wohnmobil. Ist das eine Fata Morgana? Die Spannung steigt, als wir immer näher kommen. Das Staunen ist groß, als wir freudig empfangen werden: „Hola! Cómo estan (wie geht es Euch)? Sind Eure Füße in Ordnung? Kann ich irgendetwas für Euch tun? Ich habe Pflaster, Salben und Verbände. Wollt Ihr einen Kaffee, Tee oder Wasser? Wollt Ihr Euch ein bisschen hinsetzen?“ Es ist ein temperamentvoller, sehr gut gelaunter Señor, der uns mitten in der Wildnis so gastfreundlich auf Spanisch, gemischt mit ein bisschen Englisch, empfängt, nachdem er gerade ein paar Pilger verabschiedet hat. Vor seinem Wohnwagen stehen einige Klapphocker, die wir sehr gerne in Anspruch nehmen. Auf dem kleinen wackeligen Campingtisch serviert er uns Kaffee. Wir fühlen uns wie im Schlaraffenland, haben den Eindruck, dass wir träumen. Nach kurzer Zeit sind wir wieder gefasst und in der Lage nachzufragen, was wir gerade erleben dürfen. Der Mann erzählt uns, dass er weiß, wie lang 13 Kilometer ohne Aussicht auf Versorgung werden können und hat es sich deshalb zur Aufgabe gemacht, den Pilgern bei Bedarf zu helfen oder sie einfach nur aufzuheitern. Er steht meistens an dieser Stelle - manchmal aber auch in den Pyrenäen. Mir stellt sich die Frage, ob er es wohl war, der mir vor ein paar Tagen in der Nähe des „Adler-Landeplatzes“ mit der „Pilger-Toilette“ vor der Nase weggefahren ist. Wie dem auch sei, ich fühle mich gerade wie eine Königin, die ja wohl auch in der Einsamkeit immer gut versorgt wird.

Er fragt noch einmal nach dem Befinden unserer Füße. Ina hat wohl ihre Blasen vergessen, denn sie sagt, es sei alles in Ordnung. Ich erinnere sie daran, dass sie einen dicken Verband um ihre Fessel trägt und so manches Pflaster auf ihren Füßen klebt. Sie wehrt sich. Ich habe keine Ahnung warum und lasse nicht locker, bis sie aufgibt und ihre Schuhe auszieht. Als ich sehe womit sie sich seit Tagen rumquält, bleibt mir die Luft weg. Die Blasen sind offen und eitern teilweise. Ich frage mich, wie viel Schmerz sie wohl aushält und vor allen Dingen, warum sie sich zunächst nicht helfen lassen wollte. Der Mann nimmt sich liebevoll und fürsorglich ihrer Füße an und erneuert die Wundauflagen.

Ich trinke genussvoll meinen Kaffee, schaue mich um und genieße es, in dieser eindrucksvollen Landschaft sitzen zu dürfen. Ich entdecke

Sabrina, Oliver und Achim, die auf uns zu kommen und genauso dumm aus der Wäsche gucken, wie wir es wohl eben gemacht haben. „Na, Euch geht es ja besonders gut! Was ist denn hier los?“ fragen sie lachend. Die Begrüßung fällt so aus, als ob wir uns an dieser Stelle zu einer Party treffen wollten. Wenn ich mir die Gäste so ansehe, ist das allerdings eine Kostümparty unter dem Motto „Landstreicher“, zu der jeder was mitbringen muss. Oder was hat es mit den Rucksäcken auf sich? Zu allen Schandtaten bereit, setzen sie sich zu uns. In diesem Moment erreicht auch Edit freudestrahlend diesen Platz. Es ist eine Wiedersehensfeier alter Freunde. Wir fallen uns in die Arme, als hätten wir uns jahrelang nicht gesehen. Ich staune immer wieder darüber, wie nah beieinander man auf diesem Weg läuft, ohne es zu merken. Plötzlich findet man sich - ohne Verabredung und ohne den anderen gesucht zu haben.

41) mobile Pilger-Apotheke und Cafeteria, zwischen Villamayor de Monjardín und Los Arcos

Inas Wunden sind frisch versorgt, der Kaffee ist getrunken und jetzt ist es an der Zeit, weiterzugehen. Die heutige Etappe hat ja gerade erst angefangen. Von insgesamt 31,4 Kilometern liegen noch schätzungsweise 22 vor uns. Ruddi hat die Pause übrigens auch genutzt. Er hat sich auf der Wiese gesonnt und ein bisschen geschlafen. Ich frage den Señor, wie viel Geld ich ihm schuldig bin. „Was du geben willst. Ich mache das gegen eine Spende.“ Dieses Erlebnis und der leckere Kaffee sind mir locker fünf Euro wert und ich hoffe, dass er diese „Geschäftsidee“ fleißig fortsetzt und wir ihn auf dem Camino noch öfter antreffen werden. Ich frage mich, ob Hermann sich gestern auch hier ausgeruht hat? Ich habe ein weiteres Geschenk am Wegesrand pflücken dürfen, das ich verpasst hätte, wenn ich Villamayor de Monjardín gestern fluchtartig verlassen hätte.

Beschwingt setzen wir unseren Weg fort. Ich bin sehr überrascht, wie viele Pilger auf den paar Kilometern bis nach Los Arcos mit uns unterwegs sind. Drei oder vier Mal werden wir überholt. Es bleibt ein Phänomen - sie tauchen immer aus dem Nichts auf. In Los Arcos genehmigen wir uns einen Café con leche in einer Bar. Hier bleiben wir aber nicht allzu lange, denn Viana kommt ja nicht zu uns, sondern wir müssen dahin.

42) Richtung Los Arcos

Der Weg und das Wetter bleiben gnädig und so kommen wir sehr gut voran. Der Ausblick erinnert mich an eine Mondlandschaft. Die zahlreichen Hügel wirken durch ihr Grau ein bisschen kühl. In der Ferne können wir schon sehr lange den kleinen Ort Sansol ausmachen, aber wir haben den Eindruck, als liefe er vor uns weg - kommen ihm augenscheinlich nicht näher. Das macht mürbe und wir legen eine Rast am Wegesrand ein. Mein Hund ist heute wieder fit wie ein Turnschuh und aus seiner Sicht könnten wir auch einfach weiterlaufen. Diesmal sitze ich alleine auf seiner blauen Decke. Ich bewundere diesen kleinen Vierbeiner und beobachte ihn ein bisschen. Er schnüffelt ganz aufgeregt, läuft ein Stückchen weiter vor, bleibt stehen und hält dann seine Nase Richtung Himmel. Unglaublich wie beweglich diese Nase ist! Die Ohren sind gespitzt und er legt gespannt den Kopf von der einen auf die andere Seite, so als hörte er etwas. Er hat eine Fährte aufgenommen. Vielleicht ist es die von Hermann, der ja mit Sicherheit gestern auch hier gewesen ist. Dann kommt er zu mir, setzt sich vor mich und erzählt mir mit seinen Augen, was er eben erfahren hat. Aber das bleibt unser Geheimnis! ☺

Mir fällt auf, dass Ina die ganze Zeit ihre Jacke in der Hand hält. Sie ist eine der wenigen, die ohne Pilgerstab oder „Gehhilfen“ unterwegs ist. Mich würde es wahnsinnig machen, wenn ich ständig etwas in der Hand halten müsste, das genauso gut im Rucksack liegen könnte. Meine Hände sind mit den Trekkingstöcken beschäftigt. Die unterstützen mich tatkräftig. Sie sorgen dafür, dass die Finger nicht anschwellen und durch die geöffnete Armhaltung das Atmen leichter ist. Wenn ich zuhause spazieren gehe, empfinde ich es als sehr angenehm, wenn die Hände frei im Rhythmus mitschwingen können. Ina sagt, es mache ihr nichts aus, sie trüge immer irgendetwas in der Hand. Sie kann sich nicht vorstellen, mit Stöcken zu wandern. So ist halt jeder Jeck anders und ich versuche, mir keine Gedanken mehr über ihre Gewohnheiten zu machen. Hauptsache sie fühlt sich wohl.

Nachdem wir tatsächlich Sansol doch noch einholen konnten, erreichen wir kurz darauf, so gegen 13 Uhr Torres del Río. Wir wünschen uns nichts sehnlicher, als irgendwo gemütlich zu sitzen und einen oder zwei, wenn nicht drei Café con leche genießen zu dürfen. Wir sind immerhin schon über 20 Kilometer gelaufen. Das heißt, dass wir unglaublich schnell unterwegs waren. Heute ist der Camino aber auch wirklich erstaunlich leicht zu gehen. Er ist breit und flach. Bis auf ganz kurze Abschnitte vollkommen ohne Verkehr und zudem ist das Wetter optimal.

Auf der Hauptgasse finden wir einen Hinweis auf eine österreichische Herberge. Ina ist ganz begeistert: „Da müssen wir hin, ich habe von diesem Haus schon viel gehört. Ich will mir das unbedingt mal ansehen. Die sollen besonders nett und sauber sein. Wollen wir da unsere Pause machen?“

43) Torres del Río, am Bildrand der Hinweis auf die „österreichische“ Herberge (leider nur halb)

Gesagt, getan. Durch ein Törchen kommen wir auf das Grundstück. Es ist wie in einem Märchen. Wir betreten einen kleinen Hof, der liebevoll mit bunten Blumen dekoriert ist. Über dem Gartentisch und den Stühlen ranken an einem Gitter grüne Pflanzen, die Schatten spenden. Auf dem Tisch stehen Kerzen, Kekse und Kaffeekannen auf einer sommerlichen Decke. An der Hauswand befindet sich ein kleiner, alter Brunnen und daneben einige schnuckelige Gartenzwerge, die damit beschäftigt sind, die winzigen Beete rechts und links in Ordnung zu halten. Neben der Eingangstür steht ein Kühlschrank mit einer Glastür, durch die man die kalten Getränke sehen kann. Sofort bekommt man Lust auf eine dieser Erfrischungen. Mein Gesamteindruck dieses Hofes ist mehr als einladend, ich fühle mich sofort irgendwie „gut aufgehoben“. Durch zwei große Fenster blicken wir in einen hellen und sauberen Schlafraum. Die Betten sind mit frischen, weißen Laken bezogen und am Fußende liegen Wolldecken.

Nach ungefähr einer Minute erscheint die Herbergsmutter, die diese Idylle abrundet. Sie strahlt Freude, Ruhe und Gelassenheit aus und heißt uns - inklusive Ruddi - herzlich willkommen: „Schön, dass Ihr hier seid. Läuft der Kleine auch den ganzen Weg? Bist Du süß! Wie heißt Du denn? Du bist bestimmt müde und hast Durst!“ Sie preist uns den Brunnen an, um frisches Wasser für meinen Hund zu zapfen und erkundigt sich nach unserem Befinden. Der Empfang könnte nicht liebevoller sein. Sie fragt uns, ob wir übernachten wollen. „Nein, aber wir möchten bei Dir eine Pause machen und Kaffee trinken. Geht das?“ Sofort holt sie zwei Tassen und frische Kekse raus. Sie entschuldigt sich: „Bedient Euch. Ich komme gleich wieder zu Euch, aber vorher muss ich noch schnell eine Pilgerin, die vor ein paar Minuten angekommen ist, einschreiben und ihr ein Bett zuweisen.“

In der Kaffeekanne auf dem Tisch befindet sich nur noch ein Rest, so gerade eine Tasse. Ina überlässt ihn mir mit den Worten: „Ich trinke jetzt sowieso lieber was Kaltes. Ich gehe mal eben zur Toilette und bringe mir dann was mit. Bin gleich wieder da.“ Kaum ist sie im Haus verschwunden, bekomme ich ganz schwach mit, dass sie mit jemandem spricht, den sie anscheinend kennt: „Hallo, wie kommst Du denn hierhin…?“ Mehr kann ich nicht verstehen, aber ich werde wohl gleich Bericht erstattet bekommen.

Zufrieden lasse ich mich auf einem der Stühle nieder und könnte mir durchaus vorstellen, hier zu übernachten. Aber es ist erst Mittag und ich will meinen Tages-Kilometer-Durchschnitt ein wenig anheben. Nach einigen Minuten kommt Ina mit einem Getränk in der Hand wieder raus und verzieht das Gesicht: „Du kommst nie drauf, wer drinnen sitzt!“ Kurze Pause. „Gudrun ist hier und bleibt auch. Die kann ich jetzt überhaupt nicht gebrauchen. Die nervt mich. Momentan kann ich die Jammerei nicht ertragen. Es geht immer nur um ihre Krankheiten. Gut, dass wir nach der Pause weitergehen.“ Ich antworte: „Bleib ruhig. Das wird schon nicht so schlimm sein. Ich glaube nicht, dass sie raus kommt. Also genieße die Pause und denk einfach nicht dran. Komm setz Dich neben mich.“

Sie ist sehr schnell wieder friedlich. In diesem Moment öffnet sich das Tor und eine sehr große Frau mit einem Riesen-Rucksack betritt stürmisch den Hof. Sofort fängt sie aufgeregt an zu blubbern. Mann, ist die temperamentvoll – das passt gar nicht ins Bild. Sie kann nicht stillstehen, dreht und wendet sich und zack … lässt sie sich, mit dem schweren Rucksack auf dem Rücken, neben mir in den Stuhl plumpsen. Ina guckt mich genervt an und gerade als sie was sagen will, steht die wild gewordene Pilgerin wieder auf, um ihr Gepäck abzulegen. Blitzschnell sitzt Ina mit einem bösen Blick auf dem soeben frei gewordenen Stuhl. Es ist eine Reise nach Jerusalem – ach, nicht nach Santiago? Aber Spaß beiseite, ich hätte es an ihrer Stelle genauso gemacht. Hat denn die „Neue" überhaupt kein Benehmen? In der nächsten Sekunde höre ich es scheppern und platschen. Die hat doch tatsächlich durch ihre Unachtsamkeit mit ihrem Hintern meinen Kaffee vom Tisch geschossen. Der verteilt sich jetzt langsam ab sicher auf dem Boden. Die Kekse machen ihren Freischwimmer und ich bin entsetzt. Wie kann sie es wagen?! Alles was ihr dazu einfällt ist ein gut gelauntes „Ups!". Ich jammere sie an: „Das war der letzte Kaffee. Den wollte ich eigentlich trinken." Sie kümmert sich nicht weiter darum und geht hinein, um sich anzumelden. Ina und ich gucken uns sprachlos an und dann können wir uns nicht mehr halten vor Lachen. „Was war das denn für eine?!"

44) Torres del Río

Ich begebe mich nun auch mal in das Haus und auf die Suche nach der Toilette. Auf meinem Weg dorthin, verstärkt sich mein positiver Eindruck noch. Alles ist blitzblank und unheimlich gemütlich, passend zum Eingangsbereich - außen hui, innen auch. Als ich das Bad betrete, ist meine Begeisterung auf dem Höhepunkt. Obwohl es sich um eine kleine Herberge handelt, gibt es hier drei oder vier Duschkabinen und ebenso viele WCs. Die Wände und der Boden sind weiß gefliest. Das Porzellan hat die gleiche Farbe. Große Spiegel hängen über den Waschbecken. Die Luft ist sehr gut, der Raum hell und blitzblank. Die Toiletten sind jeweils mit einem Bewegungsmelder ausgestattet, so dass die Lampe von alleine an- und ausgeht. Was für ein Luxus! Das hatte ich noch nicht mal im teuren Hotel in Roncesvalles. Ein kleiner, aber lustiger Nachteil ist, dass sich etwas bewegen muss, wenn es auf dem Klo dunkel wird, damit die Technik einem ein Licht aufgehen lässt. So sitzt man also winkend auf dem Pott. Wie gut, dass hier kein Spiegel hängt, sonst käme ich schon vor Lachen nicht mehr hoch. Mein Körper spielt sowieso noch immer nicht so geschmeidige Bewegungen ab, wie ich es von ihm gewohnt bin. Grinsend verlasse ich das stille Örtchen und im selben Moment öffnet sich gegenüber die Duschkabine. Die tropfende Gudrun steht mit - vom heißen Duschen - knallrotem Kopf und Dekolletee vor mir. Wir grüßen uns knapp und ich mach mich schleunigst vom Acker.

Einige Minuten später kommt Margret, die Herbergsmutter zu uns raus und sieht die Kaffeepfütze auf ihrem Hof. Sie macht nicht viel Aufhebens davon, spritzt schnell mit einem Schlauch die braune Brühe weg. Ruddi gerät kurz in Panik und läuft planlos von einer Ecke zur anderen. Sie muss schmunzeln, beruhigt ihn aber auch und drosselt die Wasserzufuhr.

Jetzt hat sie ein bisschen Zeit, sich mit uns zu unterhalten. Sie kommt aus Österreich und hat heute ihren letzten Arbeitstag hier in Torres del Río. Sie war – wie jedes Jahr - drei Monate ehrenamtlich in dieser Herberge tätig. Morgenfrüh kommt ihre Nachfolgerin. Sie ist eine Frau, die rundherum zufrieden ist, nichts zu meckern hat. Sie strahlt von innen - wie ihre Herberge. Ich bewundere ihre Halskette. Der Anhänger ist eine kleine silberne Jakobsmuschel. Ich frage nach, wo man so eine Kette kaufen kann, die muss ich auch haben. Sie würde mich immer an den Jakobsweg, Margret und diese erholsame Pause in „ihrer österreichischen" Herberge erinnern. Zu meiner Überraschung verkauft sie diese Ketten. Das hatte sie fast vergessen - überlegt, wo sie die hingelegt hat. Sie geht ins Haus, um nachzuschauen.

Ich erzähle Ina, dass ich auch auf Gudrun getroffen bin und frage, was genau sie an ihr auszusetzen hat. „Sie ist undankbar. Wenn Du ihr den kleinen Finger reichst, nimmt sie die ganze Hand. Ich habe tage- und nächtelang sehr viel Rücksicht auf sie genommen, bin mit ihr zusammen ein paar Tage im Schneckentempo den Camino entlang gekrochen und als es mir mal nicht so gut ging und eine Pause machen wollte, sagte sie mir, ich würde sie aufhalten. Es war ihr egal, was mit mir los war. Sie hatte überhaupt kein Verständnis für mich. Und außerdem ist es sehr anstrengend, wenn jemand immer nur von seinen Krankheiten erzählt. Ausschlaggebend für den Streit war, dass sie mich um vier in der Früh zum wiederholten Mal geweckt hat, weil sie mal wieder ihre Beine wickeln musste. Ich verstehe nicht, warum das mitten in der Nacht passieren muss. Sie stört dadurch ja schließlich auch die anderen, die mit uns in einem Raum schlafen. Das wurde mir einfach zu viel." „Umgib Dich auf „Deinem Weg" ausschließlich mit Leuten, die Dir gut tun, sonst tut Dir der Weg nicht gut. Überlege aber trotzdem in einer ruhigen Stunde, warum Du dieser Frau begegnet bist. Du triffst keinen Menschen ohne Grund. Jeder, dem Du begegnest hat Dir irgendetwas mitzuteilen, ist Dein Spiegel." Das ist alles was ich dazu sage.

Margret kommt tatsächlich mit zwei Jakobsmuschel-Ketten zurück. Es ist mir wurscht, was dieses Schmuckstück kostet, mache zwei Laufknoten in das schwarze Baumwollband und hänge sie mir um den Hals. Dann stelle ich die Länge ein und bemerke erst jetzt, dass die beiden Mädels mir mit offenem Mund dabei zuschauen. Ich frage, was los ist. „Es die Technik, wie Du das Band geknotet hast. Das ist ja praktisch! Wie geht das?" fragt Ina, die sich ebenfalls diese Kette kauft. Margret nickt zustimmend. Ich zeige es den beiden an ihren Ketten. Ich hätte nicht gedacht, dass ich damit jemanden beeindrucken kann. Nun sind es gleich zwei Frauen, die das so toll finden, dass sie mir vor Dankbarkeit um den Hals fallen. Als wir bezahlen wollen, fragt die Österreicherin uns, was uns die Kette wert sei, sie hätte keinen Preis im Kopf. Das ist schwierig, ich kenne mich mit den Materialien von Schmuckstücken nicht aus und frage sie nach einer Preisspanne. Sie antwortet: „Zwei, drei oder fünf Euro vielleicht?" Wir geben ihr jeder fünf Euro. Sie freut sich nochmal und dann verabschieden wir uns – nicht ohne ihr zu sagen, wie schön es hier ist. Es ist so, als wären wir alte Bekannte. Dieser Abstecher hat richtig gut getan. Unbemerkt sind fast eineinhalb Stunden vergangen. Nun wird es höchste Zeit. Es ist 14 Uhr und wir haben noch elf Kilometer vor uns.

Zunächst ist der Camino noch gnädig und wir kommen ganz gut voran. Aber nach zwei, drei Kilometern ist Schluss mit Lustig. Es ist ein ständiges unglaubliches Auf und Ab. Es sind wieder alle Stolperfallen dabei, die so ein Weg hergeben kann. Volle Konzentration ist angesagt. Ich glaube, es hängt damit zusammen, dass wir schon so weit gelaufen sind, aber es ist außergewöhnlich anstrengend. Und ich dachte, die Pyrenäen wären am steilsten. Ich werde deutlich eines Besseren belehrt. Ina läuft trotz ihrer Blasen wie eine Gazelle die Hügel rauf und runter. „Hut ab!"

Nach fast zwei Stunden, muss ich mich wieder ausruhen. Ich nutze die Gelegenheit, als meine Begleiterin ein paar Fotos machen möchte. Ich schwenke nicht die weiße Fahne, aber Ruddi's Kuscheldecke und setze mich demonstrativ an den Wegesrand. Ina macht es mir ohne zu meckern nach. Mein Hund freut sich über meine Entscheidung und lässt sich dankbar nieder. Er lädt mich großzügig auf sein weiches Lager ein. Diese Pause dehnen wir natürlich nicht zu sehr aus. Nach etwa 15 Minuten gehen wir weiter.

45) kurze Pause zwischen Torres del Río und Viana

Mein Körper schimpft was das Zeug hält, er erklärt mich für komplett verrückt. Ich habe keine Ahnung, wie ich es bis zum

Etappenziel schaffen soll. Auf diesem Wegabschnitt von elf Kilometern zwischen Torres del Río und Viana gibt es wieder keine Versorgungsmöglichkeit. Das bedeutet, dass wir weiter müssen. Es sei denn, wir bauen uns für die Nacht ein eigenes Häuschen aus dem Lehm und den Steinen, die wir auf dem Weg finden. Aber das ist noch anstrengender, oder? Ich glaub, ich spinn – das ist die pure Verzweiflung. Ich bin sehr gespannt, wann wir unser Ziel erreichen. Hoffentlich nicht zu spät, um ein Zimmer zu bekommen. Ina ist immer noch fit wie ein Turnschuh.

46) zwischen Torres del Río und Viana

Sie lenkt mich ab und erzählt ein bisschen von sich. Ich erfahre, dass sie zuhause den puren Luxus leben könnte. Ihr Mann verdient gutes Geld, aber sie will unbedingt mit ganz wenig auskommen. Sie hat ihr eigenes Konto, auf das regelmäßig ein bisschen Geld fließt und wenn das erschöpft ist, dann quält sie sich durch das Monatsende. Ihr Mann und ihre Kinder können das nicht verstehen, aber sie lässt sich nicht davon abhalten. Aus diesem Grund schläft sie auch in den Herbergen. Sie nennt mir eine Summe, die sie bis Ende April übrig hat, und ich habe nicht die geringste Ahnung, wie sie damit durchkommen will. Es bleibt kaum was für das Essen übrig. Zumal sie ja heute mit mir ein Pensionszimmer teilen will.

Ich schleppe mich wirklich mit allerletzter Kraft weiter Richtung Viana. Immer wieder muss ich mich selbst anfeuern. Ich komme nur noch sehr langsam voran und der Camino kennt kein Erbarmen – er holt heute Abend wirklich das Letzte aus mir raus. Aber es gibt kein Zurück oder Aufgeben. Bus oder Taxi kämen für mich auch heute nicht in Frage – selbst wenn eine gute Fee ein Gefährt herzauberte.

47) zwischen Torres del Río und Viana

Wo und wann ist mein positives Denken verloren gegangen? Ich höre mich über den Wanderführer meckern: „Das muss doch erwähnt werden, wenn der Weg so anstrengend ist. Dann plane ich doch keine 31,4 Kilometer für eine Etappe. Alles Mögliche steht in diesem blöden Buch, nur nicht das Wesentliche. Ina, sag doch auch mal was dazu!" Die läuft weiterhin wie ein junges Reh vor oder hinter mir her und sagt: „Komm schon, wir schaffen das. Wir sind bestimmt gleich da. Guck mal, da vorne ist doch Viana schon zu erkennen." Das stellt sich allerdings als Irrtum raus. Dieses Lichtermeer, das gerade unser Etappenziel vortäuscht, lassen wir links liegen.

Meine kompletten Beine gehören mir nicht mehr. Die Knie sind leicht gebeugt, die Füße platschen wie in den ersten Tagen, einfach nur noch auf den Boden und mein Oberkörper kommt diesem auch immer näher. Ich habe das Gefühl, gleich zusammenzubrechen. Der Drang zu weinen, mich einfach an den Wegesrand zu legen und einzuschlafen ist riesengroß. Gott sei dank bin ich in diesem Moment nicht alleine. So schaffe ich es, mich zusammen zu reißen. Das will ich Ina nicht antun.

gleicher Tag (insgesamt 154,4 km gelaufen)
Viana (3425 Einwohner), 475 m üdM, Navarra
Pension, 20 Euro pro Person ohne Frühstück

Als wir die Stadt endlich erreichen, ist es bereits dunkel. Es ist so gegen 21.30 Uhr. Ich laufe nur noch wie in Trance hinter meiner Pilgerfreundin her. Wir müssen die Straßenseite wechseln und über eine niedrige Leitplanke steigen, die die vierspurige Straße teilt. Normalerweise wäre das ein Klacks für mich, aber jetzt schaffe ich das nicht mehr. Es geht einfach nicht! Ich muss ein Stückchen bis zum Anfang dieser Hürde zurückkriechen - habe böse, wütende Gedanken: „Hätte Ina mich nicht vorwarnen können. Die muss doch wissen, dass ich dazu nicht mehr in der Lage bin!" Wie ungerecht von mir, aber ich empfinde das gerade als Höchststrafe. „Bloß keinen Meter zu viel laufen."

Die ersten Menschen, die uns begegnen, fragen wir nach einem Hotel. Die schicken uns doch tatsächlich eine lange, steile Straße in den Ortskern hinauf. Unverschämtheit! Ich habe das Gefühl, ich müsste jetzt noch einen Viertausender erklimmen und stehe, mit offenem Mund auf meine Stöcke gestützt, am Fuße dieses schier unüberwindbaren Berges.

Irgendwie und mit Inas Anfeuerungsrufen schaffe ich auch das noch. Wir verlaufen uns noch ein paar Mal, bis ich - nun wirklich am Ende meiner Kräfte - ein Ich-weiß-nicht-wie-viel-Sterne-Hotel ansteuere. Meine Kollegin guckt mich entsetzt an: „Bist Du verrückt? Was meinst Du, wie teuer das ist!" Ich krächze: „Das ist mir scheißegal! Ich bezahl Dir die Differenz zu 25 Euro. Ich kann nicht mehr weiter." Die Empfangsdame, zu der wir über eine Treppe gelangt sind, schaut uns ein bisschen von oben herab an. Ich kann sie verstehen: Ich habe Ruddi unter meinem leuchtendroten Poncho versteckt. Ich bin sehr präsent in diesem Outfit und erreiche sie zudem quasi auf allen Vieren. Das muss ein kläglicher Anblick sein! Ich frage sie mit wenigen Worten nach einem freien Zimmer. „Ja, haben wir. Ein Doppelzimmer kostet 80 Euro." Was für eine Auskunft!!! Ich zögere einen Augenblick, suche nach den richtigen Worten, habe das Gefühl, Gewalt anwenden zu müssen. Die nette Dame scheint meine aggressiven Schwingungen zu empfangen: „Zwanzig Meter weiter auf der anderen Straßenseite, ist eine Pension." Nur eine Sekunde später wäre ich zu allem bereit gewesen.

So schnell es eben geht, begeben wir uns zu dieser Pension. Die 20 Meter kommen mir vor wie 200. Ruddi wiegt momentan gefühlte 15 Kilo, statt fünf in seinem Notfallnetz. Er brummt ganz leise, wie ein Teddy, dem man auf den Bauch drückt und ich glaube zu verstehen: „Ich würde lieber selber laufen, aber die dürfen mich ja wohl nicht sehen. Ich mache mich auch ganz leicht. Gib Gummi! Nicht, dass die uns die Tür vor der Nase zuschließen. Los! Wir schaffen das!"

Er hat Recht. In letzter Sekunde erreichen wir die Eingangstür. Der junge Wirt will uns gar nicht mehr rein lassen. Aber als er mitbekommt, dass wir ein Zimmer mieten wollen, geht alles sehr schnell. Er nennt uns den Preis und fragt ob wir einverstanden sind. „Ja!!!" Er holt einen Schlüssel und rennt los. Wir sollen ihm folgen. Was denkt der denn eigentlich, wie das gehen soll! Ich lasse mich auch nicht beeindrucken und gehe in meinem „Tempo" hinterher. Hufe scharrend wartet er drei Häuser weiter an der Eingangstür. Kaum haben wir ihn erreicht, hastet er die Treppen zur zweiten Etage hinauf und öffnet uns die Zimmertür. Ein bisschen später sind auch wir soweit. Er ist wirklich sehr in Eile. Als wir fragen ob es noch was zu Essen gibt, macht er große Augen. Die Küche würde um 22 Uhr schließen. Na toll, es ist jetzt genau 22 Uhr. Und nun? Wir sterben den Hungertod, wenn wir ihn nicht davon überzeugen können, uns noch irgendwas zu kochen. Er stimmt zu, unter der Voraussetzung, dass wir sofort mitkommen. Wir können noch die fünf Minuten rausschlagen, die ich für uns alleine brauche, um Ruddi aus dem Netz in die Tasche zu verlegen. Alles geht blitzschnell. Er beschwört uns, auf keinen Fall länger zu brauchen, er würde sonst das Restaurant schließen. Dann ist er genauso schnell wieder weg, wie er her gelaufen ist. Mann, hat der ein Temperament!

Es ist superlaut im Lokal, obwohl nur vier Erwachsene und zwei kleine Kinder zusammen sitzen. Na ja, das heißt: Die Kinder sitzen nicht, sie veranstalten einen Hürdenlauf durch das ganze Lokal. „Über die Stühle und unter die Tische" lautet ihr Auftrag. Und sie geben alles, damit man sein eigenes Wort nicht versteht. Als wäre das nicht genug, schreien die Mütter und Väter sich an und der Fernseher läuft auf volle Lautstärke. Ein Gutes hat es: wenn Ruddi bellen sollte, weil die Kinder zu nahe an seine Tasche kommen, hört es sicher niemand. Ich frage mich, wie ich das durchstehen soll. Ich habe mich darauf gefreut, ganz in Ruhe etwas zu essen und wieder zu Kräften zu kommen. Jetzt passiert genau das Gegenteil.

Am anderen Ende des Lokals sitzt ein alter Spanier, der mich schon die ganze Zeit beobachtet. Er trinkt einen Kognak nach dem anderen. Ich habe gerade erst meinen Teller Makkaroni vor mir stehen, die ersten Bissen probiert, als er auf unseren Tisch zukommt. Er spricht mich an. Ich verstehe gar nichts - und ich will auch nicht. Er lässt nicht locker, bedrängt mich regelrecht, hört nicht auf zu reden. Er kommt mir sehr nah, wie es ein Fremder nicht tun darf. Der Mann stinkt nicht nur nach Alkohol, sondern zu allem Übel auch noch nach Schweiß und voller Hose. Mit einem bösen Blick und fester Stimme will ich ihn loswerden. Aber der denkt nicht daran, im Gegenteil: er holt sich einen Stuhl und setzt sich ungefähr einen halben Meter von unserem Tisch entfernt hin. Der Wirt schaut zu mir rüber und gibt mir zu verstehen, dass es ihm leid tut. Aber in Spanien gilt der Respekt in jedem Fall den Alten, die darf man nicht maßregeln. Ich drehe ihm meinen Rücken zu und lass ihn einfach reden – lieber würde ich die Zecke platt hauen.

Mir ist tatsächlich der Appetit vergangen. Ich kann keinen einzigen Bissen mehr zu mir nehmen. Ich habe einen klassischen „Kloß im Hals“. Das kenne ich im normalen Leben überhaupt nicht – ich kann immer essen. Ina empfindet das nicht so extrem wie ich, das sei in Spanien normal. Da fällt mir ein: Das gleiche hat Hermann in Villava zu mir gesagt, als wir in der überfüllten Bar zum Tapas-Essen waren. Was ist eigentlich mit ihm, es ist der erste Tag, an dem ich nichts von ihm gehört habe. Hoffentlich geht es ihm gut. Ich möchte ihn so gerne fragen, ob er sich gestern bei seiner „Ü-30-Etappe“ genauso fertig gemacht hat. Es ist leider viel zu spät, um ihn noch anzurufen.

Ina isst super langsam, ich habe das Gefühl, ich müsse ihr helfen. Ich will weg hier! Ich brauche immer dringender meine Ruhe. Aber sie denkt nicht im Geringsten daran, sich auch nur ein bisschen zu beeilen. Ganz im Gegenteil! Sie fängt in diesem Lärm an, über ihre familiären und gesundheitlichen Probleme zu reden. Sie merkt überhaupt nicht, wie unsagbar schwer es mir fällt, sie zu verstehen – rein akustisch, aber auch die Tatsache, dass sie es hier aushalten kann.

Die letzten Bissen würde ich ihr am liebsten heimlich vom Teller nehmen, nur damit sie ein Ende findet. Es kommt mir vor, als wären es Stunden, bis wir endlich gehen. Draußen atme ich erstmal ganz tief durch und lasse Ruddi aus der Tasche hüpfen. Hoffentlich hat der keinen Gehörschaden bekommen.

Endlich im Zimmer angekommen, nehme ich wahr, wie winzig es ist. Es befinden sich drei Betten hierin. Zwischen dem links an der Wand stehenden und mittleren steht ein Kleiderschrank von einem Meter Breite und zwischen dem rechts an der Wand stehenden und dem mittleren ein Nachtschränkchen. Es gibt einen Stuhl und damit ist die Einrichtung vollständig. Ein kleines Fenster, fast nur ein Guckloch, lässt kaum Luft herein, weil die Mauern dieses Gebäudes ungefähr einen Meter dick sind. Meine Arme sind jedenfalls nicht lang genug, um mit der Hand nach draußen zu gelangen. Folglich kann man überhaupt nicht runter schauen, lediglich auf die gegenüberliegende Häuserwand.

Ich zwinge mich, duschen zu gehen. Am liebsten ließe ich mich einfach nur ins Bett fallen. Das Badezimmerchen ist so eng, dass man sich noch nicht mal die Hose hochziehen kann, ohne mit der Stirn an die Wand zu klopfen. Wenn ich vor dem Waschbecken stehe und mich bücke um die Zähne zu putzen, klebt mein Hintern an der Wand. Die Dusche ist so eng, dass ich kaum die Arme vom Körper weg bewegen kann. Außerdem ist es hier drin schmutzig und schimmelig. Kein Wunder, es gibt kein Fenster. Beim Füße-abtrocknen hat man einen wunderbaren Ausblick in die Kloschüssel. Aber ich habe nach 31,4 Kilometern endlich ein Dach über dem Kopf und ein Bett zum Erholen. Ruddi liegt schon in seiner gewohnten Koje und genießt wahrscheinlich die göttliche Ruhe.

Ina hat beschlossen, dass sie morgenfrüh duschen geht. Wir sind beide fix und fertig. Sie gesteht mir, dass sie ebenfalls sehr mit den Kilometern zu kämpfen hatte und ihre Kraft aus meiner Erschöpfung heraus gezogen hat. Sie hatte große Sorge, dass ich das letzte Stück Weg tatsächlich nicht schaffen würde. Ich gestehe, dass ich die gleichen Bedenken hatte und danke ihr für ihre Unterstützung. Es ist jetzt ungefähr ein Uhr in der Nacht und ich liege bewegungsunfähig im Bett. Die Erkenntnis dieses Tages ist, dass fast 32 Kilometer eindeutig zu viele für mich sind. Und dass ich im Außen erlebe, was ich Innen fühle.

Mittwoch, 23. April 2008
Viana (3425 Einwohner), 475 m üdM, Navarra
9. Etappe bis Navarrete 22,6 km

Der Morgen danach: Mein Körper bestraft mich für die lange Etappe. So muss es sich anfühlen, wenn man in eine Schlägerei geraten ist. Meine Beine sind schwer wie Blei, alles tut höllisch weh. In der Nacht wurde ich schon vorgewarnt. Jede Bewegung hat mich geweckt.

Na gut – das ist Vergangenheit. Lebe den Moment! Wie komme ich am besten in die Senkrechte? Ich mache einen Plan: Erstmal den Oberkörper auf die Seite drehen und dann vorsichtig den Rest nachrücken lassen. Wenn das klappt, hebe ich mit Hilfe beider Arme die Schultern an und versuche, schön langsam die Beine aus dem Bett zu schieben. So steif wie ich bin, bewegt sich mein Oberkörper dadurch im gleichen Tempo automatisch aufwärts. Diese Aktion wird gestartet und läuft unter jämmerlichem Stöhnen in Zeitlupe ab. Nun überrede ich mich liebevoll und mit viel Geduld, die Bettkante zu verlassen. Der erste Schritt gleicht dem des legendären Frankenstein. Der ganze weitere Ablauf erinnert an ihn. Einmal in Bewegung gekommen, geht es von Minute zu Minute leichter – schmerzfreier. Ich bin stolz auf mich. Gleichzeitig drängt sich mir die Frage auf: „Warum tue ich mir das alles eigentlich an? Warum wollte ich nochmal den Jakobsweg gehen?“ Sekunden später habe ich die Antwort: „Um meine körperlichen und seelischen Grenzen kennenzulernen.“ Ach, so fühlt sich das an!

Ina höre ich im Badezimmer rumoren. Sie kommt, Nebelschwaden hinter sich herziehend, halb nackt aus der Dusche. „Guten Morgen, wie geht es Dir? Hast Du gut geschlafen? Guck mal, das sind meine Narben von den Operationen. Die sind gar nicht so schlimm, oder?“ eröffnet sie ein Gespräch. Das fühlt sich so kurz nach dem Aufwachen und den soeben bewältigten massiven eigenen Problemen an wie ein Überfall. Ich schnappe nach Luft, frage mich, ob ich wirklich auf alles antworten soll. Angesichts dieser sehr unterschiedlichen Fragen, bekommt sie meine Zustimmung zum Zustand ihrer OP-Narben. Ich fühle mich momentan überfordert - ja hilflos. „Sie hat also das Bedürfnis, über ihre Krankheit zu sprechen“, denke ich und höre ihr zu. Sie hat bereits seit ein paar Jahren Krebs, wurde mehrmals operiert und therapiert. Immer wieder wechseln sich krebsfreie Zeiten und erneute schlechte Diagnosen ab. Es ist schwer, mit diesem

Krankheitsbild umzugehen und möglichst positiv weiterzuleben. Meiner Meinung nach entsteht Krebs durch lange gehegten Groll, tiefe Verletzungen oder Hass, den ein Mensch in sich trägt. Es können auch ein tiefes Geheimnis oder Trauer sein, die am Selbst nagen. Vielleicht empfindet man Sinnlosigkeit.

Gedanken wie „ich löse mich von allem Vergangenen und vergebe liebevoll“ sollten vorherrschen. Meine Pilgerfreundin erzählt jedoch sehr viel von ihrer insgesamt schlimmen Vergangenheit. Es ist harte Arbeit an sich selbst, damit klarzukommen. Liebevoll vergeben heißt nicht, dass man die Person oder die Situation lieben soll. Es bedeutet vielmehr, den Hass loszulassen, den Akt des Vergebens zu lieben. Es kann auch sein, dass jemand sich selbst vernachlässigt – sich selbst nicht so sehr liebt wie seinen Nächsten. Es ist aber ganz wichtig, dass man seine Welt und damit sich selbst mit Freude füllt, sich Gutes tut und wichtig nimmt – genauso wichtig wie die Menschen die man liebt. Jeder sollte sich selbst lieben lernen und nicht zu bescheiden sein. An der Liebe die uns von anderen entgegengebracht wird, erkennen wir wie stark unsere Liebe zu uns selbst ist. Es ist den anderen nicht möglich uns mehr zu lieben, als wir es selber tun.

Ich stelle mir manchmal vor, in mir wohne ein kleines, zwei oder drei Jahre altes Kind. Es trägt meinen Namen – ich bin dieses kleine Mädchen. Wenn ich es vernachlässige oder ihm Liebe vorenthalte, dann weint es und ruft nach mir: „Kümmere Dich bitte um mich. Umarme mich. Ich fühle mich so alleine! Ich habe Hunger und Durst. Ich will eine Überraschung (Kleid, Buch, Urlaub, gutes Essen usw.) haben.“ Dieses Kind guckt mich in meiner Vorstellung mit großen Augen erwartungsvoll an. Es möchte verwöhnt werden und sich geliebt wissen. Durch diese Imagination fällt es mir leichter, für mich selbst gut zu sorgen. Dies umzusetzen bedarf einer gewissen Disziplin, Gedanken- und Gefühlskorrektur. Ich weiß aus eigener Erfahrung, dass es funktioniert. Ich bleibe dran, erinnere mich wieder und wieder. Manchmal dauert es Wochen, bis ich bemerke, dass mein „inneres Kind“ nach mir ruft, fast verhungert – wie hartherzig, oder?

Ich bin davon überzeugt, dass jede Krankheit, egal wie schwer oder leicht, psychisch bedingt ist und folglich auch geistig geheilt werden kann. Jeder ist in der Lage, den Selbstheilungsprozess seines Körpers in Gang zu setzen, wenn er bereit ist, die Verantwortung für ALLES was ihn betrifft, zu übernehmen. Das ist die beste Medizin!

Ich kenne Ina zu wenig, um so direkt zu ihr zu sein. Sie setzt sich selbst herunter. Sie übt Bescheidenheit, obwohl sie es nicht müsste.

Ständig beschäftigt sie sich mit den Problemen ihrer Verwandten, Bekannten und ihrer Vergangenheit. So etwas macht ein Mensch immer aus dem gleichen Grund: So muss und kann er sich selbst nicht fühlen oder wahrnehmen.

Positives Denken und Fühlen kann dem Krebs entgegenwirken. Während meiner Zeit als Taxifahrerin habe ich mir die Krebskranken genau angesehen, ich möchte fast sagen „studiert". Einige sind ohne Chemotherapien und Bestrahlungen gesund geworden. Es waren immer die, die sich selbst wichtig genommen haben und trotz ihrer Situation jeden Moment des Tages mit guten Gedanken, folglich auch einem guten Gefühl lebten. Diese Kranken - oder besser gesagt Gesunden - leben sorglos in den Tag, genießen das Hier und Jetzt. Sie beschäftigen sich mit der Gesundheit und dem Glück, nicht mit der Krankheit und dem Leid. Tiefe Gefühle werden wahr, egal ob sie positiv oder negativ sind. Es lohnt sich, einmal ernsthaft darüber nachzudenken. Bedauerlicherweise haben das die wenigsten von uns gelernt.

Ich gebe diese Erfahrungen vorsichtig an Ina weiter. Manche spreche ich aus, andere schicke ich ihr in Gedanken. Sie entscheidet selbst, ob sie sie wahrnehmen will und kann. Ich will mir nicht zu viel rausnehmen und sie ungewollt verletzen.

Wir verlassen die Pension so gegen neun Uhr. Ina möchte in die gegenüberliegende Bar zum Frühstück gehen. Ich bitte sie, zuerst einmal ein Stündchen zu laufen. Schweren Herzens willigt sie ein und geht mit mir. In einem Drogerie-Markt kaufen wir uns noch Wasser, Kamellen und für Ruddi eine Schale Nassfutter. Darüber wird er sich nachher bestimmt freuen. In den letzten Tagen hat er ausschließlich „Katzenfutter aus Lorca" bekommen.

Ich habe es versäumt, meinen Wanderführer zu lesen. Gestern Abend war ich nicht mehr in der Lage dazu. Heute Morgen habe ich vergessen, mir die Etappe näher anzusehen. Wir laufen und laufen, aber weit und breit bietet sich keine Möglichkeit mehr, einzukehren. Ich glaube, meine „Mitläuferin" ist sauer auf mich. Es wird immer heißer. Ihr Kreislauf ist im Keller und nach ungefähr drei Stunden machen wir an einer Ruine die erste Pause. Hier stehen Tische und Bänke aus Stein. Wir freuen uns, wie ein Kind über ein gefundenes Osterei. So gemütlich hat man es als Pilger selten in der freien Wildbahn.

Jetzt erst erzählt Ina mir, dass das Frühstück normalerweise ihre erste Amtshandlung des Tages ist, weil es ihr sonst sehr schlecht geht.

„Was?“ denke ich. „Und warum sagst Du mir das nicht früher?“ Das tut mir natürlich leid, aber da komme ich doch alleine nicht drauf. Ich bin da ganz anders. Zuhause esse ich oft erst am Nachmittag das erste.

48) zwischen Viana und Logroño

Wir machen eine ausgedehnte Pause, in der ich mir die Zeit nehme, den Wanderführer anzusehen. Voller Entsetzen lese ich, dass es von Viana bis Logroño, folglich zur nächsten Bar, fast zehn Kilometer zu bewältigen gilt. Wir haben keine Chance, vorher einen leckeren Café con leche oder Essen zu bekommen. Auf diesem Streckenabschnitt gibt es keine Dörfchen, in denen wir es uns bequem machen und ausruhen könnten. Das muss ich meiner Begleiterin jetzt schonend beibringen. Ich stottere ein bisschen rum … und dann ist es raus. Sie reagiert sehr gelassen auf diese Nachricht: „Tja, das ist jetzt nicht mehr zu ändern. Ich werde es überleben. Mach Dir keine Gedanken.“ Puh, da bin ich aber nochmal mit einem blauen Auge davon gekommen.

Ruddi hat das 300-Gramm-Schälchen „Ente in Aspik oder so ähnlich“ komplett leer gemacht. Zuhause bekommt er täglich nur 100 Gramm Nassfutter. Ich wollte ihm ausnahmsweise mal die Freiheit lassen, soviel zu fressen wie er für richtig hält. Das war keine gute

Idee von mir. Ich hätte wissen müssen, dass er solange reinhaut bis nichts mehr da ist. Wie der Herr, so s Gscherr! Mit vollem Bauch läuft es sich schlecht. In der nächsten Stunde fühlt er sich nicht besonders gut, schleppt sich so dahin. Wäre dieser Hund ein Mensch, hätte er sicher um einen „Verteiler“ gebeten. „Armer Schatz!“ Ich würde das nicht nochmal zulassen.

Heute ist es viel zu heiß. Es wäre klüger, es den Spaniern gleichzutun und während der Mittagssonne in einer Bar Siesta zu machen. Aus bekannten Gründen ist das nicht möglich und wir gehen sehr langsam Kilometer für Kilometer weiter Richtung Logroño. Heute fällt mir das Laufen wesentlich schwerer als in den letzten Tagen. Ich fühle mich wie ein altes Auto, das zu wenig Öl hat, dessen Kühlwasser kurz vor dem Siedepunkt ist und dessen Reifen fast platt sind. Der Druckschmerz unter den Füßen ist enorm – kaum auszuhalten. Ich glaube, ich mache nie wieder mehr als 25 Kilometer am Tag. Außerdem geht mir gleich der Sprit aus – ich muss „Super-con-leche“ tanken. Anstatt uns weinend in den Armen zu liegen, ziehen wir es jedoch vor, eine Rast am Wegesrand zu machen. Das erste Mal traue ich mich, die Schuhe auszuziehen. Unglaublich was für eine Hitze daraus kommt. Ich lege meine Beine auf den abgelegten Rucksack. Es ist die einzige Chance die Füße zu beruhigen. Das tut so gut! Hoffentlich kann ich sie überreden, nach der Pause wieder in den Schuhen zu verschwinden.

Einige Pilger kommen an uns vorbei. Wir halten kurze Schwätzchen mit ihnen. Gesprächsthema Nummer eins ist meistens Ruddi. Sie sind immer überrascht, dass ein kleiner Hund so weit laufen kann und will. Ich gebe zu, dass ich in den ersten Tagen so manches Mal gezweifelt habe. Das Schlimmste, das passieren kann, wäre der Abbruch dieser Reise. Ich glaube Ruddi weiß, wie dramatisch das für mich wäre. Nach den kleinen anfänglichen Schwierigkeiten, läuft er bereits seit zehn Tagen gut gelaunt den Camino. Selbstverständlich ist er abends „kaputt wie ein Hund“ und froh, dass er in seiner Tasche liegen kann, aber morgens marschiert er pfeifend los.

Sein Bauch hat sich wieder beruhigt und nun kümmert er sich um mich. Ich darf mit auf seiner Decke sitzen und er stützt mir den Rücken. Kleiner Hund, ganz groß! Nach einer Viertelstunde ziehe ich meine Schuhe wieder an. Es war eine sehr gute Idee, meinen Füßen auch mal Aussicht auf den Jakobsweg zu gewähren. Nun wissen sie wenigstens, was hier abgeht. Vielleicht machen sie mir jetzt nicht mehr so viel Druck. Die Temperaturen in meinen Wanderstiefeln sind wieder normal. Erfrischt geht es weiter.

49) vor Logroño

Kurz vor Logroño holen wir uns einen Pilgerstempel bei einer mittlerweile sehr bekannten Señora, die vor ihrem Haus zwei Stände aufgebaut hat. Sie führt eine Tradition ihrer Mutter, Dona Felisa fort. Diese hat 30 Jahre lang, bis zu ihrem Tod im Jahre 2003 die Pilger gezählt und ihre Pässe gestempelt. Heute verkauft ihre Tochter nebenbei Pilgermuscheln und –stäbe, Andenken an den Camino und ein paar nützliche Dinge, wie zum Beispiel Sonnenhüte und –brillen. Man hat diese Spanierin auch schon im Fernsehen gesehen. In den meisten Reiseführern wird sie angekündigt. Hape Kerkeling verewigte sich seinerzeit in ihrem Gästebuch.

An diesem Ort herrscht reger Betrieb. Jeder Pilger bleibt eine kurze Weile und wechselt ein paar Worte mit ihr. Niemand geht einfach vorbei. Ich treffe ein Pärchen, das ich vor ein paar Tagen in einer Bar kennengelernt habe. Die beiden müssen sich heute voneinander verabschieden. Sie fährt nach Hause, weil sie wieder arbeiten gehen muss. Von Logroño aus geht es Richtung Heimat. Sie umarmt mich sehr innig und wünscht mir mit Tränen in den Augen einen „buen

Camino“. Ich reiße mich am Riemen, um nicht mit zu weinen. Es übersteigt meine Vorstellungskraft, wie es wäre, diesen Pilgerweg hier, nach 165 Kilometern Gesamtstrecke, abzubrechen. Die beiden gehen eng umschlungen, so nah ihre Rucksäcke es zulassen, bis zur Stadtmitte vor uns. Es bricht mir fast das Herz, als sie Richtung Bahnhof abbiegen.

In der Altstadt betreten wir endlich die heiß ersehnte Bar. Hinter der Theke steht ein noch sehr junger Mann. Er lässt sich wirklich übermäßig viel Zeit, bis er sich bequemt, mich wahrzunehmen. Nach einigen Minuten darf ich dann endlich einen Café con leche und ein Croissant bestellen. Er kann sich gar nicht vorstellen, was diese beiden unscheinbaren Dinge gerade für mich bedeuten. Ich bin müde, durstig und hungrig. Vor allem kann ich nicht mehr stehen. Ich muss ständig meine Füße bewegen, damit sie nicht ganz so wehtun. Hier drinnen ist es sehr laut und außerdem darf Ruddi nicht rein. Also gehe ich mit der Tasse und dem Teller raus. Auf dem riesigen Platz gibt es einige Meter von diesem Lokal entfernt ein paar Tische mit Stühlen. Ich glaube, dass diese Terrassenmöbel zu einem anderen Lokal gehören, aber das soll mir jetzt egal sein. Ich muss sitzen, es geht nicht mehr! Ich schaue mich um und sehe, dass die anderen Bars alle geschlossen haben. Das wundert mich nicht, denn jetzt ist Siesta.

Einige Zeit später kommt Ina wütend aus „unserer“ Bar und knallt ihr Getränk auf den Tisch: „Am liebsten wäre ich weiter gegangen. Es ist eine Unverschämtheit, wie lange der mich hat stehen lassen.“ Ich versuche, sie zu beruhigen und bitte sie, es gut sein zu lassen. Ich will diese wohlverdiente Pause genießen und mich nicht ärgern. Sie kommt nur langsam wieder auf Normaldrehzahl. Zu allem Übel kommt mit sehr ernster Miene die Barbesitzerin raus und will uns temperamentvoll auf Spanisch klarmachen, dass wir hier nicht sitzen dürfen. Die Tische gehören zu einem anderen Lokal. Ich kann zwar verstehen was sie sagt, aber ich will – nein! Ich muss! - genau auf diesem Platz sitzen bleiben. Mein „inneres Kind jammert“.

Innerhalb von Sekunden ist in mir ein Schlachtplan entstanden, wie ich diesen kleinen Gartentisch mit seinen gemütlichen Stühlen verteidigen könnte. Ich bin zu allem bereit! Meine Augen flehen Ina an, gute Miene zum bösen Spiel zu machen. Mit einiger Anstrengung wird ihr Gesichtsausdruck langsam freundlicher.

Ich tue so, als hätte „die nette Bedienung“ gefragt, ob der Kaffee und das Gebäck in Ordnung sind. Also lächle ich sie dankbar an. Ich sage, angestrengt nach spanischen Vokabeln suchend, sehr liebevoll und freudestrahlend: „Mi espanol esta muy pequeño (wörtlich übersetzt: Mein Spanisch ist sehr klein). Todo bien! Hm, qué rico (Alles prima! Hm, wie lecker)! El tiempo esta bueno y esta plaza es la mas bonita que hay. (Das Wetter ist schön und das hier ist der schönste Platz den es gibt). Nosotros son peregrinas y estamos muy cansados (Wir sind Pilgerinnen und sind sehr erschöpft). Gracias, dass wir hier sitzen dürfen, Señora. Muchas gracias." Sie kann uns – Gott sei dank – nicht widerstehen. Vielleicht ist es ihr aber auch einfach zu anstrengend mit Händen und Füßen zu reden. Jedenfalls zieht sie sich zurück. Nun kann auch Ina wieder lachen und wir gehen erst nach einer knappen Stunde weiter.

Ich bin unendlich glücklich, als wir die Stadt verlassen. Jetzt müssen wir noch durch ein Industriegebiet laufen, aber auch das nimmt ein Ende. Wir haben bis zum heutigen Etappenziel Navarrete immerhin noch 13 Kilometer vor uns. Ungefähr auf halber Strecke, in einer Parkanlage, gibt es laut meinem Reiseführer ein Bar-Restaurant. Das ist unser Magnet, der uns weiterzieht.

Wir sind überglücklich, denn dieser Streckenabschnitt ist der bisher angenehmste auf dem Camino. Er verläuft flach über „gefegte Wege" und führt uns durch schattige Parkanlagen. Habe ich schon erwähnt, dass die Spanier ein sehr liebenswertes und hilfsbereites Volk sind? Das beweist sich in diesem Moment wieder mal. In diesem Erholungsgebiet, namens „La Grajera", sind viele Einheimische unterwegs. Einer von ihnen kommt uns mit einem wunderschönen Bambusstock entgegen und drückt Ina im Vorbeigehen diesen in die Hand. Er sagt, soweit ich es verstehen kann: „Du schaffst den Weg nicht ohne Pilgerstab. Hier, nimm den. Buen Camino!" Staunend und mit offenem Mund schauen wir ihm hinterher. Er dreht sich nochmal winkend um. Auf dem Jakobsweg passieren wirklich die ungewöhnlichsten Sachen. Ina freut sich und ich bin froh, dass sie ab sofort beide Hände beschäftigt hat – sie trägt nämlich immer noch ständig irgendetwas in einer Hand. Oft ist es eine Jacke und wenn sie die anhat, dann muss eine Tüte ran.

Nach ein paar Kilometern stoßen wir nach einer Wegbiegung plötzlich und vollkommen unerwartet auf einen großen Stausee. Der blaue Himmel spiegelt sich auf dem Wasser. Eltern spielen mit ihren Kindern am Strand. Manche sind mit dem Boot raus gefahren. Rund um den See ist alles saftig grün. Es stehen viele große Bäume am Ufer. Weiter entfernt, sind ein paar Reiter unterwegs. Dieser Ausblick gibt mir unendliche Energie. Ich fühle mich wie gedopt! Mein Körper ist wieder beweglicher. Die Qual hat ein Ende. Ich sauge diesen Moment regelrecht auf. Jetzt fühle ich mich stark und frei - kann wieder positiv denken.

Gut gelaunt erreichen wir die angekündigte Bar. Das sehr große Lokal ist nur dünn besetzt. Am Wochenende „steppt hier der Bär" - garantiert. Wir werden herzlich von den Wirtsleuten empfangen. Ruddi wird freudig auf Knien begrüßt und bewundert. Das macht mein Wohlbefinden vollkommen. Wir verbringen eine gute Stunde mit viel Spaß und netten Leuten. Ich darf während dieser Zeit mein Handy hier aufladen. Das ist für den Wirt eine Selbstverständlichkeit. Mir fällt auf, dass Ina sehr oft mit ihrem Handy beschäftigt ist. Sie erhält und schreibt hunderte SMS. Unterhaltungen mit ihr sind dadurch halbherzig und anstrengend. Ich finde das schade, kann und will das aber auch nicht ändern.

Ich denke allerdings immer öfter, dass es besser wäre, alleine zu gehen. Während des Laufens komme ich oft aus dem Rhythmus, weil wir zu unterschiedlichen Zeiten stehen bleiben müssen oder wollen. Mal will sie ein Foto machen, ein anderes Mal bin ich es, die aus diesem Grund stoppt. Ich verweile, um die Landschaft zu bewundern - Ina ist fasziniert von den unterschiedlichsten Pflanzen, die sie am Wegesrand findet. Jetzt habe ich Durst - wenig später will sie was trinken. Pausen machen wir nach Absprache, nicht immer spontan. Und es bleibt ein Problem, dass sie mir viel zu viel von ihren persönlichen Problemen aus der Vergangenheit erzählt. In diesen Zeiten spüre ich den Weg gar nicht mehr, bin zu sehr abgelenkt und schwermütig.

Es mag undankbar klingen, denn wir haben uns in den letzten beiden Tagen auch gegenseitig aufgebaut. Aber ich bin auf dem Camino, um zu mir zu kommen. Ich will rausfinden was wirklich wichtig für mich ist, wo ich hin gehöre, wer ich eigentlich bin. Vor allem will ich mich mit positiv denkenden Menschen umgeben, anstatt Probleme fremder Leute und zudem aus grauer Vorzeit zu wälzen. Ich werde mit Ina sprechen müssen, ohne sie zu verletzen. Bin gespannt, wie ich das hinbiegen kann.

Es ist weit nach 19 Uhr als wir uns an die letzten fünf Kilometer der heutigen Etappe machen. Der Weg ist jetzt zwar steil, aber zunächst asphaltiert. Navarrete liegt 120 Meter höher als Logroño, die wollen bewältigt werden. Aber ich habe ja jede Menge Energie getankt. Ina läuft wie immer super locker und momentan ein paar Schritte vor mir. Bewundernswert, wie sie die Hügel hinauf schwebt.

Sie sagt, das hängt mit der Atmung zusammen. „Wenn Du während eines Atemzuges sechs Schritte machst, kann der Berg dir nichts mehr anhaben. Ich versuche, das umzusetzen. Es gelingt mir nicht. Ich brauche öfter neue Luft und bin auch nicht bereit, mich auf meine Lunge zu konzentrieren, denn momentan lässt die Wegbeschaffenheit es zu, unkonzentriert und die Landschaft bewundernd zu gehen. Hier liegen keine Stolperfallen rum.

50) Blick auf den Stausee in der Parkanlage La Grajera und Logroño am Horizont

Nach einiger Zeit ist auch dieses unbeschwerte Laufen vorbei. Es geht weiter über geröllige Feldwege. So langsam wird es Zeit, dass wir unser Ziel erreichen, denn auch die beste Batterie braucht eine Pause, um sich neu aufzuladen. Wir legen vor dem Endspurt noch eine letzte kurze Rast am Wegesrand ein.

In diesem Moment klingelt mein Handy. Es ist Hermann. Seit zwei Tagen habe ich nichts von ihm gehört. Jetzt erzählt er mir ganz aufgeregt, dass er für uns beide eine Wohnung gemietet hat. „Willst Du mit mir da übernachten? Ich würde mich freuen, wenn wir uns wieder zusammen tun. Die Wohnung hat insgesamt fünf Zimmer und eins davon gehört uns. Die anderen sind nicht bewohnt. Also sind wir alleine in diesem Riesending. Wir haben sogar eine Badewanne und es gibt eine Waschmaschine die wir benutzen dürfen. Ich möchte heute Abend mit Dir zusammen essen gehen. Sag ja! Ich komme Dir auch entgegen. Ich bin schon seit zwei Uhr hier. Wie geht es Ruddi? Ist alles okay mit ihm?" Mann, ist der begeistert, mich erreicht zu haben. Das tut mir unendlich gut. Die positiven Nachrichten freuen mich viel mehr, als ich mir hätte vorstellen können. Ich habe diesem Menschen, den ich erst seit einer guten Woche kenne, soviel zu erzählen. Außerdem kann ich mit ihm einfach nur ein bisschen rumalbern – komme von den ernsten Themen weg. Die Aussicht auf ein festgemachtes Zimmer gibt mir ebenfalls Auftrieb. Ich muss mich also heute Abend ausschließlich um meine Wäsche kümmern. Alles andere ist geregelt. Super!

51) kurze Rast mit Blick auf Navarrete

Glücklich erzähle ich Ina von dieser Überraschung: „Da hat mal wieder einer an mich gedacht. Es gibt jemanden, der meine Gesellschaft haben will, der sich auf mich freut. Komm, wir müssen weiter. Er will mir entgegen laufen." Ina antwortet etwas zu kurz: „Na, das freut mich für Dich!"

Gleicher Tag (insgesamt 177 km gelaufen)
Navarrete (2211 Einwohner), 512 m üdM, La Rioja
private Herberge, 15 Euro pro Person ohne Frühstück

Kurz vor Ende müssen wir uns nochmal so richtig anstrengen, quasi das Dorf erklimmen. Auch das schaffe ich noch – Ina sowieso. Dann rufe ich wie verabredet Hermann an und er macht sich auf den Weg zum Ortsrand. Ich packe in der Zeit Ruddi in seine Tasche, denn er muss wieder geschmuggelt werden. Ina macht sich schon mal auf die Suche nach einer Herberge. Ich warte eine Zigarettenlänge an Ort und Stelle, aber Hermann ist nicht in Sicht. Also gehe ich mit schwerem Gepäck Richtung „Innenstadt". Navarrete gehört mit über 2000 Einwohnern zu den etwas größeren Dörfern. Immer wieder muss ich die Tasche absetzen und stehen bleiben, denn die Straße führt weiter steil bergauf. Meine Füße verstehen die Welt nicht mehr. Die haben immerhin fünf Kilo mehr zu tragen.

Nach ein paar hundert Metern kommt mir ein strahlender Hermann entgegen. Wie vor ein paar Tagen mitten in der Prärie, wird er auch jetzt, wo er mich entdeckt hat, immer schneller. Er fällt mir um den Hals, begrüßt Ruddi in seiner Tasche und nimmt mir unverzüglich mein gesamtes Gepäck ab. Ich will mich dagegen wehren, denn der Rucksack gehört zu mir. Aber er lässt es nicht zu. Ich muss schmunzeln, als er den für ihn viel zu klein eingestellten Rucksack auf dem Rücken hat.

Aufgeregt läuft er los. Es ist noch ziemlich weit, bis wir den Stadtkern erreichen – und ich habe ihn eben insgeheim des Trödelns bezichtigt. Wir kommen nun an den ersten Bars, Herbergen und Pensionen vorbei. Da ruft jemand meinen Namen: „Birgit, Du hier? Schön, Dich zu sehen. Wo ist Ruddi?" Es sind Sabrina, Achim, Oliver und Edit, die mich so freudig begrüßen.

Mich hält nichts mehr auf dem Weg zur begehrten Wohnung und ich stürze zu ihnen. Die Freude über das Wiedersehen ist so wunderbar ehrlich und intensiv. Nach ein oder zwei Minuten merke ich, dass Hermann sich ausschließt. Er steht mitten auf der Straße mit meinem Hund im Gepäck und guckt böse aus seiner schwarzen Jacke, die eigentlich viel zu warm sein muss. „Kommst Du jetzt endlich? Wir müssen los, zur Wohnung! Es ist jetzt schon gleich neun. Ich habe Hunger." Ich bin überrascht, dass er sich uns nicht anschließt. Wie war das noch gleich mit dem „Rumalbern"? Ich würde mich jetzt gerne auf ein Bier zu meinen Freunden setzen. Aber er denkt gar nicht daran, sondern macht mir weiter Druck. Edit fragt ihn noch, wo wir denn essen gingen, sie wolle mit uns gehen. Er sagt ihr kurz und knapp, welches Restaurant er ausgesucht hat und drängelt wieder, diesmal sehr resolut. „Hat der eigentlich nen Knall?“ geht es mir durch den Kopf. Ich bin richtig sauer, enttäuscht und versuche ihn aus diesem Krampf mit ein paar Scherzen rauszuholen, aber da ist nichts zu machen. „Na, dem werde ich später die Hölle heiß machen. Was soll denn der Stress?“ geht es mir durch den Kopf. Schweren Herzens verlasse ich die lieb gewonnene Truppe. Aber Hermann ist der, der sich um eine Unterkunft gekümmert hat und mein Gepäck trägt.

Als ich mich verabschiedet habe und vom Tisch entferne, sagt noch jemand „Tschüss, Birgit“. Das ist doch Ina?! Sie sitzt ein wenig abseits. Ich habe sie gar nicht wahrgenommen. „Hast Du eine Unterkunft gefunden?“ frage ich im Weggehen. „Ja, hier nebenan in der Herberge.“ Ich wünsche ihr eine gute Nacht und sage: „Bis bald.“ Wir verabreden uns also nicht für morgen. Ich lasse den Dingen ihren Lauf. Wenn es sein soll, dass wir zusammen weiterlaufen, dann treffen wir von alleine aufeinander. Mal sehen, was passiert.

Im Laufschritt, mit Wut im Bauch und schweigend erreichen wir die Herberge, die auch einzelne Zimmer in Wohnungen vermietet. Das Haus ist wunderschön und sieht neu aus. Das Treppenhaus ist richtig feudal und blitzblank. Heute müssen wir nur auf die erste Etage. Als wir die Wohnung betreten, bleibt mir der Mund offen stehen. Mein erster Eindruck ist: Vornehm und großzügig. Wenn ich nicht wüsste, dass wir hier für 15 Euro pro Person bleiben können, hätte ich mich schwerstens verschätzt. Die Diele sieht aus, wie das Foyer eines vornehmen Hotels. Der Boden ist wunderschön und aufwendig gefliest. Es gibt eine Spiegelwand und gegenüberliegend steht ein sehr geschmackvoll dekoriertes, antikes Sideboard. In einer Ecke befindet sich eine große Vase mit Weidenzweigen.

Ich glaube, ich träume und mein Ärger von vorhin ist vergessen. Die Küche ist flammneu, sehr modern und riesengroß. Es befindet sich ein Tisch darin, der Platz für ungefähr zehn Personen bietet. Hier entdecke ich auch die Waschmaschine, die nachher noch ran muss. Das Badezimmer ist ebenfalls ein Traum. Es ist sehr geräumig, hat Einbauschränke um das Waschbecken herum. Es gibt ein Bidet, WC und eine Badewanne. Es ist sehr einladend. Die Wanne bekommt später noch Besuch von mir - wahrscheinlich während die Waschmaschine läuft. Das Schlafzimmer befindet sich am anderen Ende der Fünf-Zimmer-Wohnung. An zwei sich gegenüberliegenden

Wänden stehen jeweils ein Bett und dazwischen ein Nachtschränkchen. Es gibt zwei Stühle und einen großen Kleiderschrank. Auch dieses Zimmer ist sehr geschmackvoll eingerichtet. Ich bin begeistert und kann es fast nicht glauben. Mein Wohltäter fragt mit erwartungsvollem Blick: „Na, was sagst Du? Habe ich Dir zu viel versprochen? Vor allen Dingen kannst Du Ruddi hier laufen lassen, denn wir sind alleine in dieser Wohnung. Und?“ Ich antworte knapp, aber überwältigt: „Das ist der Wahnsinn! Ich bin beeindruckt und stolz auf Dich. Danke, dass Du an uns gedacht hast.“ Ich will ihm den Stress von eben verzeihen. Wahrscheinlich wollte er mir unbedingt und schnellstens dieses Schatzkästchen zeigen und war deshalb so in Eile.

Heute war es sehr heiß. Ich habe einen Sonnenbrand auf der Schulter und im Gesicht, der sich gewaschen hat. Ich spüre das jetzt erst. Ich möchte doch gerne noch schnell duschen, bevor wir Essen gehen. Hermann hat jedoch recht, als er sagt. „Das wird zu spät. Dann kriegen wir nichts mehr.“ Ich erwidere: „Aber ich stinke doch bestimmt. Ich bin den ganzen Tag durch die Sonne gelaufen.“ Seine Antwort: „Ja, Du stinkst. Aber wenn Du Dich umziehst und ein bisschen Deo nimmst, geht das schon.“ Ich gucke ihn entsetzt an. Sowas hat mir noch nie jemand gesagt: „Meinst Du das ernst oder nimmst Du mich hoch?“ Er meint es ernst, hat aber schon die Tasche mit Ruddi drin über der Schulter hängen und ich beeile und bemühe mich, einigermaßen gut duftend aus dem Haus zu gehen.

Wir treffen im Restaurant tatsächlich auf Edit und haben jede Menge Spaß miteinander. Edit ist Ungarin und kann ganz gut Englisch sprechen. Wir sind Deutsche und glauben, ganz gut Englisch zu sprechen. Dabei entstehen so viele Missverständnisse über die wir uns köstlich amüsieren. Drei Erwachsene sitzen an einem kleinen runden Tisch, trinken Bier und Rotwein und versuchen sich mit Mimik, Händen und Füßen zu unterhalten. Wenn man erstmal raus gefunden hat, was gerade das Thema sein soll, dann geht es. Herrlich! Ich habe Edit gerne um mich, es ist stets eine unbeschwerte Zeit in ihrer Gegenwart. Sie sagt, das beruhe auf Gegenseitigkeit.

Der Abend ist fortgeschritten. Keiner von uns ist mehr ganz nüchtern. Edit versucht, meine Handynummer in ihrem Telefon zu speichern. Das ist aber nicht so einfach. Immer wieder versucht sie es. Ich rufe sie an, sie will speichern, das Handy aber nicht. Wir versuchen es vier, fünf, sechs Mal – es soll nicht sein. Dann probieren wir es umgekehrt: ungarisches Handy an deutsches … kannst Du mich empfangen? … Nein! Auf einmal wird es Hermann zu viel. Er wird von jetzt auf gleich ungeduldig und will gehen. Er steht vom Tisch auf, obwohl ich noch Wein, Kaffee und Wasser vor mir stehen habe. Ganz davon abgesehen will ich noch bleiben. Das geht aber nicht, weil es nur einen Schlüssel zur Traumwohnung gibt. Wir beiden Frauen müssen notgedrungen mitgehen.

Erst als wir auf der Straße sind, merken wir, dass die Anstrengungen des Tages und der Alkohol nicht gut zusammenpassen. Um genau zu sein, schaffe ich es noch geradeaus zu gehen, aber Edit muss immer wieder von Hermann auf die Spur gebracht werden. Irgendwann wird es ihm zu bunt, und er klemmt sie sich beherzt unter den Arm, damit sie nicht vom Weg abkommt. Es ist ein herrlicher Anblick. Edit ist höchstens 1,60 und Hermann schätzungsweise 1,90 Meter groß. Sie flirtet scherzhaft mit ihm und schaut ihn von unten an, aber ihre Augen können die große Entfernung nicht mehr verkraften. Zu allem Überfluss spricht er beruhigend auf sie ein: „Wir sind ja gleich da. Bleib cool. Willst Du mit zu uns gehen?“ Edit freut sich und fragt nach, wo wir denn übernachten. Sie erhält eine Wegbeschreibung, mit der sie natürlich im Moment nichts anfangen kann. Wir schwärmen von der Wohnung. Sie missversteht das und als wir an der Ecke ankommen, an der sich unsere Wege trennen müssen, weil dort ihre Herberge ist, will sie mich verabschieden und mit Hermann in die Wohnung gehen. Ich lasse mich natürlich darauf ein. Mal sehen, wie mein Pilgerfreund aus dieser Nummer wieder rauskommt. Er wird auf einmal ganz unruhig und dreht und wendet sich. Edit braucht einen Moment, um zu verstehen, dass wir nur zwei Betten haben und sie doch in der Herberge übernachten muss. Schlussendlich lachen wir uns alle drei angesichts dieser Situation kaputt.

Kaum „zuhause“ angekommen, wartet Hermann mit einer weiteren kleinen, aber wirkungsvollen Überraschung auf: „Ich habe Dir ein Bad eingelassen. Mach es Dir gemütlich. Ich gehe jetzt schlafen.“ Wie nett von ihm. Es ist zwar keine Lebensaufgabe, für jemanden ein Schaumbad zu bereiten, aber es ist eine unheimlich nette Geste. Ich frage ihn noch, ob ich seine Wäsche mit in die Maschine stecken soll, aber er lehnt es dankend ab, weil es schon fast Mitternacht ist und seine Klamotten mit Sicherheit bis zum Morgen nicht trocknen. Er will gegen sechs Uhr losgehen.

Flugs hole ich meinen Rucksack aus dem Schlafzimmer, damit ich meinen Kumpel nicht mehr stören muss. So schnell wie Hermann im

Bett ist, kann ich kaum die Tür hinter mir zu machen. Einige Minuten später, fällt mir ein, dass ich Ruddi noch frisches Wasser bereitstellen sollte und schleiche mich doch nochmal ins Zimmer. Der Raum ist dunkel. Es fällt lediglich ein Lichtstrahl aus der Diele ein. Ruddi ist nicht in seiner Tasche. Ich glaube, ich spinne! Der wird sich doch wohl nicht in mein Bett gelegt haben. Das darf er nicht, machen wir zuhause auch nicht. Ich suche mein Schlaflager murmelnd nach ihm ab, finde ihn aber nicht. Langsam werde ich unruhig. Wo ist der denn? Meine Augen haben sich an die Dunkelheit gewöhnt, ich schau mich im Zimmer um und entdecke ihn zufrieden blinzelnd in Hermanns Armen. Männer! Ich lass ihn, wo er ist – denn das hat mein Hund mit Sicherheit nicht alleine entschieden. Soll er es doch genießen, im Bett zu schlafen.

Nachdem ich die Waschmaschine auf Trab gebracht habe, begebe ich mich ins Badezimmer. Als ich in die Wanne steige wird mir klar, wie sehr ich mich heute in der Sonne verbrannt habe. Ich muss das liebevoll eingelassene heiße Badewasser, das meine Muskeln entspannen soll, auf ungefähr 32 Grad abkühlen, damit ich es ohne Schmerzen genießen kann. Ich lasse mir mindestens eine Stunde Zeit, mache mich ganz in Ruhe fertig. Niemand stört mich. Es ist wundervoll.

Nach dem erholsamen Bad könnte ich einfach nur noch ins Bett fallen. Ich beneide die beiden „Jungs“, die schon lange selig schlummern. Aber die Waschmaschine wäscht, wie auch in Lorca, sehr gründlich und findet kein Ende. Ich versuche, das Waschprogramm umzustellen. Das geht aber nicht. Mir bleibt nichts anderes übrig, als geduldig abzuwarten, bis dieses Ding beschließt, meine Wäsche freizugeben. Ich versuche die Ruhe zu bewahren, die ich mir in der Wanne beigebracht habe und massiere ausgiebig meine Füße. Als die genug davon haben, nehme ich meinen Wanderführer und lese und lese und lese … Gott sei dank habe ich vor dem Baden mein ganzes Hab und Gut aus dem Schlafzimmer geholt, sonst säße ich ohne Ablenkung in dieser großen, in der Nacht sehr kalten Küche. Es ist fast zwei Uhr, als die Trommel endlich stillsteht. Ich packe meine Sachen wieder ein und hänge die Wäsche auf – nicht ohne die Fürbitte, sie möge morgenfrüh trocken sein.

Ich schleppe mich mehr schlafend als wach ins kuschelige, warme Bett. Mein letzter Gedanke vor dem Einschlafen gilt Edit, der ich von Herzen in dieser Wohnung eine Nacht gegönnt hätte – wenn es drei

Betten gäbe. Fast wäre sie hier gelandet. Mit einem Schmunzeln schlafe ich ein.

Donnerstag, 24. April 2008
Navarrete (2211 Einwohner), 512 m üdM, La Rioja
10. Etappe bis Azofra 23,8 km

Ich stehe frohen Mutes gegen halb acht auf. Hermann ist seit einer guten Stunde weg. Die Wäsche ist natürlich noch ziemlich nass. In jeder Hand ein Kleidungsstück tanze ich verzweifelt durch die Küche. Es sind wilde Tänze, die ich aufführe. Die Hose und das T-Shirt wirbeln durch die Luft. Mein Lied heißt „ich kriege euch schon trocken – ihr werdet sehn". Nach einer Viertelstunde höre ich mit dem Wahnsinn auf und setze mich zum Luftholen auf einen Stuhl. Der Wäscheständer ist voll mit meinen frisch gewaschenen Sachen, gibt mir Applaus und schreit nach Zugabe. Ich hoffe nur, dass mich niemand durch die offene Balkontür beobachtet hat. Es würde Stunden dauern, alles zu trocknen. So geht das nicht! Ein Blick aus dem Fenster verspricht mir das schönste Sommerwetter. Das ist doch die Lösung: Das Zeug muss in „Etappen" am Rucksack weitertrocknen!

So schön dekoriert verlasse ich um halb neun mit Ruddi an der Leine das Haus. Ich muss den Wohnungsschlüssel noch in den Postkasten der Herberge werfen und hoffe, dass mich die Hospitaleros nicht sehen. Mit einem flauen Gefühl gehe ich auf die Eingangstür zu, öffne ganz leise den Briefkastendeckel, stecke meine Hand soweit es geht hinein und lasse dann den Schlüssel erst los. Mit einem lauten Scheppern fällt er auf den Grund des Blechkastens und über mir öffnet sich prompt ein Fenster. Ich tue mal so, als bemerkte ich das nicht - vielleicht sind wir ja unsichtbar, wenn wir jetzt weggehen?! Nee, leider klappt das nicht. Die Frau spricht mich mit einem fröhlichen „buenos días" an. Ich drehe mich zu ihr um, erwidere „total locker" den Gruß und bin gespannt wie das Urteil für einen nicht angemeldeten Hund ausfällt. Es lautet: „Buen camino, señora!" Mir fällt ein Stein vom Herzen. Entweder hat sie Ruddi nicht wahrgenommen oder es ist ihr egal, dass er in ihrem Haus übernachtet hat. Mit einem gut gelaunten „Gracias por todo y adiós" biegen wir um die nächste Ecke.

Am Ortsausgang treffe ich auf Sabrina. Besorgt frage ich nach Edit, Achim und Oliver. „Ich will heute mal alleine laufen. Den anderen geht es gut. Alles okay. Außer bei Ina. Sie hat wohl in den letzten Tagen zu wenig getrunken, Kreislaufprobleme und fürchterliche Kopfschmerzen. Der Herbergsvater hat ihr angeboten eine weitere Nacht zu bleiben, damit sie sich erholen kann. Sie nimmt dieses Angebot an, bleibt heute im Bett und geht morgen erst weiter." teilt sie mir mit. Diese Nachricht wirft mich aus der Bahn. Gebietet es der Anstand, nach ihr zu sehen, ihr beizustehen? Ich bin auf dem Jakobsweg. Wenn ich jetzt zurückgehe, schaffe ich meine Etappe nicht. Ich kämpfe mit meinem Gewissen, entschließe mich aber auf „meinem Weg" zu bleiben. Ich sende Ina Gedanken der schnellen Besserung und von Herzen alles Gute. „Jeder hat sein Tempo auf dem Camino". Es wird für sie einen besonderen Sinn haben, heute noch in Navarrete bleiben zu müssen. Ich möchte weitergehen. Bin ich nicht hier unterwegs, um nach meinem Wohlbefinden zu schauen?

Ich lasse Sabrina einen kleinen Vorsprung. Wir wollen beide heute alleine laufen. Das erste Stück des Weges führt an der Nationalstraße entlang. Nach weniger als einem Kilometer erreiche ich einen kleinen Friedhof. An dieser Stelle ist fraglich, ob es weiter geradeaus oder links in einen Feldweg geht. Mein Wanderführer gibt mir ebenfalls keine klare Ansage. Sabrina ist links abgebogen. Sie ist bereits zu weit weg, um sie zurückzupfeifen – ich kann auch gar nicht pfeifen. Geht sie auf dem richtigen Weg? Mein Gefühl sagt: „Nein!" Ich bin unentschlossen. Es ist kein anderer Pilger in Sicht. Innere Stimme oder Herdentrieb? Nach einigen Minuten „warten auf eine Eingebung oder ähnliches", nehme ich den gleichen Weg wie Sabrina. Mal sehen was passiert.

Über eine große Strecke finde ich keine typischen Camino-Hinweise. Unsicher halte ich immer wieder Ausschau nach anderen Peregrinos. Tatsächlich entdecke ich weit von mir entfernt auf einem Parallelweg den einen oder anderen fröhlich wippenden Rucksack. Und jetzt? Ich habe keine Lust zurückzulaufen. Beherzt wähle ich ein besonders schönes Feld aus, um es zu durchqueren. Hoffentlich werde ich nicht von einem Bauern erwischt oder gar von seinem Hund verjagt. Es sind viel größere Felder hier in Spanien, als ich das von zu Hause kenne. Ruddi findet es toll, vom Weg abzukommen und springt abenteuerlustig durch die Gräser. Es dauert eine Weile bis ich wieder festen Boden unter den Füßen habe. Es war anstrengend über den aufgelockerten, steinigen Acker zu stolpern. Wieder auf einem normalen Weg, fühle ich mich „zuhause" und entdecke sofort die Fußspuren, wie sie nur Pilger hinterlassen. Sehr bald erscheinen die unentbehrlichen und beruhigenden gelben Pfeile auf dem angenehmen

Pfad. Da sonst niemand in der Nähe ist, klopfe ich mir selbst auf die Schulter für meine – wenn auch verspätete - weise Entscheidung und genieße die weite Landschaft.

Es gefällt mir sehr, alleine unterwegs zu sein. Der Rhythmus stimmt. Ich habe das Gefühl, zu tanzen. Ist es ein Wunder? Nein! So habe ich doch meinen Tag begonnen. Es ist alles so leicht. Meinen Rucksack nehme ich immer weniger wahr, obwohl der durch die nasse Wäsche schwerer ist als sonst. Nach zwei Stunden sind die Wäschestücke, die hinter mir her wehen, trocken. Prima! Dann können die jetzt Platz für die nächsten Teile machen und wieder in ihren Beutel einziehen. Meine Füße sind besser gelaunt, als in den letzten Tagen. Allerdings knallt die Sonne gnadenlos vom Himmel. Ich creme immer wieder mein Gesicht ein, damit mir die Nase nicht komplett verkohlt. Nach acht Kilometern erreichen wir Ventosa.

52) bei Ventosa

Ich laufe schnurstracks in die erste Bar und genieße den redlich verdienten Café con leche. Ruddi und ich machen eine ausgedehnte Pause. Glücklich und zufrieden gucke ich aus dem Fenster. Der Sonnenschein aus dem wolkenlosen Himmel verzaubert die Landschaft. Alles sieht so freundlich aus. Jedoch ist es eine

Herausforderung für unser beider Kreislauf, in der Mittagshitze zu laufen. Wir haben uns zwar den Temperaturen angepasst und gehen schön langsam, aber Ruddi ist überglücklich, in einer kühlen Bar auf den Fliesen liegen zu dürfen.

Hinter Ventosa wird der Weg anstrengender. Der Boden in Nordspanien ist fast überall steinig. Eine Zeitlang habe ich ja geglaubt, die Wege würden von Zeit zu Zeit von Menschenhand präpariert, damit wir Pilger abends auch wissen, was wir getan haben. Aber ich weiß schon seit ein paar Tagen, dass hier alles - ob Matsch, Schnee, Wurzeln, Schotter, Kieselsteine, Felsbrocken, Sonne, Regen und Wind - von der Natur so vorgesehen ist.

53) hinter Ventosa

Es folgt nun ein relativ langes Wegstück, das ganz besonders viele Steine aufweist. Die meisten Wallfahrer errichten kleine und große Figuren aus ihnen. Viele gingen sicher als Kunstwerk durch. Das ist wunderschön anzusehen. Jedes einzelne Steinmännchen symbolisiert die Gedanken und Gefühle der Person, die es gebaut hat. Vor lauter Begeisterung vergesse ich, zu fotografieren.

Mein Hund ist plötzlich ganz aufgeregt und läuft bellend an mir vorbei. Ich drehe mich um und sehe wie er sich mit einem

Artgenossen unterhält. Die beiden beschnuppern sich ausgiebig, sind sich sympathisch und beschließen, ein bisschen zusammen zu gehen – ohne mich zu fragen. Na ja, ich will mal nicht so sein. Es macht mir Freude, die zwei so einträchtig nebeneinander herlaufen zu sehen.

54) wenn Zwei sich einig sind

Es geht weiter durch Weingärten, breite Täler und sanfte Berge. Dahinter, in der Ferne sehe ich schon eine ganze Weile schneebedeckte Gipfel. Bis Nájera sind es gute zehn Kilometer ohne eine Versorgungsmöglichkeit. Es gibt keinen Schatten. Ich muss an Ina denken. Jetzt weiß ich, warum sie heute nicht laufen soll. Das hätte ihr Kreislauf nicht mitgemacht! Mir fällt ein, dass sie flachliegt, weil sie zu wenig getrunken hat und setze mir erstmal die Wasserflasche an den Hals und Ruddi's Wasserschale auf den Boden. Das tut verdammt gut und ist das wichtigste, das ich regelmäßig zu tun habe.

Ein paar hundert Meter weiter gesellt sich ein dritter Hund dazu. Er ist wesentlich größer, als „meine beiden" und total lieb. Er hat sogar den Anstand, sich mir vorzustellen. Von nun an sind wir zu viert. Die Jungs können ihr Tempo selbst bestimmen. Ich laufe ihnen in meinem hinterher. Der Große ist der Anführer. Er zeigt den Kleinen, wo es was zu schnuppern und zu markieren gibt. Vorbeiziehende Pilger fragen mich erstaunt, wie es funktioniert, mit drei Hunden den Camino zu laufen. Sie sind durchweg beruhigt, als sie erfahren, dass mir nur der Kleinste gehört.

55) Weinbaugebiet bei Ventosa

Nach ungefähr einem Kilometer verlässt der erste Hund uns wieder. Auf einmal ist er nicht mehr da. So leise wie er gekommen ist, verschwindet er auch. Ich glaube allerdings, dass er Ruddi „Tschüss" gesagt hat. Der selbsternannte Anführer hingegen macht den Eindruck auf mich, als wäre es seine Aufgabe, auf uns aufzupassen. Er ist sehr umsichtig. Manchmal versteckt er sich, um dann doch wieder aufzutauchen. Er hat Ruddi und mich ständig im Auge. Wenn ich Pause mache, wartet dieser wunderschöne und gepflegte Hund auf uns. Ich möchte gerne wissen, was dem so durch den Kopf geht. Mindestens sieben oder acht Kilometer begleitet er uns. Ein paar Mal denke ich: „Jetzt ist er wieder zurückgelaufen." Und dann taucht er doch nochmal auf. Bin ein bisschen traurig, als ich feststelle, dass er uns endgültig verlassen hat.

56) der Anführer des kleinen Rudels

Die heutige Etappe lässt mich so richtig zur Ruhe kommen. Zwischen den Orten liegen viele Kilometer und ich genieße die Einsamkeit. Mitten in dieser gottverlassenen Gegend tauchen - vollkommen fehl am Platze - zwei braune Ledersessel auf und ich fürchte mal wieder, Halluzinationen zu haben. Ich muss lachen und frage mich, wer die dahin gebracht. Das war doch bestimmt ein Pilger-Liebhaber! Einer, der aus lauter Mitgefühl hier an dieser Stelle ein kleines Wohnzimmer für die erschöpften Wanderer bauen wollte. Mir fällt ein, dass ich diese Sitzmöbel auch schon mal im Fernsehen gesehen habe. Die stehen also schon sehr lange hier. Ob sich manchmal jemand darauf setzt? Ich bin davon überzeugt.

Ich kann es nun kaum noch erwarten, in Nájera anzukommen. Die Hitze schafft mich, ich brauche dringend ein kühles Plätzchen und ein kaltes Getränk. Das Wasser, das ich bei mir trage, hat ungefähr 35 Grad. Die zehn Kilometer bewältige ich unerwartet schnell. Trotz des vermeintlich langsamen Gehens erreiche ich den Ort bereits um halb fünf. Von hier aus sind es noch fast sechs Kilometer bis Azofra.

Nájera ist mit über 7000 Einwohnern – wenn man aus der Einsamkeit kommt – eine Großstadt. Ich will eine halbe Stunde Pause in einer der vielen Bars machen. Ich bin enttäuscht, dass in diesem

Lokal keine anderen Pilger sind – ein bisschen Quatschen würde mir schon gut tun. Es drängt sich die Frage auf: „Wozu habe ich jetzt Lust? Wie vertreibe ich die Langeweile? Wie befriedige ich mein Mitteilungsbedürfnis?“ So komme ich auf die Idee, das bis jetzt Erlebte schriftlich festzuhalten. Meine Tochter hatte mir bereits beim Abschied ans Herz gelegt, Tagebuch zu führen. Bis eben hatte ich keinerlei Interesse daran. Ich hatte mir vorgenommen, abends meine Erlebnisse als Tonaufnahme in meinem Handy festzuhalten. Das ist mir bisher nur ein Mal gelungen – im Hotel in Roncesvalles. Danach war ich abends nie mehr alleine und hatte keine Gelegenheit, ungestört meine Erfahrungen aufzusprechen.

57) zwischen Ventosa und Nájera

Und jetzt - aus dem Nichts heraus - verspüre ich den starken Drang, genau das zu tun was ich mir zuhause nicht vorstellen konnte. Ich habe allerdings kein Papier und keinen Stift. Auf die Hilfsbereitschaft der Spanier setzend, frage ich an der Theke nach den Schreibutensilien. Die freundliche Señorita reicht mir sofort einen kleinen Block und einen Kugelschreiber. So verbringe ich die Zeit damit, die letzten Tage Revue passieren zu lassen und Stichpunkte direkt in meinen Reiseführer zu schreiben. Nach den ersten Notizen erscheint mir das praktischer und übersichtlicher als auf dem Block. Ich vergesse die Zeit und aus der halben wird eine ganze Stunde. Ich muss daran denken, mir gleich einen Kuli zu kaufen, damit ich während der nächsten Pause weiter schreiben kann.

58) Nájera

Ruddi schläft richtig fest, der könnte noch ein Stündchen dranhängen. Mit guten Worten lotse ich ihn von seiner Decke. Er schüttelt sich kräftig durch und ist nun wieder startklar. Als ich beim Bezahlen Block und Stift zurückgeben möchte, lacht die junge Frau hinter der Theke mich an und gibt mir zu verstehen, dass ich die Sachen doch noch brauche und einfach mitnehmen soll. Ist das nicht toll? Ich freue mich sehr über die Geschenke und ziehe dankbar weiter.

Die alten, engen Gassen und Häuser im Ortskern konnten ihr mittelalterliches Erscheinungsbild bewahren. Ich gerate ins Träumen. Wenn ich mir die vielen Menschen wegdenke, müsste gleich mein schöner Prinz auf einem großen, braunen Pferd um die Ecke geritten kommen, um mich zum Ball zu begleiten. Oh! Da muss ich mich aber noch schnell umziehen! So, wie ich momentan aussehe, nimmt der mich nicht mit! Ich war in einem früheren Leben mit Sicherheit mal eine Prinzessin. Immer wenn ich durch mittelalterliche Orte spaziere, kommt mir alles so vertraut vor; ich fühle mich beschützt und aufgehoben – eben wie Zuhause. Aber ich sollte so langsam wieder wach werden und das Hier und Jetzt wahrnehmen. Es ist gemütlich in dieser gepflegten Stadt. Mein Hund und ich gehen die letzten Kilometer erfrischt an.

Nájera zu verlassen ist gar nicht so einfach. Die Calle Costanilla hat es in sich. Ich dachte schon, die heutige Etappe hätte keine nennenswerten Anstiege. Zu früh gefreut. Das hier ist einer der „steilsten Wege“, die ich je betreten habe. Hätte ich mir auch denken können, denn er wird im Reiseführer sogar angekündigt. Das will schon was heißen. Beim Überqueren der Straße muss ich meinen Oberkörper dem Berg zuwenden, um nicht in Richtung Tal zu kippen und wieder runter zu rollen. Nach dem Verlassen des Ortes geht es weiter steil bergauf durch einen Pinienwald.

Mein Hund und ich genießen das „Laufen“ im Schatten. Einige Meter vor mir gehen zwei Männer ohne Rucksack. Sie sind in ein Gespräch vertieft, als plötzlich mit einem Höllenlärm ein Quad-Fahrer den Berg hinunter geschossen kommt. Ich gerate in Panik! Wo ist Ruddi? Hoffentlich befindet er sich auf der gleichen Seite wie ich! Ich habe Angst, ihn zu mir zu rufen. Wer weiß, aus welchem Gebüsch er herauskommt. Hektisch überfliegen meine Augen das Terrain hinter mir. Die jahrelange Erziehungsarbeit bewährt sich jetzt. Ich habe ihm beigebracht, sich an meine Fersen zu heften, wenn irgendetwas Fahrbares in unserer Nähe ist. Wahrscheinlich hat er lange vor mir bemerkt, dass diese Situation auf uns zukommt. Ich habe in diesem Wald mit vielem gerechnet, aber bestimmt nicht mit einem motorisierten Irren. Die beiden Fußgänger sind ungefähr 50 Meter vor mir, springen zur Seite und schimpfen was das Zeug hält. Aber der Wahnsinnige bremst nur kurz ab, fliegt an uns vorbei und dreht sofort wieder voll auf. Meine butterweichen Knie drohen zu versagen. Ich muss einen Moment stehenbleiben, um den Schock zu überwinden.

Seit zehn Tagen genieße ich es, gefahrlos und sicher auf dem verkehrsfreien Camino unterwegs zu sein. Außer in den Städten, rechne ich nirgendwo mit Autoverkehr. Auf dem Camino ist man ja schon erstaunt, wenn jemand ohne Gepäck unterwegs ist. Nur selten begegne ich einem Bauer, der langsam mit seinem Traktor oder Auto an mir vorbeifährt. In Ortsnähe gehen ab und zu mal ein paar Einheimische spazieren, aber ansonsten gehört der Camino den Pilgern. Die „Gefährlichsten“ sind die Radpilger. Die erschrecken mich ja schon, wenn sie aus dem Nichts plötzlich und unerwartet an mir vorbeirauschen. Übrigens kümmern sich die fremden Männer um mich, erkundigen sich, ob alles in Ordnung ist. Danke!

Der Weg mäßigt sich sehr bald wieder und es geht weiter über breite Landwirtschaftswege. Die Sonne gibt heute kein bisschen nach. Sie ist erbarmungslos. Ich mache weniger für mich, sondern viel mehr für Ruddi immer wieder eine kurze Pause am Wegesrand und lasse ihn dann für ein paar Minuten in meinem Schatten liegen. Er trottet seit einiger Zeit wie in Trance hinter mir her. Die Hitze macht ihm schwer zu schaffen. Es wird höchste Zeit, dass wir unser Ziel erreichen. Schade, dass der Wald nicht größer war.

59) zwischen Nájera und Azofra

Die letzten zwei Kilometer bis Azofra verlaufen über eine Nebenstraße. Von Schatten immer noch keine Spur. Links und rechts gibt es nur Felder. Ruddi bereitet mir mittlerweile ernsthafte Sorgen. Er kann nicht mehr laufen. Hechelnd und mit Tränen in den Augen guckt er mich flehend an. Er will noch nicht einmal Wasser trinken. Was soll ich jetzt machen? Ich setze mich auf seine Decke, lege ihn - vor der Sonne geschützt – vor mich und rede auf ihn ein. Er liegt vollkommen erschöpft und regungslos da. Ich bekomme es mit der

Angst zu tun. Hat er vielleicht einen Sonnenstich? Dann fällt mir ein, dass ich es mit Reiki versuchen könnte. Zehn Minuten halte ich meine Hände über ihn und beobachte, wie er sich langsam erholt. Nachdem er ein bisschen Wasser aufgenommen hat, gehen wir Meter für Meter in Zeitlupe weiter. Er bleibt ständig hinter mir, sagt keinen Ton.

Ich kann das nicht mehr mit ansehen und setze ihn in das Notfallnetz. Das ist keine gute Idee. Der Jakobsweg verläuft von Osten nach Westen, folglich sitzt er in der prallen Sonne und bekommt von der anderen Seite zusätzlich meine Körperwärme ab. Ich packe also den Rucksack aus, um seine Tasche rauszuholen und ihn darin zu tragen. Sofort klettert er hinein und legt sich unverzüglich hin. Ich räume meine Sachen wieder ein, schnüre mein Bündel und trage ihn über der Schulter. Mein Arm drückt die Tasche zusammen. Die Hitze staut sich darin. Das geht also auch nicht. Ich möchte weinen. Meine Kraft ist ebenfalls kurz vor dem Ende. Der Versuch, die Tasche hinten am Rucksack zu befestigen ist fehlgeschlagen. Ein zweiter Mensch wäre vonnöten, um sie festzumachen nachdem ich den Rucksack angezogen habe. Weit und breit ist niemand in Sicht. Einsamkeit kann einem auch zum Verhängnis werden.

Mir bleibt nichts anderes übrig, als die sechs Kilo schwere Hundetasche in der Hand zu tragen und darauf zu achten, dass sie so weit wie möglich aufsteht, damit genügend Luftzirkulation stattfindet. Azofra ist schon zu sehen und doch so weit weg. Ich bin wirklich verzweifelt. Es ist wahrscheinlich nur ein Kilometer bis zum Ortseingang, aber ob ich den schaffe? Ich rufe mich zur Ordnung und versuche nicht zu denken, sondern einfach zu funktionieren. „Wenn Du musst, hast Du auch die Kraft dafür!" höre ich meine Mutter sagen. „Du machst immer Sachen, ohne vorher darüber nachzudenken!" schimpft mein Vater – und ich will das so nicht stehen lassen. Beide Aussagen geben mir Kraft.

Ungefähr auf halber Strecke will Ruddi wieder selber laufen. Ich bin überglücklich, fühle mich von ihm verstanden und gerettet. Sekunden später ruft Hermann an. Er hat in Azofra in der einzigen Herberge zwei Betten klargemacht. Das Hotel ist ausgebucht. Er hat sich wieder für mich erkundigt und letztendlich auch gesorgt. Ich bin glücklich und erleichtert. Als er hört, was bei uns gerade abgeht, macht er sich sofort auf den Weg, um uns zu helfen.

gleicher Tag (insgesamt 200,8 km gelaufen)
Azofra (328 Einwohner), 559 m üdM, La Rioja
Herberge, Doppelbox, 6 Euro pro Person

Am Ortseingang treffen wir aufeinander. Die Wiedersehensfreude ist groß, aber kurz. Mein Pilgerfreund eröffnet mir als erstes, dass Ruddi unentdeckt bleiben muss. Wenn es nach ihm ginge, dürfte er sich im gesamten Ort nicht auf die Straße begeben. „Hier kennt jeder jeden. Der Ort ist winzig. Es gibt nur diese eine Herberge und die ist voll belegt. Hunde sind verboten. Ihr fliegt raus, wenn der Hospitalero Wind davon bekommt." Mein Sonnen geplagter Vierbeiner hat jedes Wort verstanden, klettert nur zu gern wieder in seine Tasche und lässt sich von Hermann tragen. Meinen Rucksack gebe ich nicht nochmal ab. Der gehört in **jedem Fall** auf **meinen** Rücken!

Ich bin am Ende meiner Kräfte. Nichts geht mehr! Die meiste Energie raubt mir die Angst vor dem vorzeitigen Ende meines Abenteuers. Einen weiteren Sonnentag übersteht Ruddi nicht. Ich hoffe, dass der Wettergott gerade Zeit für uns hat und einsieht, dass das so nicht weitergehen kann.

Auf dem Dorfplatz von Azofra stehen einige Bänke. Hermann steuert ihn zu meiner Verwunderung an. Ich traue meinen Augen nicht, als mir Mary und Lynn mit ausgebreiteten Armen entgegengelaufen kommen. Dieses Wiedersehen gibt mir augenblicklich Kraft. Aufgeregt schnattern wir in verschiedenen Sprachen, begutachten uns gegenseitig mit großen, leuchtenden, aufmerksamen Augen. Es ist unbeschreiblich, was in einem vorgeht, wenn man Pilgerfreunde trifft, die man weit voraus vermutet und mehrere Tage nicht gesehen hat. Ruddi wird von den Kanadierinnen - wie jedes Mal – zärtlich unter die Lupe genommen, geherzt und geküsst. Ganz Macho, genießt er die Situation in seinem tragbaren Appartement regungslos und völlig relaxed auf dem Rücken liegend, lediglich mit seinem Schwänzchen wackelnd.

Diesen kurzen, jedoch sehr gefühlvollen Moment unterbricht Hermann mit den Worten: „Wir müssen sofort in die Herberge! Ich habe Angst, dass unser Zimmer doch noch anderweitig vergeben wird. Du musst Dich anmelden und bezahlen. Lass Ruddi hier und beeil Dich!" Ich bin so wütend, dass ich platzen könnte. Es ist nicht das, was er sagt, sondern wie er es sagt. Ich komme mir vor wie beim Militär.

Meine Reaktion nach außen ist sehr gelassen. In aller Ruhe spreche ich noch ein paar Sätze mit den beiden Frauen, die ich von der ersten Minute meines Caminos an kenne. Sie sind über Hermanns Verhalten sehr erstaunt, schauen mich fragend, sichtlich irritiert und kopfschüttelnd an. Sie verstehen kein Wort Deutsch, sie nehmen lediglich seine Haltung und den Tonfall war. Nach Fassung ringend und mit entglittenen Gesichtszügen bitte ich die beiden auf Englisch, meinen Hund für ein paar Minuten zu beaufsichtigen. Mary und Lynn sind sofort bereit – ach was! – sie sind begeistert. Unverzüglich, aber sehr vorsichtig, nimmt die eine die Tasche auf ihren Schoß und die andere kramt in ihrem Rucksack nach etwas Essbarem für ihr „Baby“, schüttet Wasser in ihre Hand und ist gerührt, als ihre Gaben dankbar angenommen werden. Beruhigend reden sie auf mein „krankes Häschen“ ein. „Don’t worry, go with Hermann. (Mach Dir keine Sorgen, geh mit Hermann.) We are waiting for you here. (Wir werden hier auf Dich warten.)“

Die Herberge ist etwa 100 Meter weit weg. Es ist ein Neubau - sieht ein bisschen aus wie ein Schulgebäude in Deutschland. Optisch passt das nicht in dieses kleine Dorf. Andererseits spricht einiges dafür, in einem modernen Haus zu übernachten und vor allen Dingen nach der Hitze des Tages, zu duschen. Mehr kriechend als aufrecht gehend folge ich Hermann.

Durch ein Tor betreten wir eine riesige Terrasse mit gemütlichen Gartenmöbeln. In der Mitte befindet sich ein kleiner Swimmingpool, der von großen Pflanzen umgeben ist. Hier sitzen so einige Pilger bei einem Bierchen zusammen und haben einen Riesenspaß. Ich bin ganz aus dem Häuschen, als ich Oliver und Achim unter ihnen ausfindig mache. Sie rufen mir gut gelaunt zu: „Nee, ne?! Das gibt’s doch gar nicht! Du hier? Komm, setz Dich!“ Natürlich lasse ich mich von nichts und niemandem davon abhalten, sie zu begrüßen. Sofort fällt ihnen auf, dass Ruddi fehlt. Hermann bleibt in einiger Entfernung stehen und scharrt mit den Hufen. Er ist nervös, unruhig und ungehalten.

Nach nur wenigen Sekunden werde ich zurückbeordert. Wieder dieser Befehlston! Auch hier werde ich deswegen fragend angeschaut. Ich nehme meinen General in Schutz, indem ich erkläre, dass er so nett war, für mich ein Bett zu reservieren und nun befürchtet, dass das vergeben wird, wenn die Anmeldung nicht unverzüglich erfolgt. Um die Situation nicht eskalieren zu lassen, gehorche ich und melde mich an. Tatsächlich hat der Hospitalero mein von Hermann gewünschtes

Bett vergeben und mich mit einem anderen Menschen zusammengelegt. Mein Pilgerfreund beschwert sich resolut. Wir müssen wegen Ruddi zusammen untergebracht werden, aber das weiß der arme Mann ja nicht. Nach langem Hin und Her bekommen wir das gewünschte „Doppelzimmer“. Puh, das war knapp! Ruddi ist zwar mucksmäuschenstill, aber ein Fremder würde ihn trotzdem bemerken. Ob der dann beim Hunde-Schmuggel mitspielen würde, ist fraglich.

Ich bezahle das Bett mit 6 Euro und der Herbergsvater geht mit uns durch das Treppenhaus auf die erste Etage. Wir laufen einen langen Gang hinunter. Zu meiner Rechten befindet sich eine Fensterfront, die den Blick auf den Eingang und die Terrasse freigibt. Zu meiner Linken befinden sich die durchnummerierten Boxen, wie ich sie mal nennen möchte. Jede Box hat eine Doppel-Schwingtür, die oben und unten einen relativ breiten Schlitz vorweist. Na, das kann ja heiter werden! Es gibt keine richtige Tür, die geschlossen werden kann. Bin sehr gespannt, wie Ruddi damit klar kommt, alle anderen Pilger hautnah zu hören und zu riechen. Ich muss es darauf ankommen lassen. Mehr, als dass ich mitten in der Nacht rausfliege, kann ja nicht passieren.

Der Mann zeigt uns den zugewiesenen Schlafplatz. Es ist tatsächlich die drittletzte Kammer, die wir bekommen haben. Am Ende des Ganges befinden sich das Bad und die Toiletten. Na super! Dann herrscht hier die ganze Nacht reger Verkehr. Mein Hund wird seine helle Freude daran haben. Die Box selber ist winzig – schätzungsweise sechs Quadratmeter. Direkt hinter den Schwingtüren befindet sich jeweils ein eingebautes Regal in dem der Rucksack Platz findet. Daran anschließend stehen links und rechts je eine Liege, die höchstens 190 lang und 80 Zentimeter breit sind. Der Mittelgang ist einen guten Meter breit. Der Schwingtür gegenüberliegend gibt es ein vom Boden bis zur Decke reichendes Doppelfenster, in dessen zirka 30 Zentimeter großem Zwischenraum zum Beispiel die Schuhe lüften können.

Ich bin fix und fertig, kann mich kaum noch bewegen und auch nicht mehr stehen. Meine Füße versagen ihren Dienst. Sie drohen mir an, bei weiterer Belastung auseinander zu brechen. Ich muss mich kurz setzen, bevor ich zu Ruddi zurückgehe. Ich bin wütend. In der letzten halben Stunde wurde ich getrieben, gehetzt und auch jetzt drängelt Hermann wieder. Er hat Hunger, will endlich ein Bier trinken. Es gefällt mir gar nicht, wie er mit mir umzuspringen versucht. Es ist zwar bequem, wenn am Etappenziel bereits ein Bett für mich reserviert ist, aber ich fühle mich ihm gegenüber verhältnismäßig hoch verpflichtet. Hinzu kommt, dass er nicht ertragen kann oder will, wenn ich Zeit mit den anderen verbringe. Er benimmt sich so, dass ich ihn und mich rechtfertigen muss. Ich werde diesen Spießrutenlauf nicht länger mitmachen. Der spinnt wohl ein bisschen! Ich bin durchaus in der Lage, abends selbst eine Unterkunft für mich und Ruddi klarzumachen.

Ich beschließe in diesem Moment, heute keine Wäsche zu waschen, sondern das Gespräch mit ihm zu suchen. Ich kann nicht mehr. Er nimmt mir durch sein Verhalten das einzigartig belebende Glücksgefühl, das ich immer am Etappenziel habe: Der körperliche Schmerz ist wie weggeblasen, die Zweifel des Tages sind ausgeräumt. Ich habe dann das Bewusstsein, dass ich alles schaffen kann; Grenzen überschritten habe, von denen ich vor zehn Tagen nicht einmal wusste, dass es sie gibt; meine Seele und mein Kopf sind befreit. Es ist geschafft! Die Krönung dessen ist der Austausch mit anderen entspannten Pilgerfreunden. Das ist durch nichts zu toppen. Dieses Gefühl darf mir niemand nehmen. Es ist zu wichtig für mich. Deswegen bin ich hier. Und wie fühle ich mich jetzt, in diesem Moment? Ausgepowert, wütend, enttäuscht und das schlimmste ist, dass ich mich Hermann gegenüber verpflichtet fühle. Nein! Das kleine Kind in mir schreit mich an: „NEIN! Das tut mir nicht gut!“

Ich will eigentlich nur noch essen, duschen, meinen Körper entlasten und endlich schlafen. In diese Gedanken hinein, tönt völlig unvorbereitet Hermanns Frage, ob ich seine Wäsche mitmachen kann. Es ist ihm klar, dass es hier keine Waschmaschine gibt. He? Fremde Socken und was-weiß-ich-noch-für-Teile auf der Hand waschen? Ich halte das für eine Zumutung und lehne entschieden ab. Er ist beleidigt und sagt: „Dann nicht, dann schmeiß ich die eben weg.“ Ich höre wohl nicht richtig und glaube, er macht einen Witz. Weit gefehlt. Er bleibt todernst bei seiner Aussage. Na ja, ist mir doch wurscht, oder?! Muss ich nicht verstehen! Ich sage hier in dieser Box nichts dazu, denn jeder in den umliegenden Ställen kann sogar geflüsterte Worte - selbst einen tiefen Atemzug - des anderen wahrnehmen. Ich fühle mich plötzlich wie eine Gefangene, kann nicht mehr durchatmen. Als mir das klar wird, weiß ich, dass das heute wahrscheinlich unser letzter gemeinsamer Abend sein wird. Ich muss jetzt sofort hier raus, zu Mary, Lynn und Ruddi.

Nach ungefähr 20 Minuten bin ich wieder zurück bei meinen Lieben. Ich bin den Frauen dankbar, dass sie so lange auf mich gewartet und Ruddi beaufsichtigt haben. Ihm geht es wieder viel besser. Wir unterhalten uns sehr angeregt über die Erlebnisse der letzten Tage, als Hermann erscheint und sofort mit mir zum Essen gehen will. Ich lehne das ab: „Ich komme gleich. Wir unterhalten uns, das siehst Du doch. Komm zu uns oder geh! Ich bleibe noch ein paar Minuten.“ Beleidigt zieht er ab mit den Worten: „Ich brauch jetzt ein Bier.“ Gesagt – getan – weg ist er. „Laufen lassen.“ denke ich. Mary und Lynn wundern sich erneut über sein Benehmen. Er sei vor meiner Ankunft ganz anders gewesen. Locker, fröhlich und unterhaltsam habe er mit ihnen in der Bar etwas getrunken. Es bleibt sein Geheimnis, warum er so nicht mit uns dreien umgehen kann. Schade!

Nach einiger Zeit verabschieden sich die beiden von mir. Sie wollen ebenfalls nur noch schlafen und außerdem morgen relativ früh los. Ich bleibe alleine mit Ruddi auf der Bank sitzen und versuche runterzukommen. Nach ein oder zwei Minuten steht Hermann vor mir. Gut gelaunt bittet er mich erneut, mit ihm gemeinsam zum Essen zu gehen. Wir gehen in das nächste Restaurant. Drei Tische sind besetzt. Als unsere Getränke vor uns stehen, spreche ich ihn an: „Was ist mit Dir los? Ich möchte Dich bitten, mich nicht immer so zu hetzen. Das tut mir nicht gut. Ich bin hier, um jede Situation, die sich mir bietet, bewusst auszuleben. Du benimmst Dich mir und den anderen gegenüber so merkwürdig, dass es allen unangenehm ist. Wir müssen das ändern.“ Ich erkläre ihm die Vorfälle der letzten Stunden aus meiner Sicht. Er ist entsetzt: „Wenn wir jetzt schon Probleme haben, wie soll das denn dann noch werden?“ Bitte? Wie soll ich darauf reagieren? „Bleib ruhig“, meldet sich meine innere Stimme. Mit dem Bewusstsein, dass ich ab morgen durchaus auch ohne ihn weitermachen kann, antworte ich: „Wir sind wohl doch zu unterschiedlich. Sei mir bitte nicht böse. Versuche mich auch zu verstehen. Wir haben in den ersten Tagen soviel Spaß zusammen gehabt. Was ist passiert! Wo ist Dein Humor?“ Alles was ihm einfällt ist: „Okay, ich bin Dir nicht böse. Ist schon gut.“ Den Rest des Abends verbringen wir mehr oder weniger schweigend. Das Essen ist schnell im leeren Magen. Wir können es wohl beide kaum noch erwarten, hier raus zu kommen. Wir haben uns nichts mehr zu sagen.

Im Herbergshof sitzen immer noch viele Pilger zusammen. Edit, Sabrina, Achim, Oliver und Sören haben einen Riesenspaß. Ich kann heute leider nicht mitmachen, weil Ruddi ja auf keinen Fall entdeckt werden darf. Also trotte ich mit Hermann unbemerkt an den anderen vorbei. Hermann liegt innerhalb von Sekunden in seiner Koje. Ich melde mich zum Duschen ab. Er nimmt sich Ruddi aus der Tasche und in sein Bett. So hätte er ihn besser im Griff, falls er bellen wolle, wenn jemand an unserer „Tür“ vorbeigeht. Wahrscheinlich hat er damit recht.

Das Badezimmer ist schneeweiß, modern und sauber. Es gibt vier oder fünf Duschkabinen, ebenfalls mit Schwingtüren. Zu so später Stunde bin ich hier fast alleine. Es ist das erste Mal, dass ich mich in einer Herberge ausziehe. Heute habe ich nicht das Gefühl, dass ich von jetzt auf gleich flüchten muss. Da ich immer noch nicht der Mensch bin, der nackt vor wildfremden Menschen herumspringt, lege ich meine Kleider erst in der Duschkabine ab. Dafür ist die aber gar nicht gebaut. Es ist ein Puzzlespiel, die Sachen absturzsicher auf der Schwingtür zu deponieren, ohne dass sie während des Duschens nass werden. Auch das Abtrocknen auf einem Quadratmeter mit einer nachtropfenden Dusche im Nacken stellt sich als hochkompliziert heraus. Da ich bekanntlich keine Nachtwäsche dabei habe, muss ich mich wieder komplett anziehen.

Als ich mit diesem Outfit aus der Nasszelle trete, sehe ich aus, als wolle ich die nächste Etappe antreten. Oliver kommt mir mit seiner Zahnbürste entgegen und guckt mich ein bisschen verwundert an. Ich tu so, als wär nix. Mit einem Küsschen auf die Wange wünsche ich ihm eine gute Nacht.

Nach dem Duschen fühle ich mich wie neugeboren. Hermann schläft tief und fest. Ruddi krabbelt in meinen Schlafsack. Es ist sehr warm hier drin. Mein vierbeiniger Freund zieht es daher vor, sich wieder in seine Tasche zu legen. Immer wieder gehen Leute an unserer Box vorbei ins Bad. Mein Hund ist vorbildlich ruhig. Er knurrt ab und zu ganz, ganz leise - nur für mich - um die „Bad-Pilger“ anzukündigen.

Nach einiger Zeit vernehme ich die Stimmen und das Lachen meiner Freunde. Die Party im Hof ist jetzt zu Ende und jeder sucht seine Box auf. Das ist die Härteprobe für meinen Schnurzel. Es ist bewundernswert, wie er sich beherrschen kann und seine Freude darüber, die anderen zu hören, unterdrückt. Ich streichele ihn beruhigend. Nach einiger Zeit kehrt Stille in der Boxen-Herberge ein. Nur noch das Atmen der anderen ist zu hören. So langsam komme ich auch zur Ruhe. Kurz bevor ich fest einschlafe, nehme ich einen wunderschönen, ganz leisen, aber klaren Gesang wahr. Es ist Edit, die aus tiefstem Herzen, zwei oder drei Boxen von mir entfernt, ein Kirchenlied singt. Mit Tränen der Rührung in den Augen genieße ich diesen friedlichen Moment sehr. Ich kann sogar die Rest-Wut loslassen und erleichtert in das Land der Träume hinüber gleiten.

Mitten in der Nacht werde ich von einem kurzen, aber lauten Bellen wach. Ich stürze mich wie ein abgeschossener Pfeil waagerecht auf Ruddi's Tasche. Die ist weiter weg als ich dachte. Lediglich meine Unterschenkel mit den anhängenden Füßen befinden sich noch im Bett. Das muss ein Bild für die Götter sein. Ich muss lachen, nachdem ich den Schock überwunden habe. Bei dieser Aktion ist meinem Hund nichts passiert, aber ich habe mir das Handgelenk verstaucht. In den nächsten Minuten warte ich gespannt ab, ob wir jetzt hier rausfliegen oder nicht. Darüber schlafe ich mit meinem besten Freund im Arm wieder ein.

Freitag, 25. April 2008
Azofra (328 Einwohner), 559 m üdM, La Rioja
11. Etappe bis Grañón, 22 km

Durch das rege Treiben in unserer Box und vor der Schwingtür wach geworden, sehe ich Hermann in voller Montur vor mir stehen. Er ist ausgehfertig und verabschiedet sich kurz und schmerzlos. Wir wünschen uns gegenseitig einen guten Weg und sind gespannt, ob wir uns noch einmal treffen. Die Möglichkeit besteht, denn Hermann will auch bis nach Santiago de Compostela laufen. Das ist ja doch eher außergewöhnlich. Die meisten Pilger haben gar nicht so viel Zeit, um den gesamten Jakobsweg am Stück zu gehen. Sie machen es wie zum Beispiel Achim und Oliver und gehen jedes Jahr für zwei Wochen auf den Weg.

Nun bin ich alleine, sammle mich ein paar Minuten und überlege mir, wie ich Ruddi hier wohl wieder rausschmuggeln kann. Bevor die Panik mich übermannt, gehe ich ganz kurz ins Bad zum Zähneputzen. Mehr ist nicht drin, denn Ruddi wartet in seiner geschlossenen Tasche hoffentlich ruhig auf mich. Immer wieder schicke ich ihm in Gedanken die Botschaft, auf kein Geräusch - sei es noch so spannend für ihn - Laut zu geben. Das scheint zu funktionieren. Ich höre jedenfalls keinen Ton. Nun noch schnell den Schlafsack im Rucksack verstauen und nix wie raus hier. Ich setze Ruddi in sein Notfallnetz, das ich jetzt nur am linken Karabinerhaken eingehängt habe. So kann ich ihn hinter meinem linken Arm und dem Rucksack auf dem Rücken ein bisschen verstecken. Husch, husch an der Rezeption vorbei und mit einem fröhlichen „Adiós y gracias por todo" bin ich aus der

Nummer und der Herberge raus. Ich atme tief durch als ich das Gelände verlassen habe und nach der ersten Ecke lasse ich Ruddi aus dem „Sack“.

In einer kleinen Bar nehme ich ein Frühstück in Form eines Kaffees und Croissants zu mir. Zu meiner großen Freude leisten mir Sabrina und einige andere Pilger Gesellschaft. Wir haben Spaß und freuen uns auf den bevorstehenden Tag. So kann ich den Ärger und die Belastung des letzten Tages endgültig abschütteln. Nach einer Stunde beginne ich die heutige Etappe. Was wird wohl auf mich zukommen?

Es liegen bis Cirueña knapp zehn Kilometer vor uns. Mein Schnurzel hat sich über Nacht wieder erholt und läuft munter drauf los. Der Himmel verspricht uns einen wunderschönen Tag. Es ist sehr warm, aber die Sonne scheint nur abgeschwächt durch eine dünne Wolkendecke. Perfekt! Über gute Landwirtschaftswege wandern wir durch die Rioja, ein international renommiertes Weinbaugebiet. Ich muss immer wieder an meinen Vater denken, weil er so gerne ein gutes Glas Rotwein trinkt. Nach elf Tagen ohne den üblichen Kontakt zur Familie habe ich manchmal ein bisschen Heimweh und fühle ich mich durch den Anblick dieser Felder meinen Eltern sehr nah. Sie würden diese Landschaft auch genießen. Beeindruckend, wie intensiv Gedanken das Gefühl für Raum und Zeit beeinflussen. Ich weiß natürlich, dass das immer so ist, aber das Bewusstsein dafür fehlt oft im Alltagsleben oder es gerät in Vergessenheit, dass Gefühle, Gedanken, Taten und Worte unser Leben und Wohlbefinden bestimmen.

Aus meinem Reiseführer wusste ich bereits, dass wir vor Cirueña einen Golfplatz und die dazugehörige neu errichtete Siedlung umlaufen müssen. Ich weiß gar nicht warum, aber dieses Stück Camino zieht sich wie Kaugummi. Wieso wundert es mich eigentlich? Ich habe immerhin schon fast zehn gelaufene Kilometer bezwungen. Es ist keine Bar in Sicht - ich brauche doch so dringend eine. Die Golfplatz-Lokalität ist geschlossen.

In Cirueña mit seinen knapp 130 Einwohnern angekommen, erhoffe ich mir den wohlverdienten Café con leche und mittlerweile genau so sehnsüchtig ein weiteres frisches Croissant. Es soll nicht sein. Na dann, auf geht’s nach Santo Domingo de la Calzada. Es wird ja wohl unter 5600 Einwohnern einen geben, der eine Bar betreibt.

Kurz nachdem ich Cirueña verlassen habe finde ich einen schattigen Platz, der zum Ausruhen einlädt. Ruddi und ich setzen uns vor dem alten Gemäuer, das vielleicht mal eine Fabrik war, an den Wegrand. Wir trinken Wasser und genießen die kurze Pause. Da kommt Pia, die mit Sören unterwegs ist, setzt sich zu uns und erzählt mir ein bisschen von sich. Ihr Mann ist vor kurzem verstorben und sie ist auf dem Jakobsweg, um damit klar zu kommen. Normalerweise spricht sie nicht darüber, aber in diesem Moment muss es wohl sein. Ich nehme sie in den Arm und lasse mich auf ihren Schmerz ein. Ich verstehe: Deswegen ist sie meistens lieber alleine und -obwohl sie sehr gerne lacht - manchmal plötzlich traurig. Mir wird wiedermal klar, dass jeder Mensch sein Päckchen zu tragen hat und man dem anderen immer nur vor die Stirn gucken kann und nicht dahinter. Nach einiger Zeit mache ich mich wieder auf den Weg. Sie bleibt noch ein bisschen sitzen, möchte auch jetzt für sich sein. „Wir sehen uns!" sagt sie.

60) Weinbaugebiet hinter Azofra

Es sind noch fünf Kilometer bis nach Santo Domingo de la Calzada. Wir gehen immer weiter über sehr angenehme Landwirtschaftswege. Von einem Hügel aus kann ich die Stadt schon sehen, aber es dauert noch gute 40 Minuten bis wir sie erreicht haben. Ich genieße die Aussicht und drehe mich noch einmal langsam im

Kreis. Dieses Zeitlupen-im-Kreis-drehen mache ich in unregelmäßigen Abständen. Wie bereits erwähnt kommt der Pilger nicht wieder zurück, wie bei einem Ausflug, sondern geht stetig insgesamt fast 800 Kilometer Richtung Westen. Da gilt das Motto: Jetzt oder nie hingucken. Manchmal, eher selten entdecke ich auch einen herannahenden Pilger. Es ist und bleibt allerdings ein Phänomen, dass während des Laufens in freier Natur kilometerweit niemand zu sehen ist (ich staune immer noch beim Anblick

61) Ruddi und ich zwischen Azofra und Cirueña (still und heimlich von Achim fotografiert)

meiner Fotos) und kaum betritt man eine Bar, befinden sich dort zu 98 Prozent Rucksäcke mit ihren dazugehörigen Trägern.

Diesmal entdecke ich tatsächlich Pia. Dann hat sie gar nicht mehr so lange an der Fabrik gesessen. Wir lächeln uns an und ich lasse sie vorbeigehen. Als sie weit genug entfernt ist, um sich alleine fühlen zu können, setze ich mich auch wieder in Bewegung.

Geschafft! Gegen 15 Uhr sind wir in Santo Domingo. Ich bin ganz damit beschäftigt die herrliche Altstadt zu bewundern, als jemand meinen Namen ruft. Ich bleibe stehen, hebe meinen Kopf und blicke geradeaus in eine weit geöffnete Bar, in der die Leute sitzen, die mich anscheinend kennen. Von jetzt auf gleich wieder topfit eile ich hinein.

Zu meiner großen Freude handelt es sich um Edit, Sabrina, Achim, Oliver, Sören und Pia. Die Stimmung ist grandios.

Ruddi und ich werden empfangen als wären wir Megastars. Sieben Menschen finden Platz an einem Zweiertisch. Zwischen den Stühlen stehen die Rucksäcke und vor dem meinigen liegt Ruddi auf seiner weichen himmelblauen Siesta-Decke und schlummert selig vor sich hin. Er hat alle seine Lieben in der Nähe, sollen wir doch ausgelassen und albern sein so viel wir wollen. Wären wir nicht zum Pilgern unterwegs, würden wir wahrscheinlich bis zum nächsten Morgen durchmachen und fürchterlich abstürzen. Nach einer guten Stunde machen wir uns aber nach und nach wieder auf den Weg. Das hat unglaublich gut getan. Die richtigen Pilger zur richtigen Zeit am richtigen Ort bewirken Wunder.

62) "Megastar" in Santo Domingo de la Calzada

In der City pulsiert das Leben. Einige von uns haben sich schon einen Herbergsplatz gesichert und ich habe große Lust ebenfalls hier zu bleiben. Bis nach Grañón sind es noch fast sieben Kilometer. Der Nachmittag ist schon fortgeschritten. Mit Edit zusammen begebe ich mich in die nächste Herberge. Wir fragen nach, wo man heute Nacht noch ein freies Bett finden kann. „Alles belegt, in der ganzen Stadt", lautet die Auskunft des freundlichen Herrn. Edit und ich müssen also weiterlaufen. Außerhalb des Ortes gehen wir wie gewohnt getrennt weiter. „Buen Camino!“

Es ist doch noch sehr heiß geworden. Die Sonne hat bereits seit Stunden den puren Durchblick. Ruddi kann nicht mehr. Er ist total im Eimer. Ich trage ihn ungefähr zwei Kilometer, obwohl ich selbst nur noch wenig Kraft habe. Ich schicke wieder Stoßgebete an den Wettergott. „Lass bitte in den nächsten Wochen immer ein paar Wolken am Himmel sein. Ich will den Jakobsweg bis nach Santiago gehen, und zwar an einem Stück. Das geht nur, wenn mein kleiner Hund nicht leiden muss. Danke!“

Gleicher Tag (insgesamt 222,8 km gelaufen)
Grañón (396 Einwohner), 724 m üdM, La Rioja
Jugendherberge, Drei-Bett-Zimmer, 25 Euro pro Person inklusive Abendessen und Frühstück

Total erschöpft kommen wir am Abend in Grañón an. Hier ist die Herberge im Kirchturm. Ich steige mit Ruddi unterm Arm die Treppen rauf. Oben angekommen werde ich von den Herbergsleuten sofort auf ein Sofa geschubst. Ich glaube, sie können mir ansehen, dass ich total fertig bin. Innerhalb von Sekunden habe ich ein Glas Wasser in der Hand und noch viel schneller getrunken. Meine Flasche ist schon seit einiger Zeit leer. Hier wird gerade gekocht. Dieser Duft, das Brutzeln und die Geräusche aus der Küche erinnern mich an meine Mutter. Sie würde mir sofort einen Teller fertig machen und ihn mir mit dem Wasser reichen. Am liebsten würde ich das Küchenpersonal überfallen. Na ja, ich glaube, wenn ich darum bitten würde, bekäme ich Essen von ihnen und das letzte Hemd noch dazu. Aber ich will ja auch nicht unverschämt sein.

Ich fühle mich durch die Pause und das Wasser gestärkt und erkundige mich nach einer Pension im Ort. Ich erfahre, dass es zwar ein Hotel gibt, dort aber alle Zimmer belegt seien. Prost Mahlzeit! Was denn jetzt? Den Tränen nah, aber dankbar, verabschiede ich mich und steige vorsichtig Stufe für Stufe die Treppe hinab. Auf halber Höhe kann ich in den Schlafsaal der Pilger schauen. Dieser Raum ist komplett mit Matten, wie ich sie aus der Turnhalle kenne, ausgelegt. Ich schätze, dass sich hier mindestens 50 dieser Matten befinden. Einige Pilger haben sich hingelegt, andere kramen in ihren Rucksäcken. Abgesehen davon, dass ich mit Ruddi hier sowieso nicht übernachten dürfte, könnte ich es auch nicht. Ich bin nach wie vor und immer mehr davon überzeugt, dass ein Pilger unbedingt eine ruhige, erholsame und komfortable Nacht braucht, um am nächsten Tag wieder fit zu sein.

Ich betrete die nächste Bar, um mich nach einem Schlafplatz zu erkundigen. Perrito lasse ich in der Tasche und trage ihn weiterhin, zum einen weil er am Ende ist und zum anderen weil ich dann leichter ein Zimmer finde. Die Señora hinter der Theke macht mir mit Händen und Füßen klar, dass es außerhalb von Grañón eine Jugendherberge gibt. Die ist allerdings 1,5 Kilometer entfernt. Und jetzt? Ich kann soweit nicht mehr laufen. Auf gar keinen Fall! Also gut, dann muss ich dorthin gefahren, aber morgenfrüh an genau dieser Stelle wieder abgesetzt werden. Ich will - komme was da wolle – jeden einzelnen dieser 784.000 Meter mit meinen Füßen und dem Rucksack auf dem Rücken laufen.

Die Barbesitzerin interessiert das momentan wenig. Sie telefoniert ohne Umschweife und ohne mein Okay sofort und macht mir ein Drei-Bett-Zimmer klar. Ob das das richtige für mich ist? Habe ich denn heute eine andere Wahl? Nein! Also lasse ich den Dingen ihren Lauf. Es wird schon alles so kommen wie ich es brauche. Ich bestelle mir erstmal was zu trinken und setze mich draußen an einen kleinen Tisch. Aus dem Nichts taucht Edit vor mir auf und erzählt, dass sie in der Kirche übernachtet. Ich berichte ihr von der Jugendherberge und dass ich nicht weiß, wie ich dahin kommen soll. Wir sitzen noch ein bisschen zusammen und sie ist nicht glücklich mit dem Gedanken, in diesem Großraum-Schlafsaal zu übernachten. Das ist meine Chance das bevorstehende Abenteuer nicht alleine bestreiten zu müssen: „Komm doch mit zur Jugendherberge." Sie zögert, weil ihr Herbergsplatz schon festgemacht ist. Schade!

Ich gehe nochmal in die Bar und frage nach einem Taxi. Nein, ein Taxi fährt hier nicht, kennt man gar nicht. Eine Busverbindung gibt es auch nicht. Aber die Señora hat einen Bruder, der ein Auto fährt und der würde mich zur Jugendherberge bringen. Begeistert nehme ich an und gebe diese Info an Edit weiter. Sie springt auf und sagt: „Ich komme mit. Wait for me." Wie von der Tarantel gestochen sprintet die Ungarin los, um ihren Rucksack aus der Kirche zu holen und mir fällt jetzt erst auf, dass ich meine Pilgerstöcke dort oben vergessen habe. Ich stürze ganz aufgeregt in die Bar und mache der Señora klar, dass ich gleich wiederkomme und ihr Bruder auf keinen Fall wegfahren solle, während ich meine Stöcke zurückhole. Ich kann nur hoffen, dass sie mich verstanden hat.

Draußen sitzt an meinem Tisch ein Pilger, den ich vor einigen Tagen kennengelernt habe. Ich schildere ihm die Lage und er ist so nett und passt auf meinen Ruddi in der Tasche auf. Er bekommt noch die Anweisung von mir, dafür zu sorgen, dass niemand merkt, dass sich ein Hund darin befindet, weil dann die Autofahrt und das Jugendherbergszimmer in Gefahr sind.

Gleichzeitig kommen Edit, der Bruder der Señora mit dem Auto und ich vor der Bar an. Der Mann springt aus dem Auto, geht in die Bar, wir hören die Señora reden. Sie ist waschechte Spanierin und sehr temperamentvoll. Er kommt eine knappe Minute später wieder raus, packt sich freudestrahlend und beherzt meinen Rucksack und die Trekkingstöcke, um alles schwungvoll in sein Auto zu befördern. Fast hätte er sich auch die Ruddi-Tasche geschnappt. Ich konnte ihn in letzter Sekunde ausbremsen. Atemlos angesichts so viel spanischem Temperament, frage ich ihn, ob er Edit auch mitnehmen kann. „Sí, sí!“ Und schon landet mit dem gleichen Schwung auch Edit‘s Rucksack im Kofferraum des kleinen aber feinen Wagens. Was für ein Tempo! Angespannt halte ich meine Schatztruhe mit lebendem Inhalt unterm Arm. Er hält mir die Autotür auf, nachdem Edit hinten eingestiegen ist und versucht fürsorglich ein weiteres Mal mich von dem Gepäck zu befreien. Im Kofferraum sei doch noch so viel Platz. Was soll ich sagen? Nur durch Ignoranz, einem breiten Lächeln und festem Griff um die Tasche kann ich Ruddi unentdeckt retten. Die Fahrt geht los. Er fährt zügig, aber sehr gut. Von Hektik keine Spur mehr. Bei jedem Schalten in einen anderen Gang – und er muss oft schalten - stößt er leicht an die getarnte Hundehütte auf meinem Schoß. Mein Herz klopft mir bis zum Hals. Was mache ich wenn die Tasche plötzlich knurrt und bellt? Dieser Mann ist so nett zu uns und ich verpasse ihm einen blinden Passagier! Ich kann doch kein Risiko eingehen, oder? Mein Ruddi weiß jedoch genau worauf es jetzt ankommt, ist mucksmäuschenstill und bewegt sich keinen Millimeter. Ich glaube mittlerweile, dass er Spaß an solchen Abenteuern hat. Ich bin so stolz auf ihn.

Die Jugendherberge liegt im Wald. Es ist ein großes, altes Gemäuer mit einem Turm. Die Besitzerin empfängt uns schon am Auto und freut sich, uns zu sehen. Ich will unserem zuvorkommenden Fahrer einige Euros geben. Er wehrt fast beleidigt ab. Da ist nichts zu machen. Auch er nimmt kein Geld für die Fahrt. Nachdem er unser Gepäck aus dem Kofferraum geräumt hat, ist er genauso schnell wieder verschwunden, wie er gekommen war.

Wir werden ins Haus geleitet und fühlen uns sofort wohl hier. Verständlicherweise wird Ruddi unruhig in seiner Tasche. Er will bestimmt raus, um zu sehen wo wir gelandet sind. Er muss sich noch eine ganze Weile gedulden. Die Jugendherbergsmutter verwickelt uns in ein wohlmeinendes Gespräch und zeigt uns ihre Räumlichkeiten. Sie ist zu recht sehr stolz darauf. Nach einer - nach meinem Empfinden - unendlichen langen Zeit kommen wir vor der Tür unseres Zimmers an. Meine Tasche über der Schulter bewegt sich unbemerkt für die anderen, macht aber keine Geräusche. Schnurzel ist ungehalten! Meine Nerven liegen blank! Bleibt Ruddi unentdeckt? Was passiert, wenn nicht? Am Ende laufen wir noch wie Hänsel und Gretel durch den finsteren Wald und finden das Hexenhäuschen nicht. Mit liebevollen, aber flehenden Gedanken beruhige ich meinen kleinen Vierbeiner. Zu allem Überfluss findet die Señora erst nach vielen Versuchen den richtigen Schlüssel an ihrem reich bestückten Schlüsselbund. Endlich betreten wir das heißersehnte Schlafgemach. Wir erhalten noch einige Erklärungen und Hinweise unserer Vermieterin. „Mach voran oder meine Tasche bellt Dich an!“ denke ich und bin einer Ohnmacht nahe. Ich schicke ein Stoßgebet: „Lieber Gott! Ich weiß, dass es Dich gibt. Wenn Du gerade Zeit hast und mich hörst, dann schickst Du die nette Frau sofort weg. Mein Hund muss aus seiner Gefangenschaft befreit werden. Jetzt!“ „Simsalabim, Dein Wunsch sei mir Befehl!“ Fast zeitgleich klingelt ihr Telefon und sie entschuldigt sich sehr eilig. „Danke!“ sage ich laut mit nach oben gerichtetem Blick. Edit guckt mich ein bisschen verwirrt an, aber da werde ich jetzt auch noch mit fertig. Endlich kann ich die Tasche öffnen und Perrito hüpft glücklich heraus. Ich stelle ihm seinen Wassernapf hin und er stürzt sich sofort darauf.

Unser Drei-Bett-Zimmer ist ein Traum. Edit und ich sind alleine darin. Gott sei dank! Was hätte ich sonst mit Ruddi gemacht? Ein riesiges, wunderschönes, modern eingerichtetes Zimmer inklusive eines sehr großen blitzblanken Bades ist unser Reich für eine Nacht.

Frisch geduscht erscheinen wir knapp eine Stunde später im Comedor (Speiseraum) um zu Essen. Wir sind die einzigen Gäste. Wie immer liegt Ruddi in seiner Tasche zu meinen Füßen. Alles verläuft prima. Das Essen ist sehr gut. Edit und ich trinken eine Flasche Wein und haben einen sehr gemütlichen und harmonischen Abend. Diese Idylle wird jäh zerstört als drei kleine Kinder, die zur Familie gehören, auftauchen und den Speiseraum zum Spielplatz erklären. Immer wieder rennen sie ausgelassen schreiend um unseren

Tisch herum - beängstigend knapp an der Ruddi-Tasche vorbei. Wie lange bleibt mein Hund wohl noch still? Der muss doch Angst haben! Wir müssen hier weg, bevor mein kleines Geheimnis auffliegt.

Wir gehen nach draußen. Vor der Tür stehen an der Hauswand entlang einige Tische und Bänke. Hier setzen wir uns hin, rauchen eine Zigarette und erzählen noch ein bisschen. Irgendwann wird es uns aber zu kalt. Wir beschließen, Ruddi zuliebe noch ein paar Schritte zu gehen. Irgendwo muss ich ihn doch frei lassen können. Es ist fast dunkel und er ist schwarz. Es wird schon gut gehen. Wir bewegen uns immer an der Wand lang um das große Gebäude herum. Als wir am hinteren Ende angekommen sind, wage ich es, Ruddi aus seiner Tasche zu lassen, damit er „seine Geschäfte" erledigen kann und die Nacht gut übersteht. Nicht zu wissen, ob dieser kleine tapfere Hund entdeckt wird und wir rausfliegen, lässt meinen Adrenalin-Spiegel enorm ansteigen. Es käme einer Katastrophe gleich. Er bleibt aber unser Geheimnis.

Uns wird bewusst, wie schön es hier ist. Wir stehen auf diesem riesigen Grundstück mitten im Wald. Es herrscht eine unglaubliche friedliche Ruhe. Wir hören und riechen ausschließlich die Natur. Keine Schritte, keine Anstrengung – einfach nur hier stehen und eins mit allem sein. Deswegen pilgere ich. Es sind diese krassen Gegensätze, die ich jeden Tag erlebe, die Dankbarkeit für die Menschen, die ich hier sehr kurz, aber umso intensiver, kennenlerne. Es sind die Schmerzen, die mir zeigen, wie groß und komplett mein Körper ist. Es ist die tägliche Erkenntnis, dass man alles schafft, wenn man einfach nach jedem Schritt den nächsten macht. Ich muss jetzt gar nicht wissen, was nachher passiert. Ich muss einfach nur gehen und alles fügt sich, wenn ich offen bin für das was um mich herum geschieht und nicht in Panik verfalle.

Vor dem Schlafengehen verwöhnen wir noch jeweils unsere Füße mit einer besonderen Creme. Wir müssen uns gut mit ihnen stellen, denn morgen geht es wieder weiter. Heute tun mir übrigens zum ersten Mal nur die Füße weh (Druckschmerz vom Zwölf-Kilo-Rucksack). Meine Muskeln, Knochen und Gelenke haben sich anscheinend mit der Pilger-Situation angefreundet. Ich bin ja mal gespannt, wie wir morgen wieder zurück nach Grañón kommen. Edit und ich haben den Wunsch, dass uns jemand genau an der Stelle wieder absetzt, wo wir heute Abend ins Auto gestiegen sind. Wir werden sehen! Alles kommt wie es kommen muss. Als Pilger kann man nichts planen, sondern improvisiert immer wieder aufs Neue. Das ist eine sehr spannende und interessante Variante zum alltäglichen Leben zu Hause. Hier lernt man zu vertrauen, sich mitzuteilen und selbstlose, von Herzen kommende Hilfe anzunehmen. Mir wird besonders bewusst, dass ich zu Hause freudig und gerne gebe, aber oft Probleme damit habe etwas von anderen anzunehmen. Dabei ist mir noch nie aufgefallen, dass ich den anderen die Freude vorenthalte, mir zu geben. Mit diesen Gedanken schlafe ich zufrieden ein.

Am nächsten Morgen wachen wir sehr ausgeruht auf. Der Wald hat uns seine gute Energie eingefüllt. Was für ein Glück, dass wir hier übernachtet haben. Wer hätte das gedacht, nach der Aufregung in Grañón? Zum Frühstück erscheinen wir mit vollem Gepäck, so dass wir nicht nochmal aufs Zimmer müssen bevor wir abreisen. Ich frage die Señora, ob sie eine Idee hat, wie wir wieder nach Grañón zurückkommen können. Natürlich hat sie eine Idee! Und einen Bruder, der ein Auto fährt. Das gibt es doch gar nicht! Noch so ein toller Bruder. Wir können unser Glück kaum fassen. Wir bezahlen lediglich 25 Euro pro Person für das schöne Zimmer, das Abendessen und das Frühstück.

Unser Fahrer ist schon da, trinkt aber noch einen Kaffee, bevor es losgeht. Der Abschied von der Jugendherbergsmutter verzögert sich noch ein wenig, weil sie uns unbedingt noch etwas zeigen möchte. Sie führt uns durch einige sehr große, sparsam, aber imposant antik möblierte Räume und schließt eine eindrucksvolle Pforte mit einem Schlüssel, der in keiner Hosentasche Platz findet, auf. Wir trauen unseren Augen nicht: Edit, Ruddi-in-Tasche und ich befinden uns alleine in einer wunderschönen Kirche. Die Señora zwinkert uns zu, gibt zu verstehen, dass wir hier noch einen Moment verweilen dürfen und schließt leise die Tür hinter sich. Edit weint vor Glück. Sie geht jeden Tag in eine Kirche, um zu beten. Ich gehe nie in die Kirchen, genieße aber jetzt gerade die absolute Stille und den Frieden. Ich weiß nicht, wie lange wir uns dort aufgehalten haben. Sicher ist, dass dies der krönende Abschluss der letzten 16 Stunden ist.

Die Autofahrt zurück nach Grañón verläuft wie die Hinfahrt. Der Fahrer ist genauso zuvorkommend und freundlich wie der von gestern Abend. Auch er würde sich lieber erschießen lassen, bevor er auch nur einen Euro von uns nimmt. Nun stehen wir hier, genau an der Stelle, an der wir gestern aufgehört haben und können unser Glück kaum fassen. Ruddi hat diesmal sicher sein Meisterstück abgeliefert. Nun darf er aus der Tasche und freut sich tierisch, uns zu sehen. Er läuft ein bisschen hin und her, schnuppert ab, wo er gestern Abend so in seiner Tasche versteckt gestanden hat, bleibt ungefähr drei Meter von uns entfernt in Richtung Santiago de Compostela stehen und „ruft“ Edit und mir zu: „Kommt, wir müssen weiter!“ Ich liebe ihn.

Samstag, 26. April 2008
Grañón (396 Einwohner), 724 m üdM, La Rioja
12. Etappe bis Belorado, 16,6 km

Am Ortsausgang drehe ich mich noch einmal um und verabschiede mich von diesem kleinen außergewöhnlichen Ort und seinen Menschen. „Ich werde Euch nie vergessen. Gracias por todo!“ Edit und ich haben beschlossen, alleine zu laufen. “Buen Camino. Hasta la vista.”

Die Etappe beginnt ziemlich spät auf sehr angenehmen Wegen. Mir fällt auf, dass hier bei Grañón die Einheimischen auf dem Pilgerweg in den Feldern spazieren gehen. Das habe ich bisher nicht gesehen. Sie sind durchweg sehr gut gelaunt und rufen den Pilgern ein fröhliches „Hola, buen Camino“ zu. Es geht einen Hügel hinauf, der die Regionen Rioja und Castilla-Leon trennt. Von hier aus genieße ich einen atemberaubenden Weitblick mit den Montes de Oca in der Ferne. Diese gilt es morgen oder übermorgen zu bezwingen. Immerhin geht es auf über 1000 Meter über dem Meeresspiegel. Mein Reiseführer verspricht eine oder zwei sehr harte Etappen. Ich darf also weiter gespannt sein.

In meine Gedanken hinein ruft meine Pilgerfreundin Edit ein freudiges „Hola“. Ich bin erstaunt und sehr erfreut sie so schnell wiederzusehen. Wir verweilen ein Viertelstündchen an diesem schönen Platz auf dem Hügel, ohne viel zu reden. Wir genießen einfach nur den gemeinsamen Moment in der Natur.

Mein Reiseführer ist ne Wucht. Ich habe ihn bisher noch bei keinem anderen Pilger gesehen. Alle schauen immer ganz neugierig in ihn hinein und sind – wie ich – sehr angetan von ihm. Er ist so anders als die, die üblicherweise in den Bars von den Pilgern studiert werden. Die Etappen sind sehr gut und anschaulich beschrieben. So weiß man ziemlich genau, was einen in den nächsten Stunden erwartet. Es wird erwähnt in welchem Ort was anzutreffen ist. Herbergen, Pensionen, Hotels, Cafés, Restaurants, Geschäfte, Apotheken und vieles mehr werden aufgeführt. Außerdem gewinnt man einen Eindruck über die Wegbeschaffenheit der einzelnen Abschnitte. Ebenso wird deutlich gemacht, ob es bergauf oder bergab geht. Dieser Reiseführer ist mein persönlicher Schatz - der ist immer „am Mann“.

63) mit Edit zwischen Grañón und Castildelgado

Nach vier Kilometern führt der Jakobsweg schön an der Nationalstraße entlang. Das wird sich auch die nächsten zwölf Kilometer nicht großartig ändern. Hier muss ich natürlich meinen Hund an der Leine führen. Es fahren zwar nicht ständig Autos, aber wenn, dann sind sie viel zu schnell und meistens sehr groß. Ich muss an meinen Lieblings-Entertainer denken. Er beschreibt in seinem Buch sehr anschaulich, dass er manchmal Angst hatte. Das kann ich nur bestätigen! Ich gehe am linken Fahrbahnrand so weit wie nur möglich links. Ich empfinde dieses Laufen als sehr anstrengend und nervenaufreibend. Das ist eine neue Pilgererfahrung. Bis jetzt führte der Camino Francés fast ausschließlich durch Felder und Wälder. Befahrene Straßen wurden höchstens mal überquert oder für wenige 100 Meter betreten. Ich muss es nehmen wie es ist. Die Sonne brennt. Der Himmel ist stahlblau. Mir ist heiß und mein Hund versteht die Welt nicht mehr. Es gibt nur wenig Schatten. Ich mäßige also mein Tempo, damit wir unsere Energien gut über den Tag verteilen. Ich träume wiedermal von einem Café con leche. Die nächste Bar gehört mir – zumindest für ein Stündchen. Ich habe Sehnsucht nach einem Schwätzchen mit einem „Kollegen“. Auf dem Weg habe ich wie üblich weit und breit keinen anderen Pilger mehr entdecken können, seit ich Edit begegnet war. Die warten alle in der nächsten Bar auf mich, ne?!

Erst gegen 14 Uhr ist es endlich soweit. Ich schätze, dass ich bis jetzt um die zehn Kilometer gelaufen bin. Ich entdecke das kleine Café auf der anderen Seite der Nationalstraße als ich in der Nähe von Villamayor del Río bin. Hoffentlich handelt es sich nicht um eine Fata Morgana. Das sieht so einladend und gemütlich aus – passt gar nicht ins Bild! Vor dem Lokal stehen Tische, Bänke und Stühle mit dicken Polstern unter gelben Sonnenschirmen. Es scheint sich um ein vornehmes Lokal zu handeln. Ich muss dahin, koste es was es wolle. Wir beide, Ruddi und ich brauchen dringend eine Pause, momentan geht nichts mehr. Mit letzter Kraft schleppe ich mich die wenigen Stufen zu dieser Terrasse hinauf. Die üblichen körperlichen Schmerzen der ersten Pilgertage habe ich heute nicht mehr. Selbst die Füße spielen relativ locker mit. Es ist anders als bisher. Ich fühle mich völlig ausgelaugt, erschöpft und überhitzt. Ich komme mir vor, als sei ich auf einem Wüstentrip gewesen und erreiche jetzt kurz vor dem Tod doch noch die lang ersehnte rettende Oase. Es würde mich nicht wundern, wenn Kamele des Wegs kämen.

Ich stelle meinen Rucksack in den Schatten und komme mir ohne diese zwölf Kilo leicht wie eine Feder vor. Ruddi legt sich sofort auf seine Decke, nachdem er Wasser getrunken hat. Ich setze mich auf einen der weichen Stühle mit hoher Rücken- und Armlehne und kann mein Glück kaum fassen. Ich beobachte, wie ständig Autos angefahren kommen, unten auf dem Parkplatz halten und die Fahrer in diesem Lokal verschwinden. Mit Tüten bepackt kommen sie wieder raus. Durch das große Fenster habe ich ein bisschen Einblick in die Räumlichkeiten. Ich erkenne, dass hier wohl hauptsächlich Wein, aber auch kleine Feinschmecker-Köstlichkeiten verkauft werden. Hier draußen bin ich der einzige Gast. Weit und breit kein Pilger in Sicht. Na, dann bin ich eben mal die erste, die anderen kommen sicher gleich. Egal wer da auch kommt: Ich will ein bisschen reden.

Nach einer Weile fragt ein fein gekleideter, freundlich lächelnder Mann nach meinen Wünschen. Ich bestelle einen Fruchtsaft und einen Café con leche. Als er mir die Getränke kurz darauf serviert, entdeckt er Ruddi und ist entzückt. Mit Händen und Füßen verständigen wir uns darüber, wie ein so kleiner Hund einen solchen Weg verarbeitet.

Ich komme dahinter, dass ich es mit dem Besitzer dieses schönen Ladens zu tun habe. Die Stimmung ist sehr locker und lustig. Auf eine angenehme Art und Weise flirtet er ein bisschen mit mir. Immer wieder beschäftigt er sich auch mit Ruddi, spricht ihm auf Spanisch gut zu und fragt ihn, ob er Hunger hat. Ruddi muss wohl mit „JA“ geantwortet haben. Mit meinem Einverständnis, ihm etwas zu fressen zu geben, verschwindet der fürsorgliche Mann in seinem Laden.

Einige Minuten später kommt er mit einem liebevoll bestückten, schneeweißen Porzellantellerchen wieder heraus. Fünf verschiedene Leckerchen vom feinsten Fleisch beziehungsweise Pastetchen werden ihm liebevoll gereicht. Da fehlt nur noch das Petersiliensträußchen, um die Lieferung als Vorspeise durchgehen zu lassen. Ich habe irgendetwas bei der Erziehung meines Hundes falsch gemacht. Ohne sich zu bedanken oder zu zögern verschlingt er alles gierig und zu allem Überfluss guckt er seinen Gönner auch noch so flehentlich an, dass diesem die Tränen der Rührung in die Augen schießen. Würde ich nicht ablehnen, Nachschub zu besorgen, hätte die Küche jetzt die Hauptspeise serviert. Ich mache dem netten Señor aber klar, dass es sich mit vollem Bauch nicht gut laufen lässt. Wir haben ja schließlich noch mindestens zehn Kilometer vor uns.

Die nächsten Kunden gehen ins Geschäft und ich sitze eine Weile alleine am Tisch. Ich halte wieder Ausschau nach anderen Pilgern. Aber dieses paradiesische Plätzchen fällt nicht sofort auf, wenn man nicht gerade auf der Suche nach einer Bar oder ähnlichem ist. Ich habe Sehnsucht nach Sabrina, Oliver und Achim. Sie wären begeistert von dieser Oase. Es kommt mir so vor, als hätte ich sie ewig nicht gesehen. Wüsste ich es nicht besser, könnte ich denken, ich hätte mich verlaufen.

Plötzlich und ziemlich rasant fährt ein Moped auf den Parkplatz vor der Terrasse. Der Fahrer bremst temperamentvoll ab, springt von seinem Roller und landet - fast ohne auf dem Boden aufzusetzen - in einem freien Stuhl an meinem Tisch. Er strahlt über das ganze Gesicht, freut sich unbändig mich zu sehen und hat viel zu erzählen. Ich kann ihn nur leider nicht verstehen. Ich muss laut lachen und zucke die Schultern. Er lacht mit, beschäftigt sich mit Ruddi, als kenne er ihn schon seit langem. Ich überlege, wie sich das hier so verhält. Wer ist denn der? Ich meine, ich freue mich ja über so nette Gesellschaft, aber ich habe den Mann noch nie gesehen. Zumindest nicht in diesem Leben! Der Barbesitzer klärt die Situation auf. Es ist sein Bruder, dem er eben am Telefon von mir erzählt hat und der lässt es sich nicht nehmen, mich auch kennenzulernen. Ich staune nicht schlecht: Was mag er denn über mich Spannendes berichtet haben, dass sein Bruder sich extra auf den Weg hierhin macht? Habe ich mich doch verlaufen und bin hier als Pilgerin ein Einzelstück und deshalb besonders sehenswert? Hm, kurios! Aber wir haben Spaß. Wir verstehen unsere Worte nicht, aber unsere Mimik und Gestik löst Lachsalven aus.

Nach einer guten Stunde bekomme ich auf Kosten des Hauses noch einen Café con leche serviert. Wenn ich ein bisschen vernünftig wäre, müsste ich jetzt meine sieben Sachen packen und weitergehen. Ich will doch immer noch nach Santiago, oder? So viel Spaß und Gastfreundschaft kann und will ich mir aber nicht entgehen lassen. Ich bleibe und zu meiner Freude erscheint auch noch der Vater der beiden lustigen Söhne. Jetzt sitzen wir zu viert am Tisch unter dem Sonnenschirm und amüsieren uns köstlich für eine weitere Stunde. Das ist die längste Pause, die ich bisher eingelegt habe.

Irgendwann am späten Nachmittag kann ich mich loseisen und mache mich wieder auf den Weg. Der Abschied verläuft so, als ob wir eine Familie wären. Ich fühle mich wie gedopt. Das war ein toller Nachmittag mit den spanischen Jungs. Wieder einmal habe ich mich auf unbekanntes Terrain begeben und mich der Situation schlichtweg hingegeben. Ich bereue keine Sekunde. Ich habe einfach vertraut und mich auf die Mentalität der Spanier eingelassen. Einem Menschen mit Ängsten vor Fremden wäre diese tolle Zeit entgangen. Danke, dass ich so bin, wie ich bin.

Es geht mir sehr gut, jetzt, wo ich alleine unterwegs bin. Während des Laufens finde ich meinen eigenen Rhythmus - muss mich niemandem anpassen oder Rücksicht nehmen. Das ist ein ganz anderes Gefühl für Körper, Geist und Seele. Und ich durfte die Erfahrung machen, dass ich, auch wenn in einer Bar keine anderen Pilger sind, eine Menge Spaß und Herzlichkeit erleben kann - selbst dann, wenn die Sprache fremd ist. Ich muss nur offen sein. Beschwingt setze ich meinen Weg entlang der Nationalstraße fort. Nichts stört mich mehr. Ich behalte meine gute Laune, egal was da (angefahren) kommen mag. Einen Kilometer vor Belorado kreuze ich die Nationalstraße und gehe weiter auf einem guten Landwirtschaftsweg. Ruddi darf endlich wieder von der Leine. Nach der langen Pause wieder fit läuft er munter vor mir her.

Gleicher Tag (insgesamt 239,4 km gelaufen)
Belorado (2132 Einwohner), 770 m üdM, Provinz Burgos
Herberge mit Hotelzimmern, Doppelzimmer, 30 Euro

Völlig in positiven Gedanken versunken, höre ich ein Handy klingeln. Ich weiß das Geräusch zunächst gar nicht zuzuordnen. Handy, was ist das? Kann man mit dem Teil auch telefonieren? In den letzten Tagen habe ich lediglich Fotos und Videos damit gemacht. Erstaunt und gespannt melde ich mich und der Anrufer sagt mit tiefer Stimme: „Nur noch eine Minute, dann bist Du bei uns. Der Wein ist schon bestellt.“ Mir fällt erstmal nichts dazu ein. Ich habe Schwierigkeiten das ganze einzuordnen. Als ich meinen Blick weite, sehe ich 100 Meter von mir entfernt, oberhalb des Weges, ein großes einladendes Gebäude mit vielen wehenden Fahnen und noch mehr Leuten auf der vorliegenden Terrasse.

64) Herberge in Belorado

Einige Menschen winken mir wild zu. Etwas irritiert winke ich vorsichtig zurück. Oder ist da jemand hinter mir und ich bin gar nicht gemeint?! Ich drehe mich kurz um, kann aber niemanden entdecken. Am Telefon höre ich schallendes Gelächter: „Hallo …!? Erde an

Birgit …! Wir warten schon so lange auf Dich! Leg mal den nächsten Gang ein und beweg Dich hier rauf!“ Endlich erkenne ich Achims Stimme. Ich schalte in den Turbogang und bin innerhalb von Sekunden an dem Tisch, an dem meine Pilgerfreunde sitzen. Oliver, Achim, Sabrina, Sören und Pia fallen mir um den Hals. Ruddi macht da einfach mal mit, springt ausgelassen an ihnen hoch und holt sich ein „Küsschen auf die Stirn“ ab. „Wo warst Du? Wir sitzen hier schon seit Stunden!“ Ich schaue mir den Tisch genauer an. Es ist nicht zu übersehen, dass sie schon eine ganze Weile mit Bier und Wein feiern. Ich muss natürlich zuerst einmal Bericht erstatten, wie es mir so ergangen ist.

65) mit Sabrina und Achim in Belorado

Mann, können die Pilger albern sein! Wenn wir zusammenkommen, sind wir immer außer Rand und Band. Ich erfahre, dass es sich hier um eine Herberge handelt, die auch Hotelzimmer anbietet. Meine Freunde bleiben diese Nacht in diesem Haus und haben bereits Quartier bezogen. Edit ist und bleibt zu meiner großen Freude auch. Sie ist in den Ort gegangen, um an der allabendlichen Pilgermesse teilzunehmen. Wir befinden uns nur wenige hundert Meter vor Belorado. Ich wende ein, dass ich heute erst gute 16 Kilometer gelaufen bin. Das ist zu wenig. Ich muss noch mindestens einen Ort weiter, damit mein Schnitt nicht kaputt geht. Am Ende bleibt mir zu wenig Zeit um mein großes Ziel zu erreichen.

Sie geben gemeinsam alles, um mich zu überreden: „Es ist so schön hier! Wir haben doch soviel Spaß! Wo wir doch nun mal alle zusammen sind …! Essen können wir auch vor Ort, vom Frühstück mal ganz abgesehen. Die Herbergsleute sind so nett und die Preise stimmen. Komm, gib Dir nen Ruck und nimm ein Zimmer." Ich wende ein: „Ob ich eins bekäme ist fraglich. Die haben meinen Hund gesehen." Sabrina sagt: „Die Besitzerin hat ihm doch sogar schon Wasser und ein Stück Wurst gebracht. Sie hat bestimmt nichts gegen ihn." Ich will es mir beim Essen nochmal überlegen.

Zu guter Letzt stößt Edit auch endlich zu uns. Wir freuen uns, dass wir so komplett an diesem Abend zusammen sind und bestellen erstmal eine Runde Bier und Wein. Temperamentvoll stoßen wir an und benehmen uns ein bisschen wie ausgelassene Kinder. Unsere gute Laune ist für die Leute an den Nachbartischen ansteckend. Immer öfter sehen und hören wir auch die anderen „müden" Pilger lachen.

Es gibt sogar einen Swimmingpool in dieser Herberge. Sabrina erzählt, dass sie heute Nachmittag fast hineingesprungen wäre, als ein sehr dicker und sehr, sehr ungepflegter Mann an ihr vorbeirannte und mit einer Arschbombe im kühlen Nass aufschlug. Sie hatte ihn kurz vorher im Schlafsaal eine Weile beobachtet und wusste, dass er nach der Hitze und Anstrengung des Wandertages keine Dusche genommen hatte. Sie hatte also seinen Duft wahrgenommen und sich geekelt. Sie waren zeitgleich rausgegangen. Dass der in diesem Zustand in den Pool wollte, konnte sie ja nicht ahnen. Sie konnte sich beim besten Willen nicht vorstellen, mit ihm zusammen in ein und demselben Wasser zu sein. Darüber ärgert sie sich immer noch. Herbergen mit Swimmingpool sind höchstselten. Den Luxus sehen wir hier das erste Mal. Wir nehmen sie liebevoll ein bisschen „hoch": „Der ist doch schön sauber geworden in dem Wasser, wo ist denn Dein Problem. So schlimm war es auch wieder nicht. Solange der nicht rein pinkelt, kannst Du Dich wirklich nicht beschweren." Das Ding ist, dass der Mann nur zwei Tische weiter beim Abendessen sitzt und nach dem Schwimmen sehr gepflegt und zufrieden aussieht. „Guck doch mal, wie gut ihm das getan hat."

Sabrina versteht den Spaß und findet ihre gute Laune ruck zuck wieder. Wir bestellen unser Pilgermenü. Als die junge Herbergsmutter uns gut gelaunt das Essen serviert und Ruddi nochmal übers Köpfchen streichelt, frage ich sie nach einem Zimmer. „Ja, gerne. Wir bieten Doppelzimmer für 30 Euro die Nacht an. Der Hund ist auch kein Problem.“ Was!? So einfach geht das?! Ich schlage sofort ein, ohne zu wissen, welche Art Zimmer mich erwartet. Die fehlenden Kilometer werde ich schon wieder aufholen.

Das Essen ist super. Wir alle genießen es in geselliger Runde. Nebenbei erfahre ich, dass Achim, Oliver und Sabrina sich erst in Saint Jean Pied de Port kennengelernt haben. Und ich dachte, sie kennen sich schon seit Jahren. Wieso wundert es mich? Hermann und ich wurden schließlich auch schon als Ehepaar angesehen. Pilgern verbindet eben im Zeitraffer.

Da kommt eine Frau an unseren Tisch. Es handelt sich um Dagmar, wie ich von den anderen im Flüsterton erfahre. Warum gucken die denn so komisch genervt? Wir freuen uns doch sonst immer über jeden neuen der zu uns stößt. Dagmar fragt, ob noch ein Platz an unserem Tisch frei wäre. Achim macht sich sofort breit und gibt ihr augenblicklich deutlich zu verstehen, dass der Platz auf der Bank, auf der Ruddi zwischen uns liegt, auch besetzt ist. „Sorry, aber NEIN! Es ist kein Platz mehr bei uns.“ Ich wundere mich sehr. Auch die anderen winken ab. Was sind die denn auf einmal alle so breit in der Figur? Dagmar will sich einen Stuhl an den Tisch heranziehen, aber niemand weicht auch nur einen Millimeter. Sie lässt sich nicht wirklich beirren und stellt den Stuhl quasi in zweiter Reihe mit an unseren Tisch. Niemand meiner Freunde schenkt ihr auch nur die geringste Beachtung. Sie machen weiter, als gäbe es sie nicht. Ich verstehe die Welt nicht mehr. Wie können die so kalt und gemein sein? Aber wenn sich sechs Leute einig sind, sollte ich mich, als Später-dazu-gekommener erstmal raushalten. Nach einer geraumen Weile gibt die Neue auf, dreht sich samt ihrem Stuhl einfach um und schließt sich den Leuten am Nebentisch an. Die sehen aber auch nicht gerade erfreut aus.

Leise frage ich Achim, was das denn soll. Er zieht ein Gesicht und sagt: „Lass Dich bloß nicht auf die ein. Die ist so mies drauf, das kannst Du Dir gar nicht vorstellen. Die findet alles ganz große Scheiße. Die redet und redet ganz übel ohne Punkt und Komma über den Jakobsweg, die Herbergen, das Essen und die Spanier. Das Laufen sei ja viel zu anstrengend. Die Wege sind viel zu schlecht: ‚da müssen die dringend was dran tun‘. Und alle sind so unfreundlich und bedrohlich. Dabei fährt sie nach eigener Aussage fast immer mit dem Bus. Wir haben ihr nahe gelegt, doch einfach abzubrechen und nach

Hause zu fahren. Das überlegt sie ja schon seit mehreren Tagen, aber sie gibt die Hoffnung nicht auf, dass das alles doch noch besser wird." Ungläubig schüttele ich den Kopf und beschließe, mich mit solchen Menschen und Aussagen nicht weiter zu beschäftigen. Plötzlich fällt mir wieder ein, dass ich Dagmar in Lorca an der Theke kennengelernt habe. Sie hatte Hermann an den Rand des Wahnsinns getrieben. Oha, die hatte ich total verdrängt!

Als die Sonne komplett untergegangen ist, wird es sehr frisch draußen und wir entscheiden, uns zur Nachtruhe zu begeben. Es wird noch viel umarmt, gedrückt und geherzt bevor sich jeder zu seinem ihm zugewiesenen Schlafplatz begibt. Die freundliche Herbergsmutter zeigt mir mein Zimmer. Es liegt in einem Nebengebäude, in dem sich sechs bis zehn Hotelzimmer befinden. Ich genieße den Anblick meines kleinen vierbeinigen Freundes, der munter und ohne Leine neben uns den Flur entlangläuft, ganz öffentlich und für alle sichtbar. Das müsste immer so gehen - das wäre toll!

Das Zimmer ist ein Traum. Sehr groß, sehr sauber, sehr modern, zwei große Betten mit kuscheligen Decken und Kopfkissen. Der Raum hat mehrere Fenster, so dass ich lüften kann, was das Zeug hält. Ich brauche nachts viel frische Luft. Das Badezimmer ist der Oberknaller. Es gibt eine Massageduschkabine. Da freu ich mich am meisten drauf. Als ich alleine bin, versorge ich zuerst einmal Ruddi. Der darf sofort in sein Taschen-Bett. Mittlerweile besteht er abends darauf, dass es meine erste Amtshandlung ist, seine Tasche aus dem Rucksack zu kramen und seinen Wassernapf aufzustellen. Danach braucht er mich nicht mehr. Dann habe ich frei.

Also, diese Duschkabine ...! Die schreit förmlich nach mir. Innerhalb von wenigen Minuten stehe ich voller Vorfreude darin. Ist ganz schön kalt abends. Die Heizungen haben die Spanier im Allgemeinen aus. Ist ja auch kein Problem, wenn man unter einer heißen Dusche steht. Aber hier spielt mir die Technik einen Streich. Das Ding muss ich erstmal ans Laufen bringen. Es gibt so viele Knöpfe, die man drehen oder drücken kann. Aber wofür sind die denn im Einzelnen? Keine Ahnung! Hilfe! Ich erfriere! Kurz vor dem Aufgeben kommen dann doch die ersten Wassertropfen von oben. Die seitlichen Düsen bleiben trocken. Na ja, macht nix! Nach so langem Vorlauf freue ich mich unendlich, dass überhaupt warmes Wasser läuft. Ich genieße es minutenlang, einfach nur dazustehen und mich aus dem großen Duschkopf berieseln zu lassen.

Frisch geduscht und unglaublich zufrieden falle ich ins Bett. Ich sehe mir nochmal die Fotos des Tages an und schreibe ein paar Notizen in meinen Reiseführer. Jetzt wo ich komplett zur Ruhe gekommen bin, spüre ich den Anflug einer Erkältung. Die kann ich ja wohl überhaupt nicht gebrauchen. Ich gebe mir noch ein paar Minuten Reiki und schlafe darüber ein.

Sonntag, 27. April 2008
Belorado (2132 Einwohner), 770 m üdM, Provinz Burgos
13. Etappe bis Villafranca Montes de Oca, 12,2 km

Wesentlich später als geplant, erst gegen halb neun, komme ich wieder zu mir. Ich habe seit dem 12. April nicht mehr so tief geschlafen. War das vielleicht ein Glas Wein zu viel gestern Abend? Ganz sicher liegt es auch daran, dass die Muskel-, Gelenk- und Knochenschmerzen nachgelassen haben. Mein Körper macht mir zwar immer noch sehr deutlich, dass ich irgendwas tue, das er nicht kennt und gewöhnt ist, aber ich werde nachts nicht mehr von jeder Bewegung wach und kann aus dem Bett steigen, ohne vorher einen genauen Ablaufplan zu machen und die Leute in den angrenzenden Zimmern mit meinem Gestöhne zu irritieren.

So gut erholt und abreisefertig verlasse ich dieses schöne Zimmer. Jetzt geht es erst mal zum Frühstück. Auf dem kurzen Weg dorthin, erhalte ich eine SMS von Achim: „Ruddi's Leine liegt auf der Theke!" Ach, guck mal an, die habe ich noch gar nicht vermisst. Danke für Deine Fürsorge, Achim! Ich hätte mich sehr geärgert, wenn es mir erst im Ort aufgefallen wäre. Der Pilger ist zu vielem bereit, aber niemals zum Zurücklaufen, keinen einzigen Kilometer. Nachdem ich die Leine in Ruddi's Notfallnetz gepackt habe, lasse ich mir wie immer meinen Pilgerpass abstempeln. Ich will ja schließlich in Santiago de Compostela auch die Pilgerurkunde bekommen. Dafür muss ich natürlich nachweisen, dass ich den Camino auch bezwungen habe. Hierfür genügt es zwar, die letzten 100 Kilometer gelaufen zu sein, aber die sollen schon wissen, wo ich herkomme und wie lange ich unterwegs war. Ich bin nämlich ganz schön stolz auf das, was ich hier tue.

Ich setze mich an einen freien Tisch in dem großen Frühstücksraum und lasse mir viel Zeit mit meinem Café con leche und dem leckeren Croissant. Meine Freunde sind mit Sicherheit schon lange auf dem Weg. Jedenfalls ist niemand von ihnen zu sehen. Ich gebe mich meinem Wanderführer hin – also … dem Buch. Vor allen Dingen sehe ich nach, in welchem Ort es Pensionen oder Hotels gibt. Die gibt es nämlich nicht überall. Danach teile ich dann meiner persönlichen Etappe die Gesamtlänge zu, die ich voraussichtlich bewältigen werde und sollte, um mit der restlichen Zeit auch mein Endziel erreichen zu können. Gestern haben mir ja einige Kilometer gefehlt. Ich versuche, mir deswegen keinen Stress zu machen. Es kommen auch noch andere Tage, an denen ich vielleicht deutlich weiter laufen kann. Es wird ja nicht immer die Sonne so knallen, wie während der letzten Touren und es muss ja auch mal Spaziergang-Etappen geben, die leichter zu bewältigen sind. Wir werden sehen!

Das deutsche Ehepaar, das am Nebentisch sitzt, verwickelt mich in ein sehr angenehmes typisches Pilgergespräch: „Läuft dieser kleine Hund etwa auch den Jakobsweg? Wie findest Du die Wegabschnitte? Verläufst Du Dich manchmal? Hast Du auch Blasen an den Füßen? Spielt Dein Körper mit? Hast Du die richtigen Sachen im Rucksack? Findest Du immer eine Übernachtungsmöglichkeit? Hast Du schon viele Leute kennengelernt? Hast Du schon außergewöhnliche Situationen erlebt?“ So tauschen sich die Pilger aus. Und das brauchen sie! Alle haben die gleichen Probleme und Wehwehchen, aber auch außergewöhnliche Erfahrungsberichte, über die der jeweils andere staunt, lacht oder weint - je nachdem. Oft werden Sachen ausgetauscht, die der eine doppelt im Rucksack hat und der andere gar nicht. Zum Beispiel braucht einer dringend eine Sicherheitsnadel, um nasse Wäsche am Rucksack aufhängen zu können und dem anderen sind die Pflaster ausgegangen. Ja! Mit solchen „Problemen“ hat das Pilgerdasein zu tun.

In unsere heitere und angenehme Unterhaltung fällt „Dagmar-die-Negative“ ein. Sie setzt sich einfach ungefragt an meinen Tisch und zwar so, dass ich meine Gesprächspartner nur noch mit Verrenkungen ansehen kann. Und sie fängt sofort an zu meckern. Okay! Ich muss mich wohl mit ihr auseinandersetzen. Es gibt ja Dinge, die einen so lange verfolgen, bis man sie abgearbeitet hat. Dann lieber sofort, damit ich dieses Kapitel beenden kann. Ich sammle mich kurz, ringe um das wirkungsvolle positive Denken und lächle sie an. Gedanken sind Energie und wenn sie ein bisschen offen dafür ist, lässt sie sich von mir anstecken. Pustekuchen! Für sie ist und bleibt alles Scheiße. Sie fährt auch heute wieder mit dem Bus weiter, die schlechten Wege will sie sich auf keinen Fall antun. Die weiß ganz schön gut Bescheid, dafür dass sie mit dem Bus über die Landstraßen fährt. Tja, was soll ich machen? Mir fällt da nichts mehr zu ein. Ich habe es versucht. Jeder ist seines Glückes Schmied! Meine Schmiede steht an einem anderen Ort und ich entschließe mich, diese bemitleidenswerte Frau sofort zu verlassen.

Innerhalb von zehn Minuten erreiche ich Belorado. Ich stelle wieder mal fest, dass ich so schnell wie möglich aus der Stadt raus will. Der Lärm der vielen Autos geht mir auf die Nerven. Zügig durchlaufe ich die engen Gassen. Hier wird an sehr vielen Stellen gebaut – auch das noch! Oder will ich einfach den Abstand zu Dagmar vergrößern?

Es hört sich an, als wäre ich in einer Großstadt unterwegs, dabei handelt es sich hier nur um ein Dorf. Irgendwie fühle ich mich fehl am Platz. Ich bin auf Einsamkeit eingestellt. Wie bei einer Schnitzeljagd tut man gut daran, ganz besonders innerhalb geschlossener Ortschaften, seine gesamte Aufmerksamkeit in das Auffinden etwaiger Camino-Wegweiser zu stecken. In der freien Landschaft fällt so ein Hinweis natürlich viel besser auf. Es ist schon nach elf Uhr als ich über die Holzbrücke des Flusses „Tirón“ laufe und damit Belorado verlasse.

66) Stein-Brücke über den Tirón in Belorado

Gute zwei Stunden später erreiche ich das fünf Kilometer entfernte Tosantos. Die Nationalstraße ist zwar in der Nähe, aber weit genug weg, um in Ruhe zu laufen. Der Weg ist sehr angenehm und gemäßigt. In Tosantos unterhalte ich mich kurz mit dem einen oder anderen Bauern, der mich freundlich anspricht. Ruddi und ich fallen auf dem Jakobsweg eben auf. Meine Erfahrung zeigt mir, dass die Spanier immer ganz entzückt sind von unserem Anblick. Sie rufen uns fast jedes Mal zu: „Qué buena compañía (Was für eine nette Begleitung)!“ Die meisten wollen ihn sogar streicheln.

Ganz kurz hinter Tosantos entdecke ich eine in den Berg geschlagene Felskapelle. Mein Foto muss man schon sehr genau ansehen, um sie erkennen zu können. Am besten selbst mal vorbeischauen, ne?!

In Villambistia entschließe ich mich, die Bar aufzusuchen. Heute bin ich sehr gemütlich unterwegs - dafür dass ich ungefähr 24 Kilometer geplant habe. Und dazu liegt San Juan de Ortega auch noch hinter dem Alto de la Predaja. Es gilt also die Montes de Oca zu durchqueren und auf 1150 Meter aufzusteigen, um dann über 100 Höhenmeter wieder abwärts zu laufen. Da San Juan de Ortega nur 50 Einwohner hat, ist es fraglich, ob ich dort übernachten kann. Ich sollte mir das bei einem Café con leche noch einmal durch den Kopf gehen lassen.

Nach einer sehr kurzen Pause in einer Bar an der Nationalstraße, mache ich mich wieder auf den Weg. Es ist mir zu hektisch da drin. Eine große Gruppe Fahrradpilger ist hier eingekehrt und macht ein Riesenpalaver. Ruddi ist heute gut drauf. Zwischen riesengroßen Feldern geht es auf angenehmen Landwirtschaftswegen einen Hügel hinauf. Hier oben ist die Aussicht so schön, dass ich Ruddi's Decke auf dem Weg ausbreite und ihm noch eine zusätzliche Rast in meinem Schatten gönne. Zwei Pilger kommen nach einigen Minuten vorbei und machen sich Sorgen um mich. Weil ich mich mitten auf dem Weg niedergelassen habe und der kleine Hund bewegungslos vor mir liegt, denken sie, dass ich in Schwierigkeiten bin. Wir unterhalten uns ein bisschen und philosophieren über die Durchquerung der Montes de Oca. Ich bin der Meinung, dass ich das schon schaffen werde. Ich habe ja schließlich auch die Pyrenäen bezwungen. Da können diese beiden Pilger nicht mitreden. Sie sind erst in Pamplona gestartet. Die Männer verabschieden sich nach einem Viertelstündchen mit einem „buen camino“ und ich komme in den seltenen Genuss des Anblicks der wippenden Rucksäcke auf ihren Rücken.

67) Blick zurück Richtung Tosantos auf die Felskapelle

Die wenigen Kilometer bis Villafranca Montes de Oca verlaufen bergauf durch Felder und Wiesen. Kurz vor dem Ort kreuzt eine für mich „riesengroße“ Schlange meinen Trampelpfad. Ich erschrecke mich zu Tode. Ich habe noch nie die Bekanntschaft einer Schlange gemacht. Die war mindestens 50 Zentimeter lang und einen „fetten Daumen“ dick. Was jetzt? Liegt sie im hohen Gras auf der Lauer? Darf ich mich bewegen? Oder kommt sie zurück, um mich zu erwürgen und genüsslich zu verspeisen, wenn ich es wage, weiterzugehen? Bevor ich in eine Starre falle, gehe ich lieber einfach sehr zügig weiter. Mir war gar nicht klar, dass mir hier so ein Tier begegnen kann. Es dauert einen Moment, bis ich mich wieder gefangen habe und normal atmen kann.

Ich erinnere mich daran, dass sie sich mir als Krafttier gezeigt haben könnte. Sie fordert mich also auf, mich mit meiner Lebenskraft zu beschäftigen - mehr auf die Weisheit meines Körpers zu achten. Mein Körper spricht mit mir und nutzt dazu Schmerz, Druck, Verkrampfung, Müdigkeit, Kurzatmigkeit, aber auch Ausdehnung, Leichtigkeit, Freude und Entspannung. Die Schlange sagt: „Achte darauf, wie Dein Körper sich verhält. Jede Botschaft, jeder Gedanke, jedes Gefühl, jede Handlung, jedes Wort löst eine Reaktion in Deinem

Körper aus. Achte darauf, wie er sich verhält. Zieht er sich zusammen? Dehnt er sich aus? Freut er sich, oder ist ihm eher nach Weinen zumute? Fühlt er sich wohl? Gehe Deinen Bauch- und Körpergefühlen nach. Finde heraus, was dir gut tut, Dir Kraft gibt und Freude bereitet. Dies sind die Ladestationen, an denen Du Dich an die Quelle der Kraft anschließen kannst." Wenn das so ist, dann sollte ich die heutige Etappe jetzt beenden, denn mein Bauch zieht sich zusammen, bei dem Gedanken an weitere zwölf Kilometer durch die Berge.

Gleicher Tag (insgesamt 251,6 km gelaufen)
Villafranca Montes de Oca (191 Einwohner), 948 m üdM, Burgos
Casa Rural, Doppelzimmer, 18 Euro pro Person ohne Frühstück

Der Ort ist sehr überschaubar. Zunächst komme ich an einem riesigen Parkplatz vorbei, an dessen Ende sich einige Geschäfte und - so weit ich das aus der Ferne erkennen kann - ein Restaurant befinden. Vielleicht gehe ich da heute Abend essen. Aber zuerst muss ich mal sehen, wo ich übernachten kann. Und danach, ohne Rucksack auf dem Rücken, muss ich Futternachschub für Ruddi besorgen. Es ist ja noch relativ früh, das sollte kein Problem sein.

Direkt an der Hauptstraße ohne Bürgersteig quetsche ich mich, vor den vorbeidonnernden LKW Schutz suchend, in einer Kurve an der Hauswand entlang und falle fast in die offenstehende, sehr breite, uralte Eingangstür. Na ja, wenn ich schon mit einem Fuß drin bin, dann soll der zweite wohl auch noch hinterher. Ist das hier privat oder für die Öffentlichkeit zugänglich? Ich stehe in der ziemlich langen Diele ein wenig ratlos herum, als eine junge Frau aus einem Zimmer tritt. Bevor ich mich entschuldigen kann, begrüßt sie mich herzlich und fragt nach meinem Anliegen. Ich mache ihr klar, dass ich ein Zimmer für eine Nacht suche und sie schlägt sofort ein dickes Buch auf, schaut kurz hinein und nimmt einen Schlüssel aus der Schublade eines antiken Sekretärs. Sie bittet mich, die Treppe hinauf zu gehen. Völlig überrascht, auf diese Weise eine Unterkunft „gefunden" zu haben, zeige ich fragend auf Ruddi, den sie bis jetzt nicht sehen konnte, weil er in der schmalen, dunklen Diele hinter mir stand. Sie lacht und schubst mich freundlich auf den Weg nach oben. Unterm Dach angekommen präsentiert sie mir ein kleines gemütliches Zimmer. Das gepflegte Bad befindet sich auf dem Flur. Es gibt noch zwei weitere Zimmer auf dieser Etage, dessen Bewohner sich mit mir das Bad teilen. Ich frage nach dem Preis. Sie erklärt mir, dass es sich um ein „Casa Rural“ handelt und die Übernachtung lediglich 18 Euro kostet. Im Erdgeschoss gibt es eine Gemeinschaftsküche, die ich benutzen dürfte. Casa Rural bedeutet: Haus mit mehreren Zimmern und gemeinschaftlichen Einrichtungen wie Küche, Bad und Wohnzimmer. Teilweise wohnen die Besitzer mit privatem Bereich im Haus. Diese Häuser werden meist zimmerweise, teils mit, teils ohne Verpflegung vermietet. Prima, dann weiß ich das jetzt auch. Da hat sich mir eine neue, sehr angenehme und dazu preiswertere Möglichkeit aufgetan.

Nachdem ich meinen Rucksack abgestellt und die Schuhe gewechselt habe, begebe ich mich wieder nach draußen und laufe die Hauptstraße weiter entlang. Ruddi verlangt morgenfrüh sein wohlverdientes Futter. Nach zirka 500 Metern finde ich auf der rechten Seite einen kleinen Laden. Vor der Tür sitzen an einem Bistrotisch drei Spanierinnen in meinem Alter und amüsieren sich köstlich. Worüber weiß ich noch nicht so genau. Lachen die mich etwa aus? Ich höre mehrmals das Wort „rata“. Wollen die etwa meinen tapferen kleinen Hund als Ratte beschimpfen? Sollten die wirklich so bösartig sein? Das kann ich mir nun auch wieder nicht vorstellen. Ich bleibe freundlich, binde Ruddi an einen Pfahl unweit ihres Tisches und betrete den Laden.

Nach einigen Anlaufschwierigkeiten versteht der freundliche Verkäufer, dass ich Futter für meinen Hund benötige. Er erklärt mir wild gestikulierend: „No Futter para el perro, pero Futter para la rata.“ Da! Schon wieder dieses Wort! Dann kann das nicht Ratte heißen, es heißt bestimmt Katze. Die Frauen finden also meinen Ruddi so süß wie eine Katze. Na klar, das Wort hat der sympathische „in-Schluppen-Verkäufer“ in Lorca doch auch benutzt! Also übersetze ich das mal mit: „Kein Futter für den Hund, aber Futter für die Katze.“ Meine Antwort lautet also: „Sí, sí, okay, Futter para la rata.“ Er sieht mich erstaunt an und fängt laut an zu lachen. Also, wenn die jetzt hier so weiter machen, kauf ich gar nichts! Ich lass mich doch nicht hochnehmen! Hab ich vielleicht ne Spaghetti im Gesicht? Wo bin ich denn hier gelandet? Bevor ich mich entschließe den Laden einfach zu verlassen, hat er mir das Trockenfutter eingepackt und nennt mir den Preis. Ich gebe ihm den gewünschten Euro und treffe draußen wieder auf die gut gelaunten Frauen.

Sie zeigen auf die Tüte und ich habe nichts Besseres im Sinn als ihnen zu erklären: „No Futter para el perro, pero Futter para la rata esta bien." Frei übersetzt: „Kein Futter für den Hund, aber Futter für die ‚Katze' ist gut." Sie halten sich den Bauch vor Lachen: „Rata … hahahihihaho … rata!" Boah, ich muss hier weg, was denken die sich bloß?! Unverschämtheit! Verärgert trete ich den Rückweg an. Mit einiger Anstrengung lenke ich meine Gedanken wieder in eine positivere Richtung.

„Zuhause" angekommen, stelle ich mich erstmal ausgiebig unter die Dusche. Dann mach ich mich so „schick" es geht und suche mit Ruddi in der Tasche das Restaurant am Parkplatz auf, das ich bei der Ankunft in Villafranca entdeckt hatte. Das vornehme Lokal ist gerammelt voll. Alle Tische sind besetzt. Also stelle ich mich in zweiter Reihe an die Theke und bestelle mir ein „lecker Bier".

Damit ich das Getränk überhaupt annehmen kann, macht der Mann neben mir Platz. Er prostet mir zu und spricht mich auf Englisch an. Er heißt Paul, ist 45 Jahre alt und kommt aus Colorado. Wir beide verstehen uns auf Anhieb. Mein Schulenglisch von vor 35 Jahren funktioniert wie von Geisterhand. Wir können uns gut verständigen und haben eine Menge Spaß. Nach einer Stunde wird endlich ein Tisch frei und wir stürzen uns fast gleichzeitig darauf. Wir haben beide mittlerweile sehr großen Hunger und bestellen uns eine Suppe. Das übliche Pilgermenü wird hier leider nicht angeboten. Das ist mehr ein Café als ein Restaurant. Es werden nur einzelne Tapas angeboten. Na ja, ist nicht so schlimm. Ein komplettes Menü habe ich mir heute nach schlappen 12,2 Kilometern auf dem Camino auch nicht wirklich verdient.

Nach dem Essen trinken wir ein weiteres Bier, bei dem Paul mir erzählt, dass er am 11. September 2001 in New York drei Freunde verloren hat. Sie hielten sich in den Türmen des World Trade Centers auf, als der Anschlag verübt wurde. Er weint, als er sich erinnert. Während er damals im Fernsehen das Geschehen verfolgte, bekam er die Nachricht über das wahrscheinliche Schicksal seiner Freunde per Telefon von seinen Eltern, die sich zu der Zeit in New York aufhielten. Er berichtet mir von seiner Angst, dass dort noch mehr passieren könnte und kam fast um vor Sorge um seine Eltern. Dass es seine Freunde tatsächlich getroffen hatte, erfuhr er einige Tage später. Mein Gott, muss das schockierend gewesen sein! Die ganze Welt war erschüttert über diese Anschläge. Wie verkraftet ein Mensch so eine Nachricht? Ich umarme ihn wortlos und nach einigen Minuten hat er sich wieder gefangen.

Um unsere Stimmung wieder anzuheben suche ich nach einem anderen Thema. Mir fällt meine „Shoppingtour“ vom Nachmittag wieder ein. Ich frage ihn nach seinen Spanisch-Kenntnissen. Er hat mal ein bisschen Spanisch gelernt. Prima! „Was heißt rata auf Deutsch?“ Er antwortet: „Ratte“, und sieht mich fragend an. In meinem Hirn „rattern“ die Maschinen. Wie Ratte? Was hat Ruddi’s Fressen denn mit Ratten zu tun? Ist das etwa gar kein Katzenfutter, das ich für einen einzigen Euro gekauft habe? Deswegen war das so preiswert! Haben die Frauen etwa insgeheim meinen Hund als Ratte beschimpft? Wenn die mir morgen über den Weg laufen, hau ich die um! Paul will endlich wissen, was es mit den Ratten auf sich hat. Aufgeregt und entsetzt über die Unverschämtheiten des Nachmittags erzähle ich ihm die Geschichte. Voller Mitgefühl meint er: „Ich habe schon oft gelesen und gehört, dass die Spanier keine Hunde mögen. Nimm das doch nicht so ernst. Morgen gehst Du hier weg und siehst die nie wieder.“ „Aber ich bin jetzt schon seit fast zwei Wochen auf dem Jakobsweg und bis heute Nachmittag habe ich gegenteilige Erfahrungen gemacht. Sie lieben meinen Hund und das geht auch gar nicht anders.“ Zu allem Überfluss fällt mir Lorca wieder ein und berichte Paul auch von diesem Hundefutter-Einkauf. „Ich will und kann nicht glauben, dass dieser nette Mann mich und meinen Hund hinterrücks beleidigt hat. Außerdem: Wenn man Ruddi mit einem anderen Tier vergleichen will, dann hat er die Statur einer Katze. Mit einer Ratte hat der rein gar nichts gemein.“ Ich bin zutiefst enttäuscht. Paul fragt noch einmal genauer nach dem Wortlaut und grübelt über die Sache nach. Plötzlich fängt er an zu lachen: „Du hast Dich bestimmt verhört. Katze heißt auf Spanisch ‚gata‘. Rata und gata kann man doch leicht verwechseln.“ Natürlich, jetzt wo er das so sagt … die haben die ganze Zeit von gata gesprochen. Niemand hat uns runter gemacht! Keine Geringere als ich selbst war es, die den Frauen draußen von „Rata“-Futter erzählt hat. Kein Wunder, dass die sich köstlich amüsiert haben. Ich werde im Nachhinein rot und schäme mich meiner schlechten Gedanken. Wow! Gut dass wir mal drüber gesprochen haben!

Mir fällt auf, dass Paul Jeans trägt. Das ist völlig untypisch für Pilger. Eine Jeans kann man nicht mal eben waschen und trocknen. Außerdem ist sie auch noch relativ unbequem und hat viel Gewicht. Paul findet es „funny“, dass mir das auffällt. Er wird täglich darauf angesprochen. Er glaubt, dass er der einzige Pilger ist, der in Jeans den Jakobsweg läuft. Darauf noch ein Bier und dann geht es ab in die

Kojen. Erst als wir das Café verlassen und ich die Ruddi-Tasche öffne, merkt Paul, dass er den ganzen Abend neben einem Vierbeiner gesessen hat. Perrito hat bei all dem Trubel regungslos und ruhig in seinem „Bett“ gelegen. Mein Begleiter ist sehr von „mi rata“, wie er die völlig ahnungslose „Katze“ nun zärtlich und ganz leise nennt, angetan und begrüßt ihn liebevoll.

So erfahre ich, dass mein Hund und ich Thema sind, wenn sich die Pilger in den Bars treffen und erzählen, was sie außergewöhnliches gesehen oder erlebt haben: „Es gibt eine Frau die mit einem kleinen schwarzen Hund auf dem Weg ist.“ Ab morgen gibt es ein weiteres Thema: „Ein Mann namens Paul läuft in Jeans den Jakobsweg.“ Da werde ich höchstpersönlich für sorgen.

Paul bringt mich noch bis vor die Tür meines Casa Rural. Zum Abschied nimmt er mich sehr herzlich und ausgiebig in den Arm: „Ich möchte Dich gar nicht wieder loslassen. Dieser Abend hat mir so gut getan. Versteh mich bitte nicht falsch, aber diese Umarmung genieße ich gerade sehr. Darf ich Dich noch ein bisschen festhalten?“ Ich schaue ihm in die Augen und erkenne, dass er es genauso meint, wie er es gesagt hat. So stehen wir noch einige Minuten eng umschlungen da und genießen die menschliche Nähe und Wärme. Zum Abschied gibt es noch ein Küsschen und die Gewissheit, dass wir uns, bis wir Santiago de Compostela erreicht haben, mit Sicherheit nochmal wiedersehen. „Buen camino.“

Bevor ich einschlafe, wird mir wieder bewusst, wie facettenreich das Leben ist: Ich bin außer mir vor Freude und fühle mich geborgen und glücklich wenn ich mit Sabrina, Edit, Oliver und Achim zusammen bin. Wir sind ausgelassen, albern und lachen über alles, was sich dafür anbietet. Ich genieße die Unbeschwertheit und Leichtigkeit in ihrer Gesellschaft. Wir umarmen uns jedes Mal wenn wir uns treffen oder verabschieden. Aber das, was Paul mir eben vermittelt hat, war eine ganz andere Nähe. Auch Hermann hat mir so viel gegeben. Ich liebe seinen Humor, der meinem so ähnlich ist. Wir haben vor Lachen so manches Tränchen vergossen und uns eine Zeitlang gegenseitig versorgt, bis er dann zu meinem Bedauern zu vereinnahmend wurde. So einige Spanier haben mir selbstlos aus der Patsche geholfen und Mary und Lynn, meine Kanadierinnen, haben immer ein Auge auf mich, da bin ich mir sicher. Die Aachener, Franz-Josef und Gabi sorgen dafür, dass ich kleine Überraschungen, wie zum Beispiel eine Nachricht im Schnee, finde. Ina macht mir klar, dass jeder seinen eigenen Weg finden muss, um mit schweren

Diagnosen weiterleben zu können. Aus Sören spricht Ruhe, Gelassenheit und Humor in jeder Situation. Er hat den Schalk im Nacken. Pia ist die, die deutlich macht, dass zu gegebener Zeit auch Trauer wichtig und angebracht ist. Dagmar-die-Negative erinnert mich daran, dass man sich auch mal entziehen muss um nicht in Negativität zu ertrinken. Und nicht zuletzt haben mir die drei Spanierinnen heute Nachmittag gezeigt, dass man schon genau hinhören muss, was der andere sagt. Ruddi erinnert mich so oft daran, immer schön im Hier und Jetzt zu leben. Ein Hund findet im Moment irgendetwas doof, bellt und knurrt wie wild. Dann schüttelt er sich kräftig und läuft schwanzwedelnd fröhlich weiter. Alles zusammengenommen ist es das, was eine funktionierende Familie ausmacht. Jeder hat seinen Part und alle zusammen sind eins.

Montag, 28. April 2008
Villafranca Montes de Oca (191 Einwohner), 948 m üdM, Burgos
14. Etappe bis Atapuerca, 18,6 km

Von dem donnernden Lärm der vorbeifahrenden LKW unter meinem offenen Fenster werde ich so gegen halb acht geweckt. Mein erster Gedanke gilt der heutigen Etappenlänge. Ich sollte mich langsam wieder steigern! Wenn ich so weiter mache, fehlt mir am Ende der Zeit ein Stück Weg bis Santiago de Compostela. Das ist inakzeptabel für mich. „Komme was da wolle, ich schaffe das!" Mein Reiseführer verspricht für heute gleich nach dem Start, die anstrengende Durchquerung der Montes de Oca. Der Aufstieg beginnt im wahrsten Sinne des Wortes direkt vor der Haustür. Ich muss mir noch eine Flasche Wasser und etwas zu essen besorgen, bevor ich mich auf den Weg mache. Während der nächsten zwölf Kilometer gibt es keine Versorgungsmöglichkeit.

Mit dem Rucksack auf dem Rücken, den Stöcken in der einen und Ruddi an der Leine in der anderen Hand steige ich die Treppen hinab. Auf dem alten Sekretär in der Diele im Erdgeschoss steht ein Pilgerstempel bereit. Die junge Señora von gestern Abend ist nicht zu sehen oder zu hören, also stemple ich meinen Pilgerpass selbst ab. Ich werfe noch einen Blick in die offene Küchentür, in der Hoffnung, dass es ein Frühstücksbuffet mit netten Weggefährten davor gibt. Ein Pläuschchen bei einem Café con leche wäre toll. Aber wahrscheinlich bin ich wieder mal die Letzte, die sich auf den Weg macht. Jedenfalls ist keiner da - genauso wenig duftet es nach Kaffee und ein Buffet ist auch nicht in Sicht.

Ich begebe mich dorthin, wo ich gestern Abend aufgehört habe. Großartig, die Bar hat gerade geöffnet! Außer mir befindet sich kein Gast in diesem Lokal. In Ruhe studiere ich den Wanderführer und stärke mich für die anstehende Etappe durch die Berge. So gegen halb neun mache ich mich letztendlich fröhlich auf den Weg. In der kleinen Tienda von gestern Abend kaufe ich mir eine Flasche Wasser und eine kleine Tüte Kartoffelchips für unterwegs. Der Verkäufer erkennt mich wieder und lächelt mich freundlich an. Wenn der wüsste, in welcher Aufregung ich gestern war … Er wünscht mir einen „buen camino“.

Ich bin begeistert von mir und dem Weg. Die Steigungen gehen mir immer leichter von den Füßen. Ruddi darf ohne Leine laufen. Die Nationalstraße ist weit genug weg. Bis der höchste Punkt des Alto de la Pedraja erreicht ist, sind es schätzungsweise vier oder fünf Kilometer.

An der Fuente de Mojapán treffe ich nach einer guten Stunde Laufzeit den ersten Pilger an diesem Tag. Es ist ein Mann so um die 60. Mir fällt auf, dass er nur einen winzigen Rucksack auf dem Rücken trägt. Nachdem wir uns ein bisschen darüber unterhalten haben, wer wir sind und wo wir herkommen, setzen wir gemeinsam den Aufstieg fort. Nach einer Weile spreche ich ihn auf sein spärliches Gepäck an. Er erzählt mir, dass seine Frau mit dem Wohnmobil die Etappen abfährt. Sie mag nicht laufen, wollte ihren Mann aber auch nicht so lange alleine lassen. Die beiden haben eine ganz außergewöhnliche Methode des Pilgerns entwickelt. Sie fährt immer vor zum Etappenziel, das sie sich beim, von ihr liebevoll hergerichteten Frühstück, ausgesucht haben. Dann kundschaftet sie einen schönen Platz aus, an dem sie über Nacht mit dem Wohnmobil stehen dürfen, geht einkaufen und kocht höchstpersönlich ein leckeres Pilgermenü für ihren Mann. Natürlich kümmert sie sich auch um die Wäsche. Beneidenswert! Die oberste Pflicht eines „normalen“ Pilgers liegt darin, nach Erreichen der Unterkunft zu allererst die getragene Wäsche - meist auf der Hand - zu waschen und zum Trocknen hinzuhängen, damit sie am nächsten Morgen wieder in ihren Beutel einziehen kann. Dieser nette Mann genießt den Luxus, tatsächlich einfach nur zu laufen und sich nachts in seinem eigenen Bett erholen zu dürfen. Um alles andere kümmert sich seine liebende fürsorgliche Ehefrau. Toll!

Für mich allerdings ist alles perfekt, so wie es gerade ist. Der Jakobsweg darf durchaus ein paar Ecken und Kanten haben. Gerade die Widrigkeiten auf diesem Weg schenken mir das überwältigende Gefühl, das sich einstellt, wenn alles glatt läuft. Das gehört meiner Meinung nach unbedingt dazu. Ich habe schon mit einigen Pilgern gesprochen, die sich nicht vorstellen können, in einer Pension oder einem Hotel zu übernachten, so wie ich es mache. Für sie gehört die Erfahrung in den Herbergen zwingend dazu. Das zeigt mal wieder deutlich, dass jeder „seinen ureigenen Camino“ geht, und die Möglichkeiten sind grenzenlos.

Meine neue Pilger-Bekanntschaft ist sehr sympathisch und so laufen wir bestimmt zwei Stunden gemeinsam. Danach genießt wieder jeder sein ihm eigenes Tempo. Er ist natürlich mit dem leichten Gepäck deutlich schneller unterwegs als ich.

68) zwischen Villafranca Montes de Oca und San Juan de Ortega

Das Wetter ist ideal: bewölkt, trocken, kaum Wind, angenehme Temperatur. Ruddi und ich bezwingen souverän die Montes de Oca. Im Wald kommen wir auf ein Teilstück des Jakobswegs, das aussieht, als wäre hier eine Autobahn geplant. Dieser Weg ist planiert und unglaublich breit, eben wie eine 4-spurige Autobahn und es geht immer schnurgeradeaus mit ganz leichten Hügeln. Zunächst finde ich das toll, aber nach einer Weile werde ich das Gefühl nicht los, das in diesem Gebiet einmal etwas Schlimmes passiert ist. Von alleine entsteht mitten in der Natur so eine breite und endlos lange Schneise nicht. Bei genauerem Hinsehen gibt es Anzeichen dafür, dass es hier einen Waldbrand gegeben haben könnte. Ich fühle mich schlecht und wünsche mir das Ende dieses Szenarios herbei. Ich muss mich aber noch eine ganze Weile gedulden bis der Spuk vorbei ist.

Endlich liegt ein wunderschöner, sich sanft schlängelnder Pfad durch einen dichten Wald vor mir. Ein paar Mal treffe ich auf Holzfäller, die damit beschäftigt sind, die vorbereiteten Baumstämme auf ihre Traktoren-Anhänger zu laden. Sie winken mir gut gelaunt zu. Ich liebe und genieße es jedes Mal, glückliche, zufriedene Menschen zu sehen. Das haben die Spanier echt gut drauf. Egal ob sie bei der Arbeit sind oder gemütlich vor ihrer Haustür sitzen, sie strahlen zu 99 Prozent sorgenfreie Gelassenheit aus. Hier auf dem Camino Francés verstehen sie es, das Leben zu nehmen wie es kommt. Egal, wie groß der Stress zum Beispiel in einer Bar, Pension oder Herberge, wie schwer die Feld- und Waldarbeit auch sein mag, sie lassen sich niemals aus der Ruhe bringen oder die gute Laune vermiesen. Die gleiche Lebenslust legen die meisten Pilger an den Tag. Gedanken sind Energie. Wer steckt hier wohl wen an? Die Pilger die ansässigen Spanier oder umgekehrt? Egal, es zeigt mir eindeutig, dass es funktioniert. Die vorherrschende positive Energie lässt jeden, der es nur will, ruck zuck aus einer miesen Stimmung - die durchaus auch mal erlaubt ist - wieder aussteigen.

Das ist der richtige Moment, eine Pause auf der Ruddi-Decke zu machen und neue Energie zu tanken. Einige mir unbekannte Pilger kommen an uns vorbei und beklagen sich über die letzten drei Wald-Autobahn-Kilometer. Aber was nützt all das Klagen, es ist vorbei und jetzt gilt es, den Wald zu genießen. Ab hier werden wir tausendfach für das Erlebte entschädigt. So idyllisch und erholsam kann es bis Santiago weitergehen.

In San Juan de Ortega gibt es eine Bar. Nach zwölf Kilometern eine Oase, und somit ist das Lokal gnadenlos überfüllt. Drinnen und draußen sitzen zig Pilger. Ich finde tatsächlich im Schankraum noch einen kleinen freien Tisch und gebe mich zufrieden bei einem wohlverdienten Café con leche den Gegebenheiten hin. Nach einigem Beobachten und Hinhören stellt sich heraus, dass ich mich direkt neben einer Herberge befinde, die wohl vollkommen überfüllt sein muss. Einige Pilger schimpfen lautstark darüber, dass sie weiterziehen müssen. Aus diesem Chaos heraus, entsteht die Idee einiger Spanier, die nörgelnden Läufer mit ihren Autos zur nächsten Herberge zu fahren. Ein Pilger nach dem anderen verschwindet auf diese Art und Weise. Viele Rucksäcke fliegen in Kofferräume, Autotüren knallen ins Schloss und mit aufheulenden Motoren brausen sie davon. Was soll ich dazu sagen? So geht es natürlich auch! Ich verstehe die Aufregung nicht, denn es ist erst früher Nachmittag und der nächste Ort nur knappe vier Kilometer entfernt. Na ja, jedem das Seine. Und wer weiß: Vielleicht gibt es ja einen netten Bruder, der sie morgenfrüh wieder an genau diese Stelle fährt! In der Bar herrscht nun jedenfalls eine wesentlich entspanntere Atmosphäre als vor wenigen Minuten.

Für heute liegen noch knappe sieben Kilometer vor mir und ich schnüre mein Bündel. Der Camino führt mich weiterhin durch den zauberhaften Wald. Die Sonne scheint, aber mein Hund und ich genießen den Schatten der Bäume. Ruddi läuft fröhlich pfeifend mal vor, mal hinter mir und findet den Tag genauso toll wie ich. Da sich hier kaum Stolperfallen befinden, erlaube ich mir endlich mal, unkonzentriert und in Gedanken versunken, zu gehen. So muss sich ein Automotor fühlen, wenn er im Leerlauf langsam einen Berg hinunterrollt. Herrlich! Wie gut das unbekümmerte Gehen tut! Ich fühle mich wie in Trance.

Plötzlich ein Riesenschreck! Etwas hat meine Wade berührt. Ich traue mich nicht, mich umzudrehen. Wer oder was wagt es mitten im Wald, einfach und ohne Vorwarnung so nah an mich heranzukommen? Ich bin mir sicher, dass das hinter mir kein Mensch ist. Gibt es hier Wildschweine oder gar Bären? Oh Gott, steh mir bei! Bevor ich mich umdrehe, um zu reagieren, gehe ich noch einige Schritte betont „lässig“ und im gleichen Tempo weiter, um mich zu sammeln und eine Taktik zu entwickeln, wie ich mich dem „Feind“ stellen kann. Meine Knie sind butterweich. Kurz bevor ich in die befürchtete Ohnmacht falle, läuft ein Hund an mir vorbei und direkt dahinter - mit der Nase an dem Hintern des Neuen - mein eigener.

Mir fällt ein Stein vom Herzen und ich bleibe erst einmal stehen, um mich zu entspannen und zu beruhigen. Seit wann begleitet der uns denn schon? Das ist ja ein Ding! Der könnte sich mir zumindest mal kurz vorstellen. Was sind denn das für Manieren? Die beiden Vierbeiner verstehen sich auf jeden Fall super. Na gut, dann will ich Ruddi’s aussagekräftigem Blick „was denn? Nun komm schon, oder willst Du hier Wurzeln schlagen“ mal nachgeben. Dann gehen wir eben zu dritt ein Stück durch den Wald. Der Neue wird hoffentlich wissen, was er da tut. Der hat auf jeden Fall ein zu Hause, der ist so wohlgenährt.

69) Ruddi hat einen neuen Freund in San Juan de Ortega gefunden

Nach gut einer Stunde erreichen wir tatsächlich immer noch in fremdtierischer Begleitung Agés. Im Ort finde ich zu meiner Freude ein liebevoll gestaltetes Schild mit dem Hinweis, dass es bis Santiago lediglich 518 Kilometer sind. Na, wer sagt's denn? Dann hammer's doch bald! Aber jetzt brauche ich zunächst einmal meinen heiß geliebten Café con leche. Ich weiß gar nicht, was ich jetzt machen soll. Das gibt doch bestimmt Probleme, wenn dieser fremde Hund einfach mit in die Bar kommt, die sich mir da anbietet. In der letzten halben Stunde hat es ein Unwetter gegeben. Die beiden Vierbeiner gingen locker als „Wildschweine" durch, so wie die aussehen. Es tut mir in der Seele weh, denn das mir zugelaufene muss draußen bleiben.

Vor der Eingangstür der Bar, rede ich meinem neuen treuen Begleiter gut zu. „Sei mir nicht böse, aber ich muss Dich im Regen stehen lassen. Geh wieder nach Hause oder, wenn Du hier in Agés Freunde hast, geh die besuchen. War nett mit Dir, mach's gut. Adiós." Ich schaffe es auch tatsächlich, ohne ihn die Bar zu betreten. Der hat

70) Agés mit dem zugelaufenen „Wildschwein“ unter dem Santiago-Hinweis-Schild

mich verstanden. Ich schaue ihm nach, bis er um die nächste Ecke gebogen ist.

Das hier ist gar keine normale Bar. Es ist der Schankraum einer Herberge. Es herrscht reges Treiben. Da es immer noch sehr stark regnet und der Himmel bedrohlich aussieht, kommen alle Pilger herein und machen sich ihr Bett klar. Die Herbergsleute sind richtig gut drauf. Mein Ruddi bekommt einen Teller mit Wasser hingestellt und darf sich, so weit die Leine reicht, frei bewegen. Die Wirtin fragt, ob sie mich für die Nacht einschreiben soll. Ich lehne ein bisschen traurig ab, denn die Stimmung und Atmosphäre sind wirklich toll. Aber ich kann nicht schon wieder eine Etappe vorzeitig beenden. Ich registriere begeistert, dass sie mich hier, wohlgemerkt in einer Herberge, zusammen mit meinem Hund aufgenommen hätten.

Nach einer guten Stunde und einer fantastischen Tagessuppe, mache ich mich an die letzten Kilometer für heute. Es regnet immer noch, aber mein Poncho hält mich und meinen Rucksack trocken. Da es warm genug, das Ziel schon nah ist und sich mein Körper so langsam aber sicher auch nach dem Feierabend sehnt, lasse ich Ruddi trotz Regen auf seinen eigenen Beinen laufen. Gerade als ich den Ort verlassen will, gesellt sich unser neuer vierbeiniger Freund wieder zu uns und läuft mit, als wäre es das normalste von der Welt. Er hat also draußen auf uns gewartet. So langsam mache ich mir Sorgen darüber, dass er nicht mehr nach Hause zurückfindet.

Auf einer ruhigen asphaltierten Nebenstraße setzen wir unseren Weg nach Atapuerca fort. Im Ort angekommen, verstecke ich meinen „gute-fünf-Kilo-Läufer“ in seinem Notfallnetz unter meinem Poncho. Ich darf kein Risiko eingehen, ich muss in diesem Ort ein Zimmer bekommen. Laut meinem Reiseführer bietet sich die nächste Übernachtungsmöglichkeit in einer Pension erst nach weiteren 20 Kilometern.

Gleicher Tag (insgesamt 270,2 km gelaufen)
Atapuerca (147 Einwohner), 956 m üdM, Burgos
Casa Rural, Doppelzimmer, 40 Euro pro Person ohne Frühstück

Mit Ruddi unterm Poncho mache ich mich auf die Suche. Höre ich da meinen Namen? Tatsächlich! Ich raste aus vor Freude, als Paul vor mir steht. Mit dem Schalk im Nacken sieht er kritisch an mir herab und sagt: „Wie siehst Du denn aus? Hast Du ein begehbares Zelt, aus dessen Kamin Du den Kopf stecken kannst, um den Überblick zu behalten? Und einen ‚Extra-Hund’ hast Du auch noch dabei! Wie konnte das passieren?“ Wir brechen gleichzeitig in schallendes Gelächter aus. So eine Frechheit, ich versuche hier unseren Arsch zu retten, und der Ami macht sich lustig über mich!

Paul will mir sofort „seine“ Herberge zeigen, weil er weiß, dass es noch freie Betten gibt. Er zieht mich einfach an der Hand mit dorthin, ich habe keine andere Wahl, als ihm zu gehorchen. Er ist fest davon überzeugt, dass sie mich mit Hund nehmen. Es handelt sich um eine schnuckelige kleine Herberge. Die Leute sind sehr lieb, aber mit zwei Hunden kann ich dort nicht übernachten. Der Neue tut aber auch wirklich so, als kenne er Ruddi und mich bereits seit seiner Geburt. Woher wissen die eigentlich, dass es einen zweiten Hund gibt? Meiner ist doch inkognito unterwegs.

Ein prüfender Blick an mir herab klärt das Phänomen augenblicklich auf. Bei dem Dauerlauf, den Paul mit mir hingelegt hat, ist mir dummerweise nicht aufgefallen, dass der triefnasse, zuckersüße Ruddi-Kopf aus dem, nicht ganz geschlossenen Poncho-Halsausschnitt gerutscht ist. Ich kann es den Herbergsleuten nicht klar machen, dass mir lediglich dieser kleine Schwarze gehört. Sie schicken mich zu ihren Nachbarn in ein Casa Rural. Die haben bestimmt noch ein Zimmer frei. Ich bin begeistert und begebe mich sofort dorthin.

Bevor ich eintrete, kontrolliere ich nochmal mein Erscheinungsbild. Ruddi ist vollständig im „Zelt“, dann kann ja nichts mehr schief gehen. Ich werde ihn vorsorglich verschweigen. So selbstsicher es geht, wage ich es, das einladende Gebäude zu betreten. Mit all meinem Hab und Gut am Körper, fülle ich einen sehr großen Teil des Eingangsbereichs aus - bin sehr präsent. Der Wirt sieht also erstmal angesichts meines weit ausladenden, klitschnass glänzenden Ponchos nur „rot“. Hinter mir bildet sich vom abtropfenden Regen ein klitzekleiner Wasserlauf von der Tür bis zur Rezeption, die gleichzeitig auch den Thekenbereich darstellt. Es ist eng hier und als ich mich zur Seite drehe, um mich meinem Gegenüber zuzuwenden, rücke ich zunächst ungewollt und lautstark mit meinem Rucksack die Barhocker in eine völlig andere Position. Nun habe ich die volle Aufmerksamkeit aller, auch jener, die sich im angrenzenden Schankraum befinden. Ich bin peinlich berührt. Ich möchte vor Scham im harten Bruchstein-Dielenboden versinken.

Die Begrüßung fällt zu meiner Erleichterung dennoch sehr herzlich aus. „Buenas tardes, señor. Busco una habitatión (ich suche ein Zimmer).“ Natürlich hat er noch genau ein Zimmer frei. Sofort schreibt er mich in sein Gästebuch ein und fragt mich nach meinem Personalausweis. Er entnimmt alle Daten, die für ihn wichtig sind und ich, nicht faul, bezahle auch sofort die Miete inklusive vorbestelltem Abendessen. Ich habe einfach die Hoffnung, dass er, sollte mein Hund doch noch auffallen, mich nach getaner Arbeit und kassierten Euros nicht mehr wegschickt. Und da kommt auch prompt die freundliche, aber resolute Durchsage, dass er mich durch das Fenster beobachtet hat und der Hund, der hinter mir herlief, natürlich draußen bleiben muss. Mir wird sehr heiß unter meinem Poncho. „Ruddi, bloß nicht bewegen, sonst …“, schießt es mir durch den Kopf. Okay, der Hund, den er gesehen hat, kommt damit klar, der findet schon einen Schlafplatz.

In meinem Kopf herrscht Chaos, Panik macht sich breit. Wenn ich lüge merkt er das doch mit Sicherheit sofort. Ich bin da nicht gut drin, ich will das auch gar nicht. Aber habe ich denn eine andere Wahl? So, wie es aussieht nicht. Momentan bin ich zu allem bereit, wenn ich nur hier übernachten darf. Ich muss bleiben, es gibt keine andere Option. Oweia, mein Hund würde die Nacht in der Kälte da draußen und weit weg von mir nicht überleben. Was mach ich denn jetzt, um hier bleiben zu können? Das muss gut gehen, sonst kann ich mir von dem zugelaufenen Hund eine nette Scheune zeigen lassen. Ich entschließe mich zu einem improvisierten Theaterstück vom allerfeinsten.

71) Casa Rural in Atapuerca, mein persönliches „Theater“

Vorhang: Dramatischer Gesichtsausdruck, Text: „Der Hund ist mir zugelaufen und ich bin mit meinen Nerven und meinem Latein am Ende. Ich werde ihn nicht mehr los. Bitte helfen Sie mir. Ich bin völlig verzweifelt wegen ihm. Ich habe Probleme, ein Zimmer zu bekommen, nur weil er mit mir mitläuft. Was soll ich nur machen, wenn er für immer bei mir bleiben will? Können Sie mir helfen? Bitte!!“ Und das alles mit Händen und Füßen, weil er kein Wort Deutsch spricht und mein Spanisch zu „pequeña (klein)“ ist.

Entsetzt und voller Mitgefühl legt er seine Hand auf meinen Arm und macht mir klar, dass er den Hund gleich verjagen wird. Ich flehe ihn erschrocken an, ihm auf keinen Fall weh zu tun. Ich habe echte Tränen in den Augen, angesichts der Tatsache, dass dieser kleine, liebenswerte, klatschnasse Strolch da draußen vor der Tür, in irgendeiner Weise leiden muss, nur weil ich hier so ein „Theater“ mache. Der Señor beruhigt mich, er kann keinem Hund was zu Leide tun. Er habe selbst einen. Er will den Zugelaufenen nur wegschicken.

Wie, der hat selbst einen Hund?! Wer Hunde mag und dazu noch einen so offenen, reinen Blick hat wie gerade dieser Señor, der kann nicht wirklich hartherzig sein. Mein Gewissen meldet sich: „Lügen haben kurze Beine, Birgit." Hat Ruddi vielleicht doch noch eine Chance? Eigentlich kann ihm doch niemand widerstehen, wenn er erstmal in sein Hundegesicht gesehen hat. Und er ist doch so klein, so süß, so hilflos und überhaupt … Ich kann diesen Mann, der mir so verständnisvoll gegenüber steht, einfach nicht weiter belügen und beschließe, ihm ganz schonend und Stück für Stück zu verraten, was da so unter meinem Poncho los ist.

Jetzt bin ich diejenige, die eine Hand auf seinen Arm legt, ich schaue ihm dabei tief in die Augen, lege die andere Hand auf mein Herz beziehungsweise auf den für ihn unsichtbaren Ruddi und sage voller Gefühl, also herzerweichend: „Mi corazón, señor, mi corazón. (Mein Herz, mein Herz)." Ich will damit sagen, dass mein Hund mein Herz ist und bemerke dabei nicht, dass der nette Señor etwas ganz anderes wahrnimmt, als ich ihm sagen möchte. Ich verdrehe die Augen, aus Verzweiflung, weil ich nicht weiß, wie ich jetzt weitermachen soll. Er deutet mein Gebaren als drohenden Herzanfall. Kein Wunder, denn noch bin ich für ihn ja auch eine sehr übergewichtige Matrone in einem feuerwehrroten Poncho unter dem hinten ein Riesenrucksack und vorne ein Hund versteckt sind, die zudem auch noch den ganzen Tag gelaufen ist und so unglaublich unter einem zugelaufenen Hund leiden muss. Ich sehe ihm an, dass er zu allem bereit ist, mich aufzufangen, auch wenn er unter meinem, allem Anschein nach, unglaublichen Gewicht zusammenbrechen würde.

Ich fahre fort mit: „Señor, mira, mi corazón, mi pequeño …(schauen Sie mal, mein Herz, mein kleiner …)" Mein Poncho reicht mir bis zu den Waden. Ich bücke mich, um den Saum greifen zu können und rolle Stück für Stück ganz langsam meinen Poncho auf. Zunächst bekommt er in Hüfthöhe einen Knubbel, den er mit Sicherheit in dem herunterhängenden Netz nicht zuordnen kann, zu sehen. Ich komme jetzt wieder in die Aufrechte und sehe ihm schweigend ins Gesicht, bevor ich das Geheimnis endgültig lüfte. Seine Augen werden immer größer, die Spannung ist unerträglich, ich rolle und rolle Zentimeter um Zentimeter den tropfenden Poncho weiter hoch. Und da, in Brusthöhe, wo der Señor bestimmt den allergrößten Busen erwartet, den er je zu Gesicht bekommen hat, sehen ihn zwei unglaublich traurige, funkelnde, braune Hundeaugen verzweifelt an. Mir bleibt nur noch zu sagen: „Por favor, señor, mi corazón, mi pequeño perro, por favor! (Bitte, Señor, mein Herz, mein kleiner Hund, bitte).“ Mehr Worte braucht er nicht. Es dauert einen Augenblick, bis er realisiert, was hier gerade geschieht. Er ist wahrscheinlich unglaublich erleichtert, dass es sich unter meinem Poncho lediglich um einen kleinen Hund handelt und ich ihm nicht meine weiblichen Reize offenbart habe. Zu meiner großen Überraschung und totalen Erleichterung lächelt er Ruddi liebevoll an, spricht beruhigende spanische Worte zu ihm und streichelt ihm über das regennasse Köpfchen. Dann sieht er mich voller Verständnis an und macht mir klar, dass seine Frau auf keinen Fall etwas davon erfahren darf. Blitzschnell schließe ich „die Rollladen“ wieder. Die Wahrheit hat wieder mal gesiegt. Danke!

Er zeigt mir mein Zimmer, lächelt mich noch einmal kopfschüttelnd an und lässt mich alleine. Das ganze „Paket“ ist auf jeden Fall sein Geld wert. Ich fühle mich sauwohl und bin unglaublich erleichtert, dass ich mit der Wahrheit herausgekommen bin. Nach dem Duschen gehe ich runter zum Essen. Dieses Casa Rural ist von allerhöchster Güte. Es ist sehr gepflegt und mit antiken Möbeln eingerichtet. Die Tische sind geschmackvoll eingedeckt. Die überaus resolute Dame des Hauses, weist mir einen Platz an einem Vierertisch zu. Hoffentlich bleibt Ruddi ruhig in seiner Tasche. Ich bin nicht sicher, aber ich glaube, die Señora würde mir gewaltig die Leviten lesen, wenn sie merkt, dass ich einen Hund dabei habe.

Mora, Eileen und Beatrice, drei reizende Ladies so um die 60 aus Irland, sitzen bereits bei einem Glas Rotwein und guter Laune hier. Sie beziehen mich sofort in ihr Gespräch mit ein. Ich erfahre, dass sie Schwestern sind, den Camino bis Burgos laufen und übermorgen die lockere Pilgerzeit für sie vorbei ist. Dann geht es wieder Richtung Heimat. Mora ging im Jahr 2004 den gesamten Camino.

Der Wein schmeckt heute besonders gut und wir genehmigen uns gerne zwei, drei Gläser mehr als üblich. Wir finden es alle vier sehr schade, dass wir uns nicht vorher schon mal begegnet sind. Zu vorgerückter Stunde verlassen wir den Comedor und machen, als die letzten Gäste heute Abend, das Licht aus. Niemand hat meine tierische Begleitung bemerkt.

Meine „Handtasche“ und ich gehen noch ein bisschen durch Atapuerca spazieren. Die Wirtin wundert sich zwar darüber, sagt aber nichts. Damit Ruddi nicht entdeckt wird, biege ich noch um die eine oder andere Ecke, bevor ich ihn freilasse. Er springt sofort heraus und rennt wie ein geölter Blitz hinauf zur Kirche. In der Dunkelheit dauert es einen Moment, bis ich voller Entsetzen erkennen kann, was mein Schnurzel denn so wichtiges zu erledigen hat. Sein Kumpel aus Agés hat doch tatsächlich hier auf uns gewartet. Er freut sich wie wild darüber, uns zu sehen. Wie selbstverständlich heftet er sich umgehend an meine Fersen. Wir gehen ein Stück Feldweg und dann spreche ich ernste Worte zu diesem geduldigen Tier: „Du gehst jetzt sofort wieder nach Hause. Wag Dich bloß nicht, uns zu folgen, sonst wirst Du von dem Señor verjagt. Das wollen wir beide nicht. Also, adiós, gracias por todo." Unglaublich, aber wahr: Vor der Kirche verlässt er uns wieder. Ich bin gespannt, ob er bis morgen auf uns wartet, der ist immerhin ungefähr sechs Kilometer von zu Hause entfernt.

72) Blick aus meinem Casa-Rural-Zimmer in Atapuerca

Kurz vor dem Einschlafen erhalte ich noch eine SMS von Ina. Sie ist in Villafranca, also eine Tagestour hinter uns. Ich schreibe ihr kurz zurück, teile ihr meinen Aufenthaltsort mit. Sekunden später kommt doch tatsächlich noch eine weitere SMS: Achim, Oliver, Sabrina, Edit, Sören und Pia sind bereits in Burgos. Sie warten schon den ganzen Abend auf mich. Wann ich denn endlich ankäme? Sie feiern „nur" zwanzig Kilometer von mir entfernt, Abschied. Oliver und Achim müssen morgen wieder nach Hause fliegen und Sören und Pia fahren von Burgos bis Leon mit der Bahn. Was!? Die machen Party!? Da wäre ich gerne bei. Ich bin sehr geknickt. Aber jetzt um 22 Uhr ist nichts mehr daran zu ändern. „Burgos! Da komm ich heut net mehr hin!“ Schade … Bevor ich in allzu tiefe Trauer falle, überwältigt mich der Schlaf.

Dienstag, 29. April 2008
Atapuerca (147 Einwohner), 956 m üdM, Burgos
15. Etappe bis Villalbilla de Burgos, 27,8 km

Hungrig und mit Vorfreude auf das Frühstück, packe ich nach einer sehr angenehmen, ruhigen Nacht meine Sachen in den Rucksack. Für heute sind fast 28 Kilometer geplant und es geht wieder mit einem Anstieg los. Diesmal durchlaufen wir die Sierra de Atapuerca auf 1060 Meter über dem Meeressspiegel. Die Bergsteigerei zieht sich also durch den gesamten Jakobsweg in Nordspanien oder wie ist das? Na ja, die Berge verlieren immer mehr an Schrecken und ich freue mich jetzt schon auf die Belohnung für die Kletterei: es wird wieder einen atemberaubenden Fernblick geben.

Hoch motiviert mache ich mich erstmal an den Treppen-Abstieg zum Frühstücksraum mit Ruddi in der Tasche. Ich nehme am selben Tisch Platz, an dem ich gestern einen so amüsanten „irischen“ Abend erleben durfte. Ich bin völlig in sehr positive Gedanken versunken, als mich die vierköpfige Familie vom Nebentisch anspricht. Es handelt sich um ein französisches Ehepaar mit seinen beiden halbwüchsigen Kindern. Zunächst freue ich mich natürlich - wie immer - neue Pilger kennen zu lernen. Sie sprechen ziemlich gut meine Sprache. Nachdem sie kurz abgecheckt haben, wo ich meinen Camino gestartet habe und seit wann ich unterwegs bin, erzählen sie mir überaus begeistert, ohne nachzufragen, wie mein Weg bisher verlaufen ist, dass sie die gesamte Strecke mit dem Auto abfahren. Natürlich befinden Sie sich immer brav auf den dafür zugelassenen Straßen. Das scheint, zu meiner Überraschung, super spannend zu sein, sie reden und reden über einen langen Zeitraum ohne Punkt und Komma, ohne dass ich auch nur die geringste Chance hätte, irgendetwas dazu zu sagen. Ich höre ihnen schon lange nicht mehr zu, weil dies eine Art des „Pilgerns“ und des „Sich-Mitteilens“ ist, mit der ich nun so gar nichts anfangen kann.

Nur mit konsequenter Ignoranz meinerseits und dem Kopf in meinem Wanderführer kann ich dem Monolog ein Ende setzen. Ina schreibt mir eine SMS: „Ich warte in Burgos auf Dich.“ Da ich nicht vorhabe, mich während meiner Pilgerzeit durch Verabredungen unter Druck zu setzen, antworte ich: „Warte nicht. Wenn wir uns sehen, freue ich mich. Wenn nicht, treffen wir uns an einem anderen Ort wieder. Buen Camino. Liebe Grüße." Nachdem ich mir den zweiten Café con leche gegönnt und mich überaus dankbar und herzlich von meinem „Vermieter" verabschiedet habe, beginnen Ruddi und ich unsere heutige Etappe. Ich atme auf, als ich den Strolch, der mir gestern die Zimmersuche so schwer gemacht hat, nirgendwo entdecke. „Qué suerte (was für ein Glück)!" Dann ist er wohl wieder nach Hause gelaufen.

Gespannt auf den Tag steige ich mit kurzen entschlossenen Schritten hinauf zur Sierra de Atapuerca. Es ist eine karge, raue Landschaft, durch die sich ein sehr steiniger Weg nach oben schlängelt.

73) steiniger Anstieg zur Sierra de Atapuerca (1060 m ü. d. M.)

Es erfordert viel Konzentration, die Füße an der richtigen Stelle aufzusetzen, um nicht umzuknicken und rückwärts den Berg wieder runter zu rollen. Die tolle Nebenwirkung ist, dass ich keine Zeit mehr habe, an das ungemütliche, französisch angehauchte Frühstück zu denken. So heftig der Anstieg auch ist, so kurz ist er. Ein bisschen aus der Puste gekommen, erreiche ich das riesige Plateau.

74) Steinkreis in der Sierra de Atapuerca

Andächtig betrachte ich einen überdimensionalen Steinkreis, von dem ich nicht weiß, wie er entstanden sein könnte. Er ist wirklich gigantisch und vermittelt mir sofort eine unglaubliche Ruhe und das Gefühl: „Alles ist gut“. Allgemein will der Kreis als Zeichen versichern, dass alles im Universum seinen Sinn und Zweck hat - und dass ich gut daran tue, das Leben in diesem Zusammenhang zu sehen. Er deutet auf Vollkommenheit, Geborgenheit, Schutz, Verwirklichung seiner Vorhaben hin und teilt mir mit: „Es gilt jetzt, stark zu sein und unbeirrt bei Deinem Weg zu bleiben.“ Gedankenvoll betrachte ich dieses „Wunder“ eine geraume Weile, bevor ich mich an den Abstieg mache. Meine Akkus sind von diesem Energie geladenen Platz bis zum Rand voll.

Nach einigen Minuten erreiche ich das Ende dieser Plattform und es eröffnet sich mir ein wirklich toller Ausblick auf das gut 15 Kilometer entfernte Burgos.

Jetzt gilt es, einen sehr kurzen, aber umso steileren Wegabschnitt nach unten zu bewältigen. Danach hat der Kopf frei. Ab hier darf ich wieder in Trance laufen. Ich bin total begeistert. So weit das Auge reicht, geht es so leicht weiter. Nichts und niemand könnte mich in diesem Moment vom Laufen abhalten, wer auch? Es ist weit und breit keiner in Sicht. Ich lasse mich wirklich komplett gehen und denke einfach mal an gar nichts mehr. Es fühlt sich an, als wäre ich nicht auf dieser Welt. Ich habe das Gefühl zu schweben und koste es gnadenlos aus.

Plötzlich und vollkommen unerwartet donnert etwas in einem Affenzahn an mir vorbei. Das geht so schnell, dass ich Mühe habe, diese Situation zu realisieren. Kommen mich jetzt die kleinen grünen Männchen holen? Vor Schreck zittern mir die Knie wie Espenlaub im Sturm. Die Erde hat mich in Bruchteilen von Sekunden zurück und ich erkenne, dass es sich um drei Fahrrad-Pilger handelt. Mann! Sind die denn wahnsinnig? Hätte ich einen Schritt zur Seite gemacht, hätten die nicht ausweichen können. Zum Glück läuft Ruddi in diesem Moment über die Wiese und nicht über den Weg. Sie haben ihn mit Sicherheit noch nicht einmal wahrgenommen. Die entfernen sich so rasend schnell von mir – meiner Einschätzung nach mit zirka 60 Stundenkilometern. Wenn die wüssten, was sie mir gerade angetan haben, würden sie mich zur Entschädigung mindestens zum Essen einladen. Jemand mit einem schwachen Herz, wäre bei dieser Aktion vor Schreck umgekippt. Okay, nun weiß ich, dass mit vorbeirasenden Pilgern zu rechnen ist und halte meine Ohren in Zukunft auch nach hinten weit offen.

Ohne weitere Zwischenfälle oder Begegnungen erreiche ich den kleinen Ort Cardeñuela. Es gibt eine einzige Bar, die von zwei jungen Männern betrieben wird. Ich kehre ein und bestelle mir mein Lieblingsgetränk. Ich bin der einzige Gast und die Jungs lassen es sich nicht nehmen, sich um mich zu kümmern. Mit Hilfe unserer Hände, Füße und jeder Menge Gestik und Mimik, bringen wir uns gegenseitig zum Lachen. Es ist immer wieder erstaunlich, wie viel Unterhaltung auf diese Art und Weise möglich ist. Sehr gut gelaunt verlasse ich den Ort nach einer halben Stunde.

Ich bin so gespannt wie der „Einlauf“ nach Burgos ist. Die meisten Pilger fahren die letzten sechs Kilometer vor der Großstadt mit dem Bus bis mindestens zur Stadtmitte. Es ist bekannt, dass man sich durch ein endloses Industriegebiet auf einer viel zu stark befahrenen, vier- bis sechsspurigen Straße quälen muss, bevor der mehrere Kilometer lange Marsch durch die pulsierende „Metropole“ beginnt. Ich würde lügen, wenn ich behauptete, mich darauf zu freuen, aber es hat sich nichts geändert: Ich laufe! Bus fahren? Was ist das? Meine Pilger-Freundin Edit hat mich auf Knien angefleht, es ihr nachzumachen und die „paar Kilometer“ zu fahren, ich solle mir den Stress ersparen usw. - sie würde es auch niemandem verraten. Darum geht es doch gar nicht! Mir ist egal, was andere denken! Ich will am Ende des Camino Francés zu mir selbst sagen können: „Du bist tatsächlich jeden einzelnen Meter gelaufen.“ Ich weiß nicht warum, aber das ist sehr wichtig für mich.

75) Sierra de Atapuerca mit Blick auf Burgos am Horizont

Was ich nicht wusste, ist, dass es vor dem vorhergesagten stressigen Industriegebiet gilt, einen Flughafen zu umrunden. Das steht auch nicht in meinem Wanderführer. Der Weg wurde wahrscheinlich verlegt, denn ich laufe nun seit endlosen Kilometern auf einer ganz frisch geteerten, mittelmäßig befahrenen Landstraße und sehne die Stadt quasi herbei. Der Asphalt hat viel Hitze gespeichert und gibt mir reichlich davon ab. In diesem Moment vergesse ich ganz, dass sich das in der Stadt bestimmt nicht besser anfühlt.

Endlich befinde ich mich auf der schnurgeraden Straße durch das Industriegebiet. Das Ende ist nicht abzusehen. Auto an Auto, LKW an

LKW rauschen an mir vorbei. Es war mir noch nie so klar, wie viel Energie mir der Autolärm nimmt. Ruddi muss natürlich an der Leine laufen. Wir schleppen uns so dahin. Ich versuche, so gut es geht, abzuschalten und das für mich Unvermeidliche zu tun. Einfach weitergehen, nicht darüber nachdenken, den Lärm und den Gestank ignorieren. Ich mache mir klar: „Der Weg wächst im Gehen, unter Deinen Füßen, wie durch ein Wunder. Du schaffst das!“

Verzweifelt suche ich eine Möglichkeit, einzukehren. Aber hier ist nichts. Ich erreiche eine Bank an einer Bushaltestelle und setze mich ganz langsam und vorsichtig darauf. Mein Körper reagiert auf den Stress mit Steifheit und Bewegungsschmerz. Zu allem Überfluss ist es auch noch sehr heiß geworden. Ich nehme Ruddi auf meinen Schoß und wir trösten uns gegenseitig. Wie lange noch? Seit einiger Zeit ist zwar das Ende dieses Horrortrips abzusehen, aber ich habe das Gefühl, dass es nicht näher kommt. Nach nur wenigen Minuten laufen wir weiter. Hier zu sitzen, macht die Sache nur noch schlimmer und zögert die Beendigung dieses Ganges nach Canossa heraus.

Mit letzter Kraft erreiche ich die Stadt und die erste Bar gehört mir. Bei einem Fruchtsaft wird mir erst klar, dass ich heute schon mindestens 20 Kilometer gelaufen bin. Ich werfe einen besorgten Blick auf meinen Hund, der sich gemütlich in seine Decke gemummelt hat. Er hat sich wohl fest vorgenommen, dieses große Abenteuer von Anfang bis Ende mit mir zusammen durchzustehen, egal was passiert. Meine Mutter ist schon immer der Meinung gewesen, dass Ruddi, wenn er sprechen könnte, sagen würde: „Mama, mach alles was Du willst, aber nimm mich bitte mit. Ich halte durch. Hauptsache, ich darf dabei sein!“ In der Tat kennt er es, seit er im Alter von elf Wochen zu mir kam, nicht anders. Wenn nur irgend möglich ist er dabei - auch in Situationen, wo andere ihren Hund zu Hause lassen würden. Ich habe durch mein Ansinnen, ihm diesen Wunsch zu erfüllen, in den letzten Jahren sehr viel Fantasie entwickelt. Es ist unglaublich, was dieses kleine Wesen schafft. Ich weiß, dass er eine sehr gute Kondition hat, aber was er in den letzten beiden Wochen geleistet hat, muss ihm erst mal einer nachmachen. Ich habe übrigens noch keinen anderen Pilger getroffen, der mit Hund unterwegs ist.

Wir gönnen uns in diesem „Club“ eine gute Stunde Pause. Ich beobachte derweil ein bisschen die städtischen Spanier, die in diesem Lokal ein- und ausgehen. Burgos hat fast 170.000 Einwohner. Nach über zwei Wochen Pilgertum fühle ich mich wie in einer

Millionenstadt. Die Menschen sind zwar anders gekleidet und frisiert als auf dem Land, aber die Gelassenheit und gute Laune haben sie hier anscheinend genauso wie außerhalb.

Ich quäle mich durch die Stadt. Gegen 16 Uhr passiere ich die beeindruckende Kathedrale von Burgos. Sie ist wirklich imposant. Ich habe sogar Lust, sie mir von innen anzusehen. Aber es liegen noch gute sieben Kilometer vor mir. Mit dem heutigen körperlichen Zustand brauche ich ein bisschen länger, deshalb setze ich also besser meinen Weg fort.

Im Zentrum der Stadt fällt mir ein, dass meine Freunde hier gestern Abend eine Abschiedsparty gefeiert haben und ich will herausfinden, wo sich die Herberge am Fluss, in der sie übernachtet haben, befindet. Ich betrete aus diesem Grund noch einmal ein Lokal und frage den Wirt. Der ist unerwartet unfreundlich und mag meinen treuen vierbeinigen Begleiter gar nicht. Mit einem grimmigen Gesicht und einer abwinkenden Handbewegung Richtung Straße, macht er mir deutlich, dass ich wieder gehen soll. Wahrscheinlich strahle ich aus, dass ich den Gang durch die Stadt nicht mag und sowieso nur noch schnellstens hier weg will. Also benimmt er sich meinen Gedanken entsprechend und zwar so mies, dass mich hier rein gar nichts mehr hält. Ich erfahre aber, wenn auch kurz und knapp, dass ich nur über die gegenüberliegende Brücke gehen muss, um zu der schönsten Herberge in Burgos, die direkt an dem Fluss Arlanzón steht, zu gelangen.

Diese Pilger-Unterkunft ist wirklich beeindruckend. Das Haus ist sehr groß und das Grundstück drum herum noch umfangreicher und mit uraltem Baumbestand dekoriert. Hier sind also alle anderen Pilger. Endlich, nach so langer Zeit, zeigen sie sich mir mal wieder. Sofort frage ich nach meinen Freunden, beschreibe sie und erzähle von der Party gestern Abend. Ich höre, dass sie alle schon weg sind. Ich halte Ausschau nach Ina. Wer weiß, vielleicht ist sie ja zufällig noch hier. Unter den vielen netten Leuten ist niemand den ich kenne. Auf einer gemütlichen Holzbank nehme ich Platz und schau mich begeistert um. Ruddi liegt lang ausgestreckt im kühlen saftig grünen Gras. An dieser Stelle nehme ich den Stress und Lärm der Stadt überhaupt nicht wahr. Ich sehe auf den Fluss, betrachte die großzügigen Grünflächen und bemerkenswerten Bäume. Die Pilger strahlen Ruhe und Frieden aus. Manche liegen im Schatten auf dem Rasen, andere sitzen an den Holztischen und erzählen sich was, essen, schreiben oder lesen.

Ich traue meinen Augen nicht, als ich den Hund erkenne, der mich gestern den ganzen Tag begleitet hat. Der ist doch tatsächlich mit jemand anderem mitgelaufen und lässt sich gerade von seinem „neuen Herrchen“ mit Wurstbroten füttern. Ruddi und er begrüßen sich kurz. Ich werde auch eines Blickes gewürdigt, aber damit ist die Sache für ihn auch erledigt. Es beruhigt mich, zu sehen, wie gut es ihm geht – so fern seiner vermeintlichen Heimat.

Mit neuer Energie, aber Schmerzen im ganzen Körper, trete ich die letzten zirka sechs Kilometer der heutigen Etappe an. Beim Verlassen der Stadt atme ich auf und tief durch. Es geht auf sehr angenehmen Landwirtschaftswegen weiter bis Villalbilla de Burgos. Etwa hundert Meter vor mir geht eine Frau, die ein Fahrrad mit einem Anhänger schiebt. Ich wundere mich, warum sie nicht fährt. Der Weg ist ideal zum Radfahren. Sie ist wahrscheinlich speziell nur für mich zu Fuß unterwegs. Sie wirkt wie ein Magnet, der mich mitzieht. So beschleunige ich, von Neugier und der Lust mit ihr zu reden, getrieben, meinen Schritt ein wenig, um sie einzuholen.

Als ich mich ihr nähere fällt mir auf, dass sie auch aus dem letzten Loch pfeift. Sie freut sich, mich zu sehen und klärt mich darüber auf, dass sie einen Plattfuß am Anhänger hat. Das macht das Fahren unmenschlich schwer. Sie ist als Fahrradpilgerin unterwegs und hat alles, inklusive Zelt dabei. Das von zu Hause mitgebrachte Flickzeug ist bereits verbraucht und somit ist sie nun ziemlich verzweifelt, angesichts der Tatsache, dass sich ein so schwer beladener Anhänger auch nur mit sehr viel Kraft schieben lässt. Sie bezweifelt, im nächsten Ort das Benötigte kaufen zu können. Bei all ihren Problemen übersieht sie Ruddi nicht und bietet ihm an, dass er sich in ihrem Anhänger auf einer Decke ein bisschen ausruhen darf. Sie meint, die paar Kilo mehr würden auch nicht mehr auffallen. Mein Hund zieht es allerdings vor, zu laufen. Ja, ja: „Wie der Herr so's Gscherr!“ Um sie abzulösen, mache ich den Vorschlag, ein Stück das Fahrrad zu schieben. Das lehnt sie entschieden ab. Das will sie nicht zulassen, das gehöre zu ihrem Jakobsweg dazu. Ich verstehe: Es ist für sie das gleiche, wie für mich, meinen Rucksack selbst zu tragen, egal wie kaputt ich bin.

Nach ein paar Kilometern setzt sich meine neue Pilgerbekanntschaft auf ihr Fahrrad und tritt schwer in die Pedale. Sie kann nicht mehr schieben. Ihr tut der Rücken davon weh. Das Etappenziel Villalbilla de Burgos ist jetzt zu sehen und nicht mehr weit entfernt. Es mag noch ein guter Kilometer sein. Ganz langsam entfernt sie sich von mir.

Gleicher Tag (insgesamt 298 km gelaufen)
Villalbilla de Burgos (720 Einwohner), 833 m üdM, Burgos
Hotel, Doppelzimmer, 25 Euro pro Person ohne Frühstück

Mir fällt sofort ein Storchenpaar auf, als ich Villalbilla betrete. Ich bin sehr erstaunt darüber, dass es hier jede Menge Storchennester gibt. In meiner Heimat gibt es keine Störche. Ich habe dort jedenfalls noch nie einen gesehen. Einige Zeit beobachte ich ihr Treiben. Sie sind mit dem Nestbau beschäftigt. Würden meine Füße nicht streiken, bliebe ich noch viel länger stehen, um mir dieses Schauspiel anzusehen.

76) Storchennest in Villalbilla de Burgos

Nun steht die Aufgabe an, eine Unterkunft zu finden. Dieser Ort ist für einen Pilger und seine Bedürfnisse ziemlich groß mit seinen 720 Einwohnern. Ich überlege, ob es unbedingt sein muss, Ruddi in die Tasche zu packen und zu tragen, damit ich ihn schmuggeln kann. Zu meiner Schande gestehe ich, dass ich das heute nach fast 28 Kilometern nicht mehr schaffe. Es muss so gehen! Ich schicke also positive Gedanken voraus in die ansässigen Gasthäuser und suggeriere mir Zuversicht.

Total am Ende entdecke ich ein Hotel, das von außen schon sehr vornehm wirkt. Angesichts meines körperlichen Zustandes, bin ich gerne bereit, diese Nacht ein wenig mehr zu bezahlen. Ich brauche zurzeit nur noch dringend - ganz dringend - eine Dusche, etwas zu Essen und ein Bett. Das Thema ist in diesem Haus jedoch sehr schnell durch. Mit Hund nehmen sie mich nicht, auch nicht, wenn er in seiner Tasche bleibt. Ich bin entsetzt. Sehen die denn nicht, dass ich nicht mehr weiter weiß? Nichts zu machen. Es bleibt dabei.

An der Theke sitzt ein alter Spanier, der wohl erkannt hat, wie es mir geht und erklärt mir mitfühlend und sehr geduldig angesichts der Verständigungsschwierigkeiten, wo sich im Ort ein weiteres Hotel befindet. Der unfreundliche Señor hinter dem Tresen, fällt ihm ins Wort: „Pero no perro (aber keine Hunde).“ Der mir wohl gesonnene Mann lässt sich nicht beirren, zwinkert mir beruhigend zu und lacht: „Sí, sí, venga (Ja, ja, geh los)!“ Ich bedanke mich, darf nur hoffen, dass dieser Tipp ernst gemeint ist. Leider kann ich dieses Lokal nicht hoch erhobenen Hauptes und eleganten Ganges verlassen, da spielt mein Körper nicht mehr mit. So watschele ich von dannen.

Ich konzentriere mich auf die eben gehörte Wegbeschreibung und bete, dass dieser „Marsch“ nicht unnötig ist, sonst muss ich in meinem Rucksack schlafen. Ich kann nicht mehr. In dieser Situation läuft mir Paul über den Weg. Entsetzt und mit Panik in den Augen schildere ich, was mir soeben passiert ist. Er läuft in seine Herberge, vor der wir gerade stehen, um nachzufragen, ob sie mich mit Hund aufnehmen. Er muss mich enttäuschen. Ich danke ihm, er gibt mir eine Umarmung und wir verabschieden uns. Ich habe keine Zeit mehr zu verlieren. Nicht dass mir noch einer das letzte Zimmer in dem empfohlenen Hotel vor der Nase wegnimmt.

Zu meiner Erleichterung finde ich genannte Örtlichkeit schon zwei Minuten später. An der Eingangstür befindet sich ein großes Schild auf dem steht: „NO PERRO“. Was bleibt mir anderes übrig: unmittelbar vor dem Hotel, dessen Front komplett aus Glas ist, und ich somit mitten auf dem Präsentierteller sitze, packe ich meinen Rucksack aus, um die Ruddi-Tasche parat zu machen, setze meinen müden „Krieger“ hinein und mit der Gewissheit, dass sie mich von drinnen beobachtet haben, gehe ich wild entschlossen an den Tresen. Zu meiner großen Überraschung sitzt dort mein Gönner aus dem ersten Hotel zustimmend mit dem Kopf nickend und Daumen hoch. Er muss mich also überholt haben, ohne dass ich es gemerkt habe. Ich lächle ihm erstaunt zu und sage: „Gracias, señor, gracias por todo.“

Die Chefin des Hauses lächelt mich an, begrüßt mich sehr herzlich, wirft einen kurzen, aber wissenden Blick auf die Hunde-Tasche und kommt mit einem Schlüssel bewaffnet auf mich zu, um mich zu meinem Zimmer zu geleiten. Ich bin sicher, dass sie weiß, was sich in der Tasche befindet. Stillschweigend wird festgelegt, nicht darüber zu sprechen. Wohlgemerkt, ich habe soeben ein Zimmer in einem Hotel bekommen, an dessen Eingangstür ein Verbotsschild für Hunde angebracht ist. Immer wieder begegnen mir auf dem Jakobsweg völlig Fremde, die sich um mich kümmern, denen ich wichtig bin. Danke!

Mein Zimmer ist klein, aber fein. Die Señora teilt mir noch freundlich mit, dass es bei ihr auch Pilgermenüs gibt und ich gebe ihr zu verstehen, nach dem Duschen gerne zum Essen runterzukommen. Kein Wort wird über meinen Hund verloren. Diese Frau ist großartig. Heute fällt es mir angesichts der fast 30 zurückgelegten Kilometer besonders schwer, dem Drang zu widerstehen, einfach ins Bett zu fallen. Ich rufe mich zur Ordnung: „Abendessen muss sein!“ Tagsüber halte ich mich mit dem Essen zurück, weil es sich mit vollem Bauch nicht gut laufen lässt. Das allabendliche Pilgermenü braucht der Körper aber unter allen Umständen, um sich regenerieren zu können. Irgendwo muss er sich ja schließlich die neue Energie herholen.

Ich gehe Duschen und genieße danach ein köstliches Mahl. Den heutigen Abend verbringe ich alleine, und das ist auch gut so. Ich habe meinen Spaß daran, die Menschen um mich herum einfach nur ein bisschen zu beobachten. Der liebenswürdige Señor, der mich gerettet hat, ist nicht mehr da. Ruddi liegt selig in seinem „Taschen-Bett“ zu meinen Füßen. Er hat bereits die wohlverdiente Nacht angesetzt.

So gegen 22 Uhr krieche ich die Treppen zu meinem Zimmer hoch. Die Wäsche bleibt heute liegen. Ich kann und will nicht mehr. Morgen ist auch noch ein Tag. Wenn es nicht regnet, wasche ich morgenfrüh bevor ich gehe und trockne die Wäsche am Rucksack. Erschöpft falle ich in das gemütliche Bett und schlafe auf der Stelle ein.

Mittwoch, 30. April 2008
Villalbilla de Burgos (720 Einwohner), 833 m üdM, Burgos
16. Etappe bis Hontanas, 25 km

Völlig entspannt wache ich am Morgen auf und beschäftige mich als erstes mit meiner am Vorabend vernachlässigten Kleidung. Nach einer liebevollen Handreinigung dekoriere ich gekonnt meinen Rucksack mit ihr. Um Missverständnissen aus dem Weg zu gehen, stecke ich meine „Pilger-Reizwäsche“ in die Seitennetztaschen. Nicht, dass mir da einer falsche Schlüsse zieht, wenn sie bei meiner Wanderung „sinnlich“, von einer leichten Brise animiert, genussvoll hin und her schwingt.

Gegen halb neun sitze ich bei einem gemütlichen Frühstück in der Hotelbar. Ruddi darf noch ein bisschen in seiner Tasche schlafen. Er soll bis zu meiner „Abreise“ unser kleines Geheimnis bleiben, schließlich wollen wir das „No-Perro-Schild“ an der Eingangstür achten. Ich schmunzele bei dem Gedanken an das weit verbreitete deutsche Vorurteil, dass die Spanier Hunde hassen. Auf dem Jakobsweg spüre ich nichts davon. Im Gegenteil: Sie widersetzen sich fast immer den ihnen, wahrscheinlich amtlich, auferlegten Vorschriften und lassen uns einkehren und übernachten. Der hiesigen Hotelbesitzerin schicke ich in Gedanken nochmal ein ganz fettes DANKE FÜR ALLES. Leider ist sie weit und breit nicht zu sehen.

Voller Erwartung machen wir uns gegen neun Uhr an die heutige Etappe. Jetzt geht es ab in die Meseta. Die knapp 180 Kilometer durch die Hochebene zwischen Burgos und León fahren viele Pilger mit dem Zug. Es heißt, es sei zu langweilig, zu heiß, zu trocken und zu einsam auf den langen Streckenabschnitten zwischen den Dörfchen.

Ich mache mir so meine Gedanken über diese Meinungen: Was meinen die denn mit „zu langweilig“? Für mich ist es spannend, in Ermangelung anderer Pilger die Einheimischen kennenzulernen oder in einer kleinen Bar zu sitzen und den Ort einfach auf mich wirken zu lassen, das außergewöhnliche, so vollkommen andere Leben und die Energie dieser Menschen hier nachzufühlen, in aller Ruhe die letzten Kilometer in all ihrer Vielseitigkeit auf mich wirken zu lassen. Ob es in der Meseta zu heiß ist, hängt ja wohl vom Wetter ab. Solange die Sonne nicht erbarmungslos knallt, halten Ruddi und ich das gerne durch. Zu trocken? Damit ist gemeint, dass es auf den langen Abschnitten zwischen den Dörfern keine Trinkwasserbrunnen geben soll. Ja und? Da nehme ich mir doch glatt ne XXL-Flasche Wasser mit. Ich durchquere ja nicht die Sahara, sondern die Meseta in Nordspanien. Tja, die Einsamkeit – sucht sie nicht der Pilger? Ach ja, jeder Wallfahrer hat ja eine andere Vorstellung von „seinem Weg“. Ich gehöre zu der Gattung, die die Einsamkeit meist sehnsüchtig erwartet und genießt. Ich habe jetzt ein gutes Drittel des Camino Francés zurückgelegt und festgestellt, dass jeder Tag ein Wechselbad der Gefühle und Erfahrungen erzeugt. In einem Moment ist man einsam und verlassen und im nächsten trifft man in einer Ortschaft, oder der darin liegenden Bar, Menschen, die einen freudig begrüßen. Seien es nun „Artgenossen“ oder die Ansässigen. Es herrschen immer Trubel und Heiterkeit.

In Rabé de las Calzadas genehmige ich mir nach sechs Kilometern einen Café con leche und kaufe die eben erwähnte Wasserflasche, denn der nächste Abschnitt erstreckt sich über acht Kilometer bis nach Hornillos del Camino. Erstaunlich fit machen wir uns daran. Der Himmel ist gnädig, er lässt seine Wolken über uns hinweg ziehen und so laufen mein kleiner schwarzer Vierbeiner und ich auf Hochtouren – im wahrsten Sinne des Wortes, denn die Wege durch die Meseta liegen knapp 1000 Meter über dem Meeresspiegel.

77) Blick auf Hornillos del Camino

Ich kann es kaum fassen, aber ich bin in den letzten 16 Tagen fast 300 Kilometer gelaufen. Ruddi spielt bestens mit, mein Rucksack beinhaltet alles, was ich brauche und ich selbst habe die eine oder andere körperliche Grenze überschritten. Achim und Oliver sind schon wieder in Deutschland im Alltagstrott unterwegs, Sören und Pia sind durch ihre Bahnfahrt weit voraus irgendwo hinter León, aber wo stecken wohl Sabrina, Edit, Ina und Hermann. Ob ich sie nochmal treffe? Das Pilgern fühlt sich auf einmal ganz anders an. Bis vor ein paar Tagen sind wir immer wieder aufeinander getroffen und fühlten uns sehr eng verbunden. Ich vermisse sie. Andererseits bin ich nun, ohne die durchaus willkommene Ablenkung meiner Pilgerfreunde, deutlich näher bei mir selbst. Ich nehme andere Menschen, die Landschaft und mich noch intensiver, eben auf eine ganz andere Art, wahr. Hinzu kommt, dass der Jakobsweg – zumindest jetzt gerade - sich in der Meseta von seiner angenehmen, einfachen Seite zeigt. Der Camino präsentiert sich leicht und ohne gefährliche Stolperfallen. Nur ab und zu gilt es, kurze, steile Wege zu bewältigen. Meine Augen genießen den endlosen Horizont und das saftige Grün der Felder.

Gegen 14 Uhr erreichen wir Hornillos del Camino. Die erste Bar gehört uns. Ruddi stellt sich sofort neben meinen Rucksack und gibt mir mit seinem durchdringenden Hundeblick deutlich zu verstehen, dass ich gefälligst sofort seine Decke herausnehmen und schön ordentlich hinlegen soll, damit er es sich so richtig gemütlich machen kann. Natürlich erledige ich das prompt, diesen Service hat er sich redlich verdient.

Erst beim Ablegen meines Rucksacks werde ich an die Klamotten erinnert, die die ganze Zeit fröhlich im Wind wehten. Also erledige ich meine - zurzeit einzige - hausfrauliche Arbeit: Die Wäsche ist tatsächlich trocken. Hochkonzentriert „hänge ich sie ab“, lege sie akkurat zusammen und räume sie in die jeweiligen Beutel, die ich aus meinem Rucksack gekramt habe. Was für ein Akt, mitten in einer Bar: Rucksack auf, Beutel raus, Beutel auf, Wäsche rein, Beutel zu, anderes Zeug aus Rucksack raus, Beutel rein, anderes Zeug rein, Rucksack zu – das erinnert mich an meine allererste Nacht in Saint Jean Pied de Port mit den Münchner Mädels. Jetzt bin ich diejenige, die auffällt. Als ich mit hochrotem Kopf (ich hatte schließlich Waschtag) aus der gebückten Haltung wieder hochkomme, auf meinem Stuhl Platz nehme und meinen Blick schweifen lasse, stelle ich fest, dass fast alle Augen auf mich gerichtet sind. Es hätte nicht viel gefehlt und sie hätten mir applaudiert.

Es sind die Einheimischen, die mich beobachtet haben und ihren Spaß hatten. Wohlwollend lächeln sie mir zu und einer von ihnen bringt mir sogar den bestellten Café con leche an den Tisch. In dem Moment, in dem er die Tasse vor mir abstellt, atme ich tief durch und lasse die Flügel hängen. Ich bin halt fix und fertig. Um mich zu bedanken, sehe ich ihn an. Mein Blick muss wohl ziemlich verzweifelt dumm sein, seiner hingegen ist bewundernd amüsiert, angesichts der Anstrengungen, die Pilger so zu bewältigen haben. Mir wird bewusst, wie komisch diese Situation auf die Leute wirken muss. Wir prusten ungeniert los und dann kann und will niemand mehr die Contenance wahren. Das Lokal bebt von dem lauten Gelächter. Wir unterhalten uns noch eine Weile „ganz entspannt“ mit Händen, Füßen und viel sagenden Grimassen.

Da noch fast elf Kilometer bis zum Etappenziel vor uns liegen, machen wir uns schon bald wieder auf den Weg. Hontanas ist ein kleiner Ort mit nur 65 Einwohnern. Laut meinem Reiseführer gibt es dort zwar Herbergen, Hotels und Pensionen, aber ich will nicht das Risiko eingehen, durch zu spätes Erscheinen, kein freies Bett mehr zu bekommen. Der nächste Ort ist nämlich schlappe zehn Kilometer weiter. Soweit reicht mein „Sprit“ nicht!

Die heutige Etappe ist 25 Kilometer lang. Die letzten fünf kommen mir doppelt so weit vor, wie die 20 vorherigen. Nimmt das heute wirklich noch ein Ende? Ich entdecke jedenfalls, so weit meine Augen gucken können, keine Ortschaft. Bis zum Horizont sehe ich nichts als Wiesen, Felder und Hügel. Das kann doch gar nicht sein! Ich bin doch immer schön gelaufen, Ruddi ist ebenfalls fit, also so weit ist Hontanas auf keinen Fall mehr weg. Hab ich mich etwa verlaufen? Es ist lange her, dass ich einen gelben Pfeil gesehen habe. Wegweiser braucht es in der Meseta natürlich auch nicht so viele, weil es ja immer nur geradeaus geht. Ich gehe in Gedanken nochmal den Weg aus Hornillos del Camino und sehe klar und deutlich die gelben Pfeile an den Hauswänden und auf der Straße, denen ich immer brav gefolgt bin. Also kann ich mich nicht verlaufen haben. Sollte ich mich denn so verschätzen? Wenn ich noch so weit laufen muss, wie mein Auge reicht, dann wird es eng heute mit meiner Energie, Kraft und Zeit.

Was nützt all die Aufregung? Nicht mehr denken, einfach Laufen und sehen was passiert. Ich beruhige mich wieder, schaffe es, die negativen Gedanken mit den Wolken ziehen zu lassen. Nach drei, vier Kilometern überhole ich ein altes spanisches Ehepaar, das um seine Felder spaziert. Ich spreche die beiden an, wie weit es wohl noch bis Hontanas sei. Sie zeigen westwärts und sprechen beruhigend auf mich ein. Ich entnehme ihrem Verhalten, dass ich wohl gleich da sein müsste. Sie gehen sogar ein Stück mit mir zusammen. Als ich wieder alleine bin, frage ich mich immer noch, wo denn dieses Hontanas sein soll. Nichts versperrt hier die Sicht in die Ferne. Bin ich denn nicht bei mir? Ich sehe keine Ortschaft, nicht einmal eine Hütte. Ich sehe nur

Landschaft. Aber irgendwo muss ja auch das alte Ehepaar hergekommen sein. Irritiert setze ich einen Fuß vor den anderen, Meter für Meter. So laufe ich sicher noch einen ganzen Kilometer, ohne neue Entdeckungen zu machen. Ich drehe mich um und stelle fest, dass das freundliche Pärchen zwar weit entfernt ist, aber auch in diese Richtung geht.

Kurz vor dem Durchdrehen, liegt Hontanas plötzlich und längst nicht mehr erwartet vor mir in einer tiefen Kuhle. Dieser Ort versteckt sich also vor dem Pilger in einem Erdloch. Andächtig bleibe ich stehen und schau mir das Unglaubliche genauer an. Hontanas ist kreisförmig angelegt und hat höchstens einen Durchmesser von drei-, vierhundert Metern. So um die 20 oder 30 Häuser liegen eng beieinander und mittendrin befindet sich die Kirche. Na, die hätte ich aber doch früher entdecken müssen, oder?! Vielleicht kann die sich ja unsichtbar machen!? Ich glaub, ich spinn! Wenn Sie, liebe(r) Leser(in) irgendwann auch mal den Camino Francés gehen sollten, werden Sie sich an diese Worte erinnern.

Gleicher Tag (insgesamt 323 km gelaufen)
Hontanas (65 Einwohner), 925 m üdM, Burgos
Herberge, Matratze im Kaminzimmer, 5 Euro ohne Frühstück

Nach einigen Minuten des Staunens betrete ich den unglaublich steilen, Weg, der hinunter in die „versunkene“ Stadt führt. Ich mache ganz kurze Schritte, damit ich nicht zu viel Fahrt aufnehme. Nach zirka hundert Metern befinde ich mich auch schon auf der „Hauptstraße“. In der City, die ich nach weiteren hundert Metern erreicht habe, pulsiert das Leben. Unzählige Pilger mit ihren Rucksäcken tummeln sich hier. Auffallend viele sind mit ihren Drahteseln auf dem Weg. Sie sitzen bei einem Bier, Wein oder Kaffee vor den Bars. Manche schreiben in ihren Tagebüchern, andere stehen in großen und kleinen Gruppen zusammen und lamentieren. Wieder stellt sich mir die Frage: „Wo kommen die bloß alle her?“ Stundenlang war ich mutterseelenalleine. Die einzigen Menschen, die ich gesehen habe, waren die Bauersleute. Es wird mir immer ein Rätsel sein.

Ich höre raus, dass es in den Herbergen keine freien Betten mehr gibt. Selbst das Hotel und die Pension sollen ausgebucht sein. Sofort begebe ich mich in das kleine Hotel. Der Eingangsbereich ist gnadenlos überfüllt. Ich höre immer wieder: „Lo siento, no habitación libre“ (tut mir leid, kein Zimmer frei). Das will ich mir nicht auch noch sagen lassen. Ich stelle mich ein bisschen abseits der Warteschlange und sperre meine Ohren auf. Vielleicht gibt es hier ja jemanden, der als Einzelperson ein Doppelzimmer gebucht hat und mich mit einziehen lässt. Nach einer halben Stunde hat sich die Rezeption geleert und ich bestelle mir an der Theke – die gleichzeitig der Empfang ist - einen Café con leche. Die Bedienung ist trotz des Stresses sehr freundlich und ruhig. Ich gebe ihr zu verstehen, dass ich jemanden suche, der mit mir sein Zimmer teilen würde. Sie hat keine Idee, wer das sein könnte. Sie bestätigt mir, dass der komplette Ort Hontanas gnadenlos überfüllt sei. Auch ihr ist klar, dass jetzt am Abend niemand mehr in der Lage ist, weitere zehn Kilometer bis zum nächsten Ort zu laufen.

Ratlos, jedoch relaxed, setze ich mich auf einen Stuhl und öffne Ruddi’s Tasche. Er bleibt liegen, ist aber deutlich zu sehen. Sofort wird er von einer Pilgerin - so um die 50 Jahre alt - entdeckt. Sie ist richtig gut drauf, sehr temperamentvoll, heißt Ineke, kommt ursprünglich aus den Niederlanden und lebt heute in Bremen. Sie ist völlig hingerissen, von meinem kleinen Freund und liebkost ihn. Wir kommen ins Gespräch. Sie macht sich Sorgen um uns, weil wir noch kein Bett für die Nacht haben. Sie unterstützt mich dabei, andere Pilger auf eine freie Schlafgelegenheit in ihren Zimmern anzusprechen. So gegen 20 Uhr geben wir auf. Es hat keinen Zweck, alle Betten sind belegt. Ich möchte noch erwähnen, dass auch die Hotelbesitzer sehr freundlich zu meinem Hund sind und ihn gleich mal mit Leckerchen willkommen heißen. Wäre noch ein Zimmer frei, dürfte er hier ohne Probleme mit übernachten.

Ich vertraue dem Universum. Wenn ich gelassen bleibe, wird sich schon alles fügen! Ich erhalte den Impuls, die übernächste Herberge zu besuchen. Mit Ruddi an der Leine betrete ich dieses uralte, sehr anheimelnde Gebäude. Mir ist bewusst, dass meine Chancen auf ein Lager in einer Herberge in Begleitung eines Hundes klein sind. Da ich bereits weiß, dass alle „normalen“ Betten belegt sind, spezialisiere ich mich auf das Außergewöhnliche. Ich habe ja schon die Bekanntschaft mit Kaminzimmern gemacht. Und die werden nun mal vorzugsweise in Herbergen an Hunde, die mit ihrem Menschen unterwegs sind, vermietet. Ich setze also auf die Barmherzigkeit der Hospitaleros und zeige gleich offen was ich so alles dabei habe. „Alle Betten sind belegt“, lautet die traurige Nachricht. Ich mache deutlich, dass ich 25 Kilometer gelaufen bin und auf der Straße nächtigen müsse, wenn ich hier kein Eckchen zum Schlafen bekäme. Traurig schüttelt die freundliche Señora den Kopf. Ich zeige auf Ruddi, der mitspielt, unaufgefordert brav „Sitz“ macht und sie von da unten mit seinem treuesten Hundeblick, den er draufhat, anschaut. Jetzt hat sie die Idee, auf die ich gehofft habe. Sie bietet mir das „Einzelzimmer für Hunde mit ihrem Besitzer“ an. Es ist ein riesiges, wunderschönes, gepflegtes, abseits von den anderen Schlafstätten liegendes Kaminzimmer, keine stinkigen Pilgerstiefel, kein Durchgang für andere.

Sie legt mir sofort eine Matratze hinein und macht mir klar, dass ich mich hier frei bewegen darf. Es ist eiskalt hier drin. Die alten Mauern sind bestimmt einen halben Meter dick. Mein Schlafsack ist zu dünn, um mich die ganze Nacht warm zu halten. Ich frage nach einer Wolldecke und bekomme zur Antwort, dass sie keine einzige Decke mehr haben. Hilfe suchend zeige ich ihr meinen Schlafsack und reibe fröstelnd über meine Arme. Ich höre regelrecht, wie die Maschinen in ihrem Kopf arbeiten und nach einer Lösung für meine Misere suchen. Sie läuft durch das ganze Haus und sucht nach einer Decke für mich.

78) Herberge in Hontanas, „Ruddi's“ Gemach für eine Nacht, in das ich mit rein darf.

Nach einigen Minuten sehe ich, wie sie das Gebäude verlässt. Na ja, dann wird Ruddi eben heute Nacht mit mir im Schlafsack liegen und seine eingebaute Heizung aufdrehen. Gerade als ich mich damit angefreundet habe, erscheint die Señora mit einem Strahlen in ihren braunen Augen und einer dicken Rolle unter dem Arm. Ich glaub es kaum, aber sie hat tatsächlich eine ihrer privaten Wolldecken von zu Hause geholt. Wenn das keine Aufopferung und Nächstenliebe ist, dann weiß ich es auch nicht. Ich kann nicht anders, als sie zu umarmen.

Als ich alleine bin, überlege ich, wie ich mich wohl am besten bette. Die Matratze liegt auf dem Boden. An den Wänden stehen lange Holzbänke ohne Lehnen. Kurzerhand schiebe ich die Bänke zusammen und lege die Matratze darauf. Das ist mit Sicherheit wesentlich wärmer, als auf dem Boden. Ich habe sogar ein Bettlaken und Kopfkissen bekommen. Mein Schlafsack und die Wolldecke aus privatem Bestand schmiegen sich an die saubere Unterlage und laden regelrecht zum Hinlegen und Schlafen ein.

79) Nachtlager im Kaminzimmer der Herberge in Hontanas

Mit der Gewissheit, diese Nacht ein Dach über dem Kopf zu haben, mache ich mich zum Essen auf den Weg in das Hotel. Da muss ich

Ruddi nicht verstecken, die kennen uns ja schon. Ich muss ein bisschen an der Bar warten, bis ein Tisch beziehungsweise ein Platz im Comedor frei wird. Natürlich macht es sich auch jetzt zum Abendessen bemerkbar, dass Hontanas voll mit Pilgern ist. Ich gestehe: Wenn ich nicht bald was zu essen bekomme, garantiere ich für nichts mehr! Dann muss ich auf die Jagd gehen!

Ungefähr 20 Minuten später ist es endlich soweit. Ich werde in den Speiseraum und an den einzigen freien Stuhl an einem Dreiertisch geleitet. Und wieder führt das Leben zusammen, was zusammen gehört. Da sitzen doch tatsächlich Ineke und eine junge Frau. Sie trinken Wein und haben unübersehbar jede Menge Spaß. Das ist doch genau das, was ich auch brauche. Ineke erkennt mich sofort, freut sich uns wiederzusehen und ist erleichtert - vielleicht auch ein bisschen neidisch - dass ich eine so großartige Übernachtungsmöglichkeit gefunden habe. Sie stellt mir Jacqueline vor. Sie ist 26 Jahre alt und kommt aus Leipzig. Und jetzt Achtung! Sie ist mit ihrem Hund unterwegs. Na endlich, ein weiterer Pilger-Perro! Ich dachte schon, ich sei die einzige auf diesem so langen Weg. Jacquelines Vierbeiner ist relativ groß - zu groß zum Schmuggeln. Ihr treuer Gefährte hat aber, im Gegensatz zu Ruddi, langes dickes, wärmendes Fell, so dass es ihm nichts ausmacht, draußen vor der Herberge zu schlafen. Frauchen stellt ihm über Nacht ihren Rucksack zur Seite, damit er was zu bewachen hat. Das ist seine unsichtbare Leine. Er bewegt sich keinen Millimeter von der Stelle, streunt nicht durch die Nacht. Er bewacht - komme was da wolle - ihr Hab und Gut. Das nenn ich Pflichtbewusstsein. Wir drei Frauen verbringen bei „einem Gläschen" Rotwein und vorzüglichem Essen einen sehr lebhaften und fröhlichen Abend miteinander. Wir verabschieden uns in der Hoffnung, uns mal wieder über den Weg zu laufen.

Es ist schon nach 23 Uhr als ich endlich in meinem Gemach zur Ruhe komme. Ausgestreckt liege ich mit Ruddi in meinen Schlafsack und die Wolldecke gemummelt auf dem Rücken. Meine Beine und Füße sagen ganz laut „gracias", als sie keinerlei Gewicht mehr zu tragen haben. Ich atme tief durch. Was für ein Tagesabschluss! Grandios! Es ist mal wieder alles perfekt. Wer hätte das beim Einzug in dieses so stark frequentierte Örtchen mit seinen 65 Einwohnern gedacht? Es ist so einfach: Immer locker bleiben und vom Besten ausgehen. Buenas noches y gracias por todo.

Donnerstag, 1. Mai 2008
Hontanas (65 Einwohner), 925 m üdM, Burgos
17. Etappe bis Itero de la Vega, 21,4 km

Die Nacht war wunderbar ruhig in diesem Gemäuer, es herrschte absolute Stille. Mein Schlaf hingegen war ein Fiasko. Mit Ruddi zusammen ist es sehr eng im Schlafsack. Wir beide sind immer wieder wach geworden und haben uns die ganze Nacht, gezwungenermaßen synchron, hin und her gewälzt. Die Wolldecke rutschte in regelmäßigen Abständen vom glatten Material des Schlafsacks ab. Die spielte mit mir „fang mich, oder ich bin weg". Die wollte bestimmt nach Hause in ihr gemütliches Wohnzimmer zurück. Aber so haben wir nicht gewettet. Diese eine Nacht musste sie mit mir und meinem Hund verbringen. Meine vordere obere Körperseite war durch die Wärme meines kleinen Vierbeiners auf einer angenehmen Temperatur. Meine Rückseite, die Beine und Füße blieben kalt. Ich bin nicht sicher, aber wahrscheinlich hätte Ruddi lieber in seiner Tasche geschlafen, da kann er sich doch besser ausstrecken – und seine Decke ist nicht so zickig. Was nützt das Nachkarten? Sei's drum! Wichtig ist doch, dass wir hier willkommen waren und die Herbergsmutter mir ihr letztes „Hemd" gegeben hat.

Den Geräuschen nach zu urteilen, verlassen die anderen Pilger bereits diese Albergue. So will es das Herbergsgesetz: Spätestens um 8 Uhr müssen alle Pilger draußen sein. Es wird so langsam Zeit aufzustehen. Es ist kurz nach sieben und ich kuschle mich nochmal ganz gemütlich in meinem Schlafsack an Ruddi, zieh mir die Wolldecke bis an die Ohren und wir genießen die Zweisamkeit. Soviel Zeit muss sein. Das ist so schön warm und friedlich. Mein Schnurzel schmiegt sich an mich wie eine Katze. Er gibt sich auch alle Mühe, sich so anzuhören. Die leisen, vibrierenden Geräusche, der er macht, kommen dem Schnurren einer Katze sehr nah. Es wundert mich nicht wirklich. Als er im Juni 2000 zu mir kam, wurde er von meinen beiden Katzen erzogen, bis er ein gutes Jahr alt war. Da hat er sich 'ne Menge abgeguckt.

Ich lasse meinen Blick durch den Raum schweifen, nehme alles in mich auf, was ich erblicken kann. Was ich sehe gefällt mir sehr gut und erweckt meine Fantasie zum Leben. Ich stelle mir vor, was in diesen uralten Mauern schon so alles passiert sein mag: Wie viele Zigarren wurden vor Urzeiten an dem großen Kamin von den Herrschaften geraucht, wie viele Drinks genommen? Welch tiefgründigen Gespräche wurden hier geführt, welche Probleme gewälzt? Wie oft haben Verliebte vor dem Feuer gesessen, sich tief in die Augen gesehen und heiß geküsst, wie wild waren die Feste, die hier stattgefunden haben? Ich sehe sie vor meinem geistigen Auge in ihren prunkvollen Kleidern tanzen und höre sie lachen.

In meine Fantasien versunken drehe ich mich auf den Rücken, strecke mich nochmal aus. Mit einem Lächeln und geschlossenen Augen bleibe ich noch ein paar Minuten in meiner Traumwelt. Nach einer Weile komme ich wieder zu mir und bin bereit, die nächste Etappe anzugehen. Ich öffne meine Augen, mein Blick ist zur Decke gerichtet. Oh Schreck! Was sehe ich denn da genau über mir? Ich traue meinen Sinnen nicht: Da oben ist doch tatsächlich ein „Fenster" in der Zimmerdecke. Das ist mindestens einen Quadratmeter groß. Moment mal: das heißt doch, wenn auf der 1. Etage Leute sind, diese mich die ganze Zeit beobachten können, wenn sie wollen. Nicht, dass ich was zu verbergen hätte, aber so was weiß ich lieber vorher. Keine Ahnung, was ich alles so mache, wenn ich mich total alleine wäge?! Mir bleibt nur zu hoffen, dass ich mich die Nacht über benommen habe und nicht zum neuen Pilger-Bar-Thema geworden bin. Vielleicht war mein Schlaf ja auch deshalb so extrem unruhig. Es ist erstaunlich: Da habe ich einen zirka 50 Quadratmeter großen Raum zur alleinigen Verfügung und bette mich genau unter diesem Spionage-Fenster. Maldita sea (so ein Mist)!

„Nicht ärgern, Birgit!" rufe ich mich zur Ordnung, „Sachen packen und loslaufen." Das Frühstück lasse ich mal ausfallen. Irgendwie habe ich keine Lust dazu. Hm, was ist denn da los? Kein Café con leche, kein Croissant? Das ist ja seltsam. Ich frage nochmal bei mir selber nach – es bleibt dabei: Keine Lust. Nun denn, es wird schon seinen Grund haben. Vielleicht müsste ich ja zu lange auf einen freien Tisch warten, wer weiß!? Mein Bauch weiß wieder mal mehr als mein Kopf. Dann bin ich jetzt eben ausnahmsweise „unvernünftig". Der Camino ruft heute Morgen aber auch besonders laut nach mir. Kurze Zeit später verlassen wir Hontanas und gehen einen schmalen, nicht asphaltierten Pfad Richtung Castrojeriz. Mein Perro-Kumpel und ich fühlen uns topfit und genießen die Landschaft. Wir sind nicht alleine in dieser schönen Gegend unterwegs. Es mag nicht zuletzt daran liegen, dass ich eine gute Stunde früher auf dem Weg bin als sonst. Wie schon erwähnt, ziehen es die meisten Wallfahrer vor, sehr früh am Morgen loszugehen.

Bis Castrojeriz sind es knappe zehn Kilometer. Das ist doch ein Klacks, die hüpfe ich doch auf einem Bein ab! Wir sind voller Energie und Vorfreude auf das historische und denkmalgeschützte Dorf mit seinen knapp 1000 Einwohnern. Die ersten vier Kilometer schlängelt sich ein schmaler Pfad weit oberhalb der Landstraße an einem Hang durch Wiesen und Felder. Immer wieder begleiten uns einige bunte Schmetterlinge ein Stückchen. Die Vögel fliegen gut gelaunt auf und ab, landen auf dem Weg, hüpfen auf die Wiese und suchen nach Futter. Hontanas ist dort unten auch noch zu sehen. Das alles zusammen sieht aus, wie gemalt - wie aus einer anderen Zeit. Dieses Fleckchen Erde ist wirklich märchenhaft. Ich fühle mich fast wie Schneewittchen, das in den sieben Bergen unterwegs ist. Hätte ich nicht den schweren Rucksack auf dem Rücken, würde ich fröhlich hüpfen. Das Bild, das sich mir bietet, würde jedes Bilderbuch bereichern.

Die nächsten sechs Kilometer bis zum Ort führt der Jakobsweg über die wenig befahrene Landstraße, die ich bisher von oben gesehen habe. Ich nehme Ruddi an die Leine, denn wenn ein Auto kommt, dann ist es sehr schnell unterwegs. Gegen elf Uhr passiere ich das halb verfallene Kloster San Antón.

80) zwischen Hontanas und Castrojeriz, Kloster San Antón

Einige Pilger sitzen auf einer Treppe in der Sonne und machen ein kleines Picknick. Oder sind das die sieben Zwerge? Sie sind jedenfalls sehr ausgelassen, ich höre sie schon von weitem lachen und als sie mich entdecken, winken sie mir einladend zu. Na, da darf ich wieder gespannt sein, auf welche Menschen ich treffe. Zipfelmützen haben sie jedenfalls keine an! Von Neugierde getrieben wird mein Schritt automatisch ein wenig schneller. Diese kleine Gruppe stellt einen großen Teil der Welt dar: Männer und Frauen aus Brasilien, England, USA, Japan, Schweden und Italien sind hier versammelt. Ich geselle mich als Deutsche zu ihnen und lasse mich auf die quietschfidele Stimmung ein.

Sie haben sich alle erst auf dem Camino „gefunden", sind schon seit einer Weile gemeinsam unterwegs und wirklich „bunte Vögel". Sie sind so ganz anders, als die Pilger, die ich bisher kennengelernt habe: Sehr laut, sehr derb, sehr albern, obszön - eben ausgeflippt - und dazu musikalisch. Sie singen temperamentvolle Lieder und es würde mich nicht wundern, wenn sie anfingen den Regentanz zu performen. Es fühlt sich an, wie auf einer Fete zu fortgeschrittener Stunde. Sie haben alle ein großes Herz und sind sehr „gastfreundlich". Mir werden Croissants, Käse, Wurst, Chips, Kekse und Schokolade angeboten. Klar, das gehört zu einer guten Party auch dazu! Na also, wer sagt's denn: So komme ich also heute zu einem Frühstück. Na? Kann man sich auf sein Bauchgefühl verlassen oder nicht? Na klar! Wieder eine neue Variante. Das Pilgern birgt täglich außergewöhnliche Begegnungen, mit denen man überhaupt nicht rechnet. Ruddi wird ebenfalls mit kleinen Leckereien verwöhnt. Nachdem ich den Nachtisch in Form von Zigaretten bereitgestellt habe, verabschieden wir uns mit sehr innigen Umarmungen in vielen verschiedenen Sprachen voneinander. Ich kann sie noch sehr lange hören, während ich mich immer weiter von ihnen entferne.

Gestärkt wandern mein Hund und ich immer der Nase nach auf dieser Landstraße, die kein Ende nehmen will. Castrojeriz ist schon lange zu sehen, aber es ist wie verhext, wir kommen dem Ort anscheinend nicht näher. Nach dem ausgefallenen Frühstück brauche ich jetzt ganz dringend einen Café con leche.

Auch heute ist es wieder ziemlich heiß. Zum Glück stehen am Straßenrand jede Menge große Bäume, die Schatten spenden. So kurz vor der Stadt ist ein bisschen mehr Autoverkehr als bisher. Da ist volle Konzentration gefordert und das lenkt mich ein wenig von der Überzeugung ab, dass ich laufe und laufe und dem Ort doch nicht

81) Luxusausgabe eines Camino-Wegweisers, zirka drei Kilometer vor Castrojeriz

näher komme. So findet natürlich auch diese Straße ein Ende. Na so was?!

Direkt am Ortseingang von Castrojeriz befindet sich ein kleines Lokal mit einem Biergarten in einer liebevoll arrangierten Gartenanlage. Da ich mich den ganzen Tag in der Sonne aufhalte, ziehe ich es vor, meine Pause innerhalb des Lokals zu machen. So können Kopf und Körper ein bisschen runter kühlen. Auch die Inneneinrichtung wurde mit viel Liebe zum Detail gemacht und ich genieße in dieser harmonischen Umgebung gleich zwei Tassen meines spanischen Lieblingsgetränks. Mein Reiseführer verrät mir, dass bis Itero de la Vega noch fast zwölf Kilometer vor mir liegen und gleich zu Anfang 100 Höhenmeter auf ganz kurzer Strecke hinauf zur Sierra de Mosterales bezwungen werden wollen. Die Siesta fällt dementsprechend ein bisschen knapper aus, als ich vorhatte.

Castrojeriz liegt am Hang eines Hügels und erstreckt sich auf ungefähr einen Kilometer. Ich bestaune dieses außergewöhnliche denkmalgeschützte Dorf. Ich fühle mich wieder mal in eine andere Epoche versetzt. Es sind nur wenige Menschen unterwegs, es gibt keinen Autoverkehr - zumindest momentan nicht - wenige Geschäfte, absolute Stille. Nur aus den Häusern dringt hier und da ein leises

Rumoren, Klappern des Geschirrs und Stimmengewirr. Es sieht so aus, als seien viele Häuser unbewohnt. Ruddi läuft – endlich wieder ohne Leine und trotz der Mittagshitze - gleichmäßig fröhlich vor mir her. In dieser Idylle fühle ich mich gut aufgehoben.

82) Ortsrand von Castrojeriz, Blick auf die Burg

Plötzlich, ohne Vorwarnung, stürzt sich ein Hund – nur wenig größer als meiner - vollkommen aggressiv auf meinen und wirbelt ihn durch die Luft. Er hat ihn im Nacken gepackt und schüttelt ihn wild, dann lässt er für den Bruchteil einer Sekunde los. Ruddi legt sich sofort steif auf den Rücken, begibt sich also in die unterwürfigste Haltung, die er einnehmen kann. Unter Hunden ein eindeutiges Zeichen für „ich ergebe mich". Der andere ignoriert das und beißt blindlings drauflos. Ich höre meinen Hund jaulen, er lässt sich nicht auf diesen Kampf ein, bleibt regungslos liegen. Ich bin in Panik. Ich schreie so laut ich kann um Hilfe. Mit meinen Pilgerstöcken versuche ich den Wildgewordenen zur Seite zu drängen. Andere Pilger kommen herbeigeeilt, versuchen ebenfalls mit ihren Stöcken den Hund wegzudrücken. Wir achten trotz allem darauf, dem Durchgedrehten nicht wehzutun. So schaffen wir es auch, dass die Beißerei aufhört.

Endlich kommt der Besitzer dieses Hundes aus einem Haus gelaufen, stürzt sich auf sein Tier und verprügelt es so brutal, dass ich ihn anschreie, er solle sofort damit aufhören. Es wundert mich nun nicht mehr, dass diese arme Kreatur so unkontrolliert aggressiv ist. So ein Verhalten sollte bestraft werden. Meiner Meinung nach, kann ein Hund normalerweise nur so gut oder schlecht sein, wie sein Herrchen mit ihm umgeht. So unverhofft er aufgetaucht war, so schnell ist er auch wieder weg.

Zitternd vor Schreck und Entsetzen kümmere ich mich natürlich sofort um Ruddi. Er ist, Gott sei dank, nur leicht verletzt. Die Bisse sind nicht spurlos geblieben, aber es hält sich in Grenzen. Vielmehr steht er unter Schock. Mit großen, nassen Augen sieht er mich an, als wenn er sagen wollte: „Warum? Der hätte doch mit mir reden können. Ich habe mich sofort ergeben! Ich verstehe das nicht?!“ Er tut mir so leid. Ich nehme ihn vorsichtig in den Arm, sein kleines Herz klopft wie verrückt. Noch nie hat er schlechte Erfahrungen mit anderen Hunden gemacht. Und gerade hier auf dem Camino Francés mit seinen vielen kleinen Dörfern, in denen es immer freilaufende Hunde gibt, hat er sich schon mit so vielen „unterhalten“. Jedes Mal schnauzen sie ihn ganz aufgeregt an, wenn wir ein Dorf betreten. Mir ist schon oft vor Schreck die Luft weggeblieben, vor allem, wenn es sich um große, schwere Hunde gehandelt hat. Aber mein kleiner Ruddi, weiß nicht, dass er klein ist und bellt selbstbewusst mit aufgestelltem Kamm, eben wie ein „ganz Großer“, allzeit irgendwas Resolutes zurück und schon nach einer kurzen „Diskussion“ ist das Thema durch. Oft laufen die Hunde sogar gemeinsam ein Stückchen. Die Kommunikation klappt normalerweise hervorragend.

Ich bin immer schon der Meinung gewesen, dass ich mich in solchen Situationen nicht einmischen sollte, die Hunde haben ihre eigene Art, sich kennenzulernen. Die Kläfferei hört sich meist viel bedrohlicher an, als sie in Wirklichkeit gemeint ist. Ich sorge lediglich stets dafür, dass er bei einer Begegnung mit der eigenen Art ohne Leine kommunizieren kann, damit er nicht unbewusst von mir beeinflusst wird.

Die mir zu Hilfe geeilten „Pilger-Kollegen“ bleiben noch ein paar Minuten, um sicher zu gehen, dass mit uns alles in Ordnung ist. Völlig irritiert setzen wir beide den Weg durch dieses Dorf, auf das wir uns so gefreut hatten, fort. Ich will meine Unbekümmertheit wieder haben, auf der Stelle! Aber ich habe Angst, dass dieser Hund noch einmal über Ruddi herfallen könnte. Dauernd schau ich mich um, ich habe

Gänsehaut, fühle mich verfolgt und bedroht. Ich lege den zweiten Gang ein, will nur noch hier weg.

Ein paar hundert Meter weiter haben wir uns beide wieder ein wenig beruhigt und ich betrete mit Ruddi unterm Arm einen kleinen Laden, um mir etwas Essbares und eine Flasche Wasser zu kaufen. An der Wursttheke will ich eine Leckerei für meinen tapferen Krieger ergattern. Ein Knochen soll es sein, den er während unserer nächsten Pause bearbeiten kann. Die Señora ist von meinem Hund entzückt, hat aber leider keinen Knochen da. Wild entschlossen macht sie eine riesengroße Tüte mit Wurstenden fertig und drückt sie mir als Geschenk in die Hand. Ich kaufe mir ein „nach Wunsch“ belegtes Baguette und verlasse dankbar und zufrieden angesichts so viel Herzlichkeit das Geschäft.

Nur wenige Meter weiter gibt es einen Tante-Emma-Laden. Da sich heute meine Füße wieder einmal schmerzvoll bei mir beschweren, will ich mich nach einer speziellen Fuß-Salbe für Pilger umschauen. Bereits mehrere Male wurde mir gesagt, dass jeder diese Salbe braucht, weil sie die müdesten und kaputtesten Füße wieder beruhigt. Die meisten Pilger haben sie in ihrem Rucksack. In diesem winzigen voll gestopften Laden gibt es alles, was man sich nur vorstellen kann. Der uralte Señor, dem das Geschäft gehört, sitzt hinter einer Theke auf einem Hocker und lächelt mich freundlich an. Zwischen all seinen Waren ist er mir zuerst gar nicht aufgefallen. Mit Händen und Füßen, in diesem Fall viel mehr mit den Füßen, erkläre ich ihm, was ich suche. Sofort weiß er, worum es geht. Er hält mir ein Töpfchen unter die Nase und beschreibt voller Begeisterung die Wirkung dieser Salbe, packt sie in eine kleine Papiertüte und überreicht sie mir. Für ihn ist es gar keine Frage, ob ich sie nun kaufen will oder nicht. Für ihn ist es ein Muss! Also lege ich bereitwillig zwölf Euro auf die Theke, bedanke mich für die freundliche Beratung und werde spanisch temperamentvoll verabschiedet.

In einer Stadt, in der ich so viele ungleiche Erfahrungen gemacht habe, möchte ich mir auch einen Stempel in meinen Pilgerpass setzen lassen. Ich steuere die nächste Herberge an. Viele Stufen muss ich erklimmen, um den Eingang zu erreichen. Hier steppt der Bär. Wie gestern in Hontanas halten sich in dieser Albergue viel zu viele Pilger auf. Sie teilen mir gleich mit, dass es kein freies Bett mehr gibt. „Ich will doch nur einen Stempel haben!“ antworte ich amüsiert. Sie wirken wieder alle so gestresst. Es wundert mich nicht. Der Stress ist vorprogrammiert: Viele laufen in aller Herrgottsfrühe los, oft schon um fünf Uhr, um nur ja noch am frühen Nachmittag ein Bett zu bekommen. Sie gehen davon aus, dass sie zu späterer Stunde auf keinen Fall mehr einen Schlafplatz finden können. Hallo…! Ich weiß, dass das nicht stimmt. Wichtig ist: schön geschmeidig bleiben und fest dran glauben, dann klappt‘s auch mit der Unterkunft.

Ich muss für den Stempel eine Weile anstehen und sehe mich wieder einmal darin bestätigt, wenn irgend möglich, in einer Pension oder einem Hotel zu übernachten. Der Einblick in den Schlafsaal genügt mir. Wie in Grañón in der Kirche, liegen auch hier in einem riesengroßen Raum, der an eine Turnhalle erinnert, Matten auf dem Boden. Matte an Matte, dazwischen gerade genug Platz für die Füße, damit man sein Lager erreichen kann. Nee danke, das muss ich mir nicht geben! Nachdem mein Pass gestempelt ist, bin ich auch ganz schnell wieder weg.

Die Belohnung des Tages ist die Beschaffenheit des Weges bis zum Anstieg zur Sierra de Mosterales. Er führt durch Felder und Wiesen, ist nicht asphaltiert, sehr breit, flach und ohne Stolperfallen. Tief berührt, nach dem Stress in Castrojeriz, überlasse ich mich hier meinen Tagträumen von einem erfahrungsreichen, unterm Strich immer harmonischen, Jakobsweg.

Dass Träume wahr werden, steht für mich schon sehr lange fest. Sie verwirklichen sich in der Intensität, mit der man an sie glaubt. Eine positive Grundeinstellung ist das wichtigste Handwerkszeug um Träume in die Erfahrung zu holen. Und daran „arbeite“ ich täglich. Schlechte Erfahrungen, die nicht zu meinen Träumen passen, zeigen mir über meine Emotionen, dass ich mich in die entgegengesetzte Richtung entwickle. Sie erinnern mich daran, mich mehr mit dem Gewünschten zu beschäftigen, anstatt dem Negativen zu viel Raum zu geben.

So hänge ich also meinen Träumen nach, bis der angekündigte Anstieg beginnt. Ich sehe auf dem sehr, sehr, sehr, sehr steilen Weg nach oben viele Pilger, die ihr Fahrrad schieben. Ich erkenne von weitem, wie arg sie sich mit dem Gewicht des Rades und zusätzlichen Gepäcks quälen. Zentimeter um Zentimeter bewegen sie sich vorwärts. „Nur nicht bange machen lassen!“ beruhige ich mich selbst. Es ist eine echte Herausforderung, die ich jetzt angehe. Meine Schritte sind ganz kurz, höchstens so lang wie mein Fuß. Ich rufe mir in Erinnerung: „Du schaffst das. Alles ist möglich! Du musst es Dir nur vorstellen können. Geh einfach. Der Weg wächst im Gehen, unter Deinen Füßen, wie durch ein Wunder.“ Der Anstieg ist tatsächlich kurz, aber dafür umso steiler (ja, ich weiß, dass ich mich wiederhole). Es sind 100 Höhenmeter. Mein graziler Ruddi schwebt natürlich vor mir her und feuert mich an: „Komm schon, es ist ganz leicht!“

Fix und fertig, aber glücklich und stolz auf mich, erreiche ich die Sierra de Mosterales und werde, wie erwartet, mit einem atemberaubenden Ausblick über die unendliche Tierra de Campos belohnt. Hier oben stehen Tische und Bänke für die geschafften Wanderer bereit. Ich packe Ruddi‘s Fresstüte von der freundlichen Señora aus und staune nicht schlecht, als ich ein Stück Schinken entdecke, das einen ausgewachsenen Schäferhund satt machen würde. Ruddi darf eine Weile daran rumknabbern. Komplett kann ich ihm die Köstlichkeit nicht überlassen, das bekäme ihm nicht. Wir machen eine etwas ausgedehntere Pause, obwohl noch acht oder neun Kilometer bis Itero de la Vega vor uns liegen. Es ist jetzt fast 15 Uhr. Zu lange sollte ich nicht hier kleben bleiben. Obwohl ich mir in diesem Moment durchaus vorstellen kann, mich einfach auf diesen Tisch zu legen und einzuschlafen. Vielleicht würde ich es tun, wenn mein Schlafsack wärmer und größer wäre.

Der Abstieg ist zunächst genauso steil wie der Anstieg. Wie schon so oft überlege ich, was mir leichter fällt: Das Raufgehen oder das Runterlaufen?! Beim Kraxeln möchte ich gerne schneller sein, bergabwärts muss ich peinlichst darauf achten, dass meine „Bremsen“ nicht versagen. Ich finde keine Antwort auf diese Frage. Sicher ist nur, dass ich früher immer dachte, ich könnte gar nicht bergauf laufen. Ich wurde auf dem Jakobsweg schon am ersten Tag eines Besseren belehrt. Es geht! Und zwar viel leichter, als ich mir je hätte vorstellen können. Der Trick dabei sind lediglich die ganz kurzen Schritte.

Nach kurzer Zeit wird der Abstieg sanfter und ich kann mich wieder entspannen. Diese Weite des Landes beeindruckt mich tief. Das Grün der Felder und das Blau und Weiß des Himmels prägen sich in „die Ecke der schönsten Erinnerungen“ meines Gehirns. Ich staune über einige schneeweiße Felder, die deutlich aus der Landschaft hervorstechen. Bin gespannt, was das ist. Schnee kann das nicht sein, dafür ist es viel zu heiß – das ist sicher. Und noch etwas kommt mir in den Sinn: „Ohren nach hinten aufhalten, mit Fahrradpilgern ist zu rechnen.“ Das bleibt mir aber erspart. So laufe ich, völlig eins mit der Natur, die nächsten Kilometer glücklich und zufrieden auf „meinem Camino“. Übrigens glaube ich, dass es sich auf den weißen Feldern um Kalk handelt. Ein bisschen abseits des Wegs befinden sich offene Kalkbrüche.

Kurz bevor ich den Pisuerga auf der Puente Fitero, einer romanischen Brücke, überquere und damit die Provinz Burgos verlasse, ruft Hermann an. Er ist ungefähr zehn Kilometer weiter als ich. Aufgeregt erkundigt er sich nach unserem Befinden. Er hat gedacht, ich hätte wegen Ruddi meine Mission Jakobsweg abbrechen müssen, weil er seit ein paar Tagen nichts mehr von mir gehört oder gesehen hat. Wir erstatten uns kurz gegenseitig Bericht über unsere Erfahrungen. Bei ihm ist ebenfalls alles in Ordnung, er verläuft sich auch nicht mehr so oft. Ich habe mich sehr über seinen Anruf gefreut. Wir sind beide gespannt, ob wir uns nochmal begegnen. Die Chance ist groß, er will ja auch bis Santiago de Compostela gehen.

83) zwischen Castrojeriz und Itero de la Vega

Direkt am Fluss befindet sich die kleine Herberge San Nicolás, die früher ein Pilgerhospital war. Davor sitzen einige Pilger und der Herbergsvater mit seinem Schäferhund. Ruddi und ich werden freudig begrüßt und eingeladen, ein bisschen zu verweilen. Der Hospitalero bietet mir sofort seinen Sitzplatz an. Die beiden Hunde verstehen sich auf Anhieb und streunen ein bisschen herum. An diesem Ort fühle ich mich sofort wohl. Die Leute sind vollkommen entspannt, gut gelaunt und zuvorkommend. Sie machen den Eindruck auf mich, als wären sie eine große Familie. Dabei kennen sie sich alle erst seit ein oder zwei Stunden. So ist das auf dem Pilgerweg, man ist sich sehr schnell sehr vertraut. Ich erfahre, dass es hier lediglich zwölf reguläre Schlafplätze gibt, jedoch mindestens schon 17 oder 18 Pilger für die Nacht untergebracht sind. Schade, hier wäre ich gerne geblieben, obwohl es eine Herberge ist. So wie es aussieht, gibt es nicht einmal ein richtiges Bad, aber dieser Ort hat eine unglaubliche Anziehungskraft auf mich. Ich kann mich nur schwer loseisen.

Die letzten ein oder zwei Kilometer bis Itero de la Vega verlaufen neben dem Fluss, an dessen Ufer viele große Bäume stehen. So kann ich ein bisschen Schatten finden und Ruddi bahnt sich seinen Weg durch das kühle Unterholz. Am frühen Abend erreichen wir unser heutiges Etappenziel. Und da ist wieder dieses fast unbeschreibliche Gefühl, das sich beim Pilger einstellt, wenn er angekommen ist. Ein Baby könnte sich so fühlen, wenn es die ersten Schritte vom Couchtisch bis zum Sessel macht und sich nach dem Ankommen erleichtert und unendlich stolz mit dem Oberkörper auf die sichere, weiche Unterlage fallen lassen kann. Es war schwer, aber doch so schön und außergewöhnlich, dass es von nun an jeden Tag ein paar Schritte mehr machen will und wird. Immer mit der Gewissheit, dass es sich am, von ihm selbst ausgesuchten Ziel, weich fallen lassen darf. Wenn es sich unterwegs mal den Kopf gestoßen hat, schreit es kurz auf und läuft dann umso entschlossener weiter seinem Ziel entgegen. Und wenn es abends todmüde, frisch gebadet und satt in seinem Bettchen liegt, träumt es von neuen Zielen am folgenden Tag. Ja, so ähnlich fühle ich mich.

Gleicher Tag (insgesamt 344,4 km gelaufen)
Itero de la Vega (226 Einwohner), 772 m üdM, Provinz Palencia
Herberge m. Hotelzimmern, 22 Euro pro Person ohne Frühstück

Gleich am Ortseingang betrete ich eine sehr große Gaststätte. Ich werde fürstlich empfangen. Ruddi läuft vor mir auf das Besitzer-Ehepaar zu und springt zur Begrüßung an ihnen hoch. Sie knien sich hin, um ihn zu streicheln. „Qué bonito, qué buena compañía (wie hübsch, was für eine nette Begleitung)!“ Sehr angetan von dieser ausgefallenen Begrüßung bestelle ich mir meinen Café con leche. Mein Hund wird immer noch liebkost, hat schon ein Schälchen Wasser vor sich stehen. Ich bemerke, dass er viel mehr trinkt, als sonst. Daran ist wohl der Schinken schuld. Das hatte ich nicht bedacht. Tja, man lernt nie aus. Die Leine kann ich getrost in der Tasche lassen, die ist hier nicht erwünscht.

Entspannt sitze ich am Fenster und schaue in einen großen Hof. Dort herrscht reges Treiben. Viele Leute laufen hin und her, hängen Wäsche auf, sitzen in Liegestühlen und lesen oder schlafen. Sie sitzen in Gruppen zusammen und erzählen sich was. Sieht fast aus wie eine Herberge, schießt es mir durch den Kopf. Wo ist denn da der Eingang?

Ich frage die Wirtsleute und bekomme eine Antwort, die besser nicht sein könnte. Ich befinde mich bereits in der Herberge. Dort könnte ich zwar nicht schlafen, wegen Ruddi, aber sie haben auch Doppelzimmer und davon würden sie mir und meinem „bonito perrito“ sehr gerne eines vermieten, wenn ich dann wollte. Natürlich will ich! Besser kann ich es nirgendwo antreffen. Ein Pilgermenü bieten sie auch noch an! Worauf warte ich also noch? Blitzschnell sind die Formalitäten erledigt und ich befinde mich in einem sehr gepflegten Zimmer mit einem gemütlichen Bett. Ich genieße die Dusche ein bisschen länger als sonst, richte mich gemütlich ein, hänge meine handgewaschenen Klamotten über den Stuhl und auf die beiden Bügel, die ich gefunden habe und begebe mich dann flugs wieder nach unten zum Essen. Ich könnte „ein halbes Schwein auf Toast“ vertilgen.

Ich verbringe den Abend alleine bei einem hervorragenden Pilgermenü. Das besteht übrigens immer aus drei Gängen: meist Nudeln mit Bolognese, Fleisch mit Pommes oder Kartoffeln und Salat, Nachtisch in Form von Obst oder Flan (Karamellcreme). Dazu gibt es immer eine Flasche Rotwein und Wasser soviel man will.

Ruddi lernt noch den Haus- und Hofhund Toni kennen. Die beiden sind sich sehr ähnlich in ihrer Statur und ihrem Alter. Sie haben also selbst einen Hund, der in ihre Gaststätte völlig integriert ist und, sichtbar für alle, heiß geliebt wird. Deshalb ist mein Schnurzel hier auch so überaus herzlich willkommen. Nach dem Essen gehen Toni, Ruddi und ich noch ein Ründchen durchs Dorf bis zum nächsten Feld, damit die beiden hochherrschaftlichen Rüden ihre Geschäfte erledigen können.

Nach der letzten kalten und mehr oder weniger schlaflosen Nacht in Hontanas mit Ruddi im Schlafsack fallen wir beide in unser jeweiliges Bett und schlafen schon vor dem Augenzumachen.

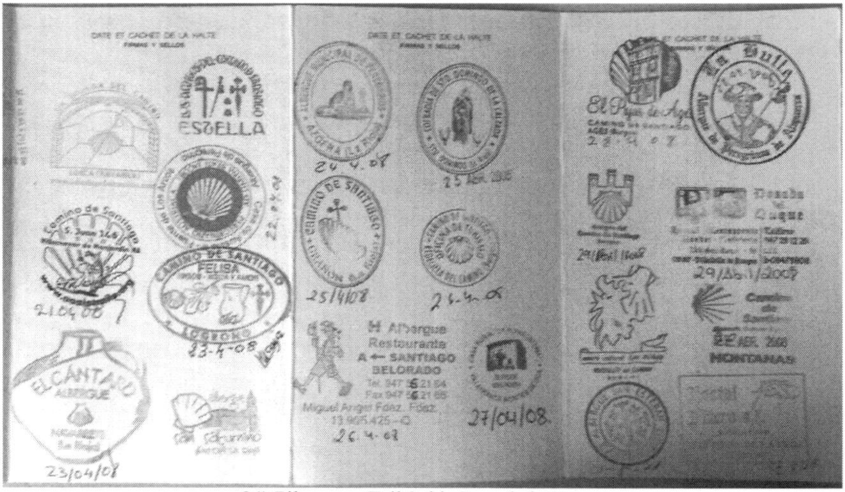

84) Pilgerpass Teil 2, bis Itero de la Vega

Freitag, 2. Mai 2008
Itero de la Vega (226 Einwohner), 772 m üdM, Provinz Palencia
18. Etappe bis Villalcázar de Sirga, 27,6 km

Ich glaube, ich war die ganze Nacht ohnmächtig. Ich habe nichts gehört und nichts gespürt seit ich mich in dieses Bett gelegt habe. Mein Schlaf war tief und fest, total erholsam. Obwohl ich mich gestern Abend unbewusst doch noch mit dem tierischen Angriff in Castrojeriz beschäftigt haben muss, denn dieser Zwischenfall drängt sich mir als erster Gedanke heute Morgen auf. Wir alle wachen immer mit dem auf, das uns in den Schlaf begleitet hat. Deswegen beschäftige ich mich normalerweise vor dem Einschlafen möglichst mit den Dingen, die mir gut tun oder die ich mir wünsche. Anscheinend hat mich das Sandmännchen k. o. gehauen. Na, dem werde ich heute Abend ein paar Takte erzählen!

Ich untersuche meinen tapferen Vierbeiner genauestens. Ich kann zwar ertasten, wo die spitzen Zähne des Wildgewordenen rein gehauen haben, aber es sind nur winzig kleine Krusten, die ich entdecke. Ruddi will von der ganzen Sache nichts mehr wissen, schüttelt sich kräftig durch, springt fröhlich aus seinem Taschenbett und spurtet gleich durch zum Wassernapf. Der Schinken von gestern muss ihn förmlich ausgetrocknet haben. Er säuft „in einem Zug“ die ganze Schale leer, ich fülle sie nach und er trinkt und trinkt und trinkt … So kenn ich ihn gar nicht. Ich muss ihn sonst eher zwingen, ein bisschen Wasser zu sich zu nehmen. Die Moral von der Geschicht: „Iss geräucherten Schinken nicht!“ Tja, ob Mensch oder Hund, man lernt nie aus.

Nachdem ich meine - zum Glück trockenen - Klamotten wieder im Rucksack verstaut habe, freue ich mich auf ein leckeres Frühstück und mein Schnurzel auf ein Spielchen mit seinem Kumpel Toni. Die beiden begrüßen sich überschwänglich in dem großen Gastraum, der viel Platz zum Toben bietet. Das Wirtsehepaar empfängt mich bereits am Eingang spanisch feurig. Wir schlagen zwar keine Purzelbäume, wie es die beiden Hunde tun, aber die Begrüßung fällt sehr persönlich und warmherzig aus. Sie sind ehrlich interessiert, wie ich geschlafen habe und mich heute Morgen fühle. Nachdem die Señora mir einen Café con leche nebst warmem Croissant an den Tisch gebracht hat, genießen wir beide den Anblick unserer herumtollenden Hunde.

Heute will ich wieder fast 28 Kilometer laufen. Ich habe mich entschieden, in dieser meist flachen Region meinen Tagesschnitt ein bisschen zu erhöhen. Wie immer, schau ich mir meinen Reiseführer genau an. Heute erwarten mich hinter Frómista gute zwölf Kilometer, die sich eng an eine Provinzstraße schmiegen. Ich darf gespannt sein, wie viel Verkehr auf diesem Weg herrscht. Hoffentlich kann Ruddi ohne Leine laufen. Wir werden sehen!

Jetzt freue ich mich zuerst einmal auf Frómista. Ich habe diesen Ort mit seinem Bahnhof im Fernsehen gesehen und es kommt mir gerade so vor, als würde ich heute eine Stadt besuchen, in der ich schon mal gewesen bin. Vor Beginn meines Pilgerwegs habe ich mir einige Filme angeschaut und in einem wurde dieser Ort ausführlicher gezeigt. Das löst in mir das Gefühl aus, dass mir heute nichts passieren kann, weil ich ja schon weiß, wo ich hingehe. Ich kenn mich ja aus! Was weiß ich, wo diese übertriebene Emotion herkommt. Aber es ist nun mal so.

Bevor ich mich auf den Weg mache, drückt mir der liebenswerte Herbergsvater noch einen großen Frühstücksbeutel mit Tonis Trockenfutter in die Hand. Er will nicht, dass ich ein ganzes Paket kaufen muss, das sei seiner Meinung nach viel zu schwer. Tief berührt bedanke ich mich bei ihm und seiner Frau für die sagenhafte Gastfreundschaft mir und meinem Hund gegenüber. Nach dem rührenden Abschied begleitet uns Toni noch bis zum Ortsrand und läuft nach einem kurzen „Adiós-Beller“ wieder zurück zu Herrchen und Frauchen.

Ich bin jetzt in der Provinz Palencia unterwegs. Die Sonne scheint aus einem strahlendblauen Himmel. In mir kommt sofort der tiefe Wunsch nach großen, Schatten spendenden Bäumen am Wegesrand auf. Nach ein oder zwei Kilometern finde ich diese dann auch prompt vor. Wie war das noch mit dem Universum? „Dein Wunsch ist mir Befehl!“ Ich kann dieser Aussage aus fester Überzeugung nur zustimmen. Es funktioniert immer! Aber Vorsicht, es klappt auch mit negativen Gedanken und Gefühlen! In diesem Fall mag man jetzt entgegnen: „Die Bäume haben gestern auch schon da gestanden, oder?“ Ja, haben sie! Aber ich bin bei diesen ungewöhnlich hohen Temperaturen genau an diesem Stück Weg angekommen. Es hätte ja auch so auskommen können, dass ich jetzt schon zehn Kilometer weiter wäre. Ob da auch Bäume stehen, werde ich noch gewahr. Und wenn nicht, knallt die Sonne dann immer noch gnadenlos oder schickt der Himmel mir ein paar Wolken? Ich werde berichten.

Wie gewohnt ist weit und breit kein Pilger in Sicht. In einiger Entfernung bestellen einige Bauern ihre Felder. Ich genieße die wunderschöne Landschaft und bin unbekümmert auf „meinem Camino“ unterwegs, bis mir ein Jogger entgegenkommt. Er läuft zusammen mit seinem großen Hund. Er ist noch ein ganzes Stück von mir entfernt. Meine Gelöstheit ist plötzlich wie weggeblasen. Ich gebe zu, dass ich erstaunlicher Weise ängstlich auf den Moment des Zusammentreffens der beiden Hunde gespannt bin. Hoffentlich ist der lieb und will nur spielen! Ist es Ruddi wirklich über Nacht gelungen, den Schock von Castrojeriz zu überwinden und dem „Fremden“ unvoreingenommen gegenüberzutreten?

Es gefällt mir gar nicht, solche Gedanken zu haben. Das „Gesetz der Anziehung“ sorgt stets dafür, dass ich das in meine Erfahrung ziehe, woran ich intensiv und emotional denke. Dabei spielt es - wie schon erwähnt - keine Rolle, ob meine Gedanken positiv oder negativ sind, sie sind in jedem Fall magnetisch und ziehen die Essenz dessen, was ich fühle, in mein Leben. Das soll nicht bedeuten, dass sofort wieder eine Beißerei entsteht, aber die Angst davor, dass es passieren könnte, zeigt sich mir weiterhin und wird größer, könnte dann ausarten und Dinge anziehen, die ich nicht erleben will. Es ist sehr belastend mit Angstgedanken unterwegs zu sein. Auf solche Gefühle kann ich locker verzichten. Also kommt es darauf an, meine Einstellung zu ändern.

Anstatt in Panik zu verfallen, bleibe ich stehen und lenke mich mit einem Rundblick in die Landschaft von der bevorstehenden

Begegnung ab. Ich sehe mir die Bäume und Pflanzen genauer an, betrachte den „Kastilischen Kanal“, der im 18. Jahrhundert der Güterschifffahrt und Bewässerung diente. Ich befinde mich gerade auf dessen Versorgungsweg und genieße schon seit geraumer Zeit die Nähe des Wassers. Ich konzentriere mich auf die Geräusche, die die Natur so hergibt, beobachte die Vögel und denke an die netten Herbergsleute, die es uns so gut gehen ließen. Der pfiffige und lustige Toni kommt mir auch nochmal in den Sinn. Jetzt endlich fällt der Groschen: „Ruddi ist mittlerweile seit acht Jahren mit mir zusammen unterwegs und hatte gestern seine erste schlechte Erfahrung mit einem anderen Hund. All die vielen anderen tierischen Begegnungen waren immer harmonisch. Weshalb mache ich mir also Sorgen? Das ist ja wohl voll daneben, oder?

Wieder gefasst, schaue ich in die Richtung des Joggers mit seinem Perro-Kumpel und staune nicht schlecht. Während ich mich abgelenkt habe, sind Ruddi und der fremde Vierbeiner sich schon längst näher gekommen. Sie beschnuppern sich schwanzwedelnd von oben bis unten – Klein-Ruddi muss hüpfen, um die Körperstellen seines Artgenossen zu erreichen, die ihn interessieren - erzählen sich was und markieren in völliger Übereinstimmung den einen oder anderen Stein am Wegesrand. Ja, so kenn ich ihn, meinen kleinen „großen“ Hund! Immer freudig bereit, neue Bekanntschaften zu machen. Ich bin glücklich und erleichtert, dass die gestrige Erfahrung diesen Wesenszug an ihm nicht beeinflusst hat. Das sportliche Herrchen des Hundes begrüßt mich mit einem atemlosen „qué tal“, lässt sich jedoch nicht aufhalten und zieht sein Trainingsprogramm durch. Daraufhin machen Schnurzel und ich eine kurze Rast. Ich stelle meinem Freund wieder seinen Wassernapf bereit, den er zum wiederholten Mal an diesem Morgen komplett leer säuft. Er wird nie wieder Räucherware von mir bekommen. Wie ich aus eigener Erfahrung weiß, ist Durst schlimmer als Hunger.

Gegen halb zwölf erreichen wir nach knapp 14 Kilometern Frómista. Die Hauptstraßen sind zwar sauber und schön begrünt, aber dieser Ort vermittelt mir trotzdem Unruhe und Stress, Unzufriedenheit, Unwohlsein. Es ist ganz anders, als ich erwartet hatte. Ich empfinde nichts von „angekommen sein“ oder „ich war schon mal hier“. Ich bin mir ziemlich sicher, dass die meisten Einwohner nicht glücklich sind.

Im ersten Supermarkt kaufe ich Wasser und einen Snack für mich und meinen Kumpel. Die Verkäuferin ist sehr beschäftigt und hat überhaupt keine Lust, sich mit ihren Kunden abzugeben. Mürrisch kassiert sie die wenigen Leute ab. Mit ernsten oder genervten Mienen betreten oder verlassen die Einheimischen diesen Laden. Was ist mit der sonst üblichen spanischen Gelassenheit und dem Frohsinn der Camino-Anwohner passiert? Vor dem Laden steht eine Bank, die zum Ausruhen einladen soll. Zwei mir fremde Pilger haben sich Obst gekauft und sich auf ihr niedergelassen. Selbst diese beiden sind nicht besonders gesprächig, wirken ebenfalls genervt und unklar, ob das der richtige Platz für sie ist. Was ist denn hier los? Habe ich irgendwas verpasst?

85) Ortseingang Frómista

Fast gleichzeitig setzen wir unseren Weg durch die kleine Stadt fort. Hier herrscht sehr viel Durchgangsverkehr. Viele LKW donnern an uns vorbei. Sie wollen zur nahe gelegenen Nationalstraße und es scheint so, als nähmen sie im Ort schon mal Anlauf für die Weiterfahrt auf der Schnellstraße. Passanten gibt es hier kaum, was ich gut nachvollziehen kann. Ich bin erleichtert, als ich nach dem Überqueren der Hauptstraße eine Bar entdecke und will mir und dem Ort doch noch eine Chance geben. Die beiden anderen Pilger haben die gleiche Idee und setzen sich in den gnadenlos überfüllten

Außenbereich des Cafés direkt neben der „innerörtlichen Autobahn". Es herrscht Hochbetrieb. Die vielen Rucksäcke und die Worte, die ich im Vorbeigehen aufschnappe, erinnern mich an Saint Jean Pied de Port. Die Gäste in diesem Café sind überwiegend Pilger. Ich höre raus, dass sie mit dem Zug angereist sind und zum großen Teil ihre Wallfahrt hier erst beginnen. Das erschließt sich mir auch, denn ich hätte mindestens einen von ihnen unterwegs sehen müssen, wenn sie gelaufen wären. Außerdem sind sie noch so blass um die Nase und die Rucksäcke sehen zum großen Teil wie neu aus. Die eindeutigsten Zeichen für „Neuankömmlinge" sind das wilde und ziellose Blättern in den Reiseführern und ihre angespannte Körperhaltung. Der vom Laufen müde Pilger, lehnt sich genüsslich zurück oder strahlt zumindest Erleichterung über eine Sitzgelegenheit aus.

Ich ziehe es vor, mich drinnen aufzuhalten, wo ich zumindest vor dem Lärm der LKW Schutz finde. Ein winziges Plätzchen in einer Ecke ist noch frei, an dem ich meinen Café con leche trinken kann. Das tut mir aber auch nicht wirklich gut. Der Service ist unfreundlich, wirft einen herablassenden Blick auf meinen Vierbeiner, die Tische sind unordentlich, der Raum ist proppenvoll mit Menschen und zu allem Überfluss „knösig". Der übliche Bar-Fernseher ist auf volle Lautstärke eingestellt. Ruddi guckt mich an, als wollte er sagen: „Das ist doch wohl nicht Dein Ernst, mir brennen gleich die Sicherungen durch!" Wir müssen hier weg und zwar ganz schnell.

Es ist denkwürdig, wie unaufdringlich plötzlich der „pure" Durchgangsverkehr nach dieser Bar-Szenerie auf mich wirkt, fast erholsam. Nach wenigen hundert Metern überquere ich die von den LKW-Fahrern so begehrte Nationalstraße und somit ist das Thema fast durch. Es gilt jetzt noch eine Mega-Baustelle zu durchlaufen. Ich glaube, dass an dieser Stelle so eine Art Autobahnkreuz entsteht. So weit mein Auge reicht, sehe ich nichts als Sand, schwere Baustellenfahrzeuge, Kräne und die dazugehörigen Arbeiter. Die Camino-Wegweiser fehlen gänzlich. Ich habe keine Ahnung wo ich lang muss. Ich entdecke keine anderen Pilger, denen ich jetzt ausnahmsweise noch einmal hinterherlaufen würde. Mein Reiseführer kennt diese baulichen Veränderungen natürlich auch nicht. Einer der „Schwerstarbeiter" kommt auf mich zu und deutet mir an, dass es geradeaus nach Santiago de Compostela geht. Ich muss lachen, denn er hätte logischerweise das zirka 20 Kilometer entfernte Carrión de los Condes nennen können. Nein, er bezieht sich auf Santiago – sind ja auch nur noch schlappe 400 Kilometer bis dahin!

Was bleibt mir anderes übrig, als diesem hilfsbereiten „obrero de la construcción“ (Bauarbeiter) zu glauben, obwohl ich das Gefühl habe, als wollte er mich in die Wüste schicken. Diese weitläufige Baustelle besteht nämlich aus ganz feinem Sand und das Ende ist nicht abzusehen. Bei jedem Schritt versinke ich einige Zentimeter in den Aberbillionen Gesteinskörnchen. Kann man hier vielleicht Kamele mieten, auf denen ich bis an den Rand dieser Einöde reiten kann? Aber wer weiß, vielleicht laufe ich ja auch direkt aufs Meer zu?!

Nach gefühlten 400 Kilometern hat diese Odyssee endlich ein Ende und ich finde mich auf einem Fußgängerweg wieder, der direkt neben der Landstraße verläuft. Alle 25 Meter stehen mitten auf diesem zwei bis drei Meter breiten Weg zwei Betonpfähle mit einer abgebildeten gelben Jakobsmuschel auf blauem Grund. Es ist ein interessanter Ausblick und hundertfache Bestätigung, dass der Pilger nun wieder auf dem richtigen Weg ist. Wie in meinem Reiseführer beschrieben wird dieses Stück Camino Francés über 20 Kilometer bis Carrión de los Condes schnurgerade und ständig neben der erwähnten Straße entlang führen. Sie ist mäßig befahren, kein Vergleich zu einer Nationalstraße. Hier sind nur ab und zu mal LKW unterwegs, ungefähr alle 60 Sekunden rauscht ein Auto vorbei. Ich bin froh, dass ich Ruddi beigebracht habe, niemals einfach so den Weg zu verlassen, auf dem er gerade läuft. Er weiß, dass er keinesfalls - ohne mich zu fragen - seine Pfoten von einem naturbelassenen Untergrund auf Asphalt setzen darf. So darf er also ohne Leine laufen. Übrigens stehen hier keine Bäume, das heißt, der Pilger und sein Hund wäre der Sonne gnadenlos ausgesetzt, wenn es nicht ein paar Wolken am Himmel gäbe. Ja, wie könnte es auch anders sein: Das Universum hat meinen Befehl, mir Schatten zu spenden, perfekt ausgeführt. So laufen wir – endlich wieder ganz entspannt und gemütlich – bis nach Revenga de Campos.

Nach guten sieben Kilometer genehmige ich mir in einer kleinen gemütlichen Bar einen, na, was? Genau …! Die Gäste sind allesamt Spanier und zwar männliche, bis auf eine(n) und die Bedienung. Die Atmosphäre ist typisch: Lachen, lautes durcheinander Reden, Karten spielende Männer, ohrenbetäubendes Fernsehprogramm - insgesamt lebhaft und gastfreundlich. Ich bin davon überzeugt, dass hier heute ein „Mus“-Turnier stattfindet. Das ist ein spanisches Kartenspiel, das die meisten Spanier kennen. Es sind sicher so um die dreißig bis vierzig Spieler, die temperamentvoll um den Sieg kämpfen. Ich setze mich an den einzigen freien Tisch und lasse diese Lebensfreude genussvoll auf mich wirken.

Am Ortsausgang von Villarmentero de Campos befindet sich ein idyllischer Rastplatz. Tische und Bänke aus Holz stehen unter großen Bäumen auf einer dunkelgrünen saftigen Wiese. Etwas seitlich steht ein Brunnen, an dem man sich ein bisschen abkühlen könnte. Ich kann nicht anders, als mich hier nochmal niederzulassen und Ruddi das kühle Gras zum Reinkuscheln zu gönnen. Bis zum Etappenziel liegen noch vier Kilometer vor mir. Die schaff ich schon auch noch, obwohl ich gestehen muss, dass ich mich eben dabei erwischt habe, mich nach einer Unterkunft umzusehen. Ich merke immer wieder, dass mein Körper ab dem 25. Kilometer anfängt zu streiken. Wäre der Rückflug noch nicht gebucht, würde ich noch ein paar Tage dranhängen und meine Knochen und Muskeln nicht so schinden. Hätte, wäre, wenn und aber! Was nützt es? Ich habe gebucht und ich will es schaffen, da muss ich jetzt durch.

In meine Gedanken hinein, spricht mich ein Mann an, der soeben mit einem Fahrrad zu mir gestoßen ist. Er ist Hospitalero in Villalcázar de Sirga, meinem Etappenziel. Er spricht mich auf Deutsch sehr resolut an: „Du musst hier in diesem Ort bleiben. Es gibt eine Herberge, die ist zwar total heruntergekommen, aber in Villalcázar ist kein einziges Bett mehr frei.“ Ich bin entsetzt, dass mir jemand ungefragt meine Pläne durchkreuzen will: „Ich will ja gar kein Herbergsbett, sondern werde in einem Hotel oder einer Pension übernachten.“ Er bleibt wild entschlossen am Ball: „Ich weiß genau, dass das eine Hotel ausgebucht ist! Bei dem anderen bin ich mir nicht ganz sicher, aber bis Du da ankommst, wird alles belegt sein.“ Ich lasse ihn mehr oder weniger links liegen, ich will das alles gar nicht hören. Es wird schon gutgehen, ich mach das schon. Kopfschüttelnd gibt er mir noch einen letzten Rat: „Dann geh wenigstens jetzt sofort los. In Villalcázar ist der Teufel los. Es sind ganz viele Rad fahrende Touristen, die keine Pilger sind, unterwegs. Die wollen und müssen alle im Hotel übernachten. Beeil Dich.“ Sprach‘s und radelt von dannen.

Konfus blicke ich ihm hinterher und denke so bei mir: „Nichts geschieht einfach so, alles hat irgendeinen Sinn, auch diese unvorhergesehene Begegnung.“ Etwas nervös mache ich mich an die letzten vier Kilometer und stelle fest, dass mir dieser Mann mehr Druck gemacht hat, als ich vorhin wahrhaben wollte. Ich gehe deutlich schneller, bin ganz außer Atem und meine Bremse finde ich auch nicht.

Gleicher Tag (insgesamt 372 km gelaufen)
Villalcázar de Sirga (229 Einwohner), 809 üdM, Palencia
Casa Rural, Doppelzimmer, 20 Euro pro Person ohne Frühstück

Das erste Hotel finde ich direkt am Ortseingang. Es ist schnuckelig, lädt zum Verweilen ein. Mir fallen sofort die vielen Fahrräder auf, die hier abgestellt wurden. Ich werde mit Ruddi an der Leine lachend und herzlich empfangen, aber auch unverzüglich und dringlich weitergeschickt. Frei übersetzt sagen sie mir: „Du musst sofort woanders ein Zimmer suchen, wir sind voll belegt. Gegenüber die Herberge ist auch schon gnadenlos überfüllt. Beeilung, sonst wird es eng! Venga, venga!!!“ Die nette Frau schiebt mich quasi zum Ausgang. Schade, hier würde ich so gerne bleiben, dieses Haus strahlt so viel Liebe zum Gast aus. Das haben wohl viele andere vor mir auch schon erkannt. Es hilft nichts! Ich gehorche.

Enttäuscht und vollkommen am Ende angesichts so viel Stresses setze ich mich auf die breite Treppe vor der Herberge, die tatsächlich genau gegenüber angesiedelt ist. Ich bin damit beschäftigt mich zu sammeln, als mich der Herbergsvater anspricht: „Ich habe Dich doch eben noch in Villarmentero gesehen. Da warst Du aber schnell unterwegs.“ Ich staune nicht schlecht, als der autoritäre Radfahrer vor mir steht. Ich bin erstaunt, dass er meine Sprache so gut spricht und erfahre, dass er Holländer ist. Er nimmt neben mir Platz und sieht sofort wie fertig ich bin - dass da gar nichts mehr geht. Mit seiner beruhigenden Hand auf meiner Schulter höre ich ihn sagen: „Ich fahre jetzt mit dem Fahrrad durch den Ort und guck mal was ich für Dich tun kann. Bleib einfach hier sitzen. Bin gleich wieder da.“

Eine Viertelstunde später ist er zurück: „Es ist kein Bett mehr frei. Du musst per Anhalter nach Carrión fahren. Hier kannst Du nicht bleiben.“ Mit Tränen in den Augen gebe ich ihm zur Antwort: „Ich will unter keinen Umständen fahren, ich will laufen. Ich will nicht weiter und ich kann auch nicht mehr.“ Meine Botschaft ist bei ihm angekommen: „Moment, ich fahr noch mal.“ Schwungvoll radelt er erneut von dannen. Nach einer halben Stunde ist er wieder bei mir und sagt: „Ich habe ein Bett für Dich gefunden. Allerdings steht das in einem Doppelzimmer. Es ist schon belegt von einem älteren Señor. Wenn Du da kein Problem mit hast, kannst Du Dir mit dem Mann das

Zimmer teilen. Es ist im Casa Rural.“ „Das ist also gar kein Hospitalero, sondern ein Engel“, denke ich und antworte spontan: „Kein Problem! Mir egal! Hauptsache ein Bett!“

Er fackelt nicht lange, zieht mich von der Treppe hoch, auf der ich mich mit dem Rucksack auf dem Rücken Dreiviertelstunde lang steifgesessen habe und bietet mir an, mein Gepäck auf dem Fahrrad zu transportieren. Das lehne ich natürlich ab, obwohl es für einen Moment sehr verlockend war. Er begleitet mich im rasanten Tempo zu diesem Haus. Ich habe Mühe mitzuhalten. Aber es pressiert nun mal, nicht dass mir jemand zuvorkommt und auch mit diesem spanischen Pilger-Señor schlafen will. Ruddi läuft an der Leine neben mir. Verstecken und tragen ist jetzt nicht mehr drin. Das muss so klappen! Ich habe auch keine Zeit mehr darüber nachzudenken. Wir durchqueren den ganzen Ort, mehrmals höre ich bestätigend: „Qué buena compañía.“ Wenn die Leute am Straßenrand meine Begleitung entzückend finden, wird das die Wirtin des Casa Rural genauso sehen.

Tatsächlich empfängt sie uns sehr freundlich und erwartungsvoll. Sofort führt sie mich zu dem Zimmer, in dem der mir unbekannte Spanier bereits wohnt. Sie macht einen gehetzten, dennoch freundlichen Eindruck auf mich. Sie musste heute bestimmt schon viele Pilger enttäuschen, weil sie keine freien Zimmer mehr anbieten kann. Meinen kleinen vierbeinigen Begleiter nimmt sie lächelnd zur Kenntnis. Mir fällt ein Stein vom Herzen. Wir laufen auf dem Bürgersteig um das ganze Anwesen herum und auf der Rückseite angekommen, schließt sie ein Holz-Tor auf. Wir stehen auf einer Veranda, von der aus man in fünf Zimmer gelangt. Jedes hat seine eigene Tür.

Sie klopft an die dritte und ein Señor öffnet. Wir stellen uns kurz gegenseitig vor. Er heißt Manel, ist 75 Jahre alt, ein „abgebrochener Meter“ – so wie ich - schmächtig, hat unglaublich gütige, fröhliche Augen und ist gut drauf. Er bittet mich sofort hinein. Bevor ich das Angebot annehme, zeige ich auf Ruddi und schau ihn fragend an. Er macht mir klar, dass ihn der Hund nicht stört, wenn er in der Nacht nicht bellt. Das kann ich ihm hundertprozentig versichern. Mein Kleiner ist zurzeit so was von ausgelastet, der hat nachts anderes zu tun, als sich von irgendetwas zum Bellen animieren zu lassen. Das ist auf dem Camino nicht sein Job.

Kaum bin ich drin, ist er auch schon mit einem freundlichen „hasta luego“ raus. Wie anfangs Hermann hat er mir ebenfalls klargemacht, dass ich in Ruhe duschen kann, er würde mich nicht stören. Ich bin tief beeindruckt von so viel Gastfreundschaft mir gegenüber. Ich genieße die große Massagedusche, wasche meine Klamotten auf schmerzenden, zappelnden Füßen und entdecke auf der Terrasse eine Wäscheleine, die mit unzähligen Klammern versehen ist. Meine Sachen können also ganz gemütlich an der frischen Luft trocknen. Beim Aufhängen der Wäsche blicke ich in den liebevoll angelegten großen Garten, der zum Haus gehört. Ich setze mich auf einen der vielen Stühle und kann mein Glück kaum fassen. Allem Anschein und aller Voraussagen nach, sollte ich heute mit dem Auto nach Carrión fahren, weil es hier kein einziges freies Bett mehr gibt. Ich wollte es aber von ganzem Herzen – und nun sitze ich frisch geduscht auf einer Veranda und werde die Nacht mit einem spanischen Señor verbringen, der mit mir, einer ihm vollkommen Fremden Person MIT HUND, sein Zimmer teilt. Manchmal wird mir schwindelig, von der prompten Wunscherfüllung seitens des Universums. Herzlichen Dank, ihr da oben.

Gegen halb neun kommt Manel zurück, um mir mitzuteilen, dass er jetzt noch schnell zum Essen gehen wolle. Leider haben wir nur einen Schlüssel für das Zimmer. Ich gehe also mit in den Gastraum und trinke ganz in Ruhe einen Café con leche, während mein neuer Pilgerfreund isst. Um 21 Uhr bringe ich Manel zum Zimmer zurück, weil er schlafen gehen will. Bei Manel passiert immer alles sofort. Kaum sind wir drinnen, liegt er auch schon im Bett, die Decke bis zum Kinn hochgezogen, ein gegähntes „buenas noches“ und schon sind die Augen zu. Ich bin davon überzeugt, dass er bereits eingeschlafen ist, bevor er die beiden Worte zu Ende gesprochen hat. Leise verlasse ich die Unterkunft, schließe wie von ihm gewünscht die Tür ab und freue mich nun mit einem Zimmerschlüssel in der Tasche auf mein wohlverdientes Pilgermenü.

Ich genieße alleine das traumhafte Essen. Bei einem Glas Wein läuft der Tag noch einmal wie ein Film ab. Der hatte ja mal ganz extreme Höhen und Tiefen. Ich hoffe die ganze Zeit, dass ich meinen Retter, den holländischen Herbergsvater irgendwo entdecke, um ihm für seine aufopfernde erfolgreiche Hilfe danken zu können. Das ging eben so schnell. Auf einmal war er weg. Zum Abschluss des Tages schlendere ich noch ein bisschen durch den Ort, aber er ist nirgends zu sehen. Wahrscheinlich liegt er schon in den tiefsten Träumen, denn der Herbergsbetrieb geht schon mit dem Sonnenaufgang los.

Gegen halb elf betreten Ruddi und ich mucksmäuschenleise „unser“ Zimmer. Manel liegt noch genauso da, wie vor anderthalb

Stunden, als ich ihn verließ. Das ist so göttlich: allgemein wird ja behauptet, dass Männer, vor allem im Alter, alle laut schnarchen. Manel, holt noch nicht einmal tief Luft, macht keine Schmatz-Geräusche, brummt und pfeift auch nicht im Schlaf. Wenn sich die Bettdecke vom Atmen nicht leicht heben und senken würde, müsste ich mir Sorgen machen. Leise lege ich mich in mein Bett, das durch ein Nachttischchen von seinem getrennt steht, singe in Gedanken ein Loblied auf diesen Señor, der mich so unkompliziert aufgenommen hat und falle in einen tiefen Schlaf. Ruddi's Tasche steht ausnahmsweise mal am Fußende, damit Manel morgenfrüh nicht darüber stolpert.

Samstag, 3. Mai 2008
Villalcázar de Sirga (229 Einwohner), 809 m üdM, Palencia
19. Etappe bis Calzadilla de la Cueza, 23,2 km

Das Sandmännchen war gestern Abend nicht gesprächsbereit. Wieder hat es mich hinterrücks überfallen und seine Arbeit gemacht. Na ja, dann gebe ich mich ihm eben hin.

Ich schätze, dass ich so um die vier Stunden ungestörten Schlaf hinter mir hatte, als ich durch Hundegebell geweckt wurde. Nein, nicht Ruddi! Der schlief selig in seiner Tasche am Fußende auf meinem Bett. Der Übeltäter ist ein großer Hund in der direkten Nachbarschaft. Er gab bis zum Morgengrauen keine Ruhe mehr. Im Drei-Minuten-Takt bellte er mit einem Wahnsinns-Stimmvolumen eine halbe Minute lang wieder und wieder und wieder. Zum Glück stimmten da nicht noch andere Kumpane mit ein. Schade, dass der diese Nacht keine Ruhe gefunden hat. Sie hätte außergewöhnlich erholsam sein können, denn außer seinem „Geschrei" herrschte absolute göttliche Stille. Ich wundere mich ein bisschen, dass ich es nicht hinbekommen habe, mich mit diesem „Geräusch" anzufreunden und einfach weiterzuschlafen. Wahrscheinlich habe ich mir Sorgen gemacht, dass Ruddi auf die Idee kommen könnte, dem anderen mal so richtig die Leviten zu lesen, dadurch Manel zu wecken und für den Rest des Pilgerwegs als der „kleine Kläffer" verrufen zu sein, der er bei Gott nicht ist. Zum Glück sind das nur meine Hirngespinste, denn meine beiden „Männer" interessieren sich nicht die Bohne für den mitteilungsbedürftigen Nachbarshund.

Endlich klingelt um acht Uhr der Wecker meines Pilgerfreundes. Am liebsten wäre ich schon vor zwei Stunden aufgestanden, anstatt mich von einer auf die andere Seite zu wälzen. Aber das Kommando hat in diesem Zimmer Manel. Ich bin lediglich Untermieterin und wollte seinen Schlafens-Zeitplan nicht durch mein Gewusel, das durch eine verfrühte „Abreise“ entstanden wäre, durchkreuzen.

Bereits mit dem ersten Weckruf schwingt der Señor seinen Körper aus dem Bett. Ich drehe mich mit dem Gesicht zum Fenster und stelle mich noch schlafend, damit mein Zimmergenosse sich unbeobachtet fühlen kann. Wie gestern Abend geht auch am frühen Morgen alles blitzschnell: Manel springt im wahrsten Sinne des Wortes in seine Hose, geht für ganz kurze Zeit ins Bad, nimmt seinen Rucksack, wirft den Wecker hinein und schon ist er weg. Mit so einem Tempo habe ich nicht gerechnet. Als er eben die Eingangstür aufschloss, dachte ich, er würde seine Wäsche von der Leine holen und nochmal reinschauen. Aber ich höre das große Tor, das aufs Grundstück führt, ins Schloss fallen. Ich setze mich auf, schau mich im Zimmer um und es gibt keinen Zweifel mehr, Rucksack und Manel sind spurlos verschwunden. In Gedanken erhält er mein „Gracias por todo y buen camino, hasta luego“.

Ich lasse mir Zeit, denn es gibt erst ab neun Uhr Frühstück. Ganz in Ruhe hole ich meine Wäsche rein, packe meinen Rucksack, hänge die noch feuchten Socken außen dran und knuddele noch ein bisschen mit Ruddi - erzähle ihm, wie stolz ich auf ihn bin.

Nun sitze ich also beim Frühstück und hänge meinen Gedanken nach. Soll ich den dringenden Rat verschiedener Leute annehmen und tatsächlich für den Abend ein Hotelzimmer reservieren? Ich weiß doch gar nicht, wie weit ich heute komme? Was ist denn, wenn ich das gebuchte Hotel erreiche und es mir nicht zusagt oder ich noch weiterlaufen möchte? Was soll ich bloß machen? Bis jetzt habe ich noch jeden Abend ein Bett bekommen, aber in den letzten Tagen sind besonders viele „normale Touristen“ in den Orten unterwegs und machen Kurzurlaub. Ich habe gehört, dass die Spanier Schulferien haben, da könnte es mit der Übernachtungsmöglichkeit ohne „Vorsorge“ schon außergewöhnlich knapp werden. Oder schaffe ich es trotz dieser Informationen weiterhin, immer locker zu bleiben und zu vertrauen?

Die Antwort auf diese Fragen kommt in Gestalt von Pilgerin Anita. Ich habe sie schon einige Male gesehen, aber nun kommt sie direkt auf mich zu und spricht mich an: „Ich sehe, dass Du Deine noch nassen Klamotten mit Wäscheklammern am Rucksack befestigt hast. Auf die Idee muss man erstmal kommen! Finde ich toll! Nachher in

Carrión werde ich mir auch ein paar Klammern kaufen. Darf ich mich ein bisschen zu Dir setzen?“ „Na klar!“ Ich räume sofort meine Sachen vom Tisch, um ihr Platz zu machen. Sie macht einen ausgeglichenen, herzlichen Eindruck auf mich. Anita kommt aus Erlangen, ist Krankenschwester, so um die Vierzig und strahlt sehr viel Ruhe und Warmherzigkeit aus. Ich gebe ihr sofort einige Wäscheklammern, damit sie sich kein ganzes Paket kaufen muss. Im normalen Leben kann man sich gar kein Bild davon machen, wie groß die Freude ihrerseits über diese kleinen Dinger war. Sie fällt mir um den Hals und versichert sich, dass mir die Teile auch wirklich nicht fehlen werden.

Anita übernachtet immer in den Herbergen und klagt ihr Leid darüber, wie schwierig es in den letzten Tagen doch gewesen sei, unterzukommen. Wann immer es möglich ist, reserviert sie ihr Lager im Voraus. So auch für heute Abend. Sie hat das gleiche Etappenziel wie ich: Calzadilla de la Cueza. Es war ein harter Kampf, dort noch ein freies Bett in einer Herberge ausfindig zu machen. Da! Schon wieder der Hinweis, reservieren zu müssen! Ich kann das jetzt nicht mehr länger ignorieren und will etwas unternehmen. Gerade heute wird die Etappe aller Voraussicht nach hart, denn es steht der absolut längste, kärgste und schattenloseste Abschnitt des gesamten Camino Francés ohne Ortschaften und Versorgungsmöglichkeiten bevor. 17 Kilometer die das Durchhaltevermögen des Pilgers auf die Probe stellen. Diesen Abschnitt gehen selbst viele der ohnehin wenigen „Meseta-Pilger“ nicht.

Nach einer knappen halben Stunde macht sich Anita auf den Weg. Wir hoffen beide, dass wir uns mal wieder begegnen. Durch das Fenster schaue ich ihr nachdenklich hinterher, bis sie um die Ecke gebogen ist. „Niemand und keine Situation passiert Dir einfach so. Jeder Mensch bringt Dir irgendeine Botschaft, die für Dich wichtig ist. Du musst nur genau zuhören, sie erkennen und dann umsetzen“, höre ich meine innere Stimme ungewöhnlich laut und deutlich sagen.

Wild entschlossen begebe ich mich an die Theke und bitte den Besitzer dieses Casa Rural, für mich in dem Hotel in Calzadilla de la Cueza anzurufen und ein Zimmer zu reservieren. Ich überlasse es ihm, Ruddi zu erwähnen oder nicht. Sofort telefoniert er und überbringt mir gute Nachrichten. Wie er sagt, habe ich Glück gehabt, es war das letzte freie Zimmer. Ich weiß nicht, ob ich das gut finden soll: Es ist genau das passiert, was ich nicht wollte. Ich bin auf meinem ureigensten Pilgerweg und sehe mich gezwungen, zu planen. Wer zwingt mich denn? Na, ich selbst! Kein anderer tut das! Ich habe heute diese angstvollen, negativen Gedanken. Bis hierher war das anders. Wobei mir gerade nochmal bewusst wird, dass andere Leute mir von Anfang an Buchungen aufzwingen wollten. Das ging in Saint Jean Pied de Port schon los. Was hat mir denn meine Zuversicht geraubt? Fest steht, dass ich, bis ich sie wieder gefunden habe, Vorsorge treffen muss oder damit zu rechnen habe, im Freien zu übernachten.

Ich habe einen echten Tiefpunkt erreicht. Würde in diesem Moment ein Taxi vorfahren und mich zum Flughafen bringen wollen, stiege ich sofort und ohne weiter darüber nachzudenken ein und flöge nach Hause. Ich habe gerade mal die Schnauze gestrichen voll. Dabei hat doch bis jetzt immer alles wunderbar gepasst. Es wurde sogar immer besser, ich sage nur: Manel!

Ist das ein Pilgerkoller? Tja, ich muss zusehen, dass ich aus meinem Tief wieder rauskomme. Wie geht das noch? Ach ja, die Stimmung und die Gefühle, die man gerade hat, annehmen – nicht verurteilen. Denn verurteilen bedeutet Kampf. Und Kampf erzeugt Kampf. Genau das ist heute Morgen mit mir passiert. Innerlich habe ich gegen die Botschaft von Anita angekämpft und so ist das Problem durch meine persönliche Einstellung immer größer geworden. Ich bin entsetzt: Ich würde sogar nach Hause fliegen! Ich tue alles dafür, mich auch in dieser Stimmung zu mögen, mache mir klar, dass das Zweifeln, die Erschöpfung und die daraus resultierenden miesen Emotionen auch zum Camino und Pilgerleben dazugehören.

Ach, driss-egal, warum ich jetzt so drauf bin! Wer nach dem Warum fragt, sucht nur nach einer Entschuldigung und das bedeutet, dass man immer noch kämpft. Okay, es soll so sein, irgendwas habe ich draus zu lernen.

Ich verabschiede mich von den Besitzern des Hauses, die mich gestern gerettet haben und beginne die heutige Etappe. Nach den ersten geschätzten fünfhundert Metern komme ich an einem kleinen Geschäft vorbei. Auf der gegenüberliegenden Straßenseite stehen zwei kleine Gartentische, mit jeweils einem Stuhl davor, auf einem schmalen Bürgersteig. Da ich jetzt schon das Gefühl habe, bereits mehrere Kilometer gelaufen zu sein, entschließe ich mich kurzerhand eine Pause einzulegen. Geht nicht? Klar geht das! Ich plane doch nichts, ich kann doch tun was und wann ich will, oder?

Der Tienda-Besitzer will gerade seinen Laden abschließen. Wild entschlossen spreche ich ihn an und bettele um eine Limonade. Die bekomme ich auch großzügig in einem Glas in die Hand gedrückt. Er will jetzt Siesta machen. Was? Am Vormittag? „Ja, die Sonne scheint und ich mache Siesta wann ich will. Egal wie viel Uhr es gerade ist", macht er mir lachend klar. Zack! Schickt mir das Universum ein lebendes Beispiel für persönliche Freiheit und das daraus resultierende Glück. Das leere Glas soll ich nachher einfach auf seiner Fensterbank abstellen. „Adiós y buen camino!" winkt er mir noch fröhlich zu und ist verschwunden.

Ich lasse meinen geplagten Pilgerkörper in einen der altersschwachen Stühle fallen und habe richtig Schwein gehabt, mit diesem Möbel nicht zusammenzukrachen. Die Beine dieses Plastikstuhls geben bedrohlich nach. Vorsichtig, mit ausgestrecktem Hintern und steifen Beinen, versuche ich heil aus dieser Situation wieder raus zu kommen. Das ist so grade nochmal gut gegangen. Umsichtig stelle ich den Stuhl ordentlich wieder an den Tisch und ziehe es vor, mich - vor Schmerzen leise stöhnend - auf der Bordsteinkante niederzulassen.

Ruddi setzt sich vor mich und zwinkert mir schelmisch zu, als wenn er sagen wollte: „Du hast das Problem sehr elegant gelöst. Dein Bewegungsablauf war zwar ein bisschen aufreizend, aber mir hat es gefallen. Bleibst Du noch lange hier sitzen? Dann geh ich schon mal vor! Oder kommst Du vielleicht gar nicht mehr vom Bordstein hoch? Ich kann auch Hilfe holen." Gesagt, getan! Er dreht sich auf den vier Pfoten um und rennt die Straße runter. Ich muss laut lachen, als er zusammen mit einem Hund in seiner Größe wieder zurückkommt. Wo hat er den denn aufgetrieben und wo ist der Kran, mit dem sie mich hochziehen wollen?

Ich sitze da, mittlerweile an die Mauer angelehnt und lach mich dank meines Kopfkinos kaputt. Der Besitzer des fremden Hundes kommt näher und wird immer schneller. Er bleibt vor mir stehen, sieht mich besorgt an und will mir helfen. Er ist verunsichert, weil mir Tränen über die Wangen laufen. Als er sich sicher ist, dass das vom Lachen kommt, reicht er mir, mittlerweile ebenfalls belustigt, seine Hand und zieht mich wieder in die Aufrechte. Er streicht mir sichtlich und akustisch deutlich amüsiert mit beiden Händen meine Klamotten wieder in Form, zieht hier ein bisschen und rupft dort ein paar Krümel weg: „Todo bien? (Alles klar?)" Ich ringe um Fassung: „Sí, sí señor, gracias por el Rettung from the street."

Bevor sie mich hier in einer Zwangsjacke abführen, schnalle ich meinen Rucksack wieder auf und verlasse erhobenen Hauptes

Villalcázar de Sirga. Brav gehe ich weiter auf dem Fußweg neben derselben Landstraße wie gestern. Heute ist es sehr heiß, dabei haben wir noch nicht einmal zehn Uhr. Ich konzentriere mich momentan einfach nur aufs Laufen und mit jedem Schritt verliere ich die miesen Gedanken. Plötzlich springt direkt neben mir ein Radfahrer ab und begrüßt mich gut gelaunt. Das ist doch tatsächlich der holländische Herbergsvater, bei dem ich mich noch nicht für seine tatkräftige Unterstützung bedanken konnte. Ich freue mich so sehr ihn zu sehen, dass ich wild entschlossen meine Arme ausbreite und er sich auch von mir „nehmen lässt“. Er hat beobachtet, dass ich aus dem Ort gehe, flugs sein Rad geholt, um mich einzuholen und sich nach meinem Befinden zu erkundigen: „Wie war Deine Nacht mit dem spanischen Pilger? War alles in Ordnung? Hast Du gut geschlafen?“ Ich erzähle ihm gerne die ganze Geschichte, inklusive meines Durchhängers und der Idee, die Reise abzubrechen. Er hört mir genau zu, während wir uns zusammen Richtung Carrión bewegen. Ich darf mir also meinen Frust und meine Zweifel ungezwungen von der Seele reden. Als Hospitalero kennt er solche Pilgerprobleme wahrscheinlich nur zu gut. Er nimmt mich ernst, hört nur zu, redet nicht, ist mir die ganze Zeit zugewandt. Er gibt mir zum Abschied eine Umarmung und die folgenden Worte mit auf den Weg: „Du musst das Leben einfach nehmen, wie es kommt.“

Am Mittag erreiche ich Carrión de los Condes und hole mir - entgegen meiner Gewohnheit - im Kloster Santa Clara einen Pilgerstempel ab. Bevor ich anfange zu überlegen, was mich in dieses Kloster getrieben haben könnte, kenne ich die Antwort schon: Anita! Sie hatte die gleiche Idee und so treffen wir uns viel schneller wieder, als wir beide gedacht haben. Wir gehen zusammen durch die Stadt.

Mitten in der City fällt mir auf, dass mein rechter Fuß unter der Sohle unangenehm schmerzt. Das tut zwar schon seit einer Woche weh, aber heute fange ich sogar an zu humpeln. Anita, als Krankenschwester besteht darauf, dass ich meinen Schuh ausziehe, damit sie sich das mal ansehen kann. Es handelt sich um eine sehr große pralle Blase. Ohne lang zu fackeln, sticht sie sie mit einer Nadel auf und klebt ein Gel gepolstertes Riesenblasenpflaster darauf. Zum Glück hatte ich keine Zeit zum Nachdenken, sonst hätte ich mich sicher dagegen gewehrt und geheult wie ein Baby. Aber nach den ersten vorsichtigen Schritten merke ich, dass das die einzig wahre Lösung war.

86) zwischen Villalcazar de Sirga und Carrión de los Condes
"Du musst das Leben einfach nehmen, wie es kommt."

So, dann habe ich also jetzt nach der Hälfte des Wegs auch endlich meine wohlverdiente Pilgerfußblase. Jeder sollte eine haben… Ich kann doch nicht nach 800 gelaufenen Kilometern nach Hause kommen und noch nicht einmal sichtbar kaputte Füße vorweisen. Das geht nun wirklich nicht …!

In der nächsten Apotheke will ich Anita das Pflaster ersetzen. Das lehnt sie entschieden ab: „Ich habe noch ganz viele davon, das musst Du nicht tun. Ich finde es toll, dass Wäscheklammern und Pflaster einfach mal den Besitzer gewechselt haben und uns beide glücklich gemacht haben."

Bevor wir die Stadt verlassen und uns auf die insgesamt 17 Kilometer lange einsame Strecke wagen, besuchen wir noch ein Café. Wir nehmen draußen auf der überdachten Terrasse Platz und erzählen uns gegenseitig einige Anekdoten unserer bisherigen Pilgererfahrungen. Anita hat übrigens auch schon in so mancher Bar von mir - „der Frau, die mit dem kleinen schwarzen Hund unterwegs ist" - gehört und freut sich, dass wir uns nun persönlich kennen und sie Zeugin für das Wohlbefinden meines treuen Begleiters sein darf.

Wow! Ich glaube, ich bin berühmt! Zumindest hier auf dem Camino Francés!

Plötzlich und unerwartet springt meine neue Begleiterin mit leuchtenden Augen auf, kramt ihr Portemonnaie aus dem Rucksack und rennt los mit den Worten: „Ich bin gleich wieder da. Wartest Du bitte auf mich? Ich habe da was gesehen!“ Selbst wenn ich hinterher rennen wollte, könnte ich doch niemals ihren Rucksack ganz alleine lassen. Nach für mich spannenden zehn Minuten der Ungewissheit darüber, warum sie wohl so abrupt ihren gemütlichen Platz verlassen haben könnte, ist sie zurück und kaum wiederzuerkennen. Sie hat sich einen Hut mit einer breiten Krempe gekauft und sieht entzückend damit aus. Sie erklärt mir, dass eine Kopfbedeckung dafür sorgt, dass man nicht so schwitzt, wenn die Sonne den Schädel küsst. Sie wünscht sich inbrünstig, dass ich mich auch „wohlbehütet“ auf den bevorstehenden Weg mache. Grundsätzlich wollte ich schon immer mal einen Hut haben, aber ich bin davon überzeugt, dass er mir beim Pilgern nur lästig wäre. Ich habe so einen dünnen „Röhrenschal“, der, komplett über den Kopf gezogen, als Rollkragen dient, wenn es kühl ist, als Stirnband und Ohrenschutz wenn es stürmt, oder eben auch - doppelt gemoppelt – als Mütze getragen werden kann. Den habe ich seit den Pyrenäen und dem Orkan auf dem Alto del Perdón mehr oder weniger im Rucksack verschimmeln lassen. Ich werde das „Anti-Schwitz-Programm“ bei nächster Gelegenheit ausprobieren.

Erheitert und gespannt auf die anstehenden Kilometer verlassen wir die Stadt und gehen dann wieder getrennt voneinander weiter. Anita ist mit ihren deutlich längeren Beinen viel schneller unterwegs als ich. Wir sind gespannt, ob wir uns heute Abend in Calzadilla de la Cueza treffen.

Die nächsten fünf Kilometer verlaufen über eine wenig befahrene Landstraße. Dann betrete ich die zwölf Kilometer lange „Via Trajana“. Sie war früher eine wichtige Römerstraße. Es ist ein breiter unbefestigter Weg. Das grobe rötlich-gelbe Schottergestein macht das Gehen wirklich mühsam. Jeder Schritt will wohl überlegt sein. Meine Schuhsohlen sind nicht dick genug. Ich spüre jeden Stein deutlich unter meinen Füßen. Und ich kann auch nicht ausweichen. Links und rechts am Wegesrand befindet sich hohes Gras, durch das gerne mal das eine oder andere Reptil läuft. Die Bekanntschaft mit einem Salamander habe ich soeben gemacht, als ich mich kurz auf dem Weg ausruhen wollte. Erstaunlich wie elastisch plötzlich mein Körper war, als dieses quirlige Etwas völlig unerwartet neben mir im Zick-Zack-

Kurs aus dem Gras geschossen kam. Ich war einem Herzkasper nahe. Aber das Tierchen bestimmt auch, nachdem ich einen spitzen Schrei von mir gegeben habe.

Wenige sehr junge und somit klitzekleine Bäume stehen anfangs noch vereinzelt am Wegesrand. Schatten? Was ist das? Die Sonne ist unerbittlich. Es weht kein Lüftchen. Schon nach den ersten zwei, drei Kilometern wird mir klar, dass das kein Zuckerschlecken wird. Die Füße werden durch die Steine aufgeheizt. Bäumchen gibt es jetzt auch nicht mehr. Hoffentlich hält Ruddi das durch. Er wechselt ständig vom heißen, grobsteinigen Schotterweg, der für seine kleinen Pfötchen nun gar nicht geeignet ist, ins hohe Gras. Das ist zwar kühler, aber genauso hoch, wie er groß ist. Da macht das Laufen ihm anscheinend auch zu schaffen. Ich darf nicht zu schnell gehen. Ich muss unsere Kräfte einteilen. Diese alte Römerstraße ist schnurgerade. Bis zum Horizont sehe ich nichts als diesen Weg, die Steine und nichts als Felder, soweit das Auge reicht. Kein Anzeichen für Zivilisation. Nichts! Nun bin ich doch noch in der Wüste gelandet. Das erste Mal habe ich Angst, dass die Wasservorräte zur Neige gehen könnten und wir jämmerlich verdurstet am Wegesrand in der Sonne verbrennen. Ich ziehe mich an der Hoffnung hoch, dass der hiesige „Fremdenverkehrsverein“ vor kurzem vielleicht doch den einen oder anderen Rastplatz für Pilger errichtet hat.

Nach langer, langer Zeit erreicht mich ein Pilger aus Michigan. Wir gehen ungefähr zwei Kilometer zusammen. Ihm fliegt ein Käfer ins Ohr und will sich da häuslich niederlassen. Er gerät in Panik, haut sich immer wieder vor den Kopf, schüttelt denselben so fest, dass ich Angst habe, er könnte aus den Latschen kippen. Ich schicke ein Stoßgebet zum Himmel: „Bringt sofort diesen kleinen Käfer zur Vernunft und zeigt ihm den Weg aus dem Ohr meines Pilgerkollegen!“ Nach ein oder zwei Minuten ist der Spuk endlich vorbei und der junge Mann wieder „normal“. Ohne viel zu Reden gehen wir nebeneinander her und genießen die Gesellschaft des anderen. Wir sind im Moment eben nicht alleine auf diesem Weg, der vielleicht in die Hölle führt. Als wir uns beide wieder ein bisschen gestärkt fühlen, verabschieden wir uns, denn unser Lauftempo passt nicht zusammen. Schnell wird der Abstand zwischen uns größer.

Ungefähr nach sieben oder acht Kilometern gibt Ruddi mir durch Hecheln und Jaulen zu verstehen, dass er nicht mehr weiter kann und will. Reptilien hin oder her, ich setze mich mitten auf den Weg in die pralle Sonne, nehme ihn auf den Schoß und lasse ihn in meinem

Schatten liegen, während ich die heilende Reiki-Energie wirken lasse. Schätzungsweise zehn Minuten später setzen wir unseren Weg erstaunlich viel kräftiger als zuvor fort. Dieser Römerpfad ist zwar immer noch ganz gerade, aber jetzt ist die Landschaft ein bisschen hügelig. So keimt vor jeder kleinen Anhöhe die Hoffnung in mir auf, dass sich dahinter das heiß ersehnte Calzadilla de la Cueza, mein Etappenziel, befindet – oder zumindest zu erkennen ist. So überqueren wir Hügel um Hügel, aber die Aussicht bleibt trostlos. Warum gehe ich nochmal den Jakobsweg? Um meine Grenzen kennenzulernen? Meine Füße zeigen mir seit Stunden ihre Grenzen auf. Die Schmerzen sind langsam unerträglich. Mein unglaublich willensstarker kleiner „großer Ruddi“ und ich gehen Schritt für Schritt wie in Trance.

„Immer wenn Du denkst, es geht nicht mehr, kommt am Horizont ein Dörfchen her.“ Plötzlich liegt es da, hinter einem Hügel in einer Senke. Calzadilla de la Cueza!!! Nach fünf Kilometern Landstraße und zwölf Kilometern Römerstraße kann ich nun nicht mehr. Ganz zu schweigen von den sechs Kilometern Landstraße vor Carrión de los Condes. Somit komme ich auf gute 23 gelaufene Kilometer mit Weltuntergangsstimmung und außergewöhnlich hohen Temperaturen. Da hat auch die Kopfbedeckung nicht mehr viel machen können, oder? Wäre es ohne sie vielleicht gar nicht gegangen? Wie auch immer: „In wenigen hundert Metern haben Sie das Ziel erreicht“, sagt mein inneres Navigationssystem. Ich freue mich wie noch nie auf mein „zum Glück“ gebuchtes Hotelzimmer. Ich muss gestehen: Ich wäre jetzt nicht mehr in der Lage, auf die Suche zu gehen, Hunde zu schmuggeln oder mir Geschichten auszudenken.

Gleicher Tag (insgesamt 395,2 gelaufen)
Calzadilla de la Cueza (66 Einwohner), 858 m üdM, Palencia
Pension, Doppelzimmer, 30 Euro pro Person ohne Frühstück

Torkelnd und ganz langsam - von Haltung keine Spur - ziehen wir in das kleine Dorf ein. Direkt am Ortsrand steht die Herberge, in der sich Anita befinden muss. Ich halte Ausschau nach ihr, will wissen wie es ihr geht. Sie ist aber nicht zu sehen. Fremde Pilger empfangen Ruddi und mich dafür mit Applaus. Ja, tatsächlich: Sie applaudieren. Ich erfahre, dass die meisten diesen Höllentrip nicht gemacht haben. Sie haben aber ehrliche Bewunderung und Hochachtung für jeden, der das gewagt und geschafft hat. Na, dann müssen die auch Anita empfangen haben. „Ja, sie ist hier, hat sich hingelegt. Es geht ihr gut.“ berichten sie mir.

Hundert Meter weiter links befindet sich mein Hotel. Ich werde bereits erwartet und die Hotelbesitzer freuen sich, dass ich heil angekommen bin. Hier werde ich gleich in den Arm genommen und mehrmals auf die Stirn geküsst. Ist wieder eine neue Variante, tut aber auch mal gut. Ruddi wird liebevoll begrüßt und mit frischem Wasser versorgt. In diesem wunderbar kühlen Wirtshaus verschlinge ich ein Croissant, lasse ein erfrischendes Bitter-Lemon in meinen ausgetrockneten Körper laufen und im Anschluss genieße ich meinen wohlverdienten Café con leche bei einer Zigarette.

So um die 20 Minuten später geleitet mich der Herr des Hauses zu meiner Unterkunft. Ich wehre mich nicht, als er meinen Rucksack die Treppe hinauf trägt. Ich habe genug mit mir selbst zu tun und schleppe mich mit letzter Kraft die Stufen hinauf. Ruddi ist bereits wieder topfit und als erster oben. Der freundliche Señor legt seinen Arm um meine Schulter und führt mich den Flur entlang. Im Zimmer angekommen, stellt er mein Gepäck ab und sich vor mich. Schon wieder küsst er mich auf die Stirn. Dass der sich nicht ekelt, so wie ich heute geschwitzt habe. Scheint ihm egal zu sein. Er umarmt mich, küsst wieder und wieder mein salziges Antlitz. Jetzt schaut er mir auch noch tief in die Augen… Was will der von mir?

Als ich endlich zu mir komme, stoße ich ihn mit einem entsetzten und zugleich wütenden Blick zurück und zeige wild entschlossen Richtung Tür: „Adiós, señor!“ Er lässt es sich nicht nehmen, mir nochmal beschwichtigend über das Haar zu streicheln, dreht dann aber zügig, mit einem letzten bewundernden Männerblick ab und verlässt enttäuscht den Raum. Ich „stürze“ - so schnell es eben nach so einer Wanderung geht – an die Tür und drehe den Schlüssel gleich zweimal rum. Was war das denn? Ob der gedacht hat, ich bekäme gar nichts mehr mit? Getreu dem Motto: „Man kann es ja mal versuchen.“ Was soll’s? So schnell wie der „oben“ war, ist er ja auch wieder „runtergekommen“. Also: Schwamm drüber.

Ruddi fällt in sein Bettchen und genießt die Waagerechte. Ich stelle mich unter die Dusche und genieße das lauwarme Wasser, das den Staub und Schweiß der verflixten letzten Etappe von meinem erschöpften Körper spült. Ich bleibe so lange unter dem Wasserstrahl stehen, bis ich das Gefühl habe, dass auch meine heutigen negativen Gedanken im Abfluss verschwunden sind.

Als ich frisch und „munter“ den gut besetzten Comedor betrete, entdecke ich sofort Anita, die schon auf mich wartet. Ihr war klar, dass ich irgendwann auftauchen würde. So viele Hotels gibt es hier ja nicht. Wir bestellen uns ein „halbes Schwein auf Toast“ und schaufeln in uns hinein, als gäbe es kein Morgen mehr. Bei einer Flasche Rotwein beruhigen wir uns gegenseitig und schon nach kurzer Zeit sind wir wieder in der Lage, einfach nur Spaß an der Freude zu haben. So mancher uns bekannte Pilger kommt an unserem Tisch vorbei und hält ein kurzes Schwätzchen mit uns. Der dritte Stuhl an unserem Tisch ist immer wieder für einige Minuten besetzt. Der „heiße Señor“ von eben spielt jetzt den Kellner und flirtet mit allen Frauen was das Zeug hält. Na dann: Viel Erfolg!

Als ich spät am Abend endlich in meinem kuscheligen Bett liege, geht es mir deutlich besser, als heute Morgen noch. Mir ist klar: Ich würde es für den Rest meines Lebens bitter bereuen, wenn ich den Jakobsweg abbreche. Nach 23 Kilometern, davon 17 ohne Bars oder Orte, bin ich nun trotz aller Anstrengungen des Tages auf eine schöne Art und Weise fix und fertig. Da ist es wieder, das Pilger-Ankomm-Gefühl, das durch nichts übertroffen werden kann. Bin jetzt insgesamt in 18 Tagen 395 Kilometer mit durchschnittlich zwölf Kilogramm Gepäck gelaufen. Das heißt: Die Hälfte des Camino Francés ist in der Hälfte meiner insgesamt geplanten Zeitspanne geschafft. Wäre doch gelacht, wenn ich das nicht hinbekäme! Nach der heutigen Etappe bin ich so stolz es geschafft zu haben. „Wenn Du musst, hast Du auch die Kraft dafür!“ höre ich wieder meine Mutter sagen. Jetzt geht es munter weiter, was soll mich denn aufhalten?!

Kurz vor dem Einschlafen muss ich schmunzeln: Das Universum hatte heute ja wohl frei. Ich dumme Nuss habe vergessen um Hilfe zu bitten, als ich mit negativen Gedanken in der prallen Sonne unterwegs war. Wie sagen die Kölner so schön: „Et jitt kei jrösser Leid, als wat der Minsch sich selvs ahndeit.“

Sonntag, 4. Mai 2008
Calzadilla de la Cueza (66 Einwohner), 858 m üdM, Palencia
20. Etappe bis Sahagún, 23 km

Noch vor Lédigos überschreite ich die 400-gelaufene-Kilometer-Marke. Ist das zu fassen? Bin das wirklich ich, die das - für mich - Unfassbare tut? Und das, ohne vor Antritt der Pilgerei zu trainieren!

Naja, stimmt auch nicht so ganz: Ich habe immerhin vorher ein intensives wochenlanges „Rucksack-Pack-Training“ absolviert.

Wie so oft drehe ich mich andächtig im Kreis. Ich stehe hier mitten in Nordspanien mit einem Rucksack auf dem Rücken und einem Fünf-Kilo-Hund zu meinen Füßen und tue seit über 2 ½ Wochen nichts anderes, als Laufen, Laufen, Laufen. Okay, die allabendliche Handwäsche ist Pflicht, aber ansonsten darf ich mich zum ersten Mal in meinem bereits über 51 Jahre andauerndem Leben ausschließlich mit mir selbst beschäftigen. So langsam komme ich dahinter wer ich wirklich bin. Es fällt mir nur noch schwer, es in Worte zu fassen. Fest steht, dass ich dieses Wanderleben zu 98 Prozent genieße. Ich liebe es, im Hier und Jetzt zu sein. Was gestern war, ist auf dem Jakobsweg völlig uninteressant. Was Morgen passiert, kann und muss ich nicht wirklich planen, außer momentan vielleicht mal ein Zimmer zu reservieren, gibt es nichts, für das ich vorsorgen kann oder muss. Ich erinnere mich nochmal daran, dass das mit der Reservierung ja reine Einstellungssache ist - also änderbar! Ich genieße jeden Moment, jeden Menschen, jede Situation und die Landschaft JETZT.

Noch nie im Leben war ich mir all dieser Dinge, die mir begegnen so voll bewusst. Das Loslassen gefällt mir von Tag zu Tag besser: Erleben – genießen – loslassen. Ich käme nie an meinem Ziel Santiago de Compostela an, wenn ich die tollen Menschen, die beeindruckende Landschaft und die schönen Erfahrungen zum Beispiel in Itero de la Vega heute wiedersehen oder erleben wollte. Ich habe gelernt, dass nach dem mentalen Loslassen, zwar ganz andere, aber deswegen nicht minder wertvolle Leute und Situationen auf mich warten. Ich habe gelernt, den Dingen nicht hinterher zu trauern, sondern JETZT die Augen, Ohren und vor allem mein Herz offen zu halten. Ruddi hatte bereits am zweiten Tag gecheckt, dass es auf dem Jakobsweg niemals etwas als mein-Revier-zu-markieren gibt.

Der Weg führt mich direkt neben der Nationalstraße N-120 entlang. Ich versuche, die vorbeidonnernden LKW und vorbeizischenden PKW zu ignorieren. Die Wegbeschaffenheit lässt es zu, abzuschalten und meinen Gedanken nachzuhängen. Ruddi läuft fröhlich vor mir her. Es ist zwar wieder sehr warm, aber dank der dünnen Wolkendecke, brennt die Sonne nicht.

Mit jedem Schritt komme ich nicht nur Santiago, sondern auch meiner grundsätzlich positiven Einstellung näher. Noch nie war mir so bewusst, wie tiefgreifend gute Gefühle, Gedanken, Taten und Worte tatsächlich sind. Ich erschaffe meine Realität Augenblick um

Augenblick selbst. Gestern habe ich mir ja wieder ein bisschen Abwechslung in meinem Leben gegönnt und bewiesen, dass das auch im negativen Sinne funktioniert. Es bleibt dabei: Es gilt, meine Gefühle und Gedanken zu disziplinieren, wenn ich angenehmen Menschen oder glücklichen Gegebenheiten und Situationen begegnen will. Es ist meine Aufgabe, zu versuchen, Schritt für Schritt den nächst besseren Gedanken zu suchen, wenn ich mich mal so richtig mies fühle. Finde ich den ersten guten Gedanken, bringt mir das Gesetz der Anziehung den nächsten und wieder den nächsten – es ist, als klettere ich die Leiter der Emotionen hinauf. Ich kann nicht von der untersten Sprosse direkt auf die oberste springen, aber Stufe für Stufe, ganz behutsam, komme ich mit Sicherheit und himmlisch guter Laune ganz oben an, wenn ich mir dessen bewusst bin und nicht durch unkontrolliertes Fühlen oder Massendenken ins Stolpern gerate und mich - einige Sprossen tiefer gefallen - verkrampft an die Leiter klammere. So kann man nämlich auch mir nichts, dir nichts in der Gefühls-Hölle landen. Das ist ebenfalls das Gesetz der Anziehung. Im Alltagsstress findet man sich nur allzu schnell im Untergeschoss wieder, weil man sich einfach treiben lässt. Dann hat man ja keine „Zeit“ sich mit sich selbst zu beschäftigen und unterliegt dem Massendenken oder –fühlen.

87) zwischen Lédigos und Terradillos de los TemplaRíos

Im Grunde ist es ganz einfach, es ist nur ein anderer Weg. Es ist der schönere, liebevollere, romantischere Weg, den es zu gehen gilt. Es geht darum, die alten Denkgewohnheiten hinter sich zu lassen und statt die vielleicht trostlose Realität zu beachten, sich seiner wirklichen Wünsche bewusst zu werden und möglichst oft nachzuempfinden, wie es wäre, wenn das Ersehnte real wird. Niemand kann an seine Herzenswünsche denken und sich gleichzeitig schlecht fühlen. Es sei denn, er glaubt nicht daran, dass er sie selbst verwirklichen kann.

Hier auf dem Pilgerweg erlebe ich täglich, dass meine Gefühle meine Realität bestimmen. Also lautet das Motto: „Wäre es nicht schön, wenn…? Ich freue mich schon auf…! Allein diese einleitenden Worte der beiden Sätze lassen mein Herz hüpfen und mir fallen tausend Dinge dazu ein. Als erstes wünsche ich mir mal, dass ich mir dieser wichtigen Tatsache so oft wie möglich bewusst bin.

In der Mittagszeit erreiche ich Terradillos de los Templarios und freue mich schon auf die nächste Pause in der ich wieder einen Café con leche genießen werde. Terradillos hat knappe 100 Einwohner und tatsächlich eine „Bar".

Bin schon fast dran vorbeigelaufen, als ein Mädchen die drei Eingangsstufen herunterspringt. Es gibt keinen Hinweis darauf, dass es sich um ein Lokal handeln könnte: Keine Werbung, kein Schild, kein Tisch oder Stuhl vor der Tür, der auf Gäste wartet. Aber das Mädchen hat meine Aufmerksamkeit geweckt und ich werfe vorsichtig einen Blick in das uralte Häuschen mit seiner über die vielen Jahre hochstrapazierten Eingangstür. Ich bin nicht sicher, aber ich glaube, ein Stück einer Theke zu erkennen. Ich müsste jetzt allerdings ein oder zwei Schritte ins Haus gehen und um die Ecke gucken, um Gewissheit zu haben, dass hier offiziell Café con leche an Fremde ausgeschenkt wird. Ich trau mich nicht so richtig, denn es könnte auch einfach ein privates Haus sein. Die Spanier lassen ja gerne mal ihre Haustüren offen stehen.

Im nächsten Moment springt an mir vorbei ein junger Mann die besagten Stufen hoch und verschwindet genau in dem Raum, in dem ich die Theke vermute. Dann höre ich, wie er sich mit jemandem unterhält und eine Flasche geöffnet und hingestellt wird. Na, dann fass ich mir mal ein Herz und geh ihm hinterher, was soll schon passieren? Auf diese Weise habe ich vor einiger Zeit im Casa Rural ein Bett für die Nacht gefunden.

88) Terradillos de los TemplaRíos

Ich werde, wie schon so oft, mit spanischem Temperament begrüßt. Der Raum ist sehr karg eingerichtet. Die Theke, Tische und Stühle sind mit Sicherheit noch aus der Nachkriegszeit. Ich glaube, dass sich hier kaum jemand hin verirrt. Vermutlich ist das eine Insider-Bar - nur für die Ureinwohner des Ortes. Es sind jedenfalls keine anderen Gäste in Sicht. Die beiden Männer scheinen mich gar nicht mehr wahrzunehmen. Sie haben sich anscheinend sehr wichtige Dinge zu erzählen.

Mir kommen Zweifel, ob ich mich hier wirklich aufhalten will, aber die nächste Bar ist wahrscheinlich mindestens sechs Kilometer entfernt und diese alten Stühle sind so nah! Ich will jetzt nach knappen zehn Kilometern endlich sitzen. So stehe ich da - mitten in diesem verlassenen Raum und weiß nicht, ob das alles so richtig ist. Der magnetische Blick meines Vierbeiners zieht meine Aufmerksamkeit auf sich. Er sieht mir fest und entschlossen in die Augen und schon ist alles klar: Wir bleiben! Basta!

Ich schnalle meinen Rucksack ab, rupfe Ruddi's Kuscheldecke heraus und lege sie ihm schön drapiert hin. Er lässt sich sogleich darauf plumpsen und kringelt sich gemütlich ein. Ich stelle sein Tupperware-Wasser-Schüsselchen daneben und lege meinen

Wanderführer auf den Tisch. Jetzt wo ich mich häuslich niedergelassen habe, fühle ich mich gar nicht mehr so verloren hier drin. Ist doch ganz kuschlig soweit.

Mir fällt auf, dass es mucksmäuschenstill im Raum geworden ist. Als ich aufschaue, stelle ich amüsiert fest, dass die beiden Männer mich und mein Tun wohlwollend beobachtet haben. Der „Wirt" lächelt mich an und zwinkert mir mit einem Blick auf meinen Schwarzen-Kringel-in-Decke zu. Wir sind also willkommen. Ich überlege kurz, ob ich hier wirklich einen Milchkaffee bestellen soll … nicht, dass die Milch so alt ist wie das Lokal! Entscheidungshilfe ist dann letztendlich eine junge Frau, die, mit einer sauberen Schürze bekleidet und mit einem frischen Handtuch bewaffnet, hinter die Theke schwebt, um die Gläser zu spülen, die in den Regalen stehen. Ich traue mich also und werde mit einem besonders guten Kaffee für meinen Mut belohnt. Die Señores sind sehr an uns – der „buena compañía" - interessiert. Wie schon so oft, tauschen wir uns unter dem Einsatz der Körpersprache aus und haben irren Spaß daran.

Nach einer guten halben Stunde mach ich mich bestens gelaunt wieder auf den Weg. Dreizehn, vierzehn Kilometer liegen noch vor uns, wenn wir das geplante Etappenziel in Sahagún erreichen wollen. Und ob wir wollen! Ich will heute in einem guten Hotel übernachten. Sahagún hat fast 3000 Einwohner. Da ist die Chance auf Luxusprogramm relativ hoch.

Jetzt muss ich zuerst einmal eine Entscheidung treffen: Zwei gekennzeichnete Wege führen nach San Nicolás. Einer verläuft über einen Fußgängerweg direkt neben der Nationalstraße, der andere fern vom Autoverkehr durch die Natur. Eigentlich bevorzuge ich den ruhigeren Weg, er ist aber deutlich länger als der erstgenannte. In Anbetracht der erwähnten vierzehn Kilometer, wähle ich den weniger romantischen Streckenabschnitt. Der Verkehr wird schon nicht so stark sein, denn mein Reiseführer verrät mir, dass die meisten Autofahrer die neue Schnellstraße benutzen.

So laufen Ruddi und ich gleichmäßigen Schrittes gemütlich aber bestimmt über einen „Feldweg" neben der grauen N-120, der sich ganz gut mit unseren Füßen verträgt. Die Sonne lässt sich immer öfter blicken. Es wird lecker warm. Nach ein paar Kilometern lasse ich mich auf dem Weg nieder und Ruddi ein bisschen in meinem Schatten liegen. Bei einer kurzen Wellness-Massage, die ich ihm gönne, fällt mir auf, dass mein kleiner Vierbeiner „blinde Passagiere" an Bord hat. Ich bin völlig aus dem Häuschen und ekel mich entsetzlich. Das kenne ich noch nicht. Ich muss mich überwinden und die unerwünschten „Viecher" (es sind keine typischen Zecken, sondern kleine, hässliche, schwarze, vielfüßige, platte Käfer) mit der Pinzette entfernen. Sieben oder acht Stück hole ich aus seinem Fell. Er lässt es sich auch gerne gefallen. Ein bisschen Mühe kostet es mich schon, dieses Erlebnis wegzupacken. Ich werde in Sahagún ein Mittel dagegen besorgen.

Gegen 14 Uhr kommen wir in San Nicolás an. Wir suchen natürlich die erste Bar auf. Hier treffe ich endlich auch mal wieder auf andere Pilger. Es tut gut, sich ein bisschen auszutauschen. Ich höre von einer Familie, die mit zwei kleinen Kindern und zwei Eseln auf dem Camino unterwegs ist. Das ist ja ein Ding! Die würde ich gerne mal interviewen. Zwei Esel kann man ja wohl kaum „schmuggeln" und die müssen doch auch fressen und saufen und überhaupt!!! Und Kinder? Gibt es Kinder, die bereit und willig sind, jeden Tag große Strecken zu laufen? Bisher habe ich noch kein einziges Pilgerkind gesehen.

Eine weitere Nachricht der anderen Peregrinos ist, dass die Herbergen in Sahagún voll sind und es gar nicht so viele Pensionen gibt, wie Pilger unterwegs sind. Was? Ich will Luxus! Ich fackel nicht lange und bitte die Wirtin, für mich in Sahagún in einem guten Hotel ein Zimmer zu reservieren. Sie ist sehr freundlich und erledigt das sofort erfolgreich für mich. Sie schreibt mir die Adresse auf und wünscht mir eine erholsame Nacht.

Kurz vor dem Ortsausgang treffe ich doch tatsächlich auf Die-mit-den-Eseln-pilgern. Sie machen gerade Siesta auf dem menschenleeren „Marktplatz" des 60-Einwohner-Dörfchens. Sie haben es sich auf einer überdachten „Pilger-Raststätte" bequem gemacht. Die komplette Situation ist unwirklich. Zum ersten Mal sehe ich auf dem Camino so eine große, gepflegte, überdachte und gepflasterte Stelle, auf der sich auch noch drei lange saubere Bänke befinden. Ja – und dann stehen da zwei vollbepackte, an einer Holzsäule festgemachte, Esel drunter. Zwei Kinder, schätzungsweise vier oder fünf Jahre alt, knien auf einer der Bänke und knabbern gut gelaunt an ihrer Vesper.

Die Familie kommt aus Frankreich. Sie sprechen kein einziges Wort Deutsch und ich so gut wie kein Französisch. Das „Interview" ist also sehr bewegungsintensiv. Mit Händen und Füßen erklären sie mir, wie es dazu kam, den Camino Francés auf diese Art zu gehen. Die beiden Kinder, die noch nicht zur Schule gehen, sollten unbedingt mit auf diese Reise. Da musste zum einen eine Möglichkeit her, das ganze Gepäck zu transportieren. Zum anderen war ihnen klar, dass sie die Kinder, wenn sie nicht mehr weiterlaufen wollen, nicht selbst tragen können und folglich täglich nur ganz wenige Kilometer pilgern könnten. Und so sind sie auf die Esel gekommen, die bereitwillig die Sprösslinge auf ihren Rücken durch die Lande schaukeln. Es gibt kaum Schwierigkeiten mit den Übernachtungen. Sie sprechen die Bauern an, ob sie gegen ein geringes Entgelt ihre Esel über Nacht auf einer ihrer Wiesen lassen dürfen. Das klappt fast immer. Die ganze Familie ist glücklich und zufrieden. Sie haben für sich eine Möglichkeit gefunden, alle zusammen diese Erfahrung zu machen. Ich bin tief beeindruckt und begeistert von dem Frohsinn, dem Mut und der Herzenswärme, die von dieser Familie ausgehen.

89) "Pilger-Raststätte" in San Nicolás

Sieben Kilometer gilt es noch bis Sahagún zu bewältigen. Gegen 15 Uhr machen mein Hund und ich uns auf den Weg. Wir gehen weiter neben der Nationalstraße entlang. Die Sonne versteckt sich hinter den Wolken und ich bin dankbar dafür. Irgendwo zwischen San Nicolás und Sahagún verlassen wir Palencia und kommen in die Provinz León. Mein Etappenziel ist schon lange am Horizont zu sehen, aber es kommt nur langsam näher. Ich kann es kaum erwarten, mein Hotelzimmer zu beziehen, zu duschen und dann irgendwo lecker zu essen. Ob ich wohl heute wieder den ein oder anderen mir bekannten Pilger treffe? Das wäre toll!

Gleicher Tag (insgesamt 418,2 km gelaufen)
Sahagún (2979 Einwohner), 829 m üdM, Provinz León
Hotel, Doppelzimmer, 32 Euro pro Person inklusive Frühstück

90) zwischen San Nicolás und Sahagún

Der Einzug in Sahagún ist ein bisschen abenteuerlich. Der Weg verläuft über eine Bahnstrecke. Aber wo ist der Fußgänger-Überweg? Ich kann ihn nicht entdecken und stolpere mit meinem Gepäck und Ruddi im Schlepptau todesmutig einigen anderen Menschen über die freie Bahnstrecke hinterher. Mehrere Gleise und das ein oder andere Mäuerchen wollen auf diesem Weg überquert werden. In Schweiß gebadet von dieser körperlichen und mentalen Überanstrengung kommen wir auf der anderen Seite an.

Ich bin da! In aller Ruhe mache ich mich auf die Suche nach dem gebuchten Hotel. Das stellt sich als leicht heraus. Schon nach wenigen hundert Metern befinde ich mich auf der richtigen Straße. Das Haus ist genauso schnell gefunden. Wow! Das sieht echt nobel aus. Ein – für Pilger - großer Eingang führt direkt ins ersehnte Luxusdomizil.

Damit ich auch richtig genießen kann, ohne die Angst im Nacken, mein Hund könnte im Nachhinein entdeckt werden, lasse ich ihn für alle sichtbar und hoch erhobenen Hauptes an meiner Seite dieses Haus betreten. Wird schon gutgehen! Ich komme mir vor, als stünde ich in einem Palast. Antike Lampen strahlen mit warmem Licht auf wertvolles Mobiliar. Jemand hat die Räumlichkeiten mit viel Liebe zum Detail wunderschön dekoriert. Alles, vom Boden bis zur Decke glänzt und strahlt. Die fein eingedeckten Tische mit ihren dick gepolsterten Stühlen davor, laden jetzt schon zu einem gemütlichen Frühstück ein. Ein Traum wird wahr. Ich fühle mich ein bisschen wie eine Prinzessin, trotz meiner Pilgerklamotten und dem Riesenrucksack auf meinem Rücken. Hoffentlich lässt sich der Empfangschef des Hauses davon nicht beeindrucken.

Mit einem strahlenden Lächeln meinerseits und eleganter Haltung von Ruddi's Seite stellen wir uns dem vornehm gekleideten Mann vor, der hier die Gäste empfängt. „Buenas tardes. Yo tengo reservado una habitatión (Guten Tag, Ich habe ein Zimmer reserviert)", sage ich, in der Hoffnung die richtigen Worte gefunden zu haben. Er heißt mich herzlich willkommen und schaut zunächst wertfrei auf Ruddi und dann in sein Buch. Mein Hund weiß natürlich nach neunzehn mehr oder weniger erfolgreichen Übernachtungen auf dem Camino genau, wie er zu gucken und sich in Pose zu stellen hat und gewinnt innerhalb von Sekunden das Herz des Señors. Wir haben es wieder einmal geschafft und freuen uns wahrscheinlich gleichermaßen auf eine entspannte, bequeme Nacht in einem sicherlich sehr guten Hotelzimmer.

Das Zimmer ist genauso wie der Rest des Hauses. Es ist groß und schick. Auch hier ist alles blitzblank. Das Bett lädt zum Sich-sofort-reinfallen-lassen ein. Das Bad ruft mir leise zu: „Komm nur, lass Dich mit einer heißen Dusche und frischen, weichen, gut duftenden Handtüchern verwöhnen."

So kann ich es kaum erwarten, alleine zu sein. Sofort stürze ich mich ins Vergnügen. Unter der wohltuenden Dusche habe ich das Gefühl, die Königin des Pilgerwegs zu sein. Und da ist es wieder: Das fast unbeschreibliche Gefühl des Wanderers, wenn er sein Etappenziel erreicht hat: Märchenhafte Zufriedenheit, Unbesiegbarkeit, Glückseligkeit, Hoffnung, friedliche Ruhe, tief empfundene Liebe zum Leben und Gewissheit alles schaffen zu können.

Da es noch relativ früh am Abend ist, spaziere ich ein wenig durch die „Großstadt" (immerhin 2979 Einwohner). Mal sehen, wo sich die anderen Pilger so rumtreiben. Es gibt viele Lokale, aber keines ruft mich wirklich herein. Ich schlendere zufrieden vor mich hin, lasse mich sanft durch diesen wunderschönen romantischen Ort treiben, so wie es andere in einem Boot auf dem See tun. Wohlwissend, dass ich merken werde, wann ich wo an der richtigen Adresse zum Einkehren bin. Die Orientierung habe ich schon lange verloren. Das ist mir gerade sowas von egal! Zurück zum Hotel finden wir mit Sicherheit, dafür sorgt Ruddi bereits, seit wir ohne Rucksack das Hotel verlassen haben. Er ist ja schließlich ein intelligenter Hund und weiß natürlich, dass wir ohne unser Hab und Gut die Stadt nicht für immer verlassen. So hat er es sich zur ehrenwerten Aufgabe gemacht, meinen planlosen abendlichen Rundgang genauestens zu markieren.

Plötzlich spricht mich ganz freudig erregt eine Frau an: „Birgit! Wie toll ist das denn, Dich hier zu treffen!? Wo übernachtest Du? Hast Du schon zu Abend gegessen?“ „Anita! Besser kann es nicht kommen.“ Wir fallen uns um den Hals, als hätten wir uns seit Jahren nicht gesehen. „Das macht den Aufenthalt in Sahagún perfekt! Lass uns essen gehen und uns dann alles erzählen.“ Sie führt mich in ein großes Lokal. Fast alle Tische sind besetzt. Es herrscht eine ausgelassene Stimmung und aus der Küche strömt ein köstlicher Duft. „Heißer Tipp von meinem Herbergsvater“, sagt Anita. „Hier gibt’s alles, was das Pilgerherz begehrt.“ Nachdem wir ein Pilgermenü mit allem drum und dran bestellt haben, tauschen wir unsere Adressen aus. Vielleicht bleiben wir ja auch im alltäglichen Leben in Kontakt.

Wir sind beide intensiv damit beschäftigt, keine Fehler beim Aufschreiben der Daten zu machen, da fällt mir völlig unerwartet jemand stürmisch um den Hals, reißt mich im wahrsten Sinne des Wortes vom Hocker, küsst und herzt mich, bis mir die Luft weg bleibt. Ich traue meinen Ohren nicht, als ich die Stimme wahrnehme. Das ist Hermann! Wie lange haben wir nichts voneinander gehört? Das muss Jahre her sein! Naja, gut, es sind nur einige Tage, aber sehr viele gelaufene Kilometer. Aufgeregt und völlig zusammenhanglos überschüttet er mich mit Informationen, die mich in diesem Moment komplett überfordern. Ich habe kaum eine Chance zu mir zu kommen. „Dass Du hier bist! Ich habe so oft an Dich und Ruddi denken müssen. Ich dachte schon, Du hättest die Reise abbrechen müssen, weil wir uns so lange nicht getroffen haben.“ Bevor ich zu mir kommen und Worte finden kann, ist er auch schon wieder weg.

Diese Begegnung hinterlässt in mir das zwiespältige Gefühl zwischen Wiedersehensfreude, die ich gar nicht zum Ausdruck bringen konnte und so gerade noch an den verheerenden Mächten eines völlig unerwarteten Orkans vorbeigekommen zu sein. Es gefällt mir nicht wirklich, aber wenn ich ehrlich zu mir selbst bin, geht es mir viel besser, jetzt, wo er wieder weg ist. Das Ganze kommt mir so unwirklich, fast gespielt vor. Ich kann es gar nicht richtig erfassen. Er sitzt am Tisch schräg gegenüber mit vier anderen Pilgern, die ich nicht kenne. Sie sind in Feierlaune - albern, total ausgelassen und laut. Er wirft keinen Blick mehr zu uns herüber, so, als hätte es die gerade erlebte Situation gar nicht gegeben. Wüsste ich es nicht besser, könnte man meinen, er hätte mich noch gar nicht entdeckt.

91) Abendessen in Sahagún mit Anita

Anita und ich sehen uns an und beschließen ohne Worte, nicht mehr über diesen Vorfall zu reden. Wir genießen den Abend bei einem guten Glas Wein und perfektem Essen, haben uns eine Menge zu erzählen und viel zu lachen. Zu später Stunde verabschieden wir uns in der ehrlichen Hoffnung, uns wieder über den Weg zu laufen. Der Tisch, an dem Hermann mit seinen Pilgerfreunden saß, ist leer. So groß die Wiedersehensfreude auch war, sich zu verabschieden hat er vergessen. Sei's drum. Anita freut sich auf ihr Herbergsbett genauso wie ich mich auf mein großes, frisches Bett in dem schönen

Hotelzimmer und in dem ich ungestört schlafen kann. Es ist halb elf in der Nacht, als Ruddi das letzte Mal für heute das Beinchen hebt.

92) Gassi-Gehen bei Nacht in Sahagún

Montag, 5. Mai 2008
Sahagún (2979 Einwohner), 829 m üdM, Provinz León
21. Etappe bis El Burgo Ranero, 18 km

So schön dieses Zimmer und wie gemütlich dieses Bett auch sind, ich habe es heute sehr eilig zum Frühstück herunter zu gehen. Natürlich steht an oberster Stelle jetzt erstmal mein riesengroßer Hunger, aber ich muss ja auch noch zum Tierarzt, um für Ruddi ein Ungeziefermittel zu besorgen. Schnell ist das Hundebett im Rucksack verstaut, der Wassernapf mit frischem Nass gefüllt und weggepackt. Trotz aller Eile serviere ich meinem treuen Vierbeiner liebevoll sein Frühstück und werde bei dieser Aktion daran erinnert, auch noch einen Supermarkt aufzusuchen, um neues Futter zu kaufen. Das gibt es ja bekanntlich nicht überall. Hier in der „Großstadt" habe ich sicher gute Chancen. Das wird alles viel Zeit in Anspruch nehmen, aber die heutige Etappe bis El Burgo Ranero ist ja schließlich auch nur schlappe 18 Kilometer lang.

In voller Montur und Ruddi locker an der Leine führend betrete ich den Frühstücksraum. An einem Tisch sitzen zwei Leute, vermutlich ein Ehepaar. Das sind aber keine Pilger – die sehen anders aus! Es gibt wohl auch in Spanien immer noch Menschen, die einen ganz normalen Urlaub machen. Und das scheinen solche Exemplare zu sein. Welch seltener Anblick: Menschen ohne Rucksack und mit komischen leichten Schuhen an den mit feinem Stoff bedeckten Beinen. Obenrum trägt der Herr ein Jackett, unter dem keck eine Krawatte hervorschaut und die Dame eine feine Bluse. Jedesmal wenn sie sich nach vorne beugt, muss sie die lange Kette in Schach halten, damit sie sich nicht auf ihrem Teller oder in der Kaffeetasse austoben kann. Die Frau ist sogar geschminkt und hat die Haare schön!

Sie möchten nicht dabei erwischt werden, als sie mich von oben bis unten mustern. Aber den Gefallen tue ich ihnen nicht. Gut gelaunt werfe ich ihnen ein „Buenos días, qué tal (Guten Morgen, wie geht's)?“ zu. Peinlich berührt, aber freundlich erwidern sie meinen Gruß. Ich lasse mich häuslich nieder, führe die immer wiederkehrende Prozedur durch, um es Ruddi und mir so gemütlich wie möglich zu machen und spüre, dass sie mich genauestens beobachten und darüber sprechen. Als ich meinen ersten Schluck Kaffee trinke, scheinen sie mit meinem Tun zufrieden zu sein. Gerührt zeigen sie auf Ruddi, der vor dem Rucksack liegt und wünschen mir mit unerwartet liebevollen Blicken und Ah!-wir-haben-verstanden-Kopfnicken Richtung meines Reiseführers einen „buen Camino“. Na, dann wäre das ja geklärt.

Der feine Señor, der mich gestern Abend hier empfangen hat, serviert mir ein Frühstück vom allerfeinsten und sorgt dafür, dass es an nichts fehlt. Wenn die Tasse leer ist, wird sofort wieder nachgeschenkt. Croissants, Butter, Marmelade und Käse gibt es ebenfalls in Hülle und Fülle. Er steckt sogar Ruddi ein Stückchen Wurst zu – und damit die Wurst besser rutscht, noch ein bisschen Weißbrot hinterher. Ich kann mich kaum loseisen, aber ich habe ja noch viel vor und nach Erledigung der Formalitäten verlasse ich dieses Hotel durch die - weit vom vornehmen Señor persönlich aufgehaltene - Pforte.

Mein erster Halt ist der Supermarkt. Ich kaufe einen Kilo-Beutel Hundefutter, eine Tüte Croissants und Wasser für unterwegs. Der erste Streckenabschnitt bis Bercianos ist zehn einsame Kilometer lang. Da sollte Proviant unbedingt dabei sein, zumal die Sonne heute aus dem stahlblauen Himmel lacht und uns wieder mächtig einheizen wird. Das Hundefutter reicht wahrscheinlich bis zum Ende der Reise, was ja praktisch ist - da muss ich mich wohl nicht mehr drum kümmern - aber ein ganzes Kilo mehr im Rucksack fällt empfindlich auf. Ich denke einfach nicht daran, dann merk ich das gleich nicht mehr.

Auch der Tierarzt ist bald gefunden. Er drückt mir fröhlich pfeifend, also sehr zuversichtlich und für mich beruhigend, ein Floh- und Zeckenschutzmittel in die Hand. Diese Flüssigkeit reibe ich Ruddi in den Nacken. Das mögen die Parasiten alle nicht und suchen künftig das Weite, noch bevor sie den Hund bestiegen haben. Super! Ich suche mir ein ruhiges Plätzchen, untersuche meinen Kleinen nochmal genauestens und picke alles Unerwünschte aus seinem Fell, in der Hoffnung, dass es das letztemal ist.

Beim Auszug aus Sahagún wird mir nochmal die Schönheit dieses Städtchens, das im 10. Jahrhundert entstand, bewusst. Gegen halb elf lasse ich es hinter mir und freue mich auf die Dinge, die da kommen mögen.

93) Sahagún

Es ist eine schnurgerade Strecke. Für den Pilger und andere Fußgänger gibt es einen weißen Kiesweg neben der kaum befahrenen Straße. Wenige ganz junge Bäume säumen den Straßenrand. Sie werfen kaum Schatten und die Sonne hat kein Erbarmen. Ich fahre einen Gang zurück und mache viele kurze Pausen, damit Ruddi sich zwischendurch erholen kann. Ich frage mich, ob ich die Pausen auch brauche oder ob ich sie wirklich nur für meinen kleinen Schwarzen mache!? Ich finde keine Antwort darauf. Im Grunde ist es auch egal. Aber mir wird klar, wie sich die Energien miteinander verbinden. Sobald ich sehe, dass Ruddi nur noch hinter mir her trottet, anstatt fröhlich vor mir her zu laufen, verlässt mich auch unverzüglich die Kraft. Es kommt genauso oft vor, dass ich denke „es geht nicht mehr“, mein Hund aber frohen Mutes und voller Energie unterwegs ist. Wenn ich mich darauf einlasse, kann ich aus diesem Anblick neue Kraft ziehen. Ich frage mich, wie oft Ruddi sich von meiner Energie anstecken lässt. Man sagt Hunden ja nach, dass sie für ihre Menschen eher sterben, als aufzugeben was von ihnen verlangt wird. Das scheint zu stimmen, denn er bleibt niemals einfach irgendwo liegen, sondern trottet mir nach, bis ich STOP sage. Macht er aber vielleicht auch manchmal schlapp, weil ich ausstrahle, dass ich eigentlich gar nicht mehr kann? Laufe ich manchmal weiter und ignoriere die Zeichen meines Körpers, nur um ein Ziel zu erreichen? Ich habe mein Leben lang gelernt, die Zähne zusammenzubeißen und weiterzumachen – auch, wenn's wehtut. „Halt durch“ war mein Wegbegleiter bis heute. Ohne Ruddi liefe ich wahrscheinlich so manchen Kilometer ohne Pause. Aber wenn ich ehrlich bin, tun mir die kurzen Stopps jedesmal gut, obwohl ich bisher dachte, ich mach es nur für ihn.

Nach geschätzten fünf Kilometern und drei oder vier vorbeigefahrenen Autos, fällt es mir immer schwerer über die Kieselsteine zu laufen. Ich spüre jeden einzelnen durch die Schuhsohle. Meine Füße wollen das nicht mehr. Ich schau mich um und entschließe mich, auf der Straße weiterzulaufen. In dieser Einsamkeit höre ich ein herannahendes Auto schon aus weiter Ferne. Kennen Sie das Gefühl in ein angenehm warmes, sich dem Körper anschmiegendes Wasserbett zu steigen, nachdem sie vorher auf einer kalten, harten Pritsche gelegen haben? So krass empfinde ich gerade den Unterschied des Laufgefühls vom unebenen Kieselsteinweg zum glatten Asphalt. Eine unglaubliche Erleichterung. Warum nicht gleich so?

Ich bin jetzt seit gut drei Stunden unterwegs und habe noch keine Menschenseele gesehen, ausgenommen die Autofahrer, die ich an einer Hand abzählen kann. Weit vor mir entdecke ich einen Mann, der auf seinen Stock gestützt, die Straße entlang geht. Ich freue mich darauf, in naher Zukunft diesem Menschen „Hola“ sagen zu können. Vielleicht haben wir uns ja noch ein bisschen was anderes zu erzählen. Er wohnt doch bestimmt im nächsten Ort, in Bercianos. Der Señor wird mir die Bar mit dem besten Café con leche weit und breit empfehlen können.

Er befindet sich in Höhe eines kleinen Waldstückes und genießt den Anblick seiner Heimat. Man sieht es ihm tatsächlich schon von weitem an. Ich komme immer näher. Er strahlt eine unglaubliche Zufriedenheit und innere Ruhe aus. Auch er freut sich, mich zu sehen. „Hola! Qué buena compañía. Qué tal?“ Er stellt mir viele Fragen über mich, Ruddi, meine Erlebnisse und Erfahrungen auf dem Camino. Ich antworte mit einem Gemisch von Deutsch, Spanisch, Englisch, Gestik, Mimik, Händen und Füßen. Er hat seine helle Freude daran. Ich höre von ihm, dass er hier aufgewachsen ist und wie sehr er seine Heimat liebt. Er ist 87 Jahre alt und hatte drei Kinder. Ein Sohn ist vor vielen Jahren bereits an einer Krankheit gestorben. Eine Tochter ist ausgewandert. Sie lebt mit ihrem Mann in Australien und er sieht sie nur noch alle paar Jahre mal. Aber der zweite Sohn betreibt ein Geschäft in Sahagún. Ich sehe in seinen Augen, wie stolz er darauf ist. Jeden Mittag geht er spazieren und wenn er nach Hause kommt, hat seine Frau lecker gekocht. Er hat die beste Frau der Welt – genau wie mein Vater!

Pilger sieht er hier nicht so oft, weil es einen zweiten parallelen Pilgerweg nach Mansilla de la Mulas gibt. Den wählen die meisten, weil er weiter weg von der Schnellstraße verläuft. Ach, guck an, ist mir noch gar nicht wirklich aufgefallen. Etwa drei- bis vierhundert Meter parallel der Straße, auf der wir uns gerade befinden, steppt der Bär. Wenn man genau hinsieht, gibt es sie. Da sind wirklich viele Autos unterwegs. Der Wind steht heute günstig, so dass ich die Motorengeräusche kaum wahrnehmen kann. Tja! Man sieht und hört immer nur das, was man auch sehen und hören will.

Ganz gemütlich erreichen wir tatsächlich zusammen Bercianos. Der Señor zeigt mir noch, wo sich die nächste Bar befindet und ich meinen Café con leche genießen kann. Ich habe keine Ahnung, wie lange wir zusammen unterwegs waren, aber es hat mir gutgetan.

In der Bar angekommen, lasse ich mich auf einen Stuhl fallen und habe das Gefühl, nie wieder aufstehen zu können. Ja, mein Gott! Es waren zehn Kilometer am Stück bei hohen Temperaturen und gleichbleibender Landschaft – flach und schnurgeradeaus. Im Sitzen bereite ich Ruddi seinen Liegeplatz. Hier ist kaum was los. Ein paar

Einheimische haben sich auf die Barhocker gefläzt und lassen sich vom Fernseher berieseln. Ich bin die einzige Pilgerin. Die Wirtin ist so nett und bringt mir meinen Kaffee an den Tisch. Dabei entdeckt sie Ruddi's Napf, nimmt ihn, füllt frisches Wasser ein und legt einige Erdnüsse daneben, die er sich sofort dankbar schmecken lässt.

Als mir nach fast einer Stunde bewusst wird, dass ich noch acht Kilometer laufen will, gibt der Stuhl mich wieder frei. Am Weg ändert sich nichts. Alles bleibt, wie es heute Morgen angefangen hat. Gegen sieben Uhr erreiche ich El Burgo Ranero.

gleicher Tag (insgesamt 436,2 km gelaufen)
El Burgo Ranero (273 Einwohner), 878 m üdM, León
Herberge, Einzelzimmer, 15 Euro pro Person ohne Frühstück

Als erstes fällt mir auf, dass in diesem Ort ungewohnt viele LKW unterwegs sind. Sie biegen alle in die gleiche Straße ab. Nicht, dass Sie jetzt irgendeine spannende LKW-Geschichte erwartet – nein, es fällt mir einfach nur auf und ich will, dass Sie das wissen. Das war's!

Gleich am Ortseingang befinden sich mehrere Pensionen, Cafés und Herbergen. Alle haben Tische und Stühle draußen stehen, sehen einladend aus und es sind mindestens eine Million Pilger im Umkreis von zweihundert Metern unterwegs. Ich bin mal wieder tief beeindruckt. Wo waren die den ganzen Tag? Der parallele Pilgerweg verläuft nicht über dieses Dörfchen. Egal jetzt! Ich freu mich! Der erste freie Tisch vor einem der Lokale ist meiner. Kaum sitze ich, weiß ich auch schon, dass das hier für heute Abend mein neues Zuhause sein soll. Ich muss nur gleich mal nachfragen, ob sie Zimmer vermieten. Zunächst bestell ich mir aber ein kühles Getränk und lasse die betriebsame Kulisse auf mich wirken.

Direkt mir gegenüber befindet sich eine Schafherde mit ganz vielen, ganz jungen Lämmchen. Ein ebenso junger Schäferhund hat gerade seine Ausbildung begonnen und sein Meister (anscheinend seine tierische Mama) zeigt ihm - wahrscheinlich zum ersten Mal - wie man seine Schäfchen zusammenhält. Der kleine Hund ist noch sehr unbeholfen und tollpatschig. Es ist eine Wonne, ihm zuzusehen. Ich will ja nix Falsches sagen, aber ich glaube, so manches Schaf macht ihm ne lange Nase und die Lämmchen versuchen sich mit ihm anzufreunden und auf ihre Seite zu ziehen, damit sie die komplette Weide samt der Straße erobern können. Der Schafhirt hat alle Hände voll zu tun. Aber er nimmt es mit spanischer Gelassenheit und fängt immer wieder laut an zu lachen. Ich liebe die Spanier jeden Tag mehr.

94) El Burgo Ranero

Fünfzig Meter weiter links befindet sich eine Herberge. Die ist mindestens voll, wenn nicht noch mehr. Es handelt sich unverkennbar um Pilger. Sie kümmern sich um ihre nasse Wäsche, schreiben ihre Tagebücher, knabbern an den Proviantresten des Tages, hängen in den Seilen, humpeln nach Pilgerart über den Rasen.

Ja, liebe Leser, auch nach 436 Kilometern hat der Pilger seinen ganz bestimmten ihm eigenen Gang. Sie sehen dem Wallfahrer an, dass er täglich neue Muskeln, Sehnen und Knochen in seinem Körper entdeckt, die ihm sagen: „Was Du hier seit Wochen treibst, sind wir nicht gewöhnt.“ Hämisch grinsend flüstern sie ihm zu: „Jaaaaa, wir wollen Dir wehtun! Wenn Du von Deinem Stuhl aufstehen willst, tun wir Dir weh. AAAAAH! Wenn Du in der Dusche stehst und verzweifelt versuchst Deine Füße zu erreichen, um sie zu waschen, dann: Aaauuuu, tun wir Dir weh! Jeder soll sehen, dass Du ein Pilger bist, egal was Du anhast, ob mit oder ohne Rucksack. Neiiiiin! Du kannst Dich nicht verstecken! Auch diese Nacht, wenn Du schlafen willst, wecken wir Dich immer wieder auf und tun Dir weh!“

Interessanterweise spürt der Wanderer tagsüber beim Laufen am wenigsten von den körpereigenen Biestern. Also sind sie in Wahrheit gar nicht so böse, insgeheim wollen sie es auch, wetten?

Es wird immer voller hier in dem Ort und es gibt keine freien Tische mehr. Vier Personen fragen, ob sie sich zu mir setzen dürfen. Ich stimme sofort freudig zu. Mal sehen, wen ich heute Abend näher kennenlernen darf. Sie erzählen mir, dass sie aus Österreich kommen. Es sind zwei Ehepaare, die sich schon viele Jahre kennen und zusammen das Abenteuer Jakobsweg bewältigen wollen. Sie sind gut drauf, haben einen ganz eigenen Humor, nehmen sich selbst auch gerne mal auf die Schippe und bringen mich so zum Lachen, dass mir die Tränen laufen. Wir steigen von Limo und Café con leche auf Wein um. Ich wette, wenn hier draußen Musik wäre, würden wir alle zum Tanzen bringen.

Nach geraumer Zeit fragen mich meine neuen Pilgerfreunde, wo ich denn übernachten würde. Ach du Schreck! Da weiß ich keine Antwort drauf. Es ist schon ziemlich spät geworden. Hab vor lauter Spaß ganz vergessen, ein Zimmer zu belegen. Na dann: Prost erstmal! Als die nette Bedienung uns das nächste Getränk bringt, frage ich, ob sie mir einen Übernachtungstipp geben kann. Sie lacht und zeigt auf ihr Haus. „Sí, sí, señora, aquí!" Ich staune darüber, dass es hier überhaupt Zimmer gibt. Und dann ist auch noch eins frei! Ich zeige auf Ruddi und sehe sie fragend an. „Qué bonito, no problema. Ven conmigo! (Wie süß, kein Problem. Komm mit mir)!" Die Österreicher sind begeistert: „Wir haben uns auch bei ihr eingemietet. Dann sehen wir uns später bestimmt noch."

Schnell folge ich der freundlichen Spanierin die Treppe hinauf. Sie zeigt mir ein Zimmer unterm Dach. Ganz klein, ganz einfach: ein schmales Bett, ein Hocker, ein kleiner Schrank, ein Waschbecken (direkt am Fußende des Bettes), wenig Fußboden. Das hat den Vorteil, dass man - egal wie viel Wein man auch getrunken haben mag – nicht umkippen kann. Ich frage irritiert nach dem Bad. Sie legt verbindlich ihren Arm um meine Schulter und führt mich den Flur hinunter. Hinter der dritten Tür befinden sich eine Toilette und Badewanne in einem grau-schwarz gefliesten engen Raum – Punkt, nicht viel Schnickschnack - hält nur den Staub fest. Diese antike sanitäre Anlage wird von den Bewohnern dreier Zimmer gemeinsam benutzt. Jetzt weiß ich, warum ich im Arm gehalten werde. Damit ich mich von den Gegebenheiten nicht abschrecken lasse, sondern die gute Energie spüre, die zweifelsfrei vorhanden ist. „15 Euro. Okay?“ Ich höre mich sagen: „Sí, señora, okay!“

Diese Frau macht so einen mütterlichen Eindruck auf mich und plötzlich kommt mir eine super Idee in den Sinn. Und die soll man ja bekanntlich sofort umsetzen, bevor man den Glauben an das Gelingen verliert. Ganz ohne Umschweife frage ich mit Händen und Füßen danach, ob es eine Waschmaschine gibt. Ich habe heute keine Lust mehr auf der Hand zu waschen. Ich hab Hunger wie ein Bär. Das muss jetzt hier schnell gehen. Zu meiner Überraschung, nickt sie ganz aufgeregt und zeigt auf meinen Rucksack und meine Kleider, die ich noch am Leib trage. Am liebsten nähme sie sofort meine komplette Garderobe mit. Bevor sie sich doch noch anders entscheidet, springe ich hinter meine Zimmertür, reiß mir die Klamotten vom Leib, rupfe noch ein paar aus meinem Rucksack und schon sind meine Sachen mit der Frau verschwunden. Ich zieh mir schnell das T-Shirt über, das ich gleich nach dem Duschen tragen werde, lass Ruddi in sein Hundebett springen und geh lieber sofort ins Bad, bevor ich mir das noch anders überlege und das Duschen ausfallen lasse. Das sollte ich mir gerade heute nicht erlauben. Es war sehr, sehr heiß und ich habe sympathische, unterhaltsame Leute kennengelernt, die ich hoffentlich in den nächsten Tagen noch öfter treffen werde. Da darf ich keinen schlechten Eindruck machen.

So stehe ich nun, nur mit meinen Badelatschen bekleidet, in dieser Badewanne für Ich-weiß-nicht-wie-viele-Personen und bin mental so weit, dass ich mich auf das warme Wasser freue. Lauwarm soll es sein, damit mein Kopf wieder ein bisschen klarer wird und meine Körpertemperatur auf Normal herunterfahren kann. Ich nehme den Duschkopf in die Hand und drehe ein bisschen am rechten Knopf und ein bisschen am linken Knopf. Normalerweise sollte das Wasser nach einigen Sekunden wohl temperiert sein. Hier tut sich aber nichts. Ich drehe noch ein bisschen am roten Knopf, halte meine Hand unter den eiskalten Wasserstrahl und warte – und drehe – und warte – und drehe. Meine linke Hand hat gleich Gefrierbrand vom vielen Wasser. Nach ungefähr fünf Minuten muss ich akzeptieren, dass ich heute nur eiskalt duschen kann oder gar nicht.

Wo ich schon mal drinstehe und das Wasser läuft, komm ich mir noch dreckiger vor, als ich sowieso schon bin. Ich muss dadurch. Manche von Ihnen sagen jetzt bestimmt: „Na und? Kalt Duschen ist ja wohl kein Problem. Mach ich jeden zweiten Tag!“ Ja, Sie vielleicht. Ich aber niemals! Das ist für mich ein absolutes No-Go. Ich habe das

Gefühl, dass das Wasser direkt aus der Quelle eines sehr hohen schneebedeckten Berges kommt. Ich sehe den Wasserstrahl strafend an, in der Hoffnung, dass er sich doch noch meiner erbarmt. Oh, liebe Mitbewohner, die ihr auf euren Zimmern seid, haltet euch die Ohren zu! Ich tu's jetzt! Beherzt - nach vielen Minuten – bringe ich mit eisernem Griff den Duschkopf in meine Richtung. Als der Wasserstrahl auf meinen überhitzten Körper trifft, fange ich sofort an, in allen Tonlagen zu jaulen, zu stöhnen und zu jauchzen. Wer das hört, glaubt in 100 Jahren nicht, dass ich hier alleine drin bin und mich lediglich waschen will. Mit vielen stoßweise hervor gepressten „ah, oh, Mama! Uh, neee, oh Gott! Woaa!" und ähnlichen Lauten überstehe ich auch das.

Abgetrocknet, frisch angezogen und mit roten Bäckchen stehe ich nun am noch verschlossenen Ausgang dieser Folterkammer und trau mich gar nicht raus. Was, wenn ich öffne und ganz viele Leute applaudieren, angesichts so viel Theater hinter verschlossenen Bad-Türen? Ich schaue mich um und aus dem Dachfenster, überlege, ob ich wohl hinten rum abhauen kann. So'n Quatsch! Ich stelle mich jetzt der Öffentlichkeit und verneige mich einfach so tief, dass mich keiner erkennt. Natürlich steht niemand auf dem Korridor als ich ihn betrete. Vielleicht hat mich ja jemand gehört, aber höchstwahrscheinlich hat er das gleiche Dilemma erlebt und sich ins Fäustchen gelacht - was ich jetzt im Nachhinein auch tun würde, wenn komische Geräusche aus dem Bad zu hören wären.

Einige Minuten später gehe ich zum Essen runter. Der Wirtsraum platzt aus allen Nähten. Dieses Haus ist voll belegt - das steht fest. Die Österreicher, die übrigens Luigi, Heinz, Karoline und Monika heißen, haben mir tatsächlich einen Platz an ihrem Tisch reserviert und halten schon Ausschau nach mir. Fröhlich winkend rufen sie mich heran. „Wo bleibst Du denn? Wir haben schon gedacht, Du wärst gleich schlafen gegangen!" Ich antworte mit einem – mittlerweile gespieltem – leicht gequälten Gesichtsausdruck: „Na ja, ich brauchte einen Moment, bis ich mich an das eiskalte Wasser in der Dusche gewöhnt hatte. Aber ihr wisst ja wovon ich rede!" „Gehst Du immer kalt duschen?" Und die beiden Frauen direkt und wie aus einem Munde: „Respekt, das könnte ich nicht. Warum machst du sowas?" „Hattet Ihr etwa heißes Wasser?" Vorsichtig kommt die Antwort: „Joooh…" Nur Heinz hält sich etwas zurück und meint: „Da waren bestimmt zu viele hintereinander duschen, bei mir war es schon nur noch lauwarm." Was soll ich dazu noch sagen? Wer zu spät kommt, den erwischt es eben zuweilen eiskalt!

Wir haben an diesem Abend noch eine Menge Spaß und finden den Absprung viel zu spät. Ich bin davon überzeugt, dass wir uns bald wieder über den Weg laufen, denn so eine unschuldige Gaudi muss man einfach so oft erleben wie es eben geht. Da mein Zimmer sehr übersichtlich ist, finde ich ruckzuck ins Bett und in den Dämmerzustand. Ruddi ist froh, als endlich Ruhe herrscht. Ich höre noch kurz in mich hinein und vernehme deutlich die Worte: Genieße – lass los – freu Dich – geh weiter – sei glücklich – bleib offen … Mehr krieg ich nicht mehr mit, bin im „Weingebiet“ der Träume angekommen.

Dienstag, 6. Mai 2008
El Burgo Ranero (273 Einwohner), 878 m üdM, Provinz León
22. Etappe bis Puente de Villarente, 25,2 km

Heute werde ich zärtlich von vorbeifahrenden LKW geweckt. Da wir uns in einem kleinen idyllischen Dörfchen befinden und diese Pension nicht an der Hauptstraße liegt, wird sich hier in gemäßigtem Tempo fortbewegt und folglich relativ geräuscharm. Es dauert einen Moment bis ich richtig zu mir komme und mich sortiert habe. Ich habe außergewöhnlich fest geschlafen und bin etwas verunsichert, was die Tageszeit angeht. Der Himmel ist strahlendblau. Draußen herrscht schon rege Betriebsamkeit. Auf dem Flur hingegen ist nicht ganz so viel los, aber immerhin bin ich nicht die Letzte. Und solange noch andere Pilger in einer Pension sind, kann es noch nicht Mittag sein.

Das wäre fatal, denn die heutige Etappe wird hart, lang und heiß. Wir befinden uns für die nächsten zirka 40 Kilometer im “páramo”, im Ödland. Ich habe vor, bis Puente de Villarente zu laufen. Insgesamt wären das dann 25,2 Kilometer. Mal sehen was der Tag so bringt und wie weit meine Füße mich tragen.

Den Blick auf die Uhr mache ich um kurz nach sieben. Puh, das ist nochmal gutgegangen. Beruhigt und gelassen mache ich mich am Fußende meines Bettes am Waschbecken zu schaffen. Tja, Anziehen ist erst mal nicht. Oh Mann, wo mögen meine sieben (oder acht) Sachen sein? Um das zu erfahren, bleibt mir nichts anderes übrig, als zunächst die Wirtin zu kontaktieren. Bin mal gespannt, wo ich sie auftreibe. Die hat doch jetzt alle Hände voll zu tun! Es ist Frühstückszeit!

Fest entschlossen, sie zu finden und dann auch noch mit meiner Wäsche zu belästigen, betrete ich den Flur. Meinem Zimmer gegenüber steht eine Kommode. Darf ich meinen Augen trauen? Auf diesem Möbel liegen doch tatsächlich - getrocknet und fein säuberlich zusammengefaltet - meine Pilgerklamotten. Mir fällt ein Stein vom Herzen. Diese Wirtin muss ein Engel sein. Das muss ich ihr gleich noch sagen, falls sie es selbst noch nicht gemerkt haben sollte.

Der Morgen beginnt wie der Abend geendet hat. Meine vier Österreicher sitzen am gleichen Tisch wie gestern und winken mich fröhlich ran. Der freie Stuhl ist meiner. Den Tellern nach zu urteilen sitzen sie schon länger hier, haben auch schon aufgehört zu essen. Mir zuliebe trinken sie aber noch einen Kaffee, bevor sie losmarschieren. Wir sind alle fünf gespannt, wann und wo wir uns das nächste Mal wiedersehen. “Buen Camino!”

Nicht ohne mich persönlich von meinem “Engel” zu verabschieden und ihr herzlich für die himmlischen Taten an mir und meiner Wäsche zu danken, verlasse ich El Burgo Ranero so gegen halb neun. Nun liegt der gleichförmigste und zugleich längste Abschnitt von dreizehn Kilometern vor mir. In eintönigem Gleichmaß geht es auf den ständig zurückweichenden Horizont zu. Die tausende von Bäumen, die am Wegesrand gepflanzt wurden, sind noch nicht groß genug, um Schatten zu spenden. Wenigstens verläuft neben der markierten Route eine Bahnlinie, so können sich meine Augen ab und zu mal etwas Abwechslung gönnen.

Bevor ich weiter in Negativität abrutsche, suche und finde ich einen positiven Gedanken: Der Weg ist schön einfach. Ohne aufzupassen kann ich die ganze Zeit einen Fuß vor den anderen setzen. Ich nehme das als Entspannungs- und Wellness-Wandern. Den Kiesweg betrete ich erst gar nicht, gehe gleich auf die Straße. Ich lasse einfach die rhythmische Gleichmäßigkeit meines Schrittes durch meinen ganzen Körper fließen. Das kann, wenn ich will, eine Meditation werden. Einfach gar nicht denken, ist doch auch mal was, oder? Mal sehen, was dabei rauskommt.

Um Viertel vor eins erreichen Ruddi und ich - fix und fertig von der Hitze, mental aber komplett entspannt - Reliegos. Ein Dörfchen mit knapp 300 Einwohnern. Es sieht ziemlich verlassen und arm aus. Ich fühle mich gerade wie zwei in einem. Einerseits habe ich eine unglaubliche innere Ruhe erlangt, andererseits ist mein Bewegungsapparat völlig im Eimer. Alles, wirklich ALLES tut weh! Da geht gar nichts mehr. Es ist brüllend heiß. Meine Wasserflasche haben Ruddi und ich bereits vor zwei Kilometern gekillt. Ich bin heilfroh, dass “Schnurzel” so gut durchgehalten hat. Zwischendurch habe ich ihn – zwar gegen seinen Willen, aber mit guten Worten – immer wieder nass gemacht, damit sich sein Körper nicht so aufheizt. Ich bin auch nass – allerdings in Schweiß gebadet. Das Wasser hat nicht für uns beide gereicht.

Ich brauche sofort und auf der Stelle einen Stuhl, lieber noch eine Pritsche und einen Tropf, der die verlorene Flüssigkeit direkt in meinen flach hingelegten Körper hineinlaufen lässt. Ein Stündchen schlafen wäre schön! Dann ginge es bestimmt wieder munter weiter!

Keine Menschenseele ist zu sehen, als wir uns durch die Gassen dieses Kaffs schleppen. Wo ist die Bar? Es muss eine geben! Mein Reiseführer lügt nicht! Wo ist sie denn nur? Sie ist doch meine persönliche rettende Oase hier im Páramo. Plötzlich höre ich Gemurmel von mehreren Menschen. Ich zwinge mich Schritt für Schritt weiter und komme diesem himmlischen Geräusch immer näher. Und da ist die Rettung: Eine Bar! Ein paar Tische vor einer Lehmhütte! Zirka acht Menschen sitzen hier und lassen kühle Getränke ihre Kehlen hinunterlaufen. Ich kenne niemanden, aber sie winken mir zu - wie es nur Pilger tun - und sind total ausgelassen. “Die waren schon am Tropf”, denke ich.

“Uns ging es allen so, als wir hier ankamen. Geh mal um die Ecke in die Bar rein und hol Dir was Kaltes. Dann fühlst Du Dich gleich wieder besser.” Eine der Frauen fackelt nicht lange, springt voller Elan aus ihrem Plastikstuhl hakt sich bei mir ein, als ob wir alte Freunde wären, und führt mich an die Tränke. Auf den geschätzten 15 Metern sagt sie mir auf astreinem Deutsch, dass sie Liz heißt und aus Norwegen kommt. Sie kennt mich. “Wieso?” “Ich kenne Hermann und er hat ganz viel von euren gemeinsamen Etappen erzählt. Da Du die einzige Frau mit einem kleinen schwarzen Hund bist, kannst ja wohl auch nur Du die Birgit mit dem Ruddi sein.” Sie ist ganz aus dem Häuschen, mich persönlich kennenzulernen. Ich freue mich aber auch sehr darüber, dass sie Hermann kennt. Obwohl man sich noch nie gesehen hat, ist man sich nicht mehr fremd, wenn es jemanden gibt, den beide Seiten kennen. “Ich habe Dich gestern in Sahagún mit einer Frau beim Abendessen gesehen. Da kam doch Hermann zu Dir an den Tisch und hat Dich begrüßt. Ich saß mit an seinem Tisch”, sagt Liz ganz begeistert. Es fasziniert mich immer wieder, wie die Dinge so zusammenhängen.

Diese Bar, die wir jetzt betreten, ist so karg, wie ich es noch nie gesehen habe. Karg ist noch untertrieben, sie ist völlig baufällig und heruntergekommen. Hier drinnen sitzt eine Frau einsam an einem der Tische und an der Bar bestellen drei oder vier Pilger ihre Getränke bei einem gelangweilt und müde wirkendenWirt, der aussieht, als gehörte er in einen Western-Saloon mit allem was dazu gehört. Ja, das trifft es ganz gut: ein uralter, völlig verwahrloster Saloon aus längst vergangenen Zeiten – es fehlen nur noch die rollenden Steppenbüsche vor der Tür.

Es läuft eine Platte – es kann nur eine Platte sein! - von Elvis. Der hatte ja, wie alle wissen, echt Rhythmus im Blut. Die Musik ist laut. Liz und ich gucken uns an, lachen, nicken uns zu und los geht's. Wild und hemmungslos tanzen wir nach den, der ganzen Welt bekannten, Hits des Kings. Wir vergessen alles um uns herum. Nichts tut mehr weh. Der ganze Körper spielt auf einmal wieder mit. Der Cowboy dreht seine alte Anlage bis zum Anschlag auf – YEE HA! - und feuert uns im Takt klatschend laut lachend an. Er fliegt hinter seinem Tresen hin und her, macht hier einen Handgriff und da einen, wie es einer tut, der 100 Gäste auf einmal zu bewirten hat. Ja, ja! Die Energien verbinden sich mal wieder miteinander. Immer mehr Pilger kommen rein, um zu sehen, was hier passiert und bleiben staunend stehen.

Völlig außer Atem bestellen wir nach ungefähr zehn Minuten das kalte Getränk und Liz lacht: "Als Du eben auf uns zugekrochen kamst, dachte ich, Du würdest jeden Moment aus den Latschen kippen. Und dann machst Du sowas. Ich glaub es ja wohl nicht!" Ich auch nicht. Ich lasse Liz wieder nach draußen zu ihren Freunden gehen und bleibe im kühlen inneren des Saloons. Ruddi ist völlig irritiert und möchte ganz gegen seine Pilger-Hund-Gewohnheit vorsichtshalber auf meinem Schoß ein Schläfchen halten. Na, ich bin ja gar nicht so! Er strahlt zwar eine Hitze aus, wie ein Lagerfeuer am Wigwam, aber wenn er's braucht, dann kriegt er's auch.

Genauso schnell wie die Partystimmung eben in mir aufkeimte, ist sie wieder verschwunden. Das war kurz, aber heftig und sehr wirkungsvoll. So gut hätte mir eine Tropfinfusion auf einer Pritsche nicht helfen können. Und doch staune ich nochmal für mich ganz alleine und in mich hinein: "Also, dass ich – völlig fertig mit der Welt - mittags in einem gottverlassenen Dorf im leónesischen Spanien in einer der letzten Bars tanze …

Dreiviertelstunde später mache ich mich unglaublich gestärkt wieder auf den Meditationsweg, aber diesmal sind es nur sechs

Kilometer bis zum nächsten Ort, Mansilla de las Mulas. Die Bahnstrecke wird mir fehlen, die hat kurz vor Reliegos eine scharfe Linkskurve gemacht. „Sechs Kilometer, die machen wir doch auf einem Bein, oder Ruddi?“ Er antwortet nicht, sondern schnuppert kopfschüttelnd an der Hauswand rum.

Ungefähr 20 Meter weiter, immer schön dem gelben Camino-Pfeil folgend, biege ich um die Häuserecke und staune nicht schlecht. Ich befinde mich direkt vor einem – nach den Eindrücken der letzten Stunde – vornehmen Café. Das ist eine ganz andere Welt. Etwas oder jemand muss mich weggebeamt haben. Der ganze Straßenzug passt nicht zu dem, was ich bis vor zwei Sekunden gesehen habe. Eine frisch polierte, neue Luxuskarosse parkt vor dem Haus. Es gibt einen Bürgersteig - der ist sogar heruntergeklappt und frisch gefegt!

An einem rot lackierten, sauberen Tisch sitzt eine junge Frau mit einem kleinen Hund auf dem Schoß. Das freut meinen Schnurzel ganz besonders. Er läuft direkt über Los – und muss drei Felder zurück, denn der fremde Mitspieler ist ihm gar nicht gut gesonnen. Der knurrt und schnauzt ihn hundisch warnend an: „Kommst Du mir näher, beiß ich Dir die Nase ab, mein Freund!“Die Frau findet das witzig und meint: „Der tut nur so, da passiert nichts weiter. Helmut ist halt ne kleine Giftnudel.“

Ich erfahre von ihr, dass sie auch pilgert. Ich staune, weil ich sie noch nie gesehen oder von ihr gehört habe. Und ich weiß aus eigener Erfahrung, dass man ein Star ist, wenn man mit Hund auf dem Jakobsweg unterwegs ist. Also irgendwie sieht sie anders aus, als der herkömmliche Pilger. So frisch gewaschen, obwohl es schon Nachmittag ist. So nach Parfüm riechend, obwohl sich ein Pilger jedes Gramm mehr im Rucksack erspart. So frisch gebügelt, obwohl es so heiß ist, dass die Klamotten beim Laufen Falten kriegen. So relaxt, obwohl es auch für sie dreizehn lange Kilometer durch die Mittagssonne gewesen sein müssen. Und der Hund: So kratzbürstig und aufgedreht, obwohl er viel zu müde für solche Eskapaden sein dürfte. Ich frage genauer nach und komme schnell dahinter, dass sie fast immer mit dem Zug oder Bus - manchmal sogar mit einem Taxi - fährt. Sie läuft nur ab und zu mal den einen oder anderen halben Kilometer.

Wenn es bergauf geht, kann sie nicht. Bergab ist für ihren Hund Helmut zu gefährlich. Wenn es nass ist, geht die Frisur kaputt und wenn es windig ist, wird’s sowieso anstrengend. Steine tun den Füßen nicht gut. Asphalt heizt sich zu sehr auf. Im Feld sind keine Bäume, die Sonne aber doch. Im Wald, da sind die Jäger ... Okay, das hat nicht sie gesagt, sondern das ist meine Interpretation... Nein, ich bin nicht gemein! Ich versuche nur herauszufinden, ab wann man sich Pilger nennen darf. Ach ja, jeder macht den Weg auf seine Weise! Jahaaa!! Ist ja schon gut! Ich finde es erstaunlich, aber auch amüsant.

So, jetzt aber! Auf geht's! Die Sonne scheint weiter. Wir haben frisches Wasser. Die Landschaft bleibt wie sie ist. Ruddi ist froh, dass er ohne Helmut unterwegs ist. Ich bin gut drauf. Und zack ... Schon sind wir in Mansilla de las Mulas. Na gut: zwei, drei Stunden später.

95) zwischen Reliegos und Mansilla de las Mulas

Es gibt fast 1800 Einwohner, Herbergen, Bars, Pensionen, Hotels, Supermärkte und Apotheken. Alles was das Herz begehrt. Meins will momentan aber lediglich einen Café con leche - ich hatte heute erst einen. Bevor ich die City erreiche, betrete ich eine Gaststätte, in der ich mal wieder mit den Wirtsleuten alleine bin. Sie haben die Küchentür weit offen stehen und ich sehe, dass sie gerade beim Essen sind. Sofort kommt ein junger Mann, vermutlich der Sohn, und fragt nach meinen Wünschen. Auch hier bekomme ich einen besonders guten Milchkaffee. Hm, lecker!

Ich sitze an einem großen Fenster zu einer ruhigen Straße raus und habe einen guten Blick auf die Kirche. Auf der Kirchturmspitze gibt es zwei Storchennester. Die Vögel sind damit beschäftigt, die Nester weiter auszubauen und fliegen immer wieder weg, um nach Baumaterial zu suchen. Es ist schön, ihnen dabei zuzusehen. Das sind schon richtig gute Organisationstalente, diese Störche. Sie suchen sich eine schöne Stelle, finden in der Natur alles, was sie für ihr neues Zuhause brauchen und arbeiten dann Hand in Hand bis alles bereit ist, um gemeinsam Kinder zu bekommen und großzuziehen. Es handelt sich zwar um Vögel, aber trotzdem meine ich, eine Liebe zwischen ihnen zu spüren. Ach ja! Dieses Naturschauspiel macht mich ein bisschen sentimental…

96) Mansilla de las Mulas

Liefe es doch bei den Menschen auch so leicht und beschwingt ab. Aber wenn wir eine Familie gründen wollen, fangen wir ja zunächst einmal damit an, eine Bank zu finden, die unser zukünftiges Heim finanziert und wenn die gefunden ist, geht der Stress erst richtig los. Architekt, Baufirma, Zulieferer, nicht geplante Rechnungen, schlecht-Wetter-Phasen, Meinungsverschiedenheiten bei der Inneneinrichtung und so weiter und so fort. Und wenn das Haus dann fertig ist, wollen viele gar keine Kinder mehr, weil sie nicht mehr wissen, ob sie füreinander geschaffen sind. Gott sei dank, läuft es nicht immer so – aber manchmal eben doch. Gewissermaßen ist auch das amüsant. Ist halt auch eine Möglichkeit herauszufinden, wie groß die Liebe ist.

Halb vier! Sechs Kilometer liegen noch vor uns. Ab jetzt führt der Camino an der Nationalstraße entlang. Das heißt: Viele Autos, viel Lärm, viel Staub. Egal, ich freu mich trotzdem auf den letzten Etappenabschnitt für heute und mache mich munter auf den Weg.

In der City gibt es vier oder fünf Bars, die auch draußen servieren. Hier ist richtig was los. Jede Menge Leute sind unterwegs. Ein Misch-Masch von Pilgern und Einheimischen tummelt sich in den Gassen. Herrlich! Immer wieder erkenne ich jemanden, den ich irgendwann einmal auf dem langen Weg von Saint Jean Pied de Port bis hierhin getroffen habe oder ich werde von den anderen wiedererkannt. Und die Freude ist immer so grandios. So viel Herzlichkeit, obwohl man sich nur in irgendeiner Bar mal kurz unterhalten hat. Ich weiß, ich wiederhole mich, aber es ist einfach zu schön. Wir stellen uns gegenseitig ein paar Fragen und freuen uns darüber, dass wir mit unseren Zweifeln, Schmerzen, kalten Duschen, Freudentänzen und Café con leche-Süchten nicht alleine sind.

gleicher Tag (insgesamt 461,4 km gelaufen)
Puente de Villarente (154 Einwohner), 804 m üdM, Provinz León
Hotel, Doppelzimmer, 24 Euro pro Person ohne Frühstück

Nach den doch nervenaufreibenden letzten sechs Kilometern bin ich überaus glücklich, in Puente de Villarente angekommen zu sein. Wie schön war doch heute Morgen der „ach-so-langweilige“ Weg über die Nebenstraße. Einmal mehr weiß ich etwas erst zu schätzen, wenn ich es nicht mehr habe. Okay! Loslassen, Birgit! Jetzt sind eben die National- und Schnellstraßen dran. Ruddi wird sich daran gewöhnen, zwischendurch auch mal wieder angeleint laufen zu müssen.

Der Ort hat nur 154 Einwohner - ist also recht klein. Aber die Brücke über den Fluss Porma hat es ganz groß in sich. Ich befinde mich immer noch auf der Nationalstraße, die wirklich sehr befahren ist. Ein LKW nach dem anderen donnert an uns vorbei. Ruddi muss schon seit einiger Zeit an der ganz kurzen Leine laufen, aber über die Brücke muss ich ihn in seinem Notfallnetz vor meiner Brust tragen, sonst überleben wir das beide nicht.

Wir haben nur einen halben Meter breiten „Bürgersteig“ zur Verfügung. Ich traue mich kaum zu atmen, damit ich die zwei Zentimeter Luft zwischen den vorbeidonnernden Zugmaschinen und mir nicht in Anspruch nehme. Ich habe echte Panik, von so einem Ding mitgerissen zu werden. Und die Brücke ist lang! Sehr lang! Als ich sie endlich passiert habe, bin ich dem Heulen nah. Das war echte Lebensgefahr. Dass da von der Stadt nichts geändert wird, ist mir ein Rätsel. Hurra! Wir leben noch!

Ich bleibe auf der linken Straßenseite - ich wüsste auch nicht, wie ich auf die andere kommen sollte, ohne doch noch unter die Räder zu kommen und bin zuversichtlich, dass sich hier ganz schnell ein Hotel oder sowas finden lässt. Es dauert zwar noch ein paar hundert Meter, die ja bekanntlich für den Pilger am Ende des Tages eine fast unbezwingbare Strecke darstellen können, aber ich werde fündig. Mit Ruddi vor der Brust – hab vor lauter Schreck vergessen, ihn wieder abzusetzen - betrete ich den Schankraum, in dem auch die Übernachtungsgäste angenommen werden.

Nachdem ich ein Getränk bestellt habe, frage ich ohne zu zögern nach einem freien Zimmer, denn wenn es hier keins gibt oder mein Hund unerwünscht ist, muss ich schnellstens weiter. Ich wundere mich darüber, dass Ruddi überhaupt nicht beachtet wird und der Señor hinter der Theke mir ganz bewusst und angestrengt in die Augen guckt, nur um meinen Hund nicht wahrnehmen zu müssen. Ah! Ich glaube, ich habe verstanden. Er will mich zwar aufnehmen, darf aber eigentlich keine Tiere zulassen.

Ohne ein Wort oder Zeichen zwischen dem Mann und mir, drehe ich mich so unauffällig wie möglich weg, mache mich für einen Moment unsichtbar, nehme Ruddi aus dem Netz und setze ihn auf dem Boden ab – angeleint und ganz nah bei mir. Dann wende ich mich wieder Richtung Tresen und tue so, als hätte es die letzten Sekunden gar nicht gegeben. Dem freundlichen Señor reicht es, Perrito nicht mehr in seinem Blickfeld zu haben und endlich kommt die Zusage für ein freies Bett. Noch bevor ich einen Schluck trinken kann, nimmt der trotz allem, freundliche Señor den Zimmerschlüssel in die Hand und bittet mich ihm zu folgen. Über eine breite Treppe führt er mich in den ersten Stock und zeigt mir ein sehr großes und sauberes Zimmer inklusive einem blinkenden Bad.

Einen Atemzug später ist er auch schon wieder verschwunden und ich bin alleine. Ich beschließe, Ruddi in seine Hundebett-Tasche zu stecken und wieder nach unten an die Bar zu gehen. Da wartet schließlich mein Getränk noch auf mich. Es wird genau registriert, dass ich nun eine relativ große „Handtasche“ dabei habe. Dass „el perro“ nun darin steckt, ist dem Mann klar und ich merke an einem verbindlicheren Umgang mit mir, dass das so in Ordnung ist. Wir sind uns einig, dass wir unter keinen Umständen jemals ein Wort über den Inhalt meiner Tasche verlieren. Er wird stillschweigend akzeptiert. Toll, wieder eine neue Variante. Der gute Wille zählt. Danke!

Um die Mission „unsichtbarer Hund“ erfolgreich für heute zu beenden, esse ich sofort und ungeduscht. Ich werde sehr gut bedient und mit einem noch besseren Pilgermenü belohnt. Ruddi bewegt sich keinen Millimeter in seiner Tasche. Der schläft schon den Schlaf der Gerechten und wird nur nochmal kurz wach, als ich ihm ein Stückchen Fleisch durch den einige Zentimeter weit aufgezogenen Reißverschluss stecke.

Satt und zufrieden wie ein Baby verabschiede ich mich relativ früh und verlasse den Comedor durch den Schankraum. Nun stehe ich im stockfinsteren Hausflur. Eine schwere Holztür ist hinter mir zugeschlagen. Ich finde keinen Lichtschalter neben der Tür und sehe die eigene Hand vor den Augen nicht. Keine Ahnung, wo hier der Treppenaufgang ist. Wie ein Pantomime bewege ich meine Hände vor mir und mache ein paar vorsichtige Schritte, um vielleicht die gegenüberliegende Wand oder das Treppengeländer zu finden, an der oder dem ich mich dann entlang bewegen könnte. Aber nö! Nix in Tastweite. Ich traue mich nicht wirklich weiter vor, denn es könnte ja auch sein, dass ich am Treppenabsatz nach unten stehe. Es ist aber auch zum Mäusemelken! Es ist tatsächlich stockfinster, is nix mit „die Augen gewöhnen sich schon an die Dunkelheit“. Gerade will ich um Hilfe schreien, da öffnet sich die schwere Holztür und der Wirt schaltet das Licht ein. Der hat sich vielleicht erschrocken, als ich für ihn völlig unerwartet da rumstehe - war ja eigentlich schon lange weg. Er zuckt zusammen und lässt einen kurzen spitzen Schrei los. Ich muss schrecklich aussehen, so ungeduscht. Tja, selber schuld, in einem guten Hotel gibt es immer eine Notbeleuchtung, Was ist denn da los?

Obwohl es doch viel später geworden ist, als ich dachte, gönne ich mir noch eine lauwarme Dusche. Jaaaa! Eine lauwarme Dusche! Natürlich nicht, ohne vorher meine Klamotten durchzuwaschen. Dann falle ich in das große Bett und gehöre ganz ihm. Mein letzter Gedanke heute: Schön, dass ich noch lebe. Die Brücke hat einen bleibenden Eindruck bei mir hinterlassen.

Mittwoch, 7. Mai 2008
Puente de Villarente (154 Einwohner), 804 m üdM, Provinz León
23. Etappe bis Virgen del Camino, 20,2 km

Zum Frühstück gibt es heute nur auf die schnelle einen Café con leche und ein Croissant. Ich bin ein bisschen nervös. Nach den nächsten dreizehn Kilometern führt meine geplante Etappe durch León. Meine Liebe gilt den Weilern, allenfalls den großen Dörfern. Mehr brauche ich nicht. Die Großstadt, in diesem Falle mit fast 131.000 Einwohnern ist mir viel zu anstrengend. Bin jetzt schon froh, wenn ich dadurch bin.

Dem Himmel sei dank, hinter einer Tankstelle am Ortsausgang führt der gelbe Pfeil den Pilger ein Stück von der Nationalstraße weg durch die Felder. Ich schweige und genieße. Nach fast fünf Kilometern erreichen wir Arcahueja. Der Weg dahin ist ganz schön steil. Das bin ich gar nicht mehr gewöhnt. Aber ich kann es noch. Ich genieße die abwechslungsreiche Landschaft und höre nur wenige hundert Meter von mir entfernt die Autos auf der Schnellstraße vorbeirauschen. Im Gegensatz zu gestern, sind die meilenweit entfernt.

Ich beschließe, hier keine Bar aufzusuchen. Ich müsste einen kleinen Umweg machen. Das widerstrebt mir wie immer sehr. Ach, hab ich doch gar nicht nötig! Ich steuere eine Großstadt an, da wird sich die Gelegenheit bestimmt schon bald wieder bieten.

Bei einem Blick auf den Kirchturm habe ich schon wieder das Vergnügen, ein Storchenpaar zu beobachten. Scheint eine beliebte Region bei den großen Vögeln zu sein. Ihr Flug ist beeindruckend, so elegant und trotzdem kraftvoll. Erstaunlich, dass sie beim Landeanflug auf das Nest nicht alles an die Erde reißen. Weit gefehlt: Sie schweben förmlich heran und lassen sich in Zeitlupe punktgenau vor ihrem im Nest wartenden Partner nieder.

Ungefähr drei Kilometer später geht es wieder ab auf die Nationalstraße N-601. Sie führt über den Alto del Portillo (890 m), den es also zu "bezwingen gilt". Es ist ein Horrortrip. Die Straße ist insgesamt vierspurig und zweimal zu überqueren. Es gibt keinen Fußgängerüberweg oder ähnliches. Es ist, als ob ich mich in Deutschland trauen müsste, zu Fuß mit einem Rucksack und einem kleinen Hund bekleidet, eine Autobahn im Ruhrgebiet während des Berufsverkehrs zu überqueren. Zunächst halte ich andächtig inne, spreche ein Stoßgebet nach dem anderen und beobachte andere Pilger, ob und – wenn überhaupt - wie sie die andere Seite erreichen. Irgendwann hab auch ich den "Absprung" geschafft und "renne", so schnell ich kann.

Heil drüben angekommen finde ich mich auf einem Etappenabschnitt des Caminos wieder, der für Schwerverbrecher, die ganz viel Buße tun müssen, angelegt sein muss. Hier laufe ich nun durch die nur halbwegs befestigte Regenrinne auf der linken Seite der Autobahn und ein Ende ist nicht in Sicht. Wie lange muss ich das wohl durchstehen? Ich weiß es nicht wirklich, aber ich schätze, dass es so zwei Kilometer waren, als ich endlich aus diesem Albtraum erwachen darf.

97) Pilger-Lauf- und Regenrinne vor León

Ab hier bewege ich mich zumindest wieder auf einem, durch eine Leitplanke von den vielen Autos getrennt, befestigten, nicht asphaltierten Weg. Was für ein Luxus! Es ist zwar immer noch ohrenbetäubend laut, aber wir sind außer Lebensgefahr. Nun liegt mir León zu Füßen. Es ist zum Greifen nah und riesengroß. Ich lasse meinen Blick über die ganze Stadt schweifen und kann kaum glauben, dass ich sie heute noch bezwingen werde und anschließend immer noch fast acht Kilometer vor mir liegen, wenn ich mein Etappenziel erreichen will.

Ruddi und ich sind uns einig, dass wir uns einen Moment hinsetzen müssen, auch wenn es gerade sehr unromantisch ist. Genießen geht anders. Ich halte das nicht lange aus. Ich muss weg! Es ist laut und stinkt. Ich möchte zaubern können, einmal blinzeln und schon sind wir durch. Das wäre toll.

Was mache ich hier eigentlich. Wie weit will ich mich denn noch selber runterziehen? Sofort höre ich auf zu denken und konzentriere mich einzig und allein auf den Takt meiner Schritte. Ich kriege tatsächlich so etwas Ähnliches wie eine Meditation hin. Nach einer guten Stunde machen wir einen Boxenstopp in einer Bar in Puente Castro, dem ersten Stadtviertel Leóns. Es ist sehr unpersönlich hier. Eben Großstadt. Trotzdem brauchen wir beide eine halbe Stunde, um unsere Akkus wieder aufzuladen.

98) Blick auf León

Gegen 14 Uhr erreichen wir die Altstadt von León und ich finde schon seit einiger Zeit keine gelben Pfeile oder sonstigen Camino-Hinweisschilder mehr. Ich fühle, dass ich mich verlaufen habe. Immer wieder spreche ich Menschen an, wie ich denn wohl wieder auf den rechten Weg kommen könnte. Sie wollen es mir auch erklären, aber es ist so verwinkelt hier, es gibt so viele Gässchen, dass ich immer im Kreis laufe. Irgendwann gehe ich einfach meiner Nase nach, nur um hier wegzukommen – egal wo ich auskomme, Hauptsache nicht wieder an der gleichen Stelle.

Hoppla! Das ist aber eine große Kirche, ob das die Kathedrale ist? Dann wäre ich ja wahrscheinlich schon mitten in der City und hätte die Hälfte des Stadtmarathons hinter mir! Ich schau mir das gewaltige Gebäude gerade interessiert an, da spricht mich eine Frau auf Englisch an. Sie pilgert auch, übernachtet aber hier in der Stadt. Sie zeigt auf ihre Herberge auf der anderen Straßenseite. Ich sehe ihr an, dass auch sie froh ist, für heute mit ihrem Pensum durch zu sein. Als sie von meinem Dilemma hört, bringt sie mich wieder auf die markierte Route und weist mir den Weg Richtung Kathedrale. Okay, ich bin also noch nicht durch die halbe Stadt gelaufen, aber wieder auf dem Camino Francés. Das fühlt sich gleich ganz anders an. Denken Sie von mir, was sie wollen, aber der Pilger kann fühlen, ob er sich auf dem richtigen Pfad bewegt. Es müssen die Energien der Millionen Pilger sein, die sich hier im Laufe der Jahrhunderte fortbewegt haben.

99) auf der Suche nach gelben Pfeilen in der Altstadt von León

Nach zwanzig Minuten stehe ich dann vor der wahrhaftigen Kathedrale. Wie imposant! Einen Moment überlege ich, hinein zu gehen. Aber das lässt die Zeit nicht zu. Ich habe noch mindestens zehn Kilometer vor mir und will auf keinen Fall morgenfrüh in einer Großstadt aufwachen und den Tag im Verkehrschaos beginnen. Also weiter!

Ich finde schon wieder keine gelben Pfeile. Das gibt es doch gar nicht. Gerade hier müssen welche sein. Obwohl tausende Menschen unterwegs sind, kann mir niemand zeigen, wo ich weiter gehen muss. Ich fasse es nicht. Ich weiß nicht, was mir das sagen will: Jede Großstadt auf dem Pilgerweg ist mein persönlicher Irrgarten. Das kann nur daran liegen, dass ich mich innerlich so gegen sie sperre. Also folge ich wieder meiner Nasenspitze und laufe blind drauflos. Mir kommt der Gedanke, dass ich hier in León große Chancen hätte, mich in einen Zug zu setzen, der Richtung Flughafen fährt. Warum wollte ich den Jakobsweg gehen? Muss ich mir das wirklich antun? Ich könnte auch nach Hause fliegen und es mir gemütlich machen. Vielleicht mache ich das heute noch. Ich mag nicht mehr. Es reicht!

100) Kathedrale in Leon

Wenn ich mich so umschaue, muss ich Ihnen sagen, dass es fast unfair ist, so von León zu schreiben. Diese Stadt, die im 11. und 12. Jahrhundert unter Alfons V. zur Hauptstadt des christlichen Spaniens aufstieg, ist wunderschön. Mit Sicherheit ist sie eine Drei-Tage-Reise wert, um all ihre geschichtsträchtigen Sehenswürdigkeiten genießen zu können.

Auf einer breiten vierspurigen Straße, immer noch mitten in León betrete ich ein Café. Es ist keine der üblichen Bars, es ist ein richtiges Stadtcafé, so wie ich es auf der Kölner Schildergasse oder der Düsseldorfer Kö auch finden würde. Leckere Torten werden angeboten. Der Kellner ist schwarz-weiß gekleidet und frisch geduscht. Er hat seinen Job gelernt, das sieht man an seiner ganzen Haltung und Bewegung. Auf den vielen Tischen stehen Blumen und Kerzen auf geplättetem Leinentuch.

Ich lasse mich auf einem der ledergepolsterten Stühle nieder und nehme tatsächlich zu meinem Café con leche ein Stück Kuchen. Trotz der ungewohnt feinen Räumlichkeiten ist Ruddi auch herzlich willkommen. Er liegt wie immer eingekringelt auf seiner hellblauen Decke. „Die hätte auch mal wieder eine Wäsche verdient!“ schießt es mir durch den Kopf. Ich blättere in meinem Reiseführer, um herauszufinden, wo der direkte Weg aus der Stadt führt. Völlig überraschend und mich aus meinem „Studium“ reißend, spricht mich ein junges Ehepaar an. Dankbar für die Abwechslung und gespannt darauf, was das für Menschen sein mögen, biete ich ihnen die freien Plätze an meinem Tisch an.

Ganz ungewöhnliche Situation: Ich habe gar nicht das Bedürfnis großartig zu reden, sondern das seltene und eigenartige Gefühl, das in diesem Moment „Schweigen Gold ist“. Friedlich und gelassen schweigen, kann man nur mit sehr engen Vertrauten. Ich sehe diese beiden aber zum ersten Mal, und trotzdem fühle ich mich sauwohl in dieser ungewohnten Stille. Ich habe das angenehme Gefühl, dass um uns herum gar nichts mehr ist. Sie sehen sehr sympathisch aus, haben leuchtende Augen, freundliche Stimmen. Sie sind sehr gepflegt und gut gekleidet. Sie strahlen Harmonie, Freude und Frieden aus. Aber auch sie fragen mich gar nichts. Sie sehen mich einige Minuten nur an, schauen gedankenverloren auf Ruddi und auf meinen Rucksack, der hinter ihm steht. Sie müssen in den Schweigeminuten meine Gedanken und Gefühle telepathisch empfangen haben. Ohne große Umschweife, leise und ganz klar, fangen sie an zu erzählen: „Wir sind vor drei Jahren ebenfalls den Jakobsweg komplett durchgelaufen. Wir waren damals, hier in León, genau wie Sie, fix und fertig und wussten gar nicht mehr, warum wir uns das alles antun. Wir überlegten ernsthaft, den Weg abzubrechen. Der viele Verkehr hatte unser Gehirn vernebelt. Zum Glück haben wir es nicht getan. Wir versprechen Ihnen, wenn Sie jetzt durchhalten, werden Sie tausendfach entschädigt. Der Weg hat Ihnen noch so viel zu bieten. Es wird auch wieder leichter, wenn Sie durch dieses Großstadt-Getümmel durch sind. Sie erwarten noch einzigartige Landschaften und mit Sicherheit großartige zwischenmenschliche Erfahrungen. Wir wissen, dass Sie es sich nie verzeihen würden, wenn Sie heute, nach so vielen gelaufenen Kilometern und den unterschiedlichsten Erlebnissen, einfach aufgeben würden."

Mit Tränen in den Augen schau ich sie an: „Ich kann grad nicht mehr!" Sie lächeln, stehen vom Tisch auf und verabschieden sich mit den Worten: „Hinter uns liegen drei wunderschöne Urlaubstage hier in León. Unser Flieger geht gleich, wir müssen los. Wir denken an Sie und Ihren kleinen treuen Freund und schicken Ihnen jeden Tag ganz viel positive Energie. Buen camino!" Was war das denn? Ich schaue ihnen hinterher und mir ist schlagartig klar, dass ich niemals den Camino einfach verlassen werde. Diese Leute hat mir der Himmel geschickt. Sie haben mir wieder Mut gemacht. Wie einfühlsam muss ein Mensch sein, einem völlig Fremden so wirkungsvolle Worte zu sagen.

Nur wenige Minuten später verlasse auch ich das Café mit frischem Mut. Auf einmal sehe ich die Wegweiser wieder und verliere sie auch nicht mehr aus den Augen. Und noch etwas springt mich förmlich an: Eine Boutique für Hunde! Sofort erinnere ich mich an mein fehlgeschlagenes Unternehmen, in Pamplona für Ruddi ein Regencape zu kaufen. Möglicherweise klappt das hier und jetzt, so völlig aus dem Nichts heraus.

Ruddi wird mit mehreren Leckerchen und Streicheleinheiten begrüßt, als wir den Laden betreten – ich nicht. Mir sagt die Señorita lediglich, aber herzlich „Hola". Mein Hund ahnt schon, was da auf ihn zukommt und zieht den Schwanz ein. Er hat nicht viel Zeit, Frust aufzubauen, denn die nette Frau hat sofort einen Regenmantel für meinen Gefährten griffbereit. Sie fackelt nicht lange, schmeißt sich ihm vor die Füße und innerhalb von Sekunden wird aus meinem kleinen schwarzen Vierbeiner ein knallrotes Feuerwehrauto mit Startschwierigkeiten. Das Modell passt zwar wie angegossen, aber Perrito ist wieder in eine plötzlich auftretende Starre verfallen. Die

Verkäuferin versteht das gar nicht und ist entsetzt. Ich glaube, sie hat die Befürchtung ihren tierischen Kunden für immer geschädigt zu haben. Ich befreie ihn von dem Ding und pack es - nach dem Bezahlen und beruhigenden Worten in Richtung der Señorita - ganz tief in meinen Rucksack. Bin mal gespannt, wann und ob überhaupt dieses Accessoire zum Einsatz kommt.

101) am Pilger-Denkmal in Leon

Der Weg aus der Stadt will kein Ende nehmen. Er ist so lang, so steil nach oben, so verkehrsreich, die Bordsteine sind so hoch, dass kleine Kinder eine Leiter brauchen. Und es gibt viele Querstraßen, also auch viele Bordsteinkanten. Und es ist heiß, unglaublich heiß. Immer wieder rufe ich mir die Begegnung mit dem Ehepaar ins Gedächtnis. „Halt durch – es lohnt sich! Auch das geht vorüber!“

Das untrügliche Zeichen dafür, dass León endgültig hinter mir liegt, sind die Bahngleise, die es zu überqueren gilt. Und genau da bin ich jetzt angekommen. Die allerletzte Kneipe Leóns, direkt hier am Güterbahnhof, soll mir kurz ein bisschen Abkühlung und eine Erfrischung bringen. Sieht nicht gerade Vertrauen erweckend aus, aber ich betrete sie trotzdem. Ich brauche einen Stuhl, Flüssigkeit und etwas Salziges. Mein Körper schreit danach. Und wenn ich da drinnen mit irgendjemandem kämpfen muss, einfach weil ihm danach ist, dann mach ich das. Ich hau alle um, die sich mir in den Weg stellen.

Vor und hinter der Theke befinden sich ein paar durchtrainierte „harte Jungs“. Der Raum ist sehr dunkel und einfach eingerichtet. Die Rollladen an den Fenstern sind dreiviertel heruntergelassen. Ich besorge mir eine Cola und eine kleine Tüte Chips. Alleine sitze ich an einem langen Tisch, mit dem Rücken zur Tür und zu den Männern. „Lasst mich bloß alle in Ruhe! Ich bin gleich wieder weg!“ suggeriere ich ihnen. Da betreten fünf ausgeflippt bekleidete ganz junge und wilde Menschenkinder die Kneipe und fragen überraschend höflich, ob sie sich zu mir setzen dürfen. Ich überrasch mich selbst und stimme zu. Es gibt bestimmt wieder irgendeine Message für mich, die wichtig ist. Immer offen bleiben …!

Schon nach wenigen Minuten weiß ich worum es geht. Die jungen Wilden sind super gut drauf. Da sie nur Spanisch und ein bisschen Englisch sprechen, wissen wir alle nicht so genau, worüber wir lachen. Aber wir haben Spaß. Sie interessieren sich für meine Erlebnisse auf dem Pilgerweg und ich erzähle wieder mit vollem Körpereinsatz davon. Sie finden es riesig, dass ich mit dem kleinen süßen Ruddi unterwegs bin, der momentan von einem Schoß auf den nächsten wandert. Diese Begegnung hat meine gute Laune aus dem dunklen Keller wieder ans Tageslicht geholt.

Bis Virgen del Camino sind es gute vier Kilometer, die es allerdings in sich haben. Bergauf und bergab geht es weiter über die Nationalstraße und durch Industriegebiete. Kurz vor der Stadt, überholen mich vier Reiter. Eins der Pferde ist nicht gut drauf. Das macht mich ziemlich nervös, weil der Reiter so grob zu dem Tier ist. Das Pferd bockt immer wieder - auch auf der sehr stark frequentierten Hauptstraße noch. Ich hoffe inständig, dass da nichts passiert. Sie führen ihre Pferde am Halfter vor mir über den Bürgersteig und der Abstand zwischen ihnen und mir wird viel zu langsam größer. Es fällt mir schwer, dabei zuzusehen, wie der eine immer wieder sein Pferd schlägt. Gerade als ich mir vornehme, die Männer doch nochmal einzuholen, um meinen Kommentar dazu abzugeben, hat ein anderer der Reiter ein Einsehen und tauscht mit dem genervten sein Pferd. Danach biegen sie in eine Seitenstraße ab und sind verschwunden.

gleicher Tag (insgesamt 481,6 km gelaufen)
Virgen del Camino (2676 Einwohner), 906 m üdM, Provinz León
Hotel, Doppelzimmer, 40 Euro ohne Frühstück

Geschafft! Ich bin nach 20 Kilometern, aus denen ich schätzungsweise 23 gemacht habe, weil ich mich in der City andauernd verlaufen habe, endlich an meinem Etappenziel Virgen del Camino angekommen. Dieser Ort ist relativ groß, da finde ich bestimmt schnell eine Unterkunft. Ich bleibe einfach auf der Hauptstraße, die auch der offizielle Camino ist. Es dauert eine Weile, aber kurz vor dem Ortsausgang finde ich ein Hotel. Mal sehen, ob sie noch ein Zimmer frei haben.

Ich betrete eine vornehme, moderne Eingangshalle. Es gibt tatsächlich eine richtige Rezeption. Das ist ein großes, sehr gutes Hotel. Ich blicke auf mindestens sechzig Gästepostfächer und es steht sogar ein Computer bereit, in den die Personalien eingegeben werden. Wow! Dafür, dass ein Pilger normalerweise in einer Herberge nächtigt, ist das ganz schön überkandidelt. Wird ein bisschen teurer, aber das habe ich mir heute verdient. Egal jetzt!

Die Señorita begrüßt mich außerordentlich freundlich, sie spricht sogar ein wenig Deutsch. Der Tresen ist sehr hoch, ich kann mit meinem Metersechzig so gerade darüber sehen. Hat natürlich den Vorteil, dass sie meine Pilgerklamotten, - von der Hitze der Großstadt ziemlich mitgenommen - meinen Rucksack und vor allem Ruddi nicht sehen kann.

Bereitwillig nimmt sie meinen Ausweis entgegen und weist mir ein Zimmer zu. Sie nennt mir den Preis und überlässt es mir, sofort oder morgen zu bezahlen. Ich zahle sofort, dann hab ich das aus den Füßen und muss morgenfrüh hier nicht Schlange stehen. Wer weiß, wie viele Gäste sich gerade in diesem Haus aufhalten.

Als sie um den Tresen herumkommt, um mich persönlich auf mein Zimmer zu begleiten, wird sie sich des Ausmaßes ihres Tuns erst bewusst. Der Moment ist gekommen, in dem sie meinen Hund entdeckt. Sie bleibt entsetzt stehen und macht mir klar, dass sie das leider nicht zulassen kann. „No perro. Lo siento (keine Hunde, tut mir leid)“, sagt sie freundlich, aber bestimmt. Ich will aber hierbleiben! Also starte ich eine Bettelaktion: „Señora, ich habe ein eigenes Hundebett dabei.“ Sofort fange ich an, meinen Rucksack auszupacken, um es ihr zu zeigen. Sie will mich stoppen und schüttelt verneinend den Kopf.

Ich ignoriere sie, hole entschlossen das Hundebett raus und lasse Ruddi hineinspringen. Sofort legt er sich hin. Ich ziehe den Reißverschluss zu und sage: „Selbst wenn er wollte, könnte er nicht aus dieser Tasche raus.“ Sie schüttelt verneinend den Kopf: „Lo siento, señora!“ „Aber sehen Sie sich das doch mal an: Er schläft doch schon! Wir beide sind heute Morgen in Puente de Villarente gestartet und völlig am Ende. Sie können uns doch nicht wegschicken. Sie haben bereits so viel Arbeit mit den Personalien gehabt und ich hab doch auch schon bezahlt. Bitte!“ „Wenn das jemand merkt, bin ich meinen Job los.“ „Ihn wird niemand bemerken, er ist viel zu müde. Er will jetzt nur noch liegen. Bellen ist ihm auch zu anstrengend. Sie können mir vertrauen. Ich mache das jetzt schon seit guten drei Wochen und er war noch nie ein Problem.“ Ein bisschen Schwindeln ist erlaubt, oder? Ich erzähle ihr lieber nicht, dass ich ihn ab und zu schmuggel. Nicht, dass sie all ihre Hotelkollegen bis Santiago de Compostela vorwarnt.

Anscheinend habe ich die richtigen Worte gefunden. Sie fasst sich ein Herz und bringt uns schnell aufs Zimmer. Ich bin begeistert. Mein Reich für eine Nacht ist genauso vornehm wie die Rezeption es verspricht. Alles blitzt und blinkt. Das Interieur wurde liebevoll und erst vor kurzem ausgesucht. Das Bett ist superbequem und groß. Das Bad ist ein Traum und lädt zum Entspannen ein. Es gibt keinen plumpen Lichtschalter – nein! Es gibt einen Schlitz in der Wand, in den man seine Karte stecken muss, damit es hell im Zimmer wird. Das Kämpfen hat sich gelohnt. Als meine Gönnerin Ruddi schlafend in der hingestellten Tasche und das Leuchten in meinen Augen sieht, ist ihr endlich klar, dass sie alles richtig gemacht hat. Zufrieden gibt sie den Raum endgültig frei.

Nach dem Duschen und Wäschewaschen geht es mir deutlich besser, als den ganzen Tag über. Vor dem Essen muss ich einige Blocks weiterlaufen, um Ruddi nochmal Pinkeln zu lassen. Ich will natürlich nicht, dass ihn vom Hotel aus irgendjemand sehen kann. Ich weiß ja nicht, wer da der Chef ist und der freundlichen Rezeptionistin doch noch Ärger macht.

Plötzlich habe ich das Bedürfnis, mich bei meinen Eltern zu melden und rufe sie an. Die Freude ist groß und sie wollen ganz viel wissen. Ich erzähl ihnen das Aktuellste, heißt, wie ich heute durch León gelaufen, an mein Zimmer gekommen bin und wie schön es ist. Von den Qualen, die mir eine Großstadt bereiten, habe ich aber nichts gesagt. Das hat ja noch Zeit. Außerdem muss ich das nicht nochmal durchleben – und das würde ich zweifelsfrei, wenn ich darüber spreche. Dieses kurze, knackige Telefonat hat mir richtig gut getan und Kraft gegeben.

Mit Ruddi in meiner „großen Handtasche“ gehe ich ins Hotel zurück. In dem piekfeinen Comedor sind nur zwei Tische belegt. Ich wähle einen, der etwas abgelegen ist und setze mich auf den Stuhl an der Wand, damit möglichst keiner aus Versehen vor Ruddi's Bett tritt. Das Essen ist ebenfalls ein Traum. Ich trinke zwei, drei Gläser Rotwein und genieße den Abend in vollen Zügen ganz alleine.

Fast zwei Stunden später liege ich zufrieden im Bett, mache noch ein paar Notizen in meinem Reiseführer, schau mir beeindruckt die Fotos der letzten Tage an und falle dann in einen tiefen Schlaf, ohne auch nur noch einen einzigen Gedanken fassen zu können.

Donnerstag, 8. Mai 2008
Virgen del Camino (2676 Einwohner), 906 m üdM, Provinz León
24. Etappe bis Hospital de Órbigo, 25,2 km

Ruddi hebt kurz den Kopf aus seinem Taschenbett und erinnert mich daran, dass er hier in geheimer Mission unterwegs ist. Nachdem ich mich ausgiebig gereckt und gestreckt habe, lege ich einen Zahn zu und sitze schon bald beim Frühstück. Ich bin einmal mehr der einzige Pilger weit und breit. Perrito liegt immer noch in seinem Bett und verhält sich ganz ruhig neben meinem Stuhl. Ich freue mich von Herzen, dass ich noch die Gelegenheit habe, mich von der mutigen jungen Frau zu verabschieden, die dafür gesorgt hatte, dass mein Hund und ich in diesem Hause über Nacht bleiben durften. “Gracias por todo, señora. Lo siento por die Umstände.” Sie schaut beeindruckt lächelnd auf die ihr bekannte Hunde-Tasche und umarmt mich herzlich. Nachdem ich die heutige Etappe auf gute 25 Kilometer bis nach Hospital de Órbigo festgelegt habe, machen wir uns besser direkt auf den Weg.

Nach ein paar hundert Metern stehe ich ratlos vor einer Kreuzung. An dieser Stelle gibt es gelbe Pfeile, die in alle Richtungen zeigen. Ich habe keine Ahnung, welchem ich folgen soll. Der Jakobsweg bietet nämlich ganz frech eine Nebenvariante an. Es stellt sich mir die Frage, ob ich den Camino um vier Kilometer verlängern will und schön gemütlich durch die Felder wandere oder bis zum Ziel die Hauptroute nehme und an der Nationalstraße N-120 entlangkrieche. Wähle ich die reizvollere Variante komme ich heute auf fast 30 Kilometer. Ich weiß aus Erfahrung, dass das für mich eigentlich zu viel ist. Andererseits macht mir die N-120 nervlich - und folglich auch körperlich - sehr zu schaffen. Was mach ich denn bloß?

Entscheidungshilfe ist eine junge Frau, die mich fragt, wie es denn hier weiter geht. Sie hat schon die Entscheidung getroffen, die Hauptroute zu gehen. Es gilt nur noch, den richtigen Einstieg zu finden. Wir blättern beide in unseren Reiseführern und kommen dann ganz langsam dahinter. Die Pilgerkollegin macht einen ruhigen und ausgeglichenen Eindruck auf mich. Sie erzählt mir, dass sie heute Morgen ganz früh in León losgelaufen ist und noch bis Villadangos del Páramo laufen will. Das sind noch dreizehn Kilometer. "Gehst Du auch über die Hauptroute?" fragt sie ganz nebenbei. "Ja!" sage ich wie aus der Pistole geschossen und freue mich, dass ich endlich die Antwort gefunden habe. Wir gehen ein paar Kilometer zusammen. Sie heißt Susanne, ist so um die dreißig und kommt aus Leipzig. Sie ist Erzieherin für Kinder und Jugendliche aus Problemfamilien. Das interessiert mich insofern, als dass ich zu Hause eine Bekannte habe, die gerade mitten in der umfangreichen Ausbildung zu diesem aufregenden Beruf steht. Sie erzählt mir ein paar interessante Geschichten über ihre Arbeit.

Wir müssen uns aber auch sehr stark darauf konzentrieren, keinen gelben Pfeil zu übersehen. Es bleibt noch ein bisschen verzwickt. Wir befinden uns auf einem Weg, der unter verschiedene Viadukte hindurchführt. Momentan müssen wir immer wieder abbiegen. Im Normalfall – Großstädte ausgenommen – ist der Jakobsweg gar nicht zu verfehlen und verläuft, ganz grob gesehen, immer schön geradeaus. Zur Absicherung, sieht Susanne immer wieder in ihren Reiseführer.

Na endlich! Da ist sie ja! Die Nationalstraße! Juchhu! Jetzt können wir uns entspannen und locker machen. Susanne hat ein ganz anderes Tempo als ich und wir beschließen, dass es besser ist, wenn jeder seinem eigenen Rhythmus folgt. Schnell wird der Abstand zwischen uns größer und Susanne immer kleiner. Nach vier Kilometern, kurz vor Valverde de la Virgen, treffen wir wieder aufeinander. Sie hat auf mich gewartet: "Sollen wir zusammen einen Kaffee trinken gehen?" Vor einer Bar und direkt an der Hauptstraße lassen wir uns häuslich nieder. Wir bleiben draußen sitzen. Die Terrasse ist überdacht. Diesmal bin ich mit erzählen dran. Sie will wissen, wie sich der Jakobsweg mit Hund anfühlt. Es tut mir gut, gerade mit jemandem zusammen zu sitzen, der ebenso gut erzählen wie auch zuhören kann.

Wir müssen uns beide einen Ruck geben, um uns aus den bequemen Stühlen zu erheben und weiterzulaufen. Bis zum nächsten Ort sind es nur 1,6 Kilometer, die laufen wir zusammen und genehmigen uns in San Miguel del Camino gleich die nächste Pause bei einem kalten Getränk. Es ist wieder sehr warm heute und bis Villadangos del Páramo sind es noch über sieben Kilometer am Stück. Diesmal bevorzugen wir das Bar-Innere. Die Sonne ist erbarmungslos. Ruddi legt sich auf den kühlen Steinfußboden und ist nach einer knappen halben Stunde auch wieder betriebsbereit.

Nach ein paar hundert Metern läuft wie zuvor jeder in seinem eigenen Tempo. Wir lassen es darauf ankommen, ob wir uns in Villadango del Páramo wiedersehen oder nicht. Und es soll so sein. Meine neue Pilgerbekannte macht wieder eine Rast kurz vor dem Ort und hat - genau wie ich - das unbändige Verlangen, sich auf einen Stuhl zu setzen und etwas zu trinken. Susanne ist nun eigentlich an ihrem Etappenziel angekommen. Im Gegensatz zu mir, ist sie nach ihrem Pensum von mindestens 22 Kilometern aber noch so fit, dass sie beschließt, einen Ort weiterzulaufen. Das sind ja nur schlappe 4,6 Kilometer. Aber es ist ja auch noch relativ früh am Tag. Und: Was Du heute kannst besorgen, das verschiebe nicht auf morgen!

So kommt es, dass wir bis San Martín del Camino nebeneinander herlaufen. Immer schön an der N-120 entlang. Kurz nach 14 Uhr kommen wir an. Ich bin ganz fasziniert von mir selber! Noch so früh am Tag und schon fast achtzehn Kilometer weiter als heute morgen. Susanne hat bestimmt einen Magneten im Rucksack, der mich heimlich mitzieht und schneller werden lässt, damit sie nicht immer so lange auf mich warten muss. Ich gebe aber auch gerne zu, dass ich ziemlich am Ende bin.

Am liebsten bliebe ich. Dann fehlen mir jedoch sieben Kilometer und die Zeit bis zum endgültigen Ende dieses Urlaubs wird immer knapper. Außerdem habe ich bereits für morgen einen Plan gemacht und der umfasst ebenfalls 25 Kilometer. Da kann ich also nur ganz schwer sieben Nachhol-Kilometer draufpacken. "Wenn Du es bis Sanitiago de Compostela schaffen willst, musst du Gas geben", flüstert mir meine innere Stimme zu und ich weiß, was zu tun ist. Auch wenn's weh tut! Meine Schienbeine melden sich heute immer wieder. Sie brennen. Ich weiß gar nicht, warum sie das tun, wir laufen doch jetzt schon so lange durch Spanien, um genau zu sein fast 500 Kilometer. So langsam sollten sie daran gewöhnt sein.

Susanne findet direkt an der Hauptstraße eine Herberge. Sie übernachtet immer in Herbergen und war bisher meistens zufrieden damit. Bevor wir uns trennen, habe ich das Bedürfnis, zu sehen, ob sie hier auch gut untergebracht ist. Vielleicht gefällt es ihr ja nicht und will doch noch weiterlaufen. Wir betreten den Hof. Er ist so liebevoll angelegt. Es gibt ganz viele bunte Blumen, die wild durcheinander gepflanzt wurden. Unter Sonnenschirmen stehen runde Gartentische mit den dazugehörigen Plastikstühlen. Ein paar Katzen verdünnisieren sich fluchtartig. Eine ist mutig und belegt eine Fensterbank, als wir nähertreten und der müde Ruddi sich über den Hof schleppt. "Er will doch nur mal guten Tag sagen, bleibt entspannt. Kein Grund zur Panik! Wir sind gleich wieder weg", suggeriere ich den Hof-Tigern.

Wir werden von einer sehr sympathischen Frau empfangen. Sie zeigt Susanne ihr Bett und lässt es sich nicht nehmen, mir vorher noch einen Café con leche zu servieren. Normalerweise ist hier Selbstbedienung. So sitze ich eine Weile alleine mitten in dieser Oase und genieße. Ruddi nehme ich auf meinen Schoß, damit er sich keine Sorgen wegen der Katzen machen muss und sich schön entspannen und erholen kann.

Nach zwanzig Minuten kommt Susanne total begeistert zurück. "So gut habe ich es noch nie angetroffen. Jetzt weiß ich, warum ich doch noch weiter gelaufen bin. Ich würde am liebsten ein paar Tage bleiben. Ich habe ein Zimmer für mich ganz alleine. Das ist fantastisch. Und die Herbergsmutter ist so lieb. Sie kocht persönlich für die Pilger heute abend. Wie ich sie einschätze, wird das ein Schmaus. Bleib doch auch hier."

Es ist schon sehr verlockend, als die "liebevolle Mutter der Kompanie" persönlich zu mir sagt: "Ich habe noch ein Bett frei. Mit Deinem Hund kannst Du auch ein Einzelzimmer haben." Am liebsten würde ich mich ergeben. Sieger ist am Ende die Vernunft. So gegen 15 Uhr verabschiede ich mich zwar schweren Herzens, aber mit der Gewissheit, dass es Susanne richtig gut geht.

Nun liegen also noch einsame 7,6 Kilometer vor mir. Schön einfach an der Nationalstraße entlang. Hospital de Órbigo ist nicht zu verfehlen. Meine Schienbeine tun mir mittlerweile so weh, dass ich bei jedem Schritt aufstöhne und den Tränen sehr nah bin. Ich bleibe immer wieder stehen, weil ich befürchte, dass die Knochen zwischen Fuß und Knie gleich zu Asche verfallen, so sehr brennt es unter der Haut. Wie lang können sieben Kilometer sein!? Mein Hund würde mir so gerne helfen. Er tanzt um mich herum wenn ich aufstöhne, als wollte er sagen: "Komm spring auf. Ich trage Dich das letzte Stück." Aber da würden mir ja die Knie über den Boden schleifen. Schürfwunden sind auch nicht so angenehm. Das lass ich lieber.

102) kurz vor Hospital de Órbigo

Kurz vor 18 Uhr darf ich die gehasste N-120 verlassen und biege rechts in einen Feldweg ein. Kurz vor Puente de Órbigo nehme ich eine Bank in Beschlag, schmeiße meinen Rucksack ab und fange heftig an zu heulen. Ich bin völlig fertig. Verzweifelt reibe ich mir über die Schienbeine. Selbst im Sitzen tut es mittlerweile weh, wenn ich nur die Füße etwas zu mir ziehen will. Plötzlich bekomme ich Panik. Wenn das morgen noch genauso weh tut, kann ich nicht weiterlaufen. Wäre ich zu Hause, suchte ich einen Arzt auf. Was mache ich denn jetzt? Ich will mich durch nichts davon abhalten lassen, „meinen Weg" komplett zu Ende zu laufen. Ich tröste mich erstmal damit, dass ich ja gleich da bin und mich ausruhen kann. Später im Hotel werde ich mich mit Reiki behandeln. Morgen ist ein neuer Tag - alles wird wieder gut.

Niemand hat mich so am Boden zerstört gesehen. Gott sei dank! Ich reiße mich schwer am Riemen und bewege mich ganz langsam – Meter für Meter – Richtung Puente de Órbigo. Ich muss nur noch über diese wunderschöne mittelalterliche Brücke. Ich hatte mich so sehr darauf gefreut, sie zu betreten. Sie ist eine der berühmtesten des gesamten Jakobswegs. Naja, dank der Höllenschmerzen werde ich mein Leben lang keinen einzigen der vielen Schritte über diese Brücke vergessen. Ist auch was besonderes, oder?

103) die berühmte Brücke über den Órbigo, Puente del Paso Honroso, in Hospital de Órbigo

Mitten auf der Brücke spricht mich ein besonders gut aussehender junger Mann aus Österreich an: „Ich beobachte Dich schon eine ganze Weile. Brauchst Du Hilfe?“ Sofort schießen mir wieder die Tränen in die Augen. „Ach, das wird schon gehen, mir tun nur die Schienbeine so höllisch weh.“ Er begleitet mich bis zum Ortseingang Hospital de Órbigo und zeigt mir den Weg zur nächsten Herberge. „Nach ungefähr 300 Metern bist Du da. Vielleicht hast Du ja Glück und kannst dableiben. Heute sind allerdings besonders viele Pilger hier, weil es ein Fest im Ort gibt.“ Ich interessiere mich gerade nicht dafür, warum gefeiert wird. Dafür bin ich viel zu sehr damit beschäftigt, nicht einfach zusammenzuklappen.

Dieser junge Mann ist so nett und ich bin ihm von Herzen dankbar für seine mentale Unterstützung, aber ich bin momentan keine gute Gesellschafterin. Er schaut mich mitfühlend an, legt seine Hände auf meine Schultern und meint: „Morgen sieht die Welt schon wieder anders aus. Glaub mir, ich weiß, wie es Dir gerade geht, aber das hört genauso schnell wieder auf, wie es angefangen hat. Mach Dir keine

Sorgen. Glaub an Dich und Deine Selbstheilungskräfte. Buen Camino!“

gleicher Tag (insgesamt 506,8 km gelaufen)
Hospital de Órbigo (1119 Einwohner), 819 m üdM, Provinz León
Hotel, Doppelzimmer, 30 Euro ohne Frühstück

In meinem Zustand sind dreihundert Meter bis zu einer Herberge, die vielleicht komplett belegt ist oder - was sehr wahrscheinlich ist - Hunde nicht einlassen, zu viel. Ich schau mich um und siehe da: Ich stehe genau vor dem Eingang eines Hotels. Ich schleppe mich die vielen Stufen hinauf und fühle mich wie Sylvester Stallone als Rocky Balboa. „Geschafft! Gebt mir ein Bett und ihr seht mich heute nicht mehr wieder - noch nicht einmal zum Essen!“ Rien ne va plus – nichts geht mehr. Mit letzter Kraft schleppe ich mich ächzend ungefähr fünf Meter bis zur Theke und erfahre, dass ich den Laden unverzüglich wieder verlassen muss, weil hier keine Tiere geduldet werden. Mit offenem Mund starre ich den „Lackaffen“ an, der mir diese Worte ohne Begrüßung an den Kopf schmeißt und denke: „Du bist doch auch hier!“

Ich tue so, als hätte ich nichts verstanden. Das kann nicht sein Ernst sein. Sieht der denn nicht, was mit mir los ist? Nein! Sieht er nicht oder es ist ihm schlichtweg egal. Er hält mir die Tür auf und bittet mich mit bösem Blick auf Ruddi, sofort wieder zu gehen. Am liebsten hätte ich ihm eine geknallt, aber dann haut der womöglich zurück und ich lieg im Dreck vor seiner Theke. Also gehe ich lieber kopfschüttelnd vor Entsetzen und Wut wieder raus.

Ich muss ein anderes Hotel finden. Einheimische erklären mir, dass ich zirka einen Kilometer links die Hauptstraße runter laufen soll. Dafür muss ich den offiziellen Camino Francés verlassen. Tja, muss ich dann wohl. Mir bleibt nur die Hoffnung, dass ich unterwegs nicht einfach in den Straßengraben falle und da verrotte.

Aber ich schaffe es und komme aus dem Staunen nicht mehr heraus. Ich stehe an einem Kreisverkehr und es gibt tatsächlich zwei Hotels. Eines zu meiner Linken und eines zum meiner Rechten. Welches nehme ich denn bloß? Ich wähle das ungefähr fünfzweidrittel Meter näher liegende. Nun stehe ich vor einem riesengroßen Haus mit der leuchtenden Reklame „Hotel“ über dem Eingang und kann mein Glück kaum fassen.

Beim Betreten des überaus großen Gastraums, der mit grellbunter Neonlicht-Reklame beleuchtet ist, habe ich das Gefühl, in einer Spielothek gelandet zu sein. An den Wänden hängen Automaten und an diesen hängen Männer, die mich ungeniert anzüglich von oben bis unten mit einem ekligen, notgeilen Grinsen ansehen. Ein Raunen geht durch die Automatenreihe und sie werfen sich vielsagende Blicke zu. Es ist nicht ganz einfach, aber ich versuche, die Typen zu ignorieren. Ich fühle mich auf einmal so eingeengt, so betatscht, obwohl der Abstand zwischen den Kerlen und mir gute fünf Meter beträgt.

Hinter der langen niedrigen Theke steht eine junge Frau, die sehr bunt und aufreizend gekleidet und noch farbenprächtiger geschminkt ist. Die blonden Haare sind wild und unsortiert auf dem Kopf zusammengesteckt. Sie fragt mich, ob ich ein Zimmer haben wolle. Ich bejahe das sofort, um so schnell wie möglich hier raus zu kommen. Sie geht mit mir durch einen Hausflur, der an den Treppenaufgang eines verlassenen Fünfziger-Jahre-Bürogebäudes erinnert. Die Tür direkt gegenüber dieser Treppe wurde irgendwann einmal durchschossen oder eingeschlagen. Spätestens jetzt sollte ich zusehen, dass ich Land gewinne, aber ich folge dieser „Dame" den dunklen Flur runter. Der Boden ist, wie die Treppe auch, der blanke Estrich.

Endlich bleibt sie stehen und macht sich an dem Türschloss zu schaffen. Der Schlüssel scheint der falsche zu sein. Mit viel Gerüttel an der Klinke und Schlüssel hin und her drehen, bekomme ich dann doch noch Einblick ins „Paradies". Ein penetranter Geruch schlägt mir entgegen. Sie betritt den halbdunklen Raum, zeigt mir im Vorbeigehen, wo sich das Bad befindet. Dann stehen wir vor einem Regal und ich entdecke darin Wäschestücke. Ich weise sie darauf hin. Panisch schubst sie mich aus dem Zimmer und zieht die Tür hinter sich zu, ohne abzuschließen.

Sie zieht mich in die entgegengesetzte Richtung, vorbei an dem Treppenaufgang und der Tür mit den Schusslöchern und versucht mit dem gleichen Schlüssel ein weiteres Zimmer aufzuschließen. Das gelingt ihr auch. Schneller als eben. Warum ergreife ich nicht die Flucht? Ich weiß schon lange, dass ich hier nicht bleiben will und abhauen sollte, so lange es noch geht. Aber ich bin wie gelähmt. „Scheiße! Wo bin ich hier bloß gelandet?" So langsam gerate ich in Panik.

Als sich die Tür öffnet, fällt mir auf, dass die Wände nur wenige Zentimeter dick sind, nicht mehr als das Türblatt selbst. Der Geruch, der mir aus diesem Raum entgegenschlägt ist ein Gemisch aus Schweiß, Nikotin, Alkohol, Bahnhofsklo und Verwesung. Das Bett an sich versteckt sich unter einer dreckigen, ehemals wahrscheinlich weißen, mittlerweile aber kackgelben und fleckigen Decke. Viele kleine und größere Löcher weisen daraufhin, dass ihre Zeit längst abgelaufen ist und sie schon so einiges erlebt und mitgemacht hat. Mit zusammengekniffenen Augen – das Grauen erwartend – lasse ich meinen Blick über das klebrige Bett schweifen, um sicher zu gehen, dass da keiner - sei es tot oder lebendig - drin liegt.

Die bodentiefe Fensterscheibe hat neben dem Griff ein Loch, so groß wie ein DIN-A-5-Blatt. Es handelt sich um eine Schiebetür, die auf einen umlaufenden Laubengang führt. Sie ist nicht nur kaputt, sondern auch noch einige Zentimeter weit geöffnet. Der Versuch, sie zu schließen, schlägt fehl. Ich zeige entsetzt darauf und frage, wie ich mich hier sicher fühlen könnte. Die Señorita ist ganz hibbelig und gibt mir zu verstehen, dass sie nach einer Lösung suchen will. Geschäftig stürzt sie aus dem Zimmer.

So stehe ich, wie angenagelt alleine in diesem Raum und weiß nur eins: Ich muss weg, ganz schnell. Beim Rausgehen fällt mein Blick noch in das offene Bad, wenn man das so nennen darf: Unübersehbar dreckig, keine Klobrille, winziges Waschbecken mit zentimeterdickem Knös an den Armaturen und am Abfluss; offene genauso eklige Dusche und eine kleine Spiegelplatte unter einer nikotingelben, runden, uralten Lampe mit einer Schnur dran, um sie zum Leuchten zu bringen. Vom Fußboden will ich erst gar nicht anfangen. Für den Gestank fehlen mir die Worte, um ihn näher zu beschreiben. Lassen Sie Ihrer Fantasie freien Lauf - wenn Sie wollen. Egal welche Gerüche auch immer Sie sich vorstellen, Sie können keine Fehler machen, Sie liegen in jedem Fall richtig, wenn sie nur abscheuerregend sind.

Endlich kann ich mich wieder bewegen und spüre meine Schienbeine gar nicht mehr. Sie sind einfach nicht mehr da. Ich stolpere die Treppe hinunter, stürze in die Bar und setze mein breitestes Grinsen auf, das mir in dieser Situation zugänglich ist. Warum ich nicht gleich rauslaufe? Weil ich nicht verfolgt werden möchte, entweder weil sie denken, ich würde die Polizei rufen oder aber, weil sie einfach Bock drauf haben. Zuzutrauen wäre es ihnen. Nein! Ich muss deutlich machen, dass ich nicht alleine bin! Mann, hab ich Schiss!

Mit gespielter Freude, meinem Handy für alle sichtbar in der Hand und sehr eilig werfe ich den Schlüssel auf die Theke und sage beim Rausgehen aufgeregt zu der Bardame: „Amigo, telefone, yo Albergue, él ésta aqui, lo siento, adiós.“ Wörtlich übersetzt heißt das sowas wie: „Freund, Telefon, ich Herberge, er ist gleich da, tut mir leid, Tschüss.“ Ich beherrsche mich sehr, nicht zu rennen und dennoch sehr eilig wegzugehen.

Ich fühle mich beobachtet und verfolgt, bis ich das andere Hotel, links vom Kreisverkehr erreicht habe. Ich funktioniere nur, ich habe mich momentan nicht wirklich unter Kontrolle. Bevor ich hier irgendetwas unternehme muss ich wieder bei Verstand sein. Also trinke ich einen Café con leche, lasse das Geschehene in Kürze nochmal Revue passieren und mache mir klar, dass ich nun in Sicherheit bin und in den Schnell-wieder-vergessen-Modus umschalten sollte. Um mich herum herrscht reges Treiben. Es sind ganz viele Leute hier unterwegs. Ganz normale Leute; an der Rezeption entdecke ich einige Rucksäcke, deren Besitzer sich gerade ein Zimmer reservieren. Die Räumlichkeiten sind schön eingerichtet, hell, übersichtlich und einladend. Und es riecht so gut! Wüsste ich es nicht besser, könnte ich mir nicht vorstellen, dass es nur zweihundert Meter von hier entfernt die „dunkle Seite“ gibt.

Mein Verstand funktioniert wieder und gibt mir unmissverständlich zu verstehen: „Schön, dass wir das geschafft haben, aber jetzt zackig: Zimmer buchen, bevor alles belegt ist.“ Ach so! Kann man mir das nicht ansehen, dass ich hier übernachten will?

Ruddi und ich sind herzlich willkommen und Minuten später befinden wir uns in einem echten Hotelzimmer. Es ist so groß, so duftend sauber, so hell! Das Bad: So viele Handtücher, so viel Platz, so viel Glanz. Toll! Ich bin angekommen, rupfe Perritos Tasche aus dem Rucksack, lasse mich aufs Bett fallen und meinen Blick zufrieden und beruhigt umherwandern. Ruddi weiß von nichts und schläft schon tief und fest in seiner weichen Decke wie jeden Abend.

Ohne Essen kann ich aber doch nicht schlafen gehen. Mein Körper schreit danach und mein Appetit ist auch so langsam wieder da. Vorher muss ich auf jeden Fall in die Dusche, auch wenn es schon sehr spät geworden ist. Ich habe mich noch nie so dreckig gefühlt. Der Gestank der beiden Zimmer in der „Räuberhöhle“ steckt in meiner Nase fest. Sehr lange lasse ich ganz viel heißes Wasser an mir runter laufen, um den Dreck loszuwerden und die schlechten Energien den

104) das „richtige“ Hotelzimmer in Hospital de Órbigo

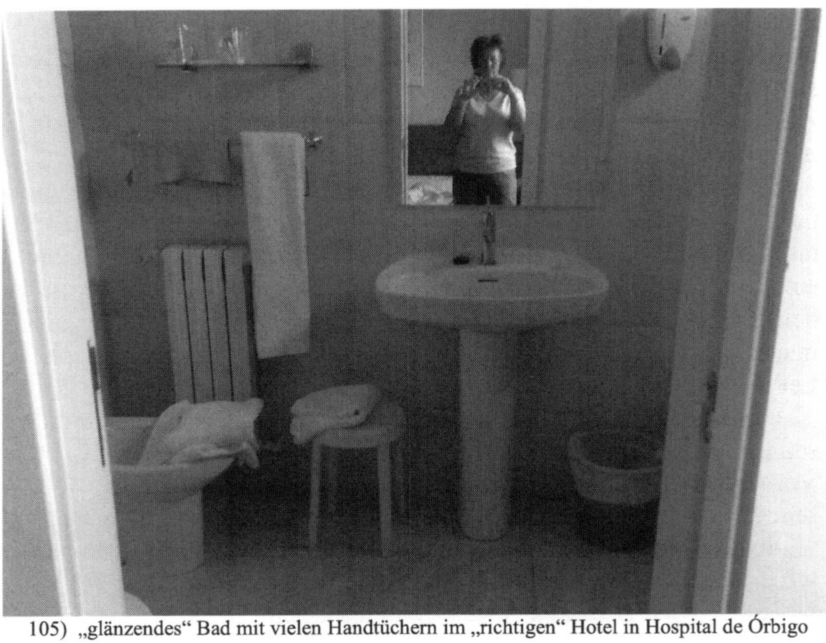

105) „glänzendes“ Bad mit vielen Handtüchern im „richtigen“ Hotel in Hospital de Órbigo

Abfluss runterzuspülen. Die gleiche Prozedur gönne ich meinen Klamotten – dreimal so viel Wasser und Waschmittel wie üblich.

Kurz bevor ich mein Zimmer verlassen will, um endlich essen zu gehen, klingelt mein Handy. Ich brauche einen Moment, bis ich das Geräusch zuordnen kann. Ich bekomme einen Schreck: Ob was Schlimmes passiert ist? Bitte nicht! Vorsichtig und fragend melde ich mich und höre unglaublich erleichtert die fröhlichen Stimmen meiner Eltern. Wie es mir geht, wollen sie wissen. Also, dass sie gerade heute anrufen ist schon ein Ding! Aber meine Eltern hatten das immer schon gut drauf, mir diese Frage im richtigen und passenden Moment zu stellen. Sie fühlen, wenn irgendetwas nicht in Ordnung ist. Ich erzähle ganz kurz und in sehr abgeschwächter Form von dem Erlebten, auch von den höllischen Schmerzen in meinen Schienbeinen heute Nachmittag. Mami und Papi staunen nicht schlecht über diese Neuigkeiten und Baby geht es noch besser, jetzt wo es allen Kummer loswerden konnte. Die Überraschung des Tages ist aber, dass meine Eltern mir heute 300 Euro überwiesen haben, damit ich nicht so auf den Cent gucken muss, vor allem bei der Zimmersuche. Ist das nicht ein Ding? Durchs Telefon knutsche ich die beiden und führe einen Freudentanz auf, angesichts der überraschenden Finanzspritze. Womit habe ich das verdient? Meine Eltern antworten mir darauf: „Wir wissen, wie wichtig Dir dieser Weg ist und wollen Dir helfen, das bis zum Ende durchzuhalten.“ „Danke, ich liebe Euch.“

Das Abendessen genieße ich alleine unter vielen Menschen, die ich nicht kenne. Ich fühle mich wohl hier. In diesem Moment brauche ich nichts weiter, als mich selbst, das Gemurmel der anderen Gäste, das gute Essen und ein, zwei Gläser Rotwein. Ich gucke mir die Menschen an, die in meiner Nähe sitzen und überlege, was sie wohl heute so erlebt haben mögen.

Endlich im Bett bin ich mir sicher: Ich bin der Held des Tages auf dem gesamten Camino. Und: Ich habe eine Wunderheilung erlebt. Ich kann wieder laufen. Morgen bin ich wie gewohnt „on the road“. Buenas noches, queridos amigos (gute Nacht, meine lieben Freunde).

Freitag, 9. Mai 2008
Hospital de Órbigo (1119 Einwohner), 819 m üdM, Provinz León
25. Etappe bis Santa Catalina de Somoza, 25,8 km

Gegen halb zehn mache ich mich nach einer ruhigen Nacht frohen Mutes auf den Weg nach Santa Catalina de Somoza. Ich muss zunächst den einen Kilometer zurück ins Ortsinnere von Hospital de Órbigo, um ordnungsgemäß auf dem Camino Francés weiterlaufen zu können. Ich zwinge mich dazu, nicht über den zusätzlichen Kilometer nachzudenken. Wenn ich mir überlege, mit welchen Schmerzen ich gestern Abend diese Straße entlang gekrochen bin, darf ich mehr als zufrieden damit sein, heute überhaupt einen Fuß vor den anderen setzen zu können. Meine Schienbeine melden sich zwar, aber sie spielen im Großen und Ganzen mit.

Ein weiteres Mal gibt es zwei Routen, die nach San Justo de la Vega führen. Entschlossen wähle ich diesmal die etwas längere und zeige somit der N-120 die lange Nase. Ich will sie heute nicht sehen. Die kastilischen Ebenen liegen nun hinter mir. Die Landschaft ist wieder lebendiger und abwechslungsreicher. Ich bin gespannt, was der Tag so bringt. Es ist nicht mehr ganz so heiß. Die Sonne versteckt sich die meiste Zeit hinter den Wolken.

Der Camino Francés führt mich heute von Anfang an auf einem befestigten Weg durch die Felder. Ich erfreue mich an dem Anblick einiger Bauern, die ganz gemütlich ihre Äcker abgehen, hier mal etwas aus der Erde rupfen und da mal einen Pfahl in den Boden schlagen. Gut gelaunt winke ich ihnen zu. Sie erwidern meinen Gruß mit einem temperamentvollen und fröhlichem "Buen Camino!" Sie geben mir das Gefühl dazuzugehören. Es ist fast so, als winkte ich einem alten Bekannten zu. Das hat nichts mehr mit der Anonymität der großen Städte zu tun. Genau das hat mir die letzten Tage gefehlt – das Gefühl in einem anderen Jahrtausend unterwegs zu sein. Deshalb liebe ich die Dörfchen so sehr und genau davon bekomme ich die nächsten Etappen eine hohe Dosis.

Bis zum nächsten Ort sind es nur schlappe zwei Kilometer. Ein Café con leche kann nie schaden und ich genehmige mir einen. In der Bar komme ich mit einem Pilger ins Gespräch. Es ist Rainer aus der Nähe von Stuttgart. Er erzählt mir, dass er seit 2000 jedes Jahr für zwei Wochen auf dem Jakobsweg unterwegs ist. Vor acht Jahren startete er vor seiner Tür in Esslingen. Er läuft vierzehn Tage und fährt dann wieder nach Hause. Im nächsten Jahr geht es genau an der Stelle weiter, wo er im letzten aufgehört hat. Und nun ist er schon knappe 300 Kilometer vor Santiago – nach insgesamt 16 Wochen Laufzeit. Ich bin beeindruckt. Er kennt zwischen seinem Zuhause in Deutschland und Villares de Órbigo in Spanien jeden einzelnen Meter. Das ist schon bei mittlerweile guten 500 Kilometer von Saint Jean

Pied de Port in Frankreich ein Gefühl, dass sich mit nichts vergleichen lässt.

Ist es nicht erstaunlich, wie unterschiedlich ein jeder diesen Pilgerweg macht und sein ganz persönliches Glück dabei findet? Die wenigsten gehen übrigens heute noch aus religiösen Gründen zu Fuß nach Santiago de Compostela. Es gibt mindestens 1001 andere Ambitionen, sich auf den Weg zu machen und jeder einzelne persönliche Grund dafür ist anderen oft suspekt. Doch hier gibt es kein "Ja!-Aber! ...!" Ich habe bis heute noch keinen Pilger kennengelernt, der wirklich an der Motivation eines anderen zweifelt oder sie ernsthaft in Frage stellt.

Viele Hügel gilt es zu überqueren. Ständig geht es bergauf und bergab in dieser reizvollen Landschaft. Jedesmal, wenn ich oben auf einem der Hügel angekommen bin, verweile ich einige Minuten und lasse zufrieden meinen Blick schweifen. Die Pinien-, Pappel- und Eichenwälder verströmen einen wunderbaren Duft.

Zwischen Santibáñez de Valdeiglesias und San Justo de la Vega komme ich an einem Pilger-Denkmal vorbei. Wie viele haben hier schon ihr ganz persönliches Zeichen hinterlassen? Ich sehe mir das aus der Nähe an und entdecke auf einem Tisch aus Beton, wie ich ihn von unseren Autobahnrastplätzen kenne, hunderte, meist flache, Steine auf denen etwas geschrieben steht. Die Bank vor dem Tisch lädt zum gemütlichen Stöbern ein. Die Inschriften sind ganz unterschiedlich. Mal haben sie mit Liebe zu tun, mal mit Erkenntnissen. Auf anderen werden Erinnerungen oder Erlebnisse mit Buchstaben, Zahlen oder Zeichnungen zum Ausdruck gebracht.

Ich weiß nicht wie viele dieser "in Stein gemeisselten" Nachrichten vorsichtig und respektvoll durch meine Hände gegangen sind, als ich plötzlich eine Gänsehaut bekomme. *"Ich grüße alle, die mich kennen. Susanne aus Leipzig, 9.5.2008",* lese ich und fühle mich angesprochen. Das ist ja ein Ding: Susanne war schon an diesem Platz und hat es sich nicht nehmen lassen, sich zu verewigen. Es ist, als wäre sie auch jetzt noch persönlich anwesend und ich erwische mich dabei, Ausschau nach ihr zu halten. Ich bin echt gerührt, dass sie an dieser Stelle saß und an mich gedacht hat. Ja, ich weiß! Nicht nur an mich! Aber ich fühle mich persönlich gegrüßt.

Ich habe keine Ahnung, warum ich das nicht auch mal mache. Irgendetwas hält mich davon ab. Ich kam schon an so vielen Stellen vorbei, wo zig-tausende Pilger Steine übereinander geschichtet haben. Jedesmal sah ich mir diese Gebilde tief berührt an, aber ich selbst habe das noch kein einziges Mal getan. Ich habe auch - im Gegensatz zu so vielen anderen – nichts von zuhause dabei, dass ich an einem bestimmten Ort auf dem Camino ablegen will. Vor Antritt dieser Reise, war ich noch der Meinung: "Das ist nur unnötiger Ballast." So langsam bereue ich das. Das wird es sein: Wenn ich was ablege, dann muss es etwas Mitgebrachtes, Persönliches sein. Tja, da muss ich wohl demnächst noch einmal losziehen, um das nachzuholen.

106) Pilger-Denkmal zwischen Santibáñez de Valdeiglesias und San Justo de la Vega

Ein paar hundert Meter später öffnet der Himmel seine Schleusen und macht uns nass. Der Wind bläst aus Leibeskräften und kühlt die Luft empfindlich ab. Wenn ich nach oben gucke, habe ich nicht viel Hoffnung auf Wetterbesserung. Ruddi's, noch jungfräuliches, Regencape fällt mir ein. Soll ich es ihm anziehen? Er läuft fröhlich und unbeschwert vor mir her und tut so, als bemerke er den Regen gar nicht. Ich bringe es noch nicht fertig, ihn mit meiner Idee vertraut zu machen. Ich krame aber meinen roten Poncho aus dem unteren Fach des Rucksacks und werfe ihn mir über.

Der Regen wird immer stärker, der Wind artet so langsam in Sturm aus und die Wolken am Himmel sind bedrohlich schwarz, groß und zum Greifen nah. Es wird immer kälter. Perrito findet das allmählich ziemlich doof und versucht, wo es auch eben geht, im Unterholz vor dem Wasser zu flüchten. Ich kann mir das nicht mehr länger mit ansehen und fasse den für ihn unglaublichen Entschluss. Von mir persönlich, liebevoll abgetrocknet, zwänge ich ihn mit guten und entschuldigenden Worten in das so gehasste Regencape. Er bleibt wie angewurzelt stehen. Ich setze entschlossen meinen Weg fort - kenne ihn doch! Wenn ich einen gewissen Abstand zu ihm habe, dann kommt er von ganz alleine hinterher.

Nach ungefähr 100 Metern drehe ich mich um. Ich traue meinen Augen nicht. Wie ein vergessenes Stofftier, sitzt er noch immer in derselben Position auf dem Weg. Grinsend und siegessicher mache ich mir mal eine Zigarette an, bereite mich darauf vor, mich nur ein wenig in Geduld üben zu müssen, bis der Herr sich bequemt. Ab und zu rufe ich ihn, tue so, als ob nichts wäre. Seine einzige Reaktion ist ein klägliches und sehr lautes Heulen. Ein Radpilger kommt näher, passiert erst das heulende Steiff-Tier und macht mich dann entrüstet an: „Der Kleine ist bestimmt zu müde, siehst Du denn nicht, dass er nicht mehr kann?“ Ich habe keine Chance, eine Antwort zu geben. Er ist bereits kopfschüttelnd weitergeradelt. Ich weiß, dass ich bei meinem Hund verloren habe, wenn ich jetzt zu ihm zurückgehe. Nach sage und schreibe fast einer Viertelstunde schaffe ich es, Ruddi mit verlockenden Zauberworten und Rascheln der Leckerchen-Tüte aus seiner Starre zu holen: „Koooomm … Ruddi … kooooomm … hiiiier … Leckercheeeen … hmmm … lecker … Ruuuddiii … was hab ich denn hier? … ooooh, schau mal …!“

Und dann, zuerst gaaaaanz langsam, aber dann im zweiten, dritten und vierten Gang kommt er zu mir gelaufen, um sich sein Leckerchen abzuholen. Die rote Kapuze seines Capes wippt aufgeregt auf und ab. Erst als er sich vor mir aufrichtet, klappt sie nach hinten auf seine Schultern und gibt Ruhe. Ich lobe ihn gerührt über soviel Mut, streichle ihn, gebe ihm ein Extra-Lecker und alles ist wieder gut.

Pustekuchen! Er hat sich entschieden: „Mit Regencape bin ich bewegungsunfähig. Ich bleibe. Mach, was Du willst.“ Ich habe mich ebenfalls entschieden und nehme ihn an die Leine. Ganz langsam setze ich einen Fuß vor den anderen und ziehe schweren Herzens meinen Hund hinter mir her. Ich appelliere an seinen Verstand: „Es muss sein, sorry. Aber Du darfst nicht krank werden. Es sind noch so viele Stunden zu laufen und wenn Du nass bist und die ganze Zeit der kalte Wind durch Dein Fell geht, holst Du Dir was weg. Ein warmes

Wohnzimmer habe ich nicht im Rucksack. Komm, stell Dich nicht so an. Bitte!“

Er bewegt zwar seine Pfoten, aber er schleppt sich nur so dahin. Ein weiterer Fahrradpilger macht mir Vorwürfe: „Wie kann man so herzlos sein?“ Sowas lässt sich kein Hundebesitzer gerne sagen. Ich rufe ihm verzweifelt hinterher: „Es liegt am Regencape!“ Aber der hört das nicht mehr, der radelt den Berg runter und ist schon weit weg. Ich ziehe das Ding mit der Leine durch. Er wird sich schon besinnen. Ich gebe aber gerne zu, dass mir diese Aktion nicht nur die letzten Nerven raubt, sondern auch sehr anstrengend ist. Letztendlich laufe ich auch lieber lockerleicht im T-Shirt ohne einen Regen-Poncho, der mir um die Beine weht, einer Leine, die am Hüft-Gurt des Rucksacks festgemacht ist, damit ich beide Hände für meine Wanderstöcke frei habe und zu allem Übel mit der Gewissheit, dass es meinem Hund gerade ziemlich schlecht geht.

107) Blick Richtung Astorga

Vier Kilometer vor Astorga, in San Justo de la Vega machen wir endlich eine Pause in einer gemütlichen kleinen Bar. Zu allererst wird Ruddi aus seiner Zwangsjacke befreit. Beleidigt und fix und fertig liegt er auf seiner Decke. Wenigstens ist er trocken. Der kriegt sich schon wieder ein. Würde mich freuen, wenn er mich auch mal ansehen würde, um mitzukriegen, dass ich ebenfalls beleidigt bin. Aber das tun Hunde nicht, wenn sie so richtig sauer sind. Gott sei dank, dauert so ein Zustand nur kurz an. Auch das ist hundetypisch: Nachtragend sind sie nicht wirklich.

Irgendwann gebe ich die Hoffnung auf, dass der Regen nachlässt. Wir haben noch zwölf Kilometer vor uns. Irgendwie muss es weiter gehen. Ich habe nichts mehr hinzuzufügen, außer, dass jetzt wieder - völlig bedröppelt - eine Frau und ein kleiner schwarzer Hund mit knallroten Capes bekleidet im Regen unterwegs sind. Das ist kein normaler Regentag. Es artet so langsam in ein Unwetter aus. Der Wind bläst uns ins Gesicht. Lieber wäre mir, die Naturgewalten kämen von hinten und würden uns ein wenig anschieben.

Um Astorga zu erreichen, muss ich ganz schön kraxeln. Ein steiler Weg führt am Stadtrand hinauf zu einer Herberge. Ich lasse mir hier einen Pilgerstempel geben. Im 3. Jahrhundert war diese Stadt ein bedeutendes Handelszentrum. Im Mittelalter gab es mindestens zwanzig Pilgerhospitäler. Astorga hat heute 12.250 Einwohner und ist Hauptstadt des Bezirks der Maragatería. Bei strömendem Regen überquere ich die Plaza Mayor mit ihrem wunderschönen Rathaus aus dem 17. Jahrhundert. Ich kann mir gut vorstellen, wie traumhaft es hier bei Sonnenschein ist. Dann stehen bestimmt jede Menge Tische und Stühle vor den Cafés, auf denen man es sich bei einem kleinen Snack gemütlich machen und die Atmosphäre dieses Platzes genießen könnte. Bei diesem Regen allerdings muss ich mit dem Innern einer Bar vorlieb nehmen. Da noch fast zehn Kilometer vor mir liegen und es bereits fast 17 Uhr ist, trinke ich nur auf die Schnelle einen wärmenden Café con leche.

Viel zu viele Menschen werfen mir böse Blicke zu, weil Schnurzel sich immer noch nicht freiwillig an der Leine bewegt. Das macht mich fertig. Ich will nicht, dass die so von mir denken. Mein Hund hat es doch immer gut bei mir! Am liebsten würde ich mir eine Tafel mit aufgeklebten Beweisfotos umhängen. Am Ortsausgang von Astorga setze ich mich auf eine Bank und nehme Ruddi auf den Schoß. Wir gucken uns lange tief in die Augen und kommen zu keinem befriedigenden Ergebnis. Wohl oder Übel? Was ist jetzt wohl und was ist übel? Tja, es ist wohl übel, dass er sich das Cape nicht selber ausziehen kann. Sturzbäche laufen durch die Regenrinnen, die Gullis schaffen die Wassermassen kaum. Ich kann ihm nicht helfen. Er wird sich auch ohne Regencape nicht gut fühlen, denn er hasst Wasser fast genauso wie Kleidungsstücke.

108) Astorga, Plaza Mayor

Trotz Poncho gibt es an mir nicht mehr viel, das noch trocken ist: Ungefähr vom Hals abwärts bis zur Mitte der Oberschenkel - der Rest ist triefendnass. Wir müssen jetzt die A6 über eine sehr steile Brücke überqueren. Mit dem „Gegensturm", dem Wasser, das mein Gesicht herunterläuft und Ruddi im Schlepptau ist das fast nicht zu schaffen. „Mach ganz kleine Schritte", sage ich mir immer wieder. Aber auch das wird von uns bewältigt und schon bald dürfen wir genauso steil die Brücke abwärts laufen. Dann führt der Camino ein bisschen hügelig an einer sehr ruhigen Landstraße entlang. Im Sonnenschein wäre das bestimmt ein Genuss.

In dem Moment, wo auch noch Blitz und Donner genau über uns einsetzten, hat Ruddi seine kleine Schnauze gestrichen voll. Er bleibt plötzlich stehen. Wild entschlossen, das erste Mal auf „seinem Jakobsweg", streikt er und ist unter keinen Umständen mehr bereit, seine Pfoten auch nur einen Millimeter weiter durch die Sturzbäche zu setzen. Von diesem Moment an, müsste ich ihn auf seinem Hintern über den matschigen Boden ziehen. Ich vergieße vor Verzweiflung ein paar Tränchen und hocke mich neben ihn. Ich glaube er weint auch.

Nach einem Blick in seine dunklen, verzweifelten Augen habe ich unglaubliches Mitleid mit dem Häufchen Elend. So geht es nicht weiter! Auch wenn ich selbst am Ende bin, bleibt mir nichts anderes übrig, als ihn zu tragen. Ich befestige das Notfallnetz unter meinem Poncho vorne am Rucksack und setze ihn hinein. Er macht sich so leicht, wie es eben geht und lässt einen tiefer Seufzer los, den ich trotz des platschenden Regens und tobenden Sturms hören kann. Ist er letztendlich doch der Sieger? Ich glaube, er kann einfach nicht mehr. Das ist zu viel für seine kleine Hundeseele. Durch so ein bedrohliches Unwetter musste er noch nie.

Nach guten drei Kilometern erreichen wir Murias de Rechivaldo. Der Ort hat knappe 100 Einwohner und neben einer Herberge eine Bar. Bevor ich diese betrete schüttele ich soviel Wasser wie eben möglich vom Poncho ab, damit ich drinnen keine Seenplatten hinterlasse. Erleichtert, endlich im Trockenen zu sein, hänge ich mein Cape an den Garderobenständer und schau mich um.

Diese Bar erinnert mich an eine Siebziger-Jahre-Kellerbar in einem Einfamilienhaus. Der Raum ist mit ausrangierten Möbeln ausgestattet – ganz einfach gehalten, aber trotzdem irgendwie gemütlich. Hinter den zwei Metern Theke steht lächelnd eine junge Frau mit einem zufriedenen Baby auf dem Arm. Es gibt hier genau drei Tische. An einem sitzt der Rest der Familie bei einem Kartenspiel und an dem anderen vier Personen, die mich laut lachend begrüßen: „Hast Du dein Boot vor der Tür festgemacht? Hast Du die Paddel gesichert?“ Ich traue meinen Augen kaum, aber sie sind es wirklich: meine vier Klagenfurter. Wir fallen uns in die Arme und ich habe mal wieder das Gefühl, zuhause angekommen zu sein. Unsere Worte überschneiden sich, wir haben uns soviel zu erzählen.

Die Wirtin macht mir einen heißen Tee, den ich dankbar annehme und genüsslich, mit kleinen Schlucken in meinen durchgefrorenen Körper laufen lasse. Erst als ich unbewusst über das Netz vor meiner Brust streichle, fällt ihr auf, dass da ein Hund drin sitzt. Sie ist entzückt, ruft ihre Familie zusammen, damit sie sich das alle mal anschauen. Das haben sie noch nie gesehen. Ruddi presst sein nasses Köpfchen ganz fest an mich. Ich lasse ihn da sitzen, bring es nicht übers Herz, ihn auf den kalten Boden zu legen. Nach ein paar Minuten ist er in einen tiefen Schlaf gefallen. Am liebsten würde ich es ihm nachmachen. Mein Körper wundert sich schon sehr darüber, plötzlich fünf Kilo mehr schleppen zu müssen.

Es dauert ungefähr zehn Minuten bis ich merke, dass mir das Wasser aus den Haaren das Genick und Gesicht herunterläuft. Auch untenrum ist was nicht in Ordnung. Meine Hose klebt an den Beinen und gibt ebenfalls Wasser frei, das sich blöderweise in meine Schuhe verirrt. Schade, denn von außen sind die absolut dicht.

Meine Pilgerfreunde übernachten in der Herberge auf der anderen Straßenseite und sind zu einem kleinen Umtrunk hierhergekommen. Sie wollen mich überreden auch zu bleiben. Sie sind davon überzeugt, dass die Herbergsleute bei dem Wetter und in Anbetracht dessen, dass es mittlerweile schon nach 19 Uhr ist, eine Ausnahme machen und mich mit Hund nehmen würden. Ich lehne das ab. Ich will die letzten 4,8 Kilometer auch noch bestreiten. Ich lasse mich doch nicht von so einem bisschen Regen abhalten. Das wäre doch gelacht.

Sie flehen mich an, wenigsten mit dem Taxi zu fahren. Die Wirtin hat den Telefonhörer schon in der Hand, um eins aus Astorga kommen zu lassen. Für einen Moment finde ich die Idee sehr verführerisch, mich einfach in ein Auto zu setzen. Aber schon im nächsten wird mir ganz anders. „Also, Leute, bitte!!! Und wenn die Welt untergeht … ich laufe! Da ist nix zu machen. Das lass ich mir nicht nehmen. Meine Füße lassen keinen einzigen Meter bis Santiago aus, komme was da wolle!“ Sie merken, wie ernst mir das ist und fangen so langsam an, das zu akzeptieren. In Frieden lassen sie mich eine knappe halbe Stunde später weiterziehen und verabschieden mich mit einem gut gelaunten: „Ahoi, Seemann!“

Natürlich sind diese letzten Kilometer superanstrengend. Mit Ruddi vor der Brust komme ich nur langsam voran. Am Anfang habe ich mich noch einige Male umgedreht und zum Ort zurückgeschaut. „Soll ich doch hier übernachten? Was mach ich denn da wieder für einen Blödsinn. Muss mal wieder meinen Dickkopf durchsetzen. Das ist so typisch für mich!“ Ich nehme mir vor, nur noch nach vorne zu schauen und mein Ding durchzuziehen. Was soll schon passieren? Noch nasser kann ich nicht werden, absaufen tu ich bestimmt nicht – kann nämlich gut schwimmen und fünf Kilometer sind schließlich auch keine Weltreise. Für irgendwas wird das wieder gut sein. Wir werden sehen. Schnurzel ruht zufrieden an meiner Brust und lässt sich durch die Lande und den Regen schaukeln.

gleicher Tag (insgesamt 532,6 km gelaufen)
Santa Catalina de Somoza (50 Einw.), 997 m üdM, Provinz León
Hotel, Doppelzimmer, 30 Euro ohne Frühstück

Es ist schon halb neun als ich - zugegebenermaßen der Verzweiflung nah und völlig am Ende - Santa Catalina de Somoza erreiche. Am Ortsrand bleibe ich einen Moment stehen und überlege, ob ich meinen Hund heute schmuggeln soll oder nicht. Das Dörfchen hat 50 Einwohner, also wahrscheinlich auch nur ein einziges Hotel. Da die nächste Übernachtungsmöglichkeit elf Kilometer entfernt ist, bleibt Ruddi wo er ist: Unsichtbar für andere unter meinem Regencape. Nach wenigen Metern entdecke ich auch schon eine Pension, in der es hoffentlich noch freie Betten gibt. Mir fällt gerade auf, dass ich keinen Moment die Notwendigkeit gesehen habe, ein Zimmer reservieren zu müssen.

Das Gebäude ist sehr gepflegt. Die äußeren Fensterbänke vor den kleinen Fenstern sind mit Pflanzenkästen liebevoll dekoriert. Die Fassade ziert wunderschöner Bruchstein. Da es schon dunkel ist und die Räumlichkeiten von einem warmen, anheimelnden Licht erhellt sind, kann ich erkennen, dass das Restaurant proppenvoll ist. Ein gutes Zeichen – aber wenn die auch alle hier schlafen, könnte es eng werden mit der Übernachtung. An der Eingangstür lese ich im Vorbeigehen: No Perro! „Nur keine Panik“, denke ich, schaue nochmal kurz in meinen Poncho, sortiere Ruddi so, als wäre er mir körpereigen und betrete klitschnass, total müde, aber trotzdem freundlich und voller positiver Erwartung das Lokal.

Alle Blicke liegen auf mir. Ich wundere mich ein bisschen, denn so ansehnlich bin ich nach dieser Etappe, die einem Überlebenstraining nahe kam, bestimmt nicht. Aber die Leute sehen mich so gerührt, so mitfühlend und wunderlich an. Was hab ich denn an mir? Ja, ich weiß, es sieht aus, als hätte ich Körbchen-Größe Doppel-G, bin völlig geschafft, patschnass und glänze im Gesicht. Das kann die Herzen meiner Mitmenschen schon erweichen. Ich habe jedoch das Gefühl, noch etwas anderes auszustrahlen. Sie sehen mich an, als hätten sie alle das Bedürfnis mich in den Arm zu nehmen. Hätte nichts dagegen, würde mir heute guttun – kommt nur her! Ich halte einen Moment still!

Es ist so schön warm und gemütlich hier drin. Sofort fühle ich mich sauwohl und kann mir nicht mehr vorstellen, zurück in den Regen zu gehen. Als ich an die Theke herantrete, sehen mich die

Wirtsleute ähnlich betroffen an, wie die Gäste. Ich habe das Gefühl, dass man mir unbedingt etwas sagen möchte, es dann aber doch lieber lässt. Hm, komisch! Aber gut - sei's drum! Ich fackel nicht lange und frage nach einem Zimmer. Der junge Señor sieht mir auf die Brust, anstatt in die Augen, zögert einen kurzen Moment und sagt dann mit einem tiefen Seufzer in der Stimme: „Sí, señora, momento por favor." Naja, was soll ich sagen, ich kenne diese Blicke, wenn Ruddi unter meinem Poncho im Netz sitzt. Der Mann verschwindet in den hinteren Räumen und kommt nach geraumer Zeit mit einem Schlüssel in der Hand zurück.

Er führt mich über einen märchenhaft dekorierten, gekonnt beleuchteten Innenhof, eine ebenso schöne Treppe und einen mit exquisiten Accessoires geschmückten Gang. Noch eine Treppe und ein weiterer Gang. Alles ist sehr gepflegt und wertvoll. Die Böden sind mit großen terrakottafarbenen Fliesen belegt. Ab und zu wurde ein Mosaik eingebettet. Selten habe ich sowas Schönes gesehen. Mehrmals biegen wir ab. Ich staune nicht schlecht. Das Ding ist riesengroß nach hinten raus! Als ich schon nicht mehr damit rechne, erreichen wir das für mich vorgesehene Zimmer. Es liegt ganz am Ende eines Laubengangs, der dem Rest des Hauses in nichts nachsteht.

Mir bleibt der Mund offen stehen, der Raum ist zwar nicht besonders groß, aber die ausgesuchte Einrichtung passt genau zu dem, was ich bis hierher gesehen habe. Insgesamt bin ich in einer Wohlfühl-Oase gestrandet. Nach der grauen, stürmischen und nassen Etappe bekomme ich nun meine Belohnung für mein Durchhaltevermögen. Ich wusste doch, dass das für was gut ist. Begeistert stehe ich, immer noch mit meinem Regenponcho bekleidet dumm rum. Ich möchte mich gerne meiner nassen Sachen entledigen, aber Ruddi darf ja nicht auffliegen. Der freundliche Señor fragt mich unaufdringlich, ob ich noch vorhabe, zum Essen zu kommen. Ich nicke zustimmend und nachdem er heimlich noch einen Blick auf meinen „Atombusen" geworfen hat, lässt er mich alleine.

Als ich den Reißverschluss meines Ponchos öffnen will, trifft mich fast der Schlag. Der ist schon offen und Ruddi's Kopf liegt, komplett und gut sichtbar für jeden, frei. Er guckt mich mit glänzenden, müden Augen an, als wenn er sagen wollte: „Reg Dich jetzt nicht auf. Alle haben mich gesehen, von Anfang an. Trotzdem haben wir ein Zimmer und außerdem wollten die Gäste nicht Dich umarmen, sondern mich ein bisschen knuddeln. Sorry!"

Mein Einzug in dieses Lokal läuft nochmal wie ein Film vor meinen Augen ab und ich krümme mich vor Lachen. Das muss für die Leute ein ganz besonderer Moment gewesen sein. Ein süßer, kleiner Hundekopf mit treuen schwarzen Knopfaugen, der offensichtlich nicht gesehen werden soll und sein Frauchen in einem knallroten Poncho, das nix mehr merkt. Klar, natürlich wollten sie mir was sagen. Sowas wie: „Du hast nen Schlitz im Poncho, aus dem dein Hund rausguckt und wir glauben, dass du das nicht willst!“ Will ich wissen, was in den Köpfen vorging? Vielleicht lieber nicht!

Vor dem Essen, auch wenn es schon sehr spät ist, muss ich aber noch duschen. Ich will jetzt am Ende des Tages, nach soviel kaltem Regen, endlich heißes Wasser über meinen unterkühlten Körper laufen lassen. Die Wäsche ist schnell gemacht - nass war sie ja schon. Da mich niemand offiziell auf meinen Hund angesprochen hat, beschließe ich vorsichtshalber, Ruddi inkognito in der Tasche zum Essen zu transportieren. Er ist mir dankbar dafür, kuschelt sich in seine Decke und fällt sofort in einen tiefen, wohlverdienten Schlaf.

Ich kann nur hoffen und beten, dass meine Nase noch funktioniert und ich dem Essensduft folgen kann. Ich konnte mir vorhin den langen Weg zwischen Theke und Zimmer beim besten Willen nicht merken. Es gab unterwegs viel zu viel zu sehen. So irre ich eine Weile mit müden Füßen durch die Gänge und nach vielen Anläufen finde ich kurz vor dem Aufgeben doch noch den Gastraum wieder. Es ist aber auch verzwickt und verwinkelt in diesem Märchenschloss, das im Vorbeigehen wie ein Hexenhäuschen aussieht.

Nun guckt mir keiner mehr auf die Brust. Die Leute sind jetzt eher an meiner übergroßen Handtasche interessiert - im Geheimen, nicht öffentlich. Ich nehme an einem Tisch Platz, an dem schon zwei Leute sitzen. Schnell finde ich heraus, dass sie ebenfalls pilgern. Wir kommen ins Gespräch und lassen uns über den vergangenen tückischen Tag aus. Nach einiger Zeit fragen sie mich hinter vorgehaltener Hand, wo denn mein Hund sei und ob ich nicht am Eingang das große Hunde-Verbots-Schild gesehen hätte. Ich erkläre die ganze Situation, zeige auf die Tasche, die wie immer neben meinem Stuhl steht und wir fangen laut an zu lachen.

Der gleiche Mann, der mich aufs Zimmer geführt hat, bedient mich auch. Hurra, er sieht mir in die Augen! Er nimmt meine Bestellung entgegen und macht mit einem verschmitzten Lächeln beim Servieren einen großen, eleganten Bogen um meine Tasche. Das Essen ist ebenso großartig wie alles hier. Wie war das noch? Die Spanier mögen keine Hunde? Nein, sie scheinen sie zu lieben!

Relativ spontan finde ich mein Zimmer wieder. Jetzt ist mir auch klar, warum ich so abgelegen untergebracht bin: Hier kommt keiner mehr vorbei und Ruddi hat folglich keinen Grund zu bellen oder sich sonstwie bemerkbar zu machen. Ich bin fest davon überzeugt, dass das kein Zufall ist und finde es wunderbar.

Heute bin ich besonders stolz auf mich. Trotz strömenden Regens hab ich alles in allem 27 km geschafft. Ungefähr sieben Kilometer musste ich Perrito tragen und wieder fällt mir meine Mutter ein: „Wenn Du ihn tragen musst, dann hast du auch die Kraft dafür.“ Wie wahr! Meine Schienbeine haben sich übrigens erst nach dem Essen gemeldet. Und jetzt schlafen wir nach einigen Minuten Reiki in aller Eintracht gemeinsam ein.

Samstag, 10. Mai 2008
Santa Catalina de Somoza (50 Einw.), 997 m üdM, Provinz León
26. Etappe bis Manjarín, 21 km

Ich traue mich gar nicht aus dem Fenster zu sehen. Die Geräusche, die von draußen zu mir dringen sind mir sehr bekannt und ich will das nicht hören. Es regnet immer noch. Ich kuschel mich noch ein bisschen tiefer in meine Bettdecke und die Verführung einfach mal einen Tag im Bett zu bleiben ist sehr groß. Bei genauerem Hinhören, fällt mir hingegen sehr angenehm auf, dass der Sturm sich verzogen hat. Nur Regen? Weiter nichts? Na gut, dann steh ich doch auf! Seichter Mai-Regen macht ja bekanntlich schön.

Zum Frühstück haben sich wahrscheinlich komplett alle zur gleichen Zeit verabredet. Das Lokal ist brechendvoll. Ruddi hat den Tarnumhang übergeworfen und weilt an meiner Brust. El Ganso ist nur vier Kilometer entfernt. Bis dahin werde ich es wohl ohne Frühstück überleben. Entschlossen bezahle ich mein Zimmer und verabschiede mich mit einem Zwinkern und „Gracias por todo“ von meinem Salvador (Retter).

Im großen Torbogen draußen vor der Tür stehen jede Menge Rucksäcke rum. Die Pilgerkollegen sind alle total aufgeregt. Was ist denn bloß los? Sie schnattern wie die Gänse auf der Wiese kurz vor dem Weihnachtsfest. Es scheint Bedrohliches auf uns zuzukommen. Bevor ich mich hier anstecke, mach ich mich lieber auf den Weg. Wenn es ernst wäre, hätte mich der hilfsbereite Wirt mit Sicherheit gewarnt. Ich quetsche mich mit meinem Rucksack auf dem Rücken und Ruddi unterm Poncho – also viel Volumen -durch die Menge. Niemand nimmt mich wirklich wahr. Ich schnappe immer wieder auf, dass es eine Unverschämtheit von „ganz oben“ ist, die Himmelsschleusen nicht für heute geschlossen zu halten. Ja, meine lieben Freunde, mein Statement dazu würde lauten: „Finde den Mut Dinge zu ändern, die Du ändern kannst. Finde die Gelassenheit, Dinge hinzunehmen, die Du nicht ändern kannst. Sei weise, zwischen diesen beiden zu unterscheiden.“ In diesem Fall müsst ihr nicht besonders weise sein!

Ich gebe zu: Es ist deutlich mehr, als ein erfrischender Mai-Regen und die Temperatur dürfte auch ein bisschen höher sein. Aber die ganze Aufregung bringt einen schließlich nicht weiter und so verlasse ich unbemerkt die Pilgerkolonie. Ich muss lachen, als ich - endlich mit viel Platz um mich herum - im Regen stehend die Kulisse von außen betrachte. Amüsiert rufe ich ihnen ein „buen camino, amigos“ zu. Aber das dringt nicht zu ihnen durch.

Einige Meter weiter mach ich mich fünf Kilo leichter und setze Ruddi vor mir ab. Wie von der Tarantel gestochen läuft er los. Der hat schon meine Gedanken gelesen und weiß, dass er gleich wieder in das „böse“ Regencape einziehen soll. Auf einer Bank am Ortsrand ist es dann soweit. Ich krame das Ding raus und … Perrito ist nun wirklich unsichtbar. Ich kann ihn nirgends entdecken. Lachen oder heulen? Ich will zumindest versuchen, ihn zur Vernunft zu bringen, wenn ich noch eine Chance habe und er mich jetzt nicht für immer verlassen hat. Aber so eine Quälerei wie gestern, kommt auch für mich nicht mehr in Frage.

Ich halte Ausschau nach ihm. Wo steckt der denn nur? Das gibt es doch gar nicht! Ich lasse die Leckerchen-Tüte kreisen, aber auch das bringt nichts. Kein Hund in Sicht. Das zeigt mir deutlich, wie schlimm das Regencape für ihn sein muss. Leckerchen haben eine unglaubliche Anziehungskraft. Wenn die nicht ziehen, wird es ernst. Ich rauche eine Zigarette und versuche ruhig zu bleiben. Immer noch kein Lebenszeichen. Plötzlich erscheint ein ortsansässiger Hund auf der Bildfläche und dann, das Unfassbare: Ruddi kommt unter der Bank vor, auf der ich die ganze Zeit sitze und unterhält sich - in sicherem Abstand zu mir - angeregt und fröhlich mit seinem Artgenossen. Manchmal ist er ein Satansbraten.

Als sein neuer Kumpel wieder los muss, lasse ich die Leckerlis wieder kreisen. Ruddi scheint für einen Moment vergessen zu haben, worum es eigentlich geht und kommt tatsächlich zu mir. Vielleicht hat ihm aber auch der Kollege ins Gewissen geredet und er ist einfach zur Vernunft gekommen. Er lässt sich jedenfalls ohne großen Widerstand das Cape überziehen und setzt sich vor mir auf die nasse Wiese. Dafür kriegt er natürlich eine Menge Lob und Extra-Lecker.

Na also, geht doch! Endlich kann die heutige Etappe beginnen. Gut gelaunt setze ich mich in Bewegung. Sicherheitshalber schau ich nach ungefähr dreißig Metern nach meinem Hund und glaube es nicht: Er ist wieder zum Steiff-Tier geworden. „Komm jetzt, Ruddi! Stell Dich nicht so an!“ Das war zu viel! Er heult in den höchsten Tönen. Ab und zu kommt ein Pilger vorbei. Sie halten alle meinem Schnurzel die Stange.

Eine Frau sagt kopfschüttelnd: „Ein Hund braucht keinen Regenmantel, der hat sein Fell und wird auch nicht krank.“ So eine Frechheit! Wenn die wüsste wie wütend mich meine Verzweiflung gerade macht! Ich halte lieber meinen Mund, will ja nicht ausfallend werden. Aber die Gedanken sind frei: „Und du hast einen Regenponcho! Warum hast Du eben im Torbogen lamentiert? Hast Du etwa auch kein warmes Wohnzimmer zur Erholung in deinem Rucksack?“ Boah, ich könnte …! Ungefähr sechs, sieben Leute machen mich von der Seite an. So langsam muss ich es als Zeichen von oben werten und habe endlich ein Einsehen. Ein Blitzgedanke rüttelt mich endgültig auf und mir ist klar: Die Frau hat, ohne es zu wissen, haargenau meine wahre Einstellung zum Thema „Kleidung für Hunde“ deutlich gemacht. Sie hat mich quasi nur daran erinnert. Wäre sie noch in Hörweite, würde ich mich bedanken.

Ich befreie das Häufchen Elend auf der Wiese von dem Stressauslöser, packe das Ding in die allerhinterste Ecke meines Rucksacks und verspreche Ruddi, es nie wieder rauszuholen. Endlich können wir wie gewohnt harmonisch und glücklich - trotz Regen - unseren Weg fortsetzen. Ich will keinen Gedanken mehr daran verschwenden und vertraue meinem Vierbeiner. Er hat hier in Spanien schon tausendmal seinen guten Instinkt bewiesen und den hat er mit Sicherheit auch für seine Gesundheit. Basta!

Ohne Sturm ist Regen gar nicht so schlimm und wir gehen ganz gemütlich die gleiche ruhige Landstraße entlang wie gestern. Gegen elf Uhr erreichen wir El Ganso. Von den 50 Einwohnern ist bei dem Wetter nichts zu sehen. Ein Schriftzug weist darauf hin, dass ich mich vor einem „Lokal“ befinde. Endlich bekomme ich einen Café con leche. Durch einen Plastikvorhang betrete ich eine … ja, wie soll ich das Ding bezeichnen? Ich nenne es mal Scheune! Lehmboden, Biertischgarnituren, provisorische Theke, viele biertrinkende Pilger und der entsprechende Lärmpegel. Außerdem ist es kalt und knüselig. Ich setze mich zu der Meute, beschließe aber, hier nichts mit Milch zu trinken, wer weiß … Bei einer Cola bin ich bemüht, mich einzugliedern. Das will aber nicht so recht gelingen. Ich bin nicht in Party-Stimmung. Obwohl der nächste Ort sieben Kilometer weit weg ist, verlasse ich schon nach einigen Minuten diesen an Jahrmarkt erinnernden Platz.

Einige Pilger gehen direkt nebenan in ein Haus. Ich frage nach und erfahre, dass das eine Bar ist. Da wäre ich alleine nicht drauf gekommen. Ich schließe mich ihnen an und werde sehr angenehm überrascht. Durch einen privaten Flur gelange ich in ein großes, gemütlich eingerichtetes Wohnzimmer, das auch uns Pilgern zur Verfügung steht. Hier wird geheizt und regelmäßig sauber gemacht. Es gibt eine Theke, ungefähr einen Meterfünfzig lang, an der ein Schild befestigt ist auf dem steht: Santiago 240 km. Ich werde sehr andächtig. Das ist ja nur noch ein Katzensprung bis zum Ziel. Wahnsinn!

Die Wirtin ist gut drauf und macht mir mit viel Liebe einen außergewöhnlich guten, besonders großen Café con leche. Ein Deutscher, so um die fünfzig, setzt sich zu mir an den Tisch und erzählt, dass er jedes Jahr in diese Gegend kommt um für vier Wochen ins Kloster zu gehen. Auf diese Idee kam er, während er „seinen“ Camino Francés gelaufen ist. Seitdem ist der Klosteraufenthalt für ihn die allerbeste Möglichkeit, zu sich zu kommen und Kraft zu tanken. Er lässt sich während dieser vier Wochen komplett und mit allem drum und dran auf dieses Leben ein. Er hat meinen vollen Respekt, aber zum jetzigen Zeitpunkt könnte ich mir das für mich nicht vorstellen. Ich erfreue mich auf dem Jakobsweg jeden Tag aufs Neue an den unterschiedlichsten Menschen und Situationen – wenn auch manchmal erst im Nachhinein.

Gerade als ich mich verabschieden will, lerne ich die Mutter der Wirtin kennen. Diese ungefähr einen Meterfünfzig kleine Frau, hält einen Schlüssel in der Hand, der so groß ist, als passte er in ein Kathedralen-Tor. Fasziniert frage ich sie, welche Tür sie mit solch einem Schlüssel aufschließt. Entgeistert und überrascht darüber, wie ich so eine Frage stellen kann, schaut sie mich an und sagt lachend: „Mi puerta de entrada, qué más (meine Haustür, was sonst)?“ Tja, mit dem kleinen Handtäschchen kann diese Frau nicht zum Dinner in die City fahren - soviel steht fest.

109) El Ganso, der Schlüssel

Also, ich will nicht falsch verstanden werden, aber die Häuser in El Ganso sind so klein und dieser Schlüssel ist so groß … Allerdings sind die „teitadas (mit Stroh bedeckte Häuser)“ auch vorrömischen Ursprungs und dieser Schlüssel ist mit Sicherheit viele, viele Jahre alt und möglicherweise vielleicht sogar sehr, sehr wertvoll. Wer weiß!?

Ein Blick zurück in das Örtchen macht mir nochmal deutlich, dass es sich nicht gerade um eine reiche Gegend handelt. Früher war die Maragatería, mit ihrer ganz eigenen Architektur und Kultur, als Gebiet der Maultiertreiber bekannt. Die Dörfchen hatte man teilweise schon aufgegeben. Durch den Jakobsweg jedoch haben sie eine rettende Einnahmequelle gefunden. Hier findet man sicher keine Millionäre. Es zählen andere Werte. Die beiden Frauen zum Beispiel betreiben mit viel Herzblut ihre kleine Bar und genießen den Kontakt zur großen, weiten Welt in Form der Pilger, die immer spannende Geschichten zu erzählen haben – oder blöde Fragen stellen.

110) Ein Blick zurück nach El Ganso

Um 12.15 Uhr ziehe ich los Richtung Rabanal del Camino. Der stetige Anstieg in die Montes de León ist nicht mehr zu übersehen. Während Santa Catalina noch auf 997 Metern über dem Meeresspiegel liegt, werden es nach den nächsten sieben Kilometern in Rabanal del Camino schon 1149 Meter sein.

Die letzten Kilometer bis zu diesem Ort führen die Fußpilger von der Landstraße weg durch ein Waldgebiet, das abgezäunt ist. Ich erinnere mich mit einem mulmigen Gefühl an den Hinweis meines Reiseführers, dass hier noch Wölfe leben. Da ich keine abgerissenen Körperteile finde, beschließe ich, ganz ruhig zu bleiben. Ruddi läuft ja auch entspannt vor mir her. Der Himmel hat seine Schleusen übrigens immer noch nicht geschlossen. Es ist sehr anstrengend diesen Weg durch die ursprüngliche Natur zu bewältigen. Er ist überaus uneben, steinig und schlammig. Das ist wohl der Grund dafür, weshalb Radpilger auf der Landstraße weiterfahren sollen. Nach langer Zeit erfordert das Gehen wieder meine volle Konzentration.

Glücklich und zufrieden, ohne auch nur einen Wolf heulen gehört zu haben, spaziere ich in eine Bar. Die Stimmung ist großartig, alle Tische sind besetzt. Ich wähle einen freien Stuhl und lasse mich nach zustimmenden Blicken bei vier Pilgerkollegen, die ich vorher noch nie gesehen habe, nieder. Schnell komme ich mit einem der beiden Pärchen ins Gespräch. Mir fällt auf, dass das andere Paar sehr still und zurückhaltend ist. Sie sind ungefähr dreißig Jahre alt und schauen mich ab und zu verstohlen an. Was mögen die denn bloß haben? Stimmt was nicht mit mir? Bin ich nicht schick genug? Oder ist die Hundedecke nicht sauber genug? Ich weiß es nicht! Am besten ignorieren.

111) vor Rabanal del Camino, kein Wolf in Sicht

Mir fällt auf, dass sich die meisten etwas zu essen bestellt haben und gönne mir tatsächlich eine Portion Fritten mit Mayo. Heimatgefühl! Super Idee, die sind richtig lecker! Ganz versunken in diesen außergewöhnlichen Snack, von dem Ruddi ab und zu auch ein Stückchen unter dem Tisch findet, nehme ich nur am Rande war, dass das gesprächigere Pärchen sich verabschiedet. Ich weiß nicht warum, aber jetzt tauen die beiden Jüngeren von einem Moment auf den anderen auf. Ich frage nicht und sie äußern sich nicht über ihre Beweggründe, sich bis eben so zurückgehalten zu haben. Fakt ist, dass wir nun eine überaus angenehme und anregende Unterhaltung mit allseitigem Interesse aneinander führen. Sie heißen Thomas und Gabi und sind mit die liebenswürdigsten Menschen, die ich auf diesem Weg kennengelernt habe.

112) links Thomas und Gabi in Rabanal del Camino

Obwohl Thomas und Gabi mich inständig bitten, es ihnen nachzumachen und bei dem Wetter hier im Ort zu übernachten, setze ich meinen Dickschädel ein weiteres Mal durch und mache mich auf den Weg in die Berge. Die Warnung, dass es sehr neblig sein wird und der Camino ab jetzt auch gefährlich werden kann, will ich nicht an mich herankommen lassen. Ich bin durch die Pyrenäen gelaufen, da werde ich das hier wohl auch noch schaffen.

Die nächsten 5,6 Kilometer beinhalten 300 Höhenmeter. Da ist Kraxeln angesagt. Viele tausend Minischritte, damit es überhaupt weitergeht. Auf Fahr- und Fußwegen geht es gnadenlos im Nebel durch Matsch und Schlamm den Berg hinauf. Die Landstraße, an der es sich so schön laufen ließ, kreuze ich ab und zu. Jedesmal überlege ich, ob es wohl besser wäre, ihr zu folgen, aber mein Reiseführer zeigt mir an, dass das ein großer Umweg wäre. Schnurzel ist wider Erwarten erstaunlich fröhlich im Regen unterwegs. Vor der Bekanntschaft mit dem Regencape hätte er sich schon lange eine Unterstellmöglichkeit gesucht.

Endlich in Foncebadón angekommen, bin ich fix und fertig und beschließe, hier zu übernachten. Es gießt nun wieder in Strömen und der Sturm ist mindestens so stark wie gestern. Aber auf 1439 Metern ist es dazu auch noch bitterkalt. Ich muss schnellstens über den Berg, so warme Klamotten habe ich gar nicht dabei. Wenn es morgen nicht besser ist, muss ich alles anziehen, was mein Rucksack so hergibt.

Es ist fast ein Wunder, dass ich in diesem 50-Seelen-Örtchen überhaupt jemanden treffe. Aber zwei Pilgerinnen, die aus der Kirche kommen, geben mir den Tipp, mich da mal vorzustellen. Die Kirche hat eine Herberge in einem Seitenflügel. Ich klettere also die Treppe zum Nebeneingang hinauf und öffne die Tür. Nun stehe ich in einem winzigen, dafür umso höheren Raum. Ein Ofen wurde angefeuert. Dieses Feuer verbreitet eine unglaublich wohlige Wärme. Mein Blick fällt in eine Kammer, in der Etagenbetten stehen. Zwei Pilgerinnen bauen sich vor mir auf und verlangen per Handzeichen von mir, meinen Hund draußen zu lassen. Ich reagiere auf diese ungeheure Forderung, indem ich Ruddi's Taschenbett hervorzaubere, ihn hineinsetze und den Reißverschluss zuziehe. Sie lassen mich jetzt zwar Platz nehmen, sehen aber immer noch nicht begeistert aus. Sie machen mir unmissverständlich klar, dass Hunde auf keinen Fall in eine Kirche gehören und jagen mir Angst vor dem Herbergsvater ein, der jeden Moment kommen soll und absolut keine Hunde duldet.

Sie machen sich auf dem Ofen ein paar Scheiben Weißbrot heiß und ich giere danach. Das geröstete Brot verströmt einen köstlichen Duft. Mir fällt auf, dass ich heute außer den Fritten noch gar nichts zu mir genommen habe und dem Hungertod plötzlich sehr nahe bin. Ich freu mich schon darauf, eine dieser Scheiben zu essen.

Und dann geschieht etwas für mich Unfassbares: Die beiden Frauen denken gar nicht daran, mir eine Scheibe abzugeben. Sie sitzen direkt vor mir, sehen mich aber nicht mehr und unterhalten sich mit vollem Mund aufgeregt in einer Sprache, die ich nicht kenne. Ich mache einen langen Hals und gebe ein paar Geräusche von mir, vielleicht haben sie mich ja auch nur vergessen. Genervt sehen sie mich kurz an und sagen mir damit, dass sie ihre Ruhe haben wollen. Ich bin geschockt. Und das in einer Kirche!

Damit nicht genug: Der von mir heiß ersehnte Hospitalero ist nur gesprächsbereit, wenn die Hundetasche draußen steht. Die Damen haben ihn natürlich sofort darauf hingewiesen, dass sich in der unscheinbaren Tasche ein Hund befindet. Wie sind die denn hier drauf? Was ist mit der Nächstenliebe? Klar, die ist angeblich vorhanden. Für mich ja, aber unter keinen Umständen für meinen Hund. Die von mir erwähnten Außentemperaturen, die Ruddi nicht überleben würde in der Nacht, beeindrucken den Mann nicht. Ein Blick in die Hundetasche ebenfalls nicht. Er geht mit mir raus in den strömenden Regen und peitschenden Sturm und zeigt mir hinter einem Gitter, am Fuße einer Statue ein „geschütztes Plätzchen“ wo mein Kleiner übernachten könnte. Der muss doch jetzt endlich anfangen zu lachen, mich in den Arm nehmen und mir sagen, dass das nur ein Scherz war und er uns natürlich beide einlässt. Aber das passiert nicht.

Völlig aus der Fassung verlasse ich den christlichen Ort, lasse Ruddi aus dem Sack und schleiche um die Häuser. Tatsächlich finde ich ganz in der Nähe ein Hotel. Na endlich! Ich bin begeistert! An der Bar bestelle ich mir meinen wohlverdienten und dringend nötigen Café con leche. Obwohl die hier alle Hände voll zu tun haben – mindestens 40 Pilger klopfen mit Messern und Gabeln auf die Tische - werde ich sehr freundlich und zuvorkommend bedient. Also gibt es auch in Foncebadón herzliche Menschen.

Zu schnell ist dieser Traum ausgeträumt. Sie haben Ruddi lediglich zunächst übersehen. „Hier werden keine Hunde geduldet und außerdem ist kein Zimmer mehr frei.“ Diese Nachricht wird mir knapp und eiskalt überbracht. Nur schwer kann ich die Tränen zurückhalten und mein Entsetzen verbergen. „Was? Leute, guckt mal auf die Uhr. Es ist halb sieben! Vier Kilometer im dichten Nebel und Unwetter den Berg rauf und auch wieder ein Stück runter schaffe ich heute nicht mehr. Seht mich doch mal an. Ich bin völlig am Ende! Ihr werdet doch irgendwo in diesem großen Haus ein Eckchen haben, in dem ich übernachten kann – mit einer Tasche neben mir, in der ein Fünf-Kilo-Hund tief und fest schläft.“ Das sind meine wirren Gedanken, ich spreche das nicht aus. Ein Pilger kommt zu mir und fragt was los ist. Tränen rollen unaufhaltsam über mein Gesicht.

Er schnappt sich entrüstet die Wirtin und spricht auf Spanisch mit ihr über mein Dilemma. Sie lässt sich nicht erweichen, betont, dass sie kein einziges Bett mehr frei hat. Er kommt zu mir zurück, tröstet mich so gut er kann und plötzlich hat er die Idee: „Ich gebe Dir mein Zimmer. Ich schlafe in meinem Schlafsack hier im Restaurant, da hinten auf der Bank.“ Das bekommt die Señora mit und bittet mich mit einem Blick auf Ruddi, sofort zu gehen. Sie lässt mich nicht mehr aus den Augen. Der Pilger, der mir seine Hilfe angeboten hat, wird böse und setzt sich lautstark für mich ein. Bevor das hier eskaliert, ziehe ich den Rückzug vor. Ich bedanke mich bei ihm. Er will nicht, dass ich gehe, aber ich sollte keine Zeit mehr verlieren. Es wird immer später und es steht fest: In Foncebadón finde ich zum allerersten Mal, nach 550 Kilometern auf dem Jakobsweg, keine Unterkunft - nicht mal eine Ecke in einem Durchgangszimmer!

Heulend vor Wut verlasse ich das Dorf. Käme jetzt ein zähnefletschender Wolf auf mich zugerannt, würde ich ihn ohne mit der Wimper zu zucken mit der bloßen Hand umhauen. Und er würde für lange Zeit liegenbleiben! Schon Dreiviertelstunde später stehe ich vor dem berühmten Cruz de Ferro, an dessen Fuß jeder Pilger zumindest einen Stein ablegt, und habe überhaupt keinen Kopf dafür. Es ist mir gerade völlig egal, was um mich herum steht oder passiert. Dabei war ich so gespannt auf die symbolträchtigste Wegmarkierung des Caminos. Ich bekomme mich nicht in den Griff, zwinge mich aber dazu, wenigstens über den Steinberg zu laufen, der durch die Steine der unzähligen Pilger seit Jahrhunderten täglich größer wird. Das ist anstrengend und während ich hier auch noch Gefahr laufe, zu stürzen, berührt mich das uralte Monument kein bisschen. Ich will nur weg, weit weg von Foncebadón.

113) Cruz de Ferro im Nebel

Noch zwei Kilometer, dann erreiche ich Manjarín. Hier gibt es eine Herberge, aber will und darf ich da übernachten? El Acebo ist von dort aus nochmal sieben Kilometer weit entfernt und ich müsste einen steilen Berg in der Dunkelheit hinunterlaufen. In meiner momentanen Verfassung ginge das selbst bei Sonnenschein nicht. Wenn ich stürze und mich verletze, findet man mich garantiert frühestens morgen und dazu noch als Eisblock. Das wäre unverantwortlich.

gleicher Tag (insgesamt 553,6 km gelaufen)
Manjarín (50 Einwohner.), 1458 m üdM, Provinz León
Herberge, Matratze, 10 Euro auf Spendenbasis inklusive Essen

114) Blick auf Manjarín im Nebel

Es ist 20 Uhr. Ich bin in Manjarín. Ich kenne diesen Ort aus dem Fernsehen, diversen Büchern und DVDs. Jeder, der sich auch nur kurz mit dem Camino Francés beschäftigt hat, kennt es. Es ist ein verlassenes Dorf, berühmt unter den Pilgern für das Lager, das von Tomás und seinen Leuten geführt wird. Sie bezeichnen sich als die letzten Templer. Das Lager leistet bei Bedarf gute Dienste, die Umgebung ist außergewöhnlich. Der Orden der Tempelritter wurde vor gut neunhundert Jahren gegründet. Sie haben sich unter anderem in einem Gelübde dazu verpflichtet, die Pilger auf ihrem Weg zu schützen.

Irgendwie bin ich sehr gespannt auf Tomás. Ich kenne ihn eben aus dem Fernsehen. Und wenn ich einen Blick auf das verlassene Dorf werfe, ist es kaum zu glauben, ausgerechnet hier auf so jemanden zu treffen. Seine Herberge ist jedenfalls nicht zu verfehlen. Einige große Hunde bellen, als ich näher trete. Es ist ein besonderer Ort. Es herrscht das Chaos, das steht schon auf dem Weg zum Eingang fest. Tausende Pilger-Souvenirs liegen auf Mauern, Tischen, Stühlen und hängen von Verstrebungen runter. Hier finden sich aber auch hunderte Wasserflaschen und Kanister, Plastik- sowie Blechtonnen, ungespülte Tassen und Gläser, Blumenkübel und –töpfe. Ich weiß gar nicht, wo ich zuerst hingucken soll - bin überfordert von so vielen Eindrücken.

Vorsichtig bahne ich mir einen Weg Richtung Tür. Da kommt mir schon einer von Tomás Leuten entgegen. Er ist gekleidet wie ein Pirat – oder Templer? Das Auffälligste an ihm ist das dreieckige Kopftuch, das er um die Stirn gebunden hat. Er ist richtig gut drauf. Seine Augen haben so ein Leuchten. Ich sehe ihm an, dass er mit sich und der Welt zufrieden und im Reinen ist. Ihm folgen zwei große wunderschöne Mischlingshunde. Während die lautstark, aber freundlich meinen Perrito begrüßen, fällt mir auf, wie außergewöhnlich gut gepflegt sie sind. Dagegen sieht Ruddi nach den Matschwegen heute aus wie ein Straßenköter. Ich bin begeistert. Sie lieben Hunde, dann ist meiner ja auch kein Problem! Qué suerte (was für ein Glück)!

Ich bitte um ein Bett in dieser Herberge. Der Mann zögert und gibt mir zu verstehen, dass ich mit Ruddi nicht in der Herberge unterkommen kann. Das ist verboten. Ich lächle ihn siegessicher an, bin davon überzeugt, ihn rumzukriegen. Aber er bleibt hart. Allerdings hat er eine Möglichkeit für uns in einem Einzelzimmer. „Macht nix, das bin ich gewohnt!“

Er führt mich um das winzig kleine Bruchstein-Haus herum zu einem Stall. Er öffnet die knarrende, klapprige, aus den unterschiedlichsten Brettern zusammengezimmerte Tür. Es ist fast dunkel darin und ich glaub es schon wieder nicht! Ein harter Tag heute, ehrlich! Ich entdecke kaputte ausrangierte Möbel, die an der Wand entlang abgestellt sind, Säcke mit Baumaterial, die unterschiedlichsten Werkzeuge, Schubkarren, Müll und kreuz und quer hingeworfene Matratzen. Der Boden ist so ursprünglich wie die Natur, die ich unterwegs noch bewundert habe. Das Dach weist an mehreren Stellen große Löcher auf.

Das meint der doch nicht ernst! Ah, so langsam verstehe ich, der will bestimmt, dass Ruddi hier schläft und ich in der Herberge. Ich mache ihm klar, dass das nichts wird. Mein Hund muss bei mir schlafen, sonst heult der die ganze Nacht. Er lächelt mich an und gibt mir mit einer ausschweifenden Geste zu verstehen, dass wir hier auch beide übernachten können. Hä? Ich? Zusammen mit Ratten und Mäusen in einem runtergekommenen, baufälligen Stall? Im Leben nicht. Lieber laufe ich die ganze angebrochene Nacht durch.

Bevor ich ihm das klarmachen kann, bewegt sich etwas zwischen dem ganzen Zeug. Was ist das denn? Ich bekomme eine Gänsehaut. Will ich wirklich wissen, was sich da bewegt hat? Es könnte ja auch was Grauenvolles sein. Beim genaueren Hinsehen entdecke ich einen uralten Mann, der zusammengekauert in der hintersten Ecke auf einer der dreckigen Matratzen sitzt. Auf seinem Schoß liegt ein Welpe und lässt sich genüsslich von ihm kraulen. Nun höre ich ein heiseres „hola“. Es ist kein Pilger, die sehen anders aus. Ich will auch nicht sagen, dass er ein Penner ist … die findet man in Köln am Bahnhof, aber doch nicht in Manjarín, oder? Entschlossen, aber nicht ohne den Gruß des einsamen Mannes zu erwidern, drehe ich mich um und baue mich wieder da auf, wo unsere Unterhaltung eben begonnen hatte.

Ich habe mal wieder eine Blitzidee und starte völlig überraschend mein Programm: Wie eine Teleshopping-Moderatorin preise ich aufgeregt meine Wenigkeit und vor allen Dingen Ruddi an. Temperamentvoll, zielstrebig und pausenlos moderierend packe ich meinen Rucksack aus, um an das Hundebett zu kommen. Ich vergesse nicht, zwischendurch ein bezauberndes Lächeln in Richtung Tomás‘ Kollegen zu schicken. Und ich rede und rede … unglaublich überzeugt vom guten Gelingen dieser Aufführung.

Mit ausschweifenden Gesten klappe ich die Tasche auseinander, lege sorgfältig die Decke hinein und wie ein Zirkusdirektor seine Löwen auf einen bestimmten Platz dirigiert, gebe ich meinem Hund per Handzeichen zu verstehen, sich zu verkrümeln. Der weiß mal wieder worauf es ankommt, pariert sofort und schenkt dem amüsierten Señor ebenfalls ein breites Lächeln. Zum guten Schluss mache ich noch den Reißverschluss mit einem bedeutenden Hinweis zu und singe fast zum krönenden Abschluss: „Dónde está el perro (wo ist der Hund)? Hm, señor, dónde está el perro?“ Kurze dramatische Pause und dann: „Se ve un perro pequeño (siehst du einen kleinen Hund)?“ Eigentlich erwarte ich jetzt stürmischen Applaus, aber mein

Zuschauer reagiert, in dem er die Hundetasche und meinen Rucksack aufhebt und mich lachend in die Herberge führt.

Die Bilder sprechen eigentlich für sich, aber Sie sollen auch wissen, was mir durch den Kopf geht: „Dafür habe ich so gekämpft? Ich will hier nicht sein. Ich kann das nicht. El Acebo jedoch bleibt für heute unerreichbar. Ich muss dadurch! Wenn ich auch die ganze Nacht kein Auge zumache, hier bin ich zumindest in Sicherheit. Und nach dem ganzen Theater gibt es sowieso kein Zurück!“

115) Manjarín, die Herberge! Nicht der Stall!

Vier Pilger halten sich bereits hier drinnen auf. Sie sitzen auf einer Couch, die wahrscheinlich schon seit hundert Jahren hier steht. Sie haben es sich erstaunlicherweise richtig gemütlich gemacht. Eine Kerze - die einzige Lichtquelle in diesem Raum, Strom gibt es nicht - und ein Räucherstäbchen erzeugen eine wohlige Atmosphäre. Ein schmaler, hoher Ofen wurde angefeuert und hat diesen kleinen Raum wunderbar aufgeheizt. Die jungen Leute haben sich einen Tee gekocht und schlürfen ihn genüsslich aus den unterschiedlichsten Trinkgefäßen. Ich setze mich gerne mit in die gemütliche Runde. Sekunden später habe auch ich einen Tee in der Hand.

Ich erzähle ihnen, dass ich fast nicht hierbleiben durfte wegen meines Hundes. „Welcher Hund?“ Ich zeige auf die Tasche und sage: „Er darf nicht raus. Ist aber nicht schlimm! Er ist sowieso froh, dass er endlich schlafen kann.“ Sie bestehen darauf, einen Blick auf ihn zu werfen. Die Tasche wandert von einem Schoß auf den nächsten und Ruddi bekommt tausend Streicheleinheiten. Er bewegt sich keinen Millimeter – der alte Genießer.

116) das Innere der Herberge, eine von zehn Matratzen liegt auf einer Pritsche

Ach so, dafür habe ich gekämpft! Für die liebenswerten Jungs und Mädels, mit denen ich hier sitze. Alle sind aus voller Überzeugung hier. Sie sagen, es sei ein ganz außergewöhnlicher Ort mit ganz besonderen Menschen. „Du kommst auch noch dahinter, glaub es uns. Wer hier übernachten kann, hat ganz großes Glück, es gibt nur zehn Schlafplätze und die sind jeden Tag belegt.“ „Aber Warum? Was ist es denn?“ „Tomás“, sagen sie alle zusammen wie aus einem Munde. Er ist ein ganz besonderer Mensch. Er strahlt so viel Gelassenheit, Ruhe, Frieden, Glück, Gesundheit, Freude und Liebe aus, wie es sonst kaum jemand tut. Du wirst ihn gleich noch kennenlernen. Apropos, wir sollten so langsam mal zum Essen gehen.“

„Wo ist denn hier ein Bad oder eine Toilette?“ frage ich ahnungslos. Sie fangen an zu lachen: „Komm mit, ich zeig es Dir!“ Eine der Frauen überquert mit mir die Landstraße und zeigt auf etwas, was ich nicht beschreiben kann. Sehen Sie sich die Fotos an und staunen Sie.

117) Manjarín, das „Bad“

Wortlos nähern wir uns dem Unikum. Ich brauche fast eine Leiter, um überhaupt ins „Bad“ hinein zu gelangen. Meine Beine sind zu kurz. Gott sei dank bin ich ja nicht alleine und die Frau schiebt von hinten nach. Von außen kann man zwar nicht rein sehen, aber von innen habe ich freie Sicht nach draußen. Ausgerechnet jetzt bewegen sich einige ankommende Pilger auf diese Hütte zu und das wohl einzige Auto heute Abend kommt genau in diesem Moment mit eingeschalteten Scheinwerfern den Berg hochgefahren. Ich fühle mich wie auf einer Freilichtbühne.

Hilflos und entsetzt stehe ich hier mit breiten Beinen auf zwei Brettern über einem Loch, in dem sich irgendwas weißes, staubiges – vielleicht Kalk? - befindet. Das Zeug soll wohl das zusammenhalten, was die Pilger hier so loslassen. Es nützt nichts, ich muss dieses Klo benutzen. Es kostet mich unglaubliche Überwindung, die Hosen runterzulassen und meinen Hintern in die richtige Position zu bringen.

Nach dieser kurzen, dennoch knackigen Aktion steht für mich fest, dass sie einmalig für mich bleiben soll und ich ab sofort nichts mehr essen oder trinken werde. Die Portion Pommes von heute Mittag muss bis El Acebo reichen und am besten da bleiben, wo sie gerade ist. Fazit bis hierhin: Plumpsklo, kein fließendes Wasser, kein Strom. Jetzt weiß ich auch, warum so viele Wasserkanister auf dem Grundstück stehen.

118) Manjarín, Einblick in das „Bad“

Zum Abendessen betreten wir dann die Gemächer von Tomás und seinen Leuten. Winzig, verwinkelt, eng, vollgestopft, drinnen setzt sich das Chaos fort, das draußen beginnt. Es ist aber auch mollig warm und es duftet nach Essen. Ein einziger Tisch befindet sich in dieser Kajüte. Er bietet Platz für zwölf Personen und ist bereits gedeckt. Die Hunde haben genau hier drin mehrere Schlafplätze, die auch Betten sein könnten. Ich glaube zumindest, dass die für die Hunde sind. Vielleicht übernachten aber auch die Mitarbeiter hier. Momentan liegen auf jeden Fall die Perros darin. Ruddi ist natürlich auch dabei, allerdings in seiner Tasche. Die stelle ich neben mir, direkt auf dem Platz eines der Hunde, ab. Das kann auch so bleiben, es ist für den großen Vierbeiner in Ordnung. Gemütlich und zufrieden liegen die zwei also auf einer Matratze. Hätte ich nicht gedacht, dass der das zulässt. Toll! Danke, Perro grande.

Es werden nach und nach tatsächlich alle Plätze belegt. Wo haben sich die restlichen Pilger bis jetzt versteckt und wo wollen die alle schlafen? In dem Raum, in dem wir eben Tee getrunken haben, sind doch nur fünf Matratzen. Komisch, muss ich gleich mal nachfragen. Zurück zum Essen. Tomás und der Mann, der mich hier aufgenommen hat, haben persönlich gekocht. Ich entschuldige mich mit einer Magenverstimmung. Ich bringe es nicht über die Lippen, warum ich wirklich nichts esse und trinke. Anscheinend verpasse ich was. Es muss ausgesprochen lecker sein, sämtliche Platten, Schüsseln und Teller werden unter vielen „hmmmm, lecker“ ratzeputz leer gegessen.

Tomás ist genauso, wie er mir beschrieben wurde. Er macht sich Sorgen um mich, und will mir einen Tee aus selbst gezüchteten Kräutern kochen. Ich muss das ablehnen, weil ich gesehen habe, wie einer der Hunde in der Nähe der Kräutertöpfchen sein Bein gehoben hat. Das spreche ich aber hier in der geselligen Runde natürlich nicht aus und finde nur fadenscheinige Entschuldigungen dafür, dass ich auch den Tee ablehnen muss. Ich glaube, jetzt hab ich's mir versaut, sie scheinen es so langsam persönlich zu nehmen, dass ich alle Angebote ablehne. Ich find es zwar selber doof, aber ich kann nun mal nicht anders. Ich habe schließlich meine Nieren- und Darmtätigkeit eingestellt.

Der Abend verläuft tatsächlich urgemütlich und ganz anders, als ich es bisher erlebt habe. Es fühlt sich an, als wären wir alle eine Familie. Es wird viel erzählt und gelacht. Richard, ein Pilger aus Irland, singt zwischendurch Lieder für uns. Alle hören zu, sprechen keinen Ton mehr, wenn er singt. Ein paar Tränchen kullern so manche Wange hinunter. Jeder fühlt in sich hinein und hängt seinen ureigenen Gedanken über diese Pilgerreise nach. Es ist ein Abend, der ans Herz geht.

Geschlossen gehen wir zehn Peregrinos rüber in unsere Hütte und ich staune nicht schlecht, dass es eine Etage höher, unterm baufälligen Schieferdach auch noch fünf Matratzen gibt. Hoffentlich hält die Decke stand, wenn die alle da oben sind. Wie auch immer: Meine Pilgerkollegen sind genauso geschafft wie ich. Kein Wunder, wir hatten ja ohne Ausnahme den gleichen Weg. Innerhalb von Minuten liegen alle auf ihren Plätzen und sind zufrieden.

119) Essen in Manjarín

Nach langer Zeit kommt mein Schlafsack zum Einsatz. Ruddi ziehe ich in seiner Tasche ganz nah zu mir ran. Jetzt wo der Ofen aus ist, wird es empfindlich kalt hier drin. Richard bietet uns an, noch ein Schlaflied zu singen. Wie auf Kommando kommt ein gehauchtes, aber klares „oh jaaaah“ von allen. Als das Lied zu Ende ist, bedanken wir uns ganz leise und dann kehrt Ruhe ein. Eine Ruhe, wie ich sie in meinem ganzen Leben noch nie „gehört“ habe. Ich liege noch eine ganze Weile so da und genieße diese besondere Stille. Es fasziniert mich, dass ich noch nicht einmal einen der anderen atmen höre. Jetzt weiß ich, was das Besondere in Manjarín ist. Die Strapazen und Enttäuschungen des Tages sind verblasst. Auch wenn es in meinem zu dünnen Schlafsack ein bisschen kalt ist, so spüre ich doch die Herzenswärme, die gerade von jedem einzelnen ausgeht.

Sonntag, 11. Mai 2008
Manjarín (50 Einwohner), 1458 m üdM, Provinz León
27. Etappe bis Molinaseca, 15 km

Es ist halb sieben. Meine Pilgerfreunde verlassen nach und nach die Hütte. Für mich ist es ein bisschen früher als sonst, aber für Herbergs-Übernachter relativ spät. Wir haben, ohne darüber zu sprechen, einen Mittelweg gefunden. Ich bin in der Nacht immer wieder wachgeworden, weil mir so kalt war. Nichts desto trotz war es eine ungewöhnliche Nacht. Mit neun „fremden“ Personen auf so engem Raum zu schlafen, ist meiner Ansicht nach nicht erstrebenswert.

Die Berichte meiner Pilgerbekanntschaften, die immer in Herbergen übernachten, sind eher unromantisch: Die Luft wird stickig und jeder macht seine ganz eigenen Schlafgeräusche. Der eine ist dabei leise, süß und liebenswert, der andere laut, bitter und beschämend. Die Pilger verarbeiten nachts ihre Etappen-Erlebnisse und viele stöhnen, reden, schreien, lachen, weinen, grummeln oder schnarchen. Dauernd steht einer auf, kramt in raschelnden Plastiktüten, wechselt seine Verbände oder nuckelt blubbernd an irgendeinem Trinkgefäß rum.

Für Manjarín trifft das alles nicht zu. Kein einziges Geräusch hat die unglaublich friedliche Stille auf diesem Berg in Tomás einsamer Pilgerhütte unterbrochen. Die Hunde haben kein einziges Mal angeschlagen. Selbst die Natur hat sich zurückgezogen. Kein Wind, kein Regen, kein Mäuschen oder ähnliches Getier hat sich geregt. Meine Pilgerfreunde schienen gar nicht wirklich hier zu sein. Niemand bewegte sich auch nur einen Millimeter. Ich hörte noch nicht einmal das Atmen der anderen. Ganz feine Schwingungen machten mir deutlich, dass wir hier zusammen alleine sind – eins sind.

Ich konnte die Hand nicht vor Augen sehen. Die friedvolle absolute Dunkelheit in Verbindung mit der „zauberhaften“ Stille ließ mich eine innere Ruhe finden, wie ich sie bisher noch nicht kannte. Manjarín scheint wirklich verzaubert zu sein. Es kommt mir so vor, als wäre die Welt „von ganz oben“ angehalten worden, nachdem Richard sein Lied zu Ende gesungen hatte. Die üblichen körperlichen Schmerzen waren wie weggeblasen. Ob der Geist sich für eine Weile vom Körper getrennt hat? Ich hatte den Eindruck, jeder von uns schwebte auf seiner eigenen, weichen Wolke durch die unendlichen Weiten des nächtlichen Universums, endlich einmal in der Lage, an gar nichts zu denken, mit dem sicheren Gefühl, gemeinsam rechtzeitig und wundervoll gestärkt sanft wieder auf der Erde zu landen. Ich bin fast dankbar dafür, so oft wachgeworden zu sein, denn es wäre schade, diese einzigartige Atmosphäre nicht wahrgenommen zu haben. Ich habe nicht alle bis ins Detail befragt, aber die anderen haben die Nacht ähnlich erlebt.

Nun dreht die Welt sich ganz normal weiter und ich merke, dass ich so langsam aber sicher zum Eiszapfen werde. Hätte ich geahnt, dass ich auf dem Jakobsweg auch einen Ausflug auf einer Wolke mache, hätte ich meinen Wintermantel mitgenommen. Der Schlafsack ist für das Abenteuer Camino Francés einfach zu dünn. Nachts auf 1500 Metern wird es empfindlich frisch. Das Aufstehen fällt mir folglich leicht. Ich kann es kaum erwarten, mich warm zu laufen.

Da ich hier in der Hütte nichts ausgepackt, geschweige denn gewaschen habe, ist der Rucksack schnell gefüllt. Um ehrlich zu sein, wache ich mit denselben Klamotten auf, mit denen ich gestern durch den Regen gelaufen bin. Weil es in Manjarín kein fließendes Wasser gibt, fiel die Dusche am Vortag aus. Ich komme mir furchtbar verwahrlost vor, möchte gar nicht wissen wie ich aussehe - für meinen ersten Besuch im Universum hätte ich mich gerne ein bisschen schicker und gepflegter präsentiert. Naja, die Engel werden es mir nachsehen.

Zähneputzen findet draußen vor der Tür auf der Wiese statt. Zum Umspülen hat jeder sein Wasserfläschchen dabei. Das muss reichen. „Liebes Universum, denke dringend daran, mich heute Abend in einem Hotel mit eigenem funktionstüchtigem Bad unterzubringen."

Zum Plumpsklo geh ich auf keinen Fall! Dem leichten Druck auf der Blase muss ich bis El Acebo standhalten. Es handelt sich lediglich um sieben Kilometer. Das wird ja wohl klappen, nachdem ich jegliche Nahrungsaufnahme verweigert habe, seit ich das hiesige „Dringendes-Bedürfnis-Häuschen" einmalig benutzt habe.

Während Ruddi ganz in Ruhe vor der Herberge frühstückt, schau ich mich im Morgengrauen ein bisschen um. Meine Heimat ist Dormagen, zwischen Köln und Düsseldorf gelegen. Wir haben zwar Hügel in der näheren Umgebung, aber direkt nach dem Aufwachen bietet sich mir eher die Aussicht auf die Nachbarhäuser und die Autobahn. Wenn ich mich anstrenge, kann ich auch einige Felder und – weit entfernt - unseren Tannenbusch erkennen. Heute Morgen brauchte ich nur zehn Schritte zu machen, um einen Sonnenaufgang vom allerfeinsten mitten in den Montes de León erleben zu dürfen. Ganz bewusst nehme ich mit tiefen Atemzügen die taufrische Luft in meine Lungen auf. Diese reine – ja, unschuldige – Brise verteilt sich deutlich fühlbar und nach mehr lechzend, in meinem ganzen Körper. So ungewöhnlich rückständig und verlassen dieser Ort auch sein mag, Körper und Seele lieben ihn.

Mein Blick fällt auf Richard und Celin, die auf einem Hügel vor der aufgehenden Sonne stehen. Sie sehen aus, als wären sie in diesem Moment erst von ihrer Reise aus dem Universum zurückgekehrt. Vielleicht blicken sie ihrer Wolke noch hinterher, die leise wieder davon gleitet. Sie würden ein schönes Paar abgeben. Wer weiß, vielleicht sind die beiden ja letzte Nacht eng aneinander gekuschelt durch die Nacht geflogen.

120) Richard und Celin im Sonnenaufgang

Tomás und seine Leute haben frischen Kaffee gekocht und ein einfaches Frühstück vorbereitet. Wir Pilger sitzen noch ein Viertelstündchen zusammen und dann verlassen wir nach und nach Manjarín. Richard, Celin und ich verabschieden uns gemeinsam von den Templern. Gerade als wir die vielen Wegweiser vor seinem Haus passieren, kommt Tomás herausgestürzt, läuft zu Celin und hängt ihr mit einem vielsagenden, liebevollen Blick eine Kette an ihren Wanderstab. Er winkt und ruft uns allen zu: „Buen camino!“ Sie hat Tränen in den Augen, läuft nochmal zu ihm und bedankt sich mit einer herzlichen Umarmung.

Es bleibt ihr Geheimnis, warum er ihr ein Abschiedsgeschenk gemacht hat. Sie verrät mir nur soviel: „Ich bin gestern Mittag schon hier angekommen und habe mir einige seiner speziellen Anwendungen geben lassen. Danach habe ich fast eine Stunde lang schweigend dagesessen und Tomás hat einige Rituale vollzogen. Das hat unendlich gut getan und wird für immer in meinem Herzen bleiben.“ Mehr möchte sie dazu nicht sagen. Ich dränge sie natürlich auch nicht, sehe nur, wie glücklich sie ist.

121) Wegweiser in alle Welt, vor der Herberge von Tomás

Jetzt fällt mir wieder ein, dass in meinem Reiseführer erwähnt wird, dass hier bei Bedarf gute Dienste geleistet werden und ich erfahre im Nachhinein, dass viele Pilger bewusst einen ganzen Tag hier verbringen, um genau diese einzigartigen und ganz persönlichen Erfahrungen mitzunehmen. Meine Meinung zu Manjarín ist, dass ich beim nächsten Mal zwar vier, fünf Stunden einplanen würde, um Tomás Dienste in Anspruch zu nehmen, aber im nächsten Ort übernachten müsste, weil für mich persönlich eine Toilette, Wasser und Strom zum Überleben dazu gehören. Es ist fast schade, dass ich zu denen gehöre, die sich wegen ein bisschen Luxus, eine solch außergewöhnliche Nacht beim nächsten Mal entgehen lassen würden.

Es ist 8.45 Uhr. Die nächsten drei Kilometer führen in leichtem Anstieg zum höchsten Punkt des Camino Francés auf 1515 Meter über dem Meeresspiegel. Die Aussicht ist atemberaubend. Gestern hatte ich in meiner Verzweiflung überhaupt keinen Sinn mehr dafür – oder war es zu neblig? Dafür genieße ich jetzt umso intensiver die Montes de León mit ihrem heute stahlblauen Himmel. Die Regenwolken haben wir diese Nacht auf unserer Reise weggepustet.

Bereits nach einem knappen Kilometer fällt mir der Mann mit seinem Welpen aus Tomás‘ Stall auf. Er steht plötzlich wie eine Statue mitten in der Landschaft an einer unübersichtlichen Stelle. Er sieht schon sehr arm und einsam aus. Seine Kleidung hat mit Sicherheit mindestens einen Vorbesitzer gehabt. Alles an ihm sieht so ausrangiert aus. Im ersten Moment ist mir ein bisschen mulmig. Die anderen Pilger sind alle schon weit voraus, außer Sichtweite.

Sicherheitshalber mache ich mich mal so groß ich kann: Knie durchgedrückt, Bauch rein, Brust raus und Kopf hoch. Beruhigend wirkt in diesem Moment Ruddi auf mich. Er beachtet den Mann gar nicht. Normalerweise bellt mein Hund ganz aufgeregt, wenn etwas rumsteht, das ihm nicht geheuer ist, selbst wenn es eine Plastiktüte ist, die sich unangemeldet in seiner gewohnten Umgebung niedergelassen hat. Ich atme nochmal tief durch und gehe, grußlos und ohne ihn anzusehen, meinen Weg. Er bleibt regungslos stehen, sein Welpe scheint sich unsichtbar gemacht zu haben. Selbst Ruddi scheint seinen Artgenossen noch nicht einmal gewittert zu haben. Wir gehen jedenfalls an dem Mann vorbei als wäre er gar nicht da. Hm, was war das denn? Komische Situation, aber es kann ja auch sein, dass er schlicht und ergreifend einfach nur ein bisschen spazieren geht und anderen Menschen gegenüber sehr schüchtern ist.

Schon wenige hundert Meter später mach ich mir keine Gedanken mehr über ihn. Ab jetzt habe ich ganz andere Probleme. Ich stehe nun, nachdem ich die Landstraße überquert habe, an einem schwindelerregenden Berghang und muss einen Weg betreten, der an einen ausgetrockneten Flusslauf erinnert. In den Pyrenäen habe ich solche Abschnitte auch schon bewältigt, aber das hier ist eine ganz andere Liga. Ich vergesse fast zu atmen. Wie soll ich da bloß runter kommen? Lose, dicke Felsbrocken und kleine Steine „zieren“ den Pfad. Ich kann mit den Augen nicht mehr als einen Schritt vorausplanen. Jeden einzelnen muss ich im absoluten Hier und Jetzt spontan kreieren.

Schwer bepackt steht mir eine Klettertour nach unten bevor. Innerhalb der nächsten vier Kilometer gilt es fast 400 Höhenmeter abwärts zu bewältigen. Im Schnitt also pro Kilometer 100.

122) zwischen Manjarín und El Acebo, der höchste Punkt des Caminos

123) zwischen Manjarín und El Acebo

Das ist viel zu steil! Wenn ich an dieser Stelle hinfalle, rolle ich garantiert gnadenlos und ungebremst bis ins Tal.

Ich versuche mich zu beruhigen. Schritt für Schritt, meine Wanderstöcke mit Bedacht einsetzend, beginne ich mutig den Abstieg. Der Rucksack drückt mich natürlich zusätzlich vorwärts. Ohne die Stöcke könnte ich das nicht bewältigen. Meine Knie fangen an zu zittern und ich spüre, wie sich zuerst meine Gesichtszüge und nach und nach der ganze Körper vor lauter Anspannung versteinern. Kalt ist mir schon lange nicht mehr. Im Gegenteil, ich wandere im eigenen Saft. So geht das nicht! Ich muss locker bleiben!

An einer relativ sicheren Stelle bleibe ich, auf meine Stöcke gestützt, stehen. Mit tiefen, bewussten Atemzügen tanke ich frischen Mut und neue Energie. Ich lasse die Schönheit dieser unberührten Berglandschaft noch tiefer in mein Herz. Ganz langsam entspanne ich mich wieder. „Wie viele Pilger sind hier schon runter gelaufen. Es liegen keine Leichen oder Skelette am Abhang. Du schaffst das, wenn Du ruhig bleibst und Dir Zeit nimmst. Step by step!" erzähle ich mir selbst so überzeugend, dass es weitergehen kann.

Ungefähr nach einer halben Stunde, glaube ich, meinen Augen nicht trauen zu können. Da ist er wieder! Der Mann mit dem Welpen! Wie kommt der denn hierhin? Sicher ist, dass er mich nicht überholt hat. Gibt es hier vielleicht unterirdische Gänge, wie in Köln die U-Bahn? Vielleicht sogar mit Bars und Toiletten? Mein Reiseführer erwähnt so etwas jedenfalls nicht!

Wie zuvor steht er einfach nur da. Das Hundebaby hat er nun auf dem Arm. Der will mir doch nix, die Gelegenheit hätte er eben schon gehabt. Ich grüße ihn mal mit einem abgekämpften „Hola" und schau ihm sogar ins Gesicht. Mit freundlichen Augen antwortet er: „Buen camino!" Durch die Widrigkeiten der Wegbeschaffenheit bewege ich mich in Zeitlupe an ihm vorbei. Mir kommt die Idee, dass er es sich zur Aufgabe gemacht haben könnte, mich, als letzten Pilger in der heutigen Schlange, bis El Acebo im Auge zu behalten und eventuell sogar aufzusammeln, wenn ich hier stolpere oder gar abstürze. Wie ist der bloß unbemerkt an mir vorbeigekommen?

Ich quäle mich weiter Schritt für Schritt Richtung Tal. Man stelle sich nur mal vor, ich hätte mich gestern Abend im Dunkeln und bei Regen auf diese Piste gewagt. Ich spekuliere, ob Tomás das überhaupt zugelassen hätte. Ich bin davon überzeugt, dass er mich eher gefesselt und angekettet hätte.

Eine gute Stunde später, nach einer Haarnadelkurve, bleibe ich nochmal stehen und wage einen Blick in die Ferne. Hurra! Ich sehe die schiefergedeckten Dächer von El Acebo. Dieser Ausblick ist atemberaubend und einmalig. Das sind die schönsten Dächer, die ich je gesehen habe. Noch ein paar hundert Meter, dann ist es geschafft. Ich fantasiere von einem WC, anschließendem Essen und Café con leche. Meine Blase und der Hunger plagen mich schon seit einer ganzen Weile. Mein Körper fühlt sich sehr vernachlässigt und wenn ich mir Ruddi so ansehe, ist der auch heilfroh, wenn wir unten sind. Für ihn war es ebenfalls ein schwerer Weg. Mit seinen dünnen Beinchen und klitzekleinen Pfoten musste er sich - wie ich - jeden Schritt dreimal überlegen.

Da ist er wieder! Jetzt bin ich mir sicher. Er ist mein in Lumpen gekleideter Schutzengel! Zumindest für heute. Zustimmend nickend und zufrieden lächelnd steht er am Wegesrand. Same procedure: „Hola!“ „Buen camino!“ Frage ich mich gerade ernsthaft wieder, wie er an mir vorbeigekommen ist? Ich werde es nie erfahren. Aber so langsam gibt mir sein plötzliches Erscheinen so etwas wie Sicherheit. Keine Spur mehr von Angst oder mich-mulmig-fühlen. Tja, es ist schon eine besondere Gegend.

In El Acebo schleppe ich mich mit letzter Kraft in die erstbeste Bar. Sie ist gerammelt voll. Ich lasse mich völlig erledigt auf einen freien Stuhl fallen und bin gerade dabei, im Rucksack nach Ruddi’s Kuscheldecke zu kramen, als ich mit viel Tamm-Tamm von zwei Menschen angesprungen werde. Sie umarmen und knutschen mich. Ruddi ist ebenfalls komplett aus dem Häuschen und springt an den beiden hoch. Es dauert eine Weile, bis ich realisiert habe, wer mich da fest umschlungen hält. Es sind Mary und Lynn aus Vancouver. Meine beiden Pilgerfreundinnen aus längst vergangenen Zeiten und Etappen. Ich raste förmlich aus vor lauter Freude. Das gibt es doch gar nicht! Wie lange haben wir uns nicht gesehen? Wie gewohnt und unvergessen tauschen wir uns mit Englisch, Spanisch, Händen und Füßen aus. Unter amüsierter Beobachtung der vielen anderen Gäste, gackern wir wie die Hühner, wenn endlich der Hahn aus dem Urlaub kommt.

Ruddi kann sein Glück auch kaum fassen. Wie „früher“ haben Lynn und Mary jede Menge Köstlichkeiten für ihn im Rucksack. Damit nicht genug, wandert er natürlich von einem Schoß zum anderen und genießt tausend Streicheleinheiten. Momentan ist er der glücklichste Hund auf der ganzen Welt und ich bin die glücklichste

Pilgerin auf den gesamten 784 Kilometern Jakobsweg. Gerade diese beiden Frauen wiederzusehen …! Wir haben vom ersten Tag an für eine relativ kurze, aber umso intensivere Zeit die Tücken des Caminos zusammen bewältigt. Es ist zu vergleichen mit dem Gefühl, die gesamte Jugend gemeinsam verbracht zu haben und sich im Erwachsenenalter endlich wiederzusehen. Noch ein Moment mehr, den ich mein ganzes Leben lang nicht vergessen werde.

124) El Acebo, mit Mary und Lynn aus Vancouver

Nach einigen Croissants und Cafés con leche machen wir uns gemeinsam auf den Weg aus dem wunderschönen El Acebo - übrigens das erste Dorf des Bierzo - mit seinen 50 Einwohnern heraus. In einer kleinen Tienda kaufen wir noch gemeinsam Wasser und ein paar Snacks für den nächsten Teil der Bergtour runter nach Riego de Ambrós und beginnen dann schweren Herzens, aber glücklich uns wiedergefunden zu haben, getrennt einen weiteren Abschnitt der heutigen Etappe.

Die folgenden 3,6 Kilometer beinhalten zwar auch wieder gute 200 Höhenmeter, aber zunächst über die Landstraße. Das ist ja einfach! Da muss ich lediglich die Handbremse leicht angezogen lassen, aber nicht mehr ständig auf meine Füße gucken. Ruddi muss zwar wegen des

Autoverkehrs an der Leine laufen, aber auch er findet es momentan sehr entspannend.

Nach ungefähr zwei Kilometern verläuft der Camino dann weiter durch die wilde, ursprüngliche Berglandschaft. Dieser Abschnitt ist nicht ganz so steil, wie der von heute Morgen, aber trotz allem sehr tückisch. Weit und breit ist wie gewohnt - und doch immer wieder erstaunlich - keiner der vielen Pilger zu sehen, die sich in El Acebo getummelt haben. Wollen Sie es von mir schwarz auf weiß haben oder können Sie es sich schon denken, wer hinter der nächsten Kurve auf mich wartet? Nein, nicht Mary und Lynn! Mein Schutzengel! „Hola!" „Buen camino!" Mir kann heute nichts passieren, dessen bin ich mir sicher. Dieser Mann muss ein überzeugter Templer sein!

In dem kleinen Dorf Riego de Ambrós finde ich eine schöne Bar mit Außenterrasse. Da wir von Bergen umgeben sind, muss ich mit meinen, vom ständigen Bergablaufen, butterweichen Knien, gefühlte dreihundert Treppenstufen erklimmen, um an ein Getränk zu kommen. Stöhnend und ächzend schaffe ich auch das noch. Ich bin der einzige Gast, suche mir den schönsten Platz aus, atme ganz ruhig und tief durch und lasse meine Seele baumeln. Ich könnte den Rest des Tages einfach hier sitzen bleiben.

Eine junge Japanerin gesellt sich zu mir. Sie hat nur zwei Wochen auf dem Camino und ist sehr traurig darüber, dass die Hälfte der Zeit bereits rum ist. Genau wie mir, gefällt es ihr, einfach den lieben langen Tag zu laufen. Wir philosophieren darüber, warum uns das so gut gefällt, obwohl jeder Muskel und Knochen im Körper wehtut. Wir fühlen uns frei, wir haben keine Verpflichtungen, wir lassen uns auf wildfremde Menschen ein und sind fasziniert von der Vielfältigkeit des Wanderlebens an sich. Es gibt kein zurück, es geht ständig voran. Nichts wünscht man sich so sehr, wie sein Ziel endlich zu erreichen und doch stimmt es einen unendlich traurig, dann nicht mehr weiter laufen zu müssen.

So, jetzt aber ab, den Rest des Berges bezwingen! Molinaseca wartet auf mich. Es sind noch gute vier Kilometer und 340 Höhenmeter. Es ist die Hölle! Was für ein Glück, dass ich nicht einen Tag früher hier unterwegs war. Bei dem Regen, der mich die letzten Tage beglückt hat, wäre dieser Weg definitiv nicht begehbar gewesen. Nein! Auf keinen Fall! Ich laufe über blanken Fels. Selbst im trockenen Zustand habe ich ständig Angst, aus- oder runterzurutschen. Es ist so unglaublich steil. Der irische Schriftsteller W. Starkie hat es mal so ausgedrückt: „Molinaseca ist eine bezaubernde kleine Oase auf einer furchterregenden Reise.“

125) vor Molinaseca, ein sehr steiniger, sehr steiler Weg

Mir kommt der Gedanke, dass ich in Riego de Ambrós Millionen mit einem Laden für Bergsteiger-Ausrüstungen machen könnte. Auf dem Schild vor meinem Laden würde stehen: „Vorsicht! Nach Molinaseca muss der Pilger über eine 1000 Meter lange Rutschbahn aus Fels. Wenn ihm sein Leben lieb ist, braucht er Seil, Abseilachter, Karabiner und Steigeisen.“ Okay, bis hierher hab ich es auch ohne überlebt, aber es war schon einige Male sehr knapp. Die Adrenalinstöße haben mich wahrscheinlich am Leben gehalten. Es ist wie beim Skifahren, wenn die „rote“ Piste plötzlich Mörder-Buckel wie eine schwarze aufweist. Auf so einer Strecke funktioniere ich einfach, zu viel Denken macht nur Angst - weiter nichts. Augen auf und durch.

Für das Leichtgewicht Ruddi ist die Rutsche Gott sei Dank wie ein Spaziergang im Stadtpark. Er hat immer ein Auge auf mich und mein Treiben. Jedesmal wenn ich denke „es geht nicht mehr“ feuert er mich an. Über die mittelalterliche Brücke Puente de los Peregrinos

(Pilgerbrücke) überqueren wir den Fluss Meruelo. Mit letzter Kraft, aber überglücklich erreichen wir Molinaseca.

gleicher Tag (insgesamt 568,6 km gelaufen)
Molinaseca (771 Einwohner), 590 m üdM, Provinz León
Hotel, Einzelzimmer, 40 Euro inklusive Frühstück

Die Sonne strahlt auf diesen Ort und ich kann Mister Starkie nur zustimmen. Träume oder wache ich? Hier herrscht eine ganz besondere Atmosphäre. Ich nehme Ausgeglichenheit, Frieden, Ruhe, Glück und Gelassenheit wahr. Molinaseca hat eine magische Anziehungskraft. Alles scheint zu glitzern und mir zuzurufen: „Fühl Dich einfach wie zuhause. Wir haben auf Dich gewartet und freuen uns, dass Du gesund und munter angekommen bist. Wir haben alles für Dich vorbereitet. Lass Dich einfach überraschen!"

Ich kann mein Glück kaum fassen. Darauf einen Café con leche! Glücklich und zufrieden setze ich mich vor einer der vielen Bars in einen bequemen Stuhl, genieße die untergehende Sonne und das Ende der überaus strapaziösen, abenteuerlichen, fünfzehn Kilometer kurzen Etappe. Ganz tief in Gedanken versunken blicke ich auf den Berg, den ich eben heruntergekommen bin. Mir wird noch einmal bewusst, wie gegensätzlich gerade die letzten beiden Tage waren. Himmelhochjauchzend und zu Tode betrübt war ich unterwegs. Mir fällt das Ehepaar aus dem schicken Café in León ein. Ich bin so dankbar für ihre aufbauenden Worte: „Es wird auch wieder leichter. Sie erwarten noch einzigartige Landschaften und mit Sicherheit großartige zwischenmenschliche Erfahrungen." Wie wahr! Hätte ich in León ein Taxi zum Flughafen bestellt, blickte ich jetzt, unendlich enttäuscht von mir selbst, auf die Nachbarhäuser in Dormagen. Nicht auszudenken! Auch ohne genau zu wissen, was ich verpasst hätte, könnte ich mir den Abbruch des Jakobswegs niemals verzeihen.

So langsam sollte ich mich um ein Bett für die Nacht kümmern. In einer Gasse entdecke ich den Hinweis auf ein Hotel. Aber wo ist der Eingang? Ich finde lediglich eine Klingel neben einer sehr großen, antiken Stadthaus-Tür. Ein Hoteleingang sieht anders aus. Da ich keine Lust habe, weiter durch die Straßen zu irren, lass ich mich nicht irritieren und drücke fest entschlossen auf die Klingel. Nichts, keine Regung. Na dann, gleich nochmal! Immer noch nichts! Schön dranbleiben, sagt mir mein Gefühl und ich gehe in die dritte Runde. Na also, geht doch! Die obere Hälfte der gewaltigen Holztür öffnet sich und eine typische Flamenco-Tänzerin begrüßt mich mit einem strahlenden Lächeln.

Ja, sie haben Zimmer frei. Der Eingang befindet sich um die Ecke. Es sind wohl so hundert Meter - ich will schon aufgeben – da entdecke ich zwei schöne spanische Tänzerinnen auf einem riesigen Balkon, der von aufwendig verzierten Säulen gestützt wird. Sie winken mir temperamentvoll zu und rufen mich lachend heran. Über eine breite Treppe erreiche ich den Eingang. Es dauert eine Weile, bis sich eine der Señoritas bei mir einfindet.

Ich stehe in einem riesengroßen und sehr hohen Raum. Ich bin tief beeindruckt, fühle mich wie in einem Schloss. Der Boden ist mit sehr großen Kieselsteinen geschmackvoll gefliest. In regelmäßigen Abständen findet man kleinere Kiesel, die einen Rahmen um die größeren bilden. Riesige Bruchsteine zieren von oben bis unten die Wände. Schwere und wertvolle Holzmöbel wurden um einen wunderschönen Kamin herum großzügig angeordnet. Dazwischen befindet sich ein offenes Rotweinfass für alle Gäste, die es sich auf den großen, weichen Kissen auf den Bänken, die den Kamin abgrenzen gemütlich machen wollen. Etwa zwanzig Zentimeter dicke Holzregale sind mit etlichen Weinflaschen bestückt. Runde Glastische, deren Grundgerüst Wagenräder sind, schmiegen sich ebenfalls umlaufend mit dem nötigen Abstand zu den Bänken um den Kamin. Auf antiken, schweren Sideboards wird morgens das Frühstücks-Buffet angerichtet. Im ganzen Raum verteilt findet man landwirtschaftliche Gerätschaften aus längst vergangenen Zeiten. Ich sehe auf den ersten Blick, dass dieses Haus ungewöhnlich gut gepflegt ist. Ich kann fühlen, dass es seit Jahrhunderten aus tiefstem Herzen geliebt wird.

Über eine breite Holztreppe erreichen wir die obere Etage und befinden uns nun in einem sehr großzügigen runden Raum, der ähnlich dekoriert ist, wie der untere. Einige Sitzecken mit gemütlichen Polstern laden zum Verweilen ein. Von hier aus erreicht jeder Gast sein Zimmer. Mir fällt auf, dass es ungewöhnlich viele gebundene Bücher gibt. Während die Señorita mit mir zu meiner Zimmertür schreitet – mein Gang ist nach der Bergwanderung leider nicht mehr ganz so graziös – erfahre ich, dass der Vater oder Großvater der Señorita Schriftsteller ist oder war. Ich komme aus dem Staunen gar nicht mehr heraus. Das Zimmer steht dem bisher gesehenen in nichts nach. Als erstes fällt mir mit einem Ausruf des Entzückens jedoch auf, dass auf dem riesengroßen Bett ein dickes, kuscheliges Plumeau liegt. Das ist für Spanien ungewöhnlich. Normalerweise deckt man sich hier mit mehreren dünnen Decken zu.

Plötzlich kommt mir der Gedanke, dass ich diese Übernachtung vielleicht vor Antritt der Reise besser bei meiner Hausbank finanziert hätte. Ob ich das bezahlen kann? Ich will aber auch nicht mehr weg! Das Bett, die Dusche, der Ausblick, das ganze Ambiente faszinieren mich so sehr. Vorsichtig frage ich nach dem Preis und jubiliere innerlich. 40 Euro inklusive Frühstück und der Hund ist auch im Preis drin. Sofort rutscht mir der Rucksack von den Schultern.

Wie immer, will ich sofort die Zimmermiete bezahlen. Ach du Schande, ich habe nicht mehr genug Bargeld. Ich will ja auch noch essen gehen. Auf meine Frage, wo der nächste Geldautomat ist, bekomme ich ein klares „no hay cajeros automáticos (es gibt keinen Geldautomaten)“. Bevor ich in Panik verfallen kann, beruhigt mich meine Vermieterin. Sie macht mir mit Händen und Füßen klar, dass sie mir vertraut und ich morgen in Ponferrada zur Bank gehen und ihr den Betrag überweisen könnte. Ja, das außergewöhnlich gute Gefühl, als ich Molinaseca erreichte, hat mich nicht getrügt. Sie haben wohl tatsächlich auf mich gewartet und wollen, dass ich mich wirklich willkommen fühle. „Gracias de todo corazón, señorita (herzlichen Dank).“

Niemand kann sich vorstellen, wie sehr ich gerade die Dusche genieße. Lange - sehr lange! – stehe ich glücklich lächelnd unter dem warmen Wasserstrahl und lasse mich berieseln. Dann mache mich so schick, wie es die Ausrüstung eines Pilgers hergibt und schlendere durch die Gassen auf der Suche nach dem richtigen Restaurant. Dabei komme ich auch an dem Café vorbei, wo ich eben so gemütlich in der Sonne gesessen habe.

Ich führe schon wieder Freudentänze auf! Da sitzt doch tatsächlich Mary mit einer mir unbekannten Frau in eine angeregte Unterhaltung vertieft. Wortlos falle ich in den freien Stuhl an diesem Tisch. Bruchteile einer Sekunde reichen, um Mary aus der Fassung zu bringen.

Nach einer stürmischen Begrüßung genießt sie Ruddi's Nähe noch mehr, als er ihre liebevolle Zuwendung und ich muss mit ansehen, wie mein Hund auf ihrem Schoß sitzend, seine Schnauze auf den Tischrand legt und seine Augen zufrieden zu kleinen Schlitzen werden lässt.

Was soll ich viel erzählen … Mary, Lynn, Francine aus Belgien samt ihren Schwestern und ich verbringen den Abend in einem von ihnen ausgesuchten Restaurant. Die Stimmung ist grandios - das Lokal voll besetzt. Bei einigen Gläsern Rotwein und einem herzhaften Pilgermenü lassen wir es bis spät in die Nacht so richtig krachen.

126) Molinaseca, mit Mary

Endlich im Bett, melden sich meine Muskeln ziemlich deutlich. Alles tut mir weh. Mein Körper schreit nach Erholung. Kein Wunder, nach den letzten beiden Tagen durch die Berge und alle Naturgewalten, die sie aufzubieten haben. Ich mache mir noch einmal bewusst, dass ich heute auf fünfzehn Kilometern über 900 Höhenmeter bewältigt habe. Das ist krass! Mann, bin ich gut! Ich decke Ruddi in seinem Taschenbett zu und hab Tränen in den Augen. Was dieser kleine schwarze Mischlingsrüde so drauf hat, ist gigantisch. Nach einem Küsschen auf seine Stirn und beruhigenden, dankbaren Worten zu meinem Körper schlafe ich glückselig ein.

Montag, 12. Mai 2008
Molinaseca (771 Einwohner), 590 m üdM, Provinz León
28. Etappe bis Villafranca del Bierzo, 31 km

Direkt nach dem Aufwachen werde ich von einem aggressiven Kater belästigt. Könnte mir vorstellen, dass der sich ständig hier herumtreibt und alle Pilger unsanft aus ihren Träumen von der gestrigen sagenhaften Berglandschaft in die Realität zurückholt. Ich traue mich gar nicht aus dem Bett, so furchtbar faucht der. Er heißt Muskelkater und lässt sich nur durch stetige Bewegung vertreiben. Also überwinde ich mich, setze - trotz „panischer" Angst vor einem Angriff - vorsichtig ein Bein nach dem anderen auf den Fußboden. Er geht in Deckung, gibt mir aber deutlich zu verstehen, dass ich mich ja nicht zu abrupt bewegen sollte. Er bleibt bis nach der Morgentoilette in Angriffsstellung, aber schon beim Rucksackpacken habe ich ihn soweit im Griff, dass ich mich wieder einigermaßen frei rühren kann.

Das Frühstücks-Buffet ist ein Traum. Es ist genauso perfekt bestückt, wie das riesige Kaminzimmer eingerichtet ist. Trotz der Größe strahlt der Raum Gemütlichkeit und Wärme aus. Außer mir hält sich momentan nur ein Ehepaar aus England hier auf. Sie sind gerade dabei, den ersten Kaffee zu trinken. Ich erkenne sofort, dass das keine Pilger sind. Sie wiederum identifizieren mich spontan als solchen und bieten mir an ihrem Tisch einen Platz an. Gerne setze ich mich zu ihnen und beantworte alle ihre Fragen.

Sie sprechen ein bisschen Deutsch und ich ein bisschen Englisch. Mit großen Augen hören sie mir gespannt bei meinen Ausführungen über die Pilgerschaft zu. Zum ersten Mal wird mir so richtig bewusst, wie viel ich nach 570 Kilometern mit Hund auf dem Jakobsweg zu erzählen habe. Wenn sie alles wissen wollen, müssen wir noch ein, zwei Tage in diesem traumhaften Hotel verbringen. Ich glaube sie bekommen so langsam Lust, sich auch einmal auf den Camino zu wagen.

Kurz nach neun reiße ich mich am Riemen und mache mich auf den acht Kilometer langen Weg nach Ponferrada. Insgesamt habe ich für heute unglaubliche 31 Kilometer eingeplant. „Denn man tou!" wie der Norddeutsche sagen würde. Die letzten beiden Tage lag ich mit 21 und 15 Kilometern weit unter dem Tages-Durchschnitt. Es nützt ja nix, da müssen Ruddi und ich heute mal ein bisschen Gas geben. Ich habe die Hoffnung, dass wir übern Berg sind und zur Abwechslung mal wieder schön flach unterwegs sein können. Wenn alles gut geht, übernachte ich also in Villafranca del Bierzo.

Am Ortsausgang werfe ich noch einen letzten Blick zurück auf Molinaseca. Die Sonne strahlt aus einem wolkenlosen dunkelblauen

Himmel und lässt alles noch schöner und freundlicher erscheinen, als es sowieso schon ist. „Danke für alles!"

Auf einem gepflasterten, ziemlich breiten Bürgersteig führt der Camino ganz bequem über sanfte Hügel an einer mäßig befahrenen Landstraße entlang. Meditatives Gehen! Nicht denken, einfach treiben lassen. Traumhaft! Es geht fast von alleine. Ich genieße den Weg durch das Bierzo, das von ziemlich hohen Bergen umgeben ist. Ich will die Schönheit dieser Landschaft aufsaugen, konzentriere mich völlig darauf und verpasse schön den gelben Pfeil der dem aufmerksamen Pilger den rechten Weg weist. Schade, der hätte mich von der Landstraße weg durch die Felder geführt. Ich bleibe cool, denn auf diesem Weg komme ich ebenfalls ganz sicher nach Ponferrada. Das zeigen mir die Hinweisschilder für Autofahrer deutlich an.

Kurz vor der Stadt stolpere ich über eine weggeworfene Burger-Tüte. Ich staune nicht schlecht. Sowas gibt es hier also auch? Der Camino Francés hat mich auf 570 Kilometern noch kein einziges Mal an so einen Laden herangeführt, oder? Wahrscheinlich bin ich mit ganz eng anliegenden Scheuklappen durch die wirklich großen Städte gelaufen. Na super, jetzt habe ich Heißhunger auf Fastfood! Hoffentlich liegt der Laden auf meinem Weg. Bei 31 Tageskilometern kann ich mich nicht auch noch auf die Suche machen.

Meine erste Tat in der City ist die Überweisung der Hotelrechnung. Ponferrada, die Hauptstadt des Bierzo, hat 62.000 Einwohner und die scheinen alle auf den Beinen zu sein. Jede Menge Betrieb, viele Geschäfte, viel Verkehr, viele Menschen, die zum Einkaufen unterwegs sind. Eine Bank ist schnell gefunden. Ich muss mich in eine lange Schlange stellen. Oha, hoffentlich geht das schnell! Ich muss weg! Könnt ihr mich nicht vorlassen? Ungeduldig tippel ich von einem Bein auf das andere. Eine Bankangestellte erkennt wohl meine Not und hat Erbarmen. Sie winkt mich an ihren Schreibtisch und fragt, wie sie mir helfen kann. Sehr zuvorkommend und freundlich nimmt sie mich mit in ein kleines Büro und überweist für mich die 40 Euro nach Molinaseca.

Vor einem Supermarkt steht eine Parkbank unter einem großen Baum. Das ist die Gelegenheit, noch schnell ein paar Croissants und Wasser zu besorgen. Ruddi kann im Schatten gemütlich auf mich warten. Ich leine ihn an der Bank an und frage einen Mann, der es sich bequem gemacht hat, ob er einen Moment auf meinen Hund aufpassen kann. „Sí, claro (ja klar)!" Blitzschnell finde ich im Laden alles was ich brauche und habe von der Schlange an der Kasse aus, einen guten Blick auf das, was draußen mit meinem Schnurzel passiert. Zwei Leute knien vor ihm und tun so, als ob sie ihn kennen. Der von mir engagierte Hundesitter sieht gerührt zu, lässt sie aber nicht aus den Augen. Na, da bin ich aber mal gespannt, wer sich so intensiv mit Ruddi beschäftigt!

Nach einer halben Ewigkeit komme ich endlich aus dem Geschäft und freue mich ein weiteres Loch in den Bauch als das Rätsel gelöst wird. Das sind Thomas und Gabi, das junge Pärchen aus der Bar in Rabanal. Der nette Señor, der mir geholfen hat, freut sich mit uns. Ich erzähle den beiden, dass ich bei Sturm und Regen heulend am Cruz de Ferro vorbeigelaufen bin und in Manjarín übernachten musste, weil Ruddi in Foncebadón unerwünscht war. Sie haben Tränen in den Augen und möchten es gar nicht glauben: „Wir haben uns schon so etwas gedacht, wärst Du doch in Rabanal geblieben, dann wäre Dir viel erspart geblieben. Du Arme! Wir haben die Herberge von Tomás ja gesehen und können uns gar nicht vorstellen, dort zu übernachten.“ Ich erzähle ein bisschen detaillierter von meinem Erleben auf dem Berg, um sie zu beruhigen. Sie zeigen echte Anteilnahme. „Ich habe aber auch in Molinaseca übernachtet und es ganz besonders gut angetroffen. Dieser Ort hat was Himmlisches an sich!“ Sie nicken mit leuchtenden Augen durchgehend und bestätigend mit dem Kopf, als ich begeistert davon erzähle. Obwohl sie selbst nur auf einen Kaffee dageblieben sind, haben sie auch den Glitzer über dem Ort gesehen.

Es fällt uns so schwer uns voneinander zu verabschieden, aber die heutige Etappe ruft immer lauter. Thomas und Gabi müssen noch im Hotel ihre Rucksäcke abholen und so mache ich mich alleine mit Ruddi wieder auf den Weg. Es ist übrigens keine Fastfood-Kette in Sicht, aber mein Heißhunger ist auch schon wieder verflogen.

Ponferrada hat viel Zeit in Anspruch genommen und ich bin froh, dass der Weg tatsächlich ganz einfach zu laufen ist. Die meiste Zeit bewegen wir uns auf einer Landstraße, wo nur ab und zu mal ein Auto vorbeikommt. Es ist wieder ganz schön warm in der Mittagssonne, aber es hält sich in Grenzen. Ruddi ist noch rasant unterwegs. Die kleinen Ortschaften, die wir durchlaufen, sind sehr gepflegt. Hier stehen viele schicke und moderne Einfamilienhäuser mit geschmackvollen Vorgärten. Es ist nicht zu übersehen, dass das Bierzo eine der reichsten Gegenden in der Provinz León ist.

In einer Eck-Kneipe in Camponaraya nach insgesamt fast 18 Kilometern gönne ich uns eine Pause. Es ist sehr laut hier drin, aber auch amüsant. Vier ältere Männer spielen Karten. Sie versuchen sich zu konzentrieren, jeder will gewinnen. Sie haben fünf Kinder dabei. Es scheinen die Enkelkinder zu sein. Sie sind so zwischen vier und sechs Jahre alt und, wie es sich in diesem Alter gehört, voller Energie. Ihr Spiel heißt „Opa nerven". Wild und laut lachend toben sie um den Tisch herum und zupfen neckend an den Karten, die die Opas krampfhaft in den Händen halten. Die lassen sich aber nicht wirklich vom Karten abhalten und versuchen, das Benehmen der Kinder zu ignorieren. Das finden sie total doof und setzen noch einen drauf. Jetzt klettern sie an ihren Opas hoch und fangen mit einem Umstyling an. Mit wilden Frisuren bleiben die Blicke der Senioren starr auf die Karten gerichtet - es hat ein bisschen was von Wahnsinn … Erst als neu gemischt werden muss, fällt ihnen auf, wie der jeweils andere aussieht. Ich hätte als Kind mächtig Ärger bekommen, wenn ich meinen Vater oder Opa beim Kartenspiel so genervt und zugerichtet hätte – vor allem in der Öffentlichkeit. Und was passiert hier. Die Männer gucken sich an, brechen in schallendes Gelächter aus und klopfen sich auf die Schenkel. Das Ende vom Lied ist: Die Kinder haben die Karten in ihre Gewalt bekommen und dürfen auch mal eine Runde spielen. Die Spanier haben eben große Herzen und leben die Gelassenheit. Na, dann kann ich ja beruhigt meinen Weg fortsetzen.

127) Pilgerpass Teil 3, bis Ponferrada

Ein sehr steiler Weg führt mich auf einen Steg. Auf ihm überquere ich die A6 und gehe weiter auf Feldwegen zwischen Weingärten. Und wieder ist die Landschaft atemberaubend schön und hügelig. Obwohl es lecker warm ist und noch gute dreizehn Kilometer vor mir liegen, bin ich zuversichtlich, es bis Villafranca del Bierzo zu schaffen.

Es ist zehn vor fünf als ich mitten in diesem Weinbaugebiet an einem handgemachten hölzernen Hinweis vorbeikomme auf dem steht „Santiago de Compostela 195". Kaum zu glauben: Wir haben die 200-Kilometer-Marke unterschritten. Ich drehe mich im Kreis. Santiago ist zum Greifen nah und doch so fern. Der Frankfurter Flughafen ist von meinem Zuhause 195 Kilometer entfernt. Mit dem Auto sind wir da locker zwei Stunden unterwegs. Der ICE braucht nicht mal eine Stunde. Mir bleiben noch acht, allerhöchstens neun Tage zum Laufen. Acht Tage wären besser; ich will ja noch mit dem Bus nach Fisterre. Schaffe ich das? Was für eine Frage?! Na klar! Wer oder was sollte mich aufhalten? Das macht durchschnittlich knappe 24 Kilometer am Tag. Ich liege also genau im Plan. Ich empfinde in diesem Moment viel Stolz und Ehrfurcht vor mir selbst, dass ich es bis hierhin schon geschafft habe. Was für ein Gefühl!

128) Ruddi vor Cacabelos, nur 195 Kilometer vor Santiago de Compostela

Ich setze mich an den Wegesrand. Ruddi legt sich wie immer in meinen Schatten und sieht mich mit treuen Augen an. Ich streichle diesen kleinen Körper, die langen, schlanken Beinchen und die kleinen, pechschwarzen Pfoten. Es stecken so viel Kraft und Ausdauer, Mut und Gelassenheit in diesem Hund. Wie oft werden gerade kleine Hunde – meistens von Nicht-Hundemenschen - als Schoßhündchen abgestempelt? Die Pilger, die uns auf diesem langen Weg bisher begegnet sind, bewundern ihn täglich und können es nicht glauben, dass er wirklich – bis auf ganz kleine Ausnahmen - immer selber läuft. Er und ich waren all die Jahre schon ein sehr gutes Team, aber der Jakobsweg mit all seinen unvorhersehbaren Gegebenheiten hat unsere Mensch-Hund-Beziehung zu einer einzigartigen gemacht. Jedesmal, wenn ich auf dieses kleine und so großartig disziplinierte Energiebündel sehe, fühle ich eine tiefe Liebe in meinem Herzen.

In Cacabelos gibt es noch einen Café con leche auf die ganz Schnelle. Es fehlen noch gute sieben Kilometer und mein Reiseführer verspricht mir einige Auf und Abs. Zunächst geht es auf einer Landstraße weiter, die ziemlich gut befahren ist. Es fängt leicht zu regnen an. Ich überlege, ob ich mir meinen Poncho antue oder nicht. Ehrlich gesagt, ist er ja auch ein bisschen lästig und außerdem ist mir warm. Ich warte noch, bin ja nicht aus Zucker. In der Tat geht es ständig kurz aber heftig steil bergauf und bergab.

Ungefähr drei Kilometer vor Villafranca del Bierzo geht es auf Feldwegen weiter. Der Regen ist stärker geworden und die Stadt, in der ich auf jeden Fall übernachten muss, kommt immer näher. Damit ich Ruddi rechtzeitig verstecken kann, kommt mein Poncho nun doch zum Einsatz. Ich kann heute kein Risiko eingehen. Nach 31 Kilometern spielt mein Körper nicht mehr mit. Meine Ventile klappern jetzt schon.

gleicher Tag (insgesamt 599,6 km gelaufen)
Villafranca del Bierzo (2631 Einw.), 511 m üdM, Provinz León
Ein-Sterne-Hostal, Doppelzimmer, 45 Euro ohne Frühstück

Wow, ich bin da! Ich könnte auch keinen einzigen Kilometer weiter laufen - bin völlig schlapp. Ruddi will nun auch nicht mehr. Ich habe ihn seit ungefähr hundert Metern unterm Poncho. Am Ortseingang sind viele Pilger unterwegs zur Puerta del Perdón (Pforte der Vergebung). Hier bekamen früher Pilger, die zu schwach waren, um ihren Weg fortzusetzen, den Ablass.

129) Villafranca del Bierzo bei Nacht und Regen

Also, meiner Meinung nach müssten alle Sträßchen und Gassen in Villafranca del Bierzo aus Treppenstufen bestehen. Es ist so teuflisch steil! Ich hatte ja bei meiner Ankunft in Saint Jean Pied de Port schon gestaunt, aber was hier abgeht, ist wirklich die Hölle. Auf den regennassen gepflasterten Straßen habe ich bei jedem Schritt der abwärts führt Angst, zu viel Fahrt aufzunehmen und auszurutschen. Dieser Ort verlangt vom Fußgänger eine Klettertour, wie ich sie bisher nur in den Montes de León erlebt habe. Wie machen die das hier bloß im Winter bei Schnee und Eis?

Es ist weit nach 21 Uhr. Dieses Hotel muss noch ein Zimmer frei haben, sonst schlafe ich auf einer der Bänke, die hier auf dem Marktplatz mitten in der City stehen. Ich kontrolliere sicherheitshalber nochmal den Reißverschluss an meinem Poncho - nicht dass Ruddi wieder keck oben rausguckt - und betrete das Haus.

Es macht auf mich zwar einen gepflegten Eindruck, aber es erinnert auch ein bisschen an eine Bettenburg oder eine Pension für Monteure. Die Rezeption befindet sich in einem Treppenhaus, wie man es aus Mehrfamilienhäusern kennt. Hinter dem kleinen Tresen, der den Empfang darstellen soll, befindet sich direkt die schmale Treppe, die zu den Zimmern hinaufführt. Der blonde, junge

Mitarbeiter sieht sehr streng aus. Ernst verlangt er meinen Ausweis. Ich rechne fast mit einem „Du kommst hier net rein". Wider Erwarten nimmt er einen Schlüssel in die Hand und nennt mir den Preis in Höhe von 45 Euro ohne Frühstück. Lieber Himmel, ich will doch keine Suite, ich brauche nur ein Bett in einem kleinen Zimmer! Was soll ich machen? Es ist spät! Ich bin durch! Ich schmuggel gerade einen Hund rein! Ich bezahl das! Ich habe fertig!

Er begleitet mich über Treppen auf den dritten Stock und zeigt mir mein Zimmer. Ich bin froh, dass er die Rezeption nicht so lange alleine lassen darf und schnell wieder kehrt macht. Mit Sicherheit würde ich in hohem Bogen rausfliegen, wenn mein Hund entdeckt würde.

Ich schau mich ganz kurz und völlig uninteressiert um, eigentlich nur der Orientierung wegen. Heute ist mir alles recht, ich habe keine Kraft für gar nichts mehr. Das Zimmer ist klein und primitiv. Das Bad ebenfalls, aber es ist sauber und funktionstüchtig. Ich öffne das kleine Fenster. Ausblick gibt es hier nicht. Es ist ein Innenhof, nein, nicht Innenhof - das ist der falsche Ausdruck. Es sind zwei Innen-Quadratmeter oder drei auf die ich gucke. Rechts und links kann ich meinen Zimmernachbarn durch das Fenster die Hand geben und geradeaus steht mit nur wenigen Metern Abstand ein sehr hoher und steiler Berg. Was soll's? Ich bin morgen wieder weg. Aber 45 Euro für diese Absteige, das ist schon ein Knaller!

Frisch geduscht und mit meiner viel zu großen Handtasche mit schlafendem Inhalt gehe ich auf Futtersuche. Es ist 22.30 Uhr. Viele Bistros und Restaurants haben bereits geschlossen. Einen „kleinen Italiener" finde ich noch und falle ausgehungert über eine Bolognese her. Pilger treffe ich diese Nacht nicht mehr. Die Herbergen schließen überall um 22 Uhr ihre Türen ab. Ich genieße die Einsamkeit in diesem kleinen Lokal. Ich gönne mir einen Nachtisch und trinke in aller Ruhe zwei Gläser Rotwein. Um Mitternacht machen der Wirt und ich das Licht aus. Ich kann nur hoffen, dass niemand mitkriegt, wenn Ruddi aus der Tasche hüpft, um noch mal zu pinkeln.

Ich falle ins Bett und bin kaum noch imstande mich zuzudecken und zu drehen. 31 Kilometer mit 13 Kilo im Rucksack sind einfach zu viel und dauern auch zu lange. Ruddi streckt ebenfalls alle Viere von sich. Ich glaube, heute schimpfen insgesamt sechs Füße. Die müssen Morgen alle wieder gangbar sein. Damit das auch klappt, reiße ich mich zusammen, nehme die Ruddi-Tasche doch nochmal hoch und massiere seine Pfoten mit Hirschtalgsalbe. Das hat ihm bis jetzt immer gut getan. Ich schicke noch ein Gebet mit der Bitte ab, morgen rechtzeitig wach zu werden.

Dienstag, 13. Mai 2008
Villafranca del Bierzo (2631 Einw.), 511 m üdM, Provinz León
29. Etappe bis Ambasmestas, 15 km

Der Blick auf die Uhr, lässt mich meinen Muskelkater vergessen. Es ist kurz vor neun. Die Nacht war sehr unruhig. Bei jeder Bewegung bin ich wach geworden. Alles tut weh. 31 Kilometer steck ich nicht einfach so weg. Das Jammern hat lediglich den Effekt, dass ich mich noch schlechter fühle. Ich nehme mir ein Beispiel an Ruddi, der in Erwartung seines Frühstücks fröhlich um mich herum tänzelt. Ja! Ich freue mich unbändig auf einen heißen Café con leche mit einem frischen Croissant. Nichts wie weg! Ich packe Ruddi unter meinen Poncho und quäle mich die vielen Stufen hinunter. Richtig durchatmen kann ich erst, als ich an der Rezeption vorbei bin. Heute Morgen sitzt eine Frau in dem engen Empfangsbereich. Sie sieht ein bisschen freundlicher aus, als der Blonde, der die Nachtschicht geschoben hat. „Qué tiempo (was für ein Wetter)! Buen camino, señora, y gracias."

Auf dem großen Platz vor dem Hostal sind außergewöhnlich viele Pilger. Kaum draußen, lasse ich Ruddi frei. Jetzt kann ja nichts mehr passieren. Verhaften werden sie mich wohl im Nachhinein nicht. Wie praktisch, dass mein Schnurzel nur wenige Meter entfernt ein Stückchen Wiese zum Pinkeln findet. Bei dem Wetter will auch er schnellstens mit mir zum Frühstück, ins Trockene! Es schüttet regelrecht.

Die Bars sind überfüllt. Es ist ein Kommen und Gehen. Viele kramen in ihren Rucksäcken. Plastiktüten kommen kurz zum Vorschein, bevor sie in einem anderen Fach im Rucksack wieder verschwinden. Wild wird in neu aussehenden Reiseführern geblättert. Die Pilger finden das Wetter mehr als nervig. Ich kenne keinen einzigen von ihnen. Mir wird klar, dass sehr viele den Jakobsweg erst knappe 200 Kilometer vor Santiago de Compostela beginnen. Das reicht nämlich dicke, um die Pilgerurkunde zu bekommen. Zu Fuß werden 100 Kilometer verlangt und mit dem Fahrrad 200 Kilometer, damit das heißbegehrte Dokument ausgestellt wird.

Also, ich will nicht falsch verstanden werden. Ich laufe auch lieber ohne Regenschutz den Camino Francés und habe meine persönliche

Vorstellung von den perfekten Verhältnissen beim Wandern, aber grundsätzlich gebe ich mich jeden Morgen dem hin, was auf mich zukommt. Ja! Sorry! Manchmal heule ich auch rum! Aber der Jakobsweg ist nun mal kein Wunschkonzert. Und oft weiß der Pilger erst im Nachhinein – wie im echten Leben auch – wofür etwas gut war, dass sich zunächst mies angefühlt hat. Dieses Bewusstsein habe ich persönlich nach den ersten zwei, drei Tagen erlangt.

Die Neuankömmlinge haben ihre innere Ruhe noch nicht gefunden und sind noch völlig unerfahren im Wandern. Ständig geht irgendjemand kurz vor die Tür, um das Wetter zu checken und nimmt kopfschüttelnd vor Entsetzen darüber, dass es immer noch nass ist, wieder am Tisch Platz. Am liebsten würde ich eine kurze Rede halten: „Ja, ihr Lieben! Sonnenschein wäre vielleicht besser, aber auch nur, wenn gleichzeitig ein paar Wolken unterwegs sind. Sonst wird es nämlich schnell zu heiß für den Pilger mit seinem großen Rucksack auf dem Rücken. Ihr müsst es nehmen, wie es kommt. Jeden Moment aufs Neue. Es kostet ein wenig Überwindung, aber nach wenigen hundert Metern merkt ihr den Regen gar nicht mehr.“ Da ich kein Glas zum zarten Anschlagen in Griffweite habe, schicke ich meine aufklärenden Worte per Gedanken und hoffe, dass sie den ein oder anderen erreichen.

Es bleibt laut und hektisch. Was für ein Glück, dass ich noch ein kleines Plätzchen zum Sitzen finde. Ich blende den Tumult um mich herum aus und konzentriere mich auf meinen Reiseführer. Ich habe vor, bis Ó Cebreiro zu laufen. Das sind 29 Kilometer. Dann bin ich bereits in Galicien. Ó Cebreiro liegt auf fast 1300 Metern über dem Meeresspiegel. Also ist heute wieder eine anstrengende Bergtour angesagt.

Nun muss ich mich noch zwischen zwei völlig unterschiedlichen Routen entscheiden, um zum zehn Kilometer entfernten Trabadelo zu gelangen. Die historische Hauptroute führt mich durch das Tal neben der angeblich schwach befahrenen alten Nationalstraße. Die deutlich längere Nebenroute verläuft mit starken Höhenunterschieden über Pfade durch das Gebirge. Was mach ich nur? Ich sperre für ein paar Minuten meine Ohren auf und versuche mal mehr Informationen aufzuschnappen. Viele Pilger spekulieren über die Route durch die Berge. Ich höre, dass der Weg sehr abenteuerlich sein soll. Die Steigungen seien auf den schmalen Pfaden kaum zu bewältigen und teilweise überaus gefährlich – vor allem bei dem Wetter. Also beschließe ich, locker und unbeschwert durch das Tal zu wandern. Heute ist mit Aussicht sowieso nichts.

Es geht auf halb elf zu und bevor die Panik mich übermannt, mache ich mich an die geplanten 29 Kilometer. Wenn das klappt, bin ich die Königin der Berge. Das könnte spät werden heute Abend. Ich klettere aus Villafranca del Bierzo hinaus und bin schon bald auf der alten Nationalstraße. Eine 80 Zentimeter hohe Betonmauer schützt den Pilger vor den Autos auf dieser kurvenreichen Straße. Der Verkehr hält sich tatsächlich in Grenzen.

Es lässt sich ganz gut laufen auf dem ziemlich breiten und komfortabel angelegten Fußweg. Der Himmel verspricht, es den ganzen Tag regnen zu lassen. Schön, dass der Wind heute frei hat. Vier Pilgerinnen, die sich eine Menge zu erzählen haben, überholen mich. Zum einen werfen sie einen herablassenden Blick auf meinen Hund und zum anderen höre ich keinen Gruß, geschweige denn „buen camino“. Ich verstehe zwar nicht, was sie reden, aber es wirkt streitlustig auf mich.

130) im Regen zwischen Villafranca del Bierzo und Trabadelo, vor den Autos geschützt

Ich habe das Gefühl, zwei von ihnen schon mal gesehen zu haben. Die sind also nicht mehr so ganz frisch unterwegs. Sie haben keine gute Ausstrahlung, bin froh, dass der Abstand zwischen uns schnell größer wird. Ich erinnere mich nicht, jemals ohne ein einziges Wort an einem anderen Pilger vorbeigegangen zu sein. Sei's drum!

Die fünf Kilometer bis Pereje sind schnell geschafft. Der Ort liegt an einer schmalen geteerten Straße, die ein wenig Abstand zur Nationalstraße hat. Hier ist es ruhig und idyllisch. Ich komme den vier Frauen wieder näher, die mich vorhin überholt haben. Eine von ihnen hat einen knallroten sexy Slip am Rucksack hängen. Provozierend hüpft er bei jedem Schritt auf und ab. Zum Trocknen hängt der da nicht, denn es regnet ja. Eine ihrer Freundinnen hält das Dessous obszön lachend mit ihrem Wanderstock in Schwung. Die anderen krümmen sich vor Albernheit und rufen sich in derbem Tonfall irgendwas zu. Ich bin nicht prüde, aber diese Frauen machen bei genauerem Hinsehen einen ziemlich abgewrackten Eindruck auf mich. Diese Szene würde zum Rosenmontag in der Kölner Altstadt passen, wenn die Jecken im Morgengrauen nach vier durchzechten Tagen und Nächten laut grölend aus einer Kneipe torkeln. Mit dem Jakobsweg hat das gesamte Verhalten nichts zu tun. Ich staune mit offenem Mund, fange mich aber schnell wieder und bleibe dabei: „Jeder nach seiner Fasson."

In Pereje gönne ich mir meinen Café con leche. Nein, das wird mir nicht langweilig, ich bin wahrscheinlich süchtig danach! Die Frauen sind – wie kann es anders sein? – auch hier. Sie haben sich an mehreren männerbesetzten Tischen verteilt und bringen Leben in die Bude. Ich bekomme mit, wie sie Ruddi begutachten und mit einem verständnislosen, verachtenden Blick auf mich über ihn herziehen. Einige spanische Vokabeln kann ich raushören, aber sie müssen einen sehr starken Dialekt sprechen. Sie sind ganz offensichtlich abfällig uns gegenüber. Ihre Gesichter sind hasserfüllt. Was ist denn los? Ich hab nix gemacht!

Man sagt ja, dass jeder Pilger irgendwann auf dem langen Jakobsweg den Teufel trifft. Na, dann bring ich das jetzt mal schnell hinter mich. Damit wäre das auch erledigt. Und plötzlich weiß ich wieder woher ich zwei von ihnen kenne! Das sind die Frauen, die sich in der Herberge der Kirche in Foncebadón das Brot auf dem Ofen geröstet haben. Jetzt kann ich mir auch vorstellen, über was die reden, wenn sie mich und Ruddi abschätzend ins Visier nehmen.

131) Pereje

Ich ringe um Fassung und erlange sie auch nach wenigen Minuten. Ich setze mich auf einen anderen Stuhl, mit dem Gesicht zur Wand, damit sich alle Beteiligten das Elend nicht länger mit ansehen müssen. Mein Blick fällt auf die Münzen, die in der Naturstein-Wand abgelegt wurden. Ich unterhalte mich mit einem Pilger, der sich an meinem Tisch niedergelassen hat, darüber. „Ich habe so etwas noch nie gesehen.“ Er erzählt mir, dass das in Spanien keine Seltenheit ist. Jeder Gast, dem danach ist, legt eine kleine Münze in die Wand und wünscht dem Wirt damit Reichtum. Das finde ich toll, so eine Wand möchte ich in meinem Wohnzimmer auch haben. Natürlich liegt ab sofort auch eine meiner Münzen in dieser Wand.

Bereits nach nur weiteren drei Kilometern entdecke ich eine Fernfahrer-Raststätte, jedenfalls stehen Unmengen von LKW auf einem riesengroßen Parkplatz. Ich muss mal dringend Pippi. Das ist doch die Gelegenheit. Fällt im Trubel bestimmt nicht auf, wenn ich ohne was zu verzehren, mal eben die Toilette benutze. Im Restaurant ist aber gar nicht viel los. Mist! Nur drei Tische sind besetzt und ich werde zudem freundlich lächelnd vom Wirt begrüßt. Ich zieh mein Ding trotzdem durch. Ich kann doch nicht schon wieder Pause machen!

132) Pereje, Münzen an der Wand

Auf dem Rückweg durch das Restaurant höre ich mir bekannte Stimmen. Das gibt es doch gar nicht! Da sitzen doch tatsächlich in fröhlicher Runde meine vier Österreicher zusammen. Sofort wird ein fünfter Stuhl an den Tisch gezogen und ich daraufgesetzt. Ruddi wird mit ein paar Papierservietten ein bisschen abgetrocknet und schon ist eine weitere Pause eingeleitet. Toll! Ich freu mich! Zwischen all den neuen Pilgern gibt es also doch noch welche, die ich kenne und auch noch besonders gerne hab.

Lachend teilen wir uns mit, was in den letzten Tagen so passiert ist und für heute noch ansteht. Meine Pilgerfreunde raten mir dringend davon ab, bei dem Wetter bis Ó Cebreiro zu laufen. Das sei viel zu gefährlich und zu anstrengend als Abschluss einer 29-Kilometer-Etappe. Um sie zu beruhigen, lasse ich das Ende des Tages mal offen und „werde schon sehen, wie weit ich komme“. Alle sind wohlauf und guter Dinge. Bis die teuflischen Spanierinnen den Raum betreten, nun uns alle fünf abschätzend und Ruddi wie gewohnt missbilligend ansehen. Auch meinen Freunden sind diese Frauen schon öfter unangenehm aufgefallen. Wir fackeln nicht lange, entscheiden uns für den Camino und gegen eine destruktive Unterhaltung über die Damen.

Rucksäcke auf, Ponchos drüber und ab dafür. Wir sind uns einig: „Jeder nach seiner Fasson.“

Mit einer herzlichen Umarmung verabschieden wir uns draußen im strömenden Regen und jeder geht weiter seinen Weg. Die vier laufen vor mir her, als wären sie eins. Wir haben uns darüber unterhalten, wie es möglich ist, das zwei Ehepaare zusammen pilgern. Jeder hat doch sein eigenes Tempo, aber sie passen sich ohne Mühe einander an. Ich bin sicher, dass das eine Seltenheit ist.

So langsam fühle ich mich von den Bergen eingeschlossen. Meine Augen sehnen sich nach einem weiten Blick, nach dem Horizont. Ein paar Kilometer muss ich noch durchhalten, dann kletter ich wieder die Berge hoch und darf die weite Landschaft genießen. Ich freu mich drauf.

Die letzten zwei von den fünf Kilometern zwischen Pereje bis Trabadelo verlaufen wieder über eine schmale geteerte Straße. Sehr deutlich nehme ich das Zwitschern der Vögel wahr. Die haben sich mit Sicherheit auch immer jede Menge zu erzählen - bei den vielen Pilgern die hier so vorbeikommen.

Insgesamt vier Mal führt der Weg unter den riesigen Viadukten der A6 hindurch. Weit über mir donnern die LKW und PKW über die sehr stark befahrene Autobahn hinweg. Mit bewusst festem Stand, lege ich meinen Kopf in den Nacken und schau mir - ein wenig wackelig in den Beinen - die Unterseite eines solchen Viadukts mal genauer an. Ohne Fernglas sind keine Einzelheiten zu erkennen, so hoch wie das Ding ist. Das ist schon der Wahnsinn, was die Brückenbauer drauf haben. Ich bin sehr beeindruckt von diesen Bauwerken, die den Hauptverkehr in schwindelerregenden Höhen durch dieses Tal lotsen.

gleicher Tag (insgesamt 614,6 km gelaufen)
Ambasmestas (68 Einwohner), 605 m üdM, Provinz León
Pension, Doppelzimmer, 25 € ohne Frühstück

Es ist schon später Nachmittag. Bis Ó Cebreiro liegen noch 14 Kilometer vor mir. In dem kleinen Dorf Ambasmestas fällt mir ein Schild vor einer schmucken gepflegten Pension auf: A la venta (zu verkaufen). Normale Reaktion wäre, die nächste Bar aufzusuchen, um eine kleine Pause zu machen. Aber irgendwas zieht mich genau in dieses Haus. Ich betrete einen sehr gepflegten Schankraum. Rechts befindet sich eine lange wunderschöne Theke und links stehen, locker und leicht an der Wand entlang angeordnet, einige kleine, runde

Tische mit gepolsterten Stühlen. Ich fühle mich sofort sehr wohl und bestelle mir bei dem herzlichen Wirt meinen Kaffee.

An der Bar sitzt ein einziger Gast. Es ist ein bäuerlich wirkender älterer Señor, der mich sofort in Beschlag nimmt. Er redet freundlich, aber ohne Pause auf mich ein und ich verstehe kein Wort. Er scheint mir lustige Dinge zu erzählen, seine Augen leuchten und er hat sichtlichen Spaß an dieser „Unterhaltung“. „Mi espanol es muy pequeño, no comprende, lo siento (mein Spanisch ist sehr klein, nix verstehen, tut mir leid)!“ sage ich immer wieder zu ihm. Er lässt sich aber nicht beirren und erzählt und erzählt ... Oh, hoppla, jetzt habe ich ein Bruchstück verstanden und lasse es ihn auch wissen. Er findet das grandios und bestellt uns beiden einen Schnaps. Ich will diese Einladung ablehnen. Ich muss noch den Berg hoch. „Yo Ó Cebreiro, todavía, no, gracias (ich Ó Cebreiro, heute noch, nein, danke).“ Er klopft mir beschwichtigend auf die Schulter und macht mir mit Hilfe des Wirts klar, dass ein Schnäpschen nicht schaden kann. Es wäre sogar noch besser sechs oder sieben zu trinken, damit ich mich heute gar nicht mehr auf den anstrengenden Weg in die Berge machen kann. Das sei viel zu gefährlich und auch schon deutlich zu spät.

Er hat so etwas Liebenswertes an sich, dass ich nicht mehr länger nein sagen kann und wir kippen uns tatsächlich einen hinter die Binde. Damit das hier nicht ausartet, setze ich mich an einen Tisch und fange mit meinen Ritualen an: Ruddi-Decke schön drapieren, Wassernapf hinstellen, Reiseführer raus, Café con leche trinken und lesen – ganz konzentriert lesen. Dann hab ich mit Sicherheit meine Ruhe. Denkste! Er setzt sich ungefragt zu mir und erzählt und erzählt. Er spricht sehr undeutlich. Ich glaube, er lallt ein bisschen und nervt mich so langsam. „Ich brauche ein wenig Ruhe, lass mich doch einfach!“ versuche ich ihm zu suggerieren. Keine Chance! Ich versuche es mit Ignoranz. Fehlanzeige! Er schafft es, meine Aufmerksamkeit quasi zu erzwingen. Ich gebe mich geschlagen. Sehr wahrscheinlich ist es wichtig für mich, ihm zuzuhören. Wer weiß, welche Informationen sich speziell für mich hinter diesem Redeschwall verbergen. Ich will doch immer offen sein, für alles was mir begegnet. Und das hier ist wahrscheinlich sehr wichtig! Warum, wird sich irgendwann zeigen.

So lasse ich mich also auf den alten Señor ein und erfahre, dass er José heißt, 68 Jahre alt ist und seine Frau vor nicht allzu langer Zeit starb. Er hat sie sehr geliebt und vermisst sie immer noch. Je mehr er erzählt, desto besser kann ich ihn verstehen. Oder liegt es einfach daran, dass ich mich nicht mehr dagegen wehre?

Der nächste Schnaps wird mir in die Hand gedrückt. Mit einem entschlossenen Kopfwinken weigere ich mich. José kontert mit einem verschmitzten Lächeln und hebt fordernd sein Gläschen. Naja, wenn ich ehrlich bin, hat der vorhin ganz gut getan … Ach, was soll‘s? „Salud“ und runter damit. Nun macht José ein wenig gut gemeinten Druck und will mich überreden, hier zu übernachten. Ich versuche ihm klar zu machen, dass ich in sieben Tagen in Santiago sein will und die Zeit immer knapper wird. Er bleibt dran: Es sei doch so schön hier. Die Berge, das Dorf, das Hotel. Der Camino halte immer eine Überraschung parat und die soll man sich nicht entgehen lassen. Ja, da hat er natürlich Recht! „Nimm es, wie es kommt“ sagte vor einiger Zeit schon der holländische Herbergsvater zu mir. Ich höre aber auch den Berg rufen. Außerdem weiß ich nicht, wo das hier noch enden soll. Da kommt schon der nächste Schnaps. „Nein, ich muss weiter! Dringend! Lo siento!“

Bevor ich mich auf den Weg mache, gehe ich noch schnell zur Toilette. Ich bin völlig überrascht, wie vornehm selbst das „stille Örtchen“ ist. Hier wird mit absoluter Gewissheit täglich klinisch rein geputzt. Es duftet ganz frisch in diesem großzügigen Raum. Es ist hell, freundlich, ganz modern und liebevoll dekoriert. Ja, ich spreche vom Toilettenraum. Mann, bin ich begeistert!

Mit frisch gewaschenen Händen nehme ich entschlossen den dritten Schnaps vom Tisch und proste dem redseligen José lachend zu. „Ich bleibe!“ „Für immer?“ „Nein, für eine Nacht.“ Mein Gegenüber ist völlig begeistert und fährt mit seinen Ausführungen fort. Dieses Hotel war früher sein Bauernhof. Als seine Frau starb, verkaufte er an den jetzigen Besitzer. Es ist ganz schlimm für ihn, dass sein Freund (oder Verwandter?) zu wenige Gäste hat. Er kann das Haus nicht länger unterhalten, obwohl es auch für ihn ganz schlimm ist, aufzugeben. Der Eigentümer steht in unserer Nähe hinter der Theke, hilft mir, den Señor zu verstehen und hat Tränen in den Augen, als das Thema aufkommt. Mittlerweile ist auch der Sohn des Hauses dazugekommen und schließt sich der Unterhaltung an. Das sind drei ganz außergewöhnliche und sehr liebenswerte Menschen, mit denen ich gerade zu tun habe.

Ich vergewissere mich, dass der Hotelbetrieb noch läuft. Der Wirt ist überaus glücklich darüber, dass ich bleiben will und Ruddi ist ebenso herzlich willkommen wie ich. Mein Verehrer ist damit einverstanden, dass ich zunächst meine Sachen aufs Zimmer bringe, erwartet mich aber noch einmal zurück. Er will mir noch was zeigen.

Na, da darf ich ja gespannt sein. Wo will der denn mit mir hin? Weit geh ich nicht! Dass das mal klar ist!

Auf dem Weg zu meinem Zimmer, begegnen uns zwei adrette und ihrem Beruf entsprechend gekleidete Zimmermädchen. Ich staune nicht schlecht. Zimmerpersonal sehe ich zum ersten Mal auf dem Jakobsweg. Ich bin der einzige Gast in diesem Haus. Über dicke Teppiche erreichen wir mein Zuhause für eine Nacht. Ein Traum wird wahr. Der Raum ist sehr großzügig, hat eine Flügeltür, die auf eine riesengroße Terrasse mit Aussicht auf die Berge führt, in denen ich eigentlich jetzt unterwegs sein wollte. Tja, den Horizont bekommen wir wohl erst morgen wieder zu sehen! Das Bad hat sogar eine Wanne, mit einer klarsichtigen Duschwand. Vielleicht stürze ich mich ja nachher noch in die Fluten? Alles ist perfekt und großzügig. Prima, dass ich immer offen bin und das erleben darf. Danke!

Wie versprochen kehre ich tatsächlich sofort zu meinem Verehrer zurück. Bin neugierig, was er mir zeigen will. Auf unserem Tisch stehen wieder zwei Kurze, die wir ohne weiter zu zögern ruck zuck runterkippen. Dann steht der alte Señor auf, nimmt meine Hand und zieht mich Richtung Ausgang. Hilfesuchend blicke ich zum Wirt. Der lächelt milde und nickt mir beschwichtigend und beruhigend zu. „Okay, dann komm ich mal mit. Aber Vorsicht, ich habe meinen Wachhund dabei!“

Er führt mich um das erstaunlich große Gebäude herum und setzt sich mit mir auf einen riesengroßen Felsblock. Es hat aufgehört zu regnen. Etwas weiter unten plätschert ein Bach. Die Vögel zwitschern ihr Abendlied. Vor uns liegen die Berge. Das ist ein wunderschöner Platz. Es kommt mir so vor, als säße ich seit Jahren bei Sonnenuntergang auf diesem Fels.

Viel leiser als eben und mit Tränen in den Augen, erinnert sich der Mann an meiner Seite an die Zeit, als seine Frau noch lebte. Jeden Abend haben sie hier zusammen gesessen und den Tag ausklingen lassen. Sehnsüchtig blickt er in die Berge. Nach einer kurzen Pause, berichtet er, dass vor Jahrhunderten genau an dieser Stelle die Pilger ihr Lager aufbauten. Guck an, deswegen habe ich wohl so ein vertrautes Gefühl. So ein Platz verliert nie seine energetischen Schwingungen. Das wird mir von Tag zu Tag klarer.

Dieser alte Spanier ist ehrlich glücklich darüber, dass er mir das alles zeigen und erzählen darf. Schmunzelnd und mit einem Zwinkern, hält er um meine Hand an. Wenn ich wollte, könnte ich wohl übermorgen heiraten. Na, was sagen Sie jetzt?! Nix mehr, ne? So geht

133) Ambasmestas, links die Rückseite vom Hotel bzw. José's altem Hof

134) hier hätte José mir fast einen Heiratsantrag gemacht, hinter dem Hotel in Ambasmestas

es mir auch und ich ziehe mich aus der Affäre, indem ich ihn unterhake und wieder zurück ins Lokal ziehe. Ein Schnaps muss noch sein, bevor ich mich tief berührt verabschiede und auf mein Zimmer gehe.

Ich fühle mich hier so gut aufgehoben, wie schon lange nicht mehr. Molinaseca war „bezaubernd", aber was in den letzten zwei Stunden passiert ist, war eine Herzensangelegenheit - und zwar auf allen Seiten. Es macht mich ehrlich traurig, dass dieses Hotel, der einstige Bauernhof des Señors
nun verkauft werden muss, obwohl in allen Ecken zu spüren ist, wie sehr die Besitzer daran hängen.

Gegen 21 Uhr nehme ich Platz im Comedor. Der Wirt hat sich um niemanden sonst, als nur um mich zu kümmern. Und das tut er mit Leidenschaft. Er bekocht und bedient mich persönlich. Sein Sohn steht hinter der Theke. Das Drei-Gänge-Pilger-Menü ist ein Traum. Ich genieße jeden Bissen. So lasse ich den Abend tatsächlich in willkommener Einsamkeit und angenehmer Ruhe ausklingen, während ich die letzten Stunden noch einmal Revue passieren lasse.

135) Comedor im Hotel in Ambasmestas

Im Bett will sich mir doch tatsächlich das schlechte Gewissen aufdrängen, weil ich heute nur halb so weit gelaufen bin, wie es geplant war. Ich lasse mich nicht darauf ein. Irgendwie hole ich die fehlenden 13 Kilometer schon wieder auf. Ich hätte es wahrscheinlich nicht geschafft, am Abend 600 Höhenmeter zu überwinden. Und was wäre mir entgangen, wenn ich an dem Schild vor der Tür „zu verkaufen" achtlos vorbeigelaufen wäre. Ich kuschel mich in meine Decke - bin unendlich zufrieden und glücklich. Ruddi auch!

Mittwoch, 14. Mai 2008
Ambasmestas (68 Einwohner), 605 m üdM, Provinz León
30. Etappe bis Alto do Poio (Padornelo) 22,6 km

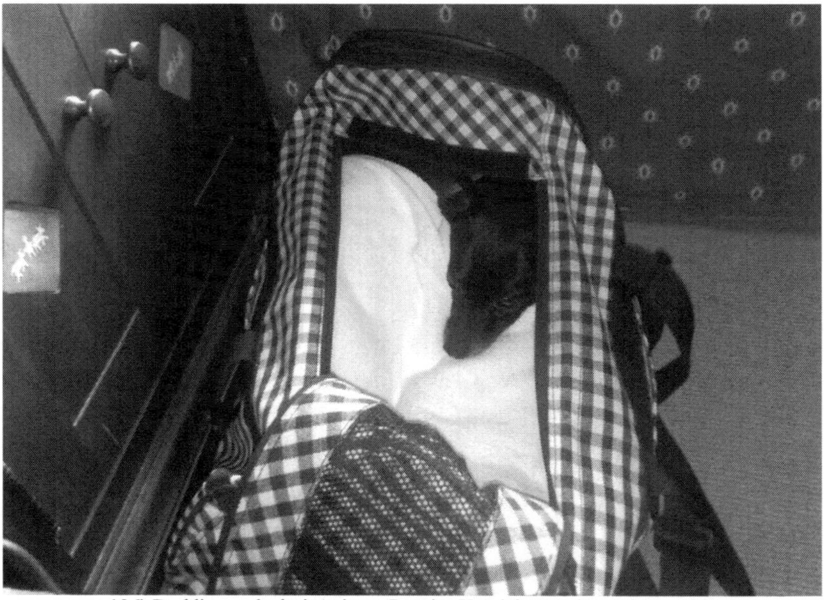

136) Ruddi zugedeckt in seinem Bett im Hotelzimmer in Ambasmestas

Ich bin sehr aufgeregt heute Morgen. Noch heute, kurz vor Ó Cebreiro werde ich die Grenze nach Galicien überschreiten. Meine Güte! Landkartentechnisch gesehen bin ich den Spaniern innerhalb eines Monats fast über die gesamte Schädeldecke gelaufen.

Raus aus den Federn und rein in die Wanderschuhe. Die Welt gehört mir. Mein Reiseführer rät dringend dazu, den Aufstieg nach Ó Cebreiro in den frühen Morgenstunden anzugehen. Scheint spannend zu werden. Die Uhr zeigt mir halb acht an. Okay, der ganz frühe

Morgen ist vorbei! Die ersten Vögel sind schon satt. Aber die letzten Tautropfen sind noch nicht verschwunden. Für meinen Geschmack ist halb acht auch erst kurz nach Sonnenaufgang.

Ich bin ganz gespannt, ob José, mein Verehrer von gestern Abend schon mit einer Rose für mich am Frühstückstisch sitzt und ich noch vor dem ersten Café con leche einen Heiratsantrag ablehnen muss! Ich habe jetzt gerade so gar keine Zeit! Ich muss nach Santiago! Lo siento!

Oh! Er hat es sich wohl anders überlegt. Der Wirt ist der einzige, der sich in der Bar aufhält. Keine Spur von José. Wahrscheinlich schläft er seinen Rausch aus und das ist auch gut so. In Gedanken schicke ich ihm liebe Grüße und ein fettes Dankeschön für den Einblick in das Leben eines alten spanischen Ehepaares, das nur der Tod trennen konnte. In seinem Herzen ist José immer noch ganz nah bei seiner Frau. Die Liebe stirbt manchmal eben nicht und das Leuchten in seinen Augen zeugt von glücklichen Erinnerungen an die ganz große Liebe, die er mit seiner Vorstellungs- und Gedankenkraft am Leben erhält. Todo bien, José!

Die heutige Etappe plane ich bis Fonfría, Das sind 25,8 Kilometer. Ob die zu schaffen sind, weiß ich erst heute Abend. Immerhin muss ich über die Berge. Nach Ó Cebreiro rauf, langsam aber stetig ein ganzes Stück wieder runter und dann über den Alto do Poio, der angeblich nicht zu unterschätzen sein sollte. Ich genieße das kurze Frühstück und wünsche mir von Herzen, dass der außergewöhnlich sympathische Hotelbesitzer wieder auf die Beine kommt und dieses wunderschöne Haus nicht verkaufen muss. José würde ebenfalls daran zerbrechen, wenn „sein" Bauernhof in fremde Hände gerät. Ich setze ein Zeichen und lege die erste Münze in seine Natursteinwand.

Ganz gemütlich laufe ich über die gleiche, leicht ansteigende, ruhige Landstraße wie gestern. Mit tiefen bewussten Atemzügen nehme ich die frische Bergluft auf. Sie verteilt sich in meinem ganzen Körper. Ich bin topfit und erstaunlich leichtfüßig in dieser unberührten Natur unterwegs. Links von mir plätschert zwischen Wiesen und Berghängen ein Bach. Die Vögel singen ihre Lieder nur für mich. Weit und breit ist keine Menschenseele zu sehen. Ich bin im Paradies, lasse die Seele baumeln und die vielfältige „Stille" der Natur in mein Herz.

Als Ruddi plötzlich und völlig unerwartet, aufgeregt anfängt zu bellen und an mir vorbei, in die entgegengesetzte Richtung läuft, bin ich vor Schreck einem Herzinfarkt nahe. Ganz weit hinter uns sind zwei Pilger unterwegs, die mein aufmerksamer Hund mir natürlich ankündigen muss. Ich pfeife ihn zurück, aber er ist kaum aufzuhalten. Eine Minute später weiß ich warum. Das sind nicht irgendwelche Pilger! Das sind Mary und Lynn. Sie haben uns natürlich schon lange erkannt und kommen fast angerannt. Nach einer stürmischen Begrüßung und einem zweiten Frühstück für Ruddi aus Lynns Rucksack gehen wir zusammen weiter. Kurz darauf bittet Lynn mich, meinen Schnurzel mal für ein Stückchen unter ihrer Jacke vor der Brust tragen zu dürfen. Sie will wissen, wie sich das anfühlt, will ihm ganz nah sein.

Ich muss Perrito überreden, sich auf dieses Experiment einzulassen. Lieber würde er selber laufen. Aber nach vielen guten Worten, sitzt er vor Lynns Brust, schön warm und geschützt in ihrer Jacke. Mary erklärt mir, dass ihre Freundin unsterblich verliebt in meinen Ruddi ist und sehr oft von ihm spricht. Lynn genießt die Nähe meines Vierbeiners sichtlich. Er hingegen ist äußerst verunsichert und windet sich ein bisschen. Ganz leise beschwichtigt sie ihn.

Sein Kopf guckt unter ihrem Kinn aus der Jacke raus. Er kann es nicht ertragen, mich aus dem Blick zu verlieren. Sein Hals wird immer länger. Ich bleibe also neben den beiden, um ihm Sicherheit zu geben. Seine weit aufgerissenen Augen fragen mich, was er denn wohl falsch gemacht hat, warum ich ihn weggeben will? Es zerreißt mir das Herz. Ich muss ihn galant aus dieser Nummer befreien. Ich kann das nicht mit ansehen, will aber auch Lynn nicht wehtun.

Ich ringe nach englischen und spanischen Worten. Noch bevor ich meinen Mund aufmache bleibt sie stehen, öffnet vorsichtig ihre Jacke, setzt die wertvolle Fracht behutsam vor sich ab und haucht Perrito ein Küsschen auf die Stirn.: „Merci, mon petit (danke, mein Kleiner).“ Das nenne ich echte Verbundenheit. Ein kleiner Schritt für die Menschheit, ein Meilenstein für diesen Hund. Meine Pilgerfreundin liebt ihn tatsächlich so sehr, dass sie, ohne lange zu zögern, ihre Belange hinten anstellt, damit er keine Angst mehr haben muss.

Mit Tränen in Augen macht sie mir klar, wie sehr sie Ruddi liebt. Sie kann es sich nicht erklären, aber es vergeht kein Tag, ohne an ihn gedacht zu haben. Sein unbekümmertes, fröhliches Wesen, die unglaublich kraftvolle Energie, seine Erscheinung, die Art sich zu bewegen und hundisch mitzuteilen, faszinieren die Kanadierin seit der ersten Begegnung in Saint Jean Pied de Port. Wenn es nötig wäre, würde sie ihn ohne Zögern bei sich aufnehmen und dafür sorgen, dass er hundert Jahre alt wird. Es ist wunderbar, wie viel Liebe manche Menschen im Herzen und zu geben haben.

137) Lynn will Ruddi unbedingt ein paar Meter unter der Jacke tragen

Kurz hinter Las Herrerías und einem gemeinsamen Café con leche trennen wir uns wieder. Die beiden Frauen sind nach einem Monat täglichem Laufen noch schneller bergauf unterwegs, als damals in den Pyrenäen. Ich mag die zwei sehr. Während die Distanz zwischen uns schnell größer wird, denke ich noch einmal amüsiert, aber auch dankbar darüber nach, wo ich wohl am ersten Tag auf dem Jakobsweg gelandet wäre, wenn sie mich nicht in Orrison in das, unter Marys körperlichem Einsatz, angehaltene Auto geschubst hätten, das mich nach Honto in die Herberge zurückgefahren hat. „Buen camino!"

Über Serpentinen geht es steil nach La Faba hinauf. Der Weg ist geteert und leicht zu beschreiten. Nach zwei Kilometern führt der gelbe Pfeil den Pilger auf matschige, durch die vielen Regengüsse der letzten Tage, kaum begehbare Viehsteige. Ich tu mir das nicht an, und ziehe die Landstraße vor. Es wird immer steiler. Ich treffe öfter auf Pilger, die genau wie ich den geteerten Weg gewählt haben.

Ab und zu hören wir vom offiziellen Camino, der einige Meter weiter unten an diesem Berghang durch den Wald verläuft, spitze

Schreie. Anfangs mache ich mir Sorgen deswegen. An lichten Stellen sind die sich abmühenden Pilger zu sehen. Teilweise sind sie auf allen Vieren unterwegs. Ich frage laut rufend nach, ob Hilfe benötigt wird. „Nein, alles gut soweit. Sei froh, dass Du die Landstraße gewählt hast. Dieser Weg ist kaum begehbar. Es geht im Zickzack durch Matsch, über dicke Steine und viel Viehmist supersteil bergauf. Regelmäßig haut es einen von uns aus der Bahn." Sie haben sich da unten in Grüppchen zusammengetan, damit keiner auf der Strecke bleibt. Puh, da hab ich aber Glück gehabt!

La Faba liegt schon auf 917 Metern über dem Meeresspiegel. Ein Drittel des Höhenunterschiedes ist also geschafft. Es ist erst halb eins. Die Bar in La Faba hat eine wunderschöne Außenterrasse mit einem sagenhaften Ausblick auf die Bergwelt. Ich freue mich darauf, genau hier genüsslich bei einem Café con leche neue Kraft zu tanken, bevor ich mich an die nächsten sechs Kilometer rauf nach Ó Cebreiro mache. In der Bar ist ganz schön was los. Ich erkenne am Zustand der Kleider und Gesichter, wer über die Straße und wer über die Viehsteige den Berg erklommen hat. Egal, Klamotten kann man waschen! Alle sind glücklich, dass sie gesund hier oben ankommen sind.

Mit einer Tasse in der Hand zwänge ich mich, konzentriert darauf, nichts zu verschütten, durch die Menge an vielen besetzten Tischen vorbei Richtung Terrasse. Ruddi macht einen ungeplanten Schlenker nach rechts und begrüßt aufgeregt schwanzwedelnd zwei Pilger. Die Gesichter der beiden Menschen befinden sich momentan unterhalb der Tischplatte, weil sie mit meinem Hund beschäftigt sind. Nun will ich's aber auch wissen: „Hola! Qué tal?" sage ich, um die Aufmerksamkeit auf mich zu ziehen. Träume oder wache ich? Das sind Richard und Celin, die ich in Manjarín kennengelernt habe.

Nach einer stürmischen Begrüßung hake ich die Außenterrasse ab und setze mich zu den beiden. Sie sehen glücklich aus, strahlen über alle vier Backen. Sie übernachten diese Nacht nebenan in der kleinen Herberge. Obwohl es erst Mittag ist, bleiben sie einfach hier, weil es so schön ist. Die beiden genießen den Luxus, keinen Zeitdruck zu haben. Es ist egal wann sie Santiago erreichen. Seit Manjarín haben sie sich nicht mehr getrennt. Ihr Tempo passt perfekt zusammen. Und nicht nur das! Sie sind sich nähergekommen und zurzeit sehr verliebt. Und das wollen sie genießen, so lange es anhält. Ich bin begeistert. Sie sagen nicht „wir sind ein Paar". Sie sagen: „Wir gehen gemeinsam unseren Weg, solange es uns glücklich macht." Sie lassen mich an ihrem Glück eine Weile teilhaben und ich sauge diese erquickende und seltene Energie auf, die bedingungslos liebende Menschen ausstrahlen.

„Bleib hier, Birgit. Die Herberge ist ein besonderes Schätzchen. Ich zeig sie Dir. Das musst Du gesehen haben.“ Celin geht mit mir raus, nachdem ich mich von Richard verabschiedet habe. Um die Ecke steht ein zwar winziges, aber sehr gepflegtes Häuschen. Die Tür ist weit geöffnet. Wohltuende Düfte strömen aus dem Inneren. Kräuterbündel hängen im Eingang zum Trocknen. Meine Pilgerfreundin zieht mich in den Raum. Nun stehe ich in einem esoterischen Lädchen. Der besondere Duft entspringt den vielen Räucherstäbchen und Kerzen, die hier angeboten werden. Bücher, Kartendecks, Engel- und Buddha-Figuren, Tees, Kräuter, Heilsteine, Ketten, Kopfbedeckungen und Souvenirs warten auf Abnehmer. Zuhause würde ich mein letztes Geld für solche Sachen ausgeben. Mit Aussicht auf zusätzliches Gewicht verzichte ich aber lieber.

Dieser Tienda schließt sich ein traumhafter Aufenthaltsraum an. Ein wunderschöner offener Kamin wartet darauf, am Abend angefeuert zu werden. Rattan-Möbel mit vielen weichen, sauberen Kissen laden zum gemütlichen Beisammensein ein. Auf einem Couchtisch wurden liebevoll Blumen und Kerzen dekoriert.

In dieser Herberge gibt es lediglich sechs Schlafplätze. Ich lerne die überaus freundliche Herbergsmutter kennen, die auch Ruddi herzlich begrüßt. Ein Bett wäre noch frei. „Es fällt mir schwer, aber ich muss weiter.“ Sie versucht mich zum Bleiben zu bewegen, indem sie mir vorschwärmt, was sie heute Abend Gutes für ihre Pilger kochen wird. Außerdem steht noch ein spezielles esoterisches Programm auf der Liste. Wer mag, kann an einer Yogastunde oder gemeinsamen Meditation teilnehmen.

Das ist wieder so ein Moment, wo meine Vernunft siegen muss; wo ich mich unter Druck setzen muss, wenn ich mein gestecktes Ziel erreichen will. Ich könnte heulen. „Lo siento, ich muss weiter!“ Celin verabschiedet mich mit den Worten: „Sei nicht traurig. Es ist schon alles gut, so wie es kommt. Du wirst sehen. Dein Endziel ist Santiago de Compostela und das ruft Dich. Lass Dich durch nichts davon abhalten, das würdest Du Dir nie verzeihen. Wir denken an Dich und schicken Dir ganz viel positive Energie. Buen camino.“ Ihre Umarmung drückt bedingungslose Liebe zu allem und jedem aus. Sie gibt mir Zuversicht, Gelassenheit und gute Laune mit auf den Weg.

Ein steiler Viehsteig führt aus La Faba heraus. Zwischen Wiesen und Weiden geht es in den Bergen stetig ansteigend voran und höllisch steil nach oben. Ab und zu werfen mir die widerkäuenden Kühe ein müdes Lächeln rüber. Die Landschaft wird immer weiter. Wundervoll! Von Zeit zu Zeit bleibe ich stehen und bewundere die Schönheit dieses Planeten.

138) zwischen La Faba und Ó Cebreiro

Je höher, desto steiler. Meine Schritte werden immer kürzer, um überhaupt noch voran zu kommen. Sehr anstrengend! „Mein liebes Frollein, da bleibt Dir aber die Luft weg!“ Bin ich froh, dass das Wetter mitspielt. Zum einen bietet es mir atemberaubenden Weitblick, zum anderen würden die Pfade bei Regen zur Rutschbahn. Mittlerweile schau ich alle paar Meter die Berggipfel an, nicht nur weil sie so schön sind. Nein! Ich versuche vor mir selbst zu verbergen, dass meine Ventile ganz schön klappern. Komme mir momentan wie eine alte Dampflock vor, der viel zu viele Wagons angehängt wurden.

Ein ganzes Stück zurück entdecke ich nun zwei Menschen. Der hintere ist vielleicht ein Pilger. Der vordere eher nicht. Sein Rucksack gleicht einem Handtäschchen. Bin gespannt, wer oder was da unterwegs ist. Sie holen mich bald ein. Ich höre mittlerweile, wie einer der beiden, den anderen andauernd anfeuert. „Komm, so steil ist es nicht. Du schaffst das. Denk einfach nicht drüber nach!“ Es handelt sich unverkennbar um Österreicher. „Jetzt stell Dich doch nicht so an. So ein bisschen Berg wirst Du ja wohl noch hochlaufen können. Bisschen schneller, sonst kommen wir nie an!“ Ich stell mich vorsichtshalber so weit es geht an die Seite, damit die zwei mich gefahrlos überholen können.

Der mit dem Täschchen ist ein Bergführer, dessen Berufung es zu sein scheint, Pilger fertig zu machen. Oder was ist hier los?! Der mit dem größeren Rucksack tut mir so leid. Er ist völlig hinter Atem. Die Augen stehen vor, der Schweiß rinnt ihm in Sturzbächen von der Stirn, obwohl es gar nicht so heiß ist. Der ist völlig am Ende. Ich bin in Hab-Acht-Stellung um ihn notfalls aufzufangen. Er ringt sich mit letzter Kraft ein „Servus“ ab. Ich kann das nicht zulassen, dass der zirka 60 Jahre alte Mann spätestens in 50 Metern völlig hilflos den Berg wieder runter rollt und spreche den gnadenlosen Antreiber um Einsicht bittend an.

„Ein bisschen steil ist es ja schon, oder?“ „Na, i kimm aas Äasterreich, do san die Berg no steilerer! Dees do is a Witz, is dees!“ Oh, mit dem ist nicht gut-Kirschen-essen. Er mag so Ende vierzig sein, ist arrogant und der wohl beste und fitteste Bergsteiger der Welt. Auf Einsicht brauche ich nicht zu hoffen. Der ist wild entschlossen, einen Rekord aufzustellen. Bevor er an mir vorbei ist, stelle ich mich ganz vorne in die Reihe auf diesem sehr schmalen Bergpfad und mach mich so breit ich kann. Das Überholen ist somit momentan unmöglich. Die beiden Männer müssen zumindest eine Weile hinter mir bleiben. Ich traue meinen Ohren nicht: „Sie san a z‘ longsom. A bissl schnöller gaht‘s ollaweil. Hopp, hopp!“ Ich reagiere besser gar nicht auf diese Unverschämtheit, sondern wahre im letzten Moment vor einem Ausbruch meinerseits die Contenance.

Genau jetzt erreicht die kleine Karawane, dessen Anführerin ich die letzten zwei, drei hundert Meter sein durfte, den Grenzstein zu Galicien. Überglücklich bestaune ich das mindestens zwei Meter hohe Pilgerdenkmal. Ich verwickle die beiden Männer in ein Gespräch. Tatsächlich schaffe ich es mit viel Ignoranz der großen Arroganz des Bergführers, Zeit für den Getriebenen zu schinden. Ich erfahre, dass die beiden lediglich die Tour von Las Herrerías bis Ó Cebreiro machen. Sie sind also beide keine Pilger. Es geht darum, den mythischen Anstieg mit seinen 700 Metern Höhenunterschied zu bewältigen. Ich muss mir vorbeten lassen: „Das hier ist doch nur ein

Hügel. Bei uns zu Hause in Österreich mache ich ganz andere Touren. Ich weiß auch gar nicht, warum die Pilger sich so schwer tun? Wo ist das Problem, das ist ein Spaziergang nach Ó Cebreiro." Ich erinnere ihn daran, dass ein Pilger um die 13 Kilo Gepäck dabei hat und eventuell im Flachland zu Hause ist. Außerdem ist keiner auf der Flucht, sondern auf dem Jakobsweg. Ich lass es! Der Sturkopf hat die Ohren auf Durchzug gestellt!

Sein Schützling sieht schon wieder ein bisschen besser aus, atmet aber immer noch schwer. So bitte ich den „Bergführer" einige Fotos von mir vor dem Grenzstein zu machen. Gut Ding will Weile haben. Ich muss mich ja schließlich perfekt in Pose stellen. Und der Hund ...! Ja! Der Hund soll natürlich auch mit aufs Bild. Pech, dass der hier so viel zu schnuppern hat und lang und breit überredet werden muss, für ein Foto stillzustehen. Letztendlich versteckt mein Kumpel sich hinter meinen Wanderstöcken.

139) kurz vor Ó Cebreiro, Grenze nach Galicien, Ruddi schnüffelt hinter meinen Trekkingstöcken

Nach einer Erholungspause von ungefähr zehn Minuten überlasse ich die beiden wieder sich selbst. Sie sind ja schließlich alt genug. Ich habe mein Bestes gegeben. Buen camino? Oder was? Ich bleibe noch einen Moment und genieße den Anblick des Grenzsteins. Es ist wie ein „kleines Finale". Bis Santiago de Compostela sind es lediglich noch ungefähr 150 Kilometer und ab hier gibt es alle 500 Meter einen Pilger-Kilometerstein. Galicien zu betreten gibt mir das Gefühl, zwei Ecken später durchs Ziel zu laufen.

Um 15 Uhr erreiche ich den Gipfel – 1293 Meter über dem Meeresspiegel - über einen Weg, der ohne meine Wanderstöcke nicht zu machen gewesen wäre. So stehe ich am Rand einer gut befahrenen Landstraße. Eine bauchhohe Mauer gibt mir die Sicherheit nicht den Steilhang herunterzustürzen. Diese Aussicht! Ich werde sie mein Leben lang nicht vergessen. Ó Cebreiro! Legenden und Geheimnisse umranken dieses Dorf mit seinen 50 Einwohnern. Sie waren die allerersten im Hinblick auf die Fürsorge für die Pilger. Die strohgedeckten Steinhütten keltischen Ursprungs, Pallozas genannt, sind erstaunlich gut erhalten. Vor vielen Jahren lebten die Menschen in einem Raum mit ihren Tieren. In einer von ihnen befindet sich das Muséo Etnográfico (volkskundliches Museum).

140) Palloza am Ortseingang von Ó Cebreiro

Viele Pilger und Touristen tummeln sich auf dem Kopfsteinpflaster im Ortsinneren. Wie in meinem Reiseführer angemerkt, liegt das Dorf auch heute im Nebel. Es fängt sogar an zu regnen. Welche Bar besuche ich denn bloß? Die Atmosphäre ist ein bisschen wie in einer Altstadt. Es gibt alle möglichen Serviceangebote und eben jede Menge Kneipen, Hotels und Herbergen. Überall ist es ein Kommen und Gehen. Ich gönne mir in der nächstbesten Bar meinen hart verdienten Café con leche. Alle Pilger sind stolz auf sich, hier oben heil angekommen zu sein. Die Stimmung ist ausgelassen fröhlich. Wie in Rabanal del Camino haben sich die meisten etwas zu Essen bestellt. Ich kann ein weiteres Mal nicht widerstehen und lasse mir eine große Portion Fritten mit viel Salz und Mayo servieren. Hm, lecker! Während ich den Snack genieße, bade ich in der Betriebsamkeit der vielen Menschen. Mit einigen komme ich ins Gespräch. Es gibt kaum jemanden, der heute noch weiterzieht. Ó Cebreiro ist mit großer Wahrscheinlichkeit ausgebucht.

Vor mir liegen noch zwölf Kilometer und der Aufstieg auf den Alto do Poio. 700 Höhenmeter versuchen meine Beine gerade zu verarbeiten und wegzustecken. Das Aufstehen fällt mir schwer. Mein Körper appelliert mal wieder an meinen Verstand. „Ich bin der Boss! Wir gehen jetzt!“ Gesagt, getan. Brauche ich im Nieselregen meinen Poncho? Ja, komm! Wer weiß, was da noch draus wird. Ich zieh ihn lieber gleich an, bevor ich mitten im Wald danach kramen muss und der Wind das Ding widerspenstig macht.

141) zwischen Ó Cebreiro und Hospital da Condesa

Ich laufe über Hügel Richtung Wald und muss wieder peinlich darauf achten, nicht über Wurzeln oder Steine zu stolpern. Irgendwas fehlt mir! Bei jedem Schritt denke ich darüber nach, was das wohl sein könnte. Ich laufe und laufe. Und dann endlich wache ich auf und weiß plötzlich was ich vermisse: „Ich habe viel zu lange keinen gelben Pfeil mehr gesehen. Und die Kilometersteine, die alle 500 Meter dem Pilger die Entfernung nach Santiago deutlich machen, verstecken sich auch vor mir.
Ach, du Scheiße! Ich hab mich verlaufen! Und jetzt? Ich habe keine Ahnung, wie weit ich zurück müsste, um wieder auf den richtigen Weg zu kommen. Wild entschlossen gehe ich einfach weiter.

Nach einer langen Zeit und mehreren Kilometern im Wald befinde ich mich auf einem landwirtschaftlichen, festgefahrenen Weg. So! Erstmal tief Luft holen! Dann entscheiden, ob links oder rechts die bessere Wahl ist. Um ein Gefühl oder Zeichen von Innen wahrnehmen zu können, sollte ich erstmal runterkommen, mich beruhigen. Ablenkung ist angesagt! Zunächst entledige ich mich meines Ponchos und packe ihn liebevoll wieder in den Rucksack. Dann stell ich Ruddi's Wassernapf auf den Weg und beobachte ihn ein bisschen. Im Nachhinein fällt mir ein, dass er vorhin, an einer Weggabelung im Gegensatz zu mir, gerne abgebogen wäre. Hätte ich mal auf ihn gehört! Seine Nase hat uns schon häufiger vor einem Irrweg bewahrt. Tja, da war ich wohl nicht so ganz bei ihm.

Ganz langsam nähert sich ein kleiner Lieferwagen. Ich rufe Ruddi zu mir, nehme den Napf aus der Fahrspur und trete zur Seite. Auf meiner Höhe hält der Wagen an. Zwei junge Männer drehen die Scheiben herunter und machen mich darauf aufmerksam, dass ich auf dem falschen Dampfer bin. Wenn ich sie richtig verstehe, bin ich ziemlich weit vom offiziellen Camino entfernt. Ich lasse mir erklären, wie ich zum nächsten Ort komme. Mit weit ausholenden Handbewegungen weisen sie mir den Weg, betonen immer wieder, dass es ein ganzes Stück zu laufen ist. Ja! Hallo? Ich bin Pilgerin und nicht auf dem Weg zum Supermarkt. Ich laufe bereits seit einem Monat den ganzen Tag, oder kürzer ausgedrückt, seit 630 Kilometern! Wie weit kann da wohl Hospital da Condesa entfernt sein? Fahren? Niemals! Kommt nicht in Frage! Sie bieten mir mehrmals an, mich mitzunehmen. Es regnet auch wieder stärker und es ist für sie gänzlich unvorstellbar, bei so einem Wetter zu Fuß zu gehen. Wenn ich noch ein bisschen länger diskutiere, bieten sie mir wahrscheinlich Geld, damit ich in ihren Wagen einsteige. Jetzt wird mir das zu bunt. Ich werde kurz sehr ernst und schicke sie mit einem strengen, wild entschlossenem „gracias por todo“ weiter.

Ich kann den Wagen noch längere Zeit sehen. Sie fahren so langsam, als rechneten sie damit, dass ich es mir doch noch anders überlege. Oder wollen sie mir einfach nur deutlich machen, wo ich langgehen muss? Nach mehreren Kilometern leicht bergab, komme ich an einem Pilger-Denkmal vorbei. Na also, geht doch! Total erleichtert endlich wieder auf dem Jakobsweg zu sein, spaziere ich über den Alto do San Roque. Ich fühle mich wieder „Zuhause“! Gegen halb sechs erreiche ich Hospital da Condesa.

142) Pilger-Denkmal auf 1270 Meter über dem Meeresspiegel

Noch gute sechs Kilometer liegen vor mir. Ein Café con leche wäre schön! So viel Zeit muss sein. Auf dem Parkplatz vor der Bar steht der kleine Lieferwagen, der eine Zeitlang vor mir her fuhr. An der Theke sitzen die beiden Männer. Sichtlich erleichtert rufen sie mir gut gelaunt „Hola“ zu, trinken ihre Gläser leer und verabschieden sich, mit einem wohlwollenden Blick auf mich und den schlafenden Ruddi auf blauer Decke. Im Wald haben sie mich zwar verunsichert, dachte sogar kurz, die wollten mir was. Jetzt bin ich aber davon überzeugt, dass sie einfach nur sicher gehen wollten, dass ich auf den richtigen

Weg komme. Schon wieder machen sich wildfremde Menschen gut gemeinte Gedanken um mich. Das Universum hat eben überall seine Helfer parat. Danke!

Im Regen, aber über einen guten Weg durchlaufe ich Padornelo. Ich habe ein Lied auf den Lippen, als ich völlig unerwartet am Ende dieses Pfades stehe – zumindest sieht es so aus, als sei er ein Sackgässchen. Ab jetzt geht es noch steiler als jemals zuvor über einen ungefähr fünfzig Zentimeter breiten Streifen im Zickzack über alle möglichen Hindernisse den Alto do Poio hinauf. Zum Glück weiß ich, dass es sich nur um zwei Kilometer handelt. Aber die haben es in sich! Mir fehlen mal wieder die Worte. Ich kann nur soviel sagen, dass ich meine Arme bei diesem Aufstieg mit einsetzen muss und meine Nase quasi am Hang entlang rutscht. Obwohl das Ende dieser harten Prüfung bereits abzusehen ist, habe ich die Befürchtung es nicht zu schaffen. Die letzten Meter sind eher Klimmzüge, als Schritte.

gleicher Tag (insgesamt 637,2 km gelaufen)
Alto do Poio (Padornelo, 2 Höfe), 1270 m üdM, Provinz Lugo
Hostal, Doppelzimmer, 35 € inkl. Abendessen, ohne Frühstück

Wie ein frisch geschlüpftes Küken aus dem Ei hervor gekrochen kommt, tauche ich wie durch ein Wunder Zentimeter für Zentimeter auf einem Parkplatz aus den Bäumen auf. Langsam mache ich mich gerade, schüttel den Regen aus meinen Federn, ähm, aus dem Poncho und schau mich – vor lauter Freude es geschafft zu haben, komplett aus dem Häuschen - neugierig um. Nebel, Regen, Sturm, fortgeschrittene Uhrzeit, drei Kilometer vor Fonfría, körperlich am Ende, links und rechts von der Landstraße jeweils ein Hotel. Ich muss hierbleiben. Die Akkus sind leer. Ich habe die Wahl zwischen zwei Häusern, genau wie in Hospital de Órbigo. Da hatte ich mich am Kreisverkehr für rechts entschieden und landete im „Rotlicht-Milieu“. Dann geh ich doch besser gleich links über die Straße.

Ich betrete einen zwei Quadratmeter kleinen, dunklen Eingangsbereich mit einem engen Schalter, wie es ihn früher vor den Kinos gab. Dahinter hält sich eine dürre, langhaarige blonde Frau auf. Sie fragt, ob ich übernachten möchte. Wenn ich auch nur noch ein bisschen Kraft hätte, würde ich mich sofort vom Acker machen, aber es geht nicht mehr. Mit einem mulmigen Gefühl nicke ich. Bin fast froh, dass Ruddi an der Leine neben mir steht. Vielleicht haben wir ja das „Glück“ rauszufliegen, wenn sie einen Hund entdeckt. Wenn er hier keinen Einlass findet, versuche ich es inzwischen gern auf der anderen Straßenseite. Ich lasse die Señorita entscheiden.

Die Frau kommt mit einem Zimmerschlüssel um den Schalter herum, sieht meinen Hund, zögert kurz, sagt aber nichts, sondern zwängt sich an mir vorbei auf die Treppe. Ich krabbele hinterher. Von einem langen, dunklen Flur aus, gehen wir in mein Reich für eine Nacht. Es wird nicht heller. Sie macht das Licht an, damit wir überhaupt etwas erkennen können.

Der vernachlässigte Raum ist vollgestopft mit heruntergekommenen alten Möbeln. Direkt neben der Tür ist ein „antikes" Schätzchen von Kleiderschrank zuhause. Ein riesiges Bett, mit einer unglaublich dicken, dunkel gemusterten Tagesdecke, steht, eingerahmt von zwei Nachtschränkchen, links an der Wand. Rechts befindet sich ein mickriger Holzstuhl mit dünnen Beinen, abgenutzter Lehne und Sitzfläche. Ihm gegenüber ist die Tür zum Bad. Ich werfe einen Blick hinein. Ganz primitiv, aber einigermaßen sauber und mit Fenster. Ich staune darüber, dass es draußen noch relativ hell ist und hier drinnen so unglaublich dunkel. Und es ist eiskalt in diesen Räumen. „Ésta bien (alles in Ordnung)?" werde ich vorsichtig gefragt. Will ich wirklich? Bekomme ich überhaupt ein Auge zu in diesem Loch? Ach egal, ich bleibe! Es ist ja nur für eine Nacht. Ich lege meinen Rucksack auf das Bett und gehe mit der Señorita wieder runter. Ich brauche jetzt erstmal was Heißes zu trinken.

Im Gastraum haben sich einige Pilger niedergelassen. Auch hier setzt sich der Stil des Eingangsbereichs und Zimmers fort. Ich friere. Und dieser Raum kann daran nichts ändern. Das Haus ist alt und hat wahrscheinlich keine Heizung. Der Kamin neben dem Tisch, an dem ich Platz genommen habe, ist zwar voller Asche, aber kalt und duster. Etwas unglücklich und trotzdem zufrieden, dass ich endlich sitzen darf, trinke ich den heißen Kaffee. Ruddi liegt auf meinem Schoß und gibt mir von seiner Wärme ab.

Plötzlich wird die Tür zum Schankraum heftig aufgestoßen und ein Riese stapft herein. Schnell ist klar, dass es sich um den Wirt handelt. Er hat große Holzscheite unterm Arm und schmeißt sie lieblos und polternd vor den Kamin beziehungsweise meine Füße. Vor Schreck entfährt Ruddi ein kurzer Beller. Wir wissen beide sofort, dass das keine gute Idee war. Angeekelt raunzt der Mann mich auf Spanisch an. Er lässt keinen Zweifel daran, dass er Hunde unter keinen Umständen duldet. Er zeigt Richtung Tür. Will der mich etwa rausschmeißen? Da ich sitzen bleiben will, muss ich das ignorieren, lo siento!

Ich versuche es auf die lustige Art – hat ja schon ein paarmal geklappt. Ich beuge mich also sitzend nach vorne um Ruddi zu verdecken. Der bewegt sich keinen Millimeter mehr. Ich stütze meine Arme salopp auf den Tisch, versuche ein komödiantisches Bild in seinem Kopf entstehen zu lassen und sage: „Perro? No perro!" Theatralisch schaue ich mich suchend um und unter die Möbel, zucke mit den Schultern, habe Fragezeichen in den Augen. Unübersehbar nehme ich die Kaffeetasse zwischen beide Hände, damit er auch wahrnimmt, dass ich was verzehre und nicht einfach nur dumm rumsitze. „Hm, qué rico (wie lecker)!" Vornehm schlürfend nehme ich ein paar heiße Schlucke und lächle ihn an, obwohl ich ein bisschen Angst vor ihm habe. Alleine im Dunkeln möchte ich diesem Koloss nicht begegnen.

Er stimmt nicht wirklich zu, beschäftigt sich aber mit dem Holz, dass er nun in den Kamin wirft. Und er schimpft und schimpft. Wenn er zu mir rüber guckt, lächle ich so gut ich kann und bete, dass er sich beruhigen mag. Er macht Handzeichen, die mir bedeuten, dass er Hunden im Allgemeinen am liebsten den Hals umdrehen würde. Hilfe! Was soll ich bloß machen? Ich stell mich doof, tue so, als ob er mir einen Witz erzählt hätte und fange laut an zu lachen. Ich beschließe, ab jetzt kein einziges spanisches Wort mehr zu verstehen. Er schimpft und schimpft.

Gerade als ich überlege, wie ich an meinen Rucksack komme, um zu flüchten, betreten frisch geduscht und gestylt meine vier Österreicher die Szene. Klasse! Wie bestellt! Wenn ich sie brauche sind sie da! Ich fühle mich sofort gerettet. „So, Freundchen, was jetzt? Wir sind jetzt zu fünft! Da guckst du, ne?" denke ich - das würde ich zu diesem Zeitpunkt nicht aussprechen. Meine Freude ist unbändig und ich drücke sie auch deutlich aus. Ich lasse einen Jauchzer ertönen und fuchtele aufgeregt mit den Armen herum: „Heeeiii, wie schön, das wir uns wiedersehen!" Es ist ein großes Hallo, als sie mich entdecken. Schnell bemerken sie meine Verzweiflung. Sie setzen sich an meinen Tisch und ich gebe ihnen durch einige Zeichen zu verstehen, was hier gerade passiert. Karoline und Heinz fangen an zu lachen: „Der tut nur so! Er hat nen kleinen Haschmich, aber in Wirklichkeit ist er herzensgut. Heinz und Luigi haben sich vorhin ein bisschen mit ihm unterhalten. Mach Dir keinen Kopf!" Nichts glaubte ich lieber, als das. Skeptisch schau ich zu ihm rüber. Wirklich? Sie sind meine

Pilgerfreunde. Die müssen sich sicher sein, dass der nur spielen will, sonst würden sie anders reagieren. So gut kenne ich sie mittlerweile.

Tatsächlich kann ich mich auf eine ungezwungene Unterhaltung über die letzten Pilger-Erlebnisse einlassen. Wir haben wieder viel zu lachen und zu staunen, was einem so alles passieren kann. Endlich hat der Riese den Kamin angefeuert und so langsam breitet sich eine wohlige Wärme aus. Die lodernden Flammen lassen den Raum in einem ganz anderen Licht erscheinen. Ohne meinen Hund noch eines Blickes zu würdigen, verschwindet der große Mann mit genauso viel Gepolter wie er gekommen ist. Zu meiner Überraschung wirft er - mit eingezogenem Kopf unter dem Türrahmen - noch ein freundliches „buena noche, hasta luego (schönen Abend, bis bald)“ in seinen gefüllten Gastraum. Wow! Lächelnd sieht der wirklich nicht mehr so gefährlich aus!

Kurz darauf ruft die Wirtin zum Abendessen. Wir sind ungefähr zwanzig Pilger, die alle an einem langen gedeckten Tisch Platz nehmen. Das Abendessen ist im Übernachtungspreis mit drin. Es gibt eine Suppe, Fleisch, Kartoffeln, Gemüse und Nachspeise. Das Fleisch kann ich nicht so richtig zuordnen und lasse lieber die Finger davon. Ansonsten schmeckt das Essen aber erstaunlich gut. Nach einem ausgelassenen Abend verziehen sich alle nach und nach in ihre Zimmer. Luigi erzählt mir übrigens noch, wie katastrophal das Hotel auf der anderen Straßenseite ist. Da sind sie nämlich zuerst drin gewesen und haben auf dem Absatz wieder kehrt gemacht. Na! Dann hab ich ja alles richtig gemacht!

Nach dem Duschen will ich das Fenster öffnen. Das geht aber nicht. Der Fenstergriff bleibt unbeweglich. Irgendwie sieht es hinter der milchigen Scheibe so aus, als hinge da Wäsche. Das kann aber doch gar nicht sein, wir sind doch eine ziemlich lange Treppe hochgegangen. Es kann kein Garten oder Hof hinter dem Fenster sein. Neben der Badtür im Schlafzimmer entdecke ich noch ein Fenster. Das ist klarsichtig und mir bei der Besichtigungstour gar nicht so aufgefallen. Aber ein Blick durch die Scheibe löst das Rätsel. Fünf oder sechs lange Wäscheleinen sind in einem angrenzenden Raum gespannt und hängen heftigst durch. Sie kämpfen mit Bettwäsche, Handtüchern und T-Shirts. Die Aussicht ist also leider nicht auf die Berge gerichtet, sondern in einen Trockenraum.

Es hat was Gespenstisches, so im Halbdunkeln. So, wie wenn ich früher als Kind mit meiner Mutter auf dem Speicher zum Wäschemachen war. Ich bin zwar immer freiwillig mit da hoch gegangen, fand das jedoch schon damals mehr beängstigend als lustig. Vor allem dann, wenn Bettwäsche hing. Die reichte bis fast zum Boden und ich konnte nie sehen, ob da nicht irgendjemand lauert. Plötzlich fühle ich mich in diesem Zimmer wie eingesperrt.

Ich glaube, mir bekommt die Bergluft nicht! Wie bin ich denn drauf? Was ist mit positivem Denken? „Immer das Beste in jeder Situation sehen", lautet meine Devise. Ich setze mich einen Moment auf den Stuhl, atme tief durch und rufe mir ins Bewusstsein: „Bin hier untergekommen, hab den Riesen in meine Gewalt bekommen, durfte das Kaminfeuer genießen, Ruddi darf hier sein, im Zimmer gegenüber schlafen liebe Pilgerfreunde mit denen ich heute Abend viel gelacht habe, bin satt, frisch geduscht, meine Wäsche ist gewaschen und ich sitze vor einem richtigen Bett. Ich mache gleich einfach, schön warm zugedeckt, die Augen zu und entspanne mich und vor allem meinen Körper."

Gesagt, getan. Husch, husch, ab ins Bettchen. Ich krieg das Riesending gar nicht angewärmt. Ich hätte mich besser direkt unter die Decken gelegt. Auf dem Stuhl ist mein Körper ausgekühlt. Dieses Zimmer wird gar nicht geheizt. Es ist nasskalt. Am liebsten würde ich Ruddi unter meine Decke legen. Er ist in der Lage mich innerhalb weniger Minuten aufzuheizen. Ob er da unten auf dem kalten Boden in seiner Tasche auch friert? Ich glaube ja, der hat sich schon sehr eng zusammengekringelt.

Da kommt mir die Idee! Blitzschnell fliege ich aus dem Bett an meinen Rucksack und rupfe meinen Schlafsack raus. Kurz darauf liegen Schnurzel und ich eng aneinander gekuschelt im Bett. Aber mit Schlafsack dazwischen, da kann keiner was gegen haben! Das bleibt eine Ausnahme, aber heute müssen wir uns vor Gefrierbrand schützen. So kalt war mir noch nie. Der Zweck heiligt die Mittel. Wir lassen beide einen tiefen Seufzer der Erleichterung los. Ruddi schnarcht wenige Sekunden später ganz leise vor sich hin. Ich brauche noch einen Moment. Nebenan im Zimmer wird ebenfalls zu zweit gegen die Kälte angekämpft. Was machen die denn? Stellen die mitten in der Nacht die Möbel um? Es rumpelt ab und zu an meiner Wand. Wenig später artet das Rumpeln zu einem rhythmischen fordernden Klopfen aus. Tun die das, wonach es sich anhört? Wie spannend! Ich kann gar nicht wie gewohnt meinen Tag Revue passieren lassen.

Meine ganze Aufmerksamkeit gilt ungewollt den Geräuschen, die aus dem Nebenraum kommen. Es ist wie bei einem Unfall, man will nicht hingucken, kann aber gar nicht anders. Das wird immer heftiger und lauter. Mittlerweile wackeln im wahrsten Sinne des Wortes die Wände. Es ist das, was ich denke! Ich halte die Luft an! Jetzt kommt zum Rumpeln in unregelmäßigen Abständen ein Seufzer hinzu. Stille! Na, dann gute Nacht, Freunde! Ich hoffe, bei euch ist alles in Ordnung. Oder braucht ihr Hilfe? Kurz drauf geben sie aber nochmal so richtig Gas. Was jetzt passiert, muss der Höhepunkt sein. Das Bett haut so heftig an meine Wand an, dass ich den Kopf einziehe. Das Gestöhne und Gejodel hört man garantiert noch drei Zimmer weiter.

Hätten die fünf Minuten früher angefangen, wäre der Schlafsack im Rucksack geblieben. Hätt ich nicht gedacht, dass ich hier und jetzt so richtig ins Schwitzen komme. Und das liegt nicht an Ruddi. Als mir klar wird, welcher Szene ich Ohren-Zeugin geworden bin, setzt mein Kopfkino ein und ich krieg auch noch einen Lachanfall vom feinsten. Ich lache ins Kissen, damit ich nebenan die romantische Nachspielzeit nicht verderbe.

Das Fazit des Tages: Auch nach 700 bewältigten Höhenmetern ist der Pilger in der Lage, Wände zum Wackeln zu bringen. Ich muss morgenfrüh mal darauf achten, wer besonders rosige Bäckchen hat.

Donnerstag, 15. Mai 2008
Alto do Poio (Padornelo, 2 Höfe), 1270 m üdM, Provinz Lugo
31. Etappe bis Pitín, 23,5 km

Es fällt mir sehr schwer, mich aus dem Schlafsack zu pellen. Es ist eiskalt im Zimmer. Ruddi hat die Nacht aus seiner Sicht wohl in einem First-Class-Hotel verbracht. Er stellt sich tot, rollt bei meinem etwas ungeschickten Befreiungsversuch aus der engen Muckeltüte von einer Seite auf die andere. Zum Glück kenne ich die Wiederbelebungsmaßnahmen, die in einem solchen Falle bei Perrito anzuwenden sind. Futternapf auffüllen, hart absetzen und die Zauberworte „Hmm, lecker Frühstück“ benutzen. Das wirkt so spontan wie ein Defibrillator bei einem Hund mit Kammerflattern.

Ich stelle meinen persönlichen Rekord im Fertigmachen-und-Zimmer-verlassen auf. Im Gastraum ist schon richtig was los. Der Kamin ist kalt, aber die vielen Leute haben schon ganz gut vorgeheizt. Nach zwei Cafés con leche, die ich so heiß wie nur möglich trinke, taue ich Stück für Stück auf. Mir fällt ein, dass warme Gedanken auch helfen können. Was war nochmal letzte Nacht im Nebenzimmer los? Ja! Es hilft tatsächlich! Toll, was die Kraft der Gedanken so bewirken kann!

Es würde mich ja schon interessieren, wer das war. Meine Österreicher hatten ihre Zimmer auf der anderen Seite des Flurs. Die fallen also raus. Das junge Pärchen, das am Fenster sitzt, hat keine rosa Wangen. Keine Spur von einer heißen Nacht. Beim genaueren Hinsehen und –hören könnten sie auch Bruder und Schwester sein. Nein, die waren das auch nicht! An der Theke stehen lauter Männer, die sich paarweise unterhalten.

Zwei von ihnen unterhalten sich leiser als die anderen. Sie stehen näher beieinander, als es gute Freunde tun und sehen sich auch schweigend auffallend tief in die Augen. Ihr Lächeln und ihre gesamte Körpersprache verraten eine sehr enge Vertrautheit. Ihre Augen strahlen. Ja! Ihre Wangen sind rosig! Das müssen meine Zimmernachbarn der vergangenen Nacht sein. Ich bin froh, dass sie ihr Abenteuer unversehrt überstanden haben. Nicht nur das: Sie sehen aus, als könnten sie Bäume ausreißen. Wen wundert es? Sex ist ja bekanntlich nicht nur die schönste Nebensache der Welt, horny und höchst entspannend. Wenn alles gut läuft, ist er berauschend und man fühlt sich danach wie der König der Welt. Und den kann nichts erschüttern.

Um acht Uhr beginne ich meine Etappe. Heute geht es von 1285 Metern in Fonfría auf 665 in Triacastela abwärts. Die Erfahrung der letzten Etappen hat mir gezeigt, dass es zwischen den Dörfern durchaus auch ohne Vorwarnung meines Reiseführers steil bergauf gehen kann. Der Camino Francés ist niemals langweilig. Jeder Tag birgt neue Überraschungen in sich.

Ganz komfortabel laufe ich neben der ruhigen Landstraße her. In Fonfría verkneife ich mir eine Kaffeepause. Mein Gefühl treibt mich weiter. Auch nach fünf Kilometern hält sich mein Verlangen, einzukehren, in Grenzen. Ich wundere mich zwar, bin aber auch gespannt, was denn heute wohl auf mich wartet. Ich folge meiner Intuition und meinen Trekkingstöcken. Sie scheinen heute den Ton anzugeben. Es fühlt sich an, als hätten sie die Macht. Meine Füße bewegen sich wie von einem Zahnrad angetrieben im gleichmäßigen Rhythmus meiner Arme. Ich finde das überaus angenehm. Normalerweise ist es umgekehrt, geben meine geschundenen Füße den Armen die Befehle sich anzupassen.

Kurz vor Viduedo geht es weiter auf Viehsteigen. So entspannend die letzten Kilometer waren, so schockierend ist das, was sich mir jetzt bietet. Macht denn hier keiner sauber? Zentimetertiefer Mist, also Scheiße, ziert den Weg. Durch den Regen der letzten Tage ist der Weg sowieso schon total aufgeweicht. Matsch und Viehmist vereinigen sich zu einem unglaublich glitschigen Zeug. Es gibt kein Entkommen, keine Ausweichmöglichkeiten. Ich muss dadurch. Es stinkt erbärmlich. Nur nicht ausrutschen! Volle Konzentration bei jedem Schritt!

Ich arbeite gerade daran, mich mit der Situation anzufreunden, als mich zwischen zwei Bauernhöfen eine alte Señora anspricht: „Tienes hambre, (hast Du Hunger)?“ Sie hält mir einen Teller frischer Pfannkuchen unter die Nase. Halluziniere ich jetzt? Nein! Es ist wirklich wahr! Ich kann mein Glück kaum fassen. Ich liebe Omelettes in vielen Varianten heiß und innig. Sofort muss ich an zuhause denken. Obwohl ich in diesem Moment auf einem Viehsteig knöcheltief in der Scheiße stehe und es keine Sitzgelegenheit gibt, fühlt es sich an und riecht auch so, als säße ich bei meinen Eltern im Garten und meine Mutter käme mit diesem Überraschungsteller zu mir. Am liebsten würde ich dieser fremden Frau um den Hals fallen. Das sieht sie mir wahrscheinlich an. Sie streut Zucker auf den obersten Pfannkuchen, klappt ihn zusammen und hält ihn mir lächelnd entgegen.

143) Pfannkuchen zwischen zwei Bauernhöfen

Der Mist unter meinen Füßen ist vergessen. Ich nehme nur noch diese Köstlichkeit wahr und genieße sie gierig mit viel zu großen Bissen. Vielleicht liegt es an der Landluft, aber so leckere Pfannkuchen habe ich noch nie gegessen. Ich schätze, ich habe momentan große Kinderaugen. Jedenfalls hält die Fee mir den Teller noch einmal hin.

Der Zucker ist schon drauf und ich greife zu. Den zweiten genieße ich in Ruhe und zwischen den Bissen frage ich, was es damit auf sich hat. Sie verdient sich damit ein paar Euros zusätzlich. Sie macht morgens und nachmittags frische Eierkuchen. Die Pilger erfreuen sich seit langer Zeit daran. Ich gebe ihr zwei Euro und weiß endlich, was mich heute Morgen so angetrieben hat. Wer weiß, ob sie eine halbe Stunde später auch noch welche gehabt hätte.

Nach 600 Höhenmetern auf den letzten neun Kilometern durch tausende Kuhfladen, Hühnermist und Was-weiß-ich-noch-was erreiche ich kurz vor dem Zusammenbruch Triacastela. Ich habe fast vier Stunden für diesen abstrakten Abstieg gebraucht und war nicht die Langsamste. Zwei einzelne Pilgerinnen habe ich, völlig erschöpft am Wegesrand hockend und mit Tränen in den Augen, überholt.

Mitten im Ort steuere ich in Zeitlupe auf ein Café zu – mein Rettungsanker in allerhöchster Not. Am Eingang klebt ein viel zu großes Verbotsschild für Hunde. Das muss mir jetzt egal sein. Ich hab das nicht gesehen. Eine einheimische Damenrunde beim Kaffeekränzchen blickt entsetzt auf Ruddi – als wäre er ein Außerirdischer. Er ist übrigens bei weitem nicht so dreckig wie ich. Mein Hund konnte nämlich der Scheiße ausweichen und über die Weiden und Wiesen laufen.

Ich plumpse auf einen Stuhl, lege Ruddi zügig auf seine Decke. Ich drapiere sie so, dass er zwischen Rucksack und Stuhl kaum zu sehen ist. Die Kellnerin sieht mir an, wie fertig ich bin. Lächelnd bringt sie mir einen Café con leche an den Tisch und geht wieder. Sie hat meinen Hund nicht bemerkt.

Wenige Minuten später geht eine der Damen an der Theke petzen. Entsetzt sucht die eben noch freundliche Señorita mit den Augen nach dem angeklagten Eindringling. Bei ganz genauem Hinsehen entdeckt sie Ruddi natürlich und ruft mir böse zu „No perro!“ und zeigt zur Tür. Ich tue so, als ob sie mich auf etwas Unerhörtes draußen auf der Straße hingewiesen hätte und schaue betroffen und kopfschüttelnd einigen Fußgängern hinterher, die mit Sicherheit keine Ahnung haben, was sie wohl angestellt haben könnten.

Sie fuchtelt mit den Armen und wiederholt sich: „No perro!“ Ich nix verstehen. „No perro!“ „Ah, sí, okay, lo siento!“ und drücke mit einem verständnisvollen Blick zum Kaffeekränzchen meine Zigarette aus. „No, señora! No perro!“ und zeigt in Richtung Ruddi. Da der direkt neben meinem Rucksack liegt, fasse ich das mal als Interesse an meinem Tun auf. „Ah, sí, Camino Francés!“ Langsam wird sie geschmeidiger. Ich bemerke, wie sie sich ein bisschen entspannt. Etwas kraftloser wiederholt sie nochmal: „No perro, por favor!“ Oh, wir sind schon beim „Bitte“ angekommen. Na dann: „Sí, noch einen Café con leche, por favor!“ und zeige auf meine Tasse. Sie bringt mir tatsächlich noch einen. Mit dem Rücken zum Kaffeekränzchen zwinkert sie mir endlich mit einem Blick auf Perrito zu und gibt mir zu verstehen, dass sie es auch schade findet, dass die Damen keine Hunde mögen.

Um sie aus der Situation als Gewinnerin rausgehen zu lassen, bezahle ich schon mal mit klimperndem Kleingeld. So können die feinen Damen beruhigt meinem baldigen Abschied entgegensehen. Meinen Kaffee trinke ich aber trotzdem noch in aller Ruhe aus und verlasse dann mit einem fröhlichen „adiós“ auf den Lippen das Café.

144) Richtung Pitín

Auf den folgenden vier Kilometer geht es wieder 200 Meter höher nach San Xil. Aber die verdoppeln sich, denn es geht ständig steil auf und ab. Steinige, schlammige, beschissene Viehwege wechseln sich mit geteerten Nebenstraßen ab. Ein einziges Auto kommt mir nach ungefähr eineinhalb Stunden entgegen. Der Weg durch das San-Xil-Tal zeigt mir neben seiner überaus reizvollen Landschaft und ursprünglichen Natur auch das einsame, authentische Galicien. Obwohl ich körperlich am Ende bin, fühle ich mich hier irgendwie gut aufgehoben.

Seit Triacastela habe ich außer dem Autofahrer keine Menschenseele mehr gesehen. Es gibt in diesem Tal keine Bars oder sonstige Verpflegungsmöglichkeiten. Wie aus dem Nichts aufgetaucht, geht nun gemächlichen Schrittes ein alter Mann mit einer Riesenaxt über der Schulter vor mir her. Ich hoffe er ist Waldarbeiter und kein Massenmörder. Wo kommt der denn her? Das letzte bewohnte Haus hab ich vor langer Zeit gesehen. Und wo will er denn hin mit seiner Axt? Holz holen? Ohne Sack, Schubkarre oder Trecker? Seine Kleidung würde ja dazu passen. Ist schon ein bisschen komisch. Soll ich ihn überholen oder vom Gas gehen und dahinter bleiben?

Auf einem besonders steilen Stück Weg wird er so langsam, dass es mir so vorkommt als ginge er rückwärts. Tja, dann woll'n wir mal sehen, was das für ein Zeitgenosse ist. Ruddi findet ihn auf jeden Fall ungefährlich. Fröhlich umkreist er ihn einmal und beschäftigt sich sofort wieder mit für ihn wichtigeren Dingen. Na, dann kann der Señor nichts Böses im Sinn haben. Nach acht Jahren Beziehung kann ich mich hundertprozentig auf Schnurzel verlassen. „Hola, qué tal?" Wir gehen ein kurzes Stück zusammen und ich erfahre, dass er in diesem einsamen Landstrich zuhause ist. Er wohnt alleine und ohne jeden Luxus in einem uralten Haus, das dringend eine Sanierung nötig hätte. Dieser alte Mann hat strahlende, fast funkelnde Augen, als er mir „sein" Land zeigt. Mit leiser, bewundernder Stimme und ausschweifenden Handbewegungen führt er meinen Blick an Waldränder, über Wiesen und Felder. Ich glaube er ist einer der glücklichsten Menschen in Galicien. Er kann sich nicht vorstellen, anders zu leben. Er holt ein paar Holzscheite aus dem Wald in dem hauptsächlich Kastanien und Eichen stehen, um seinen Ofen anzufeuern. Einen Jutesack hat er übrigens vorne an seinem Gürtel hängen.

Ich finde es jedesmal aufs Neue faszinierend, mich mit den Einheimischen zu unterhalten. Das ist so ein anderes Leben, hier auf dem Camino. Das hat mit dem, was wir in Deutschland kennen, nichts zu tun. Die meisten haben kaum Hab und Gut, aber die unglaubliche Lebensfreude, die sie umgibt, kann man deutlich spüren. Nach einer solchen Begegnung habe ich immer besonders viel Energie und frische, angenehme Gedanken.

Kurz darauf gerate ich in ein Unwetter, das mir so richtig Angst einjagt. Von einer Sekunde auf die andere ist es da. Der Himmel war zwar dunkel, aber mit sowas habe ich im Leben nicht gerechnet. Mir fällt Hermann ein, der mir vor ewig langer Zeit in den Bergen geraten hat, den Poncho frühzeitig überzuziehen, weil es plötzlich losgehen kann und dann keine Zeit mehr bleibt, sich zu schützen.

Ein Sturm kommt auf, es wird extrem dunkel, Hagel prasselt auf meinen Kopf, es blitzt und donnert über mir und Ruddi haut auch noch ab. Ich gerate ein wenig in Panik, schrei ihn an, er möge zu mir kommen. Währenddessen kämpfe ich wie verrückt mit meinem Poncho. Der Sturm, der in einen Orkan ausartet, hat ihn besser im Griff als ich. Und diesmal ist kein Hermann dabei, der das Regencape bändigt. Im Nu bin ich so patschnass, als hätte jemand einen Eimer Wasser über mir ausgeschüttet. Ich gebe nicht auf! Endlich sitzt der Poncho! Mann!

Ruddi hat sich unter einem Mauervorsprung mitten auf einer Wiese versteckt. Er sitzt zitternd wie Espenlaub da und traut sich, trotz meiner verzweifelten und sehr ernst zu nehmenden Befehle, nicht in den Hagel. Mir bleibt nichts anderes übrig, als ihn zu holen. Schnell setze ich ihn unter meinen Poncho und mach mich so klein ich kann. Nicht, dass der Blitz uns trifft. Sturzbäche laufen die Straße herunter, so heftig ist der Regen, der den Hagel abgelöst hat. Bäume geben sich dem Orkan hin und ihre Äste wiegen sich bedrohlich weit hin und her. Mein Poncho droht zu zerreißen. Ich muss mich richtig anstrengen, um nicht aus der Hocke geblasen zu werden.

Das Ganze hat sicher nicht länger als fünf Minuten gedauert, hinterlässt bei uns beiden aber einen wohl lebenslangen Eindruck. Wow! Ich habe echt Respekt vor den Naturgewalten – vor allem in den einsamen Bergen.

Tief beeindruckt schau ich den abziehenden schwarzen, schweren Wolken hinterher. Mit jedem Moment geben sie ein Stück mehr von der faszinierenden Aussicht auf die imposante Gebirgslandschaft frei. Genauso schnell wie es kam, ist es auch wieder vorbei. Der Orkan hat sich mit den schwarzen Wolken verzogen. Es ist wieder hell und die Vögel zwitschern besonders schön. Die Sonne zwinkert mir durch einige lockere weiße Wolken zu. Es riecht so herrlich nach reiner Natur - nasser Wiese und Wald. Es ist wieder Frieden eingekehrt in meine Pilgerwelt. Ich fühle mich tatsächlich wie aus der Hölle befreit und ins Paradies versetzt.

Ruddi wirkt noch ein bisschen geschockt. Zitternd und mit großen Augen sitzt er vor mir und sieht mich hilfesuchend an. Regen tropft aus seinem Fell. Er erinnert ein bisschen an einen nassen Biber und ich muss laut lachen. Ich trockne ihn ab so gut es geht und rede beruhigend auf ihn ein. Nach wenigen Minuten ist auch er wieder startklar.

Uns kommt ein Pilger ENTGEGEN! Wo will der denn hin? Weit und breit gibt es hier keinen Anlaufpunkt in Form einer Gaststätte oder eines Geschäfts, der einen Pilger dazu bewegen könnte, in die falsche Richtung zu gehen. Wir kommen ins Gespräch und ich erfahre, dass er in Santiago de Compostela gestartet ist und bis Saint Jean Pied de Port gehen will. Er läuft den Jakobsweg eben in die andere Richtung, nachdem er die „richtige“ in den letzten Jahren schon zweimal bezwungen hat. Ich komme aus dem Staunen nicht mehr raus. Mir fällt ein, dass mir in den ersten Tagen dieser Expedition auch schon mal ein Pilger entgegenkam. Ich halte es für schwierig, sich „rückwärts“ auf dem Camino zu bewegen. Die Wegweiser sind doch gar nicht zu erkennen. Sie sind so angelegt, dass sie dem Pilger, der nach Westen wandert, meist direkt ins Auge springen, aber umgekehrt?! Er sagt: „Wenn Du den Weg zweimal gelaufen bist, weist Du wo Du lang musst.“ Na dann! „Buen camino!“ Eine weitere Variante den Jakobsweg zu laufen.

Nun geht es durch Wälder, über Vieh- und Feldwege. Durch das Unwetter sind sie noch aufgeweichter und ich muss wieder jeden Schritt genauestens planen, damit es mich nicht hinhaut. Würde das passieren, sähe ich nicht nur aus wie eine Wildsau, sondern verbreitete auch den gleichen „Duft“ und würde sicher nirgendwo mehr aufgenommen. Knöcheltiefer, übelst stinkender Matsch! Ich muss darauf achten, dass der nicht in meinen Schuhen landet. Diese Aktion ist sehr kräfte- und zeitraubend. Ich bin mehr als überfällig für einen Café con leche. Meine Hoffnung darauf ist mitten in der Wildnis nicht besonders groß. Ich rede mir gut zu, damit es überhaupt weiter gehen kann. Gefühlsmäßig komme ich zurzeit nur Zentimeter um Zentimeter voran. Wo - und vor allem wann - soll das nur enden?

In einem kleinen Hexenhäuschen im dunklen Wald! Plötzlich ist es da! Ich höre Stimmen. Ja, gewonnen! Es ist tatsächlich ein Wirtshaus.

Überglücklich betrete ich einen winzig kleinen Gastraum. Es ist warm und gemütlich hier drin. Erschöpft lasse ich mich auf den ersten Stuhl fallen, der sich mir in den Weg stellt. Die Wirtsleute wissen genau, was ich den letzten Stunden durchgemacht habe. Ich werde inklusive Ruddi warmherzig empfangen – trotz meiner Drecksklumpen. Der heiße Kaffee wird mir an den Tisch gebracht. Ich sitze gegenüber einer Treppe. Ein junges Paar kommt herunter, ignoriert den Gestank, der von meinen Schuhsohlen ausgeht, setzt sich zu mir und begrüßt mich mitfühlend in meiner Muttersprache.

145) „verschlammt“ steiniger Weg im San-Xil-Tal, rechts ein Kilometerstein „nur für Pilger“

Ich befinde mich erstaunlicherweise in einer Herberge. Es gibt hier nur vier Schlafplätze und ein Doppelzimmer. Und das scheint auch noch frei zu sein. Die beiden schwärmen von dieser Unterkunft und ich werde schon wieder verführt, meine Etappe frühzeitig zu beenden. Naja, bis zu meinem Etappenziel mögen es noch zwei Kilometer sein. Aber unter den gegebenen Umständen, ziehen die sich wie Kaugummi. Ich bitte mir Bedenkzeit aus.

Wir sitzen gemütlich zusammen und haben uns eine Menge zu erzählen. Je länger ich mich aufhalte, desto lieber will ich bleiben. Es wäre doch schön, eine Nacht mitten im tiefen Wald zu verbringen.

Nach einer halben Stunde ringe ich mich durch. Ich bestelle mir in Feierlaune noch einen Café con leche und das Doppelzimmer.

Den Kaffee krieg ich, aber das Zimmer …! „Lo siento, no hay camas libres más, señora (tut mir leid, keine freien Betten mehr)!“ Ich könnte heulen, da hab ich wohl ein bisschen zu lange überlegt und ein anderer ist mir zuvorgekommen. Ich krieg mich schnell wieder ein. Ist doch klar, dass auch das einen Sinn haben muss. Wer weiß schon, was da draußen noch auf mich wartet. Die Pause hat mir gut getan. Mit frischer Energie mache ich mich an die letzten zweihunderttausend Zentimeter für heute.

gleicher Tag (insgesamt 660,7 km gelaufen)
Pitín (ca. 50 Einwohner), ca. 600 m üdM, Provinz Lugo
Hostal, Doppelzimmer, 35 € inklusive Frühstück

Schlussendlich krieche ich förmlich in den kleinen Ort Pitín ein. Ich schicke ein Stoßgebet ins Universum, es möge noch ein Zimmer auf mich warten. Nach wenigen Metern werde ich auf ein Schild aufmerksam, das darauf hinweist, dass es hinter der kleinen Tür etwas zu trinken geben könnte. Beim Betreten erinnert es mich eher an einen Kiosk, als an einen Schankraum. Der Raum ist sehr schmal. Links stehen zwei Metalltische mit je vier zarten Stühlen. Rechts befindet sich eine vollgestellte Theke. Dahinter hängen Regale an der Wand, in denen Zigaretten, Snacks und Süßigkeiten angeboten werden. Seitlich davon wohnt ein Kaffeeautomat mit allen Raffinessen. Der überaus freundliche und herzliche Mann, der zwischen all diesen Dingen steht, erweckt das Gerät für mich zum Leben und serviert mir einen Café con leche, wie ich ihn schon lange nicht bekommen habe: Nicht zu stark, wundervoll cremig, heiß und groß.

Als er Ruddi entdeckt, kommt er vor und ist entzückt von dem kleinen, mittlerweile ziemlich müden Wesen. Streicheleinheiten und Küsschen auf die Stirn lassen Perrito schnell in eine meditative Phase eintreten. Der Señor ist hin und weg. Er sieht das Tupperware-Schüsselchen auf dem Boden stehen und füllt ohne zu Zögern frisches Wasser ein.

Ich frage ihn, wo ich übernachten könnte. Ich bin ganz schön baff, als er ausruft: „Nosotros, por supuesto (bei uns natürlich)!“ Was? Das hier ist ein Hostal? Wo sollen sich denn in diesem kleinen Haus Zimmer befinden? Ich kann es kaum glauben. Aber er wird schon wissen, was er sagt. In diesem Moment betritt seine Frau die Bühne. Er trägt ihr mein Anliegen sofort vor und zaubert ihr ein Lächeln ins Gesicht. Freundlich kommt sie auf mich zu und begrüßt mich spanisch temperamentvoll. Ruddi hebt ein wenig seinen Kopf und zack! Die Stimmung kippt. „No perro, lo siento!“ Ihr Mann kommt hinter der Theke hervorgestürzt und redet außer sich auf sie ein. Sie schüttelt den Kopf. Er bleibt dran, gibt nicht auf, zeigt immer wieder auf uns und hat mitfühlende Blicke und Worte für die erschöpfte Pilger-Hund-Gemeinschaft.

Das Universum hat wie immer seine Finger im Spiel. Nach wenigen Minuten der Spannung stimmt seine Frau zu. Ich darf noch mehr Wunder erleben! Sie geht mit mir durch einen riesengroßen, wunderschönen Comedor. Viele dick gepolsterte Stühle stehen ordentlich an mehreren Tischen, die bereits geschmackvoll eingedeckt und dekoriert wurden. Wir laufen durch die weiträumige, hochmoderne und blitzsaubere Küche, in der schon fleißig gekocht wird. Der köstliche Duft von gebratenem Fleisch macht mir einen Wahnsinns-Appetit.

Jetzt erreichen wir eine Empfangshalle. Hier ist der eigentliche Eingang in das Hostal. Über eine breite Treppe kommen wir auf den Flur, von dem die Zimmer abgehen. Mir steht der Mund offen vor Erstaunen. Es ist kein schnurgerader Flur, sondern ein eher quadratischer Raum mit unerwarteten Nischen in denen kleine gemütliche Sitzgruppen stehen. Dazwischen befinden sich die Türen zu den eigentlichen Hotelzimmern. Große Pflanzen und Blumensträuße, die vor bodentiefen Fenstern stehen, lassen das ganze Ambiente sehr lebendig und warm erscheinen.

Ich kann es kaum noch erwarten, mein Zimmer zu sehen. Ich werde nicht enttäuscht. Es ist schön warm, groß, hell, sehr sauber, modern und liebevoll eingerichtet. Das Bad ist ebenfalls ein Traum. Es ist wie bei Harry Potter. Du betrittst ein Zwei-Mann-Zelt und drinnen erschließt sich dir ein Schloss mit allem Drum und Dran. Ich sag doch schon lange, dass der Jakobsweg zauberhaft ist. Und ich weiß jetzt, warum im Wald kein Bett mehr frei war. Danke, ihr da oben im Universum!

Ich kann nicht anders! Ich muss die Señora mal kräftig drücken. Sie lässt es sich gerne gefallen, guckt aber ein bisschen skeptisch von Ruddi zum Bett. Ich kann ihre Sorge nachvollziehen und hole in ihrem Beisein das Hundebett aus meinem Rucksack. Ich kann hören, wie ihr ein Stein vom Herzen fällt, als Ruddi unaufgefordert hinein hüpft und sich sofort gemütlich einkringelt. Er lässt keinen Zweifel daran, dass er nicht vorhat, woanders zu schlafen. Nachdem sie sich erkundigt hat, ob ich zum Essen komme, bin ich alleine.

Die Anspannung des Tages ist weg und plötzlich ist die Luft bei mir raus. Ich falle aufs Bett und habe das Gefühl nie wieder aufstehen zu können. Nur der Hunger hält mich wach und weckt ein oder zwei Lebensgeister in mir. Ich rappel mich hoch. Alles tut weh. Keine andere Strecke vorher war so kräfteraubend wie die heutige. Das liegt wahrscheinlich größtenteils am Wetter. Die Wege sind ja nicht immer zentimetertief verschlammt. Als ich regungslos unter der wohltuenden heißen Dusche stehe wird mir wieder bewusst, dass man auf dem Camino Francés morgens nie weiß, was einen abends erwartet. Ohne Zweifel ist das hier nach dem Drecksloch von gestern ein Geschenk des Himmels.

Und noch eine tolle Überraschung wartet auf mich. Als ich zum Essen runterkomme ist der Comedor voll besetzt. An einigen Tischen entdecke ich noch einzelne freie Stühle. Ich versuche auf die Schnelle zu erfühlen, wo ich wohl am besten aufgehoben bin. Die Angelegenheit ist schnell geklärt. Klagenfurt „is in the house". Die Freude ist so groß, dass die anderen für einen Moment Messer und Gabel an die Seite legen. Das gibt's doch gar nicht. Obwohl wir über viele Stunden exakt den gleichen Weg gegangen sind, sieht man sich den ganzen Tag nicht, aber abends im Hotel.

Wir trinken Wein, amüsieren uns köstlich, als ich von meinen gestrigen Zimmernachbarn erzähle und staunen gemeinsam darüber, zu welchen körperlichen Höchstleistungen wir alle in der Lage sind. Nein! Ich meine nicht die Jungs von gestern, ich meine den Jakobsweg an sich! Wir sind uns einig: So fertig man am Ende einer Etappe auch sein mag, das Gefühl angekommen zu sein bleibt unübertroffen und die Freude „alte" Pilgerkollegen zu treffen, muss man selbst erleben. Das ist unbeschreiblich.

Freitag, 16. Mai 2008
Pitín (ca. 50 Einwohner), ca. 650 m üdM, Provinz Lugo
32. Etappe bis Vilachá, 26,9 km

In dieser Nacht habe ich besonders tief geschlafen. Mein Wecker holt mich von ganz weit her auf diese Welt zurück. Ich kuschel mich noch für ein paar Minuten tief in die Kissen, um dieses Zimmer zu genießen. Ob die Österreicher schon unterwegs sind? Vielleicht treffe ich sie ja auf einen Kaffee beim Frühstück! Bei diesem Gedanken, hält mich nichts mehr im Bett. Nichts wie raus aus den Federn! Zum Glück treibt mich kein Feueralarm, denn ganz so spontan komm ich dann doch nicht in Gang. Es gibt wieder neue Muskelgruppen in meinem Körper, die noch nicht richtig geölt sind. Es knirscht und reibt schmerzvoll in allen wichtigen Teilen.

Ganz vorsichtig schleppe ich mich erstmal bis zum Fenster. Aufrecht stehen? Unmöglich! Ich mach eine kurze Pause, tu mir selbst gegenüber so als wär nichts und schau ein bisschen auf die Dorfstraße herunter. Ich muss den Ablauf meiner Morgentoilette also gekonnt in vertretbare Abschnitte einteilen, dann wird es schon gehen. Die nächste Etappe reicht gerade bis zu dem Stuhl, auf dem meine Klamotten fein säuberlich abgelegt sind. Ich bücke mich unter Schmerzen die paar Zentimeter runter, um sie fassen zu können. Lieber Himmel, die Badezimmertür ist mindestens vier Meter entfernt, wie soll ich denn da hin kommen? Beruhigend ist ja, dass ich nochmal an meinem Bett vorbeikomme und da gegebenenfalls eine weitere kurze Pause machen kann. Mit viel Willenskraft erreiche ich das rettende Ufer. Wie ein Häufchen Elend liege ich mit den Füßen auf dem Boden und dem Oberkörper auf der Matratze und habe keine Ahnung, wie ich je wieder hochkommen soll. Ich habe das Gefühl, mich zum Sterben niedergelassen zu haben. Und da kein anderer da ist, bedaure ich mich selbst so gut ich kann.

Nein, so geht das nicht! Ich nehme mich selbst streng ins Gebet: „Stell Dich nicht so jungfräulich an. Beiß die Zähne zusammen! Es gibt viel Schlimmeres! Du hast gar keine Zeit zum Sterben!“ Was ich mir da selber sage, ist eine Unverschämtheit und völlige Ignoranz meiner doch so realen Qualen. Ein paar dicke Tränen stehlen sich aus meinen Augenwinkeln. Nee, auf diese Weise komm ich auch nicht klar. Eine andere Taktik muss her! Ich könnte liebevoller mit mir umgehen. Selbst einen Fremden würde ich in dieser Situation nicht niedermachen, sondern verständnisvoll aufbauen und behutsam in positivere Bahnen lenken.

So fange ich diesen Morgen zunächst einmal mit zwanzig Minuten Reiki an und rufe mir währenddessen einige wunderbare und lustige Erlebnisse der letzten Wochen ins Gedächtnis. Dabei fällt mir auch wieder ein, wie schmerzvoll die ersten Tage auf dem Jakobsweg waren. Wie oft haben Hermann und ich über unsere grotesken Bewegungsabläufe und den dazugehörigen pilgereigenen Stoßseufzern lachen müssen, obwohl uns auch das Lachen wehgetan hat. Je mehr wir es uns verkneifen wollten, desto intensiver wurde unser Galgenhumor. Der Volksmund sagt „Lachen ist die beste Medizin“. Wie konnte ich das vergessen? Ich habe insbesondere hier auf dem Jakobsweg schon so oft die Bestätigung dafür erhalten.

Endlich habe ich mich wieder gefangen und führe ein intensives Gespräch mit dem Universum. Ich bestelle mir per Express einen geschmeidigen und gängigen Körper, Zuversicht, Kraft und absolut positive Gedanken. Die da oben reagieren prompt. Ruckizucki bin ich soweit wieder beweglich, dass ich mir entspannt noch ein paar Minuten die Füße und Beine mit der bewährten Pilgersalbe massieren kann. Eine Viertelstunde später komme ich erfrischt aus dem Bad und fühle mich fit wie ein Turnschuh. Schmunzelnd erfreue ich mich an einem weiteren körpereigenen Allheilmittel - der Kraft der Gedanken!

Nach zwei Tassen Café con leche und frischen Croissants mit lecker Butter und Marmelade verlasse ich dieses tolle Hostal mit einer herzlichen Umarmung meiner Vermieter. Ich bin die letzte Pilgerin, die heute Morgen das Haus verlässt.

Nach Calvor geht es weiter megasteil bergab. Es ist nicht mehr matschig. Die Sonne scheint und hat die Nässe der letzten Tage zum großen Teil vertrieben. So läuft es sich viel entspannter. Heute kann ich den Wald ganz anders wahrnehmen und richtig genießen. Mächtige Bäume säumen den schmalen Pfad. An einen, der sich mir quasi in den Weg stellt, lehne ich mich für ein paar Minuten an.

Das tut richtig gut. Ich kann mich tatsächlich darauf einlassen, mit dem Baum zu verschmelzen – kurze Zeit eins mit ihm zu sein - kann regelrecht fühlen, dass er lebt. Mein Atem wird ruhig und gleichmäßig. Ich fühle mich mit der Erde verwurzelt und trotzdem ganz leicht. Ich glaube, der Baum sortiert gerade meine letzten chaotischen Gedanken aus und lässt sie in den Boden sickern. Mein Kopf scheint sich für das Universum zu öffnen. Wie durch einen riesigen Trichter lasse ich positive Energie in meinen ganzen Körper fließen. Das erste Mal im Leben schöpfe ich bewusst Kraft aus einem Baum – eine sehr bewegende Erfahrung.

Das Gehen fällt mir so leicht wie noch nie. Keine Spur mehr von den Anlaufschwierigkeiten nach dem Aufstehen. Die Wegbeschaffenheit lässt völliges Entspannen zu. Ich bin mit mir und dem Camino im Frieden. Durch die Bäume hindurch zeigt sich mir völlig unerwartet ein Pferd. Es steht einfach ruhig da. Magisch zieht es meinen Blick in seine Richtung und mir geht im gleichen Moment das Wort „Krafttier“ durch den Kopf. Wo kommt das denn jetzt her?

Ich weiß, dass das Pferd für Freiheit und Beweglichkeit steht. Es lehrt mich, im Hier und Jetzt zu sein. Es bedeutet, dass alles im Umbruch ist und ich diesen Weg alleine gehen muss – es ist eine Reise der Selbstentdeckung, mein ganz persönlicher Pfad des Wachstums und der Selbstheilung. Ich werde neue Situationen erleben, die mich wachsen und reifen lassen. Ich soll Vertrauen in meinen Weg haben. Wenn das nicht zum Camino passt, dann weiß ich es auch nicht!

Ich bleibe noch einige Minuten stehen, habe das Gefühl, dass wir beide uns noch etwas zu „sagen“ haben. Gerade als ich leise „adiós“ sage, hebt das Pferd sein rechtes Hinterbein und dreht seinen Kopf Richtung dieses Hufs. Da das seine einzige Bewegung ist, verankert sie sich in mir und ich höre die Warnung förmlich, die von diesem Tier ausgeht: „Achte auf Deine Füße, besonders auf die Zehen!“ Als wäre so ein Gespräch mit einem Pferd für mich das normalste der Welt, verabschiede ich mich mit einem „Mach ich, danke Dir“.

146) Richtung Sarria, das Pferd weiß mehr als ich

Nur fünf Minuten später: Ich bewege mich gerade an einer etwa zwei Meter hohen Böschung vorbei, als ich Geräusche von da oben wahrnehme. Mein neugieriger Blick trifft genau auf die Unterseite einer Kuh. Im ersten Moment bin ich sehr erschrocken. Das Tier ist gewaltig – vor allem, wenn es so viel höher steht. Das Rindvieh ist sehr erfreut, mich zu sehen und ruft zwei Kumpels herbei, die ebenfalls ihre Nüstern blähen und wiederkäuend auf mich herabschauen. Wenn sie noch einen Schritt auf mich zu machen, bin ich platt. Es gibt keinen Zaun zwischen uns. Aber die werden schon wissen, was sie tun. Die stehen ja nicht das erste Mal hier.

Tja, dann hab ich heute wohl den Tag der Krafttiere. Die Kuh bringt Fülle und Segen. Sie will mir sagen: „Die universale Quelle ist immer da. Fühl Dich mit allem versorgt, was Du brauchst. Stärke die Verbindung zu ihr. Wähle den Weg, der Dir guttut. Du findest gerade den Anschluss an Dein wunderbares, schöpferisches Potential. Ich führe Dich auf Deine innere Weide. Dort kannst Du ausruhen, alles Erlebte gründlich verdauen und neue Kraft schöpfen. Bringe Geben und Nehmen in die vollendete Balance. Denke darüber nach, was Du für Dein Wohlergehen brauchst und genieße dann den Strom des Lebens." Wow, noch keine zehn Uhr und schon so viele wunderbare Erfahrungen! Ich bin ganz gespannt, was der Tag mir bringt und gehe offenen Herzens weiter „meinen Camino".

147) Richtung Sarria, Kühe von unten betrachtet

148) Richtung Sarria

149) bei Sarria

Nach insgesamt sechs Kilometern erreiche ich Sarria. Ich zähle diesen Ort mit fast 10.000 Einwohnern zu den Großstädten. Gerade heute bin ich sehr besinnlich und will nur ganz schnell da durch. Ich trinke direkt am Ortseingang in einer sehr großen Gaststätte einen Café con leche. Die Sonne scheint und ich habe es mir auf der Terrasse direkt an der mäßig befahrenen Hauptstraße bequem gemacht. Ab und zu hält ein Auto an, dessen Fahrer eilig ins Rasthaus springt, mit einem Getränk zurückkommt und wieder davon rauscht. Ganz relaxt beobachte ich das rege Treiben eine Weile und genieße in vollen Zügen die Tatsache, dass ich seit Wochen keinerlei Alltagsstress mehr zu bewältigen habe.

Bis ein kleiner Lieferwagen anhält, dessen Radio mit voller Lautstärke die gesamte Stadt unterhält. Der Bass kommt einer Klangmassage nah. Der junge Fahrer steigt mit seinem Handy am Ohr aus und telefoniert inbrünstig vor dem Auto. Im Wageninneren hört er ja schließlich nicht, was sein Gesprächspartner ihm sagen will. Ein zweiter Wagen hält an. Die eingebaute Anlage steht der ersten in nichts nach und hält mit völlig anderer Musik fordernd dagegen. Die beiden Männer kennen sich. Mit großem „Hola“ und „Qué tal“ findet nur drei Meter von mir entfernt eine Wiedersehensparty zu ihrem Höhepunkt, als zwei sexy Señoritas die Straße herunter spaziert kommen. Was hat eben die Kuh zu mir gesagt: „Wähle den Weg, der Dir guttut.“ Nein, ich meine nicht eine der Señoritas, sondern das Rindvieh auf der Böschung. Ja, dann: „Adiós, queridos (tschüss, meine Lieben)!“ Schmunzelnd mache ich mich aus dem Staub. Das ist eben der ganz normale Wahnsinn. Und den gibt es auch auf dem Jakobsweg.

Sarria ist - von Santiago de Compostela abgesehen - die größte Stadt im galicischen Teil des Jakobswegs. Ich genieße wider Erwarten den Spaziergang durch die engen und steilen Gassen der schönen Altstadt. Obwohl jede Menge los ist, bleibe ich erstaunlich gelassen. Ich habe auf den vielen hundert Kilometern noch nie so viele Pilger gesehen, die offensichtlich ihre erste Etappe vor der Nase haben. Ist aber kein Wunder, denn Sarria liegt nur etwas mehr als hundert Kilometer von Santiago entfernt und ist somit ein wichtiger Startpunkt für Pilger, um die begehrte Compostela zu erhalten.

Auf den sogenannten „corredoiras“ geht es weiter durch die gebirgige Region Galicien. Die von Steinmauern gesäumten Wege, über die die Kühe auf ihre Weiden getrieben werden, führen durch eine Reihe kleiner Weiler, durch Täler, die von der Außenwelt fast abgeschnitten und dadurch wirtschaftlich kaum entwickelt sind. Ich bin mir sicher: Hier ist die Zeit stehengeblieben. Galicien ist bekannt für seine ergiebigen Regengüsse und das, durch den nahegelegenen Atlantik, kühlere Klima. Die Natur ist dementsprechend üppig und so saftig grün, wie ich es noch nirgendwo gesehen habe.

Die Corredoiras machen ihrem Namen alle Ehre. Ich finde mich im Wald inmitten einer Kuhherde wieder. Von ihrem Besitzer fehlt jede Spur. Ich bin ein bisschen beunruhigt. Da es zwischendurch immer wieder einen Regenschauer gibt, hängt mein feuerroter Poncho griffbereit über dem Rucksack. Die Rinder sind auch sehr interessiert an mir. Ruddi brauche ich nicht zu retten, der läuft weit ab vom Weg durch das Gestrüpp. Ich bewege mich wie in Zeitlupe mit weit ausgebreiteten Armen, wild klopfendem Herzen und starrem Blick durch die geschätzten zwanzig Tiere starke Herde. Kaum hörbar geht von mir ein zaghaftes „Hilfe!“ aus. Ich will ja keinen erschrecken! Wenn diese Tiere anfangen zu rennen, hab ich wahrscheinlich verloren.

Und tatsächlich entdecke ich endlich den Bauern, der mit einem Stock in der Hand lässig vor den Kühen her spaziert. Nur noch fünf oder sechs muss ich überholen, dann hab ich es überstanden. In Schweiß gebadet und um Anerkennung meines Mutes ringend, schenke ich dem Señor ein erleichtertes „Hola“. Wie war das noch mit dem Krafttier Kuh? Fülle und Segen? Dem scheine ich ja besonders nah zu sein.

Außerhalb des Waldes, zwischen den Wiesen wandernd, stelle ich mir vor, dass es so in Irland aussehen muss. Die niedrigen Steinmauern ziehen sich durch die gesamte grüne Landschaft. Weit und breit ist kein Pilger zu sehen, obwohl doch auf diesen letzten 100 Kilometern, so viele mehr unterwegs sind.

Zwischen Barbadelo und Ferreiros treffe ich auf einen Engländer, der hier lebt. Er macht seinen täglichen Paseo (Spaziergang) und begleitet mich einige Kilometer. Er ist den Camino Francés vor Jahren gelaufen und anschließend hierhin ausgewandert. Er hat das nie bereut und kann sich nicht mehr vorstellen, anders zu leben. Man sieht ihm an, wie zufrieden und glücklich er ist. „Auf dem Jakobsweg zuhause zu sein, ist etwas ganz besonderes. Jeder Pilger bringt ganz intensive Energien mit. Vor allem die, die schon viele Tage und Wochen laufen. Es gibt nichts Spannenderes, als sich mit den Wanderern aus aller Welt über ihre ganz persönlichen Erkenntnisse auf ihrem langen Weg

150) zwischen Barbadelo und Ferreiros

151) nur noch 102 Kilometer bis Santiago de Compostela, zwischen Barbadelo und Ferreiros

zu unterhalten." Er sagt: „Denke immer daran, dass du deine Gedanken transformierst. Wenn Du einen Stein ins Wasser wirfst, ruft er um die Eintauchstelle herum Kreise hervor. Genau so verhalten sich Deine guten und schlechten Gedanken. Sie berühren den menschlichen Geist und erzeugen in ihm Vibrationen und mentale Atmosphären, die sich in alle Richtungen ausbreiten." Ich weiß, dass es so ist, vergesse es nur manchmal. „Gracias!" Das Gespräch mit diesem Mann hat mir unendlich gutgetan.

gleicher Tag (insgesamt 687,6 km gelaufen)
Vilachá (ca. 20 Einwohner), ca. 500 m üdM, Provinz Lugo
Privat, unterm Dach, 0 €(nada, nikkese, niente) inkl. Abendessen/ Frühstück

In Vilachá habe ich von jetzt auf gleich das Gefühl, dass meine Füße keinen weiteren Kilometer mehr mitspielen. Mit jedem einzelnen Schritt in dieses Dörfchen hinein verlässt mich auch ein Stück meiner Kraft. Eigentlich will ich heute in Portomarín übernachten. Krieg ich das noch hin? Momentan könnte ich mir sogar vorstellen, mitten auf dem schmalen Weg in meinem Schlafsack zu übernachten. Meter für Meter schleppe ich mich weiter. Allein der Gedanke daran, ein schickes Hotel in dem großen Portomarín zu finden, hält mich noch auf den Beinen. Wie weit mag es denn wohl noch sein?

Ich spreche einen Mann an, der sich unter der geöffneten Motorhaube seines Autos zu schaffen macht. „Quantós kilómetros está a Portomarín (wie viele Kilometer sind es bis Portomarín)?" Lachend wendet er sich mir zu und strahlt mich an: „Sólo dos millas (nur noch zwei Kilometer)!" Seine ganze Aufmerksamkeit gilt mir und vor allem Ruddi. Nach wenigen Minuten höre ich englische und sogar deutsche Worte von ihm. Da fällt das Sich-Mitteilen gleich leichter. Ich zappele von einem Fuß auf den anderen, weil die stetige Belastung im Stehen zu sehr schmerzt. Der Señor nimmt das wahr. „Du solltest Dich ausruhen. Es ist nicht gut, wenn Du die Warnzeichen des Körpers ignorierst. Dann steigt die Unfallgefahr. Ich fahre Dich runter in die Stadt!" sagt er und lässt seine Motorhaube schwungvoll runter klappen. Dankbar, aber wie immer entsetzt darüber, wie einer denken kann, ich würde mich fahren lassen, lehne ich das natürlich ab. Er macht mir klar, dass der Weg zwar kurz, aber ganz heftig steil bergab geht und er den Eindruck hat, dass ich das nicht mehr schaffe. Er ist selbst viermal den Camino gelaufen und weiß, wie es ist, wenn einen am Ende des Tages die Kräfte verlassen. Während des Gesprächs habe ich immer intensiver das Gefühl, mich mit einem „aktuellen“ Pilger zu unterhalten. Normalerweise frage ich einen Einheimischen bei einer kurzen Unterhaltung auf der Straße nicht nach seinem Namen, aber dieser Fall liegt anders.

Gordon ist 60 Jahre alt und ein witziger Typ. Er bringt mich problemlos immer wieder zum Lachen. Wir stehen so ungezwungen an sein Auto gelehnt, dass man meinen könnte, wir kennen uns bereits seit Jahren. Ich bitte ihn, für mich in Portomarín ein Zimmer zu reservieren. In diesem Moment kommen zwei Señoras vom Hof gegenüber zu uns und begrüßen mich genauso herzlich wie vor wenigen Minuten Gordon es getan hat. Eine der beiden Frauen arbeitet in einem Hotel in Portomarín und macht mir die entsetzliche Mitteilung, dass im ganzen Ort kein einziges Bett mehr frei ist. Wie bitte? Und jetzt? Dann muss ich heute noch mindestens zehn Kilometer zurücklegen und hoffen, dass sie mich in der Herberge in Gónzar mit Hund überhaupt nehmen. Unmöglich!

Gordon will mich retten und bietet mir tatsächlich an, bei ihm zu übernachten. Er hätte sowieso vor, nächstes Jahr eine Herberge zu eröffnen, dann wär ich eben sein erster und vorerst einziger Pilger-Gast. Mit ungläubigen Augen und völlig verunsichert sage ich: „Nein, das kann ich nicht machen. Wir kennen uns doch gar nicht. Was sagt denn Deine Frau zu dieser Idee?“ Er hat keine Frau. Er lebt allein auf diesem Hof und meint sein Angebot sehr ernst. Hilfesuchend wende ich mich den beiden Nachbarinnen zu. Die lachen unbekümmert und geben mir zu verstehen, dass ich bleiben solle.

Nach langem Zögern und Sich-zieren lasse ich mich zumindest mal darauf ein, dass er mir das Zimmer zeigt, in dem ich schlafen könnte. Die beiden Frauen gehen mit ins Haus. Was mich da erwartet, hätte ich mir in meinen kühnsten Träumen nicht ausmalen können. Gordon wohnt in einer Ruine. Dieses ziemlich große Haus ist mindestens tausend Jahre alt. Die waagerecht-zweiteilige Eingangstür erinnert an einen Pferdestall. Der Lehmfußboden ist uneben, die Wände schief und die Ecken rund. Ich habe so ein Haus noch nie gesehen. Überall stehen Sachen rum, die eigentlich in Kellern, Garagen oder Scheunen aufbewahrt werden. Über eine schiefe steinerne Treppe gelangen wir ins obere Stockwerk. Bei jedem Schritt gibt der Boden nicht nur nach, sondern ächzt auch noch laut unter unserer Last. Ich habe Angst einzustürzen. Immerhin betreten wir nun den ersten Raum, der wenigstens annähernd Hinweise darauf gibt, dass hier überhaupt jemand wohnt. Sehr, sehr karg, mit wenigen zusammengewürfelten, uralten, schäbigen Möbeln bestückt, stellt sich Gordons Wohn-Schlafgemach dar. Alles ist überhäuft mit Büchern und Blättern, Kleidern und Schuhen. Ich trau mich gar nicht, genauer hinzusehen.

Von hier aus gelangen wir in ein riesiges Zimmer mit Spitzdach. Es ist im Gegensatz zum Rest des Hauses sehr übersichtlich. Ein übergroßes Bett und ein kleines Nachtschränkchen ergeben die Einrichtung. Die uralten Holzdielen singen bei der kleinsten Bewegung ein Lied aus längst vergessenen Zeiten. Ich bin fasziniert, von Gordons Freude darüber, mir helfen zu können. Rat- und ahnungslos wie ich aus dieser Nummer wieder rauskommen könnte, springt Ruddi mit Anlauf auf das Bett und schläft schon vor dem Aufschlag.

Empört will ich ihn runter scheuchen. Gordon stellt sich mir aber in den Weg: „Wenn Dein Hund sich hier sicher fühlt, was hält Dich dann davon ab, zu bleiben?“ Mir fallen die Krafttiere wieder ein, die mir heute Morgen schon gesagt haben, dass ich im Hier und Jetzt leben, Geben und Nehmen ins Gleichgewicht bringen soll, neue Erfahrungen und Situationen erleben werde. Ich begegne ausnahmslos Menschen die es gut mit mir meinen. So kommt es, dass ich als Pilger privat bei einem mir völlig unbekannten Mann in einem mehr als baufälligen Haus übernachte.

Als ich meinen Rucksack endlich vom Rücken auf die Holzdielen rutschen lasse, führt Gordon einen Freudentanz auf. Es ist fast so, als ob ich ihm aus der Patsche helfen würde und nicht umgekehrt. Den Señoras geht ebenfalls das Herz auf, angesichts des Vertrauens das ich ihnen allen entgegenbringe. Auf mein mittlerweile nicht mehr zu unterdrückendes Bedürfnis und Verlangen nach einer Toilette wird mir das Bad gezeigt, das genau so schief ist wie der Rest des Hauses. Gordon hat blitzschnell ein „frisches“ Handtuch parat und bietet mir sofort an, die Dusche zu benutzen. Ich soll mich einfach wie zu Hause fühlen.

Gordons große Küche ist ein Museumsstück. Sie stammt so ungefähr aus dem Jahr 1890. Schade nur, dass hier ein Junggeselle haust. Alles steht voll mit Geschirr und Krempel. Der große lange Tisch hat schwer an Sachen zu tragen, die ich nicht aufzählen kann und will. Bei einem Tee werde ich gewahr, dass Gordon halbjährlich zwischen Südafrika und Vilachá pendelt. Er war vor seiner Pensionierung Teilhaber einer Porzellanfabrik, hat vier Kinder und ist stolzer Opa von zwei Enkelkindern. Nebenbei erwähnt er, dass er ein

Buch über den Camino Francés geschrieben. Gut gelaunt und temperamentvoll zeigt er mir Fotos zu allen Themen, die wir anschneiden. Ich merke ihm deutlich an, dass er selten Gesellschaft hat und meine gerade voll auskostet. Das Buch, das er geschrieben hat, holt er aber nicht freiwillig raus. Ich bitte ihn darum, einen Blick hineinwerfen zu dürfen. Sofort springt er auf und ist begeistert über mein Interesse an seiner Arbeit. Ich bin tief beeindruckt. Noch nie habe ich persönlich jemanden kennengelernt, der ein Buch geschrieben hat. Ich möchte es ihm unbedingt abkaufen, aber dieses Exemplar ist leider das letzte, das es noch gibt. Er ist jedoch gerade dabei, sein zweites Buch über den Camino zu schreiben. Ach, darum liegen oben so viele Bücher und Papier rum! Diesmal will er den Schwerpunkt auf die persönlichen Erlebnisse legen, weniger auf kulturelle Informationen, Kilometerangaben, Wegbeschaffenheit und Herbergs-Beurteilungen. Genau in diesem Moment entsteht in mir die ernsthafte Idee, auch meine Erlebnisse niederzuschreiben.

Diesen Hof hier in Vilachá, der 20 Jahre lang leer gestanden hat, will er zu einer schmucken Pilger-Herberge herausputzen. Das ist eine Lebensaufgabe. Das ganze Gemäuer muss zuerst einmal von Grund auf restauriert und saniert werden. Danach kann er dann mal an den Innenausbau und die Einrichtung denken. Die meiste Zeit arbeitet er alleine daran und kommt folglich nur langsam voran.

Damit ich nicht verhungere, kocht er mir persönlich Spaghetti mit Hackfleisch-Bohnen-Soße. Während er am Herd steht, mache ich unter seinem wilden Protest als Gegenleistung für seine unglaubliche Gastfreundschaft den längst fälligen Junggesellen-Abwasch. Wer viel arbeitet, darf zwischendurch auch mal einen Schnaps trinken. Wir haben eine Menge Spaß, albern rum. Einen Lachanfall vom allerfeinsten bekomme ich, als er einige Spaghetti aus dem kochenden Wasser fischt und an die gegenüberliegende Wand schmeißt. Das ist seine Art zu testen, ob die Nudeln gar sind. „Wenn sie kleben bleiben, sind sie perfekt!“ Er meint, das wüsste jede Hausfrau. Also, ich bin Nudelfreak, habe aber im Leben noch keine an die Wand geworfen. Oh Mann, wo bin ich hier nur gelandet? Bei einem Südafrikaner, der in Galicien aus einer Ruine eine Herberge macht, Spaghetti an die Wand wirft und fremde Frauen mit Hund im Schlepptau bei sich übernachten lässt.

Nachdem ich einen dritten Schnaps ablehne, gibt es zum Essen Rotwein. Ich muss sagen, wider Erwarten schmeckt es mir hervorragend und ich bekomme noch einen Nachschlag. Wir sitzen in seiner großen Küche wie alte Freunde, die sich seit zehn Jahren nicht gesehen haben. Die beiden Nachbarinnen kommen auch noch mal kurz vorbei, um nach dem Rechten zu sehen. Sie erheben wie abgesprochen gleichzeitig ihre Zeigefinger, ich vernehme ein mahnendes „GORDON!“ als sie uns so albern vorfinden und nehmen kopfschüttelnd die Rotweinflasche aus unserer Reichweite. Einen Moment lang fühlen wir uns, wie von den Eltern erwischte Teenager.

Es ist schon fast dunkel. Gordon will mir aber unbedingt noch das „ganze“ Dorf zeigen. Find ich gut, wann bekomme ich das wohl auf dem Jakobsweg nochmal geboten? Der Schnaps und Wein haben meine Füße geheilt. Ich kann wieder laufen! Naja, weit ist es ja nicht. Vilachá ist winzig klein. Einer der drei Nachbarn steht vor seinem Kuhstall und ist mehr als erstaunt, als er Gordon mit einer wildfremden Frau entdeckt. Enthusiastisch verfällt Gordon ins Spanische. Ich beschäftige mich derweil mit dem freundlichen Hofhund, dessen Kopf ich streicheln kann, ohne mich auch nur einen Zentimeter bücken zu müssen. Ruddi springt andauernd an ihm hoch, um eine standesgemäße hundische Begegnung hinzukriegen. Der große lässt sich das souverän gefallen und entscheidet sich nach der üblichen Zeremonie dafür, meinem Schnurzel das Dorf aus Hundesicht zu zeigen. Ich lass ihn ziehen.

Der sympathische Nachbar zeigt mir unterdessen stolz seine fünf Kühe, die müde im Stall stehen. Schon wieder finde ich mich unter Rindern wieder und diesmal laufe ich nicht Gefahr, dass sie auf mich drauf fallen oder mich umrennen. Ich kann sie gefahrlos streicheln und wir genießen es. Die Kühe nicht weniger als ich. Ich kenne jetzt das ganze Dorf inklusive seiner tierischen Bewohner. Als wir uns von dem Bauer verabschieden legt Gordon voller Stolz seinen Arm um meine Schultern und erntet einen anerkennenden Blick von ihm. Ich lass ihm die Freude.

Einen weiteren Schnaps oder Wein lehne ich ab. Ich will jetzt sofort ins Bett. Der Schlaf droht mich plötzlich im Stehen zu überwältigen. „Buenas noches, Gordon!“ Ich bin gerade dabei meine Schuhe auszuziehen, als er in „mein“ Zimmer kommt, mich ohne Vorwarnung und für meinen Geschmack viel zu intensiv, umarmt. Ich stoße ihn entrüstet mit aller Kraft zurück und zeige mit dem Zeigefinger in Richtung Tür: „Geh sofort raus! Gute Nacht!“ Hätte er auch nur einen Moment gezögert, wäre ich durch die dunkle Nacht nach Portomarín gelaufen. Ich finde es ein bisschen schade, dass der Abend so zu Ende geht.

Ich höre keinen Mucks mehr von meinem Verehrer. Vollständig angezogen, ungeduscht und jederzeit fluchtbereit lege ich mich ins Bett. Es dauert eine Weile bis ich mich wieder beruhigt habe. An Einschlafen ist erst mal nicht zu denken. Ich versuche mich in seine Lage zu versetzen und finde auch prompt eine Entschuldigung für ihn. Er hat sich den ganzen Abend rührend um mich gekümmert. Wir hatten wohl beide soviel Spaß wie lange nicht mehr. Er hatte in dieser Ruine wahrscheinlich noch nie Übernachtungsbesuch, ist ein wenig übers Ziel hinausgeschossen und hat blöderweise ungeschickt sein Interesse an mir bekundet. „Mann“ kann es ja mal versuchen! Als ich ihn aber barsch zurückgewiesen habe, hat er sich auch sofort wieder im Griff gehabt. Wie ich ihn einschätze, bereut er sein Verhalten längst. Ich will ihm das verzeihen.

Das Krafttier Pferd hat mir heute Morgen schon gesagt, dass ich neuen Situationen begegnen werde, die mich wachsen und reifen lassen. Ja, so ist es wohl! Klare Grenzen abstecken, daran wächst man immer.

Irgendwas ist mit meinem rechten kleinen Zeh nicht in Ordnung. Das drückt und tut ziemlich weh. Hab ich da etwa eine Blase? Tatsächlich! Mir wird ganz heiß vor Erstaunen. Das Pferd hat mir heute Vormittag in Form von Gedanken mitgeteilt: „Achte auf Deine Füße!“ Bis ins Detail hat es mir sogar gezeigt und „gesagt“, welcher Zeh an welchem Fuß besonders anfällig ist. Ich habe mal wieder ein Fazit des Tages: Alles - Menschen, Tiere, Pflanzen, Steine, Himmel und Erde – ist EINS. Alles kommuniziert miteinander. Wir Menschen haben nur verlernt, hinzuhören.

Samstag, 17. Mai 2008
Vilachá (ca. 20 Einwohner), ca. 500 m üdM, Provinz Lugo
33. Etappe bis Palas de Rei, 27,4 km

Tiefer, fester, erholsamer Schlaf wäre schön gewesen. Dauernd bin ich wachgeworden, konnte es kaum erwarten, dass die Nacht endlich vorbei geht. Vier Etappen liegen noch vor mir. Dann bin ich in Santiago de Compostela. Ich weiß gar nicht, ob ich das gut oder schlecht finde. Einerseits habe ich oft Heimweh nach meinen Eltern und Kindern, andererseits habe ich mich an das Wanderleben gewöhnt. Ich genieße es sehr im Hier und Jetzt zu sein. Ein Wanderer kann keine Termine machen. Er weiß nie, was ihm auf seinem Weg begegnet – ob er schnell oder langsam vorankommt. Alles passiert einfach. Und dieses ALLES ist Überraschung pur und verlangt ausschließlich Hingabe, sonst nichts.

Um 7.15 Uhr traue ich mich aufzustehen. Seit ungefähr einer Stunde versuche ich zwischen Dösen und Wachen irgendwelche Geräusche wahrzunehmen, die darauf hindeuten, dass Gordon auf den Beinen ist. Ich muss ja durch sein Zimmer und es wäre mir sehr unangenehm, wenn ich ihn im Bett erwischen würde.

Nach einer Katzenwäsche komme ich weniger gestriegelt, aber gespornt in die Küche und traue meinen Augen nicht. Gordon muss die ganze Nacht hindurch unter Volldampf geputzt haben. Alles blitzt und blinkt. Nichts steht mehr rum, was hier nicht reingehört. Auf dem geschrubbten Tisch ist liebevoll ein Frühstück vorbereitet. Frischer Tee ist gekocht. Mit strahlenden Augen und einem Geschirrtuch über der Schulter begrüßt Gordon mich gut gelaunt.

Über seinen gestrigen Annäherungsversuch sprechen wir nicht mehr. Noch nie fand ich das Sprichwort „Schwamm drüber“ so treffend. Uns würde auch nach Stunden noch nicht langweilig, aber ich habe heute 27,4 Kilometer vor mir und mach mich gegen halb neun vom Acker. Gordon lässt es sich nicht nehmen, mich noch ungefähr einen Kilometer aus dem Dorf heraus zu begleiten. Er gibt mir mit auf den Weg: „Lass Dich nicht unterkriegen von den letzten hundert Kilometern. Sie werden ganz anders sein, als Dein bisheriger Camino. Ab jetzt sind deutlich mehr Pilger unterwegs, die nur die geforderte Strecke laufen, um die Compostela zu bekommen. Die sind ganz anders drauf, hatten ja noch keine Zeit oder haben prinzipiell kein Interesse daran, inneren Frieden und Gelassenheit zu finden.“

Zum Abschied umarmen wir uns herzlich und tief berührt. Selten habe ich eine Umarmung als so ehrlich empfunden. Er guckt mir offen und tief in die Augen: „Danke, dass Du bei mir übernachtet und mir vertraut hast. Das werde ich nie vergessen. Ich habe lange nicht mehr so viel gelacht.“ „Ich bin die, die sich bedanken möchte. Hättest Du mich nicht aufgenommen, wäre ich heute Morgen im Straßengraben wachgeworden. Außerdem hast Du mich vor dem Hungertod bewahrt. Ich werde Vilachá nie vergessen, ich kenne dank Dir schließlich das ganze Dorf. Ich wünsche Dir viel Kraft und Durchhaltevermögen beim Aufbau Deiner Herberge und viel Spaß mit den Pilgern, die zukünftig bei Dir übernachten werden. Ich glaube, ich werde den Camino Francés noch einmal gehen und dann bei Dir einkehren.“ Mit einem Küsschen auf die Wange trennen sich unsere Wege. Immer wieder drehen wir uns um und winken uns nochmal zu. Gäbe es eine

Bar in der Nähe, würde ich gerne noch einen Café con leche mit ihm trinken, um den Abschied noch ein bisschen hinauszuzögern. Ich glaube, wir sind so was wie Seelenverwandte.

152) der letzte Blick zurück auf Vilachá

Die zweieinhalb Kilometer runter nach Portomarín haben es wirklich in sich. Das ist wieder so eine Straße, die besser als Treppe zur Welt gekommen wäre. Die Federung in den Knien muss schon gut in Schuss sein! Der Blick auf Portomarín mit dem davorliegenden Stausee ist ein Traum. Die kleine Stadt hat 2237 Einwohner und ist voller Leben. Genau genommen ist es eine versunkene Stadt. Das alte Städtchen Portomarín fiel dem Bau eines Wasserkraftwerks zum Opfer. Es verschwand unter den Fluten des Belesar-Stausees. Die Bauwerke von historischem, kulturellem Interesse wurden aber glücklicherweise gerettet und in die Anfang der 1960er Jahre erbaute neue Stadt versetzt. Es ist ein seltsames Gefühl auf diesen großen See zu schauen und sich vorzustellen, dass auf seinem Grund eine ganze Ortschaft steht.

Ohne meinen heißgeliebten Café con leche kann ich mich nicht in die Büsche schlagen. Bis Gónzar sind es acht Kilometer und für die muss ich mich vorher stärken. Das große Café ist tatsächlich voll mit

Pilgern, die ganz anders sind. Sie sehen mehr aus, wie Campingplatz-Bewohner, die auf dem Weg ins Freibad sind. Der Rucksack ist kleiner und ihre Demut auch. Naja, sie haben eben keine 800 Kilometer vor sich, sondern nur drei oder vier Etappen zu laufen. Da braucht man nicht viel Kram und macht sich auch kaum Gedanken darüber, ob man an seine Grenzen stößt. Oder doch? Hätte mir vor fünf Wochen jemand gesagt: „Lauf mal eben 100 Kilometer, wären sie für mich auch noch deutlich gewaltiger rübergekommen als jetzt, nach fast 700, mit meinen eigenen Füßen, bezwungenen Kilometern.

Kurz hinter Portomarín steht auf einem Parkplatz ein Reisebus mit offenen Gepäckraumklappen. Ich schätze, dass so um die fünfzig Menschen damit beschäftigt sind, ihre Rucksäcke zu identifizieren und fachgerecht auf den Rücken zu schnallen. Einige essen hastig das wohl letzte Stückchen Obst ihres Lebens. Manche trinken, mit weit aufgerissenen Augen und Blick in Richtung Startpunkt Camino, so gierig aus Wasser- und Saftflaschen, als wären sie jetzt schon total ausgetrocknet. Sie reden viel zu laut und laufen wirr durcheinander. Eine Schlagzeile in einem Revolverblatt würde wohl lauten: REISEBUS SETZT PILGER AUS! Aus sicherer Entfernung schaue ich mir das Schauspiel unbemerkt an.

Zwei Reiseführer erklären dem außer Kontrolle geratenen Haufen das Wichtigste zum Jakobsweg. „Achtet unbedingt peinlichst auf die gelben Pfeile, Schilder mit der abgebildeten Jakobsmuschel und die Kilometersteine, damit Ihr nicht vom Weg abkommt. Bleibt möglichst mindestens zu zweit; falls was passiert, kann einer Hilfe holen. Einer von beiden sollte jeweils ein Handy griffbereit haben. Esst beim Laufen nicht zu viel. Vergesst aber nicht, genug Flüssigkeit zu Euch nehmen. Mit vollem Bauch seid ihr unbeweglich. Mein Kollege geht voran und ich bleibe der Letzte in der Schlange, damit keiner von Euch verloren geht. Wir treffen uns spätestens alle zusammen wieder heute Abend in der Herberge in Palas de Rei. Viel Spaß!“

Ich habe den Startschuss zwar nicht gehört, aber es muss einen gegeben haben. Alle rennen zur selben Zeit los, schubsen, drängeln, schimpfen: „Mach Platz! Lass mich doch mal vorbei!“ Vielleicht hab ich aber auch was Wichtiges verpasst und die sind auf der Flucht! Oder gibt es einen wertvollen Preis für den Ersten? Damit wir uns richtig verstehen: Es ist keine Schulklasse. Diese Menschen, die hier „pilgern“, sind so zwischen 30 und 60 Jahre alt.

Eine Frau stolpert ihrem Mann hinterher, dem es völlig egal ist, dass seine Beine doppelt so lang sind und sie einen Weltrekord im

Rucksack-Laufen-für-Damen hinlegen muss, um an ihm dranzubleiben. Er dreht den Kopf nur so weit nach hinten, dass der Schall seiner Worte auch bei seiner Frau ankommt: „Komm schon! Mach voran! Sonst schaffen wir das heute nicht!“ Sie ist so außer Atem, dass sie kein Wort herausbekommt. Die Schritte der kleinen älteren Dame sind völlig unbeholfen und unsicher. Es ist nicht zu übersehen, dass sie untrainiert ist. Sie hat keine Ahnung, wie sie den Pfützen, Steinen und Wurzeln auf dem Weg ausweichen soll, ohne ihr Tempo zu verringern. Ihre Wanderstöcke hat sie unter einen Arm geklemmt. Es bleibt keine Zeit sie einzusetzen, ohne darüber zu stolpern. Das Pilgerfeld wird zusehends länger. Die „Besten“ kristallisieren sich sehr schnell heraus. Die „Schlechteren“ straucheln verzweifelt, teilweise schimpfend mit immer größer werdendem Abstand hinterher.

Es ist eine Farce. Was hat das denn mit Pilgern zu tun? Ich bin heilfroh, dass der Reisebus sich nicht nach mir auf diesem Parkplatz eingefunden hat. Die hätten mich garantiert beim Überholen gnadenlos überrannt. Die Kuhherde von gestern kommt mir jetzt gar nicht mehr so angsteinflößend vor. Die Viecher - also die von gestern - waren echt diszipliniert und die Ruhe selbst.

Ich brauche eine Weile, bis ich dieses Schauspiel verarbeitet habe. Der Weg nach Palas de Rei ist überwiegend gut und leicht zu gehen. Die Bars am Jakobsweg-Rand sind heute allerdings nicht zu empfehlen. Hier finden sich in großen Gruppen die ausgesetzten Pilger ein. Sie lamentieren und diskutieren. Auf zwei von ihnen lasse ich mich, an ihren Ambitionen interessiert, ein. Dieses „Vergnügen“ währt aber nur kurz. Sie wollen MIR gute Ratschläge geben, wie man sich am besten auf dem Pilgerweg zurechtfindet. Ich komme aus dem Staunen gar nicht mehr heraus, als sie mich daran erinnern, dass es in Galicien oft regnet und mein Regenschutz immer griffbereit sein sollte. Sie raten mir, auf meine Füße zu achten und Blasen rechtzeitig zu behandeln. Da kennen sie sich nämlich mit aus! Als ob das nicht schon genug wäre, erzählen sie mir, was sie schon alles erlebt haben. Beide wollen nichts von dem hören, was mir bisher so widerfahren ist. Na denn: „Buen Camino!“

gleicher Tag (insgesamt 715,0 km gelaufen)
Palas de Rei (4812 Einwohner), 570 m üdM, Provinz Lugo
Hostal, Doppelzimmer, 24 € ohne Frühstück

Nach fast achtundzwanzig Kilometern komme ich ziemlich geschafft in Palas de Rei an. Der Jakobsweg führt durch eine großzügige Parkanlage in der eine Herberge ansässig ist. Sie vermieten zu meiner Freude auch Hotelzimmer. Wie so oft am Ende des Tages, klettere ich mit meinen letzten körperlichen Reserven die vielen Stufen zum Hoteleingang empor. Leider ist aber kein einziges Bett mehr frei. Schade! Nicht nur, dass ich am Ende bin, es gefällt mir einfach sehr gut hier. Trotz des Hochbetriebs herrscht eine überaus positive Stimmung.

Der schicke, große Gastraum, in dem ich mich niedergelassen habe, befindet sich im Hotelbereich. Der freundliche Señor, der alle Hände voll zu tun hat, verspricht mir, sobald er eine freie Minute findet, telefonisch für mich bei einem befreundeten Hotelier nachzufragen und zu reservieren. Da ich mir keinen unnötigen Kilometer zusätzlich zumuten will, bitte ich ihn, prophylaktisch auf meinen Hund hinzuweisen. Er gibt mir zu verstehen, dass er das tun wird, im Grunde aber deswegen keine Probleme erwartet. Ich muss fast eine Stunde warten, bis der hilfsbereite Mann Zeit findet, zu telefonieren und mit guten Nachrichten aufwarten kann.

Es ist ein kleines Hotel direkt an der Hauptverkehrsstraße gelegen. Das gepflegte, alte Haus ist sehr schmal, dafür aber umso höher. Ich lege den Kopf in den Nacken und lasse ehrfürchtig meinen Blick die Fassade herauf schweifen. Mir schwant Böses. Wenn mein Zimmer höher als im ersten Stock liegt müssen sie mich hochtragen. Das schaffe ich nicht mehr! „Liebes Universum, lass sofort ein Wunder geschehen, pronto!"

Der Eingang sieht vielversprechend aus. Die Inneneinrichtung hält was er verspricht. Ich betrete eine hochmoderne Bar mit einem ganz besonderen Ambiente. Einige junge Leute tummeln sich an der schwarzen, langen Theke und genießen lachend ihr Wochenende. Wo ist denn die Rezeption? Mir bleiben nur ein paar Sekunden der Ratlosigkeit, bevor ich darüber staunen darf, dass ich bereits sehnsüchtig erwartet und so herzlich wie ein alter Stammgast empfangen werde. Aha, die Bar ist also gleichzeitig auch der Empfangsbereich für Hotelgäste. Eine der beiden jungen und bemerkenswert hübschen Spanierinnen redet temperamentvoll auf mich ein. Ich kann nur ein paar Brocken aufschnappen, die darauf hinweisen, dass für mich müden Pilger telefonisch ein Zimmer bestellt wurde und alles hergerichtet ist. Wie selbstverständlich stellt ihre

Kollegin inzwischen für Ruddi ein Schälchen mit frischem Wasser hin.

Aber woher wissen die Mädels denn, dass ich es bin, die über Nacht bleiben will? Ja klar: Mein Erkennungszeichen ist der „perrito negro (kleiner schwarzer Hund)". Wir beide sind wohl tatsächlich einzigartig auf dem Jakobsweg - jedenfalls in den letzten Wochen. Meine erste Amtshandlung ist ein Café con leche. Ich bin noch nicht bereit auch nur drei Stufen hinaufzuklettern. Nachdem ich mich ein Viertelstündchen erholt habe, bitte ich um den Zimmerschlüssel. Die Señorita bringt mich persönlich zu meinem Zimmer. Ich folge ihr nur schleppend, eben so schnell es geht fünf Stufen hinauf. Unerwartet bleibt sie stehen, dreht sich lächelnd zu mir um und drückt lässig ein Knöpfchen in der Wand. Ich muss wohl gerade so ungläubig aus der Wäsche gucken, als käme ich aus einer anderen Epoche und hätte noch nie ein Knöpfchen in der Wand gesehen, das auch noch leuchten kann.

Ob sich irgendjemand auf dieser Welt vorstellen kann, wie glücklich und erleichtert ich bin, dass es hier einen Aufzug gibt? Ich fahre auf dem Camino das allererste Mal mit einem Aufzug. Was für ein Luxus! Ich bin eben doch eine Prinzessin! Oder ich habe gute Connections zum Universum!

Das Zimmer ist zwar sehr klein, aber hell und gemütlich. Eine Doppeltür führt auf einen winzigen Balkon, von dem aus ich auf die Stadt blicken kann. Frische, weiche Handtücher liegen auf dem breiten Bett. Ja! Ich bin angekommen und fühle mich, als wäre ich schon oft hier gewesen.

Mein Magen knurrt, hört sich an, wie einer der sagenumwobenen wilden Hunde Spaniens, von denen ich bis heute noch keinen getroffen habe. Ich reiße mich schwer am Riemen und gebe noch mal Gas, bevor der Hunger mich komplett umhaut. Ruddi hüpft wie jeden Abend sofort in seine Hundetasche und ich mach mich schnell an die obligatorische Handwäsche. Ich genieße ausgiebig eine heiße Dusche, nachdem ich altes Ferkel ja gestern bei Gordon das Bad gemieden habe. Ich fühle mich wie neugeboren.

Der Comedor befindet sich im Souterrain. Locker flockig fahre ich natürlich mit dem Lift elegant bis fast vor den Tisch. Ich glaube, die anderen Gäste sind Urlauber. Sie werden nämlich aufmerksam, als ich die wenigen, aber kaum noch zu bewältigenden Schritte bis zu einem freien Stuhl mache und umständlich Platz nehme. Vielleicht gebe ich auch ein paar wehleidige Töne von mir. Dass ich beobachtet werde, fällt mir erst auf als ich endlich sitze. Falls mein Publikum jetzt applaudieren will, muss es sich damit abfinden, dass ich sitzenbleibe. Die Luft ist raus! Der Tank ist leer!

Das Pilgermenü ist sehr gut und reichlich. Es sind tatsächlich keine anderen Pilger hier. So verbringe ich den Abend glücklich und gelassen in aller Ruhe alleine. Nach dem Essen falle ich todmüde und trotzdem rundum zufrieden nach imponierenden 27,4 Kilometern und mit Schlaf-Nachholbedarf ins Bett. Die ausgesetzten Pilger, die mich über die gesamte Etappe – mal auf dem Weg, mal in den Bars - begleitet haben, waren zwar Energieräuber. Umso bewusster ist mir nach diesem Tag, was mir das „echte“ Pilgern gibt – was ich in den letzten fünf Wochen so beeindruckend fand, dass ich für immer so weiter machen könnte.

Ich darf gespannt sein, was die letzten 85 Kilometer, die noch vor mir liegen, Spannendes für mich bereithalten. Ich lasse mich von den gleichmäßigen Autogeräuschen auf der Hauptstraße unter meinem offenen Fenster in den Schlaf tragen.

Sonntag, 18. Mai 2008
Palas de Rei (4812 Einwohner), 570 m üdM, Provinz Lugo
34. Etappe bis Castañeda, 23,4 km

Ganz schön früh heute! Es ist erst halb sieben. Obwohl das Bett warm und gemütlich ist, zieht mich eine unsichtbare Kraft aus den Kissen. Nach einem guten Frühstück stapfe ich frohgemut los. Den Regenponcho habe ich griffbereit über dem Rucksack liegen. Sollte es anfangen zu regnen, muss ich ihn lediglich noch über den Kopf ziehen. Das funktioniert hervorragend, dauert nur wenige Sekunden – auch wenn es stürmt. Ja, ja! Der Pilger lernt täglich sehr nützliche Dinge hinzu. Der Himmel ist grau, es ist windig und kühl. Ich glaube es selbst kaum, aber das ist mir inzwischen lieber, als wenn es zu heiß ist.

Bereits nach wenigen Kilometern schüttet es wie aus Kübeln. „Hallo! Ihr da oben! So war das nun auch wieder nicht gemeint! Dreht bitte den Hahn wenigstens ein bisschen zurück! Seht Ihr denn nicht, dass ich über Vieh- und Feldwege laufen muss?“ Volle Konzentration ist angesagt: Schuhe schön fest binden, damit sie nicht im Schlamm stecken bleiben. Die großen Steine vorsichtig auf Rutschgefahr überprüfen. Die Pfützen ins Visier nehmen, denn sie könnten tiefer sein, als es scheint. Hinzu kommt, dass es stetig abschüssig und stark ansteigend über Hügel geht.

Durch den starken Wind fühlen sich die Temperaturen fast winterlich an. In Laboreiro trinke ich nicht nur einen heißen Café con leche zum Aufwärmen, sondern zieh mir das dickste Shirt drüber, das ich dabei habe. Seit einiger Zeit rubbel ich Ruddi in den Pausen soweit es geht trocken und decke ihn zu, damit er wieder auf normale Betriebstemperatur kommt.

153) hinter Palas de Rei

Bei dem Wetter scheinen die Kurzpilger nicht „on the road“ zu sein. Jedenfalls bin ich relativ alleine unterwegs. Ich will ja nicht meckern, aber die Pfade durch die Wälder gestalten sich zunehmend qualvoll. Nur sehr langsam komme ich voran. Ab und zu überholen mich Radpilger. Nein, nicht in die Pedale tretend! Ich sehe sie ihre Räder schieben. An manchen Stellen müssen sie sogar die Gepäcktaschen runternehmen, getrennt vom Rad über große Strecken tragen, um anschließend ihren eigentlich fahrbaren Untersatz auf der Schulter durch die Matsche zu schleppen. Sie ächzen unter der Last, fluchen ganz böse und sind nicht ansprechbar. Beim Anblick ihres Tuns fühle ich mich, als hätte ich das große Los gezogen.

Der Regen lässt nicht nach, aber nach 15 Kilometern sind die Wege endlich wieder leichter begehbar. Bei schönem Wetter wäre es ganz besonders hier auf diesen verschlungenen Pfaden, die durch eine Reihe gediegener kleiner Weiler führen, märchenhaft. Ich würde mich nicht wundern, wenn ein schöner junger Prinz auf einem stolzen Pferd daher geritten käme, um Dornröschen aus dem Schlaf wach zu küssen.

Mir fallen einige der landestypischen Hórreos (Getreidespeicher) auf. Sie sehen aus wie kleine Kunstwerke. Hórreos haben als Schutz vor Nagetieren Steinplatten auf den hohen Stelzen direkt unter der eigentlichen Kammer. Die Lüftungsöffnungen sind klein genug, um Vögel vom Lagergut fernzuhalten. Sie sind in Galicien oftmals denkmalgeschützt.

154) Laboreiro, hórreos (Kornspeicher)

Die dichten Wälder bei Melide mit ihren Eichen, Pinien und Eukalyptusbäumen verströmen einen ganz intensiven, wunderbaren Duft. Ich lade gerade mit tiefen Atemzügen meine Batterien auf, als sie schnaubend die malerische Idylle aufmischen. Es wirkt weiterhin wie eine Hetzjagd. Strammen, aber oft unkontrollierten Schrittes, überholen mich einige der 100-Kilometer-Pilger. Ohne ein Wort ziehen sie stolpernd und kopfschüttelnd an mir vorbei. Ich muss aufpassen, dass sie mich auf den schmalen Pfaden nicht umstoßen. Ich komme mir vor, als wäre ich ein lebloses Hindernis, das sie im nächsten Ort dem Förster als Pilger-Stolperfalle melden müssen, damit es aus dem Weg geräumt wird. Ich rufe ein zwar abgekämpftes, dennoch fröhliches „Buen camino“ hinter ihnen her - möchte sie zur Besinnung bringen - aber sie hören mich nicht oder können nichts mit meinem Gruß anfangen. Vielleicht halten sie das auch für eine Beleidigung. Ich tu es ungern, aber ich gebe zu: Es fällt mir echt schwer, die Ambitionen dieser Pilger zu erkennen.

155) Kurzpilger vor Melide

In Melide mit seinen über 8000 Einwohnern mache ich eine lange Pause in einer Bar. Ich hoffe, wie die vielen anderen Pilgern auch, dass der Regen zumindest ein bisschen nachlässt. Die Stimmung ist explosiv. Es ist sehr laut. Die Gespräche, denen ich lausche, haben nichts mehr mit dem zu tun, wie ich es in den letzten Wochen erlebt habe. Sie erzählen von familiären Problemen, von ihren Schwierigkeiten im Beruf und den neuesten politischen Nachrichten, die sie mitgebrachten Zeitungen entnehmen. Viel zu viele Frauen fühlen sich nicht schick genug, jammern über ihre nassen Haare und ihr durch den Regen verlaufenes Makeup.

Am liebsten würde ich ein „Ist Euch das nicht zu anstrengend?“ beherzt in den Raum werfen. Aber ich bin davon überzeugt, dass keiner dieser Pilger wüsste, wovon ich überhaupt rede. Ich fühle mich einsam. Selbst in den Bars finde ich keine Pilger mehr, mit denen ich mich wirklich austauschen kann.

Richtung Boente geht es weiter durch die dichten, wohl duftenden Wälder. Im Augenblick kommt kein Wasser vom Himmel. Der Wind hat deutlich nachgelassen. Auf einem geländerlosen schmalen Steg über einen kleinen Bach sitzt ein junges Pärchen. Beide halten ihre nackten Füße in das kalte Wasser und genießen es sichtlich. Sie sprechen mich an, fragen, wie es mir geht und ob mir nicht auch die Füße höllisch wehtun, vom anstrengenden, verkrampften Laufen. „Ja, sie schmerzen. Aber ich würde sie auf keinen Fall ins Wasser halten. Die Haut wird weich und die Gefahr, sich Blasen zu laufen, ist dann viel größer.“ Die zwei sind zwar anderer Meinung, entschließen sich aber doch, die Schuhe wieder anzuziehen und ein Stückchen mit mir zusammen zu laufen.

Die beiden hat mir der Himmel geschickt. Sie sind seit 200 Kilometern unterwegs und richtig gut drauf. Wir unterhalten uns angeregt. Jeder interessiert sich für den anderen. Anekdoten kommen zur Sprache, die uns vor Lachen die Tränen in die Augen treiben. Es ist herrlich. Und plötzlich, als wenn einer oben im Baum säße und nur darauf gewartet hat, uns nass zu machen, öffnet Petrus wieder seine Schleusen. Dieses Mal so gewaltig, dass wir uns vor Schreck wie die Kinder an die Hände nehmen und unter einen großen niedrigen Baum flüchten. Ich habe meinen Poncho schnell im Griff, aber die beiden waren völlig arglos und müssen ihren Regenschutz, den sie eben erst weggepackt haben, wieder aus dem Rucksack kramen. Zum Glück ist nicht viel Wind. Obwohl wir bestimmt vor Lachen in die Hosen gemacht hätten, wenn sie den Einstieg in ihre Ponchos nicht gefunden hätten.

Nach ein oder zwei Kilometern geht wieder jeder in seinem eigenen Tempo den Jakobsweg. „Buen camino!“ Diesmal bekomme ich einen herzlichen Gegengruß. In Boente angekommen, läuft mir das Wasser aus der klitschnassen Hose in meine Schuhe. Ich weiß nun, warum ich heute Morgen so früh losgegangen bin. Ich habe nämlich jetzt lediglich noch zweieinhalb Kilometer vor mir und kann den heftigen Regen, gemütlich in einer Bar sitzend, vorüberziehen lassen.

Ich habe gerade meinen heißen Café con leche vor mir stehen, als ganz aufgeregt eine junge Japanerin den Raum betritt. Sie hält ihre Hände zu einer Kugel geformt schützend über ein winziges Kohlmeisen-Baby. Auf Englisch flüstert sie fassungslos: „Es kann nicht mehr fliegen. Ich habe es im Wald aufgesammelt. Was soll ich denn jetzt machen? Jemand muss dem Vogel helfen! Bitte!" Der holländische Wirt antwortet darauf viel zu lässig: „Setz ihn draußen vor die Tür. Der ist gerade einfach nur völlig geschockt, weil er in Deiner Hand gefangen ist. Du hättest ihn gar nicht aufheben dürfen. Glaub mir, dem fehlt nichts!" Entsetzt über soviel Herzlosigkeit wendet sich die junge Frau an mich. Sie lehnt sich über den Tisch und öffnet ihre Hand. Ich bin tief berührt. So ein kleines Häufchen Elend habe ich noch nie gesehen. Sie hat es fürsorglich auf ein weiches Taschentuch gelegt. Das Vögelchen guckt ganz aufgeregt von einem zum anderen, gibt leise Töne von sich und rappelt sich nach ein paar Minuten sogar auf, steht zitternd auf seinen zerbrechlichen Beinchen.

156) Kohlmeise in Boente

Wenn ich nicht wüsste, dass der Vogel flugunfähig ist, hätte ich vor Panik hysterisch schreiend den Raum verlassen und jemand müsste mich draußen einfangen, damit ich nicht bis Santiago durchrenne. Das ist eine echte Phobie bei mir, die mir schon oft überaus peinlich war. Das ist so unlogisch: Ich finde Vögel so wunderschön und beobachte sie sehr gerne bei der Futtersuche und ein bisschen neidisch, wenn sie durch die Lüfte gleiten. Ich höre ihnen fasziniert zu, wenn sie ihre Lieder trällern und frage mich, wie es möglich ist, dass ein kleiner Singvogel so einen Riesen-Klangkörper haben kann. Im Grunde meines Herzens liebe ich alle Vögel, große und kleine. Sie dürfen nur nicht auf mich zugeflattert kommen. Dann knallen mir die Sicherungen durch. So heftig, wie es sich niemand vorstellen kann. Ich gerate dann völlig außer Kontrolle.

Vor der Bar auf der überdachten Terrasse finden sich ein paar Bekannte der Vogelretterin ein. Sie verabschiedet sich von mir und bittet draußen um Hilfe. Sie öffnet ihre Hand und bevor die anderen genau wissen, worum es überhaupt geht, sehe ich, wie die junge Frau lachend ihren Kopf einzieht. Ihre Hände sind leer. Das Taschentuch liegt auf dem Tisch. Der Vogel hat sich in ihren langen Haaren verfangen und zappelt wild mit den Flügeln schlagend darin rum. Ein junger Mann kann das Baby schnell befreien und es flattert ohne einen Piep des Dankes fröhlich davon. Naja, wofür sollte sich das Vogelkind auch bedanken. Es wollte auf dem Waldweg, wo es entführt wurde, wahrscheinlich nur ein kurzes Nickerchen halten. Mir wird jedenfalls im Nachhinein noch ganz anders und ich bekomme einen Schweißausbruch. Wenn das Tierchen drinnen losgeflogen wäre, hätte ich ohrenbetäubend schrill gekreischt, der Vogel wäre einem Herzinfarkt erlegen und die hiesige Zeitung hätte für Morgen ihre Schlagzeile für das Titelblatt.

Auf den Schreck brauche ich noch einen Café con leche. Ich muss mich alleine wieder beruhigen. Meine Phobie bleibt mein Geheimnis, zumindest in dieser Bar in Boente. Gegen fünf mache ich mich an die letzten nassen zweieinhalb Kilometer dieser Etappe. Ich überlege, mir ein Paddelboot zu kaufen.

gleicher Tag (insgesamt 738,4 km gelaufen)
Castañeda (ca. 50 Einw.), ca. 400 m üdM, Provinz La Coruña
Hostal, Doppelzimmer, 30 € inklusive Frühstück

157) vor Castañeda, schlappe 43,5 Kilometer bis Santiago de Compostela

Am Ortseingang von Castañeda erblicke ich direkt eine Pension. Die Rettung vor den Fluten! Erleichtert schüttel ich mir das Wasser aus dem Poncho bevor ich das Lokal betrete. Als ich die Tür öffne, trifft mich fast der Schlag. Die Gaststätte ist gnadenlos überfüllt. Die meisten Leute tanzen zu lauter Musik. Ich kann kaum einen Schritt hineinsetzen, quetsche mich mit Ruddi unterm Poncho Stück für Stück durch die Menge. An der Theke frage ich schreiend – den Dezibels der Anlage trotzend - nach einem Zimmer. „Lo siento, wir sind ausgebucht. Das ist eine Hochzeitsfeier und alle bleiben über Nacht."

Ich muss mal wieder völlig fertig und verzweifelt aussehen. Jedenfalls zwinkert mir ein junger Señor an der Theke – trotz meines quietschnassen Outfits inmitten der feinen Gesellschaft - verständnisvoll lächelnd zu. Der Spanier bestellt mir was zu trinken und fragt, ob er helfen könne. „Buscando una habitación libre (ich suche ein freies Zimmer)!" Er sieht mir interessiert zu, als ich den Reißverschluss meines Ponchos öffne. Ruddi ist angesichts des Lärms und den vielen ausgelassenen Leuten ziemlich zappelig vor meiner Brust. Mit seinen großen Augen im nassen Fell sieht er sich vorsichtig um und legt dann schutzsuchend seinen Kopf auf mein Dekolletee. Dem Señor geht sofort das Herz auf. Er ist außer sich vor Rührung und zögert nicht lange, um für mich bei einem befreundeten

Hospitalero telefonisch ein Zimmer klarzumachen. Ich bin mal wieder tief beeindruckt, wie liebenswert und hilfsbereit das spanische Volk in jeder Lebenslage ist. Er erklärt mir den Weg, während ich mein Getränk genieße. Das Hostal liegt etwas außerhalb von Castañeda, direkt an der Nationalstraße.

So kommt es, dass ich parallel zum Camino am linken Rand der Nationalstraße im nicht enden wollenden Regen unterwegs bin. Weit vor mir sehe ich etwas auf dem Randstreifen liegen. Das könnte ein schwarzer Mantel sein oder eine leere Tasche. Als ich näher komme, stelle ich entsetzt fest, dass es ein großer toter Hund ist. So, wie er aussieht, wurde er erst vor ganz kurzer Zeit angefahren. Es bricht mir das Herz, ihn hier im strömenden Regen liegen zu sehen. Ich kann die Tränen nicht zurückhalten. Das hat mir einen richtigen Schlag versetzt. Für einen Moment bin ich wie gelähmt und nicht annähernd in der Lage irgendetwas zu tun. Ich habe keine Idee, die mich nicht hinhaut. Ich muss hier weg – Ruddi muss hier weg! Wir sind noch nie an einem toten Hund vorbeigekommen.

Nur wenige hundert Meter weiter erreiche ich nervlich am Ende das Hostal. Ich habe Perrito vorsichtshalber wieder unter meinen Poncho gesetzt. Das Gebäude ist groß und liebevoll gepflegt. Trotz des mehr als grauen Wetters, strahlt dieses Haus regelrecht. Wie in Molinaseca ist die Eingangstür dieses Hauses oben und unten getrennt zu öffnen. Auf mein Klopfen öffnet eine Frau die obere Türhälfte. Sofort ist ihr klar, dass ich die Pilgerin bin, für die das Zimmer telefonisch reserviert wurde und lässt mich schnell ins Trockene. Mir ist klar, dass sie nichts von meinem Hund weiß. Darüber wurde am Telefon nicht gesprochen. Das hätte ich mitgekriegt.

Immer noch geschockt, erzähle ich ihr zuerst einmal von dem toten schwarzen Hund auf der Nationalstraße. Sie ist betroffen, kann sich vorstellen, dass das der Hund ihrer Nachbarin ist. Sie will sich gleich darum kümmern, wenn sie mich auf mein Zimmer gebracht hat. Wie ich am Eingang gesehen habe, handelt es sich hier um ein Ein-Sterne-Hostal. Das muss ein Druckfehler sein. Schon der Eingangsbereich hätte mindestens drei Sterne verdient. Es strahlt hier drinnen nicht weniger als draußen. Nun erinnert es mich an das Hostal in Pitín. Über eine breite gerade Holztreppe kommen wir auf einen großzügigen Flur, von dem die Zimmer abgehen. Auch hier stehen gemütliche Sitzgruppen, die durch große, üppige Pflanzen voneinander getrennt sind.

Das Zimmer ist hinreißend und blitzblank gewienert. Die Bettwäsche duftet so frisch, die kann noch nicht länger als wenige Minuten aufgezogen sein. Der Raum hat drei normale und zwei bodentiefe Fenster. Gegenüber vom Bett, zwischen zwei Fenstern steht eine auffallend kleine antike Bank. Das Bad ist neu, großzügig und glänzt vom Boden bis zur Decke. Es gibt sogar mal wieder eine Badewanne. Ich bin begeistert. Hier will ich bleiben.

Ruddi regt sich vorsichtig unter meinem Poncho, sagt mir quasi, dass ich ihn enttarnen soll. Ein Blick in die warmherzigen Augen der Señora und die schmerzvolle Erinnerung an den toten Hund auf der Straße helfen mir dabei, den blinden Passagier zu melden. Wir wissen von der Wirkung, die das Öffnen meines Poncho-Reißverschlusses hat. Die Wirtin ist so gerührt, dass sie Ruddi sofort mit einem kleinen sauberen Stofftuch, das sie aus ihrer Kitteltasche zieht, über das nasse Köpfchen reibt. Da brauch ich keine Worte mehr. Ruddi schaut sich kurz im Zimmer um, springt sofort auf die kleine Bank und setzt sich hin, als wäre er ein Nipp-Figürchen. Ein Bild für die Götter. Dieses Möbelstück möchte er gerne kaufen.

Perrito ist nach neun Stunden Regen total erschöpft und friert. Sofort rubbel ich ihn trocken und hol sein Bett aus meinem Rucksack. Da kann die Bank nicht mithalten. Ich kriege so gerade noch die Decke hineingelegt, bevor er zum Sprung ansetzt. Im Flug bereits eingekringelt, landet er sanft und sicher auf seiner weichen Decke. Ich bin viel zu geschafft, um mich noch ans Waschbecken zu stellen und die allabendliche Handreinigung meiner Klamotten in Angriff zu nehmen. Eine Blitzidee macht sich in meinem Kopf spontan breit: „Die Wirtin macht dir deine Wäsche!“ Ach ja? Spontan „renne“ ich los und erwische sie noch auf dem Flur. „Sí, señora, sólo cinco Euro (Ja, für nur fünf Euro). Sofort folgt sie mir in mein Zimmer und sammelt alles ein, was sie kriegen kann. Ich muss Ruddi sogar seine Kuscheldecke unterm Hintern wegziehen. Die hat es aber auch nötig! Sie gibt mir ein weiches Handtuch, auf dem Schnurzel solange liegen kann. Luxus pur in Castañeda.

Den Abend verbringe ich mit einem jungen sehr netten Ehepaar aus Aschaffenburg. Sie gehen nur die letzten 100 Kilometer, sind aber trotzdem „echte“ Pilger und phänomenal unterhaltsam. Wir genießen ein wundervolles Drei-Gänge-Menü, das die gute Fee des Hauses persönlich à la minute zubereitet und liebevoll serviert. Ich kann zwischen zwei Desserts wählen und bin unschlüssig. Meine neuen Pilgerfreunde empfehlen mir die Santiago-Torte. Oh, Mama! Ist die gut! Ich könnte fünf Stücke davon vertilgen. Wehe, wenn es die Morgen, egal wo ich übernachten werde, nicht gibt! Diese Pension hat meiner Meinung nach mindestens fünf Sterne verdient.

158) Hostal in Castañeda, Ruddi's kleine Bank

Mit jedem Glas Wein wird mein Mitteilungsbedürfnis größer. Das ist der Pilger-Austausch-Entzug der letzten Tage! Ich habe aber auch wirklich interessierte Zuhörer. Sie wollen ALLES wissen. Wo soll ich da anfangen und wo kann ich aufhören? Ich könnte ein Buch darüber schreiben! Erzählen kann ich nur ausgesuchte Erlebnisse – irgendwann muss der Abend schließlich ein Ende finden. Die beiden bedauern sehr, dass sie keine Zeit dafür haben, den gesamten Camino Francés zu laufen. Sie merken übrigens erst nach dem Essen, vor dem Gassi-Gehen, dass Ruddi die ganze Zeit mit am Tisch war. Ja, so haben sich ein paar meiner Geschichten über „Ruddi inkognito“, die meine Zuhörer als „unglaublich“ beurteilten, bewiesen.

Es ist die drittletzte Nacht auf meinem Camino. Ich kann es gar nicht fassen. Und das meine ich im wahrsten Sinne des Wortes. Wie werden die beiden letzten Etappen sich anfühlen? Ich finde noch nicht einmal annähernd eine Antwort darauf. Wieso wundert mich das nicht? Pilgern ist unberechenbar und unplanbar, außer man hetzt sich ab und vergisst sich selbst dabei. Kurz vor dem Einschlafen wird mir richtig bewusst, dass ich es wohl schaffen werde, pünktlich und gemütlich in Santiago de Compostela anzukommen. Höchstwahrscheinlich finde ich sogar einen ganzen Tag Zeit, um an das Ende der Welt zu fahren, zum Kap Finisterre.

Montag, 19. Mai 2008
Castañeda (ca. 50 Einw.), ca. 400 m üdM, Provinz La Coruña
35. Etappe bis Rúa, 24,2 km

Obwohl ich mit offenem Fenster direkt an der Nationalstraße übernachtet habe, war es erstaunlich ruhig. Im dösigen Zustand brauche ich einen Moment, um die Wochentage zu sortieren. Klar! Heute ist Montag. Deswegen sind gestern Abend nur wenige Autos vorbeigerauscht und ich konnte außergewöhnlich fest schlafen. Ich bin mir noch gar nicht sicher, ob ich mein schönes Zimmer und warmes Bett schon verlassen will. Freu ich mich darüber, dass ich das vorletzte Mal eine Tagesetappe auf dem Jakobsweg antrete? Wie sieht Ruddi das eigentlich? Sicher ist, dass ich meine Familie sehr vermisse. Kann ich ab Samstag wieder ganz normal meiner Arbeit in der Sportredaktion nachgehen? Ich werde es erleben, wie es sich ohne Rucksack auf dem Rücken anfühlt.

Das erste, was ich wahrnehme, ist, dass die Sonne scheint. Welch seltener Anblick in Galicien! Ein Blick aus dem weit geöffneten Fenster versetzt mich regelrecht in Euphorie. Der Himmel ist strahlend blau, mit wenigen schneeweißen Wolken. Es ist ein malerischer, vielversprechender Morgen. Ich muss weg! Katzenwäsche, Anziehen, Ruddi's Frühstück hinstellen, Handy und Reiseführer in das obere Rucksackfach legen, Wasserflasche ins Außennetz stellen, Regenponcho ins separate untere Rucksackfach legen, Perritos Bett einpacken, Wassernapf füllen und in das Notfallnetz stecken, Schuhe anziehen, Feierabend-Sandalen zuunterst einpacken, Wäsche drauf … Vollbremsung! Moment mal, wo ist denn meine Wäsche? Ach ja! Die hatte ja einen Wellness-Abend mit allem Drum und Dran bei der Vermieterin! Dass das die ganze Nacht geht, war mir nicht klar. Mein Kopfkino hat geöffnet: Hoffentlich ist die Señora zuhause und nicht beim Großeinkauf. Wer weiß, wann sie zurückkommt! Jetzt steck ich hier fest! Das fänd ich doof. Ich muss weg! Die Sonne scheint! Und ich habe keine Ahnung, wie lange das anhält.

Bevor mir meine Fantasie ein Schnippchen schlägt, mach ich mich lieber auf die Suche nach der Frau oder meiner Wäsche. Aufgeregt steige ich die breite Treppe hinunter. Alles still hier unten. Die Eingangs- und Terrassentüren sind fest verschlossen. Ich werfe vorsichtig einen Blick in die Küche. Gott sei dank! Ihr Mann sitzt gemütlich bei einer Tasse Kaffee über der Tageszeitung. Es dauert eine Weile, bis er versteht, was ich überhaupt von ihm will. Der Señor hat jedoch keine Ahnung, wo seine Frau meine Wäsche hingelegt haben könnte. Er weiß noch nicht mal, wo seine Frau ist. Na super! Bedröppelt will ich Ruddi runterholen und zunächst einmal Frühstücken. Selbstgespräch: „Ja, ich weiß! Ist doch eigentlich gar nicht so schlimm! Mir ist es aber lieber, wenn ich nach dem Frühstück sofort und ohne Umwege meine Etappe beginnen kann. … Ja! Ist ja gut, ich bin flexibel und geschmeidig!“ Ganz langsam beruhige ich mich wieder, gebe mich der Situation hin. Und siehe da! Auf einem Stuhl liegt fein säuberlich zusammengelegt und frisch duftend mein großer Wäschestapel. Wie konnte ich auch nur einen Moment daran zweifeln, dass die herzensgute Wirtin unbedacht handeln könnte!

159) Hostal in Castañeda

Startklar begebe ich mich in den Comedor und staune über das reichhaltige Frühstück. Zusammen mit meinen Pilgerkollegen von gestern Abend lasse ich es mir so richtig schmecken. Es gibt von allem bis zum Abwinken. Gerade als ich das Haus verlasse, bekomme ich noch die Gelegenheit mich bei der besten Hospitalera des gesamten Caminos zu bedanken. Ihre Augen strahlen vor Lebensfreude und sie schenkt mir eine mütterliche Umarmung. „Gracias, por todo!“ „Buen camino!“

Nach ein oder zwei steil ansteigenden Kilometern auf dem Randstreifen der Nationalstraße, die jetzt sehr stark befahren ist, stoße ich erleichtert wieder auf den offiziellen Weg. Bis Arzúa geht es ständig kurz aber heftig auf und ab. Ein paar Mal muss die Nationalstraße überquert werden.

Hinter Arzúa geht es auf Waldwegen weiter. Ich atme tief durch und genieße die frische Luft und Stille in der Natur. Ruddi läuft mal vor und mal hinter mir. Das kann er sich hier locker erlauben. Als er mich mal wieder überholt, bekomme ich einen Riesenschreck. Wie sieht der denn aus? Es ist nur ein Bruchteil einer Sekunde, aber er kommt mir mutiert und völlig verwahrlost vor. Die Ohren hängen so komisch runter! Was ist passiert? Hatte er eine Begegnung mit einem wilden Tier? Und plötzlich sehe ich zwei Hunde! Ruddi beschnuppert den Mutanten interessiert. Das einzige was er mit Schnurzel gemeinsam hat, ist das schwarze Fell. Er ist deutlich größer als meiner. Außerdem handelt es sich um eine Hündin. Ihr Bauch und ihre Zitzen hängen schlapp herunter. Sie muss vor kurzem Junge bekommen haben. Ich schau mich um, kann aber keine Hundewelpen entdecken oder hören. Von jetzt an läuft die Schwarze neben mir her, als gehörten wir seit Jahren schon zusammen. Sie macht nichts, sie beschnuppert mich noch nicht einmal, sie läuft einfach nur brav und lässig bei Fuß. Ruddi findet das absolut in Ordnung, normal eben. Ich denke mir nichts dabei. Die wird schon gleich wieder umkehren. Sie hat ja schließlich ein paar Babies zu versorgen.

Einige Pilger wundern sich darüber, dass ich gleich mit zwei Hunden auf dem Jakobsweg unterwegs bin. Manche schütteln sogar verständnislos den Kopf. Den ein oder anderen frage ich, was ich tun könnte, um einen zugelaufenen Perro wieder loszuwerden. Sie haben gute Tipps für mich. Ich soll das Tier mit Gewalt verjagen, Steine nach ihm werfen, treten oder heftig erschrecken. Entsetzt über diese Herzlosigkeit und ungläubig, das überhaupt gehört zu haben, trotten wir weiter zusammen durch den Wald. Meine neue Begleiterin denkt gar nicht daran, zurückzulaufen. Ich werde echt unruhig. Von Entspannung keine Spur mehr.

Nach ungefähr vier Kilometern komme ich an einer gemütlichen Bar vorbei. Ich trau mich aber nicht, mit zwei Hunden dort einzukehren. Was weiß denn ich, wie sich die Hundemama so benimmt! Am Ende legt sie noch einen Haufen unter den Tisch oder benimmt sich sonstwie daneben. Das muss ich mir nicht geben. So verzichte ich auf meinen Café con leche.

160) Ruddi und die Neue, bei Arzúa

Wir bleiben noch weitere vier Kilometer zusammen und die Belastung wird für mich immer größer. Ich will das nicht mehr. Ich fühle mich nach den letzten gemeinsamen Stunden fast schon verantwortlich für diesen fremden Hund. Immer noch im Wald, erreiche ich die nächste Bar. Wie schön! Mitten in der Natur stehen unter großen Bäumen gemütliche Stühle an Tischen. Es haben sich sehr viele Pilger eingefunden. Ich bin es ja gewöhnt, schon allein wegen Ruddi aufzufallen. Aber für eine Pilgerin mit zwei Hunden, holen die Leute erstrecht ihre Kameras raus. Ruddi legt sich lässig ins Gras, die „Neue" jedoch hat nichts Besseres zu tun, als die anderen

Gäste zu belästigen. Ich stelle deutlich klar, dass dieser Hund nicht zu mir gehört.

Das wird mir jetzt zu blöd. Ich beschließe, den Wirt dieser Bar um Hilfe zu bitten. Ich lasse die Hündin draußen und geh mit Ruddi in den Gastraum. Temperamentvoll mit Händen und Füßen mache ich dem freundlichen Señor hinter der Theke klar, worum es geht. Er lächelt und gibt mir zu verstehen, dass er das für mich erledigt. Sofort kommt er hinter der Theke vor und will an mir vorbei nach draußen, um den Hund … ja, um was zu tun? Ich halte ihn auf, lege meine Hand auf seinen Arm und flehe ihn an, dem armen Tier kein Haar zu krümmen. Freundlich lächelnd beruhigt er mich, er wüsste schon, was zu tun ist. Das wäre nicht der erste Hund, den er vertreibt. Ich nehme ihm das Versprechen ab, dass er bestimmt aber herzlich mit dem Tier umgeht.

Nach wenigen Minuten kommt er zurück, lacht, zuckt mit den Schultern und sagt: „No hay perro (da ist kein Hund)!" Ich vermute, dass einer der Gäste ihn bereits weggescheucht hat. Vorsichtshalber bleibe ich noch auf einen Kaffee und … ja! Ein Stück SANTIAGO-TORTE! Die wurde im Moment frisch von der Wirtsfrau angeliefert. Das ist doch mal wieder ein Ding! Alles ist immer für irgendwas gut. Ohne den zugelaufenen Hund wäre ich im Außenbereich geblieben und hätte den Kuchen verpasst. Das war mir die Anstrengung wert.

Nach fast einer Stunde trau ich mich nach draußen und sehe mich verstohlen nach der Hündin um. Sie ist weg. Wieder im Wald unterwegs schau ich mich noch einige Male um. Sie ist wirklich weg. Ich kann wieder durchatmen und um viele Zentner leichter meinen Weg gehen.

Es liegen noch ungefähr zehn Kilometer vor mir. Im Wechsel zwischen Landstraße und Waldwegen laufe ich über sanfte Hügel. Die Nationalstraße ist in der Nähe. Sie verläuft deutlich höher als der Pilgerweg und versperrt die Aussicht. Ab und zu muss ich sie kreuzen oder durch Unterführungen gehen. Die Hündin ist tatsächlich zurückgelaufen - die wird gewusst haben, dass dieses Stück Weg nicht so romantisch ist.

Kurz vor Santa Irene treffe ich auf die vier Österreicher. Die Freude ist natürlich unbändig. Wir gehen zusammen bis zur nächsten Bar. Ich glaube, alle Pilger im Umkreis von 20 Kilometern haben sich genau hier verabredet. Wir müssen eine Weile warten, bis ein Tisch frei wird. Die Rucksäcke türmen sich an allen vier Wänden entlang. Ich finde kaum Platz für Ruddi's Wassernapf. Luigi und ich bauen aus unseren Rucksäcken eine winzige Schutzmauer um ihn herum. Mein Hund findet in dem Gewimmel allerdings keine Ruhe. Ich nehme ihn auf den Schoß, damit er sich ausruhen kann. Wir fünf haben uns erstaunlich viel zu erzählen. Man könnte meinen, wir hätten uns seit mindestens vierhundert Kilometern nicht gesehen. Die beiden Klagenfurter Pärchen übernachten in der ansässigen Herberge. Ich habe noch gute zwei Kilometer vor mir. Wir sind gespannt, ob wir uns morgen in Santiago treffen.

Wir finden kaum Platz, uns zum Abschied zu umarmen. Es ist mittlerweile so eng in dieser Bar, wie in der ersten Reihe auf einem Rockkonzert. Mit geradem Rücken, leicht in die Knie gehend, rupfe ich meinen Rucksack raus. Anziehen kann ich den erst draußen, nachdem ich mir einen Weg durch die Menschen gebahnt habe.

gleicher Tag (insgesamt 762,6 km gelaufen)
Rúa (ca. 50 Einwohner), ca. 400 m üdM, Provinz La Coruña
Hostal, Doppelzimmer, 33 € ohne Frühstück

In dem kleinen Dorf Rúa habe ich es auf wundersame Weise geschafft, mich zu verlaufen. Ich frage eine Dorfbewohnerin, die gerade ihre Fenster putzt, nach dem Weg zur nächsten Pension. Lächelnd und haarklein erklärt und zeigt sie mir, wo ich lang gehen soll. Es ist angeblich nicht mehr weit. Mit meinen letzten Reserven, wie immer am Ende einer Etappe laufe ich die von ihr empfohlene Landstraße entlang. Wieso kommen mir hier so viele Leute entgegen? Ich frage nach. Das sind Pilger, die einkaufen oder in der Kirche waren. Wo ich denn hin wollte? „Ich will in Rúa übernachten und suche eine Unterkunft!“ „Da bist Du völlig auf dem falschen Weg. Du musst zurück, bist an der Straße zum Hotel schon lange vorbeigelaufen.

Ich zweifel ihre Aussage an, denn die freundliche Fensterputzerin hat mir doch gesagt, dass ich hier lang muss. Zum Glück sind diese Pilger sehr geduldig mit mir und bleiben hartnäckig. „Du musst zurück!“ Nach wenigen hundert Metern kann man das Hotel dann auch wirklich schon sehen. Wir kommen an dem Haus mit den frisch geputzten Scheiben vorbei. Ich glaube es nicht! Da hat die mich doch ohne mit der Wimper zu zucken in die entgegengesetzte Richtung geschickt! Hat die ein Glück, dass sie mir nicht mehr unter die Augen kommt. Ich hätte sie wahrscheinlich umgehauen. Unverschämtheit! Das ist mir auf 760 Kilometern noch kein einziges Mal passiert.

Musste das sein? Ich finde das richtig schade und bin gleichzeitig rasend wütend. Ich kann und will jetzt nicht mehr! Füße, Beine, Kopf … alles ist am Ende – auch der Camino – und der Ruddi!

Ich muss Ruddi schmuggeln, darf kein Risiko eingehen. Ich packe ihn in seine Tasche und über meine Schulter. Fünf Kilo tun gerade so, als wären sie in Wirklichkeit ein Zentner. Wehe, wenn da kein Zimmer mehr frei ist! Das Hotel ist relativ groß und es gehen ungewöhnlich viele Leute ein und aus. Gespannt wie ein Flitzebogen beeil ich mich, an die Rezeption zu kommen. Nach kurzem Zögern und Überlegen kommt die freundliche Zusage.

Das Zimmer ist schön, allerdings direkt an der Nationalstraße, die heute - am Montagabend - sehr stark befahren ist. Die nette Señora, die mich raufgebracht hat, weist mich beruhigend auf die doppelten Fenster hin und schließt sie. Erstaunlich, aber jetzt höre ich wirklich nichts mehr von dem Lärm der vorbeidonnernden Laster. Ich bin froh, als ich allein bin und Ruddi nicht aufgeflogen ist. Aber der liegt ja auch praktisch schon im Bett. Das Schaukeln an meiner Schulter scheint ihn nicht zu stören.

Ich suche den günstigsten Platz im Zimmer und will seinen Wassernapf hinstellen. Aber der ist nicht da! Sofort weiß ich, wo der abgeblieben ist. In der überfüllten Bar haben sie ihn wahrscheinlich unter Rucksäcken vergraben und da ich ihn nicht sehen konnte, ist er total in Vergessenheit geraten. Ich könnte heulen, einen Tag vor Schluss, geht mir das wichtigste Tupperware-Schüsselchen, das ich je besessen habe, verloren. Das Ding hat alle Bars und Unterkünfte gesehen, von den Wegesrändern des Camino Francés ganz zu schweigen. Ich häng an dem Teil. Das ist ein ganz wichtiges Erinnerungsstück! Eine kleine Hoffnung bleibt mir noch: Die Österreicher! Sie kennen den Napf und stecken ihn garantiert ein, wenn er ihnen auffällt. Für den Moment tröstet es mich ein wenig.

Nach dem Duschen bin ich wieder einigermaßen fit und freue mich tierisch aufs Essen. In dem Comedor ist es - wie erwartet - sehr voll. Zwei Frauen, die meine suchenden Blicke gesehen haben, winken mich an ihren Tisch. Gerne setze ich mich zu ihnen. Ich stelle die Ruddi-Schlaftasche unter den Tisch an meine Füße, damit niemand darüber stolpert.

Die beiden kommen aus Bielefeld und heißen Margot und Nina. Sie sind Schwiegermutter und –tochter. Die zwei sind ein Herz und eine Seele. Sie haben das gleiche Tempo und genießen zusammen den Jakobsweg seit zweihundert Kilometern. Ich bin sehr glücklich darüber, mit genau diesen beiden amüsanten, lebhaften Frauen den Abend zu verbringen. Zusammen schaffen wir es, die Melancholie, die durch das bevorstehende Ende des Pilgerns entstehen will, zu verdrängen. Das Pilgermenü ist eine Wucht. Der Wein ist gut. Und das Dessert? Ja, es gibt Santiago-Torte! Davon esse ich auch zwei an einem Tag – da kenn ich nix. Hmm, lecker!

Heute Abend höre ich einfach auf zu denken. Es ist das letzte Mal, dass ich mich ins Bett lege und - wie in den letzten Wochen üblich - durchschnittlich 22 Kilometer am nächsten Tag von mir gelaufen werden wollen. Ich weiß einfach nicht, was ich davon halten soll. Im Moment liegt mir viel mehr am Herzen, dass die Hündin gut wieder zuhause angekommen ist. Gutes Ablenkungsmanöver, oder?

Dienstag, 20. Mai 2008
Rúa (ca. 50 Einwohner), ca. 400 m üdM, Provinz La Coruña
36. Etappe bis Santiago de Compostela, 21,4 km

Fast alle Pilger – und es sind viele – die ich beim Frühstück erlebe, kommen heute noch in Santiago an. Die meisten sind aufgeregt, voller Vorfreude – einfach völlig aus dem Häuschen. Ich wäre so gerne mit ihnen ausgelassen und überglücklich, das heißersehnte und schwer erkämpfte Ziel endlich zu erreichen. Aber ich bin im Moment nicht Fisch und nicht Fleisch, weiß nicht, was ich davon halten soll. Alleine trinke ich in all dem Trubel meinen Café con leche ganz langsam aus. Ob Ruddi schon ahnt, dass es die letzte Etappe zu laufen gilt? Findet er das gut? Achim hat in Belorado gescherzt: „Wenn Ruddi erst wieder zuhause auf der Couch liegt, wird er nie wieder Gassi gehen wollen. Mit Dir weiß er ja nie, wie und wo das enden wird."

Aus meiner Sicht ist das so: Nach 5 ½ Wochen ohne Couch, freue ich mich unbändig darauf, mich auf ihr zu lümmeln. Bei Regen einfach nicht vor die Tür zu gehen, ist mehr als verlockend. Es wird toll sein, die Sonne dösend oder mit einem Buch im Liegestuhl zu genießen. Die Gewissheit zu haben, mich abends - ohne Zimmersuche - einfach in mein Wasserbett legen zu können, ist Gold wert. Es wartet aber auch der Alltagstrott auf mich und wenn ich ganz ehrlich bin, kann ich darauf locker verzichten. Das wusste ich vor dieser Reise gar nicht. Ich hätte nicht gedacht, dass ich es genießen könnte, jeden Tag, jede Stunde, jede Minute einfach immer weiter zu gehen, ohne zu wissen, was als nächstes passiert; nicht umzukehren, um vielleicht Vergessenes nachzuholen oder Schönes zu wiederholen. Nach 5 ½

Wochen ständigen Loslassens weiß ich, dass genau das der Sinn des Lebens ist, dass ich am Wegesrand die Geschenke des Lebens einfach pflücken kann, wenn mein Herz offen ist.

Ich muss weg! Tief Luft holen und einfach so tun, als wäre das ein ganz normaler Pilgertag. Was das Ende bringt, erfahre ich noch früh genug. Ich entscheide mich für das Hier und Jetzt. So habe ich das die letzten 37 Tage gemacht, warum soll das heute anders sein? Nicht, dass ich die letzten Überraschungen verpasse, nur weil meine ganze Konzentration auf Santiago de Compostela und dem „Danach" liegt. Ich will heute noch so viele Erlebnisse pflücken, wie eben möglich.

Ich gehe die 21 Kilometer locker und gemütlich an. Entspannt spaziere ich in Pedrouzo an netten, gepflegten Einfamilienhäuschen vorbei. Ich bin ganz entzückt, als ich in einem Vorgarten eine Hundemutter ausgelassen mit ihrem Welpen spielen sehe. Aus einigen Metern Entfernung beobachte ich das seltene Schauspiel. Mir fällt sofort die schwarze Hündin ein, die jetzt daheim bestimmt auch mit ihren Babies spielt. Die Hausbesitzer und ihre Kinder beaufsichtigen liebevoll lächelnd und zurückhaltend Hunde-Mama und Baby. Ich habe vor Rührung Tränen in den Augen. Leise nähere ich mich ihnen. Sie grüßen und ich kann meine Neugier nicht zurückhalten.

Die Unterhaltung mit Händen und Füßen ist natürlich holprig. Aber wenn ich die Leute richtig verstehe, ist das vermeintliche Baby bereits zwei Jahre alt und die angebliche Hundemama wohnt hier gar nicht. Die Tiere spielen einfach nur zufällig miteinander. Sie wissen nicht, wo der schwarze Hund hingehört. Ich kann das gar nicht glauben, frage sicherheitshalber nochmal nach. Aber sie bleiben bei ihrer Aussage. Anstatt einfach weiterzugehen, kann ich mich gar nicht losreißen, von den herumtollenden Vierbeinern. Ruddi zieht sich vornehm zurück. Sein Verhalten drückt aus: „Für so einen Unsinn bin ich zu alt. Und überhaupt: Es wäre besser für uns, wenn wir einfach weitergehen. Komm schon!"

Zwei Minuten später weiß ich warum! Die schwarze Hündin hat genug gespielt und kommt nun schwanzwedelnd und laut junksend auf mich zugerannt. Sie will mir sagen: „Endlich! Wo bleibst Du denn? Ich warte schon die ganze Zeit auf Dich! Ich zeig Dir den Weg nach Santiago. Los, wir gehen!" Sie steht hautnah vor mir und guckt mit großen, treuen Augen zu mir hoch. Die Leute sind natürlich völlig irritiert. Ich werde gerade verrückt. Das kann doch wohl nicht wahr sein! Ich träume doch!

Ich flehe das spanische Ehepaar an, diesen Hund im Garten zu halten, bis ich weit genug weg bin. Aber sie lassen sich nicht darauf ein. Wahrscheinlich glauben sie, ich hätte ihn aus Deutschland mitgebracht und wollte ihn hier loswerden. Ich versuche, ihnen die Geschichte von gestern zu erzählen – sie können oder wollen mich nicht verstehen. Ich kann es den beiden nicht übel nehmen, denn die Hündin ist so brav an meiner Seite, als hätte ich sie bereits als Welpen zu mir geholt. Zu allem Überfluss lässt das Verhalten zwischen Ruddi und ihr auch keinen anderen Schluss zu. Mir bleibt nichts anderes übrig, als nun wieder mit zwei Hunden an meiner Seite weiterzugehen.

Am Ortsausgang bitte ich einen alten Señor um einen Tipp wegen eines zugelaufenen Hundes. Er sagt: „Mach Dir keine Sorgen. In dieser Gegend laufen sie oft ein paar Kilometer mit den Pilgern und kehren dann freiwillig wieder um.“ Damit ist er durch und geht seiner Arbeit wieder nach. Na, dann will ich das mal glauben.

Es ist sehr heiß heute. Meine letzte Etappe wird von strahlendem Sonnenschein begleitet. Bei Labacolla führt der Camino de Francés den Pilger um das gesamte Flughafengelände herum. Er ist sehr angenehm zu gehen, will aber einfach kein Ende nehmen. Hier treffe ich auf den redseligen Jesus. Nein, ich meine nicht Gott. Jesus ist ein spanischer Pilger, geschätzte 65 Jahre alt und federnden Schrittes unterwegs. Er ist sehr temperamentvoll, seine Augen strahlen vor Lebenslust. Er staunt nicht schlecht, als ich ihm erzähle, dass ich in Frankreich gestartet bin. Am liebsten wäre ihm, ich hätte alles mit der laufenden Kamera festgehalten. Tausend Fragen prasseln auf mich nieder und ich habe Spaß daran, zu antworten. Wahrscheinlich gehen hinter uns Pilger, die sich köstlich über unsere wild fuchtelnden Hände und Arme amüsieren.

Mir nichts, dir nichts, liegt der Flughafen weit hinter uns und wir befinden uns auf der Zielgeraden zu einer Bar in San Paio. Plötzlich bleibt Jesus stehen, sieht mich durchdringend an, nimmt meine Hand und führt sie langsam in Bauchhöhe zu sich hin. Ich halte die Luft an! Was kommt denn jetzt? Die Sekunden werden zu Minuten. Mein Knie ist schon zum Abschuss bereit. Ich allein weiß: „Señor, noch eine falsche Bewegung, dann …“ Endlich dreht er sich zur Seite und führt meine Hand an seinen Rucksack. Ich soll da was rausholen. He? Was soll ich? „Jesus! Zieh das Ding aus und nimm Dir selber was Du brauchst!“ denke ich. Aber nein! Ich muss da ran.

Bis ich begriffen habe, dass es um ein kleines Fläschchen mit medizinischem Alkohol geht, haben uns drei Pilger überholt. Einer grüßt und lacht. Der Zweite grüßt und schüttelt den Kopf, weil wir im Weg stehen. Der Dritte fragt, ob er helfen kann und grüßt dann erst. In meinem Hirn rattert es: „Wie und wann könnte ich diesen Jesus abhängen? Das wird mir langsam zu viel!“

Er hingegen freut sich, öffnet das Fläschchen und reibt mir ohne Vorwarnung den Unterarm mit dem Zeug ein. Nachdem ich den ersten Schreck überwunden habe, nehme ich den angenehm erfrischenden Duft der Tinktur wahr und gestehe, dass das Zeug erstaunlich gut tut. Jesus schmeißt seine Jacke auf den Wegesrand und will, dass ich mich darauf setze. Ich will das nicht, habe keine Ahnung was er vorhat. Jedenfalls ist mir das nicht geheuer. Ich bin froh, dass auf dieser letzten Etappe wirklich viele Pilger unterwegs sind und ich mit diesem kleinen, überaus quirligen Mann nicht länger als zwei oder drei Minuten am Stück alleine bin. Viel Gestik und Mimik geben mir zu verstehen: „Zieh Dich aus und lass Dich verwöhnen!“

Ich kann mich nicht mehr halten, bekomme einen Lachanfall. Meine Fantasie geht mal wieder mit mir durch: „Ein G’spusi mit Jesus! Das können auch nicht viele von sich behaupten.“ Endlich begreift auch er, wie sein Benehmen auf mich wirkt, lacht mit: „No, no, sólo quiero los pies (nein, nein, ich will nur deine Füße)!“ Er meint es wirklich so! Er will mir Hier und Jetzt die Füße massieren. So verlockend das auch sein mag, ich setze mich entschlossen in Bewegung und er läuft sofort mit. Den Señor abzuhängen, wird mir nicht gelingen. Er ist viel zu schnell für mich. Ich überlege kurz, wie der spanische Befehl für „Fass, Hündin“ heißen könnte. Meine beiden Perros interessiert das Ganze so gar nicht. Die sind sich einig und mit Schnuppern beschäftigt.

Zusammen erreichen wir die Bar. Die große Terrasse ist voll besetzt. Jesus will mit mir gemeinsam kuschelig drinnen sitzen. Ganz davon abgesehen, dass das so gar nicht meinen Vorstellungen und Wünschen entspricht, erkenne ich schon im Ansatz das Scheitern seines Vorhabens. Auf den breiten Stufen vor dem Lokal haben es sich die vielen Pilger „gemütlich“ gemacht. Drinnen ist soviel los! Die Bude ist gerammelt voll. Gibt es was umsonst? Oder tanzt der Papst im Kettenhemd!? Es ist jedenfalls aussichtlos sich bis an die Theke vorzuarbeiten. Jesus befiehlt mir, an Ort und Stelle zu warten, er wolle die Getränke besorgen. Ich zeige begeistert auf eine Kellnerin, die hier draußen bedient und spinkse nach einem freien Stuhl. Mein neuer

Pilgerkumpel will das aber nicht. Ich soll warten. „Nein, Amigo, ich setz mich jetzt hier draußen hin, mach was Du willst!“ Wenn Blicke töten könnten, käme ich nicht mehr in Santiago an. Jesus ist sauer. Warum? Es wird wohl für immer sein Geheimnis bleiben. Jetzt weiß ich, er spinnt wirklich ein bisschen und überlasse ihn sich selbst und seinen Launen.

Noch bevor er im Lokal verschwindet, finde ich einen freien Platz und setze mich zu drei Münchnerinnen an den Tisch. Von hier aus sehe ich noch, wie mein Begleiter ungefähr eine Viertelstunde später mit zwei Getränken raus kommt. Sein Blick belegt mich mit einem Fluch und er trinkt - auf der Treppe sitzend - demonstrativ abwechselnd aus beiden Gläsern.

Die drei Münchnerinnen erinnern mich sehr an die vier Mädels, mit denen ich meine allererste Nacht meiner Pilgerreise in Saint Jean Pied de Port verbracht habe. Diese Frauen habe ich das letzte Mal auf meiner zweiten Etappe durch die Pyrenäen bei der lebensmüden Braut, die sich Gott sei dank als Statue entpuppte, gesehen. Hängen geblieben ist bei mir der penetrante Geruch, den im fensterlosen Herbergszimmer ihr Stinkkäse verbreitete. Hier und jetzt muss ich das Gleiche in der prallen Mittagssonne durchmachen. Auch sonst ähneln sich die Münchnerinnen damals und heute sehr. Sie legten auf „ihrem“ Weg viel Wert auf Organisation und Planung und sind in der Lage, alles aus ihren Rucksäcken hervorzuzaubern, was für Eventualitäten gebraucht werden könnte. Das Geschirr und Besteck, das momentan auf diesem Tisch steht, verstauen sie auch nach und nach wieder. Den Käse haben sie ebenfalls mitgebracht. Tja, es sind eben Münchner Dirndl. Die lassen hier in Galicien ihr einzigartiges heimatliches Biergartenflair aufleben.

Die Hälfte der heutigen Etappe liegt hinter mir. Jesus hat sich abgesetzt. Die schwarze Hündin läuft treu und brav neben mir und Ruddi her. Ich bin zwar erst eine halbe Stunde wieder unterwegs, aber diese kleine Herberge, an der ich gerade in Villamaior vorbeikomme, lockt mit zwei Tischen und vier leeren Stühlen vor der Eingangstür. Sie „ruft“ mich förmlich: „Café con leche? Ganz in Ruhe? Wär das was?“ „Na klar! Es ist erst zwei Uhr!“

Ich stelle meine Sachen draußen ab und hole mir einen Kaffee, nicht ohne zu fragen, was ich mit einem zugelaufenen Hund machen könnte. „Nichts, der geht schon wieder!“ Ja, klar! Fragt sich nur wann? Ich fühle mich ziemlich alleingelassen mit meinem Problem. Als ich mit lecker Café con leche wieder rauskomme, liegen meine

Perros einträchtig am Tisch und haben fein meinen Platz freigehalten. Ich bin hin- und hergerissen. Einerseits möchte ich unbedingt mit Ruddi alleine in Santiago einlaufen, andererseits hat die Hundedame schon lange mein Herz erobert.

161) in der Bar inVilamaior, Ruddi und die Nicht-mehr-ganz-so-Neue

Bei einem weiteren Kaffee lerne ich zwei Pilgerinnen kennen, die unterschiedlicher nicht sein könnten. Die Jüngere ist eine typische Chef-Sekretärin, die Ältere kennt alle Krankheiten, die es auf dieser Welt gibt. Und sie hat sie natürlich auch alle schon gehabt oder noch vor sich. „Da muss man durch. So ist das Leben." Jetzt sitzen sie hier und wissen nicht weiter. Die Kranke kann keinen einzigen Meter mehr laufen und hat sich ein Taxi bestellt. Die Sekretärin möchte weinen, weil sie nicht fahren will. Seit hunderten Kilometern plagt sie sich schon mit den nicht wirklich vorhandenen Krankheiten ihrer Begleiterin ab und ist nervlich am Ende. Als das Taxi fünf Meter von uns entfernt hält, sieht sich der Fahrer veranlasst, die gebrechliche Pilgerin fast ins Auto zu tragen. Sie hängt wimmernd an seiner Seite. Die beiden entfernen sich nur schleppend. Ich habe ernsthaft Sorge, dass sie es nicht mehr bis zum Auto schafft. Sie wirft ihrer Freundin, die sich durchgesetzt hat und die drei Kilometer bis Monte do Gozo allein und zu Fuß geht, einen bitterbösen Blick zu.

Nun sitze ich mit einer Frau am Tisch, die das Gefühl hat, die größte Verräterin aller Zeiten zu sein. Sie hat Tränen in den Augen und bittet mich so inständig um Hilfe, als wäre sie eine Gefangene der Situation und des Hypochonders. Sie wäre viel lieber von Anfang an alleine unterwegs gewesen. Als sie vor fast einem Jahr auf die Idee kam, den Jakobsweg zu gehen, fand die andere das grandios und beschloss, mitzumachen. Sie fragte gar nicht danach, ob das erwünscht ist. Mein Gegenüber hat zwar alle Bedenken ihr gegenüber geäußert, kam damit aber nicht durch. Die Kranke sagte immer nur: „Du wirst sehen. Das wird toll. Auf dem Jakobsweg werde ich bestimmt wieder gesund. Ich passe mich auch Deinem Tempo an." Fatal! Angepasstes Tempo kann nicht gesund machen!

Wie furchtbar muss es sein, den Camino Francés gezwungenermaßen mit jemandem zu laufen, der ständig jammert. Wie selbstlos ist die junge Frau? Rücksicht auf jemanden zu nehmen, der trotz seiner Krankheiten entschieden hat, sich ihr auf einer Pilgerreise regelrecht aufzudrängen? Wie viel Egoismus kann man sich gefallen lassen? Was ist mit der Liebe zu sich selbst? Diese Frau, die mir jetzt gegenüber sitzt, ist durch ihre Rücksicht nun psychisch krank. Oder war sie es schon vor Antritt der Reise? Mit sich alleine auf dem Jakobsweg, wäre sie dahinter gekommen, dass sie anderen nur helfen kann, wenn sie sich selbst helfen wollen. Und sie hätte gelernt, wie wichtig es ist, sich selbst zu lieben. Sie wüsste jetzt, dass andere ihr nur soviel Liebe und Verständnis entgegenbringen können, wie sie sich selbst in der Lage ist zu geben. Ich kann ihr nur sagen: „Die Freundin zeigt Dir durch ihr Verhalten nur, wie Du mit Dir umgehst. Nicht mehr und nicht weniger. Ich glaube, das Du Dich so intensiv mit ihr auseinandersetzt, um Dich selbst nicht wahrnehmen zu müssen!" Ich lasse sie mit diesem Gedankenanstoß alleine. „Buen camino!"

Bei San Marcos fährt ein Streifenwagen so langsam an mir vorbei, dass mir die Zeit bleibt, auf die Idee zu kommen, die Obrigkeit um einen tierischen Rat zu bitten. Vielleicht ist ein zugelaufener Hund ja für sie Routine. Sie wollen mich überhaupt nicht verstehen, nichts damit zu tun haben. Nach einem kurzen Schulterzucken fahren sie einfach weiter. Unverschämtheit! Ich muss trotzdem grinsen, als die Hündin dem Polizeiwagen genauso perplex hinterher sieht, wie ich es tue.

Gegen halb vier stehe ich tief beeindruckt in Monte do Gozo. Auf einem steilen, weiträumig eingezäunten Hang wurden mindestens eine Million kleine Flachbauten errichtet, in denen man übernachten kann. Es ist keine richtige Herberge, aber ich weiß schon seit vielen Tagen, dass dies ein Pilgermagnet ist. Es soll ganz toll sein, sich hier einzumieten. Es sind nur noch knappe fünf Kilometer bis nach Santiago. Für meinen Geschmack zu nah am Ziel, um noch einmal zu übernachten. Aber auch zu weit für den Pilger, um von der Kathedrale aus lediglich zum Schlafen zurückzulaufen. Ich gehe fest davon aus, dass es in Santiago de Compostela hunderte Hotels, Hostals und Herbergen gibt. Warum will ein Pilger in einer Kaserne nächtigen?

Ich öffne das Tor, um mir das Gelände mit seinen nüchternen Bauten aus der Nähe anzusehen. Ordentlich wie ich bin, schließe ich es natürlich auch sorgfältig wieder. Au! Moment! Jetzt hab ich meiner zugelaufenen Hündin doch glatt die Tür vor der Nase zugeschlagen. „T'schuldigung, dann komm schnell!" Wow! Wie blöd kann ich eigentlich sein? Ich war sie doch schon los! Mach ich Depp das Tor nochmal auf! Fassungslos stehen wir uns gegenüber und schauen uns fragend an. Ich vermute, dass das hier schon öfter ihre Endstation mit einem Pilger war und sie mir nur noch „Adiós y gracias por todo" sagen wollte. Ich probier's! Mach das Tor nochmal auf und habe den Schimmer einer Hoffnung, dass sie zurückgeht. Ach, was red ich lange. Natürlich fühlt sie sich von mir eingeladen und bleibt.

Ich lasse die Stimmung in dieser Massenanlage auf mich wirken. Es scheint alles ausgebucht zu sein. Hunderte Pilger tummeln sich hier. Vielleicht entdecke ich die Faszination ja innerhalb eines dieser Gebäude. Ich treffe auf zwei Frauen, die mit ihrer Wäsche beschäftigt sind. Ich fange ein Gespräch an und finde heraus, dass es darum geht, mit so vielen Pilgern wie möglich am gleichen Ort zu sein. „Aber dafür gibt es doch die Pilgermesse." „Das ist was anderes." Ja, dann!

Nach einem endlos scheinenden steilen Weg hinunter zur Rezeption, betrete ich das Touristikzentrum. Es ist das größte, das ich auf dem gesamten Camino Francés zu Gesicht bekommen habe. Die wissen doch bestimmt, was ich mit dem Hund machen soll. Die rufen das Tierheim an und lassen ihn abholen, damit er gut versorgt wird, oder? Ja! Das würden sie machen! Wenn ich für die Kosten aufkomme. Na, dann fällt das raus!

Die überaus sympathische Señorita hinter dem Schalter beruhigt mich: „Mach Dir keine Sorgen. Die Hunde im Umkreis von 50 Kilometern laufen ständig den Camino mit einem netten Pilger rauf und runter. Er wird bis zur Kathedrale mitgehen und dann den Heimweg antreten. Nimm ihn als compañero cariñoso (liebevolle Begleitung)!“ Mir bleibt nichts, als die Angst, dass mir das liebgewonnene Tier in der großen Stadt unter die Räder kommt.

gleicher Tag (insgesamt 784,0 km gelaufen)
Santiago de Compostela (90188 Einwohner), 260 m üdM, Provinz La Coruña
Pension, Doppelzimmer, 30 € ohne Frühstück

Es ist ein langer und unangenehmer Weg nach Santiago de Compostela hinein – wie es auf dem Camino vor jeder großen Stadt war. Ich überquere Autobahnen, Nationalstraßen, Bahngleise, muss mich mit Industriegebieten und lärmendem Verkehr auseinandersetzen. Ein Bürgersteig an einer endlos erscheinenden breiten, stark befahrenen Straße bringt mich der Altstadt immer näher. Es ist noch vor halb fünf und ich bin fast am Ziel. Die Sonne hat kein Erbarmen und heizt uns mächtig ein. Auf einem Betonklotz gönne ich uns dreien eine kurze Verschnaufpause.

Die Hündin verhält sich übrigens vorbildlich. Sie bleibt immer hinter Ruddi - der natürlich bei dem Verkehr angeleint ist - und passt sich einfach jedem Kommando, das er von mir bekommt, an. Macht Sitz, wenn Ruddi es macht, geht weiter, wenn er es tut. Die beiden gucken mich sogar gleichzeitig an. Es ist irgendwie rührend, wie viel Mühe sie sich von Anfang an gab, alles richtig zu machen.

Kurz nach fünf bin ich endlich in der Altstadt. Es ist tatsächlich so, dass einige Leute, die vor den Cafés sitzen, ankommenden Pilgern applaudieren. Ich komme jedenfalls in den Genuss und finde es mehr als angemessen. Wie nach jeder der insgesamt 36 Etappen bin ich auch heute körperlich komplett am Ende und schleppe mich mühsam, durch diese letzte Gasse auf meiner langen Pilgerreise. So hat mein geneigtes Publikum wenigstens ausreichend Zeit, mich zu würdigen.

Ein junger deutscher Fahrrad-Pilger, der gestern bereits angekommen ist, gratuliert mir, den Weg geschafft zu haben. Will ich wirklich jetzt schon auf den Vorplatz der Kathedrale kommen, der allerhöchstens noch hundert Meter von mir entfernt ist? Ich zögere das Ende meiner Wallfahrt zunächst für eine Weile mit einer Unterhaltung hinaus.

„Hast Du Lust und Zeit, mit mir zusammen auf die Plaza del Obradoiro zu gehen?“ Liebevoll lächelnd antwortet er leise: „Du musst das alleine machen. Geh durch diesen Tunnel die Treppen hinunter. Dann stehst Du direkt auf der Plaza! Genieß es! Nimm Dir da unten ein paar Minuten nur für Dich."

Ich habe genau gehört und verstanden, was mir dieser junge Mann gesagt hat und setze mich langsam in Bewegung. Ich scheine mich verloren zu haben. Was ist denn da los? Wochenlang liebte ich die Einsamkeit, fühlte mich in Wäldern, auf weiten Ebenen, in großen Städten, kleinen Dörfern, Hotels, Hostals, Herbergen und bei Übernachtungen mit und sogar bei fremden Menschen sicher und beschützt. Und ausgerechnet an der Kathedrale in Santiago de Compostela, auf der Plaza de Obradoiro, an meinem großen Ziel habe ich fast Angst, alleine diese Treppen runterzugehen? Ich sehne mich nach jemandem, der den großen Augenblick, nach fast 800 Kilometern, körperlichen Schmerzen, Zweifeln, Aufregung, Durchhalten, Mut, Hoffnung, Glück, Freude und Euphorie, mit mir teilt und fühlt – jemand, der weiß, was der Camino Francés einem abverlangt und tausendfach zurückgibt. Genau jetzt will ich keine Einsamkeit.

Das ändert sich exakt in dem Moment, wo ich diese wahnsinnig große Plaza betrete. Von einer Sekunde auf die andere fange ich einfach an zu weinen. Dicke Tränen laufen über mein Gesicht. Es schüttelt mich regelrecht vor Schluchzen. Meine Knie werden butterweich. Wie in Trance lege ich meinen Rucksack zur Seite und setze mich auf die Mauer, die den Platz eingrenzt. Ich nehme Ruddi auf den Schoß und drücke ihn zärtlich an mich: „Du hast es geschafft. Ich bin so stolz auf Dich. Das werde ich Dir nie vergessen. Wir sind in Santiago. Ich liebe Dich!" Diese fünf Sätze laufen wie eine kaputte Schallplatte immer und immer wieder ab. Ich kann nicht mehr damit aufhören, merke gar nicht, dass ich rede.

Ich kann nicht mehr denken - nur fühlen. Das Gefühl meinem Hund und mir selbst gegenüber ist überwältigend. Ich habe die Gewissheit, dass ich alles schaffen kann, wenn ich nur will. Jeder einzelne Kilometer zwischen Saint Jean Pied de Port und Santiago de Compostela läuft innerhalb von wenigen Minuten komplett vor meinem inneren Auge nochmal ab. Man sagt ja, dass einem auf dem Jakobsweg irgendwann Gott begegnet. Mein Gott ist das Universum. Und ich kann nur sagen: „Ich bin ihm jeden Tag begegnet. Jedesmal, wenn ich dachte, ich kann nicht mehr, wurden mir neue Energie und frischer Mut gegeben. Damit ich durchhalte, schickten sie mir atemberaubende Landschaften, einzigartige Erlebnisse, liebevolle

Menschen, Sonne, Regen, Tiere, Blitzideen und Erkenntnisse. Danke, ihr da oben!“

Die Tränen laufen in Sturzbächen, tropfen von meinem Kinn auf Ruddi und machen ihn nass. Ich habe keine Ahnung wie lange ich bereits hier sitze. Perrito springt nun jedenfalls von meinem Schoss und erkundet die Plaza ganz für sich alleine. Es befinden sich deutlich weniger Menschen hier, als ich vermutet hatte. Die zugelaufene Hündin liegt ungefähr zehn Meter von mir entfernt und beobachtet mich verständnisvoll. Sie hat mich tatsächlich mit Ruddi alleine gelassen.

Plötzlich höre ich, wie eine Frauenstimme fassungslos ruft: „Ruddi? Das ist doch Ruddi! Birgit?“ Ich brauche einen Moment, um zu mir zu kommen und bin fassungslos. Es dauert ein paar Sekunden, bis mir klar wird, wer da überglücklich, mich zu sehen, seine Arme ausbreitet. Ich bin unfähig mich auch nur einen Meter zu bewegen. Mit ungläubigem Gesicht kommt doch tatsächlich Gabi aus Aachen auf mich zugelaufen. Das gibt es doch gar nicht! Erst als sie mich an den Händen von der Mauer hochzieht, weiß ich, dass das alles wirklich passiert.

Das ist also meine Überraschung, die der Camino am Ziel für jeden Pilger bereithält! Haargenau im richtigen Moment, hält und fängt mich ein Mensch auf, der ganz genau weiß, wie ich mich gerade fühle. Man muss es selbst erlebt haben, aber Pilgerfreundschaften sind unglaublich intensiv. Ganz kurze gemeinsame Zeit lässt fast familiäre Zusammengehörigkeit und Vertrautheit entstehen. Diese Umarmung werde ich mein Leben lang nicht vergessen. In Honto in der Herberge haben wir uns beim Wäscheaufhängen kennengelernt, danach noch zwei oder dreimal gesehen und dann bis eben aus den Augen verloren. Und genau in diesem Moment, wo ich hier eintrudele, ist sie zur Stelle, um mich aufzufangen. Sie und Franz-Josef sind schon seit drei Tagen hier und auch jeden Meter des Jakobswegs gelaufen. „Wo ist Dein Mann?“ In diesem Moment springt er herbei, wirbelt mich herum, jubelt und - von jetzt an ist der Redefluss gnadenlos - holt mich wieder auf die Erde zurück. Es tut so gut, mich mit den beiden auszutauschen.

Der junge Radpilger wusste genau, warum er mich alleine gelassen hat. Im Nachhinein bin ich mehr als dankbar dafür. Die Minuten auf der Mauer haben meinen Abschluss des Jakobswegs gebildet. Gabi und Franz-Josef durften keine Sekunde früher auftauchen. Dann wären mir tatsächlich das letztendlich befreiende Weinen, das

Glücksgefühl, alles schaffen zu können und das Loslassen des Caminos unwiderruflich entgangen. Und Gabis Umarmung wäre nicht die gleiche gewesen. Ich danke diesem Mann aus tiefstem Herzen.

Dieses Wiedersehen ist mit keinem anderen in meinem Leben zu vergleichen. Die beiden sehen sich jeden Millimeter meines Schnurzels genau an. Sie finden es grandios, dass „fünf Kilo Hund" fast 800 Kilometer in 5 ½ Wochen unbeschadet überstehen. Und sie machen mir klar, nachdem auch sie meine kaputte Schallplatte hören durften, dass ich nicht vergessen soll, auch auf mich stolz zu sein, es geschafft zu haben.

162) Plaza de Obradoiro, auf der Mauer mit Franz-Josef und Gabi aus Aachen

Die Hündin zieht meinen Blick auf sich. Sie liegt immer noch friedlich auf demselben Platz, wie bei der Ankunft. Sie lässt mich nur einfach nicht aus den Augen. Klar ist, dass ich sie nicht mit ins Hotel nehmen kann und will. Ich spreche mit Franz-Josef und Gabi darüber. Ein Pilger, der das mitkriegt, weiß genau, wie man mit zugelaufenen Hunden umgeht. Er bückt sich, hebt einen Stein auf und … schneller, als ich es je für möglich gehalten hätte, spring ich dem Mann ins Kreuz und schrei ihn an: „Wag Dich nicht, das zu tun!" „Anders wirst Du den Köter nicht los!" Was ist das denn für einer?! Gabi und Franz-

Josef sind mit mir entsetzt. Angeekelt zische ich dem Typ zu: „Dann bleibt er eben. Wie kann ein Mensch in der Lage sein, ein unschuldiges Tier mit Steinen zu bewerfen?“ Wir lassen keinen Zweifel daran, dass er von Sekunde an, Luft für uns ist.

Wir verbringen ungefähr eine halbe Stunde zusammen vor der Kathedrale und meine Pilgerfreunde verlangen konsequent von mir, dass ich die Pilgermesse besuche, die gleich beginnt. Ich habe aber überhaupt kein Verlangen danach, in die Kathedrale zu gehen. Sie bleiben dabei: „Du musst! Wir lassen dich hier nicht weg, bevor Du in der Messe warst. Du würdest es Dein Leben lang bereuen, wenn Du es nicht tust. Du musst jetzt versprechen, dass Du da gleich reingehst! Wir passen solange auf Ruddi auf.“ Wild entschlossen nehmen sie ihn mir vom Arm.

163) mit Gabi vor der Kathedrale in Santiago de Compostela

Bei soviel Durchsetzungskraft muss ich mich ergeben. Vielleicht haben sie ja recht. Die Glocken rufen die Neuankömmlinge bereits zusammen. In aller Ruhe fange ich an, meinen Rucksack zu öffnen. „Was machst Du?“ „Wenn ich in die Pilgermesse gehe, dann ja wohl nicht ohne Ruddi! Er gehört da mindestens genauso rein wie ich!“ „Das kannst Du nicht bringen. Wenn er auffällt, fliegst Du im hohen

Bogen aus der Kirche! Lass ihn bei uns, bitte!" Woher sollen sie auch wissen, wie eng mein Hund und ich in den letzten Wochen zusammengewachsen sind. Perrito springt in sein Taschenbett, legt sich hin und zwinkert dem Paar aus Aachen beruhigend zu: „Mein Frauchen und ich machen das schon!"

Wir verabschieden uns voneinander. „Wir sehen uns bestimmt morgen nochmal. Wir bleiben noch drei Tage! Bis dann!" sagen Gabi und Franz-Josef. Bis dann? Kein „buen camino"? Hab ich es denn schon wieder vergessen? Ab jetzt brechen andere Zeiten an. „Tschüss, ihr zwei, macht's gut", kommt es nur schwer über meine Lippen.

Die Kathedrale ist brechend voll. Ach, deshalb ist die Plaza so leer! Bis die Messe anfängt, bahne ich mir einen Weg durch die Menge und lasse das fast 100 Meter lange Mittelschiff des Gotteshauses auf mich wirken. Letztendlich haben meine Pilgerfreunde recht gehabt. Es ist schon eine besondere Atmosphäre und Erfahrung, mit hunderten anderen Wallfahrern zusammen still zu werden.

Nach der Messe strömen die Menschen aus der Kathedrale auf die Plaza. Ich traue meinen Augen nicht: Die Hündin liegt noch immer auf ihrem Platz und wartet. Ich stehle mich davon, wie ein Schwerverbrecher. Aber ich kann sie nicht mitnehmen. Sie muss jetzt zusehen, dass sie ohne mich klar kommt.

Ganz wichtig ist mir plötzlich die Compostela, die Urkunde, die vom Pilgerbüro für mich persönlich ausgestellt wird. Hoffentlich geht das um diese Uhrzeit noch. Ich habe Glück. Mit vielen anderen Pilgern stehe ich in einer langen Schlange und warte geduldig darauf, das Dokument endlich überreicht zu bekommen. Ich habe übrigens im Januar 2010 meinen Mädchennamen Kürten wieder angenommen. 2008 hieß ich noch Birgit Abitz. Dieser Moment ist viel zu unspektakulär. Ich hätte mir eine Blaskapelle gewünscht, die mich hinaus begleitet. Das haben sie nicht auf die Reihe gekriegt. Ich werde mich bei der Stadt darüber beschweren, wenn ich mal wieder vorbeikomme.

Bei der Planung meiner Pilgerreise, hatte ich mir vorgenommen, bis „ans Ende der Welt" nach Cabo Finisterre zu laufen. Das sind weitere 87 Kilometer, also für mich persönlich vier Etappen. Bereits bei Antritt der Reise war mir bewusst, dass 5 ½ Wochen knapp werden könnten und habe das als Bonus im Hinterkopf behalten. Nachdem ich die Hälfte des Jakobswegs gelaufen war, wusste ich, dass das Ende der Welt für mich nur motorisiert zu erreichen sein würde. Das hat hingehauen! Mir bleibt tatsächlich noch ein ganzer

Tag für Kap Finisterre. Mann, bin ich gut! Bei der Tourist-Info erkundige ich mich noch rasch, wann morgen ein Bus dorthin fährt und wo ich in Santiago auf die Schnelle ein freies Zimmer finden kann. Sie stellen direkt ein Busticket aus und nennen mir eine Unterkunft, die in unmittelbarer Nähe der Haltestelle ist. Na, dann will ich mich mal versöhnlich zeigen und die fehlende Blaskapelle großzügig vergessen. Vielen Dank für den prompten Service an einem müden Pilger.

Ruddi wird das letzte Mal inkognito in einem Hostal übernachten. Ich gehe lieber kein Risiko ein. Mittlerweile streiken meine Füße wie lange nicht mehr und außerdem finde ich es mehr als angenehm, morgenfrüh quasi vom Reisebus vor der Tür abgeholt zu werden.

Das Pensionszimmer ist sehr klein, aber soweit okay. Hier bleibe ich gleich zwei Nächte. Völlig erschöpft von der letzten Etappe mit ihren schwerwiegenden Eindrücken lasse ich mich ausgiebig von der Dusche berieseln. Ich glaube, mein Körper hat mitbekommen, dass in Zukunft nicht mehr täglich so viel von ihm gefordert wird und lässt sich komplett gehen. Es fällt mir unsagbar schwer, mich noch einmal aufzurappeln, um etwas essen zu gehen. Ich muss nämlich dafür außer Haus. Hier kann ich lediglich schlafen, sonst nichts.

164) Pilgerpass Teil 4, bis Santiago de Compostela

In Santiago ist alles anders, als auf dem Camino. Die typischen Pilgermenüs gibt es hier nicht. Dafür steht eine Riesenauswahl unterschiedlichster Lokale bereit. Unschlüssig schleppe ich mich durch die Gassen der wunderschönen Altstadt. Zum guten Schluss genehmige ich mir mutterseelenallein – und das ist auch gut so - ein Steak und zum Nachtisch ein Stück der traumhaften Santiago-Torte, die anscheinend stets nach dem gleichen Rezept gemacht wird.

Mittwoch, 21. Mai 2008
Busreise nach Fisterra, (5132 Einw.), 8 m üdM
zirka 100 km

So werde ich also in Santiago de Compostela wach. Irgendetwas fehlt mir. Nein, ich meine nicht die Etappen, die unwiderruflich hinter mir liegen. Ich bin einfach immer noch nicht wirklich angekommen. Hängt es damit zusammen, dass das Kap in früher Zeit der Anlaufpunkt der Pilger war? Mir wird bewusst, dass mein persönliches absolutes Ziel Cabo Finisterre sein muss. Ich bin gespannt, welche Wirkung das Ende der Welt auf mich hat. Wie wird es sein, alleine auf diesem 143 Meter hohen Felsen zu sitzen und bis zum Horizont auf den Atlantik zu schauen?

Ich beschließe, meinen Rucksack, so bepackt wie jeden Morgen, mit auf die Reise zu nehmen und die allerletzten drei, vier Kilometer von Fisterre hinauf zum Kap zu pilgern. Ruddi darf übrigens gar nicht im Bus mitfahren. Das ist streng verboten. "No perro!" Na, das kennen wir doch! Dafür haben wir schließlich die tolle Tarntasche. Sobald er draußen seine Geschäfte erledigt hat, darf er in seinem "Bett" weiterschlafen.

Die Haltestelle befindet sich in einer Art Kreisverkehr, in dessen Mitte ein kleiner Park angelegt ist. Es ist ein riesiger Busbahnhof. Wie aufgereiht stehen die Reisebusse bereit, um die Menschenmassen aufzunehmen. Ich drängel mich durch die aufgewühlte Menge, suche die richtige Haltestelle. Ohje, jetzt hätte ich beinah vergessen, meinen Hund zu verstecken. Auf einem klitzekleinen Stück Bürgersteig, zwischen Taschen, Rucksäcken und Füßen, versuche ich ein bisschen ungeschickt, Perritos Tasche zu öffnen.

Ich höre nur noch wie eine Frau ganz aufgeregt den Namen meines Hundes ruft, bevor sich jemand von hinten an mich ranmacht, hochzieht, rumdreht, umarmt und küsst. Ich habe nicht die leiseste Ahnung, was gerade passiert.

Sie stottert weinend zwischen meinem Hals und meiner Schulter: "I only saw Ruddi and suddenly I knew, that you are here. I cannot believe it. It's amazing to see you. I hoped it all the time, that it will happen (ich sah nur Ruddi und plötzlich wusste ich, dass DU hier bist. Ich kann es nicht glauben. Es ist so wunderbar, Dich hier zu sehen. Ich hoffte die ganze Zeit, dass das passiert)!" Diese kurzen Sätze genügen. Ich heule sofort mit. Es ist Edit aus Ungarn, die in Lorca mit ihrem Popo nach einem gemütlichen Abend mit Hermann, mir und viel Wein die Spanische Wand umgehauen und mich in Villamayor de Monjardín getröstet hat, weil ich im stinkigen Eingangsbereich schlafen musste; die Edit, die mir – ein wenig beschwipst - in Navarrete ihr Herbergsbett überlassen wollte, um mit Hermann in unserer schicken Wohnung zu übernachten; die Edit, die in Azofra nachts in den Pilgerboxen so schön für alle gesungen hat. Meine Pilgerfreundin, mit der ich die aufregende Autofahrt in die Jugendherberge fern ab von Grañón gemacht habe. Das letzte Mal haben wir uns in Belorado gesehen und mit Achim, Oliver, Sabrina, Edit und Sören ein Riesenfass aufgemacht. Ein unvergesslicher Abend.

Wir wollen uns gar nicht mehr einkriegen vor lauter Freude. Für einen Moment darf ich die Hoffnung haben, dass sie ebenfalls nach Fisterre fährt. Aber ich höre etwas ganz anderes: "This is my bus to the airport. I'll go home now, after two days in Santiago. You have to go to Cabo Finisterra. It's the most wunderful place I've ever seen (Dies ist mein Bus zum Flughafen. Ich fahre jetzt nach zwei Tagen in Santiago nach Hause. Du musst unbedingt nach Cabo Finisterra. Das ist der schönste Platz, den ich je gesehen habe)."

Der Busfahrer klopft bereits ungeduldig mit den Fingern aufs Lenkrad und spricht die letzte Aufforderung nur für Edit aus. Rückwärts steigt sie ein und zieht gerade noch rechtzeitig ihre Hand zurück, bevor die Tür sich schließt. Atemlos - angesichts höchstens zweiminütiger tief empfundener Wiedersehensfreude und überstürztem wortlosem Abschiednehmen - winke ich dem sich ganz langsam in Bewegung setzenden Bus hinterher. Eine weitere Überraschung - die in der viel zu kurzen Zeit nicht intensiver hätte sein können - die Santiago de Compostela für mich bereit gehalten hat. Diese Begegnung hat mich regelrecht beflügelt. Edit ist mir ganz besonders ans Herz gewachsen.

Mit Ruddi in der Tasche suche ich ganz weit hinten einen ruhigen Platz im Reisebus und stelle ihn gleich auf den Sitz neben mir, damit sich da keiner mehr hinsetzt. Wohlgemerkt: "No perro!" Er ist Busfahren nicht gewöhnt und ich hoffe inständig, dass alles gutgeht und wir nicht auf halber Strecke rausfliegen. Gott sei dank habe ich keine Zeit mehr, weiter darüber nachzudenken. Als ich meine Sachen alle gut für die zweistündige Fahrt verstaut habe, interessieren mich die Leute, die um mich herum Platz genommen haben.

Ich träume doch, oder? Vor mir sitzen Luigi, Heinz, Karoline und Monika aus Klagenfurt. Das ist ja ein Ding! "Hola, qué tal, amigos?" Halbherzig drehen sie ihre Köpfe ein wenig nach hinten, um formell zurückzugrüßen. Als sie mich erkennen, reißt es sie aus den Sitzen. "Servus! Das ist ja ein Ding, dass wir im gleichen Bus sitzen! Alles klar bei Dir? Wo ist Ruddi?" Gut dass mein Hund einen ganz normalen Männernamen hat, sonst wüsste jetzt der ganze Bus samt Fahrer, dass ein Hund an Bord ist. "Pssst, der darf gar nicht hier sein - schläft in seiner Tasche hier!" Sie staunen über meine Nervenstärke, so ein Risiko einzugehen. Mir fällt der verlorene Wassernapf ein, aber leider haben sie ihn nicht gesehen, als sie die überfüllte Bar bei Santa Irene verlassen haben.

Es fühlt sich vollkommen fremd, ja sogar falsch an, als sich der Bus in Bewegung setzt. Einen fahrbaren Untersatz zu nutzen, muss ich erst wieder schätzen lernen. Nach der kurvigen Stop-and-Go-Fahrt durch die Stadt, rauschen wir ganz sanft und gemütlich über eine sehr gute Straße in Richtung Atlantikküste. Endlich kann ich die Reise durch die wunderschöne Landschaft genießen.

Gegen Mittag erreichen wir Fisterra. Es riecht so gut nach Meer. Am Hafen setze ich mich auf die Außenterrasse eines Lokals, um einen Café con leche zu trinken. Es hält mich aber nicht lange auf dem Stuhl. Ich habe Hummeln im Hintern. Normalerweise liegen um die Uhrzeit mindestens acht Kilometer hinter mir. Ich verdränge die Busfahrt hierher und mache mich an den drei bis vier Kilometer langen Anstieg nach Cabo Finisterre. Es geht von 8 auf 143 Meter über dem Meeresspiegel über eine Serpentine. Nur ab und zu kommt ein Auto vorbei. Der Atlantische Ozean ist fast die ganze Zeit zu sehen.

Teilweise ist es megasteil. Aber als erfahrene Pilgerin weiß ich ja, wie ich das locker bewältigen kann. „Kleine Schritte, Birgit, mach ganz kleine Schritte“ beruhige ich mich - wie so oft in den letzten 5 ½ Wochen - selbst. Der Himmel wird immer bedrohlicher. Ein Unwetter ist im Anmarsch. Ich hoffe doch, dass es mir nicht meine Ankunft vermasselt. Ich will – nein! - ich muss auf dem berühmten Felsen sitzen, um mit dem Pilgern abschließen zu

165) Ortskern von Fisterra

166) am Hafen in Fisterra

können. Wie ein Magnet zieht mich dieser Ort an. Ich nehme nichts anderes wahr, außer diesen Felsen und steuere direkt darauf zu.

Eine deutsche Familie spricht mich an. Es sind Tochter und Eltern. Sie strahlen Glück und Zufriedenheit aus. An meinem Rucksack haben sie mich als Pilger entlarvt und wollen wissen, wie weit ich gelaufen bin. Ich unterhalte mich eine Weile mit ihnen. Das Kap läuft mir ja wohl nicht weg. Sie sind besonders daran interessiert, ob mir der Jakobsweg Erkenntnisse über mich selbst und mein Leben gebracht hat. Sie hören mir aufmerksam und gespannt zu. Sie danken mir sogar für meine Bereitschaft, mich ihnen mitzuteilen.

Die Tochter ist wohl Mitte dreißig. Sie kann nicht richtig laufen, seit sie eine ernste Krankheit hatte. Eine Zeitlang war sie sogar an den Rollstuhl gefesselt. Von Woche zu Woche geht es ihr immer besser, worüber sich die Ärzte sehr wundern. Das Geheimnis ihrer stetigen Heilung ist ein inniger Wunsch der jungen Frau. Seit vielen Jahren schon fasziniert sie die Vorstellung, den Jakobsweg zu gehen. Als sie kurz davor war, diese Reise anzutreten, hielt die Krankheit sie ab. Heute ist ihr klar, dass es damals noch nicht der richtige Zeitpunkt war. Denn um ihren Traum des Pilgerns zu erfüllen, muss sie jetzt gesund werden. Sie macht Riesenfortschritte allein dadurch, dass sie sich ständig vorstellt, regelrecht fühlt, bereits auf dem Camino unterwegs zu sein, schaut sich Filme an, liest Bücher darüber, versetzt sich während regelmäßigen Meditationen mit voller Vorstellungskraft in die Situation des Pilgerns und genießt es bereits heute so, als wäre es real. Hierhin „an das Ende der Welt“ ist sie nun gereist, um das Gefühl des Angekommenseins in ihrer Imagination stärken zu können. Sie sagt: „Alles was Du in Gedanken mit viel Gefühl tust, kommt zwangsläufig in Dein Leben. Es kann nicht anders sein. Ich bin ganz sicher, dass ich bald auch real auf dem Weg bin.“ Diese Begegnung werde ich so schnell nicht vergessen. Ich wünsche dieser jungen Frau, dass alle ihre Wünsche in Erfüllung gehen. Ich weiß, dass es möglich ist, wenn sie weiterhin fest daran glaubt.

Der Felsen müsste wegen Überfüllung gesperrt werden. Zig Pilger sitzen und klettern hier oben rum. Von Ruhe keine Spur. Manche Pilger picknicken oder genehmigen sich ausgelassen ein oder mehr Bierchen. Urlauber klettern mit ihren Kindern auf dem Felsen herum. Es ist ein Kommen und Gehen. Das habe ich mir aber ganz anders vorgestellt. Ich bin nicht in der Lage, auch nur einen Moment zur Besinnung zu kommen.

In der Sekunde, wo ich beschließe, im Restaurant einen Kaffee trinken zu gehen und es später noch einmal zu versuchen, bricht das Unwetter los, das sich schon seit zwei Stunden angekündigt hat. Es stürmt gewaltig, Hagel prasselt auf den Felsen nieder und alle, wirklich alle, flüchten innerhalb kürzester Zeit ins Trockene. Ich bin die Einzige, die es sich genau jetzt hier draußen „gemütlich" macht. Den Poncho hatte ich schon über dem Rucksack auf meinem Rücken liegen. Ich setze mich auf einen großen Felsblock, nehme Ruddi unter meinem Poncho auf den Schoß, klemm den Saum unter die Oberschenkel und den Hintern und lasse mich von dem Orkan regelrecht durchschütteln. Den Hagel spüre ich gar nicht.

Ich bin eins mit dem Fels. Nichts könnte mich hier wegholen, geschweige denn, wegpusten. Ich genieße regelrecht die tobende Natur. Monatelang habe ich davon geträumt und es gefühlt, ganz alleine auf diesem Felsen zu sitzen. Ich schau mich um, kann es kaum glauben. Es ist wirklich niemand da. Nur ich – und Ruddi. Endlich bin ich angekommen. Ich hatte keine Ahnung, wie macht- und wertvoll ein Orkan auf einem ungeschützten 143 Meter hohen Felsen sein kann.

Er rupft und rüttelt ohne Unterlass an mir rum. Ich erlebe diese Naturgewalten als unbezahlbares Geschenk. Sie schütteln mich aus, wie einen Sack, den man von alten Krümeln befreien will. Ich bin vollkommen leer. Es ist eine höchst angenehme, nie erfahrene Leere, die mir sagen möchte: „Nun kannst Du Dich mit allem auffüllen, das Dir guttut: Frieden, Freude, Glück, Harmonie, Gesundheit, Erfolg, Liebe, Zufriedenheit, Gelassenheit, Zuversicht, Mut und Hoffnung."

Wenn ich mich mal wieder zu beladen fühle, will ich mich an diese Erfahrung erinnern. Ich weiß nicht, wie lange ich hier schon sitze. Das Unwetter ist weitergezogen und ganz langsam öffnet sich die Wolkendecke. Es wird heller - genau wie in mir drin. Als die Sonne rauskommt, hab ich sie im Herzen. Während ich auf den Ozean blicke, wird mir klar, wie großartig und weit meine Möglichkeiten sind. Erst auf diesem Felsen kann ich aus voller Überzeugung rufen:

„Ich war auf dem Jakobsweg!"

167) Blick auf den Atlantik von „meinem“ Felsen in Cabo Finisterre.
Am „Ende der Welt“.

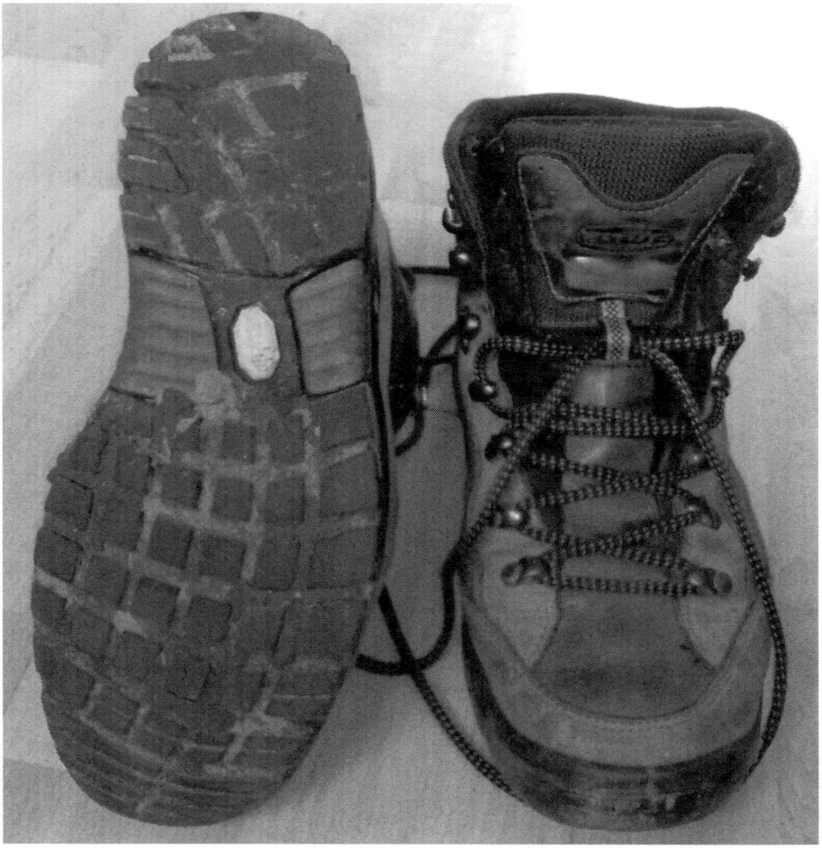

168) Nach fast 800 Kilometern konnte und wollte ich mich nicht von ihnen trennen. Ich trage sie heute noch oft. Sie sind so schön ausgelatscht. Wir sind eben EINS.

Nachwort

Ruddi fiel keiner Menschenseele im Bus nach Fisterra auf.

Am Abreisetag - Donnerstag, den 22. Mai 2008 - lief ich durch Santiago de Compostela und ließ noch einige Male mit meinem heißgeliebten Café con leche die Stimmung in den kleinen Bars auf mich wirken – natürlich mit all meinem Hab und Gut. Ohne Rucksack konnte ich erst in Deutschland wieder laufen.

Auf der Plaza de Obradoiro lag die schwarze Hündin auf dem gleichen Platz, wie vorgestern, als ich mich davonschlich. Im ersten Moment zerriss es mir das Herz, aber letztendlich war ich mir sicher, dass auch sie nicht gezwungenenermaßen alleine war. Sie hatte garantiert in der Zwischenzeit fürsorglich einen weiteren Pilger nach Santiago geführt.

Der Rückflug ging um 17 Uhr von Labacolla über Mallorca nach Düsseldorf. Meine Kinder holten mich nachts um 23.30 Uhr vom Flughafen ab. Sie erkannten mich kaum wieder. Ich sehnte mich so sehr danach, von ihnen in den Armen gehalten zu werden. Ich glaube, dass Astronauten sich nach einer Reise zum Mond so fühlen müssen, wenn sie ihre Lieben wieder in die Arme schließen dürfen. Als wir in Dormagen das Gepäck aus dem Kofferraum genommen hatten, sprangen auf der anderen Straßenseite zu meiner Überraschung meine fast 80-jährigen Eltern aus dem Gebüsch. Ich konnte es kaum glauben, dass sie mitten in der Nacht extra aus Sinnersdorf kamen, um mich zu empfangen. Das war eine Wiedersehensfreude mit viel Hallo, an denen auch die Nachbarn hinter ihren Fenstern teilhaben durften. Bis morgens um zwei tranken wir Sekt und aßen eine komplette – frisch aus Spanien eingeflogene - Santiago-Torte.

Ich nahm zwei Kleidergrößen ab. Ich musste schon während des Pilgerns in den letzten zehn Tagen eine Kordel durch die Gürtelschlaufen meiner Hose ziehen, damit sie mir nicht runterrutschte.

Ruddi geht nach wie vor gerne Gassi. Er trägt seine metallene Jakobsmuschel stolz an seinem Halsband und wird deswegen oft bewundert. Er ist und bleibt für immer mein kleiner Santiago-Hund. Ich danke ihm aus tiefstem Herzen für sein Durchhaltevermögen, die Geduld, mit mir durch Dick und Dünn zu gehen und für seinen Instinkt dafür, wann er dringend die Klappe zu halten hatte, damit wir nicht auf der Straße schlafen mussten.

Achim aus Duisburg, den nichts aus der Ruhe bringen konnte; der Ruddi auch gerne mal auf die Stirn küsste; der mich in Belorado durch einen geheimnisvollen Anruf auf meinem Handy zum Feiern in der Herberge aufforderte und mich den Weg zu meinen liebgewonnen Pilgerfreunden herauflotste; der Ruddi's am Abend vergessene Leine morgens fürsorglich auf die Theke legte und mir dies per SMS mitteilte; der mit seinem Freund Oliver, ebenfalls aus Duisburg, nur zwei Wochen auf dem Jakobsweg unterwegs war und in Burgos am Fluss in der Herberge vergeblich darauf wartete, dass ich zur Abschiedsfeier komme, weil ich 20 Kilometer entfernt in Atapuerca war, traf ich persönlich einige Male und wir hatten eine Menge Spaß, Gesprächsstoff und tausende Bilder vom Jakobsweg anzusehen. Mit Achim stehe ich bis heute in unregelmäßigem Kontakt. Er geht weiterhin jedes Jahr für zwei Wochen auf Pilgerreise in Nordspanien.

Sabrina aus Kaiserslautern, die in kurzen Hosen durch den kalten Wind der Pyrenäen lief; die in Villamayor de Monjardín lächelnd in der Küche half, um sich ihr Abendessen zu verdienen; die mir auf meinem Matratzenlager zwischen zig stinkenden Pilgerstiefeln zur Beruhigung eine Umarmung und die Worte schenkte, wie es meine Tochter getan hätte; die manchmal rückwärts lief, weil ihre Blasen und Knie dann nicht so weh taten; die in Belorado so gerne in den Herbergs-Pool gesprungen wäre, wenn es nicht vor ihrer Nase der ungeduschte Pilger getan hätte, besuchte ich zu ihrem Geburtstag im darauffolgenden Januar zusammen mit Achim. Sie fand auf dem Jakobsweg die Liebe ihres Lebens und wanderte nach Frankreich in seine Heimat aus.

Lynn und Mary aus Vancouver, von denen ich dachte, dass sie in Saint Jean Pied de Port zu Hause sind und eine Herberge betreiben; die mich auf meiner ersten Etappe in ein vorbeifahrendes Auto schubsten; die Ruddi so sehr liebten und mir ein Zelt kaufen wollten, weil sie glaubten, dass die Spanier mich auf keinen Fall mit Hund in ihre Häuser lassen würden; die immer um uns besorgt waren, sah ich nicht wieder und möchte weinen, weil ich keine Möglichkeit habe, an sie ran zu kommen.

Edit aus Ungarn, die mich auf dem gnadenlos überfüllten Busbahnhof in Santiago de Compostela erkannte, von hinten ansprang und am liebsten nie wieder losgelassen hätte; deren Abschiedsumarmung und –worte ich niemals vergessen werde, weil ich das Gefühl hatte, sie wäre ein Teil von mir, lud mich zu ihrem Geburtstag ein. Zu meinem großen Bedauern, konnte ich zu dem

Zeitpunkt nicht verreisen. Sie geht ebenfalls jedes Jahr auf den Camino.

Hermann aus Kiel, der von Anfang an gerne mal vom Weg abkam; der Ruddi einige Kilometer auf seinem Rücken durch den Regen trug; mit dem ich die ersten Tage verbrachte und so manche Nacht ein Zimmer teilte; der mir bei einem Orkan in meinen wildgewordenen Poncho half; mit dem ich oft und herzhaft lachen konnte; über den ich an dieser Stelle ein separates Buch schreiben könnte, habe ich nicht wiedergesehen und zu meinem großen Bedauern kenne ich weder seinen Nachnamen noch Telefonnummer.

Gabi und Franz-Josef aus Aachen, die ich ganz am Anfang in Honto auf "unserer Terrasse" beim Wäscheaufhängen kennenlernte; die beim Abendessen dafür sorgten, dass mein Teller nie leer war und kein Stück Bratkartoffel zurück in die Küche ging; mit denen ich in Zubiri Croissants bis zum Abwinken aß; die mich zum Abschluss meiner Pilgerreise in Santiago de Compostela vor der Kathedrale so liebevoll auffingen und mit mir fühlten, sah ich nicht wieder und bin sehr traurig darüber, dass ich ihren Nachnamen nicht kenne.

Gordon aus Vilachá, bei dem ich aufgenommen wurde, als gehörte ich zur Familie, werde ich besuchen, wenn ich das zweite Mal auf dem Camino unterwegs bin. Ich hoffe, dass er dann zu Hause ist.

Manel, dem 75 Jahre alten Spanier, der mit mir, einer ihm vollkommen fremden Person MIT HUND, in Villalcázar de Sirga spontan sein Zimmer und die Nacht teilte, danke ich aus tiefstem Herzen. Ohne ihn hätte ich auf der Straße schlafen müssen. Ich sah ihn nicht wieder.

José aus Ambasmestas, der mich mit mehreren „Kurzen" davon abhielt, am späten Nachmittag noch einen Berg zu bezwingen; der mir auf dem Felsblock am Bach fast einen Heiratsantrag gemacht hätte; der darum kämpft, dass sein Freund das wunderschöne Hotel – seinen alten Hof – halten kann. Ich danke ihm für den tiefen, sehr persönlichen Einblick in seine Vergangenheit mit einer Ehefrau, die er auch über den Tod hinaus über alles liebt. „Salud, José! Mögen alle Deine Wünsche und Vorhaben in Erfüllung gehen."

Anita aus Erlangen, mit der ich Wäscheklammern gegen Blasenpflaster tauschte; die mir mitten in Carrión de los Condes eine fette Blase an der Ferse aufstach; mit der ich in Sahagún beim Abendessen Adressen tauschte, als Hermann mich kurz aber stürmisch begrüßte, schickte mir zu Weihnachten selbstgebackene Plätzchen, ein wunderschönes Fotobuch vom Camino, einen kleinen Schutzengel und einen lieben Brief. Wir haben unregelmäßig telefonischen Kontakt.

Luigi, Heinz, Karoline und Monika aus Klagenfurt, die immer genau dann auftauchten, wenn ich sie brauchte, habe ich nicht wiedergesehen.

Paul aus Colorado, Der-in-Jeans-den-Jakobsweg-läuft; der mich in Villafranca zum Abschied minutenlang im Arm hielt und so unglaublich viel menschliche Wärme ausstrahlte; der mich darüber aufklärte, dass "rata nicht gleich gata" ist; der bei den Anschlägen auf das World Trade Center in New York drei Freunde verlor, ist zwar aus meinen Augen, aber niemals aus meinem Sinn.

Ina, die immer irgendetwas in der Hand tragen musste; mit der ich eine - von insgesamt nur zwei - 31-Kilometer-Etappe bis Viana lief und bei der Ankunft nachts um 22 Uhr so gerade noch ein Zimmer klarmachen konnte; die wegen mir am nächsten Morgen auf ihr Frühstück verzichtete; die in Navarrete einen Tag Zwangspause machte, weil sie zu wenig Flüssigkeit zu sich nahm, sah ich nie wieder. Ich wünsche ihr von Herzen, dass sie ihren Krebs besiegt hat und es ihr gutgeht.

Von Sören und Pia aus Dänemark, mit denen wir in Belorado so ausgelassen feierten, habe ich nie wieder etwas gehört.

Richard, der in Manjarín so schön gesungen hat und Celin, die mir oben auf dem Berg in La Faba die traumhafte kleine Herberge schmackhaft machen wollte, habe ich nicht wiedergesehen.

Thomas und Gabi, das junge, liebenswerte Paar, das ich in Rabanal del Camino kennenlernen durfte; die Ruddi in Ponferrada vor dem Supermarkt betreut hatten, sah ich nicht wieder.

Ich fand bereits nach zwei Tagen in meinen normalen Alltag zurück. Wenn ich gefragt wurde: "Erzähl doch mal, wie war es denn so auf dem Jakobsweg, wusste ich nie, wo ich anfangen und enden sollte mit meinen Ausführungen. Das war **ein** Grund, dieses Buch zu schreiben.

Meine Sehnsucht nach diesen 5 ½ Wochen in Nordspanien hält meine Erinnerungen bis ins kleinste Detail wach und ich weiß, dass ich diesen langen Weg irgendwann noch einmal laufen werde. Auch nach fast drei Jahren vergeht kein einziger Tag, an dem ich nicht an den Jakobsweg denke. Neben meinem Bett steht eine kleine, in den Wolken liegende Engelfigur, die von mir beauftragt wurde, dafür zu sorgen, dass ich nichts - wirklich gar nichts - was auf dem Camino Francés passierte, jemals vergesse.

Ich danke meinem Körper, insbesondere meinen Füßen, mich nicht im Stich gelassen und - allen Strapazen trotzend - bis ans Ende der Welt gebracht haben.

Señor Boada danke ich aus tiefstem Herzen, dass er den besten und zuverlässigsten Reiseführer geschrieben hat, den ich mir vorstellen kann. Dieses handliche Buch wurde ganz oft von anderen Pilgern bewundert und kurzzeitig entführt.

Bis heute bin ich unendlich dankbar für alle Menschen, die mir auf "meinem Weg" begegnet sind und mir soviel gegeben haben.

Ich danke den Spaniern entlang des gesamten Camino Francés für ihre liebevolle Fürsorge und Gastfreundschaft mir und meinem Hund gegenüber.

Ich danke dem Universum, für die ständige Begleitung, die ich in Form von Gefühlen, Gedanken, Lachen, Weinen, Ideen, Instinkt, Taten und nicht zuletzt Menschen sowie Erlebnissen wahrnehmen durfte.

Ich danke meinen Eltern, Kindern und Freunden, die mir bei der Entstehung dieses Buches oft wertvolle Hilfe waren. Sie haben mir immer wieder beim Vorlesen einzelner Etappen zugehört, konstruktive Kritik geübt und mir Mut gemacht, am Ball zu bleiben und weiterzuschreiben.

Ganz besonders danke ich meinem Sohn Tim. Er hat das nötige Knowhow in Sachen Computer und den Tücken dieses Objekts. Er war immer sofort mit Herz und Verstand zur Stelle, wenn ich völlig ratlos und mit meinem Latein am Ende, vor - für mich unlösbaren - PC-Problemen saß.

Mit dem Schreiben dieses Buches bin ich den Jakobsweg im Grunde genommen bereits ein zweites Mal gegangen. Beim "dritten" Mal erwarte ich allerdings neue Erlebnisse und Menschen mit allem was dazugehört.

Ich danke Ihnen (oder Dir), lieber Leser, liebe Leserin für das Interesse am Jakobsweg. Er hat es verdient.

In diesem Sinne...

Buen camino

Ihre (oder Eure) Birgit Kürten

Es hat viele Wochen gedauert, und noch mehr Blätter gebraucht, bis diese Liste endlich so war, wie sie hier zu sehen ist. Kurz vor der Fertigstellung dieses Buches fiel sie mir in die Hände.

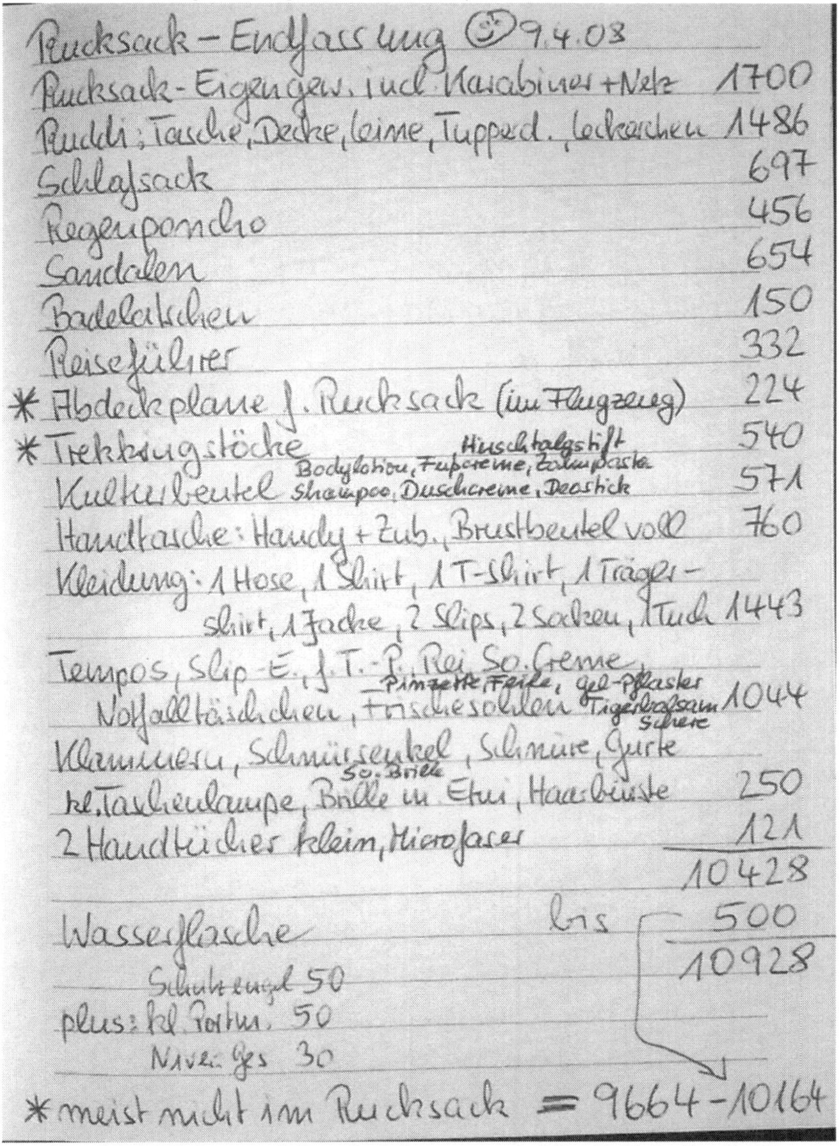
Rucksack – Endfassung ☺ 9.4.08
Rucksack-Eigengew. incl. Karabiner + Netz 1700
Ruddi: Tasche, Decke, Leine, Tupperd., Leckerchen 1486
Schlafsack 697
Regenponcho 456
Sandalen 654
Badelatschen 150
Reiseführer 332
* Abdeckplane f. Rucksack (im Flugzeug) 224
* Trekkingstöcke 540
Kulturbeutel Hirschtalgstift, Bodylotion, Fußcreme, Zahnpasta, Shampoo, Duschcreme, Deostick 571
Handtasche: Handy + Zub., Brustbeutel voll 760
Kleidung: 1 Hose, 1 Shirt, 1 T-Shirt, 1 Trägershirt, 1 Jacke, 2 Slips, 2 Socken, 1 Tuch 1443
Tempos, Slip-E., f.T.-P., Rei, So.Creme, Pinzette, Feile, Gel-Pflaster
Notfalltäschchen, Frischesohlen, Tigerbalsam, Schere 1044
Klammern, Schnürsenkel, Schnüre, Gurte
kl. Taschenlampe, So.Brille, Brille in Etui, Haarbürste 250
2 Handtücher klein, Microfaser 121
10428
Wasserflasche bis 500
10928
Schutzengel 50
plus: kl. Parfum 50
Nivea ges 30
* meist nicht im Rucksack = 9664-10164

169) Perfekt! Nicht zu viel und nicht zu wenig! Lediglich die Größe der Wasserflasche habe ich unterschätzt. Es müssen mindestens 1,5 Liter sein – besser zwei!

Anmerkung: Ich habe im Januar 2010 meinen Mädchennamen wieder angenommen. 2008 hieß ich noch Birgit Abitz, wie meinen Pilger-Dokumenten zu entnehmen ist.

5 1/2 Wochen - Plötzlich rief mich der Jakobsweg!

ist neben der gebundenen Ausgabe auch als eBook bei Amazon erhältlich

- **Format:** Kindle Edition
- **Dateigröße:** 5692 KB
- **Verkauf durch:** Amazon Media EU S.à r.l.
- **Sprache:** Deutsch
- **ASIN:** B005D0SR0W